寒区轨道交通路基动力学

凌贤长 著

科学出版社

北京

内 容 简 介

　　寒区轨道交通路基动力学融合了土动力学、冻土学、路基工程三个学科或学科方向的原理与方法，隶属于一个实践性很强的工程力学新分支，目的在于针对寒区环境冻融与振动耦合作用，研究轨道路基动力学课题，自 1999 年诞生以来，励精图治，迄今已走过了 20 多年研究与实践的发展历史。本书聚焦冻深达到或超过 1m 而对工程有严重影响的高寒区轨道路基列车荷载下振动与稳定性问题，全面系统介绍了寒区轨道交通路基动力学的基础理论、基本概念、研究方法、试验技术。主要内容包括：路基填料动力特性、动力学参数试验方法与数据处理技术，细粒填料动力特性与本构模型、永久应变，粗粒填料动力特性与本构模型，地下冰动力特性与永久变形模型，路基振动反应现场监测与数据处理技术，列车振源特性与轨枕作用力模拟方法，路基振动反应与动力过程模拟方法，冻融与振动耦合作用下路基稳定性评价方法。

　　本书可供轨道路基工程、地铁轻轨工程、冻土动力学与相关领域学者或技术人员学习、参考，也可作为岩土工程、道路工程与相关专业研究生、本科生学习参考书。

图书在版编目（CIP）数据

寒区轨道交通路基动力学／凌贤长著 . —北京：科学出版社，2023.3
ISBN 978-7-03-074924-6

Ⅰ. ①寒⋯　Ⅱ. ①凌⋯　Ⅲ. ①寒冷地区–铁路路基–动力学　Ⅳ. ①U239.5

中国国家版本馆 CIP 数据核字（2023）第 030031 号

责任编辑：焦　健　陈娇娇／责任校对：何艳萍
责任印制：吴兆东／封面设计：北京图阅盛世

科 学 出 版 社 出版
北京东黄城根北街 16 号
邮政编码：100717
http://www.sciencep.com

北京中科印刷有限公司 印刷
科学出版社发行　各地新华书店经销

*

2023 年 3 月第　一　版　　开本：787×1092　1/16
2023 年 3 月第一次印刷　　印张：25 3/4
字数：650 000

定价：348.00 元
（如有印装质量问题，我社负责调换）

作 者 简 介

 凌贤长　哈尔滨工业大学岩土工程专业教授、博士生导师、学术带头人，青岛理工大学特聘教授、博士生导师、岩土与地质灾害防控创新团队带头人，黑龙江省寒区轨道工程技术研究中心主任，哈尔滨工业大学重庆研究院"岩土与地质灾害防控及应急保障中心"首席科学家，俄罗斯自然科学院外籍院士。牵头创建了中国岩石力学与工程学会"极地岩土力学与工程专业委员会"（主任委员）。致力于高寒区铁路岩土工程、岩土防渗加固与冻害防控、高性能矿物基类胶凝材料研究。主持过国家重点研发计划项目、国家自然科学基金重点项目、国家重大科研仪器研制项目等。牵头成果"高寒深季节冻土区快速轨道交通建造岩土关键技术集成"入选国家
"2022 年度铁路重大科技创新成果库"。获得国家技术发明奖二等奖 1 项、省部级科技进步奖一等奖 6 项、中国土工合成材料工程协会科技进步奖一等奖 1 项，拥有授权发明专利 60 项，通过国际专利申请 4 项，取得软件著作权 25 项，主编技术标准 5 部，出版专著与教材 10 部，发表论文 290 篇。

序

　　自第一条西伯利亚铁路建设开工以来，世界上在寒区修建铁路已有 130 多年的发展历史，但是一直未长期有效解决路基冻害问题。冻害调查与研究表明，反复冻融作用，不仅使路基发生结构破坏、强度弱化、承载力降低，而且使路基发生不均匀变形，引起轨道竖向不平顺、水平不平顺，进而加剧行车振动作用；行车振动作用，不仅利于地下水向冻结缘迁移，加剧冻融作用，而且使路基中融土层更易发生结构蜕化、强度弱化、强度破坏、沉降变形；因此，冻融循环与行车振动之间存在显著的相互耦合作用、互馈效应，严重影响路基服役状态、长期稳定性。鉴于此，凌贤长及其带领的团队经过 20 多年不断努力，逐步发展了"寒区轨道交通路基动力学"这一新的学科分支，致力研究冻融循环与行车振动之间的耦合作用、互馈效应，以及冻融循环与行车振动耦合机制下的填料本构问题、强度问题、性能演变问题与路基变形问题、稳定问题、破坏问题。本书切合需求、依托工程，系统阐述了"寒区轨道交通路基动力学"的研究内容、研究方法，将助推此项研究工作继续深层次发展，进而利于加深研究冻融与振动耦合下路基多场耦合作用问题、运行状态问题、长期稳定问题、病害演变问题。

中国科学院院士　程国栋

2022 年 6 月 14 日

前　　言

　　20 世纪 80 年代以来，客运高速化、货运重载化成为世界各铁路大国的两大发展趋势。研究与实践表明，随着列车轴重不断加大、行驶速度不断加快、通车频次不断加多，在冻融与振动耦合作用且牵连互馈效应机制下，寒区轨道路基动力学问题日益显现、稳定问题日益突出。基于这一工程背景，1999 年以来，笔者将土动力学原理与方法、冻土学原理与方法引入寒区轨道交通路基工程中，逐步发展了寒区轨道交通路基动力学这一新的学科分支，目的在于针对轨道交通动载特点与振动作用，研究冻融环境路基动力学与相关问题。本书主要内容包括路基冻/融填料动力试验技术、路基冻/融填料动力特性与动本构模型、列车行驶振源特性与模拟方法、列车–轨道–路基体系动力相互作用分析理论与方法、路基振动反应分析理论与方法、冻融耦合振动下路基服役状态与评价方法等。

　　参与本书内容研究工作的主要有朱占元、李琼林、陈士军、王子玉、唐亮、罗军、王立娜、田爽、耿琳、李善珍、惠舒清、丁茂挺、丛晟亦、张锋、李岩、李鹏、赵莹莹、闫穆涵、王敏、王聪等。

　　著名冻土学与冻土地理学家、中国科学院院士、冻土工程国家重点实验室研究员程国栋先生，支持、指导、帮助开辟与开展"寒区轨道交通路基动力学"研究工作。著名土动力学家、岩土地震工程专家、哈尔滨工业大学教授张克绪先生，对本书内容研究工作，给予了很多有益的指点、帮助。在此，诚表感谢！

凌贤长

2022 年 5 月 22 日

目　　录

第1章 绪 论

§1.1 中国冻土分布与冻土区类型

中国是世界第三冻土大国，冻土区类型齐全且分布辽阔[1]。中国冻土区分为多年冻土区、季节冻土区、短时冻土区，其中多年冻土区累计分布面积为 $2.15×10^6 km^2$，季节冻土区累计分布面积为 $5.14×10^6 km^2$，二者总面积约占国土面积的 76%；多年冻土区分为高海拔多年冻土区（青藏高原）、高纬度多年冻土区（大兴安岭，小兴安岭），或者分为大面积连续多年冻土区（青藏高原，大兴安岭）、岛状多年冻土区（青藏高原，大兴安岭，小兴安岭）。冻深达到 0.5m 且对工程有重要影响的季节冻土区面积为 $4.46×10^6 km^2$（占陆地面积的 46.46%），其中冻深达到 1.0m 且对工程有严重影响的中-深季节冻土区面积为 $3.67×10^6 km^2$，主要分布在东北、华北、西北、青藏等地区，东北大部分地区均为典型高寒深季节冻土区。

§1.2 中国轨道交通建设发展概况

中国是世界第一高铁大国、第二铁路大国、第三重载铁路大国。进入 20 世纪 90 年代，中国铁路建设发展经历了六次大面积提速：第一次大提速，1997 年 4 月 1 日零时，客车最高速度达 140km/h、平均速度由 1993 年的 41.8km/h 提高到 54.9km/h，首次开行快速列车、夕发朝至列车；第二次大提速，1998 年 10 月 1 日零时，快速列车最高速度达 160km/h、客车平均速度为 55.2km/h、直通快速与特快客车平均速度为 71.6km/h，首次开行行包专列、旅游热线直达列车；第三次大提速，2000 年 10 月 1 日零时，初步行车全国主要地区 "四纵四横" 提速网，客车平均速度为 60.3km/h，传统快速列车、特快列车、直快列车、普通客车、混合列车、市郊列车、军运列车七个等级调整为三个等级，即特快客车、快速客车、普通客车；第四次大提速，2001 年 10 月 21 日零时，提速里程达 13000km，覆盖全国大部分省（区、市），客车平均速度为 61.6km/h，进一步增开特快列车，打造了夕发朝至列车等客货运品牌；第五次大提速，2004 年 5 月 18 日零时，几大干线基础达 200km/h 速度要求，提速里程达 16500km，客车平均速度达 65.7km/h；第六次大提速，2007 年 4 月 18 日零时，京哈线、京沪线、京广线等既有干线实施速度为 200km/h、部分区段速度达 250km/h，速度 200km/h 提速里程达 6003km。近 20 多年来，中国铁路建设快速发展，特别是东北、华北、华中、华南、西北已形成了密度较大的铁路网，2021 年底铁路运行里程突破 $15.0×10^4 km$；在全国各种铁路快速发展背景下，中国重载铁路建设速度也较快，2021 年底包括既有线改造客货混运干线铁路在内的重载铁路运行里程 $3.34×10^4 km$；在全国铁路第六次大提速之后[2,3]，中国铁路客运开始进入高铁时代，很快规划了 "八纵八横" 高铁网，自 2008 年 8 月 1 日开通第一条高铁——京津城际铁路（高标准高速铁路，设计速度为 350km/h）以来，高铁建设速度日益加快（特别是近年来，每年实际开通运行里程往往超过计划开通运行里程），2021 年底高铁运行里程 $4.1289 \times 10^4 km$（最大运行速度为 350km/h，平均运行速度为 193km/h，最大交汇速度为 420km/h）。原计划：2020 年开通运行 $3.0 \times 10^4 km$、2025 年开通运行 $3.8 \times 10^4 km$、2030 年开通运行 $4.5 \times 10^4 km$）。根据国家《中长期铁路网规划》，到 2025 年，铁路网规模达到 $17.5 \times 10^4 km$，其中高速铁路 $3.8 \times 10^4 km$（已提前 5 年完成），覆盖 80% 以上大城市。根据《新时代交通强国铁路先行规划纲要》，到 2035 年，全国铁路网 $20 \times 10^4 km$，其中高铁 $7 \times 10^4 km$，20 万人口以上城市铁路覆盖，50 万人口以上城市高铁通达，全国全面形成 1h、2h、3h 高铁出行圈与 1d、2d、3d 快货物流圈；到 2050 年，全面建成更高水平现代化铁路强国，全面服务与保障现代化强国建设。

国际上，客运铁路速度一般分为常速（100 ~ 120km/h）、中速或准高速（120 ~ 160km/h）、快速（160 ~ 200km/h）、高速（200 ~ 400km/h）、特高速（>400km/h）。西欧，新建速度 250 ~ 300km/h、旧线改造速度 200km/h 称为高铁。1985 年，国际铁路干线协议规定：新建客运专线高铁速度为 300km/h，新建客货混线高铁速度为 250km/h。鉴于此，中国已建、在建、拟建的高速铁路、快速客运专线、旧线改造高速客货混线均属于高铁。20 世纪初期至 50 年代，德国、法国、日本等开始致力研究高速铁路建造技术。1964 年，日本建成世界第一条高速铁路——东海道新干线（515.4km，210km/h），自此世界高铁建设出现三次高潮。第一次高潮（1964 ~ 1990 年）：1964 年，日本东海道新干线建成通车，法国、意大利、德国也修建高铁；1972 年，日本又修建山阳、东北、上越等新干线，法国修建 TGV 线、TGV 线，意大利修建罗马—佛罗伦萨线。第二次高潮（20 世纪 90 年代初期至中期）：法国、德国、意大利、西班牙、比利时、荷兰、瑞典、英国等大规模修建本国或跨国高铁，形成了欧洲高铁网络。第三次高潮（20 世纪 90 年代中期至今）：韩国、中国、美国、澳大利亚乃至全球兴起高铁建设新热潮。中国已成为世界高铁系统技术最全面、集成能力最强、运营里程最长、运行速度最高、在建规模最大的国家，最高试验速度为 520km/h、最高设计速度为 380km/h、最高交汇速度为 420km/h、最高实际运行速度为 250 ~ 350km/h，实际运行速度未来 5 ~ 10 年将突破 400km/h、未来 20 年有望突破 500km/h，2020 年中国已成功研制速度 600km/h 的高速磁悬浮列车，并且速度为 1000km/h 的特高速磁悬浮列车也即将试车，一个长编组列车可运 1000 多人且每隔 3 分钟开出一趟，全天候运行、公交化模式，因此中国高铁技术与运行速度即为世界最高水平。

自 2007 年 4 月第六次大提速以来，中国铁路进入日益加快发展的崭新时代，其中高速铁路发展从无到有、从跟跑到并跑、从并跑到领跑，成为令世界瞩目的国家名片。

§1.3 高寒区轨道路基冻害与防控

1.3.1 高寒区轨道路基冻害问题突出

寒区轨道路基冻害主要存在于多年冻土区、冻深达到 1m 甚至超过 1.5m 的深季节冻土区，二者称为高寒区，后者也称为高寒深季节冻土区。冻深为 0.5 ~ 1m 的季节冻土区，轨道路基冻害需要采取一定措施防控，但是问题一般不大，除非浅表地下水丰富或存在厚度较大的软土、盐渍土等冻胀敏感性较大的特殊土场地条件。冻深不超过 0.5m 季节冻土区，轨道路基冻害问题不大，较少进行冻害防控，除非高速铁路/无砟轨道。

当今，客运高速化、货运重载化成为世界各铁路大国两大发展趋势，并且重载铁路也逐步向速度160km/h的快速方向发展，这是因为铁路客运与铁路货运向高速或快速方向发展，拥有运行速度快、运输能力大、经济效益高、安全系数高、环保效益高五大优势。中国冻土区面积辽阔，致使冻土区铁路达到或超过三分之二，特别是东北、华北、西北、青藏等多年冻土区、冻深0.5~1m而存在重要冻害的中-浅季节冻土区、冻深大于1m而存在严重冻害的中-深季节冻土区广泛分布在已建、在建与计划建设的各种铁路，未来将突飞猛进建设高速铁路、快速客运专线、重载铁路且改造既有干线铁路成为客货混线重载铁路。此外，中国正在积极推进的高铁全球规划中的欧亚高铁、中俄规划高铁与欧亚货运铁路均穿越N45°大面积冻土区，高铁丝绸之路穿越北半球以北的欧亚大陆之间广袤季节冻土区，如北京—莫斯科高铁（超过7000km，速度为400km/h。进一步连接成9447km北京—阿斯塔纳—莫斯科—柏林高铁）中莫斯科—喀山段770km（速度为400km/h）中冻土区超过400km。

自第一条西伯利亚铁路（全长9288km，1891~1904年）建设开通以来，世界上在寒区修建铁路已有130多年的发展历史，但是一直未长期有效解决路基冻害问题，深季节冻土区铁路路基病害尤其突出。例如：19世纪初建成的第一条西伯利亚铁路1994年线路病害率达27.5%、1996年线路病害率达45%，20世纪70年代建成的第二条西伯利亚铁路1994年线路病害率达40.5%；哈尔滨铁路局管辖9417km铁路1985年冻害9000多处，2003年东北、华北、西北铁路冻害20000~30000处，2011年东北铁路冻害率超过40%，哈尔滨铁路局管辖13355km铁路2012年冻害85734处，累计4382.2km，哈尔滨—大连铁路2013年超限Ⅰ级15960次、超限Ⅱ级1031次、最大冻胀35.2mm，2013年哈尔滨—大连铁路41.5%冻胀超过4mm、哈尔滨—齐齐哈尔铁路32%冻胀超过4mm、沈阳—丹东铁路44%冻胀超过4mm、哈尔滨—大连铁路2014年超限Ⅰ级5329次、超限Ⅱ级191次、最大冻胀25.4mm，哈尔滨—大连铁路2015年最大冻胀33.8mm，沈阳铁路局、哈尔滨铁路局每年冬季70%~80%工务力量、50%以上天窗时间投入冻害整修、年均维修材料费3000多万元。

寒区分布较多软土、盐渍土、滩涂土/海土、膨胀土、沼泽土、有机土、湿陷性黄土等工程性能差且冻胀敏感性大的特殊土——特别是高寒冻融区（冻深达到或超过1.5m且工程危害极大的季节冻土区，也称为深季节冻土区或高寒深季节冻土区），如中国东北广泛分布厚度较大的软土（含淤泥、淤泥质土、腐殖土、泥炭土、黑土即为腐殖质与有机质含量极高的软土）、盐渍土、沼泽土且日益发现越来越多的膨胀土，尤其是冻胀敏感性很大的盐渍土与膨胀土分布极其广泛。

多年冻土区铁路路基病害主要源于多年冻土层性能弱化、退化与季节活动层日臻加深、反复冻融。中-深季节冻土区铁路路基出现一系列不同于非冻土区奇特病害现象，如路基冻胀、融沉、翻浆、隆起、鼓包、开裂、折断，路肩热融滑塌、泥流、张裂，以及边坡冻融滑坡、泥流等，不仅因严重恶化正常行车条件与造成安全隐患而使得铁路不能发挥应有的方便快捷物流与商旅功能，而且给铁路运行维护带来极大困难，特别是每年用于这些冻融病害治理的直接费用高达数亿元，显著影响区域经济健康有序发展。根据冻害调查资料（图1-1），在2017~2018年一个完整冻融期，中国寒区铁路路基冻害类型分为冻峰/鼓包、冻谷/凹槽、冻阶/台阶、单股冻起、双股冻起、交错冻起、道床冻胀、基床冻胀、融沉/融滑、翻浆冒泥、土体液化，就纯粹冻胀而言，在填筑满足设计要求条件下，普遍表现为一般冻害，对于低速或中速行驶列车安全性影响不大。

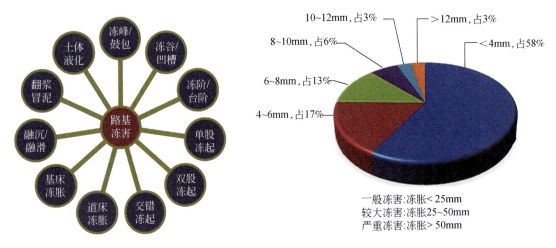

图 1-1　中国寒区铁路路基冻害类型与统计结果

1.3.2　多年冻土区轨道路基冻害类型

多年冻土区轨道路基病害率与冻土年平均地温、冻土中含冰量之间具有较大关联。随着多年冻土年平均地温升高，冻土路基沿线次路段比例、差路段比例明显增加，对应的优路段、良路段病害率降低。若多年冻土年平均地温低于−1.5℃，则冻土升温对冻土路基变形与病害贡献相对较小；反之，若多年冻土年平均地温高于−1.5℃，则冻土升温、退化对冻土路基变形与病害贡献显著。多年冻土区，路基病害因冻土中含冰量增加而逐渐严重，融区、少冰冻土区路基病害率明显较低。

多年冻土区，路基上部为季节融化层、基底为多年冻土层，其中季节融化层倍受温度与水分变化影响，进而诱发路基病害。多年冻土区路基病害：从病害原因上看，主要起因是路基顶部季节融化层年年反复融沉、冻胀，次之为基底多年冻土层弱化、蜕化，其中85%病害由融沉造成，15%病害由冻胀与翻浆造成；从表观形式上看，融沉病害主要表现为路基沉降、纵向裂缝、横向裂缝、显著开裂与路肩倾斜、路肩滑移、边坡滑塌；冻胀主要表现为路基凸起、开裂，以及由冻胀丘、冰锥、冰幔引起边坡破坏；此外，不良冻土工程地质现象也导致路基病害。

1）冻胀与翻浆

路基土含水率过大，土体冻结驱使下部非冻土层中水通过毛细孔隙向冻结缘不断迁移、积聚、冻结，导致路基冻胀且日益发展，称为冻胀。此外，行车振动而产生活塞效应，也利于下部非冻土层中水通过毛细孔隙或裂隙向冻结缘不断迁移、积聚、冻结，从而加剧冻胀。多年冻土区，路基冻胀发生条件主要包括：①足够的负温总量（足够冷能）；②路基填土为冻胀敏感性土；③路基土含水率过大或有外来水分补给；④路基土质不良、路基高度过小、路面抗冻厚度过小。

翻浆伴随冻胀而发生，冻胀是孕育翻浆的一个十分重要发展阶段。由于冻胀而在冻胀区集聚较多水分，春融期或夏季气温升高，冻胀区融化较快，而路基下部仍处于冻结状态，融化的冰水较多且无法排出、下渗，致使冻胀区融土饱水稀软，土的强度与路基刚度、承载力大幅度降低，在外荷载作用下便出现翻浆冒泥现象，特别是行车振动作用。

2）路基裂缝

路基冻裂以纵向裂缝为主，也是多年冻土区路基主要病害之一。纵向裂缝多数出现于高路堤阳坡、坡脚积水一侧，主要由于土体局部不均匀冻胀而引起路基横向扭曲，或因为负温急剧变化而引起土体不均匀收缩，进而导致较大沉降差而形成纵向裂缝。路基纵向裂缝：冬季因冻结发展而逐渐形成且日益增大，春季因气温回升使不均匀冻胀逐渐消失而逐渐减小，年复一年如此反复而导致路基结构不断破坏、稳定性不断降低，加上长期行车振动作用，路堤边坡必然滑坍。路基纵向裂缝病害率随着冻土负温降低而不断降低，高温冻土区路基纵向裂缝病害率较稳定多年冻土区路基裂缝病害率高出很多。

3）路基融沉

随着全球气温逐年上升，无论是高纬度多年冻土区，还是高海拔多年冻土区，多年冻土稳定存在的环境十分脆弱且退化日益加剧，工程活动改变了场地与地基自然条件、破坏了多年冻土热平衡状态，导致路基发生融沉病害，融沉是多年冻土区路基主要病害之一。多年冻土区路基融沉形式包括：①急剧沉落型，主要发生于厚层地下冰地段；②缓慢沉落型，主要发生于富冰或饱冰地段。路基基底存在地下冰层，轨道建设施工与运行，加之降水、日照、地形、地貌等因素影响，容易诱发地下冰层融化、冻土上限下降，冻土新上限与旧上限之间软夹弱层承载力显著降低，在包括行车振动荷载在内的上覆荷载作用下，路基发生融沉。在高含冰量多年冻土区，轨道建设施工可能存在路基填筑层不均匀问题，极易导致路基不均匀融沉。路基融沉主要影响因素有地域差异（体现在地层组成、气温变化、降水量、日照强度、日照时间、地下水条件、植被情况等）、路基结构、路堤高度、填料类型、填筑层厚度、保温方式、行车振动等。

4）边坡冻融疏松

边坡冻融疏松是多年冻土区路基最普遍的病害形式，主要因为位于季节活动范围的路堤边坡、自然边坡之浅层或表层土含水率高，冬季冻结强、含冰量大，致使融冻期土体结构破坏严重、孔隙率显著变大，因为土体孔隙率增大而使得降水向路基中入渗大、侵蚀大，并且土体中这些孔隙又作为路基内部与外界之间环境热交换通道，因此最终加重边坡冻融疏松程度，影响边坡稳定性。长期反复行车振动作用更加剧边坡冻融疏松。

5）边坡渗水与坡脚积水

在地形起伏较大的多年冻土区，填筑路基取土不当导致路基附属工程——自然边坡坡脚地势低洼，在降水，或地表水，或地下水较丰富条件下，大量地表水或地下水向路基中入渗，并且坡脚处容易形成积水。坡脚积水过多将使得边坡处于浸水状态、边坡渗水。边坡冻融疏松更加剧水分向坡体内部入渗。行车振动活塞作用更加剧坡脚积水向坡体内部入渗。

6）特殊冻融现象

多年冻土区，影响轨道路基稳定性的特殊冻融现象主要为冰锥、冰幔、热融湖塘、热融滑坍、冻胀丘、冻土湿地等。冰锥、冰幔一般存在于桥梁桩基、涵洞、隧道、斜坡路基上，可能导致桩基剥落、破损、冻拔，隧道、涵洞淤积，以及路基掩埋、破坏等。热融湖塘、冻土湿地存在于地下水丰富或地表水补给充分的低洼地带，若热融湖塘、冻土湿地距离路基较近，湖塘、湿地强烈的侧向水热侵蚀可能导致轨道路基一侧季节融化深度增加，引起路基不均匀沉降，严重情况可以导致路基一侧倾斜、滑塌。热融滑坍存在于路堤边坡、自然边坡的阳坡，滑坍引起路基失稳、影响正常运行。冻胀丘分为季节冻胀丘、多年生冻胀丘，距离路基或路基边坡较近，将对路基稳定性产生不利影响，严重情况可能导致一侧路基边坡破坏与路基局部抬升、隆起。这些特殊冻融现象若存在于行车振动显著影响范围之内，则长期反复行车振动作用将加剧冻害发展，因此威胁行车安全。

1.3.3　季节冻土区轨道路基冻害类型

铁路建设与研究表明，季节冻土区——特别是高寒深季节冻土区，由于年年反复冻融循环作用，加之长期反复行车振动影响，冻害对路基寿命影响严重。轨道路基冻害主要表现为：冻结期，路基土的性质、分布、密实度、含水率与冻结条件等分布不均匀，导致不均匀冻胀、地下水聚积；春融期（融冻期），路基表层融化，而下部仍处于冻结状态，融水分不能及时排出，导致土体处于过饱和状态，在土体自身重力与行车振动耦合作用下，路基因结构破坏、强度弱化、承载力降低、稳定性衰减、振动液化而发生不均匀沉降、翻浆冒泥。这些路基病害给铁路正常运营带来安全隐患。不同季节冻土区，寒冷程度、土质条件、特殊土、地下水、地表水与路基结构、轨道类型、行车速度、通车频次等不同，致使路基冻害存在一定差异，但是主要表现为以下几种主要形式。

1）路基冻胀

季节冻土区路基不均匀冻胀是导致轨道高低不平与水平不平顺的一个重要原因，这种冻害问题在高寒深季节冻土区表现尤其突出，对铁路安全危害很大，轻者给行车带来障碍、困难，重者直接危及行车安全。

2）翻浆冒泥

季节冻土区路基翻浆冒泥源自于冻胀。在地下水丰富（特别是浅表地下水丰富）条件下，冻结期，地下水通过毛细孔隙作用不断向冻结缘迁移（在黏土、粉质黏土、软土中，地下水毛细上升最大迁移高度可达 $6 \sim 7\text{m}$），行车振动活塞作用更利于地下水向冻结缘迁移，因此加剧路基冻胀作用；此外，若冻结影响范围之内路基土中含水率较高，冻胀作用也大。春融期，路基因融冻而发生结构破坏、强度弱化、承载力降低，导致在土体自重力与行车振动联合作用下路基发生融沉，路基冻胀区大量冰融水不能及时排出而使土含水率很高甚至处于浸水饱和状态，在行车振动反复作用下出现翻浆冒泥，引起轨道几何不平顺与轨距、高低、水平、三角坑等指标超限，即春融乱道，严重威胁行车安全，甚至出现重大出轨事故。地下水越丰富、土中含水率越高、冻结期越长、冻结负温越低、通车频次越大，冻结期路基冻胀越大，春融期路基翻浆冒泥越严重。

3）路基塌陷

路基塌陷是一种较冻胀与翻浆冒泥更为严重的冻融病害现象，若发现不及时、处理不到位，则必然造成行车事故。浅表地下水丰富路段，或土含水率高路段，或冻胀敏感性大的特殊土路段，路基冻胀大或很大，致使春融期路基结构破坏严重、强度弱化显著、承载力降低很大，因此在行车反复作用下，路基翻浆冒泥量过大或路基土强烈外挤，便发生路基塌陷。

1.3.4　多年冻土区路基冻害防控措施

为了防控多年冻土区轨道路基冻害，从路基设计角度进行冻土分类，目前采用两种分类方案，即冻土中含冰率分类、年平均地温分类。根据冻土中含冰率，将多年冻土分为少冰冻土、多冰冻土、富冰冻土、饱冰冻土、含土冰层，其中少冰冻土、多冰冻土是低含冰量冻土，而富冰冻土、饱冰冻土、含土冰层则属于高含冰量冻土。根据年平均地温，将多年冻土区分为高温极不稳定冻土区（年平均地温 $T_{cp} \geqslant -0.5$℃。Ⅰ区）、高温不稳定冻土区（-1℃ $\leqslant T_{cp} < -0.5$℃。Ⅱ区）、低温基本稳定冻土区（-2℃ $\leqslant T_{cp} < -1$℃。Ⅲ区）、低温稳定冻土区（$T_{cp} < -2$℃。Ⅳ区）。

1）低含冰量冻土路基冻害防控

低含冰量冻土路基（还包括基底之下两倍多年冻土上限范围内夹累计小于 0.15m 厚含土冰层路基、0.4m 厚饱冰冻土路基、0.6m 厚富冰冻土路基），即使冻土完全融化，也不对路基稳定性造成影响，因此按照一般轨道路基设计即可。

2）高含冰量冻土路基冻害防控

冻土处于低温稳定区、低温基本稳定区，路基设计一般按照保护冻土原则。冻土处于高温不稳定区，路基设计一般采取保护冻土原则或延缓冻土退化原则。冻土处于高温极不稳定区，路基基本无足够抵御气温升高能力，因此路基设计一般采取延缓冻土融化速度原则或破坏冻土原则。保护冻土原则：由于路基填筑而改变多年冻土原有的天然地表传热条件、破坏天然条件下热平衡状态，多年冻土层天然上限位置必然发生相应变化，因此尽量避免"零"填、浅挖，在此前提下根据冻土特性确定路基设计高度，以使建成路基的基底的多年冻土层人工上限控制在一定深度，从而保持路基下多年冻土不融化，确保路基长期稳定性。路基设计，立足于控制多年冻土层融化，正确评估冻土融化的沉降变形值。对于年平均地温较低的稳定型多年冻土区，采取保持路基冻结状态的设计原则；对于年平均地温较高、含冰量较少且路基沉降量可以有效控制的多年冻土区（如岛状多年冻土区），路基设计采取允许多年冻土层融化原则；对于高温高含冰量多年冻土区，路基冻融病害往往严重，而采取一般保护措施（如提高路堤填筑高度）解决不了冻害问题，必须采取控制融化速率、调控冻土地温等措施，如热棒路基、通风管路基、抛石路基、遮阳板路基、隔热层路基等。路堤坡面防护材料，要求具有较低导热性能、较好持温能力、良好防水性能、一定抗压强。合理设置取土场地、弃土场地，尽可能减少对高含冰量冻土热扰动、植被破坏。总之，对多年冻土区轨道路基设计，要求遵循"制冷阻热，减少辐射，增强对流，主动保护，综合治理，积极预防"这一原则，尽可能保护冻土，保证路基长期稳定状态。

3）路基表层季节冻融层冻害防控

多年冻土区，轨道路基表层为季节融化层，冻害主要为冻胀、融沉，可以分别采取隔水、隔温、换土、改良土四种措施或多种措施联合使用，进行冻害防控。隔水：多年冻土区，造成季节融化层冻害的水源主要来自降水，因此在路基表层设置隔水层。隔温：对路基表层增加热阻，降低季节融化层冻结深度，隔温材料主要为 EPS 板、PU 板。换土：在有效冻深范围（一般为当地最大冻深的 $0.6 \sim 0.7$ 倍）填筑冻胀不敏感或弱敏感的土如砂砾料，这是因为土的冻胀主要受控于粒度小于 0.075mm 的黏粒，黏粒含量小于 5% 的土为冻胀不敏感土，黏粒含量为 $5\% \sim 15\%$ 的土为冻胀弱敏感土，黏粒含量大于 15% 的土为冻胀敏感土。改良土：可以向土料中掺入一定比例的土壤固化剂，拌和均匀且碾压密实，实现土料固化密实、加固与冻害防控。

4）路基下伏多年冻土层冻害防控

多年冻土区，轨道路基长期稳定控制的关键之一在于路基下伏多年冻土层不发生热融下沉，根据具体情况，一般采取两种截然不同的工程措施，即破坏多年冻土层、保护多年冻土层。

破坏多年冻土层：对于岛状多年冻土区，或多年冻土层较薄，或多年冻土层负温较高，可以采取预融措施、挖除措施破坏路基下伏多年冻土层，若采用预融措施，则要求在路基填筑之前，完全清除冻土融水。

保护多年冻土层：①保持多年冻土层长期处于冻结状态；②控制多年冻土层融化速度、融化深度，即在路基使用年限，将路基下伏多年冻土层融化速度与融化深度控制在路基稳定允许变形范围之内。

热量自大气向路基传播主要有三种途径，即热传导、热辐射、热对流，因此可以通过调控热对流、调控热辐射、调控热传导三种方式实现多年冻土层保护。调控热传导：通过增加热阻以控制热传导，主要有设置泥炭层、反扣塔头草、抬高路堤、设置隔热板（如EPS板、PU板），由于设置泥炭层、反扣塔头草耐久性差而基本不采用，目前一般抬高路堤、设置隔热层。调控热辐射：通过增加路基表面热反射率以减少对太阳辐射能接收，实现地温降低或维持长期较低负温状态，主要方式有采用浅色道砟、设置遮阳棚、设置边坡遮阳板。调控热对流：基于热空气上升与冷空气下降原理，采用通风管路基、片石通风路基、碎片石护道、热棒路基（热桩路基，利用热虹吸原理）等方式调控路基中空气流动，保持长期负温状态。

设置泥炭层、反扣塔头草、抬高路堤、设置隔热板属于一般保护多年冻土层方法，而其他方法则属于冷却路基保护多年冻土层方法。若采取这些措施均不能保证路基长期稳定性，可以考虑采取以桥代路措施、适当绕避措施。

1.3.5 季节冻土区路基冻害防控措施

冻深小于 0.5m 的季节冻土区，冻融作用对轨道路基稳定性影响较小，一般可以不做冻害防控，除非存在丰富浅表地下水或存在冻胀敏感性较大的特殊土，可以采用截排水、换填土、改良土、密实土等措施。冻深大于 0.5m 而远小于 1m 的季节冻土区，冻融作用对轨道路基稳定性影响较大或较严重（存在丰富浅表地下水或存在冻胀敏感性较大的特殊土），需要进行路基冻害防控，可以采用截排水、换填土、改良土、密实土、保温层等措施。冻深大于 1m 的中-深季节冻土区，冻融作用对轨道路基稳定性影响极大，必须进行可靠的路基防冻害措施。冻深远小于 1.5m 且不存在丰富浅表地下水、冻胀敏感性大的特殊土（如盐渍土、淤泥土、淤泥质土、泥炭土等），可以采用控制地表水入渗、换填土、改良土、密实土、保温层等措施，防控路基冻害。但是，冻深超过 1.2m 甚至超过 1.5m 的高寒深季节冻土区属于典型大陆气候区，冬季漫长且存在极端低温时段，春季短暂且昼夜温差大（白天处于融冻正温状态，而夜间则处于冻结负温状态，因此白天融冻水入渗至冻层与非冻层之间过渡带而不能继续下渗，致使此过渡带积聚较多水），夏季较长且气温很高、降水较多（即使冬季形成的冻结层很厚也能被全部融化），秋季较短且降温快速（致使夏季降水或地表水较多积聚于冻融层而加剧冬季冻胀作用、春季融沉作用），因此源自于多年冻土区工程冻害防控的传统"保温"理念与措施不适用于路基冻害防控，这是因为工程中一般采用几厘米厚的保温板（即使导热系数很小）在冻结期漫长而极端低温条件下也被冻透、之下土层无疑也冻很深，而采用很厚的保温层也不现实（因为造价高而无法被工程接受，并且很厚的保温层材料因柔性过大而显著影响路基运行稳定性）。可靠解决高寒深季节冻土区轨道路基冻害防控问题，必须摒弃保温理念、立足解决水的问题，唯一可行途径是向路基填料中按照一定比例掺入高性能胶凝剂且拌和均匀、分层填筑、碾压成型，通过胶凝材料胶凝固化化学反应实现填筑层密实、增强，大幅度降低填筑层含水率、孔隙率、截断或封堵渗流通道（避免地表水向路基中下渗、地下水向路基中入渗）。

对于季节冻土区既有轨道路基冻害治理，在不中断行车或不减速慢行条件下，可以从路基侧面向路基中静压注浆方法、粉体喷射搅拌方法，前者是通过注入的浆液排出路基中大量水分、封堵渗流通道、胶凝固化土颗粒、整体增强土体，后者是通过喷入的粉体与土颗粒、水均匀混合而发生一定水化反应实现胶凝密实增强土体、封堵渗流通道。

在高寒深季节冻土区既有轨道路基冻害防控中，也采用人工盐渍化方法，即在非冻结期从路基侧面向路基中注入盐水，实现路基冻害治理、防控。这种方法具有工程造价很低、施工方便快捷、技术要求低、线路运行影响小等特点，因此在既有冻害治理中应用广泛。但是，这种方法存在注盐量难把握，注盐量过少达不到整治效果，注盐量过多或年年反复注盐将产生新的危害（包括可能导致环境土壤盐渍化、伤害植被、危害农作物），并且效期较短（防冻胀效果一般只能维持 4~5 年）。

§1.4 高铁路基设计与防冻害要求

高铁路基设计，要求路基高度平顺、均匀、稳定、缓坡，以确保列车高速、安全、平稳运行，因此控制变形是设计之关键。高铁发达国家均建立了较系统的路基设计方法，日本分基床表层、上填土层、下填土层，德国分保护层、防冻层、填筑路堤层、地基过渡层，法国在路基上部增加垫层且路基表层整体横向倾斜。根据不同路基结构，各国对不同填筑层的填料选择、压实标准、填筑厚度等均做详细要求。例如：针对主控路基变形的基床表层，日本依据线路等级、基床底层土性选择厚度，法国、德国选择基床表层厚度因线路等级、基床底层土性、气候环境等变化而考虑较细。路基长期稳定性评价，德国、法国、美国等主要采用有效振速方法、动剪应变方法。目前，中国高铁引领世界，路基设计水平整体处于国际领先地位，但是仍然难免经验类比、动态设计，某些方面尚缺乏科学的理论计算，因此存在一定盲目性、主观性；不过，中国在路基建设方面长期做了大量研究工作、积累了丰富经验；中国存在无砟轨道、有砟轨道，二者在硬质岩与非硬质岩两种条件下对路堑、路堤均有不同设计要求，路基分为基床表层、基床底层、基床下本体，对不同填筑层的填料选择、压实标准、填筑厚度、抗冻性等均有详细要求，基床表层厚度无砟轨道为 0.4m、有砟轨道为 0.7m，基床底层厚度为 2.3m，但是对主控路基变形的基床表层厚度选取要求依据动静应力比且考虑轴重、速度，对过渡段路基有更严格设计与加固要求，采用临界动应力方法评价路基长期稳定性；而今，中国已形成了高铁系统建设技术标准体系。然而，在中国高铁系统建设技术标准体系中，针对高寒区——特别是高寒区冻胀敏感性大的特殊土场地条件，考虑冻融循环-干湿循环-施工扰动-行车振动等多场多因素耦合作用与互馈效应，路基稳定性分析与受力、变形、变位、沉降等计算尚缺乏设计的具体可靠方法、有效技术细节，致使设计科学性与合理性不足。

由于高铁运行对轨道平顺度要求十分苛刻，见表 1-1 ［据《高速铁路设计规范》（TB 10621—2014）］，因此对路基标准要求极其严格，如无砟轨道要求正线路基工后沉降不超过 15mm、过渡段路基工后沉降不超过 5mm，现行工法难以满足这种高标准要求，冻土区达到这种高标准要求更加困难，凸显寒区路基运行状态评估重要性。

表 1-1　高铁运行要求标准

高铁轨道静态几何允许偏差值			
项目	作业验收	临时补修	限速
高低/mm	2	7	8
水平/mm	1	6	7

高铁轨道不平顺动态管理值				
项目	作业验收	日常保养	舒适度	临时补修	限速
超限等级	—	I	II	III	IV
高低/mm	4	7	9	12	15
水平/mm	3	5	6	7	8

实践表明，对于高寒区，高铁的关键在路基、路基的关键在冻土、冻土的关键在冻胀，而在高寒深季节冻土区这三个关键尤其突出，因为路基冻胀不仅直接影响轨道平顺度、威胁高速行车安全，而且还引起更为严重的融沉及与之伴随的路基翻浆、边坡滑塌。故此，大量与冻胀、振动双重作用密切相关的路基-边坡稳定性问题，成为严重制约中国高寒区高铁发展的一个重要瓶颈问题。

目前，寒区高铁路基冻害防控主要有三方面措施：一是路基填料方面，即将冻融敏感性土换填为非冻胀敏感性土，如速度为 220km/h 以上的无砟轨道路基填筑要求采用 A 组填料、B 组填料、级配良好碎石土（C 组填料限制使用，D 组填料坚决不用）且严格控制施工含水率、碾压密实度；二是防排水方面，即采用可靠的排水、止水、隔水等措施，如路基顶部防地表水下渗、路基内部隔水与排水、路基外围截水与排水、降低路基附近地下水位、破坏地下水毛细上升通道等；三是保温隔热方面，即对路基设置保温层、隔热层以降低冻结深度。这三方面冻害防控措施均来自多年冻土区与季节冻土区工程冻害防控长期实践经验，但是未考虑：①列车高速行驶振动对路基中水分迁移影响；②振动引起路基中超孔隙水压力与水分迁移对冻融影响；③冻融对路基中孔隙水压力消散与水分迁移影响。故此，这三方面冻害防控措施的有效性有待实践检验。事实上，高速行车振动作用将在路基中产生超孔隙水压力，超孔隙水压力又加速路基中水向冻结缘迁移，从而加速与加剧路基冻胀与融沉。因此，高寒区高铁路基目前的防冻胀措施面临高速列车振动作用的重要挑战，如即使将冻结深度控制在地下水位之上非冻胀敏感性粗粒土中，也不能完全避免冻胀发生，这是由于地下水可能因行车振动作用而日益上升至冻结区域。此外，上述路基防冻胀措施，在路基中设置排水未考虑冻结对排水效果影响、设置隔水未考虑因隔水而利于产生超孔隙水压力，如若在基床底层与路基之间铺设一层土工布之类的隔水膜，路基中超孔隙水压力将更高。

最后，还应该强调三点：①路基冻胀是本质上水问题（无水，也就不存在冻胀），冻胀防控必须致力于可靠解决排水、止水、隔水等防水问题；②高寒深季节冻土区路基冻害防控，必须摒弃来自多年冻土区与浅季节冻土区工程冻害防控经验的"保温、隔热"的传统理念，这是由于"冬季冻深大、春季全融化"为高寒深季节冻土区不变的自然规律，任意一种保温、隔热材料，无论热导率如何低，即使短期具有一定的保温、隔热效果，但是在长达 5～6 个月之久的漫长冻结期也完全达到与冻结环境平衡的负温状态，即不具备长期保温、隔热效应；③对于高铁路基冻害防控，必须重视列车高速行驶强大振动对冻融加速与加剧作用——特别是在丰富浅表地下水条件下。

§1.5 轨道振动与路基动力学问题

当今，随着轨道交通速度越来越快、轴重越来越大，轨道振动与路基动力学问题越来越突出，日益引起学者与工程师的关注。中国正在加快基础建设与经济发展，"交通强国、铁路先行"成为稳步、有序、快速落实的国家战略，由高速铁路、重载铁路、干线铁路、支线铁路、城际铁路、轻轨交通、城市地铁等钩织的轨道交通网正在全国范围不断扩展、加密。高速铁路、重载铁路作为轨道交通发展至今的两个热点工程，得到了世界各国的重点关注。

德国、日本高速铁路的成功运营，举世瞩目；1990 年法国 TGV 铁路最高试验速度达到 515.3km/h。目前，高速铁路主要有两种轨道结构，即传统有砟轨道结构、新型无砟轨道结构（板式轨道）。有砟轨道的主要优势为结构简单、适应性强、弹性好、造价低且有一定减震减噪功能，缺陷是横向稳定性较差，在行车振动反复作用下轨道残余变形累积很快且沿轨道纵向分布不均，从而导致轨道高低不平顺，影响行车安全性、乘坐舒适性，增大轨道维护难度、工作量。20 世纪 60 年代初日本采用有砟轨道结构修建速度为 200km/h 的东海道新干线，列车高速行驶对轨道破坏性影响极大，导致 70 年代末进行全线范围道床更新。近十几年来，中国铁路全面大提速，加之高速铁路与重载铁路快速发展、地铁轻轨加快兴建，列车-线路系统动力相互作用问题、高速列车行驶路基稳定性问题日益突出，促使路基动力学成为路基工程的重要研究方向。路基是线路基础，不但承受线上结构重量，并且还承受列车行驶反复振动作用，前者为取决于上部结构形式（如道床厚度、钢轨型号等）的静压力，后者为与轴重、列车编组、车辆型号、运行速度、运行方向关系密切且随着车轮移动而重复变化的动应力。路基变形主要包括填筑层与地基重力压密固结下沉、列车行驶振动引起基床累积下沉、列车行驶中轨面弹性变形，寒区路基变形还存在冻胀变形、融沉变形（二者倍受行车振动作用影响），轨道路基振动反应与变形、稳定性研究正是围绕这几类变形控制问题、强度演变问题、承载力维持问题，逐步而有序展开。针对寒区轨道交通振动与路基服役性、稳定性，路基冻融过程中水分迁移目前尚缺乏比较可靠的理论解释，虽然进行了实测与试验探讨，但是因资料有限而不能可靠确定某种影响因素变化条件下水分迁移规律，还停留于定性解释阶段，在很多方面难以把握，如何综合考虑影响水分迁移的各种因素如颗粒组成、含水率、温度、振动等一直未获得解决，在列车行驶冻土地基振动反应分析中考虑水分迁移影响仍是一大国际难题。

目前，在高速铁路轨下基础振动与变形方面开展了一些重要研究：①轨下基础动力特性、累积变形及其引起轨道结构伤损、结构层间动态耦合，轨下基础累积变形与轨面几何形态之间相互作用关系；②无砟轨道线路不均匀沉降及其限值的轨道板温度梯度荷载效应，路基不均匀沉降对无砟轨道动力响应影响，路基不同沉降下轨道板与混凝土底座之间动应力、动位移，路基沉降与无砟轨道轨面几何变形之间映射关系，地基不均匀沉降机理、影响因素；③路基不均匀沉降对有砟轨道沉降影响，路基不均匀沉降与有砟轨道轨面沉降变形之间计算关系、主要影响因素，地基不均匀沉降机理；④无砟轨道-路基变形模型与计算方法，路基冻胀变形传递模型，路基冻胀对轨道几何不平顺、轨道结构影响规律；⑤无砟轨道道岔区域结构在纵向、横向不均匀沉降作用下受力特性；⑥路基变形下无砟轨道受力分析方法，基础变形对无砟轨道附加弯矩影响，道床板沉降限值；⑦路基变形对轨道动力响应影响，轨道沉降与车载循环次数之间关系模型；⑧车辆-轨道耦合动力学理论，路基不均匀沉降对车轨系统动力响应影响，路基沉降幅值、轨面变形折角、钢轨变化率等控制限值；⑨基于乘坐舒适性的不均匀沉降曲线半径相关式。

过去，在高寒深季节冻土区高铁建设中，对冻土问题、特殊土问题、振动问题、填料问题等一直在实践探索中求发展，一直未进行深入的理论与实际相结合的研究工作，致使一直以经验设计与动态施工为主，缺乏科学的理论依据。另外，过去对寒区盐渍土、软土性状与工程性能研究，主要做了大量物理学与静力学工作，但是有关动力学研究关注较少；对膨胀岩土性状与工程性能研究，基本是针对非冻土区做了大量工作，并且也主要集中于物理学与静力学方面，而对于高寒深季节冻土区膨胀岩土及其动力学相关研究欠缺。

§1.6　冻融与振动耦合作用下路基破坏问题

过去，传统观念一直将寒区——特别是高寒区铁路路基（满足建设标准与施工质量管控要求）病害主要归咎于冻融作用，而为考虑列车行驶振动作用的重要影响（设计中，仅将列车荷载考虑为轴重，即静力作用）。事实上，冻融作用固然是寒区铁路路基病害的一个重要原因，但是长期反复的行车振动作用进一步加剧路基病害。行车振动作用加剧路基病害主要表现于三个方面：一是冻结期，振动作用利于地下水通过毛细孔隙向冻结缘迁移（即振动活塞效应），进而加剧路基冻胀作用；二是融冻期，振动作用加剧路基融沉与不均匀沉降；三是在静力基础上，附加振动力，可能使路基破坏或加剧路基破坏——尤其是冻融与振动耦合作用。

例如：图 1-2（a）中若不存在列车行驶振动力，在列车轴重与轨道、路基自重力作用下，路基中某点应力莫尔圆为远离破坏包络线的圆 O_1（σ_1 为竖向最大静主应力，σ_3 为水平最小静主应力——围压），路基不破坏，但是若存在行车振动力 σ_d，在列车轴重、轨道自重力、路基自重力与振动力 σ_d 联合作用下，路基中某点应力莫尔圆为可能与破坏包络线相交或相切于 P 点的圆 O_2（围压 σ_3 因考察点的埋深不变而不变，但是竖向最大主应力则因叠加振动力 σ_d 而由 σ_1 增大至 $\sigma_1' = \sigma_1 + \sigma_d$），则路基破坏或处于破坏临界状态；图 1-2（b）中长期反复冻融作用导致路基填料或土的结构破坏、强度退化，破坏包络线因此沿竖向坐标轴 τ（剪应力轴）下移而接近于静力莫尔圆 O_1（由于考察点的埋深、列车轴重、轨道自重力、路基自重力等不变，所以静力莫尔圆 O_1 大小不变且在水平主应力轴 σ

上位置不变），在这种情况下，即使叠加很小的行车振动力 σ_d，也可能使静力与振动力 σ_d 耦合的莫尔圆 O_2 与破坏包络线相交或相切于 P 点，则路基破坏或处于破坏临界状态。上述即是静力与行车振动力叠加作用，或冻融与振动耦合作用加剧寒区轨道路基病害或失稳的根本原因。

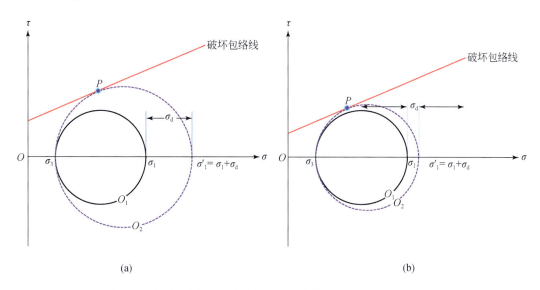

图 1-2 列车振动作用或冻融与振动耦合作用加剧路基破坏示意图

正是为了研究解决寒区冻融与振动耦合机制下日益突出的轨道路基动力学问题，通过冻土学、土动力学、路基工程学三者交叉融合，诞生了一个新的学科方向——寒区轨道交通路基动力学，致力于研究寒区轨道路基振动反应特性与分析方法、冻融与振动耦合作用下路基稳定性评价方法。

参 考 文 献

[1] 周幼吾，郭东信，邱国庆，等. 中国冻土［M］. 北京：科学出版社，2000.
[2] 陈宏伟，凌贤长，邱瑞，等. 高原高寒地区铁路建造技术［M］. 北京：中国铁道出版社，2020.
[3] 华茂崑. 中国铁路提速之路［M］. 北京：中国铁道出版社，2003.

第 2 章　寒区交通路基动力学诞生与动载预备知识

　　土动力学是土力学的一个重要分支且为一门实践性很强的应用力学。20 世纪 60 年代初期，因动力机械地基基础振动问题而诞生了土动力学，1964 年新潟地震推动了砂土液化理论与试验技术快速发展且日趋成熟；20 世纪 60 年代中期，因地震反应与抗震课题（岩土地震工程）研究需求而推动土动力学快速发展；20 世纪 70 ~ 80 年代，因现代计算机技术、先进算法技术与新型试验技术引入而促进土动力学跨越式发展。回顾历史，因在地震工程领域的卓越成就而使土动力学形成了一个完整力学体系。迄今，土动力学仍然保持土力学的一些传统特色，土静力学、土动力学共同构成了土力学的统一体系。

　　冻土学因寒区工程需求而产生、发展，诞生于苏联。19 世纪 60 年代后期，苏联在西伯利亚开始研究冻土；1927 年，M. И. 苏姆金《苏联境内永久冻结土壤》一书问世，标志着冻土学成为一门独立学科；1929 年，苏联科学院成立世界上第一个研究冻土的专门机构——多年冻土研究常务委员会（КИВМ）；1930 年，Н. А. 崔托维奇出版的《冻土力学》奠定了冻土学基础；1970 年，苏联科学院成立地球冷圈学委员会，负责协调全苏冻土科学研究工作。第二次世界大战期间，北美开始重视冻土研究；20 世纪 60 年代末期，随着北极海石油日益大量发现、贯穿阿拉斯加石油管线建成，北美冻土研究获得迅速发展。虽然中国记载冻土的历史悠久，如成书于战国时期至西汉初期的《山海经》中记载了昆仑山冻土、成书于明朝的《徐霞客游记》中记载了五台山冰缘地貌，但是 20 世纪 60 年代后期才系统开展冻土研究，几十年来在普通冻土学、工程冻土学、冻土物理力学、冻土物理化学等方面取得了不少成果，形成了较为完整的冻土学体系。

　　冻土学的一个重要分支是冻土动力学。20 世纪 70 年代初期，由于寒区动力机械地基基础振动反应与抗振设计、寒区地震工程与工程抗震两方面的需求，国外开始将土动力学原理与方法引入冻土学与冻土地基研究中，主要研究冻土动力特性，逐步发展了冻土动力学。20 世纪 90 年代，中国开始研究冻土动力特性。除了寒区动力机械地基基础课题之外，日益重视寒区冻土工程地震反应与抗震技术研究，动三轴试验、共振柱试验、波速测试、电镜扫描等试验技术不断用于冻土动力学研究中，因此推动了冻土动力学研究的快速发展，此外在冻土动力变形试验的微结构变化研究中，CT 技术的成功应用（凌贤长，1999 ~ 2003 年），不仅很好弥补了传统电镜扫描检测的重要缺陷，而且加快了冻土动力变形微结构变化研究的深层次发展。20 世纪 90 年代以来，冻土动力学在国际上取得了长足进展。本质上，冻土动力学是介于土动力学与冻土力学之间的一门交叉学科。

　　20 世纪 80 年代以来，客运高速化、货运重载化成为世界各铁路大国的两大发展趋势。研究与实践表明，随着列车轴重不断加大、行驶速度不断加快，在冻融耦合振动作用下，寒区轨道路基动力学问题日益显现。中国既是世界第三冻土大国（冻土区面积辽阔且广泛存在软土、泥炭土、沼泽土、盐渍土、膨胀土、滩涂土等冻胀敏感性大的土），又是实际第二铁路大国、第一高速铁路大国、第三重载铁路大国（截至 2021 年 12 月，铁路总运营里程为 $15×10^4$ km、路网密度为 156.7km/10^4km^2，高速铁路运营里程为 $4.1×10^4$km，重载铁路线路从既有线改造开行重载列车到新建大秦重载铁路、包神重载铁路、神朔重载铁路、朔黄重载铁路、新准重载铁路等），寒区轨道路基动力学问题更加突出。此外，中国还是世界第二公路大国，面积辽阔的冻土区密布国道干线公路、高速公路、高等级公路、通乡公路等公路网。中国公路网呈现两大特点：一是公路里程长、建设速度快，截至 2021 年 12 月，公路总里程为 5.28×10^6 km、路网密度为 55.1km/10^2km^2，其中高速公路里程为 16.91×10^4 km；二是交通量大、超载普遍，大型货车、重载货车急剧增多，各类型货车中超载率达 35%~67%，单轴轴重达 10~16t、超过 10t 轴载限比达 35.64%、最高轴重达 17t，单轴双轮组轴重达 22t，最高胎压达 1.2MPa，双联轴轴重达 20~28t，超过 18t 轴重限比达 49.51%、最高轴重达 30t。货车满载行驶振动对公路面层、水稳层、路基本体破坏作用严重，特别是满载或超载行驶的重型车、特重型车使得路基、路面动力学与振动问题日益突出，尤其是车辆-面层-路基体系发生的低频共振作用，动载强度大、叠加效应大、持续时间长、影响范围深，加之耦合冻融作用，导致路基结构强度、刚度、稳定性等降低，进而引起路基病害，偶联面层破坏。

　　鉴于上述，1999 年以来，凌贤长将土动力学原理与方法、冻土学原理与方法引入寒区道路交通路基工程中，逐步发展了寒区轨道交通路基动力学、寒区公路交通路基动力学，目的在于针对轨道交通动载特点与振动作用、公路重载交通动载特点与振动作用，分别研究冻融环境轨道路基动力学问题、公路路基动力学问题，主要内容包括路基冻土或融土动力特性与动本构模型、列车/重载汽车行驶振源特性与模拟方法、列车-轨道-路基体系动力相互作用分析理论与模拟方法、重载汽车-面层-路基体系动力相互作用分析理论与模拟方法、列车/重载汽车行驶下路基振动反应分析理论与方法、反复冻融与长期振动耦合下路基服役状态与评价方法、冻融循环-行车振动-特殊岩土耦合互馈作用分析理论与方法、温度-水分-盐分-应力-应变等多场耦合作用分析理论与方法（图 2-1）、冻土或融土动力性能与多场耦合作用试验技术与装备等。寒区交通路基动力学分为寒区轨道交通路基动力学、寒区公路交通路基动力学，二者应属于冻土动力学在工程应用研究中逐步发展起来的两个新兴学科方向，研究内容与研究方法基本一致，主要差异在于动力体系耦合构联方法、振源特性模拟方法、振动荷载基本特点、振动反应分析方法。

　　在此，有必要明确几种动荷载类型，这是因为工程动力反应分析的方法正确选择、计算时步合理确定、计算域单元尺寸合理确定、动力学参数试验测定方法、材料本构关系合理确定等均与动荷载类型及其频率或波长范围关系密切。一般情况下，动荷载分为冲击荷载、随机荷载、疲劳荷载。①冲击荷载，即冲击波荷载、爆炸荷载、敲击荷载，主要特点是一次脉冲作用、无反向作用、分上升与下降两个阶段、持时极短且瞬时上升（上升速率

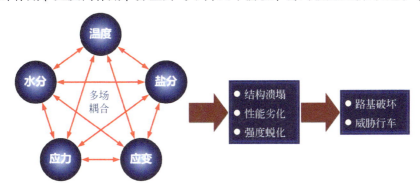

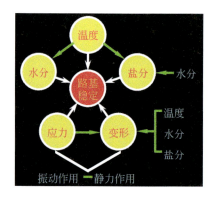

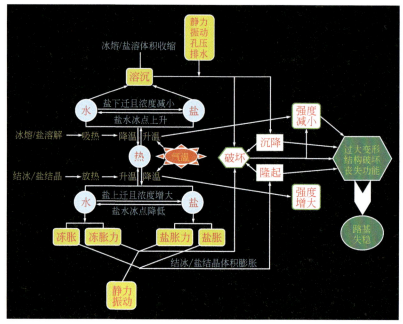

图 2-1　冻土多场耦合作用及其对路基稳定性影响过程示意图

极大）、快速下降，见图 2-2（a）。②随机荷载，如地震荷载、风荷载、波浪荷载，主要特点是往返作用（作用次数有限，一般不超过 10^3 次）、每次脉冲幅值与频率随机变化、往返作用次数有限，实际是由一系列频率不同、振幅不同的简谐波耦合组成，可以通过傅里叶变换进行解耦，见图 2-2（b）。地震荷载：每次往返周期一般为 $T = 0.2 \sim 1.0\text{s}$（$\omega = 1 \sim 5\text{Hz}$），地震持时、主震次数与震级关系密切，震级越大，地震持时越长、主震次数越多，每个脉冲波形接近于正弦波或余弦波——简谐波，进一步分为冲击型荷载、往返型荷载。冲击型荷载：最大荷载幅值出现之前，最多有 2 个幅值大于 $0.6\tau_{\max}$ 的脉冲，见图 2-3（a），其中 $\tau_{\max}$ 为最大地震力。往返型荷载：最大荷载幅值出现之前，至少有 3 个幅值大于 $0.6\tau_{\max}$ 的脉冲，见图 2-3（b）。③疲劳荷载：往返作用（作用次数有限，一般超过 10^3 次），每次脉冲的幅值与频率几乎不变。

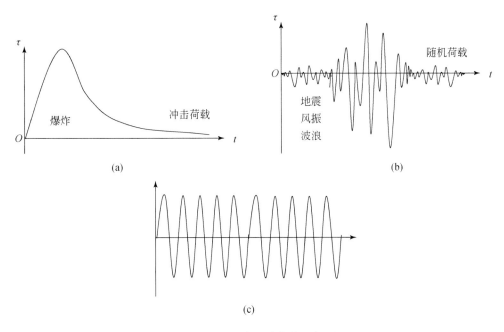

图 2-2　三种类型动荷载示意图

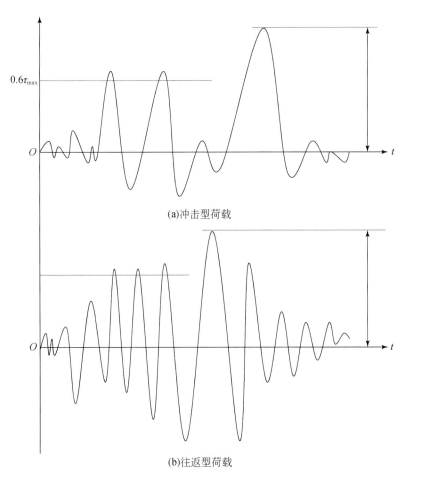

图 2-3　两种类型地震荷载示意图

　　轨道交通荷载是介于随机荷载与疲劳荷载之间的一种动荷载，见图2-4（a_z为竖向加速度）：①兼备随机荷载特点、疲劳荷特点；②动载往返作用，正向幅值（竖直向上幅值）、反向幅值（竖直向下幅值）绝大多数与时间轴形成几乎完美对称（少数不对称，反向幅值显著大于正向幅值）；③较大幅值振动时段与较小幅值振动时段交替出现；④虽然每次脉冲幅值、频率具有随机变化特征，但是不同较大幅值或较小幅值振动时段的各个脉冲的平均幅值、平均频率基本一致；⑤每一挂列车通过考察或监测断面的往返振动作用次数较多，一般超过 10^3 次。普通铁路、重载铁路列车行驶对路基振动输入或路基中任一点动应力时程形式基本一致，因存在宽轨缝激励作用而使得较大幅值振动时段与较小幅值振动时段表现出明显的交替出现的特点。高速铁路、快速客运专线、快速客货混线，无论是无砟轨道，还是有砟轨道，列车高速行驶或快速行驶对路基振动输入或路基中任一点动应力时程形式基本一致，因为采用无缝钢轨而不存在宽轨缝激励作用，不存在明显的较大幅值振动时段、较小幅值振动时段，但是正向幅值、反向幅值相对于时间轴不对称（图3-3），受压方向的动应力幅值显著很大。

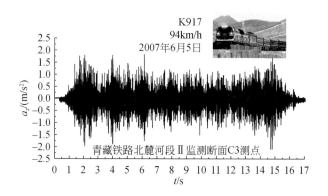

图 2-4　青藏铁路北麓河段客车行驶路基振动时程监测结果

第3章　轨道路基冻结细粒填料动力特性与影响因素

§3.1　引　　言

路基是轨道系统的承载体，填料是填筑路基的各种土石料，分为 A 组填料、B 组填料、C 组填料、D 组填料、E 组填料。A 组填料：级配良好的优质填料，细粒土含量小于 15% 的漂石土、卵石土、碎石土、圆砾土、角砾土、砾砂土、粗砂土、中砂土，包括硬块石。B 组填料：级配不良的优质集料，细粒土含量为 15%～30% 的漂石土、卵石土、碎石土、圆砾土、角砾土、砾砂土与细砂土、黏砂土、粉砂土、砂黏土，包括不易风化的软块石（泥质胶结、钙质胶结）。C 组填料：一般填料，细粒土含量大于 30% 的漂石土、卵石土、碎石土、圆砾土、角砾土、砾砂土与粉砂土、粉土、粉黏土、黏粉土，包括易风化的软块石（泥质胶结）。D 组填料：不易使用的差质填料，包括强风化、全风化的软块石、黏粉土、黏土。E 组填料：严禁使用的劣质填料，包括有机土、泥炭土。A 组填料、B 组填料、C 组填料之间的主要区别在于细粒土含量。工程经验表明，填料类型、填筑质量直接决定路基强度、承载力、稳定性、抗渗性、抗冻性、耐久性与列车载荷下抗振性能、抗变形性能，进而密切关乎轨道系统运行状态、行车安全。对于寒区轨道交通，填料必须满足填筑路基的刚度/动刚度、强度/动强度、抗振性、水稳性、排水性、抗冻性、耐久性等要求，以保证极端冻融环境反复列车荷载作用下路基长期服役性能。

根据《铁路路基设计规范》（TB 10001—2016），路基填料分为粗粒填料、细粒填料。粗粒填料为级配碎石、A 组填料、B 组填料，细粒填料为 C 组填料、D 组填料、E 组填料，但是 D 组填料不易使用、E 组填料严禁使用，特别是寒区轨道路基 C 组填料限制使用或有条件使用、D 组填料坚决不用或有条件使用，当然过去建设的不少铁路路基填筑也采用不少细粒填料。冻融环境填料静力与动力特性研究成为发展寒区轨道路基设计理论与方法的一个重要基础。因为路基填筑压实度要求，各种填料中也需要一定量细粒土。然而，在寒区冻融循环与行车振动耦合作用下，细粒填料诱发路基冻胀也是一个不容忽视的关键工程问题。

鉴于上述，考虑不同年代建设的寒区轨道路基的设计与施工标准之差异，针对行车振动作用，注重温度、围压、含水率与振动荷载频率、强度、振动次数（简称"振次"）等主要影响因素，立足于系统试验，研究路基冻结细粒填料动力特性的两个重要参数——动剪切模量、阻尼比，并且以此为载体讨论冻结细粒填料的动力特性与影响因素，目的在于进一步研究寒区轨道细粒填料路基或路基中细粒填料层行车振动反应与稳定性问题奠定基础。

§3.2　路基冻结细粒填料动力特性试验

轨道路基填筑的填料本是扰动土（重塑土），因此采用重塑土样（试件），通过低温动三轴试验，检测且研究冻结细粒填料动力学参数与主要影响因素，显然吻合工程实际情况。细粒填料动力学参数倍受冻结温度、含水率的影响，这是低温动三轴试验中重点考察的对象。

3.2.1　低温动三轴试验概况

1）低温动三轴试验系统

在中国科学院冻土工程国家重点实验室，采用 MTS-810 型振动三轴材料试验系统，完成细粒填料冻融循环下动力学参数试验检测。MTS-810 型振动三轴材料试验系统，见图 3-1，配置低温围压系统（液压侧限控制工作原理）、循环冷浴系统、高精度温控系统、全自动操控系统（液压伺服控制）、自动数据采集系统（试验数据连续采集），稳定围压为 300 ~ 20000kPa，最大轴向位移为 ±85mm，最大轴向负荷为 100kN，荷载频率为 0 至 50Hz，温控范围为常温至 −30℃，控温精度为 ±0.1℃。

图 3-1　低温动三轴试验系统

2）土样性质与试件制备

细粒填料土样采自青藏铁路北麓河段路基沿线，塑限 20.8%，液限 39.3%，干重度 18kN/m³，塑性指数 IP = 18.5，颗粒级配曲线见图 3-2。依据《土工试验方法标准》（GB/T 50123—2019）、《地基动力特性测试规范》（GB/T 50269—1997），制备人工冻结法重塑土试件且进行试验。为了保证试验结果可比性，采用标准方法批量制备试件，试件规格为直径 61.8mm、高度 120mm，试件置于 −30℃下快速冻结 48h 脱模，再在试验设计负温下恒温 24h，试件置于三轴低温压力腔中等压固结 2h 进行试验。

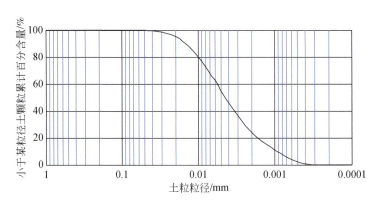

图 3-2　细粒填料土样颗粒级配曲线

3） 试验加载模式与终止标准

试验轴向输入的振动荷载要求尽可能模拟列车振动荷载。根据现场监测结果，路基承受的列车振动荷载为单向脉冲应力波，路基顶面监测的荷载形式见图 3-3（a），单向脉冲应力波因深度增加而转化为图 3-3（b）形式。行车速度与车体构造不同，导致单向脉冲应力波频率不同。研究表明，低频下，频率较小变化对动强度与动应变影响不大。因此，因受实验系统与试验手段限制，针对列车行驶输入路基振动作用，可以采用单向正弦应力波代替列车实际振动荷载——单向脉冲应力波，进行低温动三轴试验。考虑路基之上轨道系统静载影响，进行低温动三轴试验，模拟列车振动荷载，可以近似采用等效谐波加载方式。因试验系统灵敏度限制，并且考虑相似设计原理，适当放大试验输入振动荷载。

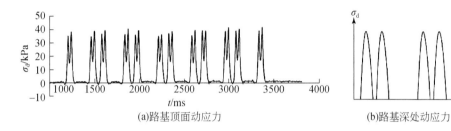

(a)路基顶面动应力　　　　　　　　　　(b)路基深处动应力

图 3-3　基床动应力时程曲线[1]

根据现场监测结果，列车行驶自道床输入路基顶面振动频率较多为 6Hz 左右，但是也存在 2Hz 左右、4Hz 左右、8Hz 左右、10Hz 左右，因此将低温动三轴试验的轴向动荷载的振动频率一般设定为 6Hz，并且以最大动应力作为控制变量，采用每一级荷载振动 12 次的分级循环加载方式，每一试件加载级数超过 12 级，同一围压下各试件加的振动荷载相同以资对比，试验方案见表 3-1。

表 3-1　试验加载方案

加荷级数	1	2	3	4	5	6	7	8	9	…
σ_{1min}/MPa	1.163	1.163	1.163	1.163	1.163	1.163	1.163	1.163	1.163	…
σ_{1max}/MPa	1.997	2.33	2.663	2.997	3.33	2.413	3.997	4.33	4.663	…
σ_d/MPa	0.417	0.5835	0.750	0.917	1.0835	1.250	1.417	1.5835	1.750	…

注：试验围压 $\sigma_3 = 0.5$MPa，σ_d 为轴向动应力幅值；σ_{1min} 为轴向最小应力，σ_{1max} 为轴向最大应力

采用动三轴试验监测一般非冻土动强度、动力学参数，试件破坏标准通常取 5% 轴向动应变。采用低温动三轴试验检测冻土动力学参数、动应变速率，试件破坏标准一并取 10% 轴向动应变，这是因为冻土试件强度远大于非冻土试件强度，即使冻土试件轴向动应变达到 5%，仍然可以逐步加轴向动荷载，直至产生 10% 轴向动应变，之后轴向动荷载虽然在增加，但是增加幅度很小。

3.2.2　低温动三轴试验数据处理

在细粒填料土性一定的条件下，影响冻结填料动力学参数的重要因素为负温、围压、

含水率、频率。针对轨道交通对路基振动输入，冻结细粒填料动力学参数低温动三轴试验控制条件见表 3-2，设计 5 种不同负温、含水率、频率、围压。具体设计方案：①在频率为 6Hz、围压为 0.5MPa、含水率为 18.2% 不变的条件下，负温依次为 -2℃、-5℃、-7℃、-10℃、-12℃；②在频率为 6Hz、围压为 0.5MPa、负温为 -7℃ 不变条件下，含水率依次为 13%、15%、18.2%、21%、23%；③在含水率为 18%、围压为 0.5MPa、负温为 -7℃ 不变条件下，频率依次为 2Hz、4Hz、6Hz、8Hz、10Hz；④在频率为 6Hz、含水量为 18%、负温为 -7℃ 不变条件下，围压依次为 0.5MPa、0.8MPa、1.0MPa、1.3MPa、1.5MPa。每个试件试验，逐级施加轴向振动荷载，每一级荷载振动规定次数之后，再施加下一级荷载，直至试件产生规定的累积轴向应变，终止试验。根据试验采集的轴向动应力 σ_d、轴向动正应变 ε_d、轴向动位移 u_d 等数据，确定冻结细粒填料的动力学参数。为了更好获得动剪切模量 G_d 与动剪应变 γ_d 之间的关系曲线、阻尼系数 λ 与动剪应变 γ_d 之间的关系曲线，逐渐递增轴向输入的振动荷载的最大值，并且一直保持振动荷载的最大值与最小值之间的级差不变。

表 3-2　冻结细粒填料动力学参数试验条件与拟合参数

试件编号	负温 $\theta/℃$	含水率 $\omega/\%$	频率 f/Hz	围压 σ_3/MPa	振次 N	拟合参数		均方差 S	相关系数 R^2
						a/MPa^{-1}	b/MPa^{-1}		
NT-11	-2					0.002712	0.812585	1.70×10^{-9}	0.99722
NT-12	-5					0.001764	0.383174	1.47×10^{-9}	0.99233
NT-4	-7	18.19	6	0.5	12	0.001717	0.263004	8.72×10^{-10}	0.99707
NT-24	-10					0.001707	0.125774	5.34×10^{-10}	0.98402
NT-16	-12					0.001692	0.098949	2.24×10^{-10}	0.98725
NT13-1		13				0.002438	0.901575	8.57×10^{-9}	0.98879
NT15-1	-7	15	6	0.5	12	0.001812	0.54528	3.77×10^{-9}	0.9917
NT21-1		21				0.001742	0.274158	7.48×10^{-10}	0.99504
NT23-1		23				0.001804	0.197073	1.92×10^{-9}	0.97726
NT-15			2			0.002016	0.241755	1.08×10^{-9}	0.99449
NT-10	-7	18.19	4	0.5	12	0.001952	0.272156	5.80×10^{-10}	0.96895
NT-14			8			0.001900	0.260252	6.04×10^{-10}	0.93436
NT-13			10			0.001964	0.159562	6.46×10^{-10}	0.97236
NT-9				0.8		0.001417	0.331225	4.54×10^{-9}	0.98237
NT-23	-7	18.19	6	1.0	12	0.001362	0.307147	1.10×10^{-9}	0.9922
NT-19				1.3		0.001250	0.357725	1.01×10^{-9}	0.9937
NT-20				1.5		0.001039	0.418505	2.55×10^{-9}	0.98939

轴向动正应变 ε_d 与动剪应变之间 γ_d 的换算关系见式（3-1）。测定动弹性模量 E_d 之后，动剪切模量 G_d 由式（3-2）换算，式（3-2）的物理意义见式（3-3），因此可以认为 σ_d-ε_d 关系曲线与 τ_d-γ_d 关系曲线之间具有相同变化规律。根据文献建议方法[2,3]，首先计算 τ_d-γ_d 滞回曲线的骨干线，然后再求对应的动剪切模量 G_d。

$$\gamma_d = \varepsilon_d(1+\mu) \qquad (3-1)$$

$$G_d = \frac{E_d}{2(1+\mu)} \tag{3-2}$$

$$G_d = \frac{\tau_d}{\gamma_d} \tag{3-3}$$

式中，τ_d 为动剪应力幅值；μ 为动泊松比。

根据试验数据绘制的 τ_d-γ_d 滞回曲线见图 3-4（a），定义滞回圈的平均斜率为动剪切模量 G_d。轴向振动荷载每循环一次（每一振次）形成一个图 3-4（a）中滞回圈。依据 τ_d-γ_d 滞回曲线特征，完全可以采用式（3-4）表示的双曲线模型描述骨干线。

$$\tau_d = \frac{\gamma_d}{a + b\gamma_d} \tag{3-4}$$

式中，a、b 为试验常数。由式（3-3）、式（3-4）联立解得式（3-5）。

$$\frac{1}{G_d} = a + b\gamma_d \tag{3-5}$$

$$G_{dmax} \big|_{\gamma_d=0} \ \frac{1}{a} \bigg| \tag{3-6}$$

$$\tau_{dult} \big|_{\gamma_d=\infty} = \frac{1}{b} \tag{3-7}$$

式中，G_{dmax} 为最大动剪切模量；τ_{dult} 为最终动剪应力幅值。由试验数据作 $1/G_d$-γ_d 关系曲线，可以得到参数 a、b。根据试验数据编制试验分析程序，计算结果见表 3-2。

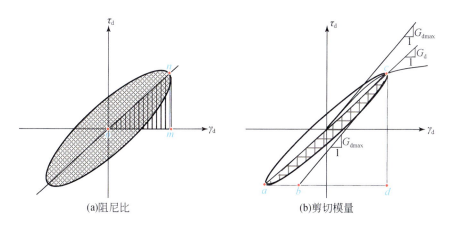

(a)阻尼比　　　　　　　　　　(b)剪切模量

图 3-4　冻结细粒填料动剪切模量与阻尼比确定方法概念图

将式（3-3）、式（3-6）、式（3-7）代入式（3-4），得式（3-8）：

$$G_d = \frac{G_{dmax}}{1 + \gamma_d/\gamma_{dr}} \tag{3-8}$$

$$\gamma_{dr} = \tau_{dult}/G_{dmax} = a/b \tag{3-9}$$

式中，γ_{dr} 为参考剪应变幅值；G_{dmax}、γ_{dr} 由拟合参数 a、b 确定。式（3-8）表明冻结细粒填料的动剪切模量为动剪应变幅值之函数。根据相关文献，采用式（3-10）计算阻尼比 λ。

$$\lambda = \frac{S}{4\pi S_\Delta} \tag{3-10}$$

式中，S 为滞回圈椭圆面积；S_Δ 为三角形 omn 面积，见图 3-4（a）。

采用 Hardin 等提出的简化计算方法确定冻结细粒填料的阻尼比，见图3-4（b）、式（3-11），由试验数据整理初常数 α，α 为图3-4（b）中阴影部分面积与三角形 abc 面积之比。

$$\lambda = \frac{2\alpha}{\pi}\left(1 - \frac{G_d}{G_{dmax}}\right) = \lambda_{dmax}\left(1 - \frac{G_d}{G_{dmax}}\right) = \lambda_{dmax}\left(\frac{\gamma_d/\gamma_{dr}}{1 + \gamma_d/\gamma_{dr}}\right) \quad (3\text{-}11)$$

式（3-11）针对地震荷载提出，广泛用于地震动力反应分析。基于列车振动荷载作用下冻结细粒填料动三轴试验数据拟合结果，采用式（3-12）拟合阻尼比与动剪应变幅之间的关系更符合试验测试结果。

$$\lambda = \lambda_{dmax}\left(1 - \frac{G_d}{G_{dmax}}\right)^n = \lambda_{dmax}\left(\frac{\gamma_d/\gamma_{dr}}{1 + \gamma_d/\gamma_{dr}}\right)^n \quad (3\text{-}12)$$

式中，λ_{dmax} 为最大阻尼比；n 为试验拟合参数，二者拟合结果见表3-5。

分析认为[4-10]，式（3-11）与式（3-12）之间的差异主要是因为应力路径不同、填料中冰相变而引起。轨道交通振动在路基中引起的循环应力的主应力方向发生连续旋转，应力路径为"苹果形状"轨迹；而地震动在土体中引起的循环应力的主应力方向不发生旋转，但是出现90°突变；由于冻土在恒载作用下具有一定流变性，而在动力荷载作用下流变性更突出，即使存在较小循环动力作用，也导致冰晶融化引起塑性变形而耗能。

§3.3 路基冻结细粒填料动力特性试验结果

3.3.1 冻结细粒填料动剪切模量

在土动力反应分析的等效线性化模型中[2]，土的动剪切模量 G_d 是动剪应变幅值 γ_d 的函数。根据式（3-5）、图3-4，由试验数据计算出冻结细粒填料的动剪切模量 G_d，得到不同频率、围压、负温、含水率条件下动剪切模量 G_d 与动剪应变幅值 γ_d 之间的关系曲线，拟合参数 a、b 见表3-2；根据式（3-6）、式（3-9），计算出不同影响因素下冻结细粒填料的最大动剪切模量 G_{dmax}、参考剪应变 γ_{dr}、模量比 $\alpha_G = G_d/G_{dmax}$，进而获得相应的拟合曲线。可以看出：①动剪应力 τ_d 与动剪应变 γ_d 之间的关系符合双曲线模型；②模量比 α_G 随着动剪应变幅值的增加而减小，并且与非冻土具有相同的变化规律；③负温、围压、含水率、频率对最大动剪切模量 G_{dmax}、参考动剪应变 γ_{dr}、动模量比 α_G 影响显著。根据试验结果，下面分别详细讨论上述各因素对冻结细粒填料动剪切模量影响情况。

1）负温的影响

在围压 $\sigma_3 = 0.5$MPa、含水率 $\omega = 18.2\%$、频率 $f = 6$Hz 不变条件下，冻结细粒填料在5种不同负温 θ 下的动剪应力 τ_d 与动剪应变 γ_d 之间关系曲线的骨干线见图3-5。由图3-5可以看出：①τ_d-γ_d 关系受负温影响显著，动强度随着负温升高而降低，骨干线也随之变平缓；②负温低于–7℃，负温对骨干线影响不大，但是高温冻土（冻结温度 $T \geqslant -2$℃）变形较大，骨干线最平缓，相同动应力作用下更易发生变形。

在围压 $\sigma_3 = 0.5$MPa、含水率 $\omega = 18.2\%$、频率 $f = 6$Hz 不变条件下，冻结细粒填料在5种不同负温下的动剪切模量拟合参数 a、b 见表3-2，G_{dmax}、γ_{dr} 与负温 θ 之间关系见图3-6，相应的多项式拟合见式（3-13）、式（3-14）。由图3-6可以看出：①G_{dmax}、γ_{dr} 随着负温升

高而降低；②温度低于-5℃，γ_{dr} 随着负温升高而下降较快，而温度高于-5℃，γ_{dr} 随着负温升高而下降减慢；③G_{dmax} 随着负温变化则与 γ_{dr} 随着负温变化相反。

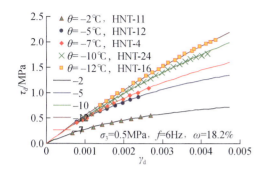

图 3-5 不同负温 θ 条件下的骨干线

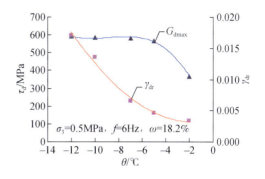

图 3-6 G_{dmax}、γ_{dr} 与 θ 之间关系

不同负温 θ 条件下的动剪切模量比 $\alpha_G = G_d / G_{dmax}$ 与动剪应变 γ_d 之间关系见图 3-7。由图 3-5、图 3-7 可以看出，随着冻结负温降低、细粒填料冻结程度加大，动剪切模量比 α_G、动强度显著提高，骨干线越来越陡，说明冻结负温 θ 对动强度影响很大。

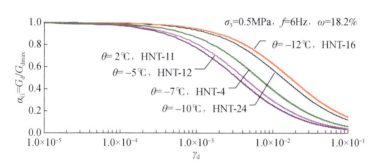

图 3-7 不同负温 θ 下 α_G 与 γ_d 之间关系

$$G_{dmax} = -0.7782\theta^3 - 20.708\theta^2 - 178.37\theta + 89.607 (R^2 = 0.8232) \quad (3\text{-}13)$$
$$\gamma_{dr} = 0.0001328\theta^2 + 0.000419\theta + 0.003496 (R^2 = 0.8232) \quad (3\text{-}14)$$

式中，θ 为温度。

2）含水率的影响

在围压 $\sigma_3 = 0.5$MPa、温度 $\theta = -0.7$℃、频率 $f = 6$Hz 不变条件下，5 种不同含水率 ω 下的动剪应力 τ_d 与动剪应变 γ_d 之间关系曲线的骨干线见图 3-8。由图 3-8 可以看出，随着含水率增加，冻结细粒填料中含冰量增加，因此冻结强度越来越大，骨干线越来越变陡。

在围压 $\sigma_3 = 0.5$MPa、温度 $\theta = -0.7$℃、频率 $f = 6$Hz 不变条件下，5 种不同含水率 ω 下的动剪切模量拟合参数 a、b 见表 3-2，G_{dmax}、γ_{dr} 与含水率 ω 之间关系见图 3-9，相应的多项拟合式见式（3-15）、式（3-16）。由图 3-9 可以看出：①对于最大冻结强度，细粒填料含水率存在一个临界值 $\omega = 18\%$，含水率 $\omega = 18\%$ 的冻结最大动强度达到最大值，若含水率 $\omega < 18\%$，冻结填料最大动强度 G_{dmax} 随着含水率 ω 增加而提高，而若含水率 $\omega > 18\%$，冻结填料最大动强度 G_{dmax} 随着含水率 ω 增加而降低且趋于稳定；②冻结细粒填料，参考动剪应变γ_{dr}随着含水率ω增加而一直增加。

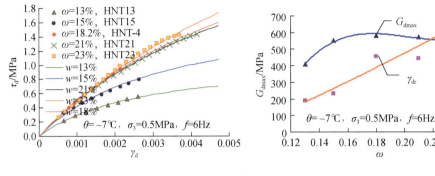

图 3-8　不同含水率ω下骨干线　　　　　　图 3-9　G_{dmax}、γ_{dr}与ω之间关系

$$G_{dmax} = 669500\omega^3 - 404717\omega^2 + 80391\omega - 4668.8 \ (R^2 = 0.9927) \qquad (3\text{-}15)$$

$$\gamma_{dr} = 0.0383547\omega^2 + 0.0469797\omega - 0.0041385 \ (R^2 = 0.9538) \qquad (3\text{-}16)$$

不同含水率ω下，冻结细粒填料动剪切模量比$\alpha_G = G_d / G_{dmax}$与动剪应变$\gamma_d$之间拟合关系见图 3-10。由图 3-8、图 3-10 可以看出，动剪切模量比α_G随着含水率ω增加而增大，这是因为随着含水率增加，冻结细粒填料中含冰量增加、冻结程度加大，致使动剪切模量比α_G、动强度显著提高，动剪应变明显降低，骨干线越来越陡，说明含水率ω对动强度影响很大；但是，含水率ω增加对冻结细粒填料动强度与动应变影响存在某一门槛值$\omega = 18\%$，即若含水率增大到$\omega = 18\%$，动强度、动应变将因含水率增大而减小且分别稳定于各自某一定值。冻结细粒填料最大动剪切模量随着含水率ω变化也存在如此相同规律，本质上与含冰量关系密切，这一点也被冻土试件动力变形前后 CT 检测证实。

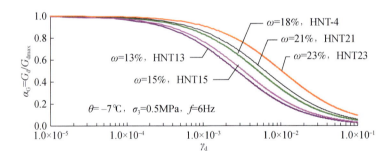

图 3-10　不同含水率ω下α_G与γ_d之间关系

3）频率的影响

在围压$\sigma_3 = 0.5\text{MPa}$、温度$\theta = -0.7℃$、含水率$\omega = 18.2\%$不变条件下，5 种不同振动荷载频率下的动剪应力τ_d与动剪应变γ_d之间关系曲线的骨干线见图 3-11。由图 3-11 可以看出，振动荷载的频率对冻结细粒填料动强度影响很小，随着频率提高，冻结细粒填料动强度虽然有所增加，但是增加幅度不大，这是由于冻结填料中冰晶体、冰–土颗粒胶结之弱化、损伤、破坏，本属于晶格位错滑移、攀移、塌陷等过程变化，而这种过程变化需要足够时间才能完成，因此在力的方向往返改变的循环荷载作用下对振动频率反应不敏感，不

过在频率较高的振动作用下，冻结填料发生相同动剪应变需要较高的动应力，骨干线较陡。

在围压 $\sigma_3 = 0.5\mathrm{MPa}$、温度 $\theta = -0.7℃$、$\omega = 18.2\%$ 不变条件下，5 种不同频率 f 下的动剪切模量拟合参数 a、b 见表 3-2，G_{dmax}、γ_{d} 与频率 f 之间关系见图 3-12，相应的多项式拟合见式（3-17）、式（3-18）。由图 3-12 可以看出：①频率 $f = 6\mathrm{Hz}$，最大动剪切模量 G_{dmax} 达到最大值；②频率 $f < 6\mathrm{Hz}$，最大动剪切模量 G_{dmax} 随着频率 f 增加而增大；③频率 $f > 6\mathrm{Hz}$，最大动剪切模量 G_{dmax} 随着频率 f 增加而有所减小；④参考动剪应变 γ_{dr} 随着频率 f 变化规律则与之相反；⑤最大动剪切模量 G_{dmax}、参考动剪应变 γ_{dr} 随着频率 f 变化存在一个相同的临界频率 $f = 6\mathrm{Hz}$。

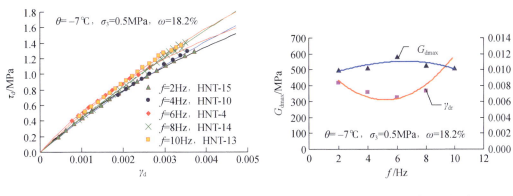

图 3-11　不同频率 f 下骨干线　　　　　图 3-12　G_{dmax}、γ_{dr} 与 f 之间关系

$$G_{\mathrm{dmax}} = -0.1569f^3 - 0.6232f^2 + 28.576f + 437.63\,(R^2 = 0.8232) \tag{3-17}$$

$$\gamma_{\mathrm{dr}} = 0.0002459f^2 - 0.0025469f + 0.0127947\,(R^2 = 0.966) \tag{3-18}$$

不同频率 f 振动输入下，冻结细粒填料动剪切模量比 $\alpha_{\mathrm{G}} = G_{\mathrm{d}}/G_{\mathrm{dmax}}$ 与动剪应变 γ_{d} 之间拟合关系见图 3-13。由图 3-13 可以看出：①动剪应变 $\gamma_{\mathrm{d}} < 1.0 \times 10^{-4}$，即小应变下，振动荷载的不同频率对动剪切模量比 α_{G} 影响极小或几乎无影响，表现为 α_{G}-γ_{d} 曲线几乎重合或极其接近；②之后，随着 γ_{d} 增加，α_{G} 逐渐降低且受频率变化影响越来越大，直至 γ_{d} 接近 1.0×10^{-1}（较大动应变），振动荷载的不同频率对 α_{G} 影响又逐渐减小；③频率 $f = 6\mathrm{Hz}$ 振动荷载下，α_{G} 最小，表明对于试验采用的细粒填料，频率 $f = 6\mathrm{Hz}$ 为门槛值，频率小于或大于这一门槛值，α_{G} 均较大。

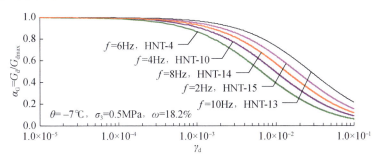

图 3-13　不同振动荷载频率 f 下 α_{G} 与 γ_{d} 之间关系

4）围压的影响

在温度 $\theta = -0.7℃$、频率 $f = 6$ Hz、含水率 $\omega = 18.2\%$ 不变条件下，5 种不同围压 σ_3 下的动剪应力 τ_d 与动剪应变 γ_d 之间关系曲线的骨干线见图 3-14。由图 3-14 可以看出，针对试验采用的细粒填料制备的冻结试件，在试验围压 σ_3 为 0.5 ~ 1.5MPa，围压 σ_3 变化对冻结细粒填料的动应力-动应变之间变化关系影响不明显，这是由于在一定冻结负温与含水率条件下，任何冻土在较高围压作用下的冰晶压融作用总趋于某一极限值、冰-土颗粒之间胶结力也总趋于一致，因此冻土在动力作用下的动强度随着围压变化而变化不明显，针对不同围岩条件的相同动剪应变下的动应力相近，骨干线相差不大；但是，随着动剪应变增大，相应需要的动剪应力也显著增大，表现为骨干线较陡。

在温度 $\theta = -0.7℃$、频率 $f = 6$ Hz、含水率 $\omega = 18.2\%$ 不变条件下，5 种不同围压下的动剪切模量拟合参数 a、b 见表 3-2，G_{dmax}、γ_{dr} 与围压 σ_3 之间关系见图 3-15，相应的多项拟合式见式（3-19）、式（3-20）。由图 3-15 可以看出，最大动剪切模量 G_{dmax} 随着围压增加而增大，参考动剪应变 γ_{dr} 则与之相反。

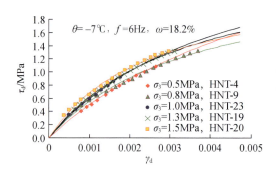

图 3-14　不同围压 σ_3 下骨干线

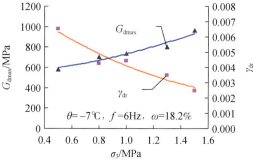

图 3-15　G_{dmax}、γ_{dr} 与 σ_3 之间关系

$$G_{dmax} = 132.57\sigma_3^2 + 72.763\sigma_3 + 528.11 \, (R^2 = 0.9715) \tag{3-19}$$

$$\gamma_{dr} = 0.0015985\,\sigma_3^2 - 0.0068033\,\sigma_3 + 0.0093194 \, (R^2 = 0.9607) \tag{3-20}$$

不同围压 σ_3 下，冻结细粒填料动剪切模量比 $\alpha_G = G_d/G_{dmax}$ 与动剪应变 γ_d 之间拟合关系见图 3-16。由图 3-16 可以看出：①动剪应变 $\gamma_d < 1.0 \times 10^{-4}$，即小应变下，围压变化对动剪切模量比 α_G 影响极小或几乎无影响，表现为 α_G-γ_d 曲线几乎重合或极其接近；②之后，随着 γ_d 增加，α_G 逐渐降低且受围压变化影响越来越大，直至 γ_d 接近 1.0×10^{-1}（较大动应

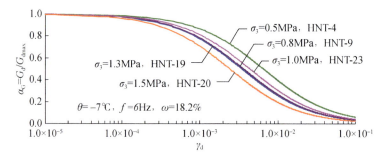

图 3-16　不同围压 σ_3 条件下 α_G 与 γ_d 之间关系

变），围压变化对 α_G 影响又逐渐减小；③围压 $\sigma_3 = 1.5\text{MPa}$，α_G 最小；④针对试验采用的细粒填料，在温度 $\theta = -0.7℃$、频率 $f = 6\text{Hz}$、含水率 $\omega = 18.2\%$ 不变条件下，试验围压变化于 $0.5 \sim 1.5\text{MPa}$，α_G 随着围压增加而降低。

5）影响因素之间耦联关系

基于上述试验结果，不难看出，针对试验采用的细粒填料，试验设计负温与围压、输入振动荷载频率、填料初始含水率对冻结细粒填料动剪切模量指标具有重要影响，而这四种因素的影响相互之间具有不可忽视的耦联效应。因此，可以对以上试验成果，采用多元回归分析方法，获得描述最大动剪切模量 G_{dmax}、参考动剪应变 γ_{dr} 与各影响因素之间关系的回归式，见式（3-21）、式（3-22）。

$$G_{dmax} = \eta_{G\theta}\eta_{G\omega}\eta_{Gf}\eta_{G\sigma}583.52 \tag{3-21}$$

$$\gamma_{dr} = \eta_{\gamma\theta}\eta_{\gamma\omega}\eta_{\gamma f}\eta_{\gamma\sigma}0.006328 \tag{3-22}$$

式中，$\eta_{G\theta}$、$\eta_{G\omega}$、η_{Gf}、$\eta_{G\sigma}$ 分别为负温、含水率、频率、围压针对最大剪切模量的修正系数，由下式计算。

$$\eta_{G\theta} = (-0.7782\theta^3 - 20.708\theta^2 - 178.37\theta + 89.607)/590.43$$

$$\eta_{G\omega} = (669500\omega^3 - 404717\omega^2 + 80391\omega - 4668.8)/593.27$$

$$\eta_{Gf} = (-0.1569f^3 - 0.6232f^2 + 28.576f + 437.63)/552.76$$

$$\eta_{G\sigma} = (132.57\sigma_3^2 + 72.763\sigma_3 + 528.11)/597.63$$

$\eta_{\gamma\theta}$、$\eta_{\gamma\omega}$、$\eta_{\gamma f}$、$\eta_{\gamma\sigma}$ 分别为负温、含水量、频率、围压针对参考剪应变幅值的修正系数，由下式计算。

$$\eta_{\gamma\theta} = (0.0001328\theta^2 + 0.000419\theta + 0.0034936)/0.007068$$

$$\eta_{\gamma\omega} = (0.0383547\omega^2 + 0.0469797\omega - 0.0041385)/0.006317$$

$$\eta_{\gamma f} = (0.0002459f^2 - 0.0025469f + 0.0127947)/0.006366$$

$$\eta_{\gamma\sigma} = (0.0015985\sigma_3^2 - 0.0068033\sigma_3 + 0.0093194)/0.005561$$

由于受限试验条件，试验数据有一定离散性，根据以上拟合公式计算冻结细粒填料的最大动剪切模量 G_{dmax} 与参考剪应变幅值 γ_{dr} 的回归值，与试验值对比分析结果见表 3-3。由表 3-3 不难看出，冻结细粒填料的最大动剪切模量的试验值与回归值之间误差不超过容许范围，而参考剪应变幅值的试验值与回归值之间误差较多超过容许范围。

表 3-3　冻结细粒填料最大动剪切模量与参考剪应变幅值

试件编号	最大动剪切模量 G_{dmax}/MPa			参考剪应变幅 γ_{dr}		
	试验值	回归值	误差/%	试验值	回归值	误差/%
NT-11	368.72	369.74	0.28	0.003338	0.003187	4.52
NT-12	566.85	561.03	1.04	0.004604	0.004719	2.43
NT-04	582.27	590.43	1.38	0.006530	0.007068	7.61
NT-24	585.78	580.71	0.87	0.013573	0.012584	7.86
NT-16	591.04	592.82	0.30	0.017099	0.017589	2.78
NT13-1	410.12	413.20	0.75	0.002705	0.002617	3.34
NT15-1	551.92	543.28	1.59	0.003323	0.003771	11.90
NT21-1	574.18	565.53	1.53	0.006353	0.007419	14.37

试件编号	最大动剪切模量 G_{dmax}/MPa			参考剪应变幅 γ_{dr}		
	试验值	回归值	误差/%	试验值	回归值	误差/%
NT23-1	554.34	557.41	0.55	0.009154	0.008696	5.27
NT-15	495.95	491.03	1.00	0.008340	0.008685	3.96
NT-10	512.25	531.92	3.70	0.007173	0.006542	9.65
NT-14	526.36	546.02	3.60	0.007300	0.008157	10.51
NT-13	509.11	504.17	0.98	0.012310	0.011916	3.31
NT-09	705.89	671.17	5.17	0.004277	0.004900	12.71
NT-23	734.34	733.44	0.12	0.004434	0.004115	7.75
NT-19	799.75	846.75	5.55	0.003495	0.003177	10.04
NT-20	962.25	935.54	2.86	0.002483	0.002711	8.41

3.3.2　冻结细粒填料阻尼比

研究与监测表明，列车行驶路基振动反应隶属于小变形，因此在轨道路基振动反应与稳定性分析中，填料的动本构模型可以选择土动力学与岩土地震工程中广泛应用的等效线性化模型。在等效线性化模型中，填料/土的阻尼比是动剪应变幅值 γ_d 的函数，根据式（3-11）、式（3-13）、图3-4，采用冻结细粒填料低温动三轴试验数据计算阻尼比，得到不同负温、含水率、频率、围压条件下的阻尼比 λ 与动剪应变幅值 γ_d 之间关系曲线，拟合获得参数 λ_{max}、n 见表3-4，并得到不同影响因素下的拟合参数、试验点、拟合曲线。可以看出，填料的阻尼比随着动剪应变幅值增大而显著增大，这是由于动剪应变越大，填料的黏滞阻尼耗能越多，因而阻尼比越大。根据试验结果，下面分别详细讨论上述各因素对冻结细粒填料阻尼比的影响情况。

表 3-4　冻结细粒填料阻尼比试验条件与拟合参数

试件编号	负温 θ/℃	含水率 ω/%	频率 f/Hz	围压 σ_3/MPa	振次 N	拟合参数		均方差 S	相关系数 R^2
						λ_{max}	n		
NT-11	−2					0.44252	0.14689	3.39×10^{-6}	0.97595
NT-12	−5					0.35011	0.17555	4.48×10^{-6}	0.94834
NT-4	−7	18.19	6	0.5	12	0.34210	0.23562	5.05×10^{-6}	0.98198
NT-24	−10					0.33190	0.27764	5.92×10^{-6}	0.97598
NT-16	−12					0.34508	0.38194	9.25×10^{-6}	0.95553
NT13-1		13				0.41014	0.19611	2.56×10^{-5}	0.96249
NT15-1	−7	15	6	0.5	12	0.40158	0.25212	1.38×10^{-5}	0.94290
NT21-1		21				0.31576	0.25513	5.20×10^{-6}	0.95202
NT23-1		23				0.36005	0.25219	4.71×10^{-5}	0.90469

续表

试件编号	负温 $\theta/℃$	含水率 $\omega/\%$	频率 f/Hz	围压 σ_3/MPa	振次 N	拟合参数		均方差 S	相关系数 R^2
						λ_{max}	n		
NT-15	−7	18.19	2	0.5	12	0.30311	0.25997	1.12×10^{-5}	0.96597
NT-10			4			0.36255	0.25435	9.39×10^{-6}	0.99280
NT-14			8			0.51061	0.26857	7.75×10^{-6}	0.99150
NT-13			10			0.52745	0.38276	1.34×10^{-5}	0.96137
NT-9	−7	18.19	6	0.8	12	0.3102	0.27048	1.88×10^{-6}	0.97878
NT-23				1.0		0.37970	0.27160	6.47×10^{-6}	0.96202
NT-19				1.3		0.40802	0.37073	4.73×10^{-6}	0.98115
NT-20				1.5		0.37221	0.40836	5.29×10^{-6}	0.96074

1）负温的影响

在围压 $\sigma_3=0.5MPa$、含水率 $\omega=18.19\%$、频率 $f=6Hz$ 不变条件下，冻结细粒填料在 5 种不同负温 θ 下的阻尼比拟合参数见表 3-4，λ_{max}、n 与负温 θ 之间关系见图 3-17，相应的多项拟合式见式（3-23）、式（3-24）。由图 3-17 可以看出：①随着负温 θ 上升，λ_{max} 增大、n 减小；②但是，负温 $\theta<-5℃$，λ_{max} 变化不大；③负温 $\theta>-5℃$，λ_{max} 随着负温 θ 升高而迅速增大，$-2℃$ 的 λ_{max} 相对于 $-5℃$ 的 λ_{max} 增加 26.4%，说明负温 θ 越高，填料冻结的动刚度与动模量越低、土颗粒/土骨架与冰晶体的综合密实度越差，致使冻结填料的阻尼越大。进一步研究表明，填料颗粒越细或填料中黏粒含量越高，负温变化对冻结填料阻尼比的影响也越大。

$$\lambda_{max}=0.000208\theta^3+0.006662\theta^2+0.067366\theta+0.551384\quad(R^2=0.9940)\quad(3-23)$$

$$n=0.0016933\theta^2+0.0013704\theta+0.1443409\quad(R^2=0.9862)\quad(3-24)$$

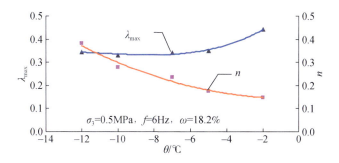

图 3-17　λ_{max}、n 与 θ 之间关系

不同负温条件下的阻尼比 λ 与动剪应变幅值 γ_d 之间关系见图 3-18。从图 3-18 可以看出，阻尼比 λ 随着动剪应变幅值 γ_d 增大、随着负温 θ 升高而显著增大，这是由于冻结填料因动剪应变幅值 γ_d 增大而结构损伤与破坏作用加大、因负温升高而使冰晶融化且未冻水含量增多，致使阻尼比 λ 增大，$-2℃$ 高温冻土（冻结填料）对振动能吸收较大。

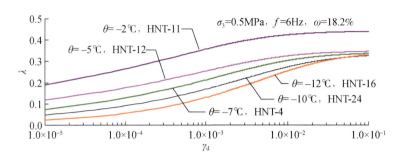

图 3-18　不同负温 θ 下 λ 与 γ_d 之间关系

2）含水率的影响

在围压 $\sigma_3=0.5\text{MPa}$、负温 $\theta=-7^\circ\text{C}$、频率 $f=6\text{Hz}$ 不变条件下，5 种不同含水率 ω 下的阻尼比拟合参数见表 3-4，λ_{max}、n 与含水率 ω 之间关系见图 3-19，相应的多项拟合式见式（3-25）、式（3-26）。由图 3-19 可以看出，随着含水率增加，冻结细粒填料的最大阻尼比 λ_{max} 略有减少、n 略有增大，而含水率 $\omega \geqslant 0.18$，含水率 ω 变化对 λ_{max}、n 影响很小，说明含水率对填料阻尼影响较小且高含水率下可以近似不考虑含水率变化对阻尼影响。

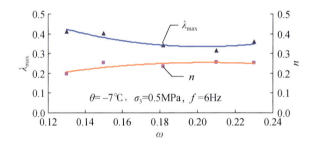

图 3-19　λ_{max}、n 与 ω 之间关系

$$\lambda_{max}=16.59324\omega^2-6.72053\omega+1.01572\,(R^2=0.9054) \qquad (3\text{-}25)$$
$$n=-8.537034\omega^2+3.495122\omega-0.102868\,(R^2=0.8352) \qquad (3\text{-}26)$$

冻结细粒填料不同含水率 ω 下的阻尼比 λ 与动剪应变幅值 γ_d 之间关系见图 3-20。从图 3-20 可以看出：①阻尼比 λ 随着动剪应变幅值增大而显著增大；②含水率 ω 由 13% 增大到 18%，阻尼比 λ 降低明显；③含水率 ω 达到 18% 之后，阻尼比 λ 变化很小，这是由于较高含水率 ω 下，填料中冰晶较多，致使填料颗粒与冰晶体总体密实度较大、动强度较高、动刚度较大且趋于稳定，因此振动反应耗能减少且趋于稳定；④但是，含水率 ω 达到 21%，在小动剪应变幅值 γ_d 下（$\gamma_d<1.0\times10^{-3}$）的阻尼比 λ 显著小于较大动剪应变幅值 γ_d 下的阻尼比 λ，这是由于在相同冻结负温下，填料初始含水率 ω 越高，冻结之后的未冻水含量越多，填料颗粒与冰晶体总体密实度、动强度、动刚度越低，因此较大动剪应变幅值 γ_d 下结构损伤与破坏作用越大，致使阻尼比 λ 显著增大。

3）频率的影响

在围压 $\sigma_3=0.5\text{MPa}$、$\omega=18.2\%$、$\theta=-7^\circ\text{C}$ 不变条件下，5 种不同频率 f 下的阻尼比拟

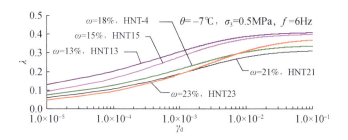

图 3-20　不同含水率 ω 下 λ 与 γ_d 之间关系

合参数见表 3-4，λ_{max}、n 与频率 f 之间关系见图 3-21，相应的多项拟合式见式（3-27）、式（3-28）。由图 3-21 可以看出：①冻结细粒填料的最大阻尼比 λ_{max} 随着振动荷载的频率 f 增加而增大；②频率变化于 $f = 2 \sim 6\text{Hz}$，n 随着频率 f 增加而略有降低，而频率 $f > 6\text{Hz}$，n 随着频率 f 增加而增加，因此针对试验采用的细粒填料，频率 f 对冻结填料 n 的影响存在一个临界频率 $f = 6\text{Hz}$。

$$\lambda_{max} = 0.001853f^2 + 0.007603f + 0.282022 \quad (R^2 = 0.9284) \tag{3-27}$$

$$n = 0.005203f^2 - 0.04944f + 0.34798 \quad (R^2 = 0.9663) \tag{3-28}$$

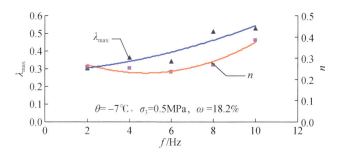

图 3-21　λ_{max}、n 与 f 之间关系

不同频率 f 下的阻尼比 λ 与 γ_d 之间关系见图 3-22。从图 3-22 可以看出：①阻尼比 λ 随着动剪应变幅值 γ_d 增大而显著增大，这是由于动剪应变幅值 γ_d 越大，冻结细粒填料结构损伤与破坏作用越大，振动反应耗能越大，表现为阻尼比 λ 越大；②小动剪应变幅值 γ_d（$\gamma_d < 1.0 \times 10^{-3}$）下，5 种不同频率 f 下的阻尼比 λ 随着动剪应变幅值 γ_d 的变化规律基本一致，

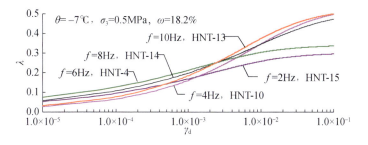

图 3-22　不同频率 f 下 λ 与 γ_d 之间关系

并且阻尼比 λ 均较低；③较大动剪应变幅值 γ_d（$\gamma_d > 1.0 \times 10^{-3}$）下，频率 $f = 2\,\mathrm{Hz}$、$f = 6\,\mathrm{Hz}$ 与频率 $f = 4\,\mathrm{Hz}$、$f = 8\,\mathrm{Hz}$、$f = 10\,\mathrm{Hz}$ 对应的阻尼比 λ 随着动剪应变幅值 γ_d 增大而上升的幅度显著不同，前者上升较慢，后者上升较快，这是由于冻结细粒填料试件的自振特性与应变程度关系密切，致使不同动剪应变幅值 γ_d 下的填料颗粒与冰晶体的密实度、结构损伤与破坏作用不同，因此振动反应的耗能作用不同，表现为阻尼比 λ 不同。

　　4）围压的影响

　　在频率 $f = 6\,\mathrm{Hz}$、含水率 $\omega = 18.2\%$、负温 $\theta = -7℃$ 不变条件下，5 种不同围压 σ_3 下的阻尼比拟合参数见表 3-4，$\lambda_{\max}$、n 与围压 σ_3 之间关系见图 3-23，相应的多项拟合式见式（3-29）、式（3-30）。由图 3-23 可以看出，$\lambda_{\max}$、n 随着围压 σ_3 增加而增大。

$$\lambda_{\max} = -0.022816\sigma_3^2 + 0.107297\sigma_3 + 0.280173 \,(R^2 = 0.7235) \tag{3-29}$$

$$n = 0.142553\sigma_3^2 - 0.107629\sigma_3 + 0.254919 \,(R^2 = 0.9840) \tag{3-30}$$

　　不同围压 σ_3 下的阻尼比 λ 与 γ_d 之间关系见图 3-24。由图 3-24 可以看出：①阻尼比随着动剪应变幅值 γ_d 增大而显著增大，并且 5 种不同围压 σ_3 下的变化规律基本一致；②动剪应变幅值 $\gamma_d < 1.0 \times 10^{-3}$（小应变），5 种不同围压 σ_3 下的阻尼比 λ 很接近，这是小应变下冻结细粒填料试件结构损伤很小，因此围压 σ_3 变化对阻尼影响很小；③动剪应变幅值 $\gamma_d > 1.0 \times 10^{-3}$，阻尼比 λ 因围压 σ_3 增大而增大，这是较大应变使得试件结构损伤较大，并且围压 σ_3 上升更加剧试件结构损伤与破坏作用，因此围压 σ_3 越大、阻尼越大，但是围压 $\sigma_3 = 0.8\,\mathrm{MPa}$，阻尼比 λ 最小，表明在频率 $f = 6\,\mathrm{Hz}$、含水率 $\omega = 18.2\%$、负温 $\theta = -7℃$ 不变条件下，$0.8\,\mathrm{MPa}$ 围压 σ_3 有利于减小试件结构损伤，这一点对于预估路基显著破坏深度显然具有重要意义。

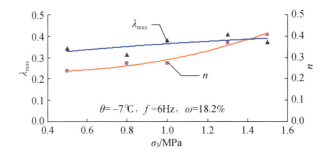

图 3-23　不同围压 σ_3 下 λ 与 γ_d 之间关系

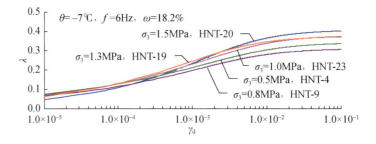

图 3-24　不同围压 σ_3 下 λ 与 γ_d 之间关系

5）影响因素之间耦联关系

基于上述试验结果，不难看出，针对试验采用的细粒填料，试验设计负温与围压、输入振动荷载频率、填料初始含水率对冻结细粒填料阻尼比指标具有重要影响，而这四种因素的影响相互之间具有不可忽视的耦联效应。因此，可以对以上试验成果，采用多元回归分析方法，获得描述 λ_{max}、n 与各影响因素之间关系的回归式子，见式（3-31）、式（3-32）。

$$\lambda_{max} = \eta_{\lambda\theta}\eta_{\lambda\omega}\eta_{\lambda f}\eta_{\lambda\sigma}0.35026 \tag{3-31}$$

$$n = \eta_{n\theta}\eta_{n\omega}\eta_{nf}\eta_{n\sigma}0.2357 \tag{3-32}$$

式中，$\eta_{\lambda\theta}$、$\eta_{\lambda\omega}$、$\eta_{\lambda f}$、$\eta_{\lambda\sigma}$ 分别为对应于最大阻尼比的负温、含水率、频率、围压的修正系数，由下式计算。

$$\eta_{\lambda\theta} = (0.000208\theta^3 + 0.006662\theta^2 + 0.067366\theta + 0.551384)/0.3349$$

$$\eta_{\lambda\omega} = (16.59324\omega^2 - 6.72053\omega + 1.01572)/0.3436$$

$$\eta_{\lambda f} = (0.001853f^2 + 0.007603f + 0.282022)/0.3943$$

$$\eta_{\lambda\sigma} = (-0.022816\sigma_3^2 + 0.107297\sigma_3 + 0.280173)/0.3281$$

$\eta_{n\theta}$、$\eta_{n\omega}$、η_{nf}、$\eta_{n\sigma}$ 分别为阻尼比参数 n 的负温、含水量、频率、围压的修正系数，由下式计算。

$$\eta_{n\theta} = (0.0016933\theta^2 + 0.0013704\theta + 0.1443409)/0.2177$$

$$\eta_{n\omega} = (-8.537034\omega^2 + 3.495122\omega - 0.102868)/0.2496$$

$$\eta_{nf} = (0.005203f^2 - 0.04944f + 0.34798)/0.2386$$

$$\eta_{n\sigma} = (0.142553\sigma_3^2 - 0.107629\sigma_3 + 0.254919)/0.2367$$

由于受限试验条件，试验数据有一定离散性，根据以上拟合公式计算冻结细粒填料的最大阻尼比 λ_{max} 与参数 n 的回归值，与试验值对比分析结果见表 3-5。由表 3-5 不难看出，针对试验采用的细粒填料，冻结试件的 λ_{max}、n 的试验值与回归值之间误差均在容许范围之内。

表 3-5 冻结细粒填料最大阻尼比 λ_{max} 与参数 n 值

试件编号	最大阻尼比 λ_{max}			参数 n		
	试验值	回归值	误差/%	试验值	回归值	误差/%
NT-11	0.44252	0.44164	0.20	0.14689	0.14837	1.01
NT-12	0.35011	0.35510	1.41	0.17555	0.17982	2.38
NT-04	0.34210	0.33492	2.15	0.23560	0.21772	8.21
NT-24	0.33190	0.33592	1.20	0.27764	0.29997	7.44
NT-16	0.34508	0.34290	0.64	0.38194	0.37173	2.75
NT13-1	0.41014	0.42248	2.92	0.19611	0.20722	5.36
NT15-1	0.40158	0.38099	5.40	0.25200	0.22932	9.89
NT21-1	0.31576	0.33617	6.07	0.25513	0.25462	0.20
NT23-1	0.36005	0.34778	3.53	0.25219	0.24940	1.12
NT-15	0.30311	0.30464	0.50	0.25997	0.26991	3.68
NT-10	0.36255	0.34208	5.98	0.25435	0.23347	8.94

续表

试件编号	最大阻尼比 λ_{max}			参数 n		
	试验值	回归值	误差/%	试验值	回归值	误差/%
NT-14	0.51061	0.46144	9.63	0.26857	0.28545	5.91
NT-13	0.52745	0.54335	2.93	0.38276	0.37388	2.38
NT-09	0.31300	0.35141	10.93	0.27048	0.26005	4.01
NT-23	0.37970	0.36465	4.13	0.27160	0.28984	6.29
NT-19	0.40800	0.38110	7.06	0.37073	0.35592	4.16
NT-20	0.37226	0.38978	4.50	0.40836	0.41422	1.41

任何一种材料的动力特性最直接反映的一个重要方面是材料的动力学参数。因此，以上基于低温动三轴试验，详细研究了轨道交通振动荷载作用下路基冻结细粒填料的动力学参数与影响因素，针对冻结细粒填料的动剪切模量、阻尼比骨干线，分析了负温、频率、含水率、围压对动力学参数影响，并且获得了冻结细粒填料动力学参数与各影响因素之间的关系。结果表明，影响冻结细粒填料动力学参数的最重要因素是负温、含水率，尤其是高温冻结细粒填料的动力学参数倍受二者影响。基于上述工作，深刻认识了轨道交通振动荷载作用下路基冻结细粒填料的动力特性与影响因素。

参 考 文 献

［1］赵学思，高速铁路路基体计算中的列车荷载模拟问题研究 ［J］. 铁道勘察，2007，130（03）：55-56.

［2］张克绪，凌贤长. 地震工程及工程振动 ［M］. 北京：科学出版社，2016.

［3］张克绪，谢君斐. 土动力学 ［M］. 北京：地震出版社，1989.

［4］Ling X Z, Li Q L, Wang L N, et al. Stiffness and damping radioevolution of frozen clays under long-term low-level repeated cyclic loading: Experimental evidence and evolution model ［J］. Cold Regions Science and Technology，2013，86：45-56.

［5］Ling X Z, Zhang F, Li Q L, et al. Dynamic shear modulus and damping ratio of frozen compacted sand subjected to freeze-thaw cycle under multi-stage cyclic loading ［J］. Soil Dynamics and Earthquake Engineering，2015，76：111-121.

［6］Geng L, Cong S Y, Luo J, et al. Stress-Strain model for freezing silty clay under frost heave based on modified Takashi's equation ［J］. Applied Sciences，2020，10（21）：7753.

［7］Kong X X, Tian S, Tang L, et al. Dynamic behavior of coarse-grained materials with different fines contents after freeze-thaw cycles under multi-stage dynamic loading: experimental study and empirical model ［J］. Cold Regions Science and Technology，2020，175：103078.

［8］Tian S, Tang L, Ling X Z, et al. Cyclic behaviour of coarse-grained materials exposed to freeze-thaw cycles: experimental evidence and evolution model ［J］. Cold Regions Science and Technology，2019，167：102815.

［9］Wang J H, Ling X Z, Li Q L, et al. Accumulated permanent strain and critical dynamic stress of frozen silty clay under cyclic loading ［J］. Cold Regions Science and Technology，2018，153：130-143.

［10］Li Q L, Ling X Z, Hu J J, et al. Experimental investigation on dilatancy behavior of frozen silty clay subjected to long-term cyclic loading ［J］. Cold Regions Science and Technology，2018，153：156-163.

第4章 列车振动下路基冻结细粒填料长期累积应变

§4.1 引　　言

轨道路基长期累积变形（永久变形）控制是保证路基长期稳定性、正常工作状态与列车运行安全之关键，尤其是寒区存在反复冻融循环与长期列车行驶振动耦合作用更加剧路基永久变形，成为倍受关注的寒区轨道交通路基工程中一个极其重要的焦点与难点问题。基于研究角度，可以采用永久应变更科学地刻画轨道路基长期累积变形或永久变形。永久应变：针对寒区轨道路基，在反复冻融循环与长期列车行驶振动耦合作用下，路基土体产生的不可恢复应变，即土体永久变形的一个重要衡量或考量指标，这一指标的量值与路基冻融状态密切相关。当今，随着世界各铁路大国不断发展重载铁路、高速铁路、快速铁路，逐渐关注长期循环荷载作用下路基土体动力性能与累积应变，但是研究工作主要集中于土体累积应变规律，而针对动力加载模式的土体累积应变演化问题研究的相关报道的碎片化现象严重，特别是针对高寒区的此项研究更加匮乏。

现场监测与试验研究表明，在高幅循环荷载或长期低幅循环荷载作用下，土的塑性变形累积作用，致使土的动力性能发生较大变化，这种变化在精细化数值模拟计算中值得关注。虽然在包括单次振动或较少次数振动在内的列车行驶振动作用下路基可能不发生瞬时破坏而失效，但是在长期振动荷载反复作用下，即使荷载幅值很小，也可能引起较大的变形累积，导致路基变形过大而影响正常服役性能，这一点极其重要。

基于上述，针对路基冻结细粒填料（冻土），以列车行驶往复循环荷载作用下动力变形机制为出发点，以动剪切模量、动体积模量为动力性能的评价指标，立足于试验结果，探讨长期往复循环加载作用下动态特性本征变化规律，在此基础上，研究长期低幅往复循环荷载作用下塑性应变的累积速率、流动方向与长期加载过程中回弹特性，并且考察初始应力状态、往复循环荷载幅值、相关环境因素的影响规律，此外根据获得的塑性变形与动态模量演化过程之间相关性，建立动态模量的计算模型，为进一步构建动弹塑性本构模型与长期低幅往复循环荷载作用下累积本构模型提出模型参数的合理获取方法。

塑性应变的累积速率：在长期低幅往复循环荷载作用下，冻土或冻结细粒填料试件的塑性应变随着荷载振动次数（简称振次）增多而不断累积的快慢程度，也可以理解为低幅往复循环荷载的每一振次（每一周期振动循环）产生的塑性应变值或每若干周期振动循环产生的累积塑性应变。

§4.2　长期往复循环荷载下冻结细粒填料力学性能试验

4.2.1　填料土性与试件制备

路基细粒填料土样为采自青藏铁路北麓河段路基沿线的粉质黏土（高原多年冻土区。粉质黏土因分布广泛且易于获取而成为除了高速铁路之外的很多轨道路基较多采用的细粒填料，或者按照一定比例掺入粗粒填料中配合使用），颗粒级配曲线见图4-1，最优含水率为14.0%，最佳干密度为1.85g/cm³，塑限为11.5%，液限为19.5%。依据《铁路工程土工试验规程》（TB 10102—2010）中关于土的重型击实试验规定，利用湿法制备重塑土击实试件。根据试验设计的土样含水率要求，首先制备预定含水率的土样，闷置24h后再制备试件。为了确保试验结果可比性，采用标准方法批量制备一批试件（采用重型击实仪分三层人工击实制备重塑土试件），控制所有试件的干密度为1.50g/cm³，试件脱模的标准试件尺寸为直径61.8mm，高度125mm。为了保证试件均匀压实，采用双向压实方法达到预定尺寸即可。为了防止试件冻结过程中产生冻胀变形且保证试件均匀性，利用标准三瓣模将压制的试件装模，两端利用标

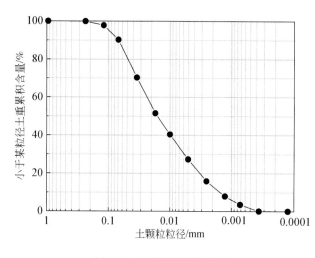

图4-1　土样颗粒级配曲线

准模头固定后迅速置于-30℃冷柜中快速冻结24h，之后取出试件，拆掉三瓣模，迅速采用黑色乳胶套套橡皮膜，之后将试件放入预定温度的恒温箱中，恒温12h后，放入低温动三轴试验腔体中进行试验加载。试件压实系统、成型试件见图4-2。

4.2.2　试验装备与加载模式

在冻土工程国家重点实验室，采用MTS-810低温动三轴试验系统（系统主要性能见第3章中3.2.1节），完成长期循环荷载作用下冻结细粒填料长期累积变形与相关动模量、动体积应变的试验工作。试验动力加载模式见图4-3，首先将试件施加初始轴向静应力$\sigma_{1,0}$、围压应力$\sigma_{3,0}$（固结静应力），保持静力加载10h而使之稳定后再施加轴向振动应力σ_{rep}。相对于初始轴向静应力$\sigma_{1,0}$，轴向振动应力σ_{rep}为单向加载，加载波形为正弦波，见图4-3；轴向振动应力σ_{rep}加载过程中，初始轴向静应力$\sigma_{1,0}$保持不变，见图4-3，轴向振动应力σ_{rep}的幅值为σ_d。在非冻土动力学参数或动强度试验中，一般将轴向应变达到5%作为动力加载的终止标准，但是冻土轴向应变达到5%尚具有较高强度，因此将取轴向应变15%作为动力加载的终止标准。然而，在轴向低幅往复循环加载过程中，由于轴向应变

图 4-2　试件压实系统与成型试件

趋于稳定，不能达到应变控制的破坏标准，因此以振动次数达到 20000 次作为动力加载的终止标准。初始三维静力状态为等向应力，即为 $\sigma_{1,0} = \sigma_{2,0} = \sigma_{3,0}$。

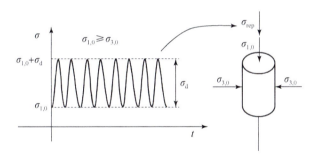

图 4-3　低温动三轴试验加载模式示意图

4.2.3　试验条件与数据处理

试验研究表明[1-3]，在往复循环荷载作用下，往复循环荷载幅值不同，致使冻结细粒填料或冻土塑性变形随着振动次数发展模式有所不同，低幅值往复循环荷载作用下的塑性变形增长速率逐渐较小，而高幅值往复循环荷载作用下的塑性变形增长速率加快且振动次数较少便破坏，这两种往复循环荷载试验工况的动力性能可能有所不同。鉴于此，分别进行高幅值往复循环荷载作用下 16 个试件试验、长期低幅往复循环荷载作用下 14 个试件试验，二者试件的冻结负温均为−5℃、初始含水率均为 14%、其他试验条件见表 4-1。

表 4-1　冻结细粒填料低温动三轴试验条件

加载模式	试件编号	围压/MPa	动应力幅值/MPa	加载模式	试件编号	围压/MPa	动应力幅值/MPa
高幅往复循环荷载	GF01	0.6	4.2	长期低幅往复循环荷载	DF01	0.6	2.1
	GF02		4.5		DF02		2.4
	GF03		4.8		DF03		2.7
	GF04		5.1				
	GF05	0.9	4.5		DF04	0.9	2.1
	GF06		4.8		DF05		2.4
	GF07		5.1		DF06		2.7
	GF08	1.2	4.5		DF07	1.2	2.1
	GF09		4.8		DF08		2.4
	GF10		5.1		DF09		2.7
	GF11	1.5	4.8		DF10	1.5	2.1
	GF12		5.1		DF11		2.4
	GF13		5.4		DF12		2.7
	GF14	1.8	4.8		DF13	1.8	2.4
	GF15		5.1		DF14		2.7
	GF16		5.4				

试验结果表明，在往复循环荷载作用下，冻结细粒填料应力-应变关系曲线表现出强烈非线性过程，即显著的滞后性、应变累积性，图 4-4 即为剪应力（体应力）-剪应变（体应变）之间关系曲线，图中 $q(p)$ 为剪应力（体应力）、$\varepsilon_q(\varepsilon_p)$ 为剪应变（体应变）、$q_0(p_0)$ 为初始剪应力（初始体应力。也即在往复循环荷载施加之前的固结剪应力、固结体应力）、1^{st}cycle 为第 1 周循环荷载、N^{th}cycle 为第 N 周循环荷载、$\varepsilon_{q,1}^{acc}(\varepsilon_{v,1}^{acc})$ 为第一周循环荷载之后产生的累积剪应变（累积体应变）、$\varepsilon_{q,N}^{acc}(\varepsilon_{v,N}^{acc})$ 为第 N 周循环荷载之后产生的

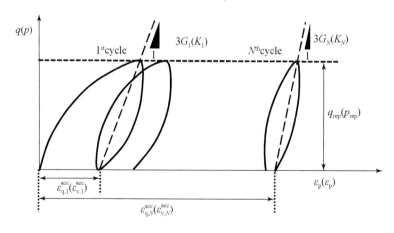

图 4-4　低温动三轴试验剪应力（体应力）-剪应变（体应变）之间关系示意图

累积剪应变（累积体应变）、$G_1(K_1)$ 为第一周循环荷载对应的动剪切模量（动体积模量）、$G_N(K_N)$ 为第 N 周循环荷载对应的动剪切模量（动体积模量）、$q_{rep}(p_{rep})$ 为动剪应力幅值（动体应力幅值）。由图 4-4 可以看出，一个加载过程与一个卸载过程组成一个非闭合的剪应力（体应力）–剪应变（体应变）循环（简称循环）。每一循环的卸载曲线的割线模量定义为动态模量。完全卸载之后，动态应变并未完全恢复，即在荷载循环过程中不断产生塑性应变（因振动次数不断增加而不断累积的塑性应变称为累积塑性应变），因此定义的动态模量可以认为是产生累积塑性应变之后的动模量，如 G_1 为第一循环累积塑性应变（$\varepsilon_{q,1}^{acc}$，$\varepsilon_{v,1}^{acc}$）对应的动剪切模量、G_N 为第 N 次循环累积塑性应变（$\varepsilon_{q,N}^{acc}$ 和 $\varepsilon_{v,N}^{acc}$）对应的动剪切模量。如此，类似可以定义动体积模量 K_N。

§4.3　长期往复循环荷载下冻结细粒填料力学特性分析

4.3.1　长期往复循环荷载作用下冻结细粒填料累积塑性应变

研究表明[4-16]，类似于未冻土，在动力荷载作用下，冻土动力变形也表现出强烈的非线性、滞后性、应变累积性，而在长期往复循环加载模式下应变的累积性更突出。因此，基于上述试验结果，分别研究冻结细粒填料的累积塑性剪应变、累积塑性体应变随着往复循环荷载振动次数增加而变化的规律性，并且探究相应的塑性变形机理。

初始体应力（围压）从 0.6MPa 增大至 1.8MPa，冻结细粒填料的累积塑性剪应变、累积体应变随着往复循环荷载振动次数增加而变化的低温动三轴试验结果见图 4-5，试件 GF01～GF16、DF01～DF14 的试验条件见表 4-1。由图 4-5 可以看出：①在不同幅值的往复循环荷载作用下，冻结细粒填料的累积塑性剪应变呈现两种发展模式，一是高幅往复循环荷载作用下的累积塑性剪应变随着振动次数增加而迅速增加且增长速率逐渐加大（加速增长模式），二是低幅往复循环荷载作用下的累积塑性剪应变增长相对缓慢且增长速率随着振动次数增加逐渐减小，直至趋于零（缓慢增长模式），二者均表现为同一振次下荷载幅值越大、累积塑性剪应变越大；②累积塑性体应变与累积塑性剪应变的变化规律类似，同一振次下荷载幅值越大、累积塑性体应变也越大，但是累积塑性体应变的增长模式则与累积塑性剪应变的增长模式有所不同，高幅往复循环荷载作用下的累积塑性体应变随着振动次数增加的增长速率基本稳定，而低幅往复循环荷载作用下的累积塑性体应变增长速率在初始阶段逐渐增加、达到某一振次之后趋于稳定于某一不变值；③初始体应力对累积塑性体应变与累积塑性剪应变的影响很小——特别是初始体应力达到或超过 0.9MPa 之后。从变形机理上看：①在高幅往复循环荷载作用下，累积塑性剪应变在总累积塑性应变中占比大，说明冻结细粒填料在高幅往复循环荷载作用下的变形以剪切变形为主，伴随相对较小的体积压缩变形；②在长期低幅往复循环荷载作用下，总累积塑性应变中累积塑性剪应变的占比与累积塑性体应变的占比相当，若振动次数较多，则累积塑性体应变的增长速率明显大于累积塑性剪应变的增长速率，这说明冻结细粒填料的变形主要源于体积压缩变形。

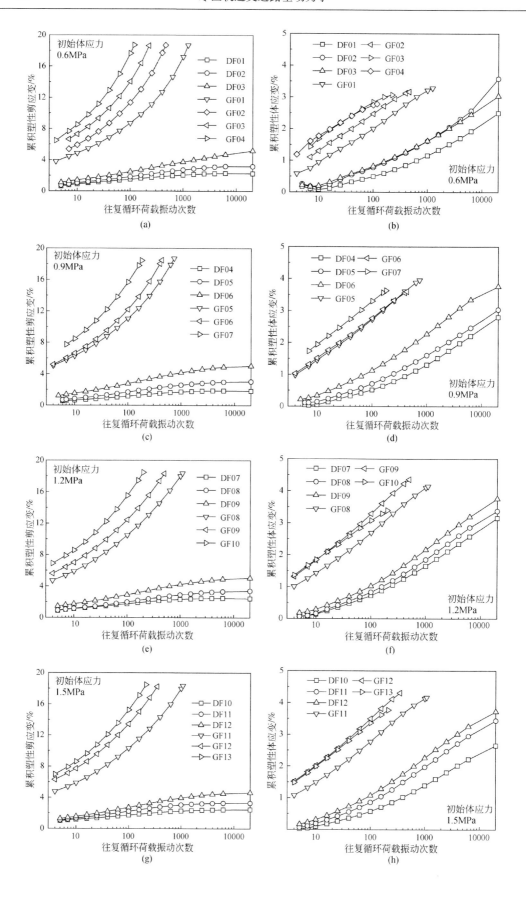

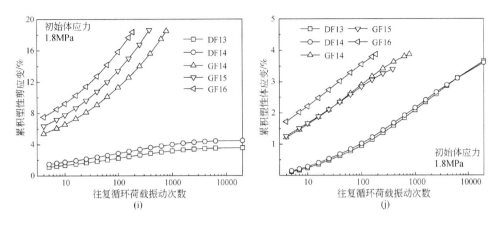

图 4-5　累积塑性剪应变与累积塑性体应变随着振动次数变化规律

4.3.2　长期往复循环荷载作用下冻结细粒填料动态模量

在往复循环荷载作用下，冻结细粒填料发生不可恢复的塑性变形，相应的动力特性也随之发生变化。显然，引起冻结细粒填料动力性能变化或演变，往复循环荷载的作用次数（振动次数，即振次）只是表象原因，而不可恢复的塑性变形才是内在因素（本征因素）。因此，根据动态模量是产生累积塑性应变之后的动模量的定义和低温动三轴试验结果，针对不同塑性变形条件下的动态模量，分别研究冻结细粒填料的动剪切模量、动体积模量随着塑性体应变累积过程的演化规律。

初始体应力（围压）从 0.6MPa 增大至 1.8MPa，通过低温动三轴试验结果，获得了冻结细粒填料的动剪切模量、动体积模量与累积塑性体应变之间的关系，见图 4-6 ～图 4-10，试件 GF01 ～ GF16、DF01 ～ DF14 的试验条件见表 4-1。在图 4-6 ～图 4-10 中，图（a）为长期低幅往复循环荷载作用下动剪切模与累积塑性体应变之间的关系，图（c）为长期低幅往复循环荷载作用下动体积模量与累积塑性体应变之间的关系。从图 4-6 ～图 4-10 中（a）与（c）可以看出：①不同初始体应力下，动剪切模量、动体积模量随着累积塑性体应变增大而呈近似线性增长趋势，但是二者增长速率明显不同，动剪切模量增长速率小于动体积模量增长速率；②相同累积塑性体应变下，不同幅值的往复循环荷载作用下的动态

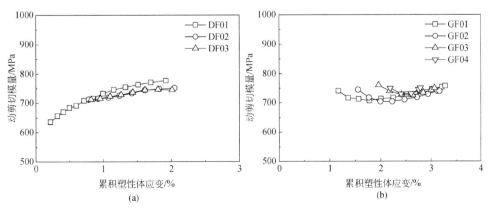

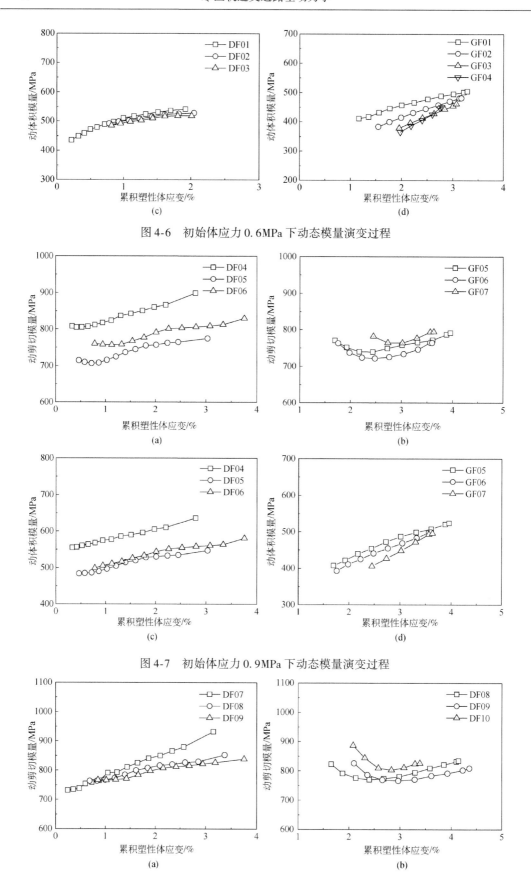

图 4-6　初始体应力 0.6MPa 下动态模量演变过程

图 4-7　初始体应力 0.9MPa 下动态模量演变过程

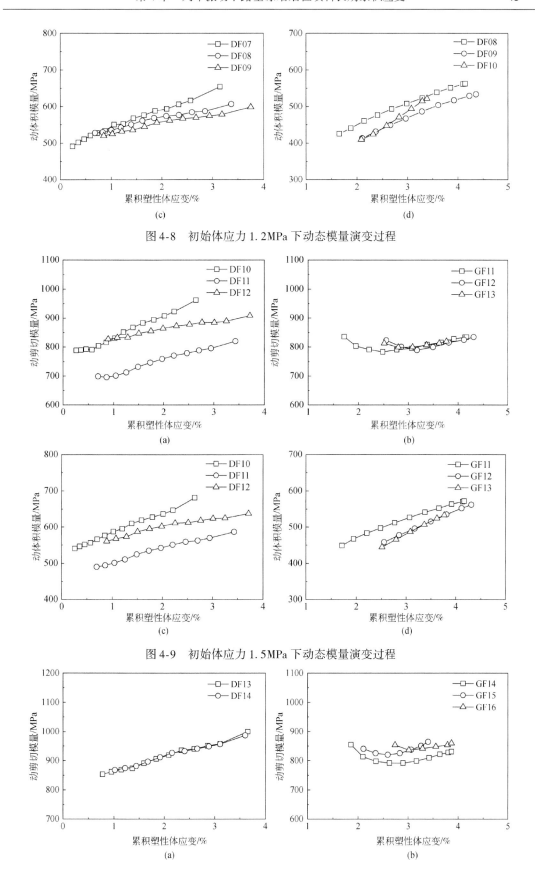

图 4-8　初始体应力 1.2MPa 下动态模量演变过程

图 4-9　初始体应力 1.5MPa 下动态模量演变过程

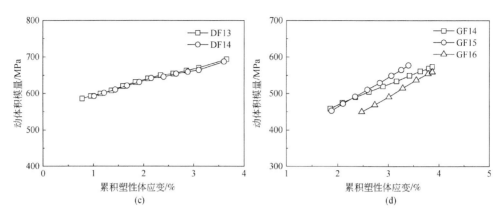

图 4-10　初始体应力 1.8MPa 下动态模量演变过程

模量相差不大，并且不同试验组的结果无一致性规律，说明低幅往复荷载的幅值对动态模量影响不大。在图 4-6 ~ 图 4-10 中，图（b）为高幅往复循环荷载作用下动剪切模量与累积塑性体应变之间的关系，图（d）中为高幅往复循环荷载作用下动体积模量与累积塑性体应变之间的关系。从图 4-6 ~ 图 4-10 中（b）与（d）可以看出：①随着累积塑性体应变增大，动剪切模量的变化规律与动体积模量的演化规律显著不同，动剪切模量略显可以忽略不计的先减小再增大的演化趋势，而动体积模量则呈较显著的近似线性增长趋势，增长速率相对于长期低幅往复循环荷载作用下高出约一倍，因此高幅往复循环荷载作用下的累积塑性体应变对动体积模量的影响大于对动剪切模量的影响；②类似于长期低幅往复循环荷载作用下的试验结果，在试验选取的不同高幅值范围之内，往复循环荷载幅值的变化对动态模量的影响不明显。进一步对比分析发现，在相同初始体积应力下，高幅往复循环荷载作用与长期低幅往复循环荷载作用之间的动态模量的差值不明显，说明动荷载幅值对动态模量的影响可以忽略不计，这一点具有重要的实际意义。

　　无论是长期低幅往复循环荷载作用下动剪切模量的增长速率高于动体积模量的增长速率，还是高幅往复循环荷载作用下动剪切模量基本不变、动体积模量显著增长，基于二者均可以推测，累积塑性剪应变对动体积模量基本不起作用，而对动剪切模量具有显著弱化作用，累积塑性体应变对动剪切模量与动体积模量均具有强化作用。在长期低幅往复循环荷载作用下，累积塑性体应变的强化作用占据主导作用，因此动剪切模量呈增长趋势，而由于累积塑性剪应变对动剪切模量的弱化作用使得动剪切模量的增长速率小于完全由塑性体应变起强化作用的动体积模量的增长速率。在高幅往复循环荷载作用下，累积塑性剪应变在总塑性变形中占比较大，并且对动剪切模量的弱化作用与累积塑性体应变对动剪切模量的强化作用基本相当，因此在加载过程中动剪切模量基本不变。而对于动体积模量，由于只由累积塑性体应变起强化作用，因此呈显著增长的趋势。

§4.4　长期往复循环荷载下冻结细粒填料 动力性能演化模型

　　研究表明，往复循环荷载作用下冻结细粒填料/冻土的动态模量（动剪切模量、动体积模量）与累积塑性应变（累积塑性剪应变、累积塑性体应变）具有较强的相关性。据此，基于往复循环荷载作用下低温动力三轴试验结果，建立冻结细粒填料的动剪切模量、动体积模量与累积塑性应变之间的关系，进而构建相应的力学演化模型，为进一步研究动力边界面塑性模型、长期低幅往复循环荷载作用下累积塑性模型奠定基础。

根据以上试验研究结果，在往复循环荷载作用下，冻结细粒填料动力性能演变主要由两种机制共同作用：一是塑性体应变累积作用，使得土颗粒之间、冰颗粒之间、土颗粒与冰颗粒之间的孔隙不断压密，因此对填料动力性能具有强化作用；二是塑性剪应变累积作用，使得剪切带上的土颗粒之间、冰颗粒之间、土颗粒与冰颗粒之间产生滑移作用，从而弱化与破坏填料骨架，因此填料动力性能不断弱化，这种弱化仅对动剪切模量起作用。基于上述，通过低温动三轴试验结果，构建动剪切模量、动体积模量与塑性变形累积之间关系的计算方程与相应的参数取值方法。

4.4.1　高幅往复循环荷载作用下冻结细粒填料动力性能演化模型

根据上述试验结果，冻结细粒填料的动剪切模量因累积塑性剪应变而弱化作用与因累积塑性体应变而强化作用相当，在高幅往复循环加载过程中基本保持某一恒定值，因此取不同累积塑性应变下动剪切模量之平均值，见表 4-2；动体积模量因累积塑性体应变的独立强化作用而呈线性增长趋势，二者之间关系可以表示为式（4-2），相应的各个试验结果的拟合参数与相关系数见表 4-2。

表 4-2　高幅往复循环荷载作用下冻结细粒填料动态模量

试件编号	动剪模量平均值 G/MPa	初始动体积模量 K_0/MPa	拟合参数 α_1	相关系数 R^2	试件编号	动剪模量平均值 G/MPa	初始动体积模量 K_0/MPa	拟合参数 α_1	相关系数 R^2
GF01	730	336	0.16	0.99	GF09	790	306	0.18	0.99
GF02	723	294	0.20	0.99	GF10	829	335	0.15	0.99
GF03	740	303	0.16	0.99	GF11	811	373	0.13	0.99
GF04	741	306	0.15	0.99	GF12	812	329	0.16	0.99
GF05	763	328	0.15	0.99	GF13	808	338	0.15	0.99
GF06	742	299	0.16	0.99	GF14	814	356	0.16	0.99
GF07	779	338	0.36	0.99	GF15	838	389	0.13	0.99
GF08	800	342	0.16	0.99	GF16	849	368	0.12	0.99

1）剪切模量

如上所述，在高幅往复循环荷载作用过程中，冻结细粒填料的动剪切模量由于因塑性剪应变累积而弱化作用与因塑性体应变累积而强化作用相当而基本不变，因此动剪切模量因累积塑性变形而导致的演化可以忽略不计。然而，试验结果也表明，初始体应力（在设计试验条件下等同于围压）对动剪切模量影响不可忽略。在往复循环加载过程中，取动剪切模量的平均值，分析初始体应力对动剪切模量的影响。图 4-11 为动剪切模量随着初始体应力的变化情况。由图 4-11 可以看出，在同一初始体应力条件下，不同幅值的往复循

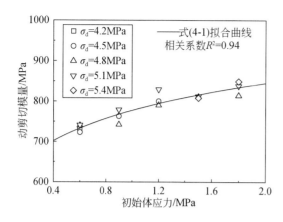

图 4-11　动剪切模量与初始体应力之间关系

环荷载作用下的动剪切模量相差不大，而动剪切模量随着初始体应力增大而呈非线性增加。

在不同初始体应力条件下，高幅往复循环荷载作用下的动剪切模量的试验结果，可以表示为式（4-1）。

$$G = k_1 p_a \left(1 + \frac{p_0}{p_a}\right)^{n_1} \tag{4-1}$$

式中，k_1、n_1 为无量纲的模型参数，其中 k_1 与冻结细粒填料物理力学性质有关（k_1 与标准大气压 p_a 之乘积即为初始体应力为零的动剪切模量），在试验条件下 $k_1 = 5633$、$n_1 = 0.13$、$p_a = 0.101\ \text{MPa}$；p_0 为初始体应力，$p_0 = (\sigma_{1,0} + 2\sigma_{3,0})/3$。由图 4-11 可以看出，式（4-1）具有较好的拟合效果，可以表达动剪切模量与初始体应力之间的相关性。

2）动体积模量

试验表明，由于塑性体应变的强化作用，动体积模量在高幅值往复循环荷载作用下随着累积塑性体积应变增加而呈线性增长趋势，二者之间关系见式（4-2）。

$$K = K_0 (1 + \alpha_1 \varepsilon_v^{\text{acc}}) \tag{4-2}$$

式中，K 为动体积模量；K_0 为初始动体积模量（塑性体应变开始累积的动体积模量）；α_1 为控制动体积模量演化速率的参数；$\varepsilon_v^{\text{acc}}$ 为累积塑性体应变。

利用式（4-2）拟合试验结果，得到相应的初始动体积模量 K_0、演化参数 α_1，见表 4-2。由表 4-2 可以看出，演化参数 α_1 变化不大，在演化模型中可以取为常数，为了得到合理取值，引入动体积模量比的概念，见式（4-3），据此研究控制动体积模量演化速率的参数 α_1 的取值方法。

$$\varphi_{k_1} = \frac{K}{K_0} = 1 + \alpha_1 \varepsilon_v^{\text{acc}} \tag{4-3}$$

利用动体积模量比，将所有试件的试验数据进行归一化处理，得到累积塑性体应变与动体积模量比之间的关系，见图 4-12。由图 4-12 可以看出，归一化处理之后的不同试件的动体积模量集中于较小范围，说明控制动体积模量演化规律（演化速率）的参数 α_1 的取值范围不大，即对应图 4-12 中的上、下边界，取值范围为 0.10 ~ 0.21，所有数据的最优拟合值为 0.15。

由表 4-2 可以看出，初始动体积模量与初始体应力之间具有明显关联性，随着初始体应力增大，初始动体积模量呈增长趋势，二者之间关系见图 4-13。由图 4-13 可以看出，往复循环荷载的幅值对初始动体积模量影响不显著，可以忽略不计。类似于动剪切模量，初始动体积模量与初始体应力之间关系由式（4-4）拟合。

$$K_0 = k_2 p_a \left(1 + \frac{p_0}{p_a}\right)^{n_2} \tag{4-4}$$

式中，k_2、n_2 为无量纲的模型参数，其中 k_2 的取值与冻结细粒填料物理力学性质有关（k_1 与标准大气压 p_a 之乘积即为初始体应力为零的动体积模量），在试验条件下 $k_2 = 2165$、$n_2 = 0.17$、$p_a = 0.101\ \text{MPa}$；p_0 为初始体应力，$p_0 = (\sigma_{1,0} + 2\sigma_{3,0})/3$。由图 4-13 可以看出，式（4-4）具有较好的拟合效果，可以表达动体积模量与初始体应力之间的相关性。

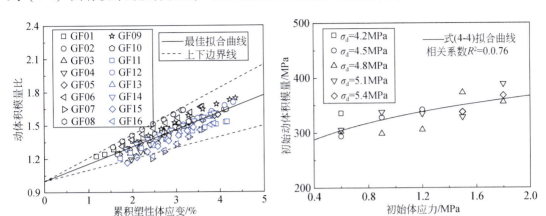

图4-12　动体积模量比与累积塑性体应变之间的关系　图4-13　初始动体积模量与初始体应力之间的关系

4.4.2　长期低幅往复循环荷载作用下冻结细粒填料动力性能演化模型

　　试验与研究表明，低周次低幅往复循环荷载作用下，冻结细粒填料的累积塑性应变与相应的动力性能变化可以忽略不计，但是在如轨道交通荷载等长期低幅往复循环荷载作用下的累积塑性应变随着振动次数的增加而不断增大，相应的动力性能演变特性、土拱构筑物长期服役性能受到不可忽略的负面影响。进一步试验研究表明，在长期低幅往复循环荷载作用下，冻结细粒填料的累积塑性体应变与累积塑性剪应变均不断增大，但是荷载作用机制与高幅往复循环荷载作用机制有所不同，累积塑性体应变在总累积塑性应变中占主导比例，相应的动力性能演化规律明显不同于高幅往复循环荷载下动力性能演化规律。将依据长期低幅往复循环荷载作用下低温动三轴试验结果，分别以动剪切模量、动体积模量为指标，建立冻结细粒填料动力性能演化模型。

　　根据 4.3 节试验结果，在长期低幅往复循环荷载作用下，冻结细粒填料的动剪切模量、动体积模量随着累积塑性体应变增大而呈线性增长。类似于高幅往复循环荷载作用下动态模量作用机制，长期低幅往复循环荷载作用下，累积塑性体应变对动体积模量演化独立起强化作用，累积塑性剪应变弱化作用、累积塑性体应变强化作用共同控制动剪切模量演化特性，而累积塑性体应变的强化起主导作用。因此，动剪切模量的演化模型也可以选择累积塑性体应变作为控制因子，累积塑性剪应变的弱化作用可以通过调节控制演化速率的参数而得到体现。综上所述，动剪切模量、动体积模量随着累积塑性体应变的演化规律，可以分别表示为式（4-5）、式（4-6）。

$$G = G_0(1 + \alpha_3 \cdot \varepsilon_v^{acc}) \tag{4-5}$$

$$K = K_0(1 + \alpha_4 \cdot \varepsilon_v^{acc}) \tag{4-6}$$

式中，G 为动剪切模量；G_0 为初始动剪切模量；K 为动体积模量；K_0 为初始动体积模量；α_3、α_4 分别为控制动剪切模量、动体积模量的演化速率的模型参数（$\alpha_4 > \alpha_3$）；ε_v^{acc} 为累积塑性体应变。初始动剪切模量、初始动体积模量合称为初始动态模量，即为冻结细粒填料未发生塑性变形时的动态模量。

利用式（4-5）与式（4-6）对所有试件的长期低幅往复循环荷载作用下低温动三轴试验数据进行拟合，拟合参数见表4-3。通过考察拟合参数发现，控制动剪切模量、动体积模量演化速率的参数 α_3、α_4 的数值均在各自较小范围内变化，所以在演化模型中可以取为常数。因此，分别引入动剪切模量比、动体积模量比的概念，见式（4-7）、式（4-8），据此研究控制动剪切模量、动体积模量演化速率的参数 α_3、α_4 的取值方法。

表4-3　长期低幅往复循环荷载下冻结细粒填料初始动态模量

试件编号	初始动剪切模量 G_0/MPa	拟合参数 α_3	相关系数 R^2	初始动体积模量 K_0/MPa	拟合参数 α_4	相关系数 R^2
DF01	640	0.1267	0.970	438	0.1391	0.967
DF02	684	0.0504	0.987	470	0.0632	0.986
DF03	688	0.0460	0.959	465	0.0632	0.966
DF04	786	0.0485	0.989	543	0.0583	0.997
DF05	692	0.0433	0.965	471	0.0581	0.981
DF06	733	0.0348	0.973	484	0.0539	0.981
DF07	711	0.0954	0.997	487	0.1080	0.996
DF08	738	0.0467	0.987	508	0.0576	0.991
DF09	740	0.0376	0.982	501	0.0514	0.989
DF10	757	0.1004	0.995	526	0.1083	0.998
DF11	660	0.0724	0.993	468	0.0767	0.993
DF12	803	0.0350	0.988	544	0.0489	0.980
DF13	813	0.0607	0.995	559	0.0661	0.996
DF14	821	0.0553	0.995	561	0.0624	0.994

$$\varphi_{g2} = \frac{G}{G_0} = 1 + \alpha_3 \varepsilon_v^{acc} \tag{4-7}$$

$$\varphi_{k2} = \frac{K}{K_0} = 1 + \alpha_4 \varepsilon_v^{acc} \tag{4-8}$$

利用式（4-7）、式（4-8），分别对动剪切模量比、动体积模量比的演化规律进行归一化处理，见图4-14、图4-15。由图4-14与图4-15可以看出，归一化之后，所有试验数据分别集中于各自较小范围，说明将参数 α_3 与 α_4 简化为常数基本合理，相应的通过图4-14与图4-15中的上、下边界线，可以分别得到二者的取值范围，α_3 的取值范围为 0.03 ~ 0.11、最佳拟合取值为 0.06，α_4 的取值范围为 0.05 ~ 0.12、最佳拟合取值为 0.07。

表4-3中拟合结果也表明，初始体应力对初始动剪切模量、初始动体积模量有明显影响，但是不同往复循环荷载幅值条件下的动态模量相差不大。将不同初始体应力下的初始动剪切模量变化情况、初始动体积模量变化情况分别绘于图4-16、图4-17中。由图4-16与图4-17可以看出，初始动剪切模量、初始动体积模量因随着初始体应力增大而增大，二者变化趋势基本一致，呈非线性增长趋势，可以分别表示为式（4-9）、式（4-10）。

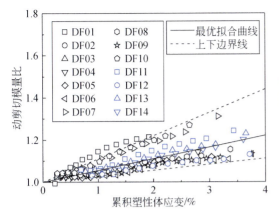
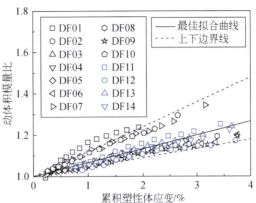

<table>
<tr><td>图 4-14　动剪切模量比与累积塑性体应变
之间的关系</td><td>图 4-15　动体积模量比与累积塑性体应变
之间的关系</td></tr>
</table>

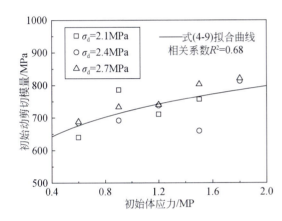
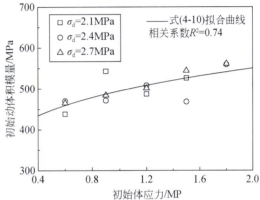

图 4-16　初始动剪切模量与初始体应力之间的关系　　图 4-17　初始动体积模量与初始体应力之间关系

$$G_0 = k_3 p_a \left(1 + \frac{p_0}{p_a}\right)^{n_3} \tag{4-9}$$

$$K_0 = k_4 p_a \left(1 + \frac{p_0}{p_a}\right)^{n_4} \tag{4-10}$$

式中，k_3、n_3、k_4、n_4 均为无量纲的模型参数，其中 k_3、k_4 为与冻结细粒填料物理力学性质有关的参数，在试验条件下，$k_3 = 4985$，$k_4 = 3297$，$n_3 = 0.15$，$n_4 = 0.16$；p_a 为标准大气压，取值 $0.101\mathrm{MPa}$；p_0 为初始体应力。由图 4-16 与图 4-17 可以看出，式（4-9）、式（4-10）对试验数据具有较好模拟效果，可以表征初始动态模量与初始体积应力之间的相关性。

§4.5　长期往复循环荷载下影响冻结细粒填料动力性能环境因素

试验研究表明，在长期往复循环荷载特性与振动时间一定的条件下，即振动幅值或最大振幅/平均振幅、振动频率/频谱组成、振动持时/振次，影响冻结细粒填料动力性能的主要环境因素为温度、水,即填料含水率、冻结负温,不同负温与含水率或干湿条件下的冻结细粒填料动力性能差异显著。鉴于此,通过引入标准围压下(0.3MPa)的低温动三轴强度,刻画填料不同含水率与不同冻结负温条件下的冻结细粒填料动力性能,并且以此为桥梁,建立动态模量与含水率、负温之间的关系,据此评价长期往复循环荷载下含水率、负温对冻结细粒填料动力性能的影响效应。为此,合理设计了两类试验,一是不同负温与初始含水率条件下的常规低温三轴压缩试验(获得标准低温静三轴强度),二是不同负温与初始含水率条件下的高幅往复循环荷载下低温动三轴试验(获得标准低温动三轴强度),目的在于比较不同负温与初始含水率对冻结细粒填料静力/动力性能的影响效应,进而获得对动力性能影响的显著性认识。

应该说明,标准围压无明确界定标准,可以结合工程冻土实际围压条件与静动三轴试验仪器最低稳压条件(一般来说,静动三轴试验仪,高围压试验容易实现,但是低围压试验不稳定而难以可靠控制)合理确定标准围压。由于轨道交通荷载在路基中传播主要影响深度并不大,又考虑采用的低温静动三轴试验仪难以实现过低围压下可靠试验,因此将试验的标准围压设定为0.3MPa。

根据冻结细粒填料常规低温三轴压缩试验结果,研究不同冻结负温与含水率对冻结细粒填料标准低温静三轴压缩强度(标准三轴压缩强度/标准三轴强度)的影响效应。试验过程中,首先对冻结细粒填料试件在常规低温三轴试验仪压力腔中进行等压固结,待试件变形稳定之后,保持围压不变,启动轴向加载系统按照恒定轴向应变速率进行轴向压缩,轴向加载的终止标准为轴向应变达到20%。轴向加载速率为1%/min。标准三轴强度取为最大偏应力($\sigma_1 - \sigma_3$)。试验条件与结果见表4-4。

表4-4 冻结细粒填料常规低温静三轴压缩试验条件与结果

试件编号	温度 $T/℃$	初始含水量 $\omega/\%$	围压 σ_3/MPa	标准三轴强度 $\sigma_1 - \sigma_3/\mathrm{MPa}$
ST-01	−3	14	0.3	3.42
ST-02	−5	14	0.3	4.25
ST-03	−7	14	0.3	5.44
ST-04	−9	14	0.3	6.79
ST-05	−11	14	0.3	7.50
ST-06	−13	14	0.3	8.29
ST-07	−5	11	0.3	2.86
ST-08	−5	12.5	0.3	4.00
ST-09	−5	15.8	0.3	4.70
ST-10	−5	18.3	0.3	5.23

以负温 $T = -5℃$、初始含水率 $\omega = 14\%$ 为制备冻结细粒填料试件的标准条件,利用标准条件制备的试件完成标准围压(0.3MPa)下低温静三轴压缩试验,获得标准三轴强度数据,通过对强度数据进行归一化处理,分别得到冻结负温、初始含水率对标准三轴强度的影响线。归一化处理后的标准三轴强度与负温、初始含水率之间的关系分别见图4-18、

图 4-19。由图 4-18 与图 4-19 可以看出，随着负温降低，冻结细粒填料的标准三轴强度呈显著的线性增长趋势，并且初始含水率越高、标准三轴强度越大，说明填料中冰晶体、冰胶结作用对标准三轴强度起决定性作用，负温越低、初始含水率越高，冰晶体占比越大、冰胶结作用越强，标准三轴强度越高。负温、初始含水率与归一化后的标准三轴强度之间近似呈线性关系，可以分别表示为式（4-11）、式（4-12），即分别为冻结负温影响线 $g(T)$、初始含水率线影响线 $g(\omega)$。

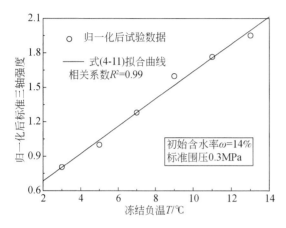

图 4-18　归一化后标准三轴强度与冻结　　　图 4-19　归一化后标准三轴强度与初始
　　　　　负温之间的关系　　　　　　　　　　　　含水率之间的关系

$$g(T) = \frac{S_{0.3}(T,\omega)}{S_{0.3}(5,14)} = 0.4463 + 0.1192T \tag{4-11}$$

$$g(\omega) = \frac{S_{0.3}(T,\omega)}{S_{0.3}(5,14)} = 0.1076 + 0.0626\omega \tag{4-12}$$

综合式（4-11）与式（4-12）即可以得到冻结细粒填料不同水–热条件下标准三轴强度，计算方程见式（4-13）。

$$\begin{aligned}
s_{0.3}(T,\omega) &= s_{0.3}(5,14)g(T)g(\omega) \\
&= s_{0.3}(5,14) \times (0.4463 + 0.1192T)(0.1076 + 0.0626\omega)
\end{aligned} \tag{4-13}$$

式中，T 为冻结负温（℃）；ω 为初始含水率（%）；$s_{0.3}(5,14)$ 为负温–5℃、初始含水率 14%、标准围压 0.3MPa 下的三轴强度。

为了得到动态模量与标准三轴强度之间的关系，正交设计了两组试验，分别研究不同冻结负温与初始含水率条件下的动态模量，具体试验条件见表 4-5。

根据上述试验结果，可以得到每个试件的动剪切模量、初始动体积模量，结合每一试件物理力学状态下的标准三轴强度（围压为 0.3MPa），可以分别得到动剪切模量（平均值）、初始动体积模量与标准三轴强度之间的关系，见图 4-20、图 4-21。由图 4-20 与图 4-21 可以看出，随着标准三轴强度增大，动态模量（动剪切模量、初始动体积模量）显著呈非线性增加趋势，并且负温组与含水率组试验结果吻合度较高，说明标准三轴强度可以作为一个指标描述冻结细粒填料的水力学与热力学特性（冻结负温、初始含水率）。动态模量与标准三轴强度之间的关系，可以分别表示为式（4-14）、式（4-15）。

$$G = a_1 \exp(b_1 s_{0.3}) \tag{4-14}$$

$$K_0 = a_2 \exp(b_2 s_{0.3}) \tag{4-15}$$

式中，G 为动剪切模量；K_0 为初始动体积模量；a_1、b_1、a_2、b_2 为模型参数，取值分别为 $a_1 = 411.6$、$b_1 = 0.13$、$a_2 = 57.32$、$b_2 = 0.30$。

表 4-5　低温动三轴试验条件

试验组	试件编号	围压 σ_3/MPa	静态应力比	荷载幅值 σ_d/MPa	含水率 ω/%	负温 T/℃
负温组	TT01	0.6	0.0	4.2	14.0%	−3
	TT02			4.2		−5
	TT03			4.5		−5
	TT04			4.8		−5
	TT05			5.1		−5
	TT06			5.4		−7
	TT07			5.4		−9
	TT08			6.0		−9
	TT09			6.6		−9
	TT10			6.6		−11
	TT11			6.6		−13
	TT12			7.2		−13
含水率组	WW01	0.6	0.0	4.2	11.0%	−5
	WW02			4.2	12.5%	
	WW03			4.8	12.5%	
	WW04			4.8	15.8%	
	WW05			5.1	15.8%	
	WW06			5.4	15.8%	

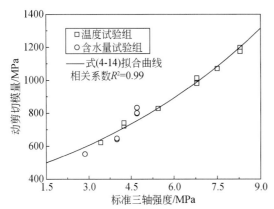

图 4-20　动剪切模量与标准三轴强度之间的关系

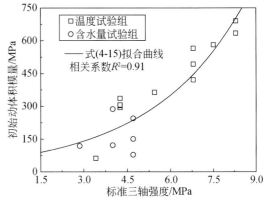

图 4-21　初始动体积模量与标准三轴强度之间的关系

最后，特别值得说明，根据前述关系式得到的冻结细粒填料的动态模量为静态体应力为 0.6MPa 的结果，在应用过程中需要利用动态模量之压力相关性式子进行推广。

§4.6　长期往复循环荷载下冻结细粒填料弹塑性特性试验方法

当今，世界各铁路大国致力实现"货运重载化，客运高速化"，寒区铁路建设发展中，随着速度不断加快、轴重不断加大，冻融与振动耦合机制下的路基稳定性问题日益暴露、日益突出。特别是中国正在加快建设发展高速铁路、铁路快速客运专线、铁路快速客货混线、重载铁路等，而陆地面积的 76% 均为冻土区——尤其是对工程有重要或极其严重影响的 $2.15×10^6 km^2$ 多年冻土区、$4.46×10^6 km^2$ 冻深达到 0.5m 甚至超过 2.5m 季节冻土区或高寒深季节冻土区，加之正在积极推进的高铁全球规划中的欧亚高铁、中俄规划高铁与欧亚货运铁路均穿越 N45°大面积冻土区，高铁丝绸之路穿越北半球以北的欧亚大陆之间广袤季节冻土区，更加重视研究与解决寒区冻融环境轨道路基稳定控制与运行安全防控问题。因此，寒区轨道交通长期低幅往复循环荷载作用下路基土体变形特性与长期稳定性评价正成为目前交通岩土工程领域的热点课题。如前所述，寒区轨道路基，在行车振动这类特殊动力荷载作用下，虽然单次振动或较少振动次数的振动作用不会引起路基瞬时破坏而失效，但是在长期振动荷载作用下，即使振动幅值微小，也可能因累积变形而导致土体进入弹塑性阶段，进而造成路基变形过大、轨道不平顺。鉴于上述，针对轨道路基冻结细粒填料，通过低温动三轴试验，系统研究长期低幅往复循环荷载作用下冻结细粒填料塑性应变的累积速率、流动方向与长期加载中回弹特性，并且考察初始应力状态、循环荷载幅值与相关环境因素影响规律，以加深理解轨道交通长期低幅往复循环荷载作用下冻结细粒填料的弹塑性变形机制与特性。

4.6.1　低温动三轴试验应力路径

根据土力学（土动力学）中应力（动应力）与应变（动应变）方向的传统规定，压应力（动压应力）、压应变（动压应变）为正方向。在低温三轴试验条件下，在静/动偏应力 q 与静/动体应力 p 平面中，即在 p-q 平面中，试件静/动应力状态可以表示为式（4-16）、式（4-17）。

$$p = \frac{1}{3}(\sigma_1 + 2\sigma_3) \tag{4-16}$$

$$q = \sigma_1 - \sigma_3 \tag{4-17}$$

在 p-q 平面中，试件土体中静/动应力状态，也可以表示为静/动偏应力与 q 静/动体应力 p 之比 η，η 即为应力比，η 见式（4-18）。

$$\eta = \frac{q}{p} = \frac{\sigma_1 - \sigma_3}{\frac{1}{3}(\sigma_1 + 2\sigma_3)} \tag{4-18}$$

式中，σ_1 为静/动三轴试验的轴向应力；σ_3 为静/动三轴试验的围压。

对应于上述静/动应力定义，土体静/动应变状态可以分解为静/动纯体积应变 ε_v、静/

动剪切应变 ε_q（静/动偏应变不变量）。在普通静/动三轴试验条件下，$\varepsilon_2 = \varepsilon_3$。因此，静/动体应变 ε_v、静/动剪应变 ε_q 见式（4-19）、式（4-20）。

$$\varepsilon_v = \varepsilon_1 + 2\varepsilon_3 \tag{4-19}$$

$$\varepsilon_q = \frac{2}{3}(\varepsilon_1 - \varepsilon_3) \tag{4-20}$$

式中，ε_1 为静/动三轴试验的静/动轴向应变；ε_3 为静/动三轴试验的静/动侧向应变。

4.6.2　低温动三轴试验应力状态

由于受限目前的低温动三轴试验仪器条件，需要对往复循环荷载作用下冻土工程构筑物如路基中土体单元实际所受的复杂应力状态进行一定合理简化，但是要求这种简化尽量保证构筑物中冻土单元如路基填料单元的实际主要力学状态。如前所述，轨道交通振动、公路交通振动、动力机械振动等施加于路基或地基的荷载作用为低幅的往复循环荷载作用。问题回到低温动三轴试验，在轴向输入往复循环荷载作用之前，试件冻结细粒填料单元承受静态的轴向应力、围压，并且在试验的往复循环荷载加载过程中保持不变，以此模拟实际路基中冻结细粒填料体由于自身重力与上部轨道系统重力联合作用引起的初始静力状态。图 4-22 给出了低温动三轴试验中往复循环荷载的加载模式、试件的应力状态。由图 4-22 可以看出，试验中，初始轴向应力 $\sigma_{1,0}$、围压 $\sigma_{3,0}$ 在往复循环荷载 σ_{rep} 施加之前便作用于试件上且保持不变，并且满足条件 $\sigma_{1,0} \geqslant \sigma_{3,0} = \sigma_{2,0}$，这符合绝大部分土工构筑物中地基土体的初始应力状态处于偏压应力条件的实际情况。在低温动三轴试验中，轴向输入的往复循环荷载为幅值 σ_d 的正弦波，单向循环应力 σ_{rep} 叠加于初始轴向应力之上（注意：单向循环应力 σ_{rep} 的"单向"是指只有"正向"或"正方向"加载，而无"负向"或"反方向"加载，即循环应力 σ_{rep} 一直保持一个"正方向"，也就是说，循环应力 σ_{rep} 一直使试处于件受"压"状态）。在这种应力状态下，试件的主应力方向保持为轴向不变，并且剪应力也不改变作用方向。显然，这种应力状态不同于传统循环三轴试验中模拟地震荷载施加的往返循环荷载应力状态。将初始轴向应力 $\sigma_{1,0}$、围压 $\sigma_{3,0}$ 分别代入式（4-16）～式（4-18），可以分别得到表征试件初始应力状态的初始体应力 p_0、初始剪应力 q_0（初始偏应力）或初始应力比 η_0。在低温动三轴试验中，轴向输入的往复循环荷载特性的主要考察指标为振动幅值 σ_d、振动频率、振动次数 N（振动持时），若轴向输入实测的随机振动荷载，考察荷载特性还有振动频谱、卓越周期。在图 4-22 中，因为上述综合应力状态，试件剪应变、体应变均由可恢复的往复弹性应变（$\varepsilon_q^{\text{rep}}$ 和 $\varepsilon_v^{\text{rep}}$）与不可恢复的累积塑性应

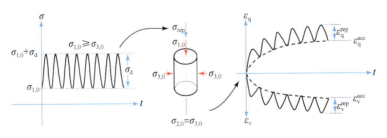

图 4-22　往复循环荷载作用下试件应力状态与应变示意图

变（ε_q^{acc} 和 ε_v^{acc}）组成，ε_q^{rep} 为可恢复的往复弹性剪应变，ε_v^{rep} 为可恢复的往复弹性体应变，ε_q^{acc} 为不可恢复的累积塑性剪应变，ε_v^{acc} 为不可恢复的累积塑性体应变。

4.6.3　试验基本概况与方案设计

低温动三轴试验的路基细粒填料土样、仪器设备与 4.2 节完全相同，即土样为采自青藏铁路北麓河段路基沿线的粉质黏土，采用中国科学院冻土工程国家重点实验室 MTS-810 低温循环三轴试验系统，轴向输入的往复循环荷载为频率 2Hz 的正弦波，往复循环荷载振动次数达到 10000 次加载结束。试件制备方法见 4.2 节，试验系统介绍见 4.2 节、4.2.1 节。

类似于非冻土（如普通黏土、黏性土、无黏性土），影响冻结细粒填料在长期低幅往复循环荷载作用下的回弹特性与累积特性的主要因素，可以分为三类。第一类是初始应力状态，即路基中冻结填料单元承受的由自身重力与上部轨道系统重力联合作用产生的初始静应力状态，在列车行驶产生的长期往复循环荷载作用过程中保持不变，可以采用初始体应力 p_0、初始应力比 η_0 予以考察；特别值得说明的是，在以往的冻土或非冻土循环三轴试验中，一般套用地震荷载作用下土体循环三轴试验流程，将初始应力状态设为等向应力条件，因此考察初始应力条件影响，往往只考虑围压（初始体应力）影响，这种研究方案显然不合理或不完善，尤其是不能用于轨道交通荷载下路基振动反应与稳定性问题研究。第二类是循环荷载特性，一般包括行车振动作用于路基的循环荷载的振动幅值、振动频率、振动波形、振动次数等，充分考虑如上所述轨道交通荷载作用于路基的特殊性（不同于地震荷载作用），采用单向循环荷载进行试验轴向输入，选取影响土体变形较为显著的振动幅值、振动次数予以考察。第三类是试件本身特性，一般包括试件填料的初始孔隙比、初始含水率、冻结负温等，其中初始孔隙比因采用同一方法批量制备重塑土试件而未考虑不同试件之间的初始孔隙比差别（基于实际路基施工达到最大填筑碾压密实度考虑，对于同一种土样，采用最优含水率制备相同密实度的一批试件，因此低温动三轴试验不考虑初始孔隙比影响），选取对冻结细粒填料物理力学性质影响较为显著的初始含水率、冻结负温两个指标予以考察。根据如前所述的向分析，制定详细试验方案，见表 4-6，共完成 7 个试验组共计 32 个试件的低温动三轴试验，据此研究初始含水率、冻结负温、初始体应力、初始应力比、振动幅值 5 种主要因素对冻结细粒填料累积塑性应变（包括累积塑性应变大小、累积方向）、回弹特性的影响。

表 4-6　长期低幅往复循环荷载作用下冻结细粒填料低温动三轴试验条件

试验编号	初始含水率/%	冻结温度/℃	初始体应力/MPa	初始应力比	荷载幅值/MPa
试验组 1 DF01-05	14	−5	0.90	0.25	1.5
				0.50	
				0.75	
				1.00	
				1.25	

续表

试验 编号	初始含水率 /%	冻结温度 /℃	初始体应力 /MPa	初始应力比	荷载幅值 /MPa
试验组 2 DF06-10	14	−5	0.6 0.9 1.2 1.5 1.8	0.5	1.5
试验组 3 DF11-16	14	−5	0.9	0.0	1.2 1.5 1.8 2.1 2.4 2.7
试验组 4 DF17-21	14	−3 −5 −7 −9 −11	0.9	0.50	1.5
试验组 5 DF22-24	14.0 15.8 18.3	5	0.9	0.50	1.5
试验组 6 DF25-29	14	−5	0.6 0.9 1.2 1.5 1.8	1.0	1.5
试验组 7 DF30-32	14	−5	1.2	0.25 0.50 0.75	1.5

在往复循环荷载作用下，冻结细粒填料的累积塑性剪应变 $\varepsilon_{q,N}^{acc}$、累积塑性体应变 $\varepsilon_{v,N}^{acc}$、动剪切模量 G_N、动体积模量 K_N 的定义与取值方法可详见 4.2 节，其中下标 N 表示荷载往复循环振动次数。塑性应变累积方向类似于经典弹塑性力学中的塑性流动方向，可以表示为式（4-21）的累积方向比。

$$d_g = \frac{\mathrm{d}\varepsilon_{v,N}^{acc}}{\mathrm{d}\varepsilon_{q,N}^{acc}} \tag{4-21}$$

式中，d_g 为塑性应变的累积方向比。从定义方式上可以看出，累积方向比类似于经典弹塑性力学中的剪胀比，表达了累积塑性体应变与累积塑性剪应变在长期低幅往复循环荷载作用下的耦联关系。

§4.7　长期往复循环荷载下冻结细粒填料塑性应变累积速率

塑性应变累积速率：低温动三轴试验，在轴向输入的长期低幅往复循环荷载作用下，随着振动次数不断增多，冻土或冻结细粒填料试件的塑性应变不断累积的大小程度。基于这一定义，选取累积塑性剪应变作为研究目标，根据累积塑性剪应变随着振动次数不断增多而不断增加的变化规律，研究塑性应变累积速率的特性与影响因素。如前所述，初始应力状态、循环荷载特性与试件初始物理力学特性均影响累积塑性剪应变的累积值（累积速率）。因此，按照 4.8 节中的试验方案，针对冻结细粒填料，通过低温动三轴试验，详细考察初始体积应力、初始应力比、循环荷载幅值与试件的初始含水率、冻结负温等主要因素对试件累积塑性剪应变的累积特性的影响。

4.7.1　初始应力比对冻结细粒填料累积塑性应变速率影响

地基中的冻结细粒填料单元，在承受行车产生的往复循环荷载作用之前，即已具有初始应力状态（来自路基自重力与上部轨道系统重力联合作用），初始应力比是刻画初始应力状态的一个重要指标。为了研究初始应力状态对长期低幅往复循环荷载作用下地基冻结细粒填料塑性剪应变累积值的影响规律，将初始体应力分别设定为 0.9MPa、1.2MPa，进行不同初始应力比下低温动三轴试验。图 4-23 给出了冻结细粒填料累积塑性剪应变与往复循环荷载振动次数之间的关系。由图 4-23 可以看出：①累积塑性剪应变随着振动次数的增多而增加，而累积速率则随着振动次数的增多而减小，并且在不同初始应力比下的试验结果较为统一；②初始应力比对累积塑性剪应变具有显著影响，其他条件相同，初始应力比越大，在同一振动次数下的累积塑性剪应变越大，说明在往复循环荷载作用下，初始应力比越大，塑性剪应变的累积速率越大。在初始体应力相同的条件下，初始应力比越大，对应的初始应力状态越接近冻结细粒填料的强度破坏点，因此相应的塑性应变累积量也越大。上述试验规律，在两组试验结果中体现一致，图 4-23 说明试验具有可重复性。

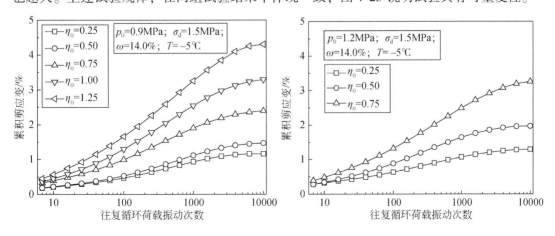

图 4-23　不同初始应力比下累积塑性剪应变与荷载振动次数之间的关系

4.7.2　初始体应力对冻结细粒填料累积塑性应变速率影响

初始体应力也是冻土或冻结细粒填料初始应力状态的一个重要评价指标。针对冻结负温、初始含水率、荷载幅值三者相同而初始应力比不同条件，进行初始体应力不同的两组低温动三轴试验（图4-24），据此研究长期低幅往复循环荷载作用下试件塑性剪应变累积速率因初始体应力变化的演变规律。分别针对初始应力比 $\eta_0 = 0.5$、$\eta_0 = 1.0$，图4-24给出了不同初始体应力下累积塑性剪应变与往复循环荷载振动次数之间的关系。由图4-24可以看出：①随着荷载振动次数增多，累积塑性剪应变不断增大，相应的剪应变累积速率则不断减小；②初始体应力变化对累积塑性剪应变与相应的剪应变累积速率影响较显著，在相同荷载振动次数条件下，初始体应力越大，累积塑性剪应变越大，相应的剪应变累积速率也越大。这种试验结果与非冻土试验结果恰好相反。主要原因在于，由于冻土（冻结细粒填料）存在特有的冰晶体压融现象，随着初始体应力增大，冰晶体压融作用越大，致使冻土结构损伤与破坏越大、强度降低越多、性能软化越大、变形塑性成分占比越大，所以累积塑性剪应变与相应的剪应变累积速率便越大。因此，对于冻土或冻结细粒填料，在初始应力比相同的条件下，初始体应力越大对应的初始应力状态越接近强度破坏点；而对于非冻土，初始体应力越大对应的初始应力状态越远离强度破坏点，累积塑性剪应变与相应的剪应变累积速率也越小。

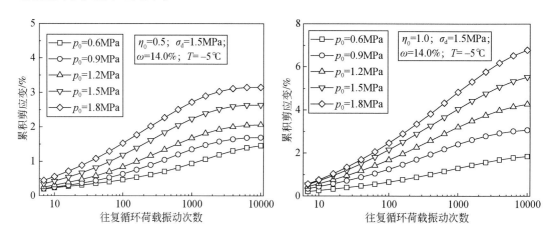

图 4-24　不同初始体应力下累积塑性剪应变与荷载振动次数之间的关系

4.7.3　荷载幅值对冻结细粒填料累积塑性应变速率影响

荷载幅值为往复循环荷载的一个重要强度指标，对冻土或冻结细粒填料变形性质与过程具有极其重要影响，荷载幅值越大，越容易产生塑性变形，但是即使荷载幅值较低，若长期作用，也可以产生不可忽略的塑性累积应变。针对不同幅值的长期低幅往复循环荷载作用，其他试验条件相同，进行低温动三轴试验，以一组试验数据为例，研究荷载幅值变化对冻结细粒填料累积塑性剪应变与相应剪应变速率的影响规律。图4-25中：在 $\eta_0 = 0.5$、$p_0 = 0.9\mathrm{MPa}$、$\omega = 14.0\%$、$T = -5℃$条件下，不同幅值的长期低幅往复循环荷载作用，

冻结细粒填料累积塑性剪应变与荷载振动
次数之间关系的试验结果。由图 4-25 可
以看出：①累积塑性剪应变随着往复循环
荷载振动次数增多而呈近似线性增加，相
应的剪应变累积速率基本保持一致，说明
在试验条件下，选取的往复循环荷载的幅
值均处于以上定义的低幅范围之内；②在
荷载振动次数不变的条件下，随着荷载幅
值增大，累积塑性剪应变显著增加，相应
的剪应变累积速率具有一定增大趋势，并
且荷载幅值越大、荷载振动次数越多，累
积塑性剪应变增加越快，相应的剪应变累
积速率越大，这一点与未冻砂土或黏土的
研究结论一致。

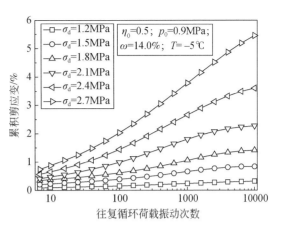

图 4-25　不同荷载幅值下累积塑性剪应变
与荷载振动次数之间的关系

4.7.4　初始含水率对冻结细粒填料累积塑性应变速率影响

　　研究与实践表明，冻土或冻结细粒填料具有强烈的环境敏感性，在影响冻土路基稳定
性众多环境因素中，填料初始含水率、冻结负温的负面影响最显著且很普遍。在此，在
$\eta_0 = 0.5$、$p_0 = 0.9\mathrm{MPa}$、$\sigma_d = 1.5\mathrm{MPa}$、$T = -5℃$ 条件下，首先针对不同初始含水率，根据低温动三轴试验结果，研究长期低幅往复循环荷载作用下冻结细粒填料累积塑性剪应变随着振动次数增多而演变的变化规律，见图 4-26。由图 4-26 可以看出，在初始应力比、初始体应力、动载幅值、冻结负温等试验条件不变的情况下，在长期低幅往复循环荷载作用下，冻结细粒填料初始含水率越高，相同振动次数引起的累积塑性剪应变越小，相应的剪应变累积速率也越小，这是因为初始含水率越高，在相同冻结负温条件下，冻结填料中含冰量越高且土颗粒之间胶结冰越多、土孔隙

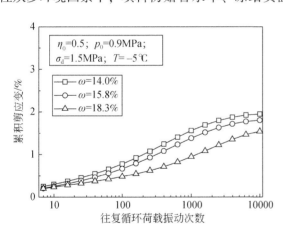

图 4-26　不同初始含水率下累积塑性剪
应变与荷载振动次数之间的关系

中冰晶体充填度越高，因此填料冻结强度越高、抵抗动力变形性能越强。

4.7.5　冻结负温对冻结细粒填料累积塑性应变速率影响

　　在 $\eta_0 = 0.5$、$p_0 = 0.9\mathrm{MPa}$、$\sigma_d = 1.5\mathrm{MPa}$、$\omega = 14.0\%$ 条件下，针对不同冻结负温，根据低温动三轴试验结果，研究长期低幅往复循环荷载作用下冻结细粒填料累积塑性剪应变随着振动次数增多而演变的变化规律，见图 4-27。由图 4-27 可以看出：①在初始应力比、

初始体应力、动载幅值、初始含水率等试验条件不变的情况下，荷载振动次数相同，冻结负温越低，累积塑性剪应变越小，相应的剪应变累积速率也越小，这是因为冻结负温越低，冻结填料中含冰量越高、冰晶体强度越高、未冻水含量越低，土颗粒之间胶结冰越多、冰–土颗粒之间冰胶结强度越高、土孔隙中冰晶体充填度越高，因此填料冻结强度越高、抵抗动力变形性能越强；②冻结负温低于–5℃且越来越低，随着振动次数增多，累积塑性剪应变增加的幅度较小且越来越小，相应的剪应变累积速率也越来越小；③特别是冻结负温为–9℃、–11℃，对应的累积塑性剪应变与振动次数之间关系试验散点分布趋势线接近重合，说明在试验设计的初始含水率条件下，当冻结负温达到或超过–9℃，填料中绝大部分水均相变为冰晶体、未冻水含量很低且趋于相同，冻结填料强度趋于一致，因此累积塑性剪应变与相应的剪应变

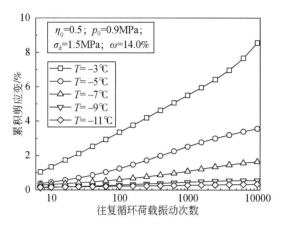

图 4-27　不同冻结负温下累积塑性剪应变
与荷载振动次数之间关系

累积速率均很小且趋于一致；④而对于–3℃冻结负温，累积塑性剪应变与相应的剪应变累积速率均随着振动次数增多而较快速增大，说明在试验设计的其他试验条件不变的情况下，这种冻结负温试验的塑性应变累积类型为破坏型，超出低幅往复循环荷载作用研究范畴。

§4.8　长期往复循环荷载下冻结细粒填料塑性
应变累积方向

塑性应变累积方向：在长期低幅往复循环荷载作用下，冻结细粒填料累积塑性剪应变与累积塑性体应变之间的耦合关系。试验结果表明，在针对特定细粒填料低温动三轴试验的设计试验条件下，采用长期低幅往复循环荷载作为轴向振动输入，达到最大振动次数10000次，轴向累积塑性剪应变的增长速率趋于零，而累积塑性体应变则持续增长，这一结果与 Lackenby 等采用相关材料试验获得的结果一致[17]。由式（4-21）定义可知，塑性应变累积方向比即为累积塑性剪应变与累积塑性体应变之间关系曲线的斜率。显然，在长期低幅加载过程中，即在长期低幅往复循环荷载作用下，冻结细粒填料塑性应变累积方向比不断变化，这一点不同于 Wichtmann 等针对饱和砂土进行循环荷载试验获得的荷载循环次数对累积塑性应变流动方向影响甚微的试验结论[18,19]。因此，在动三轴试验中，引起土、冻土等塑性应变累积方向不断变化的本征原因在于塑性体应变不断累积而引起冻土或土的力学性性质随之变化。鉴于此，提出了经验式［式（4-22）］，表达累积塑性剪应变与累积塑性体应变之间的关系。

$$\varepsilon_{\mathrm{v},N}^{\mathrm{acc}} = c\left[\exp(\alpha_{\mathrm{d}}\varepsilon_{\mathrm{q},N}^{\mathrm{acc}}) - 1\right] \tag{4-22}$$

由累积方向比定义，可以得到下式：

$$d_{\mathrm{g}} = \frac{\mathrm{d}\varepsilon_{v,N}^{\mathrm{acc}}}{\mathrm{d}\varepsilon_{q,N}^{\mathrm{acc}}} = d_{\mathrm{g}0}\exp\left(\alpha_{\mathrm{d}}\varepsilon_{\mathrm{q},N}^{\mathrm{acc}}\right) \tag{4-23}$$

式中，$d_{\mathrm{g}0}$ 为初始塑性累积方向比，$d_{\mathrm{g}0} = c\alpha_{\mathrm{d}}$，$c$、$\alpha_{\mathrm{d}}$ 为式（3-22）的拟合参数。

通过式（4-22）拟合前述的试验结果具有较好的效果。各个试验的拟合参数 c、α_{d} 与对应的初始塑性累积方向比 $d_{\mathrm{g}0}$ 一并列于表 4-7 中。进而，分析不同初始应力比、不同初始体应力、不同荷载幅值、不同初始含水率、不同冻结负温试验条件下得到的累积塑性剪应变与累积塑性体应变路径曲线 $\varepsilon_{v,N}^{\mathrm{acc}}\text{-}\varepsilon_{\mathrm{q},N}^{\mathrm{acc}}$，据此研究这 5 个不同因素对冻结细粒填料塑性应变累积方向影响规律。

表 4-7　拟合参数与塑性应变初始累积方向比

试件编号	式（4-22）拟合参数		相关系数 R^2	初始累积方向比 $d_{\mathrm{g}0}$
	c	α_{d}		
DF01	0.1220	2.1675	0.9982	0.2644
DF02	0.1411	1.6499	0.9970	0.2328
DF03	0.2378	0.8644	0.9964	0.2056
DF04	0.3715	0.5477	0.9971	0.2035
DF05	0.1994	0.5738	0.9808	0.1144
DF07	0.1435	1.5146	0.9910	0.2173
DF08	0.2288	1.1056	0.9929	0.2530
DF09	0.3109	0.8210	0.9911	0.2550
DF10	0.2981	0.7054	0.9913	0.2103
DF11	0.0209	12.2350	0.9976	0.2557
DF12	0.0333	4.6521	0.9921	0.1549
DF13	0.0759	2.2623	0.9966	0.1717
DF14	0.1961	1.1203	0.9964	0.2197
DF15	0.4123	0.5597	0.9991	0.2308
DF16	0.7308	0.2836	0.9996	0.2073
DF18	0.2375	0.6706	0.9920	0.1591
DF19	0.1887	1.3421	0.9995	0.2529
DF20	0.3148	1.6743	0.9334	0.5256
DF21	0.7475	1.2789	0.9446	0.9493
DF22	0.1181	1.4329	0.9826	0.1689
DF23	0.0982	1.5907	0.9919	0.1562
DF24	0.3179	0.5962	0.9837	0.1877
DF25	0.1968	1.1146	0.9984	0.2194

续表

试件编号	式（4-22）拟合参数		相关系数 R^2	初始累积方向比 d_{g0}
	c	α_d		
DF26	0.3236	0.6221	0.9960	0.2013
DF27	0.5112	0.3689	0.9985	0.1886
DF28	0.9747	0.2234	0.9997	0.2177
DF29	1.1617	0.1756	0.9997	0.2040
DF30	0.0484	2.8064	0.9937	0.1358
DF31	0.1807	1.2725	0.9912	0.2299
DF32	0.3361	0.5835	0.9973	0.1961

4.8.1 初始应力比对冻结细粒填料塑性应变累积方向影响

针对长期低幅循环荷载作用，不同初始应力比下冻结细粒填料累积塑性剪应变与累积塑性体应变之间的关系见图 4-28。由图 4-28 可以看出：①初始应力比对累积塑性剪应变与累积塑性体应变之间的耦联关系路径曲线 $\varepsilon_{v,N}^{acc}$-$\varepsilon_{q,N}^{acc}$ 影响显著，说明在长期低幅往复循环荷载作用下，初始应力比对冻结细粒填料塑性应变累积方向具有重要影响作用；②在相同累积塑性剪应变条件下，初始应力比越大，对应产生的累积塑性体应变也越大，相应路径曲线 $\varepsilon_{v,N}^{acc}$-$\varepsilon_{q,N}^{acc}$ 的切线斜率随之越大，说明累积塑性剪应变增加的幅度小于累积塑性体应变增加的幅度，初始应力比对累积塑性剪应变的影响效应小于对累积塑性体应变的影响效应。

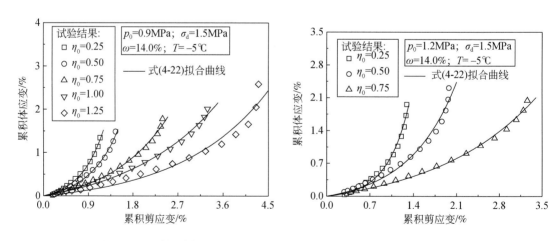

图 4-28 不同初始应力比下累积塑性剪应变与累积塑性体应变之间的关系

为了进一步考察初始应力比对冻结细粒填料塑性应变累积方向的影响，将式（4-23）中的参数，即初始应力比 d_{g0}、控制累积方向随着累积剪应变改变的速率参数 α_d 与初始应力比之间的关系绘于图 4-29 中，图中试验组 1 与试验组 7 的试验条件见表 4-6。由图 4-29

可以看出：①初始累积方向比随着初始应力比增大而变化不显著，两组试验（表3-6：试验组1，试验组7）变化规律不一致，说明初始应力比 d_{g0} 对初始累积方向比影响不明显；②初始应力比对速率参数 α_d 影响较明显且两组试验基本一致，随着初始应力比增大，参数 α_d 呈非线性减小。因此，初始应力比对塑性应变累积方向的影响主要作用于控制累积方向变化速率的参数 α_d，而对初始累积方向比影响可以忽略不计。

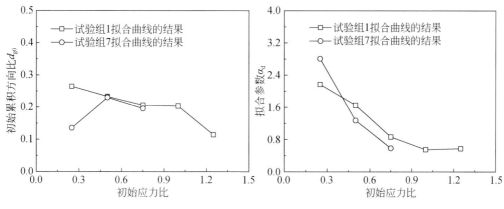

图4-29　拟合参数 d_{g0} 和 α_d 与初始应力比之间的关系

4.8.2　初始体应力对冻结细粒填料塑性应变累积方向影响

针对长期低幅循环荷载作用，不同初始体应力下累积塑性剪应变与累积塑性体应变之间的关系见图4-30，即不同初始体应力下累积塑性剪应变与累积塑性体应变路径曲线 $\varepsilon_{v,N}^{acc}$-$\varepsilon_{q,N}^{acc}$。由图4-30可以看出：①初始体应力增大变化对曲线路径影响显著，随着初始体应力增大，累积塑性体应变减小，累积塑性剪应变增大，相应的路径曲线斜率也降低，说明在总累积塑性应变中，随着初始体应力增大，累积塑性体应变占比减小，而累积塑性剪应变占比增大，这一点吻合于长期低幅往复循环荷载作用下冻土累积塑性变形机制；②在其他试验条件不变且累积塑性剪应变相同的情况下，初始应力比由 $\eta_0 = 0.5$ 增大至 $\eta_0 = 1.0$，累积塑性体应变大幅度降低，而在其他试验条件不变且累积塑性体应变相同的情况下，初

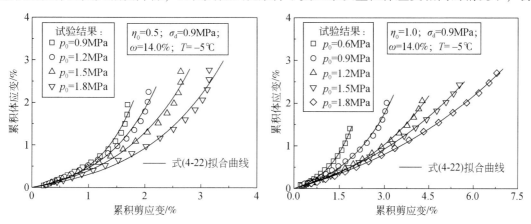

图4-30　不同初始体应力下累积塑性剪应变与累积塑性体应变之间的关系

始应力比由 $\eta_0 = 0.5$ 增大至 $\eta_0 = 1.0$，累积塑性剪应变则显著提高；③式（4-22）可以很好地表达累积塑性剪应变与累积塑性体应变之间的关系。

为了进一步考察初始体应力对冻结细粒填料塑性应变累积方向的影响，将式（4-23）中的参数，即初始应力比（初始累积方向比）d_{g0}、控制累积方向随着累积塑性剪应变改变的速率参数 α_d 与初始体应力之间的关系绘于图 4-31 中，图中试验组 2 与试验组 6 的试验条件见表 4-6。由图 4-31 可以看出：①初始体应力对初始累积方向比的影响主要作用于控制累积方向变化速率的参数 α_d，随着初始体应力增加，参数 α_d 呈显著非线性减小，不同试验条件的两个试验组的结果基本一致；②随着初始体应力增加，初始累积方向比变化并不显著，两个试验组的初始累积方向比 d_{g0} 的数值变化不大，并且无统一变化规律。因此，初始累积方向比的微小差异可能来自试验中不可避免的试件差异或试验条件变异。

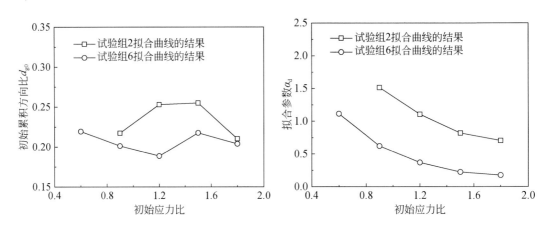

图 4-31　拟合参数 d_{g0} 和 α_d 与初始应力比之间的关系

4.8.3　循环荷载幅值对冻结细粒填料塑性应变累积方向影响

在 $\eta_0 = 0.5$、$p_0 = 0.9\mathrm{MPa}$、$\omega = 14.0\%$、$T = -5℃$ 条件下，针对不同幅值的往复循环荷载作用，获得的冻结细粒填料累积塑性剪应变与累积塑性体应变之间关系的路径曲线 $\varepsilon_{v,N}^{acc} - \varepsilon_{q,N}^{acc}$ 见图 4-32。由图 4-32 可以看出：①荷载幅值对路径曲线 $\varepsilon_{v,N}^{acc} - \varepsilon_{q,N}^{acc}$ 影响显著，在累积塑性剪应变相同的条件下，荷载幅值越大，塑性体应变累积量与相应的曲线斜率也越小，说明荷载幅值越大，累积塑性体应变在总累积塑性应变中占比越小，进一步证实塑性累积应变机制，长期低幅往复循环荷载作用显著不同于高幅往复循环荷载作用，前者以累积塑性体应变为主导；②式（4-22）可以很好地表达累积塑性剪应变与累积塑性体应变之间的关系。

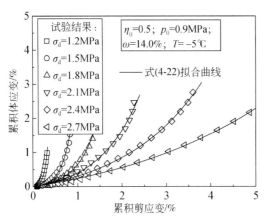

图 4-32　不同荷载幅值下累积塑性剪应变
与累积塑性体应变之间的关系

为了进一步考察循环荷载幅值对冻结细粒填料塑性应变累积方向的影响，将式（4-23）中的参数，即初始累积方向比 d_{g0}、控制累积方向随着累积塑性剪应变改变的速率参数 α_d 与荷载幅值之间的关系绘于图4-33 中，图中试验组 3 的试验条件见表4-6。由图4-33 可以看出：①不同循环荷载幅值下的初始累积方向比 d_{g0} 变化不大，数值仅微小变化于 0.2 上、下附近，并且随着循环荷载幅值增大，初始累积方向比 d_{g0} 也非单调变化，因此可以忽略循环荷载幅值对初始累积方向比 d_{g0} 影响，至于微小的数值变化也许源自难免的试件制备差异、试验条件异动；②随着循环荷载幅值增大，控制累积方向随着塑性剪应变累积而变化的速率的拟合参数 α_d 呈非线性不断减小直至趋于零，说明循环荷载幅值增大至超出定义的长期低幅往复循环荷载的低幅值范围之后，随着振动过程继续发展，累积方向的塑性应变单位增量随之减小，直至忽略影响。塑性应变单位增量：循环荷载幅值每增加一个单位（MPa）的塑性应变（％）的增加量（单位 MPa^{-1}），即若循环荷载幅值的增加量为 dA、相应的塑性应变的增加量为 dε，则塑性应变单位增量为 $\Delta\varepsilon = \mathrm{d}\varepsilon / \mathrm{d}A$。

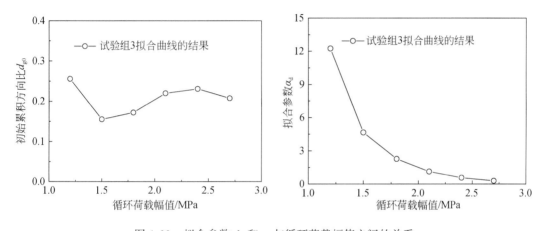

图 4-33　拟合参数 d_{g0} 和 α_d 与循环荷载幅值之间的关系

4.8.4　冻结负温对冻结细粒填料塑性应变累积方向影响

如前所述，冻结负温是影响冻结细粒填料（冻土）物理力学性质的一个重要因素。在 $\sigma_d = 1.5\mathrm{MPa}$、$p_0 = 0.9\mathrm{MPa}$、$\omega = 14.0\%$、$\eta_0 = 0.5$ 条件下，图 4-34 给出了冻结负温变化对累积塑性剪应变与累积塑性体应变之间关系的路径曲线 $\varepsilon_{v,N}^{acc} - \varepsilon_{q,N}^{acc}$ 的试验结果。由图4-34 可以看出：①冻结负温变化对路径曲线 $\varepsilon_{v,N}^{acc} - \varepsilon_{q,N}^{acc}$ 具有显著影响，在初始体应力、初始应力比、循环荷载幅值、初始含水率等相同试验条件下，冻结负温较低（-9℃，-11℃），路径曲线 $\varepsilon_{v,N}^{acc} - \varepsilon_{q,N}^{acc}$ 很接近且累积塑性剪应变与累积塑性体应变均在小应变范围（≤0.5%），说明因冻结强度大而难以发生累积塑性变形，而冻结负温较高（-5℃，-7℃），不同冻结负温的路径曲线 $\varepsilon_{v,N}^{acc} - \varepsilon_{q,N}^{acc}$ 之间差别较大，并且冻结负温越低，累积塑性剪应变在总塑性应变中占比越大；②在累积塑性剪应变相同的条件下，冻结负温越低，累积塑性体应变越大；③式（4-22）可以很好地表达累积塑性剪应变与累积塑性体应变之间的关系。在其他试验条件不变的情况下，冻结负温的高、低显著影响冻结细粒填料中含冰量（冰水比）、冰晶体强度、孔隙饱冰程度、冰晶体之间胶结强度、冰晶体-土颗粒之间胶结强度，进而

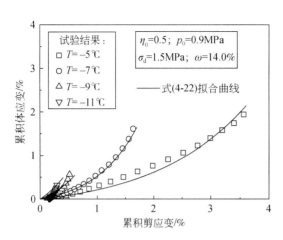

图 4-34　不同冻结负温下累积塑性剪应变
与累积塑性体应变之间的关系

显著影响冻结细粒填料的力学性质。因此，可以选取某一试验围压下，即不同试件试验围压保持某一相同的不变值（如 0.3MPa），不同试件常规三轴强度 $s_{0.3}$ = $(\sigma_1 - \sigma_3)_f$（式中 s 的下角标表示 0.3MPa 围压下常规三轴强度 $s_{0.3}$），作为统一反映冻结细粒填料当前力学性质的评价指标——标准三轴强度，用于评价长期低幅往复循环荷载下累积塑性变形特性。

针对围压 0.3MPa 条件下的常规三轴试验强度（标准三轴强度 $s_{0.3}$）的细粒填料，图 4-35 给出了试验组 4（表 4-6）（其他试验条件相同，冻结负温不同）的试验条件的初始累积方向比 d_{g0}、控制累积方向随着累积塑性剪应变改变的速率参数 α_d 与标准三轴强度 $s_{0.3}$ 之间的关系。由图 4-35 可以看出：①细粒填料的标准三轴强度 $s_{0.3}$ 对累积方向具有重要影响，主要体现在初始累积方向比 d_{g0} 上，随着冻土强度增大，初始累积方向比因标准三轴强度 $s_{0.3}$ 增加而呈显著的非线性增长趋势；②在标准三轴强度 $s_{0.3}$<6.75MPa 条件下，随着标准三轴强度 $s_{0.3}$ 增大，控制累积方向随着塑性剪应变累积而变化的速率的拟合参数 α_d 呈增大趋势，说明随着振动过程发展，累积方向的塑性应变单位增量随之增大，但是标准三轴强度 $s_{0.3}$>6.75MPa 条件下，控制累积方向随着塑性剪应变累积而变化的速率的拟合参数 α_d 呈明显减小，说明随着振动过程发展，累积方向的塑性应变单位增量随之减小，即冻结细粒填料标准三轴强度 $s_{0.3}$ 大，抵抗动力塑性变形作用性能强。

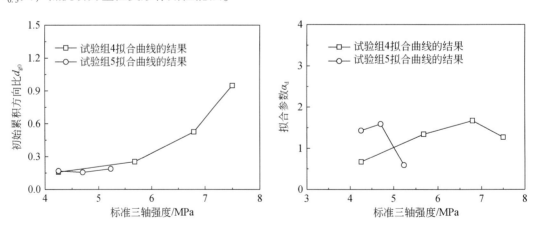

图 4-35　拟合参数 d_{g0} 和 α_d 与标准三轴强度之间的关系

4.8.5　初始含水率对冻结细粒填料塑性应变累积方向影响

初始含水率也是影响冻结细粒填料（冻土）物理力学性质的另一重要因素。在 σ_d =

1.5MPa、$p_0 = 0.9$MPa、$T = -5℃$、$\eta_0 = 0.5$ 条件下，图 4-36 给出了初始含水率变化对累积塑性剪应变与累积塑性体应变之间关系的路径曲线 $\varepsilon_{v,N}^{\mathrm{acc}} - \varepsilon_{q,N}^{\mathrm{acc}}$ 的试验结果。由图 4-36 可以看出：①初始含水率变化对路径曲线 $\varepsilon_{v,N}^{\mathrm{acc}} - \varepsilon_{q,N}^{\mathrm{acc}}$ 具有明显影响，在初始体应力、初始应力比、循环荷载幅值、冻结负温等相同试验条件下，初始含水率接近最优含水率（14.0%，15.8%），路径曲线 $\varepsilon_{v,N}^{\mathrm{acc}} - \varepsilon_{q,N}^{\mathrm{acc}}$ 很接近一致，说明因冻结强度相差不大而发生基本一致的累积塑性应变，而初始含水率较高（18.3%）的路径曲线 $\varepsilon_{v,N}^{\mathrm{acc}} - \varepsilon_{q,N}^{\mathrm{acc}}$ 与接近最优含水率的路径曲线 $\varepsilon_{v,N}^{\mathrm{acc}} - \varepsilon_{q,N}^{\mathrm{acc}}$ 之间差别较大，并且随着振动持续发展，累积塑性剪应变的增加幅度远大于且越来越大于累积塑性体应变的增加幅度，说明累积塑性剪应变在总塑性应变中占比越来越大；②若累积塑性剪应变超过 0.8%，在累积塑性剪应变相同的条件下，初始含水率越高，累积塑性体应变越小，并且这种变化趋势因累积塑性剪应变增大而越来越显著；③式（4-22）可以很好地表达累积塑性剪应变与累积塑性体应变之间的关系。在其他试验条件不变的情况下，初始含水率的高、低显著影响冻结细粒填料中含冰量（冰水比）、孔隙饱冰程度、胶结土颗粒冰晶体量，进而显著影响冻结细粒填料的力学性质；特别是在较高初始含水率条件下，冻结负温一定，冻结细粒填料中含冰量有限且存在较多未冻水，致使试件强度较低，抵抗动剪切变形作用性能较

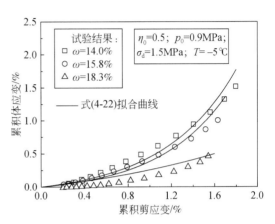

图 4-36 不同初始含水率下累积塑性剪应变与累积塑性体应变之间关系

差，使得累积塑性剪应变在总塑性应变中占比较大。因此，同样可以选取某一试验围压下，即不同试件试验围压保持某一相同的不变值（如 0.3MPa），不同试件常规三轴强度 $s_{0.3} = (\sigma_1 - \sigma_3)_f$（式中 s 的下角标表示 0.3MPa 围压下常规三轴强度 $s_{0.3}$），作为统一反映冻结细粒填料当前力学性质的评价指标——标准三轴强度，用于评价长期低幅往复循环荷载下累积塑性变形特性。

　　针对围压 0.3MPa 条件下的标准三轴强度 $s_{0.3}$ 的细粒填料，图 4-35 给出了试验组 5（表 4-6）（其他试验条件相同，初始含水率不同）的试验条件的初始累积方向比 d_{g0}、控制累积方向随着累积塑性剪应变改变的速率参数 α_d 与标准三轴强度 $s_{0.3}$ 之间的关系。由图 4-35 可以看出：①细粒填料的标准三轴强度 $s_{0.3}$ 对累积方向影响很小而可以忽略不计，表现为初始累积方向比 d_{g0} 不因冻土标准三轴强度 $s_{0.3}$ 增加而明显增大；②标准三轴强度 $s_{0.3}$ 由 4.23MPa 增至 4.71MPa，控制累积方向随着塑性剪应变累积而变化的速率的拟合参数 α_d 稍有增大，说明随着振动过程发展，累积方向的塑性应变单位增量随之微小幅度增大，但是标准三轴强度 $s_{0.3}$ 由 4.71MPa 增至 5.32MPa，控制累积方向随着塑性剪应变累积而变化的速率的拟合参数 α_d 呈较大幅度降低，说明随着振动过程发展，累积方向的塑性应变单位增量随之显著减小，即冻结细粒填料标准三轴强度 $s_{0.3}$ 较大，抵抗动力塑性变形作用性能较强。

4.8.6 初始应力比对冻结细粒填料动态模量影响

在 4.2 节中，针对长期低幅往复循环荷载作用，根据低温动三轴试验结果，详细研究了冻结细粒填料的动态模量（动剪切模量）的演变规律与主要影响因素，并且分析了引起动态模量演化的力学机制。结果表明，在长期振动加载过程中，随着塑性应变不断累积，冻结细粒填料的动剪切模量、动体积模量均呈增长趋势。据此，提出了冻结细粒填料的动剪切模量、动体积模量的演化模型，见式（4-5）、式（4-6）。不同围压条件下试验结果表明，冻结细粒填料的初始动剪切模量、初始动体积模量与初始压力之间具有一定相关性，据此构建了这种相关性分析的计算式子，见式（4-9）、式（4-10）。然而，在上述试验中，初始应力条件为等向压力，而未考虑影响动态模量的一个重要因素——初始应力比对冻结细粒填料动态模量的影响规律。鉴于此，以下将利用试验组 1 与试验组 7（表 4-6）的试验结果，进一步研究初始应力条件对冻结细粒填料动态模量的影响特性。采用初始应力比与初始体应力联合刻画初始应力条件。

将由表 4-6 中试验组 1 与试验组 7 得到的动态模量（动剪切模量）与累积塑性体应变之间的关系，分别按照演化模型［式（4-5）、式（4-6）］进行拟合，结果见表 4-8、图 4-37。拟合得到的初始动态模量和拟合参数见表 4-8。由表 4-8 可以看出，控制动剪切模量、动体积模量的演化速率的参数 α_3、α_4 的数值变化并不大且处于 4.4.2 节推荐的范围之内，即 $\alpha_3 = 0.03 \sim 0.11$（最佳拟合取值 $\alpha_3 = 0.06$）、$\alpha_4 = 0.05 \sim 0.12$（最佳拟合取值 $\alpha_4 = 0.07$）。由图 4-37 可以看出：①不同初始应力比与不同初始体应力条件下的动剪切模量与累积塑性体应变之间关系的试验散点线 $G_N\text{-}\varepsilon_{v,N}^{acc}$、动体积模量与累积塑性体应变之间关系的试验散点线 $K_N\text{-}\varepsilon_{v,N}^{acc}$ 基本一致，呈斜率较接近的近似线性变化趋势，据此推得初始应力比对参数 α_3 与 α_4 的影响很小而可以忽略不计；②不同初始应力比与不同初始体应力条件下，动剪切模量随着累积塑性体应变增加的演化规律可以表达为演化模型［式（4-5）］，动体积模量随着累积塑性体应变增加的演化规律可以表达为演化模型［式（4-6）］；③在累积塑性体应变相同且初始体应力相同的条件下，动剪切模量远大于动体积模量；④在其他试验条件相同且累积塑性体应变也相同的情况下，初始体应力由 0.9MPa 增大至 1.2MPa，动剪切模量降低幅度很大，而动体积模量降低幅度非常小，说明初始体应力改变对动剪切模量影响十分显著，而对动体积模量影响可以忽略不计。

表 4-8 动态模量演化模型拟合参数与相关系数

试件编号	式（4-5）拟合参数		相关系数	式（4-6）拟合参数		相关系数
	G_0/MPa	α_3	R^2	K_0/MPa	α_4	R^2
DF01	961.36	0.046	0.9908	621.92	0.050	0.9654
DF02	903.41	0.047	0.9742	579.99	0.061	0.9852
DF03	901.50	0.073	0.9971	566.21	0.110	0.9960
DF04	929.60	0.061	0.9853	587.54	0.092	0.9976
DF05	992.31	0.044	0.9916	627.69	0.077	0.9764
DF30	936.69	0.034	0.9679	596.78	0.050	0.9886

续表

试件编号	式 (4-5) 拟合参数		相关系数	式 (4-6) 拟合参数		相关系数
	G_0/MPa	α_3	R^2	K_0/MPa	α_4	R^2
DF31	973.43	0.034	0.9653	600.74	0.074	0.9854
DF32	976.99	0.066	0.9900	613.19	0.089	0.9843

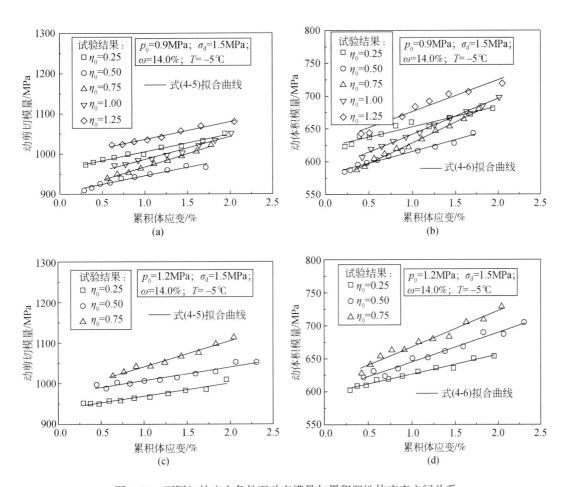

图 4-37　不同初始应力条件下动态模量与累积塑性体应变之间关系

　　试验组 1 与试验组 7 之间，初始应力比逐步递增的增量值一致（试验组 1 有 5 个不同的初始应力比，试验组 7 有 5 个不同的初始应力比），其他试验条件相同，只是初始体应力分别为 0.9MPa、1.2MPa。针对试验组 1、试验组 7，图 4-38 分别给出了初始动剪切模量与初始应力比之间关系的试验散点趋势、初始动体积模量与初始应力比之间关系的试验散点趋势。由图 4-38 可以看出：①不同初始应力比对初始动剪切模量、初始动体积模量影响不是很大；②初始应力比由 0.25 增至 0.50，再增至 0.75，在初始体应力为 0.9MPa条件下，初始动剪切模量、初始动体积模量均随着初始应力比增加而降低，而初始应力比超过 0.75，初始动剪切模量、初始动体积模量均随着初始应力比增加而上升；③初始应力比由 0.25 增至 0.50，再增至 0.75，在初始体应力为 1.2MPa 条件下，初始动剪切模量、初始动体积模量均随着初始应力比增加而略有上升。因此，在较低初始体应力下，需要适当考虑初始应力比对冻结细粒填料的初始动剪切模量、初始动体积模量的影响，而在较高初始体应力下，可以不考虑初始应力比对冻结细粒填料的初始动剪切模量、初始动体积模量影响。

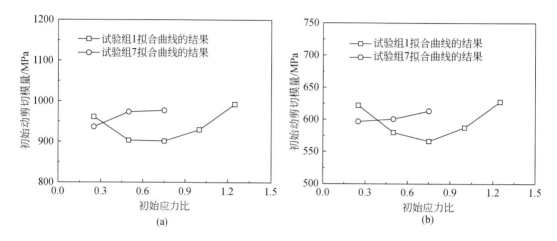

图 4-38　初始动态模量与初始应力比之间的关系

　　总的来看，初始应力比对冻结细粒填料的动态模量及其演化规律的影响并不很明显。因此，在 4.4.2 节中，构建的长期低幅往复循环荷载作用下冻结细粒填料的动态模量的演化模型与相应的压力相关性模型，可以推广应用于具有不同初始应力比的冻结细粒填料或同类冻土问题研究中。

参 考 文 献

［1］ Li Q L, Ling X Z, Hu J J, et al. Experimental investigation on dilatancy behavior of frozen silty clay subjected to long-term cyclic loading ［J］. Cold Regions Science and Technology, 2018, 153: 156-163.

［2］ Li Q L, Ling X Z, Wang L N, et al. Accumulative strain of clays in cold region under long-term low-level repeated cyclic loading: Experimental evidence and accumulation model ［J］. Cold Regions Science and Technology, 2013, 94: 45-52.

［3］ 赵淑萍, 马巍, 焦贵德, 等. 长期动荷载作用下冻结粉土变形和强度特征 ［J］. 冰川冻土, 2011, 33 (1): 144-151.

［4］ Wilson C R. Dynamic properties of naturally frozen Fairbanks silt ［D］. Ph. D. Thesis. Oregon State University, 1982.

［5］ Chaichanavong T. Dynamic Properties of Ice and Frozen Clay under Cyclic Triaxial Loading Conditions ［D］. Ph. D. Thesis. Michigan State Univ. , East Lansing, 1976.

［6］ Vinson T S, Li J C. Dynamic properties of frozen sand under simulated earthquake loading conditions ［C］. Proceedings of the Seventh World Conference on Earthquake Engineering. Turkish National Committee on Earthquake Engineering Istanbul, 1980, 3: 65-72.

［7］ 张克绪, 谢君斐. 土动力学 ［M］. 北京: 地震出版社, 1989.

［8］ 张克绪, 凌贤长. 地震工程及工程振动 ［M］. 北京: 科学出版社, 2016.

［9］ Ling X Z, Li Q L, Wang L N, et al. Stiffness and damping radio evolution of frozen clays under long-term low-level repeated cyclic loading: Experimental evidence and evolution model ［J］. Cold Regions Science and Technology, 2013, 86: 45-56.

[10] Ling X Z, Zhang F, Li Q L, et al. Dynamic Shear Modulus and Damping Ratio of Frozen Compacted Sand Subjected to Freeze-thaw Cycle under Multi-stage Cyclic Loading [J]. Soil Dynamics and Earthquake Engineering, 2015, 76: 111-121.

[11] Li Q L, Ling X Z, Hu J J, et al. Residual deformation and stiffness changes of frozen soils subjected to high- and low-amplitude cyclic loading [J]. Canadian Geotechnical Journal, 2019, 56: 263-274.

[12] An L S, Ling X Z, Geng Y C, et al. DEM Investigation of particle-scale mechanical properties of frozen soil based on thenonlinear microcontact model incorporating rolling resistance [J]. Mathematical Problems in Engineering, 2018, 2018: 1-13.

[13] Wang J H, Ling X Z, Li Q L, et al. Accumulated permanent strain and critical dynamic stress of frozen silty clay under cyclic loading [J]. Cold Regions Science and Technology, 2018, 153: 130-143.

[14] Li Q L, Ling X Z, Sheng D C. Elasto-plastic behaviour of frozen soil subjected to long-term low-level repeated loading, Part I: Experimental investigation [J]. Cold Regions Science and Technology, 2016, 125: 138-151.

[15] Li Q L, Ling X Z, Sheng D C. Elasto-plastic behaviour of frozen soil subjected to long-term low-level repeated loading, Part II: Constitutive modelling [J]. Cold Regions Science and Technology, 2016, 122: 58-70.

[16] Li Q L, Ling X Z, Zhang F. The effect of subgrade inhomogeneity induced by freeze-thaw on the dynamic response of track-subgrade system [J]. Sciences in Cold and Arid Regions, 2013, 5 (5): 554-561.

[17] Lackenby J, Indraratna B, McDowell G, et al. Effect of confining pressure on ballast degradation and deformation under cyclic triaxial loading [J]. Géotechnique, 2007, 57 (6): 527-536.

[18] Wichtmann T, Niemunis A, Triantafyllidis T. Experimental evidence of a unique flow rule of non-cohesive soils under high-cyclic loading [J]. Acta Geotechnica, 2006, 1 (1): 59-73.

[19] Wichtmann T, Niemunis A, Triantafyllidis T. Flow rule in a high-cycle accumulation model backed by cyclic test data of 22 sands [J]. Acta Geotechnica, 2014, 9 (4): 695-709.

第 5 章 往复循环荷载下冻结细粒填料动边界面塑性模型

§5.1 引　　言

　　土的动本构模型因土动力学与岩土地震工程的学科需求而产生、发展，更是土动力学与岩土地震工程的一项重要研究内容，并且一直在发展中求发展，旨在描述动力加载过程中土的应力–应变关系，成为土动力反应、土–结动力相互作用与土工构筑物动力变形、动力强度、动力稳定性等研究的核心课题之一。1964 年新潟地震以来，根据不同研究目标，陆续构建了形式各异的土的动本构模型。总体上可以分为三类模型，第一类是土的动弹性本构模型，第二类是土的动黏弹性本构模型（典型代表为等效线性化模型），第三类是土的动弹塑性本构模型。第一类模型、第二类模型以土工构筑物振动反应为研究目标，不能得到动力荷载作用土的永久变形，因此在土工构筑物动反应分析的数值仿真中应用受限。鉴于此，基于弹塑性力学理论，结合土动力试验，先后发展了多种土的动弹塑性本构模型，一度获得广泛应用。区分于土的静弹塑性本构模型，在土的动弹塑性本构模型中，需要考虑运动硬化效应与各向同性硬化作用的合理结合。针对这一问题，Prevest、Mroz[1]首先提出了土的套叠屈服面模型，通过套叠屈服面的当前位置反映土动力变形的应力历史、塑性模量场，但是数值计算中需要记忆每一高斯积分点的套叠屈服面的位置、尺寸、塑性模量，因此要求具备较大或很大的计算机内存。为了克服这一重要缺陷，Dafalias 等[2,3]提出了土的动力边界面塑性模型，采用解析的插值函数代替加载面（点）与边界面之间的套叠屈服面场，并且由此计算塑性模量。动力边界面塑性模型因概念清晰且易于数值实现而在土动反应分析的数值模拟计算中应用广泛。

　　20 世纪 80 年代以来，由于寒区岩土地震工程的学科发展与工程抗震（抗振）的实际需求，逐步认识到冻土的动本构模型的重要性，但是大多数仍然沿用未冻土（非冻土）的动本构模型，或者针对冻土的动力特性而适当改造应用非冻土的动本构模型，显然与冻土的实际动力特性之间存在一定差别，特别是源自非冻土的动力边界面塑性模型在冻土动力问题研究中日益受到重视。

　　动力试验研究表明，冻土与非冻土之间，在动强度特性、动塑性特性、动流变特性等方面存在显著差异，因此直接将非冻土的动力边界面塑性模型应用于冻土构筑物动力反应计算并不合理。鉴于此，以下将针对轨道交通往复循环荷载作用，立足于冻结细粒填料（冻土）基本力学性质试验结果，以完善往复循环荷载下路基振动反应分析理论模型为目标，重新构建往复循环荷载下冻结细粒填料动力边界面塑性模型，为列车行驶振动作用下冻土路基响应机理与变形演变、沉降变形、强度破坏、服役失效等问题研究奠定重要的理论基础。

§5.2　往复循环荷载与往返循环荷载

循环荷载分为往复循环荷载、往返循环荷载，见图 5-1。由图 5-1 可以看出：①在初始静应力 σ_0 基础上，如固结应力或恒温固结应力 σ_0，叠加一个方向不变且始终与初始静应力 σ_0 方向相同的动应力 σ_d，循环荷载的变化幅值、变化周期即为动应力 σ_d 的振动幅值、振动周期，循环荷载的最大值为 $\sigma_0+\sigma_d$、最小值为 σ_0；②在初始静应力 σ_0 基础上，如固结应力或恒温固结应力 σ_0，叠加一个方向往返改变（在与初始静应力 σ_0 方向相同、与初始静应力 σ_0 方向相反之间往返改变）的动应力 σ_d，循环荷载的变化幅值、变化周期即为动应力 σ_d 的振动幅值、振动周期循环荷载的最大值为 $\sigma_0+\sigma_d$、最小值为 $\sigma_0-\sigma_d$。

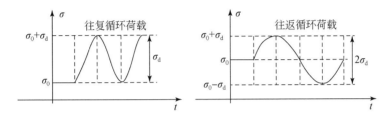

图 5-1　往复循环荷载与往返循环荷载物理意义

轨道路基受到两种力联合作用：一是路基自重力作用，二是列车行驶对路基振动作用，二者使路基填料受到的应力分别为静应力 σ_0（初始静应力）、动应力 σ_d，并且静应力 σ_0 与动应力 σ_d 方向始终一致且一直向下。在公路交通运输过程中，路基中应力状态也如此。因此，采用往复循环荷载描述轨道路基或公路路基行车过程中路基填料受力状态。事实上，在土的普通三轴试验或冻土的普通低温三轴试验中，试件的受力状态正是往复循环荷载。

现场监测表明，在轨道交通过程中，轮-轨振动的幅值很低、频率很高（可能超过 2000Hz），这种振动传至路基的幅值显著衰减、频率大幅度降低（一般不超过 5~6Hz。高频波、中高频波全部衰减）。此外，铁路运行过程中，每隔一段时间即有一趟列车通过，长期连续不断反复通车，据此可以认为路基受长期往复循环荷载作用。

鉴于上述，在后续研究工作中，为了抓住主要影响或诱发因素且尽可能使问题简化，可以认为运行中的轨道路基受到长期低幅往复循环荷载作用。

应该说明：①对于无缝钢轨的高速铁路、快速铁路，列车行驶下，铁路全线路基受到全是长期低幅往复循环荷载作用；②对于有缝钢轨的普通铁路、干线铁路、直线铁路、重载铁路、地铁轻轨，列车行驶下，轨缝处出现因轮子碰撞钢轨而引起的短时高幅极高频振动，但是这种荷载因频率极高而使之传至路基已衰减殆尽，因此可以认为铁路全线路基仍然只受到长期低幅往复循环荷载作用；③相比于长期低幅往复循环荷载作用，地震荷载则为短时高幅循环荷载作用。长期低幅往复循环荷载作用与短时高幅循环荷载作用的比较见表 5-1。

表 5-1　长期低幅往复循环荷载作用与短时高幅循环荷载作用的比较

动载类型	长期低幅往复循环荷载作用	短时高幅循环荷载作用
破坏形式	长期振动，出现不均匀变形与沉降等，影响正常服役性能	较少振次，出现振陷、垮塌、液化等现象
关注焦点	应变累积、回弹等特性	应力-应变滞回圈细节
典型代表	交通荷载	地震荷载

在轨道交通中，在单一振次作用下，路基细粒填料塑性变形微小且可以近似为弹性变形（可以刻画为弹性本构模型）；但是，在长期低幅往复循环荷载作用下，路基细粒填料应变累积不可忽略弹性模量且影响累积应变因素众多（必须刻画为弹塑性本构模型，详见第 6 章）。

针对高速铁路或快速铁路运行下长期低幅往复循环荷载作用，进行高寒区路基永久变形预测与长期稳定性评价，路基填料本构模型选取有三类：一是增量型本构模型，计算长期循环荷载下振动问题，在计算效率与计算精度上存在重大缺陷，力-经验模型是解决此类问题的主流方法；二是累积应变经验模型，目前应用较多，合理的经验模型应含有表征填料的静力性能与动力性能的重要参数；三是"显式累积模型+弹性律=显式弹塑性模型"，这是研究的未来进一步发展方向，冻土尚未出现此类研究。

§5.3　冻结细粒填料主要力学特性

材料性能试验是建立材料本构模型的必要基础。因此，采用中国科学院冻土工程国家重点实验室的 MTS–810 低温静动三轴试验系统，针对冻结细粒填料，系统进行了三轴压缩试验、三轴剪切加卸载试验、各向等压加卸载试验，基于试验结果，研究了强度特性、塑性流动特性、硬化特性，奠定了构建动力边界面塑性模型的试验基础。试验采用的细粒填料为采自青藏铁路沿线的粉质黏土，试件规格与制备程序、制备方法等同于第 2 章、第 3 章，在此不赘述，试验加载条件详见下述。

5.3.1　冻结细粒填料强度特性

冻结细粒填料的强度特性研究一般基于静三轴压缩试验结果，试验加载过程中，首先进行试件等压固结，待试件变形稳定之后，保持围压不变，按照恒定轴向应变速率进行轴向压缩，即轴向加载控制应变速率为 $1\%/\text{min}$，轴向应变达到 20% 停止加载，试验结果见图 5-2、图 5-3。

图 5-2 中初始含水率为 14.0%，冻结负温为 –5℃，围压变化于 $0.3 \sim 2.4\text{MPa}$。图 5-2 是冻结细粒填料的主应力差（偏应力）与轴向应变之间关系的静三轴试验结果。由图 5-2 可以看出：①在较低围压下，即 $\sigma_3 = 0.3\text{MPa}$，轴向应变 $\varepsilon_1 < 10\%$，表现为应变硬化过程，而轴向应变 $\varepsilon_1 > 10\%$，则表现为应变软化过程；②在较高围压下，即 $\sigma_3 > 0.3\text{MPa}$，一直为应变硬化过程，并且围压变化对硬化路径与过程影响很小；③不同围压下的硬化过程或较低围压下的软化过程均呈现出明显的非线性特性，说明加载过程中塑性变形在总变形中占据主要部分。针对应变软化型偏应力与轴向应变之间的关系曲线，强度取为偏应力之最大

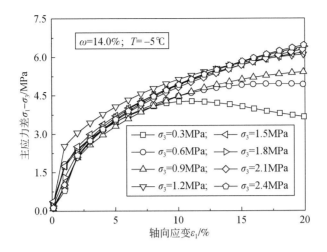

图 5-2　静态偏应力与轴向应变之间的关系

值，对应的轴向应变应小于 15%；针对应变硬化型偏应力与轴向应变之间的关系曲线，强度值取为 15% 轴向应变对应的偏应力值。

图 5-3 为冻结细粒填料的强度与初始体应力之间关系的静三轴试验结果。由图 5-3 可以看出：①随着初始体应力增大，强度呈非线性增长；②不同于非冻土强度破坏曲线（即强度与围压之间关系曲线），在 p_f-p_0 平面中，冻结细粒填料的强度破坏曲线不通过坐标原点，说明由于作为骨架的冰晶体、颗粒之间胶结冰具有一定抗拉强度而使得冻结细粒填料表现出显著的抗拉强度。

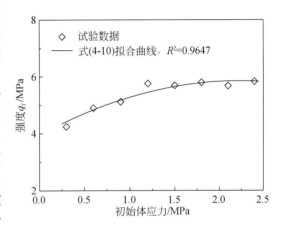

图 5-3　静态强度与初始体应力之间的关系

试验研究表明[4]，在土性与初始含水率、冻结负温一定条件下，随着围压（初始体应力）增大，冻土（冻结细粒填料）强度变化表现为先增大后减小。究其原因，高围压下，冻土中冰晶的压融作用较大，导致强度降低。冻土（冻结细粒填料）的强度 q_f 与初始体应力 p_0 之间的关系，可以表达为式（5-1）。

$$q_f = M_1 + M_2 p_0 - M_3 p_0^2 \tag{5-1}$$

式中，在三轴试验条件下 $p_0 = \sigma_3$；M_1、M_2、M_3 为模型参数，在上述三轴试验条件下，参数取值分别为 $M_1 = 3.95$、$M_2 = 1.72$、$M_3 = 0.39$。式（5-1）拟合曲线与试验散点分布趋势基本一致，见图 5-3。

根据上述静三轴试验条件下的应力状态，可以得到对应于初始体应力 p_0 的强度破坏的体应力为 $p_f = p_0 + q_f/3$，据此进一步得到在 p-q 平面中的强度破坏曲线。

5.3.2　冻结细粒填料塑性流动特性

试验研究表明，冻结细粒填料属于一类典型的弹塑性材料，在试验加载与应变较小的条件下表现为弹性变形，而在试验加载与累积应变较大的条件下则表现为塑性变形，并且随着累积塑性变形越来越大，塑性变形在总变形中占比也越来越大。塑性势面方程是表征岩土材料塑性应变流动方向的基本方程。长期以来，针对非冻土的塑性流动特性进行了较多深入研究，而针对冻土（冻结细粒填料）的相关研究则不多见。针对冻结细粒填料，通过低温静三轴剪切加卸载试验，研究塑性流动方向特性，据此构建塑性势面方程，奠定边界塑性模型构建的试验基础。类似于低温静三轴试验，低温静三轴剪切加卸载试验，首先对冻结细粒填料试件进行等压固结，待试件变形稳定之后，按照恒定加载速率进行轴向压缩，当轴向应变达到 ε_1 时，按照恒定卸载速率进行第一次卸载，卸载至偏应力 $(\sigma_1-\sigma_3)=0$，按照相同加载速率再加载至轴向应变 ε_2，再按照恒定卸载速率进行第二次卸载，卸载至偏应力 $(\sigma_1-\sigma_3)=0$，依次类推进行 N 次加载与卸载循环。试验中，加卸载速率控制为 $1\%/\min$，相邻两次卸载点轴向应变差为 1%，冻结负温为 $-5℃$，初始含水率为 14.0%。

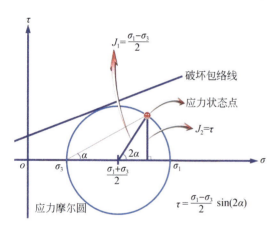

图 5-4　偏应力物理意义概念图

应该说明，图 5-4 中，在应力直角坐标系 $o\sigma\tau$ 中，应力摩尔圆上任一应力状态点的偏应力二分量分别为 $J_1=(\sigma_1-\sigma_3)/2$、$J_2=\tau=\left[(\sigma_1-\sigma_3)/2\right]\sin(2\alpha)$（其中 α 为刻画应力状态的应力方向角），二者均为主应力差即偏应力 $(\sigma_1-\sigma_3)$ 之函数，可以采用这种偏应力之分量之一 J_2 刻画剪应力 τ。因此，这一点极其有意义，表明任一种材料如岩土材料的宏观受任意力作用，无论是受压力作用、受拉力作用（张力作用），还是受剪力作用，破坏的力学机制均为剪切作用。

图 5-5 为 1.2MPa 围压下冻结细粒填料的低温静三轴剪切加卸载试验结果。由图 5-5 可以看出：①在剪应力–剪应变之间关系试验曲线中，卸载曲线与再加载曲线形成一系列长轴近似平行且越来越长、短轴长度基本一致的闭合滞回圈，每一剪切加卸载循环，卸载至剪应力（偏应力）即 $(\sigma_1-\sigma_3)=0$，剪应变不完全恢复而残余一部分，表明每一剪切加卸载循环过程中均产生一部分不可恢复的塑性剪应变，并且塑性剪应变占据总剪切变形的主要部分，随着加卸载循环不断进行，累积塑性剪应变越来越多且在总剪切变形中占比越来越大；②在体应变–剪应变之间关系试验曲线中，随着剪应变不断发展，体应变呈现非线性增长，并且在卸载过程中体应变发生较小回弹，说明在此过程中塑性体应变在总体积变形中占据主要部分。假设卸载过程中不产生塑性变形，则在卸载点处的塑性应变即为卸载至偏应力 $(\sigma_1-\sigma_3)=0$ 的应变值。据此，可以得到每一卸载点的应力状态——体应力 p、剪应力 q，以及对应于这种应力状态的塑性体应变增量 $d\varepsilon_v^p$、塑性偏应变增量 $d\varepsilon_q^p$。定义 $d\varepsilon_v^p/d\varepsilon_q^p$ 为剪胀比。

研究表明，剪胀比 $d\varepsilon_v^p/d\varepsilon_q^p$ 与当前应力状态 $(p，q)$ 之间具备较强相关性。图 5-6 中

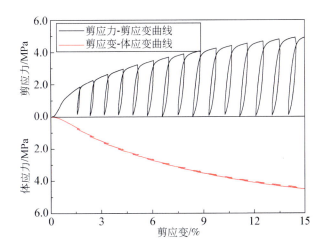

图 5-5　静三轴剪切加卸载试验结果

试验围压变化于 0.3~2.1MP，冻结细粒填料的静三轴剪切加卸载试验结果表示于 $d\varepsilon_v^p/d\varepsilon_q^p$-$q/p$ 平面中。由图 5-6 可以看出：①类似于非冻土，冻结细粒填料的剪胀比 $d\varepsilon_v^p/d\varepsilon_q^p$ 与当前应力状态比值 q/p 具有较强相关性；②明显不同于非冻土，不同试验围压（初始体应力）条件下，冻结细粒填料的试验结果不能归一至同一区域，说明初始体应力对剪胀特性同样具有显著影响；③应力比 q/p，不仅随着试验围压增大而降低，而且也随着剪胀比 $d\varepsilon_v^p/d\varepsilon_q^p$ 增大而降低，二者均表现出弱非线性变化过程。不同初始体应力下冻结细粒填料的剪胀比

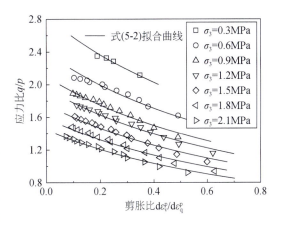

图 5-6　剪胀比 $d\varepsilon_v^p/d\varepsilon_q^p$ 与应力状态比 q/p 之间的关系

$d\varepsilon_v^p/d\varepsilon_q^p$ 与应力状态比 q/p 之间的关系可以表示为式（5-2）。

$$\frac{d\varepsilon_v^p}{d\varepsilon_q^p}=\frac{M^2-(q/p)^2}{2(q/p)} \tag{5-2}$$

式（5-2）反映冻结细粒填料在加载过程中塑性流动方向与当前应力状态之间的关系，即剪胀方程，方程中参数 M 取值与冻结细粒填料物理力学性质、试验初始体应力状态之间的关系密切。通过式（5-2）拟合图 5-6 的静三轴剪切加卸载试验结果，可以得到不同初始体应力状态下模型参数 M 取值，见表 5-2。

表 5-2　冻结细粒填料剪胀方程拟合参数

试件编号	负温 $T/℃$	初始含水率 $\omega/\%$	围压 σ_3/MPa	拟合参数 M	相关系数 R^2	强度应力比 η_f
LU-01	−5	14	0.3	2.38	0.9877	2.40
LU-02	−5	14	0.6	2.19	0.9854	2.06

试件编号	负温 $T/℃$	初始含水率 $\omega/\%$	围压 σ_3/MPa	拟合参数 M	相关系数 R^2	强度应力比 η_f
LU-03	-5	14	0.9	2.05	0.9879	1.83
LU-04	-5	14	1.2	1.98	0.9917	1.65
LU-05	-5	14	1.5	1.88	0.9954	1.50
LU-06	-5	14	1.8	1.78	0.9964	1.37
LU-07	-5	14	2.1	1.70	0.9965	1.25

　　根据静三轴试验强度值确定方法，可以分别得到静三轴剪切加卸载试验对应的强度值，进而得到每组试验中达到强度破坏的应力比 $\eta_f = q_f/p_f$，分别列于表 5-2 中。将模型参数 M 与强度应力比 η_f 之间关系绘于图 5-7 中。由图 5-7 可以看出，模型参数 M 与强度应力比 η_f 之间具有显著相关性，可以表示为式（5-3）。

$$M = m_1 \left(\frac{p_f}{q_f} \right) \tag{5-3}$$

式中，m_1 为模型参数，取值 $m_1 = 1.132$。

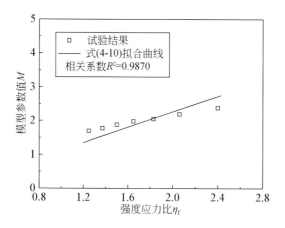

图 5-7　模型参数 M 值与强度应力比 η_f 之间的关系

　　剪胀方程反映应力状态与塑性应变之间相互交叉影响，基于此，引入正交准则，见式（5-4）。

$$\frac{d\varepsilon_v^p}{d\varepsilon_q^p} \cdot \frac{dp}{dq} = -1 \tag{5-4}$$

　　联立式（5-2）与式（5-4），可以解得关于体应力 p 与剪应力 q 的微分方程，见式（5-5）。式（5-5）的通解见式（5-6），式中 C 由边界条件确定。

$$\frac{M^2 - (q/p)^2}{2(q/p)} \cdot \frac{dp}{dq} = -1 \tag{5-5}$$

$$M^2 p + \frac{q^2}{p} = C \tag{5-6}$$

　　式（5-6）定义了一系列的塑性势面方程。将初始应力条件（p_0，q_0）代入微分方程通解式（5-6）中，得到 $M^2 p_0 + q_0^2/p_0 = C$，左端项、右端项乘以 p，可以得到初始应力条件下加载面方程，见式（5-7）。

$$(p - R_0)^2 + \frac{q^2}{M^2} - R_0^2 = 0 \qquad (5-7)$$

式中，$R_0 = p_0/2 + q_0^2/(2M^2 p_0)$，$R_0$ 为在初始应力状态的加载面椭圆方程的标准轴半径。

将式（4-7）进一步推广，得到加载面方程见式（5-8）。

$$(p - R_0)^2 + \frac{q^2}{M^2} - (h R_0)^2 = 0 \qquad (5-8)$$

式中，h 为硬化参数，h 与内变量（如塑性应变）相关。

在 $q-p$ 平面中，加载面方程式（5-8）为一椭圆形方程簇，见图 5-8。

5.3.3　冻结细粒填料硬化特性

研究岩土材料的各向同性硬化规律，一般采用等向加载与卸载试验。据此，利用 MTS -810 低温三轴试验系统，进行冻结细粒填料恒温条件下等向加载与卸载试验。试验中，首先等压固结冻结细粒填料试件（固结压力为 0.3MPa），待试件变形稳定之后，同时启动轴向加载系统、围压加载系统，按照恒定加载速率进行加载压缩，当体积应力达到设计值 p_1 时，按照恒定卸载速率进行第一次卸载，待卸载到固结压力之后，按照相同的恒定加载速率再加载至设计的体积应力值 p_2，依次类推，进行 N 次加载与卸载循环。加载与卸载速率均为 0.1MPa/min，相邻两次卸载点的体应力之差为 0.3MPa。

初始含水率为 14.0%、冻结负温为 -5℃ 的冻结细粒填料等向加载与卸载试验结果见图 5-9。由图 5-9 可以看出：①卸载曲线与再加载曲线形成封闭的滞回圈，显示较显著的

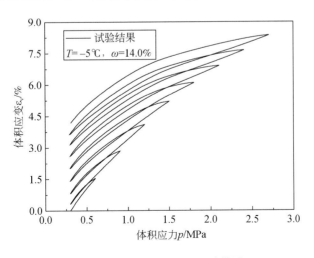

图 5-9　等向加载与卸载试验结果

滞回效应（耗能效应）；②卸载至固结压力，体应变未完全恢复，表明在体应力加载与卸载过程中产生了塑性变形。在每一级加载与卸载过程中，卸载点的塑性体应变可以认为是加载过程的塑性累积体积应变。

图 5-10 中为不同冻结负温条件，等向加载与卸载试验，冻结细粒填料的塑性体应变与体应力之间的关系。由图 5-10 可以看出，塑性体应变与体应力之间呈近似线性递增变化关系，即在同一负温条件下，塑性体应变随着体应力增大而呈近似线性增加，并且负温越低，塑性体应变随着体应力增大而增加的幅度越小。可以采用式（5-9）表达塑性体应变与体应力之间的关系。式（5-9）即冻结细粒填料的硬化方程，能够很好拟合塑性体应变与体应力之间关系试验结果，见图 5-10。

$$\varepsilon_v^p = \frac{p - p_0}{c_p} \tag{5-9}$$

式中，c_p 为等向加载与卸载试验中冻结细粒填料的塑性模量；p_0 为初始体应力（试验中为 0.3MPa）。试验条件与拟合参数见表 5-3。

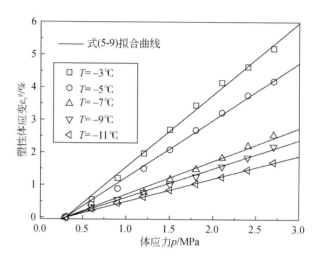

图 5-10　塑性体应变与体应力之间关系

表 5-3　冻结细粒填料硬化方程参数拟合结果

试件编号	温度 $T/℃$	初始含水率 $\omega/\%$	拟合参数 c_p/MPa	相关系数 R^2
GX-01	−3	14	45.22	0.9984
GX-02	−5	14	57.01	0.9989
GX-03	−7	14	98.49	0.9972
GX-04	−9	14	113.56	0.9980
GX-05	−11	14	142.92	0.9993

冻结细粒填料的塑性剪应变的弱化效应值得关注。在往复循环荷载作用下，冻结细粒填料变形可以假设为两种机制的共同作用，一是体积压应力作用下的压缩变形（压缩机制），二是偏应力作用下的剪切变形（剪切机制）。显然，根据等向加载与卸载试验结果，建立的式（5-9）只能表征压缩机制下冻结细粒填料的硬化特性。合理的土或冻土变形的硬化准则，不仅应包含压缩机制作用的硬化作用，而且还应包含剪切机制下的损伤作用。因此，引入塑性偏应变长度 ε_A 的概念，见式（5-10）。

$$\varepsilon_A = \int \left| \mathrm{d}\varepsilon_q^p \right| \tag{5-10}$$

式中，ε_q^p 为塑性剪切应变。联立式（5-9）与式（5-10），并且假设剪切机制下损伤作用通过指数形式的塑性偏应变长度参与作用，可以解得硬化参数 h，见式（5-11）。

$$h\left(\varepsilon_v^p, \varepsilon_A\right) = \left(1 + \frac{c_p \varepsilon_v^p}{2\,R_0}\right)\exp\left(-c_p \varepsilon_A\right) \tag{5-11}$$

式中，R_0 为初始应力下塑性势面椭圆长半轴，即 $R_0 = R_0/2 + q_0^2/\left(2M^2 P_0\right)$。

§5.4　循环荷载下冻结细粒填料动力边界面弹塑性模型

等同于冻结细粒黏性土，即冻结典型黏土、冻结普通黏土、冻结粉质黏土（统称为冻土），在循环荷载（动力荷载）作用下，冻结细粒填料动应力–动应变之间关系曲线较复杂且受到多种影响因素耦合作用。在以下讨论中，将聚焦冻结细粒填料（冻土）的主要力学特性，尽可能保证构建的动本构模型简单易懂、参数易获取、参数物理意义明确。因此，构建（动力）边界面弹塑性模型，基于三点假设：①忽略冻结细粒填料（冻土）力学特性的加载速率相关性，即对于不同加载速率条件的模拟计算可以选取对应加载速率条件的模型参数；②不考虑冻结细粒填料（冻土）的黏性效应，即认为填料变形由可恢复的弹性变形与不可恢复的塑性变形组成；③认为复杂的往复循环加载过程为由加载事件与卸载事件组成，并且卸载事件为反向加载过程。基于这三点基本假设，下面将详细介绍循环荷载下边界面模型得以模拟细粒填料弹塑性响应所需的 5 个基本要素，即特征面方程（包括边界面方程、加载面方程）、硬化准则、流动准则、映射准则。

5.4.1　基本应力与应变定义

长期以来，广泛应用的低温或常温静三轴试验与动三轴试验均为单元试验，即试件为各向同性均质体且试验中各点试验条件（如温度、含水率、围压、轴向荷载等）一致、各点应力状态一致。因此，在三轴应力空间中，冻结细粒填料（冻土）单元（试件）承受的应力状态，可以按照式（5-12）、式（5-13），将应力对应的应变转化为分别表示于 p–q 空间中、ε_v–ε_q 空间中。

$$\left.\begin{array}{l} p = \dfrac{1}{3}\left(\sigma_1 + 2\sigma_3\right) \\[2mm] q = \sigma_1 - \sigma_3 \end{array}\right\} \tag{5-12}$$

$$\left.\begin{array}{l} \varepsilon_q = \dfrac{2}{3}\left(\varepsilon_1 - \varepsilon_3\right) \\[2mm] \varepsilon_v = \varepsilon_1 + 2\varepsilon_3 \end{array}\right\} \tag{5-13}$$

式中，p 为单元的体积应力；q 为单元的广义剪应力；ε_v 为 p 对应的体积应变；ε_q 为 q 对应的广义剪应变；σ_1 为最大主应力（普通三轴试验中轴向应力）；σ_3 为最小主应力（普通三轴试验中最小主应力 σ_3 = 中间主应力 σ_2，即围压）；ε_1 为 σ_1 对应的主应变；ε_3 为 σ_3 对应的主应变。

5.4.2　边界面方程与硬化准则

　　传统的边界面塑性模型的特征面包括边界面、屈服面。应力点位于屈服面上，冻结细粒填料（冻土）发生弹性应变（实际为弹性应变之极限状态）而不产生塑性应变，然而试验结果表明，塑性应变伴随应力变化之始终，因此在建立的动力边界面模型中吸收 Dafalias 和 Herrmann[5] 研究成果，将加载面退化为一个点，认为在加载与卸载过程中不存在纯弹性应变，所以特征面只是一个边界面。在 5.2.2 节中，根据冻结细粒填料（冻土）三轴剪切加卸载试验结果，拟合得到了加载面方程。由边界面物理意义可知，边界面方程与加载面方程在数学形式上应保持一致，即边界面方程表示为式（5-14）。

$$F = (\bar{P} + R_0)^2 + \frac{\bar{q}^2}{M^2} - \left[a_F(\varepsilon_v^p, \varepsilon_A) \right]^2 \tag{5-14}$$

式中，$\bar{P}$ 为当前应力状态 p 对应的像应力；$\bar{q}$ 为当前应力状态 q 对应的像应力；M 为与初始体应力相关的边界面椭圆短轴压缩系数（取值方法见 5.3.2 节）；a_F 为边界面椭圆标准轴半径（大小可由初始半径与相应的演化规律确定），根据 5.2.3 节试验结果，a_F 计算式见式（5-15）。

$$a_F = a_{F0} h(\varepsilon_v^p, \varepsilon_A) = a_{F0} \left(1 + \frac{c_p \varepsilon_v^p}{2 R_0} \right) \exp(-c_p \varepsilon_A) \tag{5-15}$$

式中，a_{F0} 为边界面椭圆初始标准轴半径，见图 5-11，初始边界面与初始加载面为中心位置相同、标准轴半径不同的椭圆。

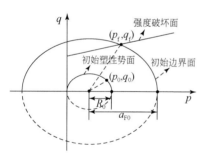

图 5-11　p-q 平面中初始
边界面确定方法

　　当初始体应力为 p_0 时，根据式（4-1），可以得到对应初始体应力 p_0 的强度破坏点（q_f, p_f）。将强度破坏点（q_f, p_f）代入边界面方程（5-14），得到边界面初始标准半径，见式（5-16）。

$$a_F = \sqrt{(p_f - R_0)^2 + \frac{q_f^2}{M^2}} \tag{5-16}$$

式中，R_0 为初始应力状态（p_0, q_0）对应的初始加载面椭圆标准轴半径，R_0 取值同式（5-7）中取值，即 $R_0 = p_0/2 + q_0^2 / (2M^2 p_0)$。

　　结合 5.3.3 节试验与理论分析构建的硬化规律，可以得到边界面演化规律如式（5-15），加载过程中，边界面演化中心不变，边界面半径因内变量变化而演化。不同于传统塑性硬化规律，以上建立的边界面塑性模型中考虑了压缩机制与剪切机制共同作用，即随着压缩塑性体应变增加，边界面半径增大，表明边界面在压缩塑性体应变作用下扩大，反映硬化作用，而随着塑性偏应变长度增加，边界面半径减小，说明边界面在塑性偏应变作用下收缩，反映损伤作用。

5.4.3　映射准则与塑性模量

　　在边界面塑性理论中，映射准则反映当前应力点与边界面上像应力点之间的对应关系，更深层次上反映塑性模量与像塑性模量之间的映射关系，因此在边界面塑性模型中具有重要作用。完整的映射准则应包括两个基本要素，一是映射中心，二是映射关系。

　　在传统边界面塑性模型中，映射中心一般选择为原点或初始应力点且在加载过程中保持不变，这类模型用于模拟单调加载作用效果尚可，而对于包含多次加卸载过程的往复循环荷载作用，则不能反映应变累积特性、滞回特性。究其原因：这类模型中边界面硬化过程属于各向同性硬化过程，不能反映往复循环荷载下运动硬化特性。鉴于此，在我们建立的边界面模型中，将往复循环加载过程分为三类加载事件，即初始加载事件、后继加载事件、卸载事件。不同加载事件具有不同映射中心，通过可以移动的映射中心与各向同性的硬化准则相结合方式，体现往复循环荷载下各向同性硬化与运动硬化结合。不同加载事件中映射中心转移与映射关系见图 5-12。映射中心的移动准则：图 5-12（a），在初始加载事件中，映射中心为初始应力点保持不变；图 5-12（b），由初始加载向卸载过程转向时，映射中心变为加卸载应力路径转折点；图 5-12（c），由卸载向后继加载事件变化时，映射中心转移至卸载向后继加载应力路径转折点；各个加卸载往复过程中映射中心移动方式，以此类推。在整个加载过程中，边界面均以硬化中心为中心点且随着塑性应变变化而发生等向膨胀或压缩。

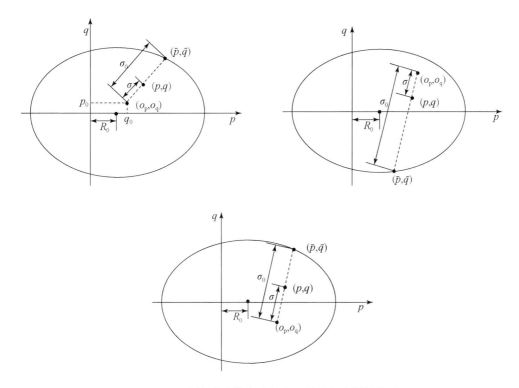

图 5-12　不同加载事件中映射中心转移与映射的关系

　　模型中的映射关系模型采用 Dafalias 与 Herrmann 建议的径向映射[5]，见图 5-12，在单一加载事件中，映射中心保持不变，是映射中心与当前真实应力点之间的距离，是映射中心与当前像应力点之间的距离，则真实应力点与像应力点之间的关系可以表示为式（5-17）。

$$\bar{P}=\frac{\delta_0}{\delta}(p-o_p)+o_p \left.\begin{matrix} \\ \\ \end{matrix}\right\}$$
$$\bar{q}=\frac{\delta_0}{\delta}(q-o_q)+o_q$$
$$(5\text{-}17)$$

边界面方程一致性条件见式（5-18）。

$$\frac{\partial F}{\partial \bar{P}}\mathrm{d}\bar{P}+\frac{\partial F}{\partial \bar{q}}\mathrm{d}\bar{q}+\frac{\partial F}{\partial a_\mathrm{F}}\mathrm{d}a_\mathrm{F}=0 \qquad (5\text{-}18)$$

将式（5-14）、式（5-15）代入边界面方程一致性条件式（5-18）中，经过一系列数学推导，得到边界面上的像应力点对应的像塑性模量，见式（5-19）。

$$\bar{K}_\mathrm{p}=2a_\mathrm{F}\left[\frac{c_\mathrm{p}a_{\mathrm{F0}}}{R_0}(\bar{p}-R_0)\exp(-c_\mathrm{q}\varepsilon_\mathrm{A})-2a_\mathrm{F}c_\mathrm{p}\frac{|\bar{q}|}{M^2}\right] \qquad (5\text{-}19)$$

塑性模量与像塑性模量之间通过插值函数建立联系，为了得到合理的插值函数，需要分析循环荷载下塑性模量。图 5-13 为典型循环荷载下土体应力-应变滞回曲线。根据以上

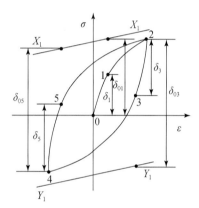

图 5-13　典型循环荷载下
应力-应变关系滞回曲线

提出的加载事件分类方法可知：①0→1→2 为初始加载事件，此时映射中心为初始应力点，即坐标原点 0；②2→3→4 为卸载事件，此时映射中心为加载路径与卸载路径之应力转折点 2；③4→5→2 为后继加载事件，此时映射中心为卸载路径与后继加载路径之应力转折点 4。因此，这三类事件均可以看作起始点为映射中心的广义加载过程。由图 5-13 可以看出，每一加载过程的应力-应变关系曲线可以分为显著的三个阶段，详述如下。

第 1 阶段：近似弹性变形阶段，此时应力点 i（$i=$ 1，3，5）趋近于加载起始点，即应力点与映射中心之间距离 δ_i 趋近于零，当应力点与映射中心重合时，土体达到纯弹性变形，塑性模量 K_p 为无穷大，即当 $\delta_i\to 0$ 时，$K_\mathrm{p}\to+\infty$。

第 2 阶段：弹塑性变形阶段，随着应力加载点不断增大（应力不断上升），弹性变形与塑性变形共同发展且塑性变形速率逐渐增大，即当 δ_i 逐渐增大时，塑性模量 K_p 逐渐减小。

第 3 阶段：近似塑性破坏阶段，如前所述，边界面尺寸实际与强度破坏值密切相关，即当应力加载点继续增大而逐渐趋于边界面时，应力加载点也逐渐趋于强度破坏点，达到塑性破坏，若应力加载点达到边界面上，则土体破坏，理论上呈现无穷大的塑性流动，塑性模量 K_p 减小至 0，即当 $\delta_i\to\delta_{i0}$ 时，$K_\mathrm{p}\to 0$。

根据前述分析，可以构建塑性模量表达式，见式（5-20）。

$$K_\mathrm{p}=\zeta|\bar{k}_\mathrm{P}|\frac{\delta_0-\delta}{\delta} \qquad (5\text{-}20)$$

式中，δ 为映射中心与当前真实应力点之间的距离；δ_0 为映射中心与像应力点之间的距离；$\bar{k}_\mathrm{P}$ 为像塑性模量；ζ 为不同加载事件的调整系数（通过调整 ζ 取值，调整塑性模量值）。

5.4.4　流动法则

在塑性力学理论中，流动法则决定塑性应变在每一加（卸）载步中的流动方向，由塑性势面方程在当前应力点的梯度向量确定。在过去的边界面塑性模型中，认为边界面与塑性势面形状类似，塑性应变的流动方向由当前像应力点在边界面上的梯度向量决定。我们通过研究发现，虽然这种处理方式便于理解，但是构建边界面方程中公式转化、模拟循环加载过程中映射中心转变等操作，导致得到的塑性应变流动方向与试验结果之间存在很大差异。为了克服这类不足，拟基于塑性流动方向的试验结果，选用非相关联流动法则，完成适合往复循环加载条件下的塑性流动模拟。显然，式（5-2）是基于单调加载过程得到的剪胀比计算方程，可以将该式推广至式（5-21）。

$$D = \frac{\mathrm{d}\varepsilon_{\mathrm{v}}^{\mathrm{p}}}{\mathrm{d}\varepsilon_{\mathrm{q}}^{\mathrm{p}}} = \frac{M^2 - [(q-o_q)/p]^2}{2[(q-o_q)/p]} \tag{5-21}$$

式中，D 为剪胀比；o_q 为剪应力映射中心。在各向同性初始应力加载条件下的单向加载过程中 $o_q = 0$，此时式（5-21）即退化为式（5-2）。剪胀方程式（5-21）控制塑性应变的流动方向，而对塑性应变大小无影响。因此，冻结细粒填料（冻土）塑性应变增量可以由式（5-22）计算。

$$\left.\begin{aligned} \mathrm{d}\varepsilon_{\mathrm{v}}^{\mathrm{p}} &= \langle \wedge \rangle \cdot \frac{D}{\sqrt{1+D^2}} \\ \mathrm{d}\varepsilon_{\mathrm{q}}^{\mathrm{p}} &= \langle \wedge \rangle \cdot \frac{1}{\sqrt{1+D^2}} \end{aligned}\right\} \tag{5-22}$$

式中，$\wedge$ 为加载因子（控制塑性应变的增量大小）；$\langle\ \rangle$ 为 Macauley 运算符号，当 $\wedge > 0$ 时，$\langle \wedge \rangle = \wedge$，而当 $\wedge \leqslant 0$ 时，$\langle \wedge \rangle = 0$。加载因子定义见式（5-23）。

$$\wedge = \frac{1}{K_{\mathrm{p}}} \frac{\partial F}{\partial \sigma} \mathrm{d}\sigma = \frac{1}{K_{\mathrm{p}}} \left(\frac{\partial F}{\partial p} \mathrm{d}p + \frac{\partial F}{\partial q} \mathrm{d}q \right) \tag{5-23}$$

式中，K_{p} 为塑性模量。在边界面理论中，K_{p} 取值与边界面像应力状态对应的像塑性模量、映射函数相关，具体如前所述。

5.4.5　加载准则与增量型应力应变之间的关系

由于模型中采用可以移动的映射中心，因此卸载过程相对于该过程的映射中心而言属于反向加载过程，在边界面理论中，可以由加卸载过程中应力增量张量、当前应力对应的像应力在边界面上法向张量确定加载准则，见式（5-24）。

$$\left.\begin{aligned} n : \mathrm{d}\sigma > 0 \ \text{加载与卸载} [\text{反向加载}] \\ n : \mathrm{d}\sigma = 0 \ \text{中性变载} \end{aligned}\right\} \tag{5-24}$$

式中，n 为当前应力点（应力状态）对应的像应力点（像应力状态）在边界面上法线张量，计算方法见式（5-25）。

$$n = \frac{\partial F}{\partial \bar{\sigma}} \tag{5-25}$$

基于弹塑性基本理论，任一点应变张量，可以根据叠加性原理分解为弹性部分、塑性部分，增量型应力–应变关系见式（5-26）。

$$
\left.
\begin{array}{l}
\mathrm{d}p = K\left(\mathrm{d}\varepsilon_{\mathrm{v}} - \mathrm{d}\varepsilon_{\mathrm{v}}^{\mathrm{p}}\right) \\[2mm]
\mathrm{d}q = 3G\left(\mathrm{d}\varepsilon_{\mathrm{q}} - \mathrm{d}\varepsilon_{\mathrm{q}}^{\mathrm{p}}\right)
\end{array}
\right\}
\tag{5-26}
$$

式中，K 为动体积模量；G 为动剪切模量；$\mathrm{d}\varepsilon_{\mathrm{v}}$ 为体应变增量；$\mathrm{d}\varepsilon_{\mathrm{v}}^{\mathrm{p}}$ 为剪应变增量。

　　通过第 6 章相关试验结果可知，在高幅往复循环荷载作用下，动剪切模量基本保持不变，动体积模量随着累积塑性体应变增大而增大，演化模型与参数取值方法详见第 6 章。

5.4.6　基于广义 von Mises 准则的模型三维化扩展

　　针对往复循环荷载作用，上述冻结细粒填料（冻土）动力边界面塑性模型是基于普通三轴压缩应力状态试验结果且在 p-q 平面中构建，本质上是平面纯剪切应力状态，然而实际受力状态绝大多数情况下并非如此，即只有在水平自由场地且土层产状也为水平条件下才满足平面纯剪切应力状态，绝大多数为非水平场地或非自由场地或非水平产状土层，隶属于三维受力状态，因此必须将上述构建的本构模型进行三维化扩展。目前，在非冻土的三维本构模型中，较多应用的有 Mohr-Coulomb 准则、von Mises 准则、Lade 准则、SMP 准则（空间滑动面屈服面）等。研究表明，对于正常固结黏土、轻超固结黏土，屈服面在 π 平面上形状，在较小应力条件下接近于圆形（von Mises 屈服准则），在较大应力条件下接近于 Mohr-Coulomb 准则或 SMP 准则。von Mises 准则在 π 平面上形状为一标准圆形，认为中间主应力 σ_2 影响与最大主应力 σ_1、最小主应力 σ_3 影响相同，因此过高估计了土的强度。Mohr-Coulomb 准则被认为能够可靠反映岩土的强度特性，在 π 平面上为一六边形，但是因三维六棱锥状屈服面在尖顶处无法得到梯度向量而使得计算不收敛。SMP 准则、Lade 准则在 π 平面上均为无尖角的近似三角形，在主应力空间中满足外凸、连续、光滑条件，并且能够考虑中间主应力 σ_2 影响，因此更具实用性。对于冻结细粒填料或冻土，由于国际上尚无试验所需的低温真三轴试验仪器，致使在 π 平面上的屈服面形状究竟采用上述哪一屈服准则表述更合适，缺乏必要的试验依据。但是，由于冻结细粒填料或冻土中冰晶具有较强或很强胶结作用，使得冻结状态下抗拉强度显著或远大于非冻土，因此在 π 平面上的屈服面形状比适用于普通土的 SMP 准则或 Lade 准则更外凸。基于上述原因，可以简化假设认为冻结细粒填料或冻土在 π 平面上的屈服面形状为圆形，见图 5-14，因此破坏函数与 Mises 准则基本一致，见式（5-27）。

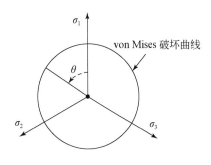

图 5-14　在 π 平面上破坏线

$$
q_{\mathrm{f}} = \sqrt{I_1^2 - 3\,I_2}
\tag{5-27}
$$

式中，I_1 为第一主应力不变量；I_2 为第二主应力不变量；q_{f} 为等效三轴压缩条件下破坏剪应力。根据式（5-27），破坏函数与应力洛德角无关。

　　在主应力空间子午面上，破坏函数类似于前面得到的强度计算式（5-1），为抛物线形式，见图 5-15。通过破坏时体应力 p_{f}、偏应力 q_{f} 与初始应力水平之间的关系，可以得到在主应力空间中（图 5-16）的子午面，即在 p-q 平面中的破坏线（图 5-15）的表达式。在图 5-15 中，破坏线与 p 轴交点即为冻结细粒填料或冻土的三轴抗拉强

度 p_f，物理意义是破坏面在主应力空间中的初始点位置，宏观上反映冻结细粒填料或冻土的黏聚力效应。

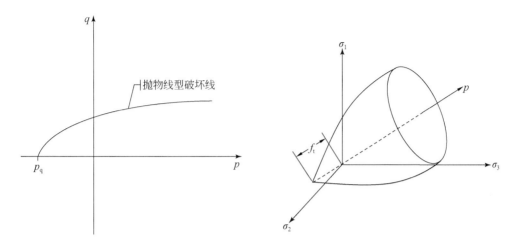

图 5-15　子午面上破坏线　　　　　　图 5-16　主应力空间中破坏面

主应力（应变）空间中应力（σ_1，σ_2，σ_3）或应变（ε_1，ε_2，ε_3）与二维平面中应力（p，q）或应变（ε_v，ε_q）转化关系见式（5-28）、式（5-29）。

$$\left.\begin{array}{l} p = \dfrac{1}{3}(\sigma_1 + \sigma_2 + \sigma_3) \\[2mm] q = \sqrt{\dfrac{3}{2}\boldsymbol{s} : \boldsymbol{s}} \end{array}\right\} \tag{5-28}$$

$$\left.\begin{array}{l} \varepsilon_v = (\varepsilon_1 + \varepsilon_2 + \varepsilon_3) \\[2mm] \varepsilon_q = \sqrt{\dfrac{2}{3}\boldsymbol{e} : \boldsymbol{e}} \end{array}\right\} \tag{5-29}$$

式中，$\boldsymbol{s}$ 为主应力空间中剪应力（偏应力张量）；q 为剪应力（偏应力不变量）；$\boldsymbol{e}$ 为主应力空间中剪应变。基于此，在主应力空间中边界面方程见式（5-30）。

$$F = (\bar{p} - R_0)^2 + \frac{3}{2}\frac{\bar{\boldsymbol{s}} : \bar{\boldsymbol{s}}}{M^2} - \left[a_F(\varepsilon_v^p, \varepsilon_A) \right]^2 = 0 \tag{5-30}$$

式中，$\bar{p}$ 为当前应力状态 p 对应的像应力；$\bar{\boldsymbol{s}}$ 为当前应力状态 $\boldsymbol{s}$ 对应的像应力，其他符号意义同 p-q 平面中边界面方程约定。相应，径向映射准则见式（5-31）。

$$\left.\begin{array}{l} \bar{p} = \dfrac{\delta_0}{\delta}(p - o_p) + o_p \\[2mm] \bar{\boldsymbol{s}} = \dfrac{\delta_0}{\delta}(\boldsymbol{s} - o_s) + o_s \end{array}\right\} \tag{5-31}$$

式中，符号意义同二维平面中映射准则符号约定。在冻结细粒填料或冻土塑性偏应变流动方向与当前偏应力共轴假设条件下，塑性体应变增量与偏应变增量张量见式（5-32）。

$$\left.\begin{array}{l} \mathrm{d}\varepsilon_v^p = \langle \wedge \rangle \cdot \dfrac{D}{\sqrt{1+D^2}} \\[3mm] \mathrm{d}\boldsymbol{e}^p = \langle \wedge \rangle \cdot \dfrac{1}{\sqrt{1+D^2}}\dfrac{(\boldsymbol{s} - o_s)}{(\boldsymbol{s} - o_s) : (\boldsymbol{s} - o_s)} \end{array}\right\} \tag{5-32}$$

式中，s 为偏应力张量。据此，增量型应力−应变关系见式（5-33）。

$$\left.\begin{aligned} \mathrm{d}p &= K \cdot (\mathrm{d}\varepsilon_v - \mathrm{d}\varepsilon_v^p) \\ \mathrm{d}s &= 2G \cdot (\mathrm{d}e - \mathrm{d}e^p) \end{aligned}\right\} \tag{5-33}$$

其中，在三维模型中的硬化准则、流动法则、塑性模量等均与二维边界面塑性模型相同，模型中二维应力应变符号可以由式（5-28）、式（5-29）转化得到。

5.4.7　模型参数确定方法

基于冻结细粒填料（冻土）基本力学特性，构建了动力边界面塑性模型，可以刻画在往复循环荷载作用下滞回特性、塑性应变累积特性。为了描述冻结细粒填料（冻土）在往复循环荷载作用下强烈非线性变形特性，需要针对构建的动力边界面塑性模型，合理确定必要的模型参数，具体分为以下五种参数。

1）强度参数

冻结细粒填料（冻土）的强度参数 M_1、M_2、M_3 为强度破坏线参数，可以采用常规低温三轴压缩试验检测。相对于非冻土，冻结细粒填料（冻土）的强度破坏线具有初始应力相关性、强烈非线性，为了描述这种相关性、强烈非线性，需要引入这三个强度参数。相对于非冻土，虽然强度参数的数目有所增加，但是均可以通过常规低温三轴压缩试验获取，因此构建的动力边界面塑性模型并未增加获取参数的难度。

2）弹性参数

针对普通土构建的临界状态类本构模型，弹性参数 K 与 G 选择，首先通过 $e-p$ 曲线获取回弹体积模量 K，然后通过假设不变的泊松比获取剪切模量 G。但是，前面完成的相关试验结果表明，在往复循环加载过程中，冻结细粒填料（冻土）的泊松比不断变化，基于此，提出了动态模量演化方程与相应的初始模量压力相关性计算式，详见第 2 章内容。特别值得指出的是，在弹塑性本构模型中，弹性模量在严格意义上应为应力−应变关系曲线的切线模量，但是对于一些复杂岩土材料或复杂加载状况，切线模量并不容易获取且难免产生较大的人为误差，因此与其他边界面塑性模型相同，采用回弹模量的取值替代切线模量。

3）剪胀参数

根据黏土试验结果，获得的剑桥模型剪胀方程中参数 M 与临界状态比相等，因此并未增加多余的剪胀方程参数。针对冻结细粒填料（冻土），通过三轴剪切加卸载试验发现，在不同围压条件下，参数 M 取值试验结果并不相同。通过对比意义等同于非冻土临界状态比的强度比与参数 M 之间的关系，发现二者之间具有强烈相关性，因此引入参数 m_1 表示强度比与参数 M 之间的相关性。参数 M 压力相关性、物理力学相关性均可以由强度应力比 η_f 描述，因此参数 m_1 可以认为是常数型参数，用于表示参数 M 与强度应力比 η_f 之比例关系。

4）硬化参数

在动力边界面（大小）演化方程中，引入硬化参数 c_p、c_q，分别表示塑性体应变对边界面大小影响规律、塑性剪应变长度对边界面大小影响规律，c_p 控制塑性体应变累积对边界面半径增长速率，c_q 控制塑性剪应变长度累积对边界面半径减小速率。在冻结细粒填料（冻土）各向同性加卸载试验中，只有塑性体应变不断累积而不产生塑性剪应变，因此可以消除塑性剪应变长度弱化效应，可以通过试验得到 c_p 取值（如前所述）。由于塑性剪应变长度是记录塑性剪应变之路径过程的变量，而目前的试验手段不能记录这种变量的数值，因此通过试验无法直接得到 c_q 的取值，c_q 作用可以通过模型试算结果进行讨论，详述如下。

　　试算单元的初始应力条件：各向同性初始应力为 0.6MPa，往复循环荷载波形为正弦波，幅值为 4.8MPa。模型计算中，除了 c_p 之外，其他参数的取值见表 5-4。其中，强度参数是通过常规低温三轴压缩试验得到，而冻结细粒填料（冻土）是一种对加载速率敏感的敏感性岩土材料，试验加载速率越高，检测的强度、刚度也越大，因此试算过程中将强度参数 M_1 取为试验检测值 1.5 倍。试算模型中，最大振动次数控制为 100 次，累积轴向应变不超过 15%。

表 5-4　试算单元模型参数取值

参数名称	弹性参数			强度参数			剪胀参数	硬化参数	映射参数
	G /MPa	K_0 /MPa	α_1	M_1	M_2	M_3	m_1	c_p	ζ
取值	734	305	0.15	5.93	1.72	0.39	1.132	57.01	0.5

　　针对冻结细粒填料（冻土），进行低温动三轴试验，图 5-17 给出了累积塑性轴向应变与振动次数之间的关系。由图 5-17 可以看出，参数 c_p 取值不同，不仅影响累积塑性应变量，而且显著影响累积塑性应变随着往复循环荷载振动次数的变化规律。例如：若 c_p = 0.0，累积塑性轴向应变增长速率随着振动次数增加逐渐减小，对应于安定性理论中的稳定型曲线；若 c_p = 5.0，累积塑性轴向应变增长速率随着振动次数增加基本不变，对应于安定性理论中的临界型曲线；若 c_p = 10.0，累积塑性轴向应变增长速率随着振动次数增加逐渐增大，对应于安定性理论中的破坏型曲线。

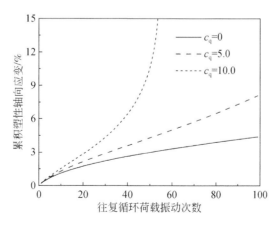

图 5-17　累积塑性轴向应变与往复循环荷载振动次数的关系

通过前述分析可知，硬化参数 c_q 与 c_p 共同控制边界面演化，在 c_p 取值确定的情况下，c_q 越大，在相同的累积剪应变长度作用下边界面半径越小，相应的塑性模量也越小，因而产生塑性应变越大，反之亦然。通过引入硬化参数 c_q 与 c_p，使得边界面塑性模型能够模拟因振动次数不同而引起塑性应变不同累积变化规律。

5）映射参数

引入映射参数 ζ，用以调整塑性模量的合理取值，而使得采用动力边界面塑性模型模拟计算得到的累积塑性应变与试验结果具备合理的吻合度。

5.4.8　环境因素影响

冻结细粒填料（冻土）具有强烈环境敏感性，特别是对影响冻土性能的两个重要环境因素——负温、初始含水率变化反应极其敏感。为了综合描述环境因素的影响效应，针对不同负温与不同初始含水率条件，通过低温动三轴试验，研究模型参数与标准围压（0.3MPa）下低温三轴强度之间的关系，为进一步研究水–热–往复循环动力荷载耦合计算方法奠定基础。

1）强度参数

如前所述，在往复循环荷载作用下，冻结细粒填料（冻土）边界面塑性模型的强度参数有 M_1、M_2、M_3，可以通过不同围压下常规三轴试验数据拟合得到这三个强度参数（强度破坏曲线参数）。基于此，针对不同试验条件，如细粒填料不同的初始含水率、冻结负温等，进行了 9 组试件的低温动三轴试验，通过利用式（5-1）表示的抛物线拟合每组试验的临界状态线，并且建立强度参数 M_1、M_2、M_3 与每组试验标准围压（0.3MPa）下抗剪强度之间的关系，见图 5-18，相应的拟合式见式（5-34）。

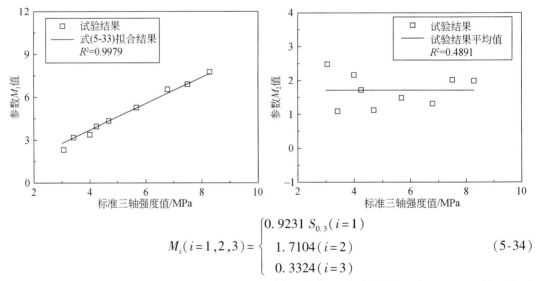

$$M_i(i=1,2,3)=\begin{cases}0.9231\,S_{0.3}\,(i=1)\\1.7104\,(i=2)\\0.3324\,(i=3)\end{cases} \tag{5-34}$$

式中，$S_{0.3}$ 为每一组试件在 0.3MPa 围压下的三轴强度值。应该说明，式（5-34）是一个试验经验式子，试验的负温变化于 –3.0 ~ –13.0℃、初始含水率变化于 11.0% ~ 15.8%，因此式（5-34）仅有一定应用范围，要求应用条件满足建立式子的试验条件且为冻结细粒填

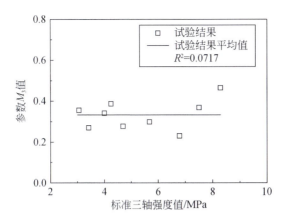

图 5-18　强度参数与试验标准围压（0.3MPa）下抗剪强度之间的关系

料（细粒土），并且还要求 $S_{0.3}$ 上限取值小于 10.0MPa。

至此，针对冻结细粒填料（细粒土），结合前面建立的冻结负温、初始含水率与标准围压（0.3MPa）下强度之间的关系，可以获得不同负温与不同初始含水率条件下的破坏曲线方程。

2）硬化参数

建立的冻结细粒填料（冻土）边界面塑性模型中的硬化参数 c_p，可以通过低温等向压缩–膨胀试验获取。为此，针对不同负温、不同初始含水率，采用冻结细粒填料（冻土）制备一批试件，分别进行低温等向压缩–膨胀试验，获得各自塑性体应变与体应力之间的关系，据此建立硬化参数 c_p 计算方程。图 5-19 为硬化参数 c_p 与冻结细粒填料（冻土）标

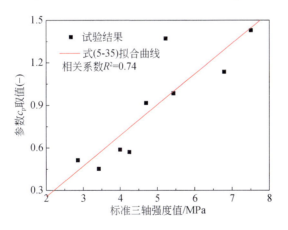

图 5-19　硬化参数 c_p 与标准三轴强度之间的关系

准三轴强度之间的关系。由图 5-19 可以看出，硬化参数 c_p 与标准三轴强度之间具有显著相关性，随着标准三轴强度增加，硬化参数 c_p 也增长显著，二者之间相关性可以表示为式（5-35）。

$$c_p = -0.1768 + 0.2162 S_{0.3} \tag{5-35}$$

§5.5　冻结细粒填料动力边界面塑性模型数值算法

5.5.1　问题的提出

　　寒区轨道路基细粒填料由于冻结作用而使之实际上为四相多孔介质，即土颗粒、未冻水、冰晶体、气体，冰晶体虽然是固态，但是则具有较大的压融性，并且强度等力学性能更因负温不同而发生显著变化，所以冰晶体并非如土颗粒一样的固相。因此，冻结细粒填料是一种较相同土性与颗粒级配的非冻土更复杂的特殊岩土材料，在往复循环荷载作用下表现出很复杂的变形特性，要求合理描述这种变形特性之动应力–动应变之间关系的动本构模型中尽可能合理融合低温动三轴中表现出的主要规律。在以上构建的冻结细粒填料（冻土）动力边界面塑性模型中，由考虑了运动硬化特性、动态模量压力相关性、动态模量内变量相关性、非线性破坏面等重要性质，才使得动力边界面塑性模型能够精细化模拟往复循环荷载下冻土应力–应变之间的关系。另外，采用这种动力边界面塑性模型，实现往复循环荷载下路基冻结细粒填料层振动反应分析精细化模拟，可靠合理求解本构方程的数值积分算法也显然不可或缺。然而，复杂的本构方程往往伴随较烦琐的数值积分方法，因此完成本构模拟需要在本构模型允许的复杂程度与数值积分算法的稳健程度之间寻求一个合理的平衡点。

　　精确度、稳定性、计算效率是评价本构方程数值积分算法优劣或优越性的三个重要指标。目前，通用的弹塑性本构模型的应力积分算法主要分为显式积分算法、半显式积分算法、隐式积分算法，这三类积分算法在精确度、稳定性、计算效率方面各具优缺点。以最近点投影法（closest point projection method）为典型代表的隐式积分算法，因具有无条件稳定性的优势而应用广泛，这类算法中应变增量步的大小不影响求解结果的精确性，并且更新完成后的状态变量强制满足一致性条件；但是，隐式积分算法中需要对屈服面与塑性势面进行二阶求导计算，因此对于强非线性的本构模型，推导计算过程往往存在较大困难，并且迭代计算的收敛性较差，故而这类算法主要应用于较简单的静态加载下弹塑性本构模型求解；换言之，隐式积分算法成功应用于本构方程的数值求解，往往以牺牲本构模型的模拟能力为代价。半显式积分算法、显式积分算法同样可以应用于弹塑性本构方程求解。半显式积分算法的典型代表为割平面算法（cutting-plane algorithm），这类算法在保留隐式积分算法主要性能基础上对部分控制方程进行了简化，因此在收敛性与应用性上相对隐式积分算法更具优越性；但是，这类算法不满足一致性条件，积分过程中漂移误差不断累积，计算精确性有所不足。由于显式积分算法的数值应用流程较简单，因此在许多较复杂的动弹塑性本构模型求解中应用广泛；但是，显式积分算法是一类条件稳定算法，为了保证积分过程稳定性，需要在积分过程中严格限制应变增量步的大小，显然这种控制过程在边界值问题中难以操作。为了克服显式积分算法的这种缺陷，国际著名岩土计算力学专家 Scott 等[6,7] 首次提出并发展了具有误差控制功能的显式子步积分算法（explicit substepping algorithm with automatic error control），成功应用于较复杂的动弹塑性本构模型的数值积分求解。

　　鉴于上述，以下将利用具有误差控制功能的显式子步积分算法对构建的冻结细粒填料

（冻土）动力边界面塑性模型进行数值求解，并且评述这种算法用于冻土动力边界面塑性模型的数值求解的功能性、精确性、计算效率，最后利用试验数据验证冻土动力边界面塑性模型与模型参数取值方法的可靠性。

5.5.2　误差控制显式子步积分算法原理

如上所述，误差控制的显式子步积分算法（伴随误差控制的显式子步积分算法）由著名计算岩土力学家 Scott 于 1987 年首次提出且应用于弹塑性本构模型求解[6]。这种算法是以显式积分算法为基本框架而发展起来，在保留显式积分算法较易用于复杂弹塑性本构模型求解的优势之外，还克服了普通显式积分算法计算精度差、应变增量步尺度受限的缺陷。这种算法的基本思想与计算流程：将由整体平衡方程计算得到的应变增量自动分解为一定数量的应变增量子步，每一子步的应变增量的尺度（应变增量步）由 Euler 算法或更高阶次 Runge-Kutta 算法的局部截断误差估计而确定，进而利用子步的应变增量步对本构方程进行积分求解。下面首先利用广义弹塑性本构模型为框架，详细推导显式子步积分算法的构建过程与理论基础。

5.5.2.1　伪时间变量本构方程

任一复杂弹塑性本构模型均可以表述为广义的一般形式，模型中的加载面方程可以表示为式（5-36）。

$$f(\boldsymbol{\sigma}-\boldsymbol{o},H)=0 \tag{5-36}$$

式中，$\boldsymbol{\sigma}$ 为二阶柯西应力张量；$\boldsymbol{o}$ 为表征硬化中心位置的二阶张量；H 为硬化参数（表征加载面的大小）。根据弹塑性力学基本理论，广义弹塑性本构方程见式（5-37）。

$$\dot{\boldsymbol{\sigma}}=\boldsymbol{D}_{\mathrm{ep}}:\dot{\boldsymbol{\varepsilon}} \tag{5-37}$$

式中，

$$\boldsymbol{D}_{\mathrm{ep}}=\boldsymbol{D}_{\mathrm{e}}-\frac{(\boldsymbol{D}_{\mathrm{e}}:\boldsymbol{a})\otimes(\boldsymbol{D}_{\mathrm{e}}:\boldsymbol{b})}{K_{\mathrm{p}}+\boldsymbol{a}:\boldsymbol{D}_{\mathrm{e}}:\boldsymbol{b}}$$

$$\boldsymbol{D}_{\mathrm{e}}=\left(K-\frac{2}{3}G\right)\boldsymbol{\delta}\otimes\boldsymbol{\delta}+2G\boldsymbol{I}$$

$$\boldsymbol{a}=\frac{\partial f}{\partial \boldsymbol{\sigma}};\boldsymbol{b}=\frac{\partial g}{\partial \boldsymbol{\sigma}}$$

式中，$\dot{\boldsymbol{\sigma}}$ 为二阶柯西应力率张量；$\dot{\boldsymbol{\varepsilon}}$ 为二阶应变率矢量；$\boldsymbol{D}_{\mathrm{ep}}$ 为四阶弹塑性刚度张量；$\boldsymbol{D}_{\mathrm{e}}$ 为四阶弹性刚度张量；K 为弹性体积模量；G 为弹性剪切模量，在传统弹塑性模型中弹性参数在加载过程保持不变；g 为塑性势函数；K_{p} 为塑性模量。

一般认为，硬化参数 H 与塑性应变相关，硬化中心与硬化参数 H 变化相关。据此，可以得到式（5-38）。

$$\dot{H}=\Lambda\left(\frac{\partial H}{\partial \boldsymbol{\varepsilon}_{\mathrm{p}}}:\frac{\partial f}{\partial \boldsymbol{\sigma}}\right)$$

$$\dot{\boldsymbol{o}}=\Lambda\frac{\partial \boldsymbol{o}}{\partial H}\left(\frac{\partial H}{\partial \boldsymbol{\varepsilon}_{\mathrm{p}}}:\frac{\partial f}{\partial \boldsymbol{\sigma}}\right) \tag{5-38}$$

$$\Lambda=\frac{\boldsymbol{a}:\boldsymbol{D}_{\mathrm{e}}:\dot{\boldsymbol{\varepsilon}}}{K_{\mathrm{p}}+\boldsymbol{a}:\boldsymbol{D}_{\mathrm{e}}:\boldsymbol{b}}$$

由加载面一致性条件，可以得到塑性模量 K_p 表达式见式（5-39）。

$$K_p = A\left(\frac{\partial f}{\partial H} + B\right) \tag{5-39}$$

式中，

$$A = -\frac{\partial H}{\partial \boldsymbol{\varepsilon}_p} : \frac{\partial f}{\partial \boldsymbol{\sigma}}$$

$$B = \frac{\partial f}{\partial \boldsymbol{o}} : \frac{\partial \boldsymbol{o}}{\partial H}$$

式中，$\boldsymbol{\varepsilon}_p$ 为二阶塑性应变张量。至此，式（5-36）~式（5-39）描述了弹塑性本构方程的一般形式，其中率形式的变量均为关于总时间量 t 的微分形式，为了完成对荷载增量步的子步划分，引入伪时间变量 T，由式（5-40）定义。

$$T = (t - t_0)/\Delta t \tag{5-40}$$

式中，Δt 为荷载增量步对应的时间步（完成荷载增量步需要的时段）；t_0 为荷载增量步起始的时间点（时刻）；$t_0 + \Delta t$ 为荷载增量步结束的时间点（时刻）。根据伪时间变量 T 定义，取值范围为 $0 \leqslant T \leqslant 1$。将式（5-40）对时间 t 求导，可以得到 $\mathrm{d}T/\mathrm{d}t = 1/\Delta t$，并且将 $\mathrm{d}T/\mathrm{d}t = 1/\Delta t$ 分别代入式（5-37）、式（5-38）得到式（5-41）。

$$\frac{\mathrm{d}\boldsymbol{\sigma}}{\mathrm{d}T} = \boldsymbol{D}_{ep}\dot{\boldsymbol{\varepsilon}}\Delta t = \boldsymbol{D}_{ep}\Delta\boldsymbol{\varepsilon} = \left(\boldsymbol{D}_e - \frac{(\boldsymbol{D}_e : \boldsymbol{a}) \otimes (\boldsymbol{D}_e : \boldsymbol{b})}{K_p + \boldsymbol{a} : \boldsymbol{D}_e : \boldsymbol{b}}\right)\Delta\boldsymbol{\varepsilon}$$

$$\frac{\mathrm{d}H}{\mathrm{d}T} = \Lambda\Delta t\left(\frac{\partial H}{\partial \boldsymbol{\varepsilon}_p} : \frac{\partial f}{\partial \boldsymbol{\sigma}}\right) = -\Delta\Lambda A \tag{5-41}$$

$$\frac{\mathrm{d}\boldsymbol{o}}{\mathrm{d}T} = \Lambda\Delta t\,\frac{\partial \boldsymbol{o}}{\partial H}\left(\frac{\partial H}{\partial \boldsymbol{\varepsilon}_p} : \frac{\partial f}{\partial \boldsymbol{\sigma}}\right) = -\Delta\Lambda A\,\frac{\partial \boldsymbol{o}}{\partial H}$$

式中，

$$\Delta\Lambda = \Lambda\Delta t = \frac{\boldsymbol{a} : \boldsymbol{D}_e : \dot{\boldsymbol{\varepsilon}}\Delta t}{K_p + \boldsymbol{a} : \boldsymbol{D}_e : \boldsymbol{b}} = \frac{\boldsymbol{a} : \boldsymbol{D}_e : \Delta\boldsymbol{\varepsilon}}{K_p + \boldsymbol{a} : \boldsymbol{D}_e : \boldsymbol{b}}$$

应该说明，在以上推导过程中，在由时刻 t_0 至时刻 $t_0 + \Delta t$ 的时段（伪时间变量由 $T = 0$ 至 $T = 1$ 的伪时段）中应变率（应变速率）$\dot{\boldsymbol{\varepsilon}} = \Delta\boldsymbol{\varepsilon}/\Delta t$ 保持不变。至此，通过式（5-41），将弹塑性本构方程一般形式在时间增量步 Δt 之内的数值积分问题转化为在伪时间段之内（由 $T = 0$ 至 $T = 1$ 的伪时段）且具边界初值的数值积分问题。其中，已知的初值为荷载时间增量步 Δt、应变增量张量 $\Delta\boldsymbol{\varepsilon}$、起始伪时间点（$T = 0$）应力张量 $\boldsymbol{\sigma}$、硬化中心位置张量 $\boldsymbol{o}$、硬化参数 H。通过上述转化，可以将伪时间段 $0 \leqslant T \leqslant 1$ 划分为步长（时段）不确定的若干子步，通过调整每一子步的步长以保证显式积分算法的稳定性、计算精度。此外，通过以上表述可知，在数值积分开始时刻，子步总数与相应的步长（时段）并不确定，需要在积分过程中自动获取。

5.5.2.2 弹性应变比

传统弹塑性本构模型，在应力积分计算之前，需要确定当前应变增量步中是否存在纯弹性应变、纯弹性应变增量占比（纯弹性应变量在总应变增量中占的比例），即要求确定总应力增量与屈服面的交点。其中，纯弹性应力可以根据纯弹性应变按照胡克定律计算得到，弹塑性应变引起的应力增量由应力积分算法得到。假设某个计算单元高斯积分点的初

始应力为 $\boldsymbol{\sigma}_0$，外荷载随着加载时间变化，进而由力平衡方程与几何方程计算得到的单元高斯点处的应变增量为 $\Delta\boldsymbol{\varepsilon}$，据此得到的弹性预测应力见式（5-42）。

$$\Delta\boldsymbol{\sigma}_{\text{tri}} = \boldsymbol{D}_{\text{e}}\Delta\boldsymbol{\varepsilon} \tag{5-42}$$

注意，式（5-42）为弹性预测应力的增量表达式。继而，将寻找 $\boldsymbol{\sigma}_{\text{tri}}$ 与屈服面交点的应力 $\boldsymbol{\sigma}_{\text{tri}}$ 等价于寻找一比例系数 κ（$0 \leqslant \kappa \leqslant 1$），使得 κ 满足式（5-43）。

$$f(\boldsymbol{\sigma}_0 + \kappa\Delta\boldsymbol{\sigma}_{\text{tri}} - \boldsymbol{o}_0, H_0) = f(\boldsymbol{\sigma}_{\text{int}} - \boldsymbol{o}_0, H_0) = 0 \tag{5-43}$$

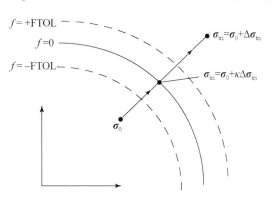

为了适应数值算法的收敛准则，将屈服面的精确控制条件 $f(\boldsymbol{\sigma}-\boldsymbol{o}, H) = 0$ 由渐近控制条件 $|f(\boldsymbol{\sigma}-\boldsymbol{o}, H)| \leqslant \text{FTOL}$ 代替，其中 FTOL 为屈服面误差限值，见图 5-20。数值试验表明[7]，FTOL 合理的取值范围为 $10^{-6} \sim 10^{-9}$。

图 5-20　预测弹性应力增量与屈服面的交点示意图

显然，式（5-43）定义了一个以比例系数 κ 为未知数的非线性方程，可以选取多种数值方法求解，求得某一 κ，使之满足收敛条件 $|f(\boldsymbol{\sigma}-\boldsymbol{o}, H)| \leqslant \text{FTOL}$。其中，由 Dowell 和 Jarratt[8] 提出的 Pegasus 算法在这类问题求解中得到了广泛应用，原因在于这种算法可以无条件收敛，并且在计算过程中避免了复杂的微分计算过程，一般经过 4～5 次迭代便可得到合理的计算结果。

5.5.2.3　基于局部截断误差估计控制子步步长

显式子步积分算法来源于显式算法的改进。改进的原因在于：①采用整体平衡方程计算应变增量，存在过大的弹塑性应变增量步，致使应用显式算法进行数值积分将出现计算不稳定问题、计算精度差问题；②将弹塑性应变增量步进一步自动分解成若干子步，为了保证每一子步的计算稳定性、计算精度，要求每一子步完成显式积分计算之后的局部截断误差小于某一合理误差限，反过来，在误差限确定的情况下，可以确定子步的步长；③目前，应用较广的显式积分算法有 Euler 算法、更高阶次 Runge-Kutta 算法，显然基于 Taylor 级数展开的局部截断误差计算过程因较烦琐而不实用；④在显式子步积分算法中，采用相邻不同阶次的 Euler 算法或 Runge-Kutta 算法的积分结果相减方法，得到低阶算法的局部截断误差的实用估计，进一步利用这种局部截断误差估计，可以确定合理的子步步长而使之满足误差控制条件。鉴于上述，基于前述的弹塑性本构模型一般形式，利用较简单的 Euler 算法（一阶）、修正的 Euler 算法（二阶 Runge-Kutta 算法），阐明实用的局部截断误差估计的计算方法，以及基于该误差限值的子步步长确定方法。

如前所述，式（5-41）定义了一组在伪起始时间变量 $T = 0$ 时的初值条件为 $\boldsymbol{\sigma} = \boldsymbol{\sigma}_0$、$\boldsymbol{o} = \boldsymbol{o}_0$、$H = H_0$ 的常微分方程组。假设将伪时间段 $0 \leqslant T \leqslant 1$ 划分为若干伪时间子段，其中第 n 子段时长为 ΔT_n，由于在整个伪时间段之内的应变率 $\dot{\boldsymbol{\varepsilon}} = \Delta\boldsymbol{\varepsilon}/\Delta t$ 为常数，所以在子时段 ΔT_n 之内的应变张量增量见式（5-44）。

$$\Delta\boldsymbol{\varepsilon}_n = \Delta T_n \Delta\boldsymbol{\varepsilon} \tag{5-44}$$

首先，利用 Euler 算法完成伪时间子段 $T_{n-1} \sim T_n = T_{n-1} + \Delta T_n$ 的积分过程，可以得到在伪

时间点 T_n 的应力张量，硬化中心位置的应力张量、硬化参数分别见式（5-45）～式（5-47）。

$$\bar{\boldsymbol{\sigma}}_n = \boldsymbol{\sigma}_{n-1} + \Delta\boldsymbol{\sigma}_1 \tag{5-45}$$

$$\bar{H}_n = H_{n-1} + \Delta H_1 \tag{5-46}$$

$$\bar{\boldsymbol{o}}_n = \boldsymbol{o}_{n-1} + \Delta\boldsymbol{o}_1 \tag{5-47}$$

式中，

$$\Delta\boldsymbol{\sigma}_1 = D_{\text{ep}}(\boldsymbol{\sigma}_{n-1},\boldsymbol{o}_{n-1},H_{n-1})\Delta\boldsymbol{\varepsilon}_n$$

$$\Delta H_1 = -\Delta\Lambda(\boldsymbol{\sigma}_{n-1},\boldsymbol{o}_{n-1},H_{n-1},\Delta\boldsymbol{\varepsilon}_n)A(\boldsymbol{\sigma}_{n-1},\boldsymbol{o}_{n-1},H_{n-1})$$

$$\Delta\boldsymbol{o}_1 = -\Delta\Lambda(\boldsymbol{\sigma}_{n-1},\boldsymbol{o}_{n-1},H_{n-1},\Delta\boldsymbol{\varepsilon}_n)A(\boldsymbol{\sigma}_{n-1},\boldsymbol{o}_{n-1},H_{n-1})\frac{\partial\boldsymbol{o}}{\partial H}(H_{n-1})$$

类似原理，利用比 Euler 算法高一阶次的修正 Euler 算法完成精确度更高的前述积分过程，见图5-21，可以得到在伪时间点 T_n 的应力张量、硬化参数，见式（5-48）～式（5-50）。

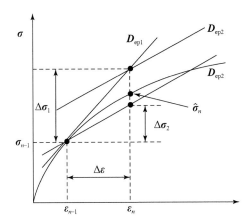

图 5-21　修正的 Euler 应力积分算法示意图

$$\hat{\boldsymbol{\sigma}}_n = \boldsymbol{\sigma}_{n-1} + \frac{1}{2}(\Delta\boldsymbol{\sigma}_1 + \Delta\boldsymbol{\sigma}_2) \tag{5-48}$$

$$\hat{H}_n = H_{n-1} + \frac{1}{2}(\Delta H_1 + \Delta H_2) \tag{5-49}$$

$$\hat{\boldsymbol{o}}_n = \boldsymbol{o}_{n-1} + \frac{1}{2}(\Delta\boldsymbol{o}_1 + \Delta\boldsymbol{o}_2) \tag{5-50}$$

式中，

$$\Delta\boldsymbol{\sigma}_2 = D_{\text{ep}}(\bar{\boldsymbol{\sigma}}_n,\bar{\boldsymbol{o}}_n,\bar{H}_n)\Delta\boldsymbol{\varepsilon}_n$$

$$\Delta H_2 = -\Delta\Lambda(\bar{\boldsymbol{\sigma}}_n,\bar{\boldsymbol{o}}_n,\bar{H}_n,\Delta\boldsymbol{\varepsilon}_n)A(\bar{\boldsymbol{\sigma}}_n,\bar{\boldsymbol{o}}_n,\bar{H}_n)$$

$$\Delta\boldsymbol{o}_2 = -\Delta\Lambda(\bar{\boldsymbol{\sigma}}_n,\bar{\boldsymbol{o}}_n,\bar{H}_n,\Delta\boldsymbol{\varepsilon}_n)A(\bar{\boldsymbol{\sigma}}_n,\bar{\boldsymbol{o}}_n,\bar{H}_n)\frac{\partial\boldsymbol{o}}{\partial H}(\bar{H}_n)$$

由于 Euler 算法与修正 Euler 算法的局部截断误差分别为 $o(\Delta T^2)$、$o(\Delta T^3)$，根据上述实用局部截断误差估计方法可知，局部截断误差可以采用式（5-51）估计。

$$\begin{Bmatrix} \hat{\boldsymbol{\sigma}}_n \\ \hat{H}_n \\ \hat{\boldsymbol{o}}_n \end{Bmatrix} - \begin{Bmatrix} \bar{\boldsymbol{\sigma}}_n \\ \bar{H}_n \\ \bar{\boldsymbol{o}}_n \end{Bmatrix} = \begin{Bmatrix} \dfrac{1}{2}(\Delta\boldsymbol{\sigma}_2 - \Delta\boldsymbol{\sigma}_1) \\ \dfrac{1}{2}(\Delta H_2 - \Delta H_1) \\ \dfrac{1}{2}(\Delta\boldsymbol{o}_2 - \Delta\boldsymbol{o}_1) \end{Bmatrix} \tag{5-51}$$

将式（5-51）表示的局部截断误差形式改写为通用相对误差形式且取其最大值，见式（5-52）。

$$R_n = \frac{1}{2}\max\left\{ \frac{\|\Delta\boldsymbol{\sigma}_2 - \Delta\boldsymbol{\sigma}_1\|}{\|\hat{\boldsymbol{\sigma}}_n\|}, \frac{\|\Delta\boldsymbol{o}_2 - \Delta\boldsymbol{o}_1\|}{\|\hat{\boldsymbol{o}}_n\|}, \frac{|\Delta H_2 - \Delta H_1|}{\hat{H}_n} \right\} \tag{5-52}$$

至此，可以得到局部截断误差估计 R_n。若误差估计 R_n 小于预先设定的误差限值 STOL，则当前子步的步长满足计算精度要求，更新应力张量、屈服面中心张量、硬化参数。若误差估计 R_n 大于预先设定的误差限值 STOL，则需要进一步缩小当前子步的步长，如果将前一次子步的步长记为第 k 次尝试，相应的当前次的误差估计记为 $R_{n,k}$，那么缩小后的第 $k+1$ 次子步的步长见式（5-53）。

$$\Delta T_{n,k+1} = q\Delta T_{n,k} \tag{5-53}$$

显然，若由第 $k+1$ 次子步的步长的尝试值得到的误差估计记为 $R_{n,k+1}$，则同样需要满足误差控制条件，见式（5-54）。

$$R_{n,k+1} \leqslant \text{STOL} \tag{5-54}$$

为了使第 $k+1$ 次子步的步长的尝试值满足式（5-54），应该控制式（5-53）中 q 的合理取值。对于 Euler 算法，由于局部截断误差为 $o(\Delta T^2)$，则由式（5-53）可以得到第 $k+1$ 次与第 k 次截断误差估计之间的相似关系，见式（5-55）。

$$R_{n,k+1} \approx q^2 R_{n,k} \tag{5-55}$$

联合式（5-54）与式（5-55）解得，

$$q \leqslant \sqrt{\frac{\text{STOL}}{R_{n,k}}} \tag{5-56}$$

显然，式（5-56）为基于局部截断误差的实用估计得到的 q 的取值范围，为了尽量减少试算子步不成功的次数，可以选择某一合理的 q 值代替上述取值范围，建议的取值策略见式（5-57）。

$$q = 0.9\sqrt{\frac{\text{STOL}}{R_{n,k}}} \tag{5-57}$$

式中，参数 0.9 为安全系数，可以确保子步的步长满足局部截断误差控制要求，要求取值满足 $q \geqslant 0.1$ 限制条件。

将上述 q 值代入式（5-53）即可得到第 $k+1$ 次子步的步长尝试值，要求得到的步长尝试值满足条件 $\Delta T_{n,k+1} \geqslant \Delta T_{\min}$（$\Delta T_{\min}$ 为设定的子步的最小步长），还需要设定一最大尝试次数（一般设为 1000）。达到最大尝试次数，若得到的误差估计 R_n 仍未小于预先设定的误差限值 STOL，则表示该子步失败。无论该子步失败与否，第 $n+1$ 子步的步长均由式（5-58）预估。

$$\Delta T_{n+1} = q\Delta T_n \tag{5-58}$$

式中，q 可以由式（5-56）计算。若第 n 子步成功，则 q 需满足 $0.1 \leqslant q \leqslant 1.1$，原因在于

数值试验发现，即使将下一子步步长设为前一子步步长的 100%，对算法性能影响也不大，因此将下一子步步长增加 10% 对其取值进行松弛，使得该子步步长增大，以尽量减少子步总数。若第 n 子步失败，则 q 需满足 $0.1 \leqslant q \leqslant 1.1$。除此之外，第 $n+1$ 子步步长还需要满足条件 $\Delta T_{n+1} \leqslant 1 - T_n$。

5.5.2.4　屈服面飘移误差修正

每一子步显式积分得到的应力张量、硬化中心位置张量、硬化参数难以满足屈服面方程 $f(\boldsymbol{\sigma} - \boldsymbol{o}, H) = 0$ 的控制条件，即当前状态变量飘移了屈服面，飘移程度（飘移大小）取决于积分算法的精度控制、本构方程的非线性复杂程度。国际上，Sloan 等最早研究认为[6]，若选择的算法精度较高，则屈服面漂移程度较小；而后，Potts 和 Ganendra[9] 等提出了形式各异的应力迭代修正算法，以避免屈服面飘移误差累积过大；Sloan 等通过数值试验证明[7]，每一子步计算结束时进行屈服面飘移修正是一种行之有效的优化方法，特别是对于临界状态且较复杂的弹塑性本构模型更有效。以下将介绍一种计算效率与稳定效果均较好的修正方法，修正当前状态变量相对屈服面之飘移。

如前所述，为了适应数值算法，将屈服面方程精确性控制条件 $f(\boldsymbol{\sigma} - \boldsymbol{o}, H) = 0$ 由渐近控制条件 $|f(\boldsymbol{\sigma} - \boldsymbol{o}, H)| \leqslant \text{FTOL}$ 代替，FTOL 为屈服面漂移误差限制值，数值试验获得的合理取值范围 $\text{FTOL} = 10^{-6} \sim 10^{-9}$。定义：第 n 子步结束，尚未修正的应力张量为 $\boldsymbol{\sigma}_{n0}$、硬化中心位置张量为 $\boldsymbol{o}_{n0}$、硬化参数为 H_{n0}，此时 $|f(\boldsymbol{\sigma}_{n0} - \boldsymbol{o}_{n0}, H_{n0})| > \text{FTOL}$。将屈服面函数 f 在未修正状态变量处进行 Taylor 级数展开，忽略二阶以上级数见式（5-59）。

$$
\begin{aligned}
&f = f_{n0} + \left(\frac{\partial f}{\partial \boldsymbol{\sigma}}\right)_{n0} : \delta\boldsymbol{\sigma} + \left(\frac{\partial f}{\partial H}\right)_{n0} \delta H + \left(\frac{\partial f}{\partial \boldsymbol{o}}\right)_{n0} : \delta\boldsymbol{o} \\
&\left(\frac{\partial f}{\partial \boldsymbol{\sigma}}\right)_{n0} \text{取值条件} : \boldsymbol{\sigma} = \boldsymbol{\sigma}_{n0} \\
&\left(\frac{\partial f}{\partial H}\right)_{n0} \text{取值条件} : \boldsymbol{o} = \boldsymbol{o}_{n0} \\
&\left(\frac{\partial f}{\partial \boldsymbol{o}}\right)_{n0} \text{取值条件} : H = H_{n0}
\end{aligned}
\tag{5-59}
$$

式中，$\delta\boldsymbol{\sigma}$ 为应力张量修正值；δH 为硬化参数修正值；$\delta\boldsymbol{o}$ 为硬化中心位置张量修正值；$f_{n0} = f(\boldsymbol{\sigma}_{n0} - \boldsymbol{o}_{n0}, H_{n0})$。应该说明，在应力状态修正返回屈服面过程中，不改变该子增量步中的应变增量 $\Delta\boldsymbol{\varepsilon}$，并且式（4-41）可以改写为式（5-60）。

$$
\frac{\mathrm{d}\boldsymbol{\sigma}}{\mathrm{d}T} = \boldsymbol{D}_e : \Delta\boldsymbol{\varepsilon} - \Delta\Lambda \boldsymbol{D}_e : \boldsymbol{b}
\tag{5-60}
$$

因此，应力修正值可以表示为式（5-61）。

$$
\delta\boldsymbol{\sigma} = -\delta\Lambda \boldsymbol{D}_e : \boldsymbol{b}_{n0}
\tag{5-61}
$$

同样，由式（5-41）可以得到，

$$
\delta H = -\delta\Lambda A_{n0}
$$

$$
\delta\boldsymbol{o} = -\delta\Lambda A_{n0} \left(\frac{\partial \boldsymbol{o}}{\partial H}\right)_{n0}
\tag{5-62}
$$

将式（5-61）、式（5-62）代入式（5-59）中，并且据条件 $f = 0$，可以解得，

$$
\delta\Delta\Lambda = f_{n0} \left/ \left[\left(\frac{\partial f}{\partial \boldsymbol{\sigma}}\right)_{n0} : \boldsymbol{D}_e : \boldsymbol{b}_{n0} + \left(\frac{\partial f}{\partial H}\right)_{n0} A_{n0} + \left(\frac{\partial f}{\partial \boldsymbol{o}}\right)_{n0} : \left(\frac{\partial \boldsymbol{o}}{\partial H}\right)_{n0} A_{n0} \right] \right.
\tag{5-63}
$$

显然，通过式（5-63），可以得到塑性指数修正量 $\delta\Delta\Lambda$，将 $\delta\Delta\Lambda$ 分别代入式（5-61）、式（5-62）即可解得 $\delta\boldsymbol{\sigma}$ 值、δH 值、δo 值。完成这一步修正之后的状态变量见（5-64）。

$$\boldsymbol{\sigma}_n = \boldsymbol{\sigma}_{n0} + \delta\boldsymbol{\sigma}$$
$$H_n = H_{n0} + \delta H \qquad\qquad (5\text{-}64)$$
$$\boldsymbol{o}_n = \boldsymbol{o}_{n0} + \delta\boldsymbol{o}$$

至此，完成了一次修正过程。这一次修正过程称为一致性修正，见图 5-22。需要重复这种修正过程，直至满足收敛条件 $|f(\boldsymbol{\sigma}-\boldsymbol{o}, H)| \leqslant$ FTOL，修正结束。

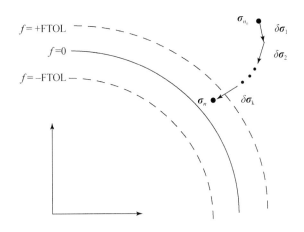

图 5-22　屈服面漂移修正过程示意图

5.5.2.5　加载与卸载转折点判定

单调静力加载过程，一般不需要判定加载与卸载转折点。但是，循环加载过程，加载与卸载的过程转折成不可避免事件，特别是对于某些复杂弹塑性本构模型，这种应力路径转折往往伴随模型中某些准则改变，因此需要判定加载与卸载转折点。如前所述，对于每一高斯积分点在伪时间段 $0 \leqslant T \leqslant 1$ 中应变率 $\dot{\boldsymbol{\varepsilon}} = \Delta\boldsymbol{\varepsilon}/\Delta t$ 为常数，因此在整个伪时间段 $0 \leqslant T \leqslant 1$ 中只能为单调加载或单调卸载过程，加载与卸载转折点发生于不同主增量步变化节点处。

如图 5-23 所示，在第 n 增量步结束点且经过屈服面飘移修正的应力张量，硬化中心位置张量为 $\boldsymbol{\sigma}_n$，硬化参数为 ζ_n、H_n，此时该状态变量满足屈服面控制条件 $|f(\boldsymbol{\sigma}_n - \boldsymbol{o}_n, H_n)| \leqslant$ FTOL，第 $n+1$ 子步的应变增量为 $\Delta\boldsymbol{\varepsilon}$，判定加载与卸载转折点的判定条件见式（5-65）。图 5-23 中，$\Delta\boldsymbol{\sigma}_e$ 为偏应力增量，其他符号意义同前述。

$$\cos\theta = \frac{\boldsymbol{a}_n^{\mathrm{T}} \Delta\boldsymbol{\sigma}_{\mathrm{tri}}}{\|\boldsymbol{a}_n^{\mathrm{T}}\|_2 \|\Delta\boldsymbol{\sigma}_{\mathrm{tri}}\|_2} < \text{LTOL} \qquad (5\text{-}65)$$

式中，$\Delta\boldsymbol{\sigma}_{\mathrm{tri}}$ 为弹性预测应力增量（ $\Delta\boldsymbol{\sigma}_{\mathrm{tri}} = \boldsymbol{D}_e\Delta\boldsymbol{\varepsilon}$ ）；$\boldsymbol{a}_n$ 为屈服面法线张量（屈服面的状态变量分别为

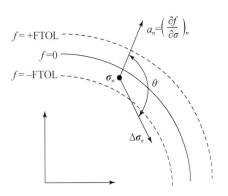

图 5-23　加载与卸载转折点判定示意图

$\boldsymbol{\sigma}_n$、$\boldsymbol{o}_n$、H_n）；θ 为屈服面法线张量与预测应力增量张量之间的夹角；LTOL 为夹角余弦值的限制值（精确取值为 LTOL＝0。为了适应数值计算的算法流程，将 LTOL 值退化为一较小的正数，可以取为 LTOL＝10^{-12}）。

5.5.3　动力边界面塑性模型显式子步积分算法求解

岩土材料的动力边界面塑性模型以临界状态土力学理论与弹塑性力学理论为基础。基于此，结合低温（动）三轴试验获得的冻结细粒填料（冻土）变形规律与主要影响因素，构建了相应较复杂的动弹塑性本构模型（动力边界面塑性模型），求解该本构模型需要成熟的应力积分算法。以下将按照上述显式子步积分算法之基本原理、应用流程，详细说明显式子步积分算法用于构建的冻结细粒填料（冻土）动力边界面塑性模型的数值求解过程中的关键步骤。

5.5.3.1　加载与卸载转折点判定

如前所述，加载与卸载转折（应力路径转折）只发生在主增量步变化时间节点处，因此转折点判定无须在子步节点处进行，只在主增量步节点处判定即可。假设程序已完成第 n 主增量步计算，主程序传来某一计算单元高斯积分点处的第 $n+1$ 主增量步的体应变增量为 $\Delta\boldsymbol{\varepsilon}_v$、偏应变增量为 Δe，在第 $n+1$ 增量步应力积分计算之前，需要判定第 $n+1$ 步应力路径是否发生了转折。第 $n+1$ 步的弹性预测应力张量增量见式（5-66）。

$$\Delta\boldsymbol{\sigma}_{\text{tri}}=2G\Delta e+K_n\Delta\varepsilon_v\boldsymbol{I} \tag{5-66}$$

式中，G 为动剪切模量（在加载过程中保持不变）；K_n 为利用第 n 步积分计算结束点处的内变量更新后的动体积模量。第 n 增量步积分计算结束点处边界面的法线张量见式（5-67）。

$$\boldsymbol{a}_n=\left(\frac{\partial F}{\partial\bar{\boldsymbol{\sigma}}}\right)_n=\frac{2}{3}(\bar{p}_n-R_0)\boldsymbol{I}+\frac{3}{M^2}\bar{s}_n\cdot\left(\boldsymbol{E}-\frac{1}{3}\boldsymbol{I}\right) \tag{5-67}$$

式中，$\boldsymbol{E}$ 为二阶单位张量；$\bar{p}_n$、$\bar{s}_n$ 为第 n 增量步完成更新之后的像应力张量。然后，按照式（5-65）给出的判定条件判断加载与卸载转折点：若不满足该判定条件，则第 $n+1$ 步与第 n 增量步属于同一加载事件，映射中心不发生变化；若满足该判定条件，则第 $n+1$ 步加载事件改变，相应的映射中心按照式（5-68）更新。

$$\begin{aligned}op_{n+1}&=\boldsymbol{p}_n\\os_{n+1}&=s_n\end{aligned} \tag{5-68}$$

式中，$\boldsymbol{p}_n$、s_n 为第 n 增量步完成更新之后的应力张量。

5.5.3.2　应力积分与误差控制

假设程序已完成第 n 主增量步的第 $k-1$ 子步应力积分，则第 k 子步的伪时间增量步由式（5-69）确定。

$$\Delta T_n^k=\max\{q\Delta T_n^{k-1},\Delta T_n^{\min}\} \tag{5-69}$$

式中，$q=\min\{0.9\sqrt{\text{STOL}/R_n^k},1.1\}$；$\Delta T_n^{\min}$ 由第 n 主增量步设定可划分的最大子步数确定，如若设定最大子步数为 1000，则 $\Delta T_n^{\min}=10^{-3}$。若第 $k-1$ 子步超过最大迭代次数仍不满

足误差控制条件，则第 k 子步步长放缩系数 $q = \min\{0.9\sqrt{\text{STOL}/R_n^k},\ 1.0\}$。根据式（5-69）得到的当前子步步长还需要由式（5-70）校核更新。

$$\Delta T_n^k = \min\{\Delta T_n^k, 1 - T_n^{k-1}\} \tag{5-70}$$

式中，T_n^{k-1} 为第 $k-1$ 子步结束节点处的伪时间量。若第 n 主增量步由整体平衡方程计算得到的某一计算单元高斯积分点处的体应变增量为 $\Delta\varepsilon_\text{v}$、偏应变增量为 Δe，则第 k 子步的应变张量由式（5-71）计算。

$$\Delta\varepsilon_\text{v}^k = \Delta T_n^k \Delta\varepsilon_\text{v}$$
$$\Delta e^k = \Delta T_n^k \Delta e \tag{5-71}$$

根据显式子步积分算法计算原理可知，第 n 主增量步的第 $k-1$ 子步结束时状态变量为已知量在积分中调用，并且令下式：

$$\bar{p}_1 = \bar{p}_n^{k-1}$$
$$\bar{s}_1 = \bar{s}_n^{k-1}$$
$$\varepsilon_{\text{A},1} = (\varepsilon_\text{A})_n^{k-1}$$
$$e_1^\text{p} = (e^\text{p})_n^{k-1}$$
$$\bar{q}_1 = \sqrt{\frac{3}{2}\bar{s}_1 : \bar{s}_1}$$

进而，根据式 $K = K_0(1 + \alpha_1 \varepsilon_\text{v}^\text{acc})$ 与式（4-15），分别得到 K_1、$a_{\text{F},1}$。利用修正的 Euler 算法进行应力积分，首先得到像塑性模量见式（5-72）。

$$\bar{K}_{\text{p},1} = 2a_{\text{F},1}\left[\frac{c_\text{p}a_{\text{F0}}}{R_0}(\bar{p}_1 - R_0)\exp(-c_\text{q}\varepsilon_{\text{A},1}) - 2a_{\text{F},1}c_\text{q}\frac{|\bar{q}_1|}{M^2}\right] \tag{5-72}$$

由此得到塑性模量见式（5-73）。

$$K_{\text{p},1} = \zeta|\bar{K}_{\text{p},1}|\left(\frac{\delta_0 - \delta}{\delta}\right)_1 = \zeta|\bar{K}_{\text{p},1}|(b_1 - 1) \tag{5-73}$$

进而，得到塑乘因子见式（5-74）。

$$\Lambda_1 = \frac{K_1\left(\dfrac{\partial F}{\partial\bar{p}}\right)_1\Delta\varepsilon_\text{v}^k + 2G\left(\dfrac{\partial F}{\partial\bar{s}}\right)_1 : \Delta e_\text{v}^k}{K_{\text{p},1} + K_1\left(\dfrac{\partial F}{\partial\bar{p}}\right)_1\left(\dfrac{\partial g}{\partial p}\right)_1 + 2G\left(\dfrac{\partial F}{\partial\bar{s}}\right)_1 : \left(\dfrac{\partial g}{\partial s}\right)_1} \tag{5-74}$$

式中，

$$\left(\frac{\partial g}{\partial p}\right)_1 = \frac{D_2}{\sqrt{1 + D_1^2}}$$

$$\left(\frac{\partial g}{\partial s}\right)_1 = \frac{1}{\sqrt{1 + D_1^2}}\frac{(s_1 - os)}{(s_1 - os) : (s_1 - os)}$$

由流动法则得到塑性应变增量见式（5-75）。

$$\Delta\varepsilon_{\text{v},1}^\text{p} = \langle\Lambda_1\rangle\left(\frac{\partial g}{\partial p}\right)_1$$
$$\Delta e_1^\text{p} = \langle\Lambda_1\rangle\left(\frac{\partial g}{\partial s}\right)_1 \tag{5-75}$$

则应力增量为

$$\Delta p_1 = K_1 (\Delta \varepsilon_{\mathrm{v}} - \Delta \varepsilon_{\mathrm{v},1}^{\mathrm{p}})$$
$$\Delta s_1 = 2G (\Delta e - \Delta e_1^{\mathrm{p}}) \tag{5-76}$$

更新后的应力张量、塑性应变张量为

$$p_2 = p_1 + \Delta p_1$$
$$s_2 = s_1 + \Delta s_1$$
$$\varepsilon_{\mathrm{v},2}^{\mathrm{p}} = \varepsilon_{\mathrm{v},1}^{\mathrm{p}} + \Delta \varepsilon_{\mathrm{v},1}^{\mathrm{p}}$$
$$e_2^{\mathrm{p}} = e_1^{\mathrm{p}} + \Delta e_1^{\mathrm{p}} \tag{5-77}$$

更新后的塑性偏应变长度为

$$\varepsilon_{\mathrm{A},2} = \varepsilon_{\mathrm{A},1} + | \Delta \varepsilon_{\mathrm{q}}^{\mathrm{p}} | = \varepsilon_{\mathrm{A},1} + \sqrt{\frac{2}{3} \Delta e_1^{\mathrm{p}} : \Delta e_1^{\mathrm{p}}} \tag{5-78}$$

然后，分别由式 $K = K_0 (1 + \alpha_1 \varepsilon_{\mathrm{v}}^{\mathrm{acc}})$ 与式（5-15）可以得到更新后的状态变量 K_2、$a_{\mathrm{F},2}$，按照 Pegasus 迭代算法得到更新后的像应力张量 $\bar{p}_2$、$\bar{s}_2$，进而得到塑性模量见式（5-79）。

$$\bar{K}_{\mathrm{p},2} = 2 a_{\mathrm{F},2} \left[\frac{c_{\mathrm{p}} a_{\mathrm{F0}}}{R_0} (\bar{p}_2 - R_0) \exp (-c_{\mathrm{q}} \varepsilon_{\mathrm{A},2}) - 2 a_{\mathrm{F},2} c_{\mathrm{q}} \frac{| \bar{q}_2 |}{M^2} \right] \tag{5-79}$$

由此得到塑性模量为

$$K_{\mathrm{p},2} = \zeta | \bar{K}_{\mathrm{p},2} | \left(\frac{\delta_0 - \delta}{\delta} \right)_2 = \zeta | \bar{K}_{\mathrm{p},2} | (b_2 - 1) \tag{5-80}$$

进而，得到塑乘因子为

$$\Lambda_2 = \frac{K_2 \left(\dfrac{\partial F}{\partial \bar{p}} \right)_2 \Delta \varepsilon_{\mathrm{v},n}^k + 2G \left(\dfrac{\partial F}{\partial \bar{s}} \right)_2 : \Delta e_n^k}{K_{\mathrm{p},2} + K_2 \left(\dfrac{\partial F}{\partial \bar{p}} \right)_2 \left(\dfrac{\partial g}{\partial p} \right)_2 + 2G \left(\dfrac{\partial F}{\partial \bar{s}} \right)_2 : \left(\dfrac{\partial g}{\partial s} \right)_2} \tag{5-81}$$

式中，

$$\left(\frac{\partial g}{\partial p} \right)_2 = \frac{D_2}{\sqrt{1 + D_2^2}}$$

$$\left(\frac{\partial g}{\partial s} \right)_2 = \frac{1}{\sqrt{1 + D_2^2}} \frac{(s_2 - os)}{(s_2 - os) : (s_2 - os)}$$

由流动法则得到，

$$\Delta \varepsilon_{\mathrm{v},2}^{\mathrm{p}} = \langle \Lambda_2 \rangle \left(\frac{\partial g}{\partial p} \right)_2$$
$$\Delta e_2^{\mathrm{p}} = \langle \Lambda_2 \rangle \left(\frac{\partial g}{\partial s} \right)_2 \tag{5-82}$$

则应力增量为

$$\Delta p_2 = K_2 (\Delta \varepsilon_{\mathrm{v}} - \Delta \varepsilon_{\mathrm{v},2}^{\mathrm{p}})$$
$$\Delta s_2 = 2G (\Delta e - \Delta e_2^{\mathrm{p}}) \tag{5-83}$$

至此，获得更新后的应力张量、塑性应变张量，

$$\hat{p}_n^k = p_n^{k-1} + \frac{1}{2}\left(\Delta p_1 + \Delta p_2\right)$$

$$\hat{s}_n^k = s_n^{k-1} + \frac{1}{2}\left(\Delta s_1 + \Delta s_2\right)$$

$$(\hat{\varepsilon}_{\mathrm{v}}^{\mathrm{p}})_n^k = (\varepsilon_{\mathrm{v}}^{\mathrm{p}})_n^{k-1} + \frac{1}{2}\left(\Delta\varepsilon_{\mathrm{v},1}^{\mathrm{p}} + \Delta\varepsilon_{\mathrm{v},2}^{\mathrm{p}}\right) \tag{5-84}$$

$$(\hat{e}^{\mathrm{p}})_n^k = (e^{\mathrm{p}})_n^{k-1} + \frac{1}{2}\left(\Delta\boldsymbol{e}_1^{\mathrm{p}} + \Delta\boldsymbol{e}_2^{\mathrm{p}}\right)$$

更新后的塑性偏应变长度为

$$\hat{\varepsilon}_{\mathrm{A}} = (\varepsilon_{\mathrm{A}})_n^{k-1} + \frac{1}{2}\left(\sqrt{\frac{2}{3}\Delta\boldsymbol{e}_1^{\mathrm{p}} : \Delta\boldsymbol{e}_1^{\mathrm{p}}} + \sqrt{\frac{2}{3}\Delta\boldsymbol{e}_2^{\mathrm{p}} : \Delta\boldsymbol{e}_2^{\mathrm{p}}}\right) \tag{5-85}$$

将更新后的塑性体应变、塑性偏应变长度代入式（5-15）得到更新后的 $\hat{a}_{\mathrm{F}}$。当前子步的相对误差由 $R_n^k = \max\{R_{\boldsymbol{\sigma},n}^k, R_{a_{\mathrm{F}},n}^k\}$ 得到，其中 $R_{\sigma,n}^k$ 计算式如下：

$$R_{\sigma,n}^k = 0.5\frac{\|\Delta\sigma_2 - \Delta\sigma_1\|}{\hat{\boldsymbol{\sigma}}_n^k} \tag{5-86}$$

$$R_{a_{\mathrm{F}},n}^k = \frac{\|\hat{a}_{\mathrm{F}} - a_{\mathrm{F},2}\|}{\hat{a}_{\mathrm{F}}}$$

若当前误差 $R_n^k > \mathrm{STOL}$，则当前子步步长不满足计算精度要求，则需要按照式（5-87）重新确定当前子步步长。

$$\Delta T_n^k = \max\{q\Delta T_n^k, \Delta T_n^{\min}\} \tag{5-87}$$

式中，$q = \max\{0.9\sqrt{\mathrm{STOL}/R_n^k}, 0.1\}$；$\Delta T_n^{\min}$ 由该主增量步划分的最大子步数确定（若最大子步数为 1000，$\Delta T_n^{\min} = 10^{-3}$）。完成子步步长重新确定之后，按照上述步骤重新进行应力更新，直至满足当前子步误差控制要求 $R_n^{k+1} \leqslant \mathrm{STOL}$，第 k 子步成功，更新状态变量见式（5-88）。

$$p_n^k = \hat{p}_n^k$$

$$s_n^k = \hat{s}_n^k$$

$$(\hat{\varepsilon}_{\mathrm{v}}^{\mathrm{p}})_n^k = (\hat{\varepsilon}_{\mathrm{v}}^{\mathrm{p}})_n^k \tag{5-88}$$

$$(e^{\mathrm{p}})_n^k = (\hat{e}^{\mathrm{p}})_n^k$$

$$(\varepsilon_{\mathrm{A}})_n^k = \hat{\varepsilon}_{\mathrm{A}}$$

同时，分别由式 $K = K_0(1 + \alpha_1\varepsilon_{\mathrm{v}}^{\mathrm{acc}})$ 与式（4-15）更新 K_n^k、$(a_{\mathrm{F}})_n^k$ 之后，再按照 5.5.3.2 节给出的 Pegasus 迭代算法，获得更新后的像应力张量 $\bar{p}_n^k$、$\bar{s}_n^k$。

5.5.3.3　像应力张量更新

构建的冻结细粒填料（冻土）动力边界面塑性模型，一致性条件通过边界面方程获取，在完成每一子步应力积分后需要对比例系数进行更新，进而使更新后的像应力张量满足边界面方程控制条件 $|F(\bar{\boldsymbol{\sigma}} - \boldsymbol{o}, a_{\mathrm{F}})| \leqslant \mathrm{FTOL}$，因此该过程起的作用等同于广义弹塑性本构模型中屈服面漂移的修正过程起的作用，但是应用的方法与广义弹塑性本构模型中求解弹性应变与弹塑性应变比例的方法相同，即采用 Dowel 与 Jarratt 提出的 Pegasus 迭代算法[8]。

详见 5.5.3.2 节，通过应力更新过程得到第 k 子步结束点处的应力张量、状态变量，需要利用式（5-89）所示的映射准则得到当前时间节点的像应力张量。

$$\bar{p}_n^k = b_n^k (p_n^k - op_n) + op_n$$
$$\bar{s}_n^k = b_n^k (s_n^k - os_n) + os_n \tag{5-89}$$

式中，$b_n^k \geqslant 1$ 为比例系数，合理的比例系数 b_n^k 可以使像应力张量满足该子步结束后的边界面方程控制条件 $|F(\bar{\sigma} - o, a_F)| \leqslant \text{FTOL}$，其中 FTOL 为边界面方程误差控制限值（取为 10^{-5}）。当前时间节点处的边界面方程为

$$F = (\bar{p}_n^k - R_0)^2 + \frac{3}{2} \frac{\bar{s}_n^k : \bar{s}_n^k}{M^2} - [(a_F)_n^k]^2 \tag{5-90}$$

利用 Pegasus 迭代算法合理确定一比例系数 b_n^k 的取值而使得式（5-90）边界面方程满足控制条件。首先，定义初始 $b_{n,0}^k$、$b_{n,1}^k$，并且将按照式（5-89）计算得到的像应力张量代入边界面方程，要求满足 $F_0 < 0$、$F_1 > 0$，即上述得到的像应力张量值分别位于边界面之内侧、外侧；然后，按照线性内插方法求解新的比例系数，见式（5-91）。

$$b_{n,\text{new}}^k = b_{n,1}^k - F_1 \frac{b_{n,1}^k - b_{n,0}^k}{F_1 - F_0} \tag{5-91}$$

按照前式得到的新的比例系数计算新的像应力张量，并且代入边界面方程得到 F_{new}。若 $|F_{\text{new}}| \leqslant \text{FTOL}$，则迭代过程结束，$b_n^k = b_{n,\text{new}}^k$。如果不满足边界面方程控制条件，那么需要判定 $F_{\text{new}} > 0$ 或 $F_{\text{new}} < 0$：①若 $F_{\text{new}} < 0$，则令 $b_{n,0}^k = b_{n,\text{new}}^k$，再按照前述步骤进行下一步迭代，直至得到满足边界面方程控制条件的比例系数为止；②若 $F_{\text{new}} > 0$，则令 $b_{n,1}^k = b_{n,\text{new}}^k$，同样按照前述步骤进行下一步迭代，直至得到满足边界面方程控制条件的比例系数为止。

5.5.4　本构方程数值算法流程

岩土本构模型是描述岩土材料性能的数学物理方程，即本构方程。本构方程数值算法是包括有限元法、有限差分法等某些数值计算方法的核心部分。以目前工程中应用最广的有限元法为例，计算模块主要包括两个部分，一是整体平衡方程的全局求解过程，二是本构方程的局部求解过程。这两个模块必须在计算中实现自动交互，每一增量步计算过程中详细流程：①首先由主程序求解力平衡方程，得到计算域中每一计算单元的位移增量，进而得到单元的应变增量；②将应变增量传入本构模型子程序中，求解本构方程，得到应力增量；③将应力增量返回传入力平衡方程中，同时提供本构方程的刚度矩阵于主程序中，形成总刚矩阵，进行下一步平衡方程求解。本构模型的局部求解算法流程，应按照上述接口交互变量。以下专注于针对本构方程的局部求解过程的详细介绍，而对全局求解过程不作说明。为此，基于 5.5.3 节中阐述的求解冻结细粒填料（冻土）动力边界面塑性模型的显式子步积分算法的关键步骤，按照数值计算方法中本构方程模块与整体平衡方程模块之间的交互方式，详细介绍构建的边界面塑性本构模型局部求解算法流程。

5.5.4.1　局部求解算法流程

在 5.4 节中，针对轨道交通往复循环荷载作用，立足于试验结果，构建了冻结细粒填料（冻土）动力边界面塑性模型；由于该本构模型较复杂且参数较多，因此进行模型数值

求解，如何提高计算效率、计算精度成为一个必须可靠解决的算法技术问题；为此，在 5.5.2 节与 5.5.3 节中，针对该模型特点，基于误差控制的显式子步积分算法原理，提出了模型求解的显式子步积分算法，显著提高了计算效率、计算精度。以下将给出这种算法的计算流程。

1）计算步骤 I

时间增量区间 $[t_n, t_{n+1}]$。时步 $n = 0，1，2，\cdots，N$。N 为据计算效率与计算精度要求合理确定的时步总数。

据下式，计算应变增量 $\Delta \varepsilon$。

$$\Delta \varepsilon = \Delta e + \frac{\Delta \varepsilon_v}{3} I$$

当 $T = 0$ 时，令子步 $k = 0$，则按照下式计算相应的初始应力（像应力）、塑性应变。

$$\bar{p}_{n+1}^{k=0} = \bar{p}_n \qquad \bar{s}_{n+1}^{k=0} = \bar{s}_n$$

$$(\varepsilon_v^p)_{n+1}^{k=0} = \varepsilon_{v,n}^p \qquad (e^p)_{n+1}^{k=0} = e_n^p$$

按照下式，计算相应的一阶内变量相关量、比例系数。

$$K_{n+1}^{k=0} = K_n \qquad (a_F)_{n+1}^{k=0} = a_{F,n}$$

$$(\varepsilon_A)_{n+1}^{k=0} = \varepsilon_{A,n} \qquad b_{n+1}^{k=0} = b_n$$

初始试用子步 $\Delta T^{k=1} = 1.0$。

2）计算步骤 II

判定该主增量步是否发生加载与卸载转折：由式（5-66）与式（5-67）得到该主增量步的预测应力 $\Delta \sigma_{tri}$ 与 t_n 时边界面的法线向量 a_n，采用式（5-65）进行判定。式（5-65）中，LTOL 为自定义误差限值，取为 10^{-12}。

假如式（5-65）成立，说明该主增量步不发生转折，则进入计算步骤 III。

假如式（5-65）不成立，则该主增量步发生转折，更新映射中心 $op = p_n$ 与 $os = s_n$，进入计算步骤 VIII 更新比例系数 $b_{n+1}^{k=0}$、像应力张量 $\bar{p}_{n+1}^{k=0}$ 与 $\bar{s}_{n+1}^{k=0}$。

3）计算步骤 III

假如 $T < 1$，则按照下式计算 $\Delta \varepsilon^k$。

$$\Delta \varepsilon^k = (\Delta e)^k + \frac{(\Delta \varepsilon_v)^k}{3} I = \Delta \varepsilon \Delta T^k$$

4）计算步骤 IV

按照下式计算一阶 $j = 1$、二阶 $j = 2$ 的试算应力增量与塑性应变增量。

$$\Delta \varepsilon_{v,j}^p = \langle \Lambda_j \rangle \left(\frac{\partial g}{\partial P} \right)_j \qquad \Delta e_j^p = \langle \Lambda_j \rangle \left(\frac{\partial g}{\partial s} \right)_j$$

$$\Delta p_j = K_j (\Delta \varepsilon_v - \Delta \varepsilon_{v,j}^p) \qquad \Delta s_j = 2 G_j (\Delta e - \Delta e_j^p)$$

计算式中：一阶变量 K_j、$(a_F)_j$、$(\varepsilon_A)_j$、$\bar{s}_j$、$\bar{p}_j$，分别基于应力 σ_{n+1}^{k-1}、塑性应变 $(\varepsilon_p)_{n+1}^{k-1}$ 计算得到；相应的二阶变量，则基于暂时更新的应力 $\sigma_{n+1}^{k-1} + \Delta \sigma_1$、塑性应变 $(\varepsilon_p)_{n+1}^{k-1} + \Delta \varepsilon_1^p$ 计算得到。

5）计算步骤 V

按照下式，更新应力、塑性应变，并且暂时储存。

$$\hat{p} = p_{n+1}^{k-1} + \frac{1}{2}(\Delta p_1 + \Delta p_2) \; ; \hat{s} = s_{n+1}^{k-1} + \frac{1}{2}(\Delta s_1 + \Delta s_2)$$

$$\hat{\varepsilon}_v^p = (\varepsilon_v^p)_{n+1}^{k-1} + \frac{1}{2}(\Delta \varepsilon_{v,1}^p + \Delta \varepsilon_{v,2}^p) \; ; \hat{e}^p = (e^p)_{n+1}^{k-1} + \frac{1}{2}(\Delta e_1^p + \Delta e_2^p)$$

进一步更新塑性剪应变长度 $\hat{\varepsilon}_A$、硬化参数 $\hat{a}_F$。

6）计算步骤Ⅵ

按照下式，确定最大的相对误差。

$$R_{n+1}^k = \max\{R_\sigma, R_{a_F}\} \quad R_\sigma = 0.5 \frac{\|\Delta \sigma_2 - \Delta \sigma_1\|}{\|\hat{\sigma}\|} \quad R_{a_F} = \frac{\|\hat{a}_F - a_{F,2}\|}{\hat{a}_F}$$

根据上述计算结果，假如 $R_{n+1}^k >$ STOL（STOL 为自定义的误差限值，取为 10^{-6}），则该子步计算不收敛，需要进一步缩小该子步的步长。

首先计算 $q = \max\{0.9\sqrt{\mathrm{STOL}/R_{n+1}^k}, 0.1\}$，再令 $\Delta T^k = \max\{q\Delta T^k, \Delta T_{\min}\}$，其中 $\Delta T_{\min} = 10^{-3}$。

转入计算步骤Ⅲ。

7）计算步骤Ⅶ

该子步计算收敛，接受暂时储存的应力、塑性应变，见下式。

$$p_{n+1}^k = \hat{p} \quad s_{n+1}^k = \hat{s} \quad (\varepsilon_v^p)_{n+1}^k = \hat{\varepsilon}_v^p \quad (e^p)_{n+1}^k = \hat{e}^p$$

由更新后的应力、塑性应变，完成内变量相关量 K_{n+1}^k、$(a_F)_{n+1}^k$、$(\varepsilon_A)_{n+1}^k$ 的更新。

8）计算步骤Ⅷ

按照 Pegasus 迭代算法，计算映射系数 b_{n+1}^k。

设置初始值 $b_0 = 1$、$b_1 = 2$。

进行以下计算。

$$\bar{p}_0 = b_0(p_{n+1}^k - op) + op \quad \bar{s}_0 = b_0(s_{n+1}^k - os) + os$$

$$\bar{p}_1 = b_1(p_{n+1}^k - op) + op \quad \bar{s}_1 = b_1(s_{n+1}^k - os) + os$$

$$F_0 = [\bar{p}_0 - R_0]2 + \frac{3}{2}\frac{\bar{s}_0 : \bar{s}_0}{M^2} - [(a_F)_{n+1}^k]^2$$

$$F_1 = [\bar{p}_1 - R_0]2 + \frac{3}{2}\frac{\bar{s}_1 : \bar{s}_1}{M^2} - [(a_F)_{n+1}^k]^2$$

假如 $F_0 F_1 < 0$ 且 $F_1 > 0$，则转入计算步骤Ⅳ。假如 $F_0 \cdot F_1 > 0$ 且 $F_1 < 0$，则重新设置 $b_0 = b_1$、$b_1 = 2b_1$，转入计算步骤Ⅱ。

计算下式：

$$b_{new} = b_1 - F_1(b_1 - b_0)/(F_1 - F_0)$$

$$\bar{p}_{new} = b_{new}(p_{n+1}^k - op) + op$$

$$\bar{s}_{new} = b_{new}(s_{n+1}^k - os) + os$$

$$F_{new} = [\bar{p}_{new} - R_0]2 + \frac{3}{2}\frac{\bar{s}_{new} : \bar{s}_{new}}{M^2} - [(a_F)_{n+1}^k]^2$$

假如 $|F_{new}| \leqslant$ FTOL $= 10^{-5}$，则 $b_{n+1}^k = b_{new}$、$\bar{p}_{n+1}^k = \bar{p}_{new}$、$\bar{s}_{n+1}^k = \bar{s}_{new}$。假如 $k = 0$，转入计算步骤Ⅲ；假如 $k \neq 0$，转入计算步骤Ⅸ。

假如 $F_{new}F_0<0$，则 $b_1=b_{new}$、$F_1=F_{new}$，转入 b_{new}、$\bar{p}_{new}$、$\bar{s}_{new}$ 和 F_{new} 的计算。假如 $F_{new}F_0$ >0，则 $F_1=F_1F_0 /（F_0+F_{new}）$、$b_0=b_{new}$、$F_0=F_{new}$，转入 b_{new}、$\bar{p}_{new}$、$\bar{s}_{new}$ 和 F_{new} 的计算。

9）计算步骤Ⅸ

按照下式计算第 $k+1$ 子步步长。

$$q=\min\left\{0.9\sqrt{STOL/R_{n+1}^{k}},1.1\right\}$$

假如前一子步超过最大迭代次数 1000 尚未收敛，则下一子步步长由式 $q=\min\{q,1.0\}$ 确定。

第 $k+1$ 子步步长为 $\Delta T^{k+1}=q\Delta T^{k}$、伪时间量为 $T=T+\Delta T^{k}$。

10）计算步骤Ⅹ

保证子步步长不小于设定最小值且伪时间量 $T\leqslant1$。

$$\Delta T^{k+1}=\max\{\Delta T^{k+1},\Delta T_{min}\}$$

$$\Delta T^{k+1}=\min\{\Delta T^{k+1},1-T\}$$

11）计算步骤Ⅺ

当 $T=1.0$ 时，完成该主增量步计算，退出。

5.5.4.2　连续性切线模量

完成时间增量区间 $[t_n,t_{n+1}]$ 的应力更新之后，需要再更新 Jacobian 矩阵且传递给有限元主程序形成总体刚度矩阵，进行下一迭代步求解。若采用显式算法进行应力积分，此处的 Jacobian 矩阵即为连续性切线模量，在形式上与弹塑性刚度矩阵一致，表达式见式（5-92）。

$$D_{ep}=D_e-\frac{\left(D_e:\dfrac{\partial F}{\partial\boldsymbol{\sigma}}\right)\otimes\left(D_e:\dfrac{\partial g}{\partial\boldsymbol{\sigma}}\right)}{K_p+\dfrac{\partial F}{\partial\boldsymbol{\sigma}}:D_e:\dfrac{\partial g}{\partial\boldsymbol{\sigma}}} \tag{5-92}$$

5.5.5　算法评估与模型验证

选取往复循环荷载作用下低温动三轴试验作为计算模型，据此针对构建的往复循环荷载作用下冻结细粒填料（冻土）动力边界面塑性模型，评估伴随误差控制的显式子步积分算法的计算性能，进而采用与相同条件下的试验结果做比较，验证这种动力边界面塑性模型与参数取值的可靠性。

5.5.5.1　误差控制显式子步积分算法评估

评估伴随误差控制的显式子步积分算法的计算性能，针对冻结细粒填料，采用往复循环荷载作用下低温三轴试验试件模型的初始应力条件为静水压力式，即各向一致的压力 0.6MPa，往复循环荷载采用应力控制式加载方式，荷载幅值为 4MPa。往复循环荷载只在轴向加载，加载过程中围压一直保持为 0.6MPa。算例中，进行 2 个循环加载计算。

图 5-24 为轴向应力增量步分别为 0.4MPa、0.2MPa、0.1MPa 时轴向应力-应变关系数值计算结果，这三个算例中误差控制界限均为 STOL = 10^{-6}。从图 5-24 可以看出，轴向应

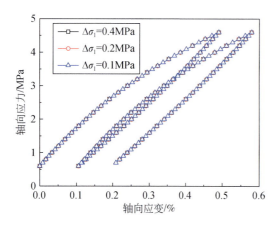

图 5-24　不同主增量步步长下轴向
应力-应变之间的关系

力不同增量步下计算得到的轴向应力-应变曲线（散点线）高度吻合且基本一致（三条散点线几乎重合于一起），说明伴随误差控制的显式子步积分算法克服了传统显式积分算法对增量步步长较敏感的缺陷，是一种具备很高计算精度的复杂塑性或弹塑性本构模型数值求解的良好算法。为了进一步探讨伴随误差控制的显式子步积分算法的计算效率，针对上述试算算例，还进行了这三个轴向应力增量步在不同误差控制限值条件下的模拟计算，将计算所需的主增量步数、总子增量步数、单个主增量步中最大子增量步一并列于表 5-5 中。

表 5-5　不同误差限值下算法性能

主增量步 步长	误差控制 限值	主增量步 步数	子增量步 总步数	单步中 最大子增量步数
DT = 0.1MPa	STOL = 10^{-3}	60	174	6
	STOL = 10^{-6}		3588	162
DT = 0.2MPa	STOL = 10^{-3}	0	145	10
	STOL = 10^{-6}		3546	225
DT = 0.4MPa	STOL = 10^{-3}	0	131	14
	STOL = 10^{-6}		3509	315

由表 5-5 可以看出：①在相同误差控制限值条件下，不同主增量步步长完成模拟计算所需的子增量步总步数变化不大，但是单步中最大子增量步数随着主增量步步长增大而增大，说明在相同误差控制限值条件下，不同主增量步步长同一积分时间点对应的每一子增量步步长相差不大；②误差控制限值由 10^{-3} 缩减至 10^{-6}，子增量步总步数、单步中最大子增量步数迅速增大，说明误差控制限值显著影响计算效率，因此选择合理的误差限值是寻求计算效率与计算精度之间平衡点的重要步骤。

5.5.5.2　动力边界面塑性模型可靠性验证

按照第 3 章相关内容中试验步骤，开展细粒填料往复循环荷载作用动三轴试验，通过对比试验结果与利用动力边界面塑性模型计算结果，完成动力边界面塑性模型与参数取值的可靠性验证。试验中，细粒填料为采自青藏铁路北麓河段粉质黏土，填料的初始含水率为 14%、冻结温度为 $-5℃$，成型的冻土试件置入压力舱中首先施加各向同性初始应力为 0.6MPa，然后施加 4.8MPa 幅值往复循环荷载进行试验，往复循环加载过程中初始应力保持不变，轴向应变达到 15% 便停止加载、结束试验。根据试验设计，进行与低温动三轴试验中试件受力状况相同的单个计算单元的模拟计算，动力边界面塑性模型的计算参数见表 5-6。

表 5-6　动力边界面塑性模型参数取值

参数名称	弹性参数			强度参数			剪胀参数	硬化参数		映射参数
	G /MPa	K_0 /MPa	α_1	M_1	M_2	M_3	m_1	c_p	c_q	ζ
取值	734	305	0.15	5.93	1.72	0.39	1.132	57.01	0.15	0.075

按照前述步骤，将由动力边界面塑性模型计算得到的轴向应力-应变关系曲线的模拟结果、由低温动三轴试验得到的轴向应力-应变关系曲线一并绘于图 5-25 中。由图 5-25 可以看出：①轴向应力-应变关系的模拟曲线与试验曲线之间具有很好的吻合度；②模拟曲线、试验曲线均表现出强烈非线性、显著滞回性、应变累积性，表明较大不可恢复的塑性变形与耗能特性；③模拟曲线与试验曲线的滞回圈随着加载振动次数增加而逐渐变密，说明在上述条件下往复循环加载过程中，压缩的累积体应变硬化作用占主导，边界面的尺寸逐渐增大。

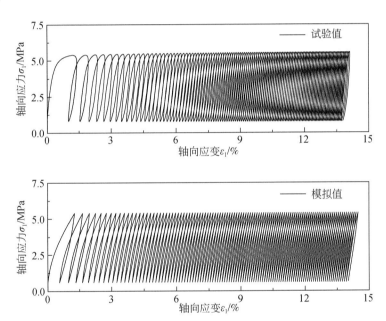

图 5-25　往复循环荷载作用下轴向应力-应变关系试验结果与模拟结果

为了进一步验证构建的动力边界面塑性模型与参数取值的合理性，将低温动三轴试验、模型模拟计算得到的轴向累积塑性应变与往复循环荷载振动次数之间关系一并绘于图 5-26 中。由图 5-26 可以看出，模拟结果与试验结果基本一致，随着往复循环荷载振动次数增加，由试验与模拟计算得到的累积轴向应变均表现为应变增长速率逐渐减小的变化规律。

综上所述，构建的动力边界面塑性模型，能够模拟往复循环荷载作用下冻结细粒填料动力变形特性，并且通过推荐的参数取值，可以使该模型的模拟结果与低温动三轴试验结果达到高度吻合。

应该指出，以上构建冻结细粒填料动力边界面塑性模型，忽略了填料在往复循环荷载作用下发生的弹性变形，因此严格意义上只适用于应力作用水平较高而可以不考虑弹性变

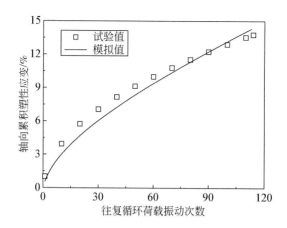

图 5-26　往复循环荷载作用下轴向累积塑性应变试验结果与模拟结果对比

形的路基振动反应分析。也就是说，对于冻结强度不高的高温冻土路基，往复循环荷载的应力作用水平较高，填料变形以不可恢复的永久变形占绝对优势，弹性变形在填料总变形中占比极小或很小而可不计，致使填料塑性变形成为路基振动反应分析的关注点，可以应用上述动力边界面塑性模型。

§5.6　结论与总结

轨道交通对路基产生的振动荷载属于一种往复循环荷载，不同于随机振动的地震荷载（往返循环荷载）。针对这种往复循环荷载作用，首先通过低温动三轴试验，系统研究了冻结细粒填料（冻土）的强度特性、流动特性、硬化特性，并且分别建立了相应的强度准则、流动准则（塑性流动准则）、硬化准则；在此基础上，构建了三轴应力条件下冻结细粒填料的动力边界面塑性模型；进而，基于广义 von Mises 准则，将构建的冻结细粒填料的动力边界面塑性模型进一步拓展至实际问题的三维应力状态；最后，分析了冻结细粒填料的动力边界面塑性模型的参数作用机制与相应的取值方法。主要结论简述如下。

（1）主要基于现场监测结果，提出了轨道交通对路基产生的振动荷载属于一种往复循环荷载，给出了往复循环荷载的界定依据，并且明确了往复循环荷载与随机地震荷载（往返循环荷载）之间的主要区别、轨道交通对路基产生的往复循环荷载作用为一种长期低幅往复循环荷载作用、地震对土工构筑物如路基产生的往返循环荷载作用为一种短时高幅循环荷载作用，不仅长期低幅往复循环荷载与短时高幅循环荷载之间存在显著的特点区别，而且二者之间在作用结果如破坏形式方面差别也较大。

（2）低温动三轴压缩试验表明，冻结细粒填料（冻土）的强度与初始体应力（围压）水平密切相关，二者之间的关系可以描述为抛物线方程。低温动剪切加卸载试验表明，冻结细粒填料的塑性流动方向与当前应力水平、初始体应力状态存在一定关系，因此基于试验结果，提出了相应的剪胀方程。低温各向同性加卸载试验表明，冻结细粒填料的各向同性硬化特性与塑性体应变之间线性相关，据此通过引入剪切机制下损伤作用、塑性剪应变长度概念，建立了相应的硬化方程。

（3）立足于基本力学试验结果，在边界面理论框架下，分别提出了边界面方程函数、边界面硬化准则、可移动映射准则、塑性模量插值方程、非相关联流动法则等，据此构建了三轴应力条件下冻结细粒填料（冻土）的边界面塑性模型，并且推导了增量型动弹塑性本构模型的控制方程。

（4）根据冻结细粒填料（冻土）在 p-q 平面中抛物线型强度准则，提出了三维应力条件下广义 von Mises 强度准则；继而给出了三维应力条件下映射准则、非相关联流动法则。综合上述研究结果，将构建的三轴应力条件下的动力边界面塑性模型进一步拓展至实际问题的三维应力状态，并且推导了相应的增量型动弹塑性本构模型的控制方程。

（5）构建的冻结细粒填料（冻土）的动力边界面塑性模型的参数分为强度参数、弹性参数、剪胀方程参数、硬化参数、映射参数，详细分析了各类参数在模型中作用机制、取值方法，其中通过调整硬化参数 c_q 的取值可以模拟累积塑性应变随着循环荷载振动次数增加而变化的三类发展模式。

（6）针对冻结细粒填料（冻土）的不同冻结负温、不同初始含水率，通过常规低温三轴压缩试验与各向同性加卸载试验结果，分别研究了冻结负温、初始含水率对强度参数、硬化参数 c_q 的影响规律，据此提出了不同标准三轴强度与强度参数、硬化参数之间关系的经验计算方程。

（7）细粒填料冻胀敏感性大——尤其是在含水率较高，或碾压密实度不足，或长期运行损害，或反复冻融损害等情况下冻胀敏感性更大，致使在轨道交通荷载与冻融耦合作用下容易发生显著的不可恢复塑性变形，即在总变形量中塑性变形量占比很大且远超过弹性变形量，因此分析列车荷载下路基冻结细粒填料层振动反应与稳定性问题，可以只关注塑性变形而不考虑弹性变形；此外，对于岛状多年冻土区轨道路基中冻结细粒填料层，或高温多年冻土层，或饱冰多年冻土层，或富冰多年冻土层，在轨道交通长期低幅往复循环荷载与冻融耦合作用下，路基细粒填料层变形也是以塑性变形占绝对优势，因此冻结细粒填料层振动反应与稳定性问题分析也只需要关注塑性变形作用。在这些情况下，针对轨道交通产生的往复循环荷载作用，构建的冻结细粒填料动力边界面塑性模型与参数取值方法、数值求解方法，将为路基冻结细粒填料层振动反应分析与永久沉降变形预测、长期稳定性评估提供重要的理论模型、可靠的解题方法。

参 考 文 献

[1] Mroz Z. On the description of anisotropic workhardening [J]. Journal of the Mechanics and Physics of Solids, 1967, 15 (3): 163-175.

[2] Dafalias Y F, Popov E P. A model of non-linearly hardening materials for complex loading [J]. Acta Mechanica, 1975, 21 (3): 173-192.

[3] Dafalias Y F, Hemnann L R. Bounding surface formulation of soil plasticity [C]. Soil Mechanics-Transient and Cyclic Loads. New York: John Wiley and Sons, 1980: 253-282.

[4] 李琼林. 往复循环荷载作用下冻土的动力性能与弹塑性本构模型 [D]. 哈尔滨: 哈尔滨工业大学, 2015.

[5] Dafalias Y F, Hemnann L R. Bounding surface formulation of soil plasticity [C]. Soil Mechanics-Transient and Cyclic Loads. New York: John Wiley and Sons, 1980: 253-282.

[6] Sloan S W. Substepping schemes for the numerical integration of elastoplastic stress-strain relations [J]. International Journal for Numerical Methods in Engineering, 1987, 24 (5): 893-911.

[7] Sloan S W, Abbo A J, Sheng D. Refined explicit integration of elastoplastic models with automatic error

control ［J］. Engineering Computations, 2001, 18 (1/2): 121-194.

［8］ Dowell M, Jarratt P. The "Pegasus" method for computing the root of an equation ［J］. BIT Numerical Mathematics, 1972, 12 (4): 503-508.

［9］ Potts D M, Ganendra D. An evaluation of substepping and implicit stress point algorithms ［J］. Computer methods in applied mechanics and engineering, 1994, 119 (3): 341-354.

第6章 长期低幅往复振动下冻结细粒填料动弹塑性模型

§6.1 引　言

试验研究表明，在长期低幅往复循环荷载作用下，冻结细粒填料（冻土）的弹塑性特性包括应变累积特性、回弹特性。为了研究与发展寒区轨道交通长期低幅往复循环荷载作用下路基变形分析与设计方法，需要构建合理的数值模拟方法，能够可靠模拟试验中发现的长期低幅往复循环荷载作用下冻土特殊的弹塑性变形特性。

进一步研究表明，在单次低幅往复循环荷载作用下，土或冻土的塑性变形较小且可忽略不计，因此若振动次数较少，可以采用弹性本构模型研究土工构筑物振动特性。但是，对于一些特殊土工构筑物，如轨道路基，在列车行驶产生的长期低幅往复循环荷载作用下，填料——特别是细粒填料的塑性累积变形是一个重要的关注点且为评价路基长期稳定性的关键指标，弹性本构模型不具备计算永久变形功能。针对循环荷载作用，刻画土的力学特性的本构模拟，通过融合运动硬化特性提出了一系列弹塑性本构模型[1-4]，主要包括两类模型，即多重屈服面系列模型、边界面系列模型。这两类增量型土的本构模型可以预测动应力-动应变滞回曲线的一些细节，对于动荷载的每一个循环作用均需要进行数以百计的增量步计算，因此主要且也只能用于循环次数较少的地震荷载作用土工构筑物模拟计算，而对于如轨道交通产生的长期循环荷载作用的循环次数以百万计，这两类模型模拟路基振动反应的计算效率远不能满足分析需求。对于长期低幅循环荷载，关注点主要在于长期作用之后土工构筑物永久变形，而非每一滞回圈的细节。采用增量型弹塑性本构模型进行计算，可能由于模型本身原因或算法原因而产生不可避免的误差累积，计算精度不满足要求。为了克服动弹塑性本构模型的这一重要缺陷，提出了"力-经验公式"计算模型，预测长期低幅循环荷载作用下土工构筑物的永久变形。这类方法的主要技术细节：首先利用弹性本构模型或黏弹性本构模型完成单次循环的数值计算，得到土工构筑物的应力场分布，然后依据累积变形的经验公式，得到土工构筑物在相应振次下的永久变形。然而，目前应用较普遍的"力-经验公式"计算模型多数为一维模型，并且这类模型忽略了土工构筑物由永久变形产生的应力重分布，认为在长期加载过程中土工构筑物应力场分布不变。此外，"力-经验公式"计算模型在应用过程中不符合有限元条件下的应用框架，实施过程较复杂。基于此，Niemunis 等[5]、Karg 等[6]利用耦合的累积应变公式（累积剪应变与累积体应变），联合经典弹塑性力学的基本框架，构建了长期循环荷载作用下砂土的三维显式弹塑性本构模型，为这类荷载条件下土工构筑物数值仿真开辟了新路径。然而，在这种三维显式弹塑性本构模型中均认为弹性系数（弹性模量、泊松比）在长期加载过程中保持不变，显然与试验结果不吻合，并且对长期加载过程中计算域应力重分布产生重要影响。不同于三相组成（土颗粒、水、气）的一般土，冻土实际由土颗粒、冰晶体、未冻水、气四项组成的一种特殊岩土材料（冰晶体，虽然表观上是一种固体，但是具有显著的压融作用、晶体变形作用、相变热作用，因此不同于土颗粒），在长期循环荷载作用下的弹塑性特性存在较大特殊性，因此应用上述模型进行冻土构筑物如路基数值仿真分析需要进一步考察适用性、可靠性。

鉴于上述，针对寒区轨道路基冻结细粒填料，立足于长期低幅往复循环荷载作用下低温动三轴试验结果，首先建立耦合的累积塑性应变的经验模型，包括累积塑性应变大小、累积方向，然后联合弹塑性本构模型的基本框架，进一步构建长期低幅往复循环荷载作用下动弹塑性本构模型，模型中融合了累积塑性应变相关型的动态参数如动剪切模量演化模型、动体积模量演化模型，进而按照构建的动弹塑性本构模型的计算原理，建立长期低幅往复循环荷载作用下轨道路基冻结细粒填料层振动反应模拟计算的基本流程，并且以低温动三轴试验结果作为算例，进行模型与参数取值的校正。

§6.2　长期低幅往复循环荷载下细粒填料累积应变经验模型

6.2.1　累积塑性剪应变经验模型

试验表明（详见第4章）[7]，冻结细粒填料（冻土）累积塑性剪应变（%）随着往复循环荷载振动次数增加而不断累积增大，累积速率却随着振动次数增加而减小，累积剪应变大小与初始应力比、初始体应力、荷载幅值、冻结温度、初始含水率等因素密切相关，因此在构建的累积剪应变经验模型中，要求直接或间接体现这些变化规律、影响因素。鉴于此，提出了"迭代–归一"数据处理方法，对相关试验数据进行归一化处理，提出相应的计算经验模型式。详述如下，其中试验组1至试验组5的试验条件见表4-6。

在振动次数相同的条件下，初始应力比越大，累积塑性剪应变也越大，因此提出函数$g(\eta_0)$见式（6-1），以考虑初始应力比对累积塑性剪应变的影响。

$$g(\eta_0) = a_1 \exp(b_1 \eta_0) \tag{6-1}$$

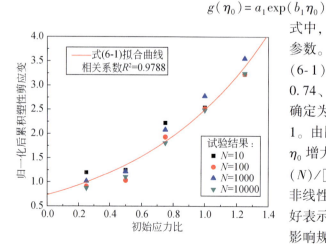

图6-1　初始应力比与归一化后累积塑性剪应变之间的关系

式中，η_0为初始应力比；a_1、b_1为拟合参数。将归一化后的试验组1结果按照式（6-1）进行拟合，见图6-1，得到$a_1 = 0.74$、$b_1 = 1.22$。将初始应力比$\eta_0 = 0.25$确定为η_0参考值$\eta_{0,\mathrm{ref}}$，此时$g(\eta_{0,\mathrm{ref}}) = 1$。由图6-1可以看出，随着初始应力比$\eta_0$增大，归一化后的累积塑性剪应变$\varepsilon_q^{\mathrm{acc}}(N)/[\varepsilon_{q\mathrm{ref}}^{\mathrm{acc}}(N)g(p_0)g(\sigma_d)g(s_{0.3})]$呈现非线性增长规律，因此函数$g(\eta_0)$可以较好表示初始应力比对累积塑性剪应变的影响规律。

不同初始体应力条件下低温循环三轴试验结果表明，初始体应力越大，相同振动次数产生的累积塑性剪应变也越大。根据归一化后的试验组 2 结果，建立函数 $g(p_0)$ 见式（6-2），以表示初始体应力对累积塑性剪应变的影响规律。

$$g(p_0) = a_2 \exp\left(b_2 \frac{p_0}{p_{\text{ref}}}\right) \tag{6-2}$$

式中，p_0 为初始体应力；a_2、b_2 为拟合参数（与振动次数无关）。将归一化后的试验组 2 结果按照式（6-2）进行拟合，见图 6-2，得到 $a_2 = 0.66$、$b_2 = 0.83$。式（6-2）中引入参考压应力 p_{ref} 得到无量纲化的初始体应力，可以假定 $p_{\text{ref}} = 1\text{MPa}$。若初始体应力 $p_0 = 0.6\text{MPa}$（参考值），则函数 $g(p_{0,\text{erf}}) = 1$ 保持不变。由图 6-2 可以看出，在初始应力比等其他影响因素不变的条件下，随着初始体应力 p_0 增大，归一化后的累积塑性剪应变 $\varepsilon_q^{\text{acc}}(N)/[\varepsilon_{\text{qref}}^{\text{acc}}(N)g(\eta_0)g(\sigma_d)g(s_{0.3})]$ 呈现非线性增长规律，因此函数 $g(p_0)$ 可以较好表示累积塑性剪应变随着初始体应力增加而呈非线性增大的试验规律。

试验组 3 结果表明，在初始应力比、初始体应力等其他影响因素不变的条件下，往复循环荷载幅值越大，相同振次下塑性剪应变累积量越大。将试验组 3 结果进行归一化处理后绘于图 6-3 中。由图 6-3 可以看出，随着往复循环荷载幅值增大，归一化后的累积塑性剪应变 $\varepsilon_q^{\text{acc}}(N)/[\varepsilon_{\text{qref}}^{\text{acc}}(N)g(\eta_0)g(p_0)g(s_{0.3})]$ 呈非线性增长趋势，二者之间相关性可以表示为式（6-3）。

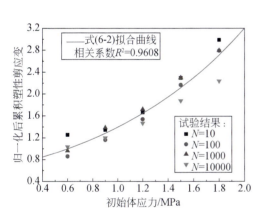

图 6-2　初始体应力与归一化后
累积塑性剪应变之间的关系

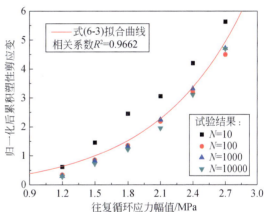

图 6-3　往复循环荷载幅值与归一化后
累积塑性剪应变之间的关系

$$g(\sigma_d) = a_3 \left[\exp\left(b_3 \frac{\sigma_d}{p_{\text{ref}}}\right) \right] - 1 \tag{6-3}$$

式中，σ_d 为往复循环荷载幅值；a_3、b_3 为拟合参数（取值 $a_3 = 0.19$、$b_3 = 1.22$）。图 6-3 中拟合结果表明，若拟合参数设为 $a_3 = 0.19$、$b_3 = 1.22$，则函数 $g(\sigma_d)$ 可以较好表示往复循环荷载幅值与归一化后累积塑性剪应变之间的关系。若往复循环荷载幅值为设定的参考值，即 $\sigma_{d,\text{ref}} = 1.5\text{MPa}$，则函数 $g(\sigma_{d,\text{ref}}) = 1$。

在其他试验条件相同的情况下，由于冻结温度不同、初始含水率不同，即使往复循环荷载振动次数相同，产生的累积塑性剪应变也显著不同。试验结果表明，冻结温度越低或初始含水率越高，由相同振动次数产生的累积塑性剪应变越小，这是因为冻结温度越低或初始含水率越高，试件强度便越大，相应抵抗动力变形的性能越强，因此产生的累积塑性剪应变自然越小。除了冻结温度与初始含水率之外，还有影响冻结细粒填料（冻土）力学性能的其他环境因素，难以一一进行试验研究且全部体现于计算模型中。为了能够宏观体现各种环境因素对冻结细粒填料（冻土）力学性能的综合影响，针对同一种细粒填料（土），可以采用某一围压如 0.3MPa 下低温动三轴强度 $S_{0.3}$（标准三轴强度）作为一个评价指标，综合反映各种环境因素联合影响下冻结细粒填料（冻土）的力学性质，如此，便将问题归结为只研究 $S_{0.3}$ 对累积塑性剪应变的影响规律。为此，将对应的两组试验结果进行归一化处理，可以得到不同标准三轴强度 $S_{0.3}$ 的冻结细粒填料（冻土）的归一化累积塑性剪应变 $\varepsilon_q^{acc}(N)/[\varepsilon_{qref}^{acc}(N)g(\eta_0)g(p_0)g(\sigma_d)]$，见图 6-4。由图 6-4 可以看出，随着标准三轴强度 $S_{0.3}$ 增大，归一化后累积塑性剪应变表现为非线性快速减小，二者之间相关性表达为式（6-4）。

$$g(S_{0.3}) = \frac{a_4}{S_{0.3}/p_{ref}} - b_4 \qquad (6-4)$$

式中，a_4、b_4 为模型参数，取值 $a_4 = 7.67$、$b_4 = 0.92$。若冻结细粒填料（冻土）的强度为参考值，即 $S_{0.3,ref} = 4.0MPa$，则函数 $g(S_{0.3,ref}) = 1$。图 6-4 还表明，式（6-4）的函数可以较好表示标准三轴强度 $S_{0.3}$ 对累积塑性剪应变的影响规律。

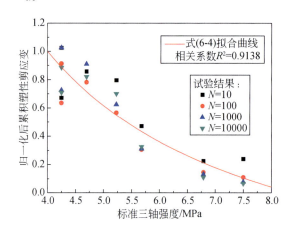

图 6-4　标准三轴强度与归一化后累积塑性剪应变之间的关系

综上所述，当 $\eta_{0,ref} = 0.25$、$p_{0,ref} = 0.6MPa$、$\sigma_{d,ref} = 1.5MPa$、$S_{0.3,ref} = 4.0MPa$，即为设定的参考状态，将由试验组 1 至试验组 5 得到的累积塑性剪应变分别由函数 $g(\eta_0)$、$g(p_0)$、$g(\sigma_d)$、$g(S_{0.3})$ 表达且进行归一化处理，即得到参考状态条件下的累积塑性剪应变 $\varepsilon_q^{acc}(N)/[g(\eta_0)g(p_0)g(\sigma_d)g(S_{0.3})]$ 随着振动次数变化的演化规律，见图 6-5。由图 6-5 可以看出，不同试验组的试验结果经过归一化处理后均处于狭窄范围之内，进一步说明以上提出的 g 函数的有效性。归一化后累积塑性剪应变与往复循环荷载振动次数之间关系可以表示为式（6-5）。式（6-5）即为参考累积曲线表达式。

$$\varepsilon_{q,ref}^{acc}(N) = C_{N1}\ln(1 + C_{N2}) \qquad (6-5)$$

式中，C_{N1}、C_{N2} 为材料参数。在图 6-5 中，对于式（6-5）的最佳拟合曲线，$C_{N1} = 0.15$，$C_{N2} = 0.26$，而对于上、下边界线，C_{N2} 取值不变，C_{N1} 取值范围为 0.08 ~ 0.19。显然，参考累积曲线可以较好表达随着往复循环荷载振动次数增大，累积塑性剪应变不断增加，累积速率不断减小。

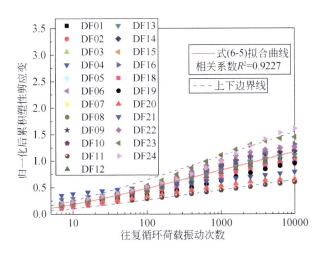

图 6-5　归一化后累积塑性剪应变与振动次数之间的关系

至此，针对冻结细粒填料（冻土），根据低温动三轴试验结果，构建了累积塑性剪应变的影响函数 $g(\eta_0)$、$g(p_0)$、$g(\sigma_d)$、$g(S_{0.3})$ 与参考累积曲线 $\varepsilon_{q,ref}^{acc}(N)$。将建立的影响函数与参考累积曲线进行集成，即可得到累积塑性剪应变 $\varepsilon_q^{acc}(N)$ 的显式表达式，见式（6-6）。

$$\varepsilon_q^{acc}(N) = \varepsilon_{q,ref}^{acc}(N) g(\eta_0) g(p_0) g(\sigma_d) g(S_{0.3}) \tag{6-6}$$

式中，$\varepsilon_{q,ref}^{acc}(N)$ 表示在参考状态下累积塑性剪应变随着低幅往复循环荷载振动次数增加的变化规律；$g(\eta_0)$ 为初始应力比影响线（表示初始应力比影响）；$g(p_0)$ 为初始体应力影响线（表示初始体应力状态对应变累积量影响）；$g(\sigma_d)$ 为往复循环荷载幅值影响线（表示荷载幅值对应变累积量影响）；$g(S_{0.3})$ 为强度影响线（表示各种环境因素对冻结细粒填料（冻土）力学性能综合影响，进而影响应变累积量）。显然，通过式（6-6），针对不同应力条件下的往复循环荷载不同振动次数，可以计算不同力学性能的冻结细粒填料（冻土）的累积塑性剪应变。

6.2.2　累积流动方向经验模型

试验结果表明[7-15]，在长期低幅往复循环荷载作用下，冻结细粒填料（冻土）应变累积流动方向随着塑性应变不断累积而产生不可忽略变化，并且初始应力比、初始体应力、往复循环荷载幅值与填料（冻土）物理力学性质均显著影响累积流动方向。根据第 3 章试验结果，提出了累积流动方向比随着塑性体应变增加而不断累积的计算模型，见式（6-7）。

$$d_g = \frac{d\varepsilon_{v,N}^{acc}}{d\varepsilon_{q,N}^{acc}} = d_{g0} \exp(\alpha_d \varepsilon_{q,N}^{acc}) \tag{6-7}$$

根据此前分析结果，由不同初始应力比、不同初始体应力、不同循环荷载幅值试验结果得到的初始累积流动方向比 d_{g0} 变化并不明显。这三个因素对累积流动方向影响，主要作用于控制累积流动方向比的演化速率的参数 α_d。将这三个影响因素分别作为考察目标的试验结果 α_d 值进行归一化处理，分别得到如图 6-6 ~ 图 6-8 所示的影响关系。由这三个影响关系图可以看出，随着初始应力比、初始体应力、循环荷载幅值增大，归一化后 α_d 值均呈非线性减小。为了描述这三个因素影响关系，分别提出相应的影响函数见式（6-8）~ 式（6-10）。

$$d(\eta_0) = c_1 \exp(d_1 \eta_0) \tag{6-8}$$

$$d(p_0) = c_2 \exp\left(d_2 \frac{p_0}{p_{\text{ref}}}\right) \tag{6-9}$$

$$d(\sigma_d) = c_3 \exp\left(d_3 \frac{\sigma_d}{p_{\text{ref}}}\right) \tag{6-10}$$

式中，模型参数取值为 $c_1 = 1.48$、$d_1 = -1.58$、$c_2 = 2.92$、$d_2 = -1.82$、$c_3 = 13.07$、$d_3 = -1.71$ 且均与往复循环荷载幅值振动次数无关。对于一般冻结黏性土或粉质黏土，可以认为这些参数近似于常数。与累积塑性剪应变经验模型相同，这三种模型参考状态选为 $\eta_{0,\text{ref}} = 0.25$、$p_{0,\text{ref}} = 0.6\text{MPa}$、$\sigma_{0,\text{ref}} = 1.5\text{MPa}$，在如此状态条件下，$d(\eta_{0,\text{ref}}) = 1$、$d(p_{0,\text{ref}}) = 1$、$d(\sigma_{0,\text{ref}}) = 1$ 保持不变。

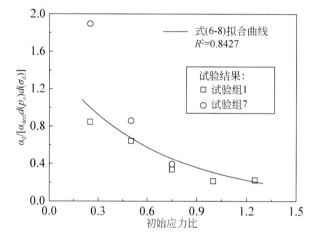

图 6-6　归一化后参数 α_d 与初始应力比之间的关系

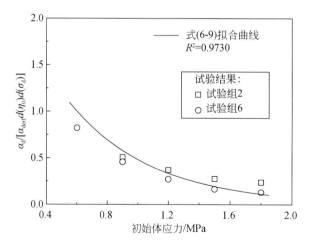

图 6-7　归一化后参数 α_d 与初始体应力之间的关系

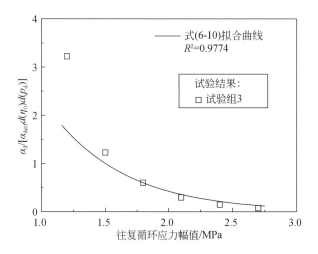

图 6-8　归一化后参数 α_d 与应力幅值之间的关系

　　将上述试验获得的参数 α_d 值，分别由影响函数 $d(\eta_0)$、$d(p_0)$、$d(\sigma_\mathrm{d})$ 进行归一化处理，得到参考状态下参数 α_ref 取值范围为 3.5 ～ 5.3。此外，将这些影响函数与参考状态下参数 α_ref 值进行集成，即可得到 α_d 计算表达式，见式（6-11）。

$$\alpha_\mathrm{d} = \alpha_\mathrm{ref} d(\eta_0) d(p_0) d(\sigma_\mathrm{d}) \tag{6-11}$$

　　试验表明[7-15]，以 0.3MPa 围压下低温动三轴强度 $S_{0.3}$（标准三轴强度）为评价指标，综合表达冻结细粒填料（冻土）当前物理力学性质对长期低幅往复循环荷载作用下累积流动方向影响，主要作用于初始累积流动方向比 d_g0，而对模型参数 α_d 影响可以忽略不计。利用参考状态 $s_{0.3,\mathrm{ref}} = 4.0\mathrm{MPa}$ 的初始累积流动方向比，对试验组 4、试验组 5 的试验结果进行归一化处理，得到的标准三轴强度与归一化后初始累积流动方向比 d_g0 之间相关性见图 6-9，二者之间相关式子见式（6-12）。

$$d(s_{0.3}) = c_4 \exp\left(d_4 \frac{s_{0.3}}{p_\mathrm{ref}}\right) \tag{6-12}$$

式中，拟合参数取值为 $c_4 = 0.07$、$d_4 = 0.66$。若强度为参考值即参考状态 $s_{0.3,\mathrm{ref}} = 4.0\mathrm{MPa}$，则 $d(s_{0.3,\mathrm{ref}}) = 1.0$ 保持不变。由式（6-12）可以得到初始累积流动方向比 d_g0 的计算方法见式（6-13）。

$$d_\mathrm{g0} = d_\mathrm{g0,ref}\left[c_4 \exp\left(d_4 \frac{s_{0.3}}{p_\mathrm{ref}}\right)\right] \tag{6-13}$$

式中，$d_\mathrm{g0,ref}$ 为参考状态下的初始累积流动方向比（取值为 0.16）。

　　将式（6-11）、式（6-13）代入式（6-7），可以解得冻结细粒填料（冻土）在长期低幅往复循环荷载作用下累积流动方向比的试验经验式，见式（6-14）。

$$d_\mathrm{g} = d_\mathrm{g0,ref} d(s_{0.3}) \exp\left[\alpha_\mathrm{ref} d(\eta_0) d(p_0) d(\sigma_\mathrm{d}) \varepsilon_{\mathrm{q},N}^\mathrm{acc}\right] \tag{6-14}$$

　　显然，通过式（6-14），针对试验采用的不同物性冻结细粒土与不同初始应力状态、不同环荷载作用过程，可以得到塑性应变累积流动方向比。应该说明，细粒土因初始含水率不同、冻结负温不同而成为不同物性（即不同物理力学性质）的冻结细粒填料（冻土）。

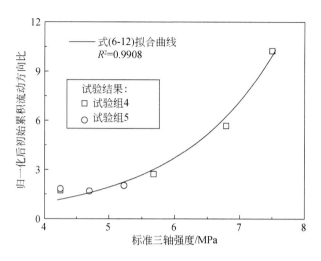

图 6-9　归一化后初始累积流动方向比与标准三轴强度之间的关系

§6.3　长期低幅往复循环荷载下三维动弹塑性本构模型

此前，针对长期低幅往复循环荷载作用下冻结细粒填料（冻土）动力性能，分别建立了累积塑性应变耦合计算经验模型（即累积塑性剪应变经验模型、累积流动方向比经验模型）、动态模量演化模型（即动剪切模量模型、动体积模量模型）。基于上述经验模型，下面将结合经典弹塑性力学的基本理论框架，针对长期低幅往复循环荷载作用，建立冻结细粒填料（冻土）三维弹塑性本构模型[7]。

6.3.1　应力与应变定义

遵循土力学一般规定，应力张量、应变张量、应力增量、应变增量均取压缩方向为正方向。体应力 p、体应变 ε_v 分别见式（6-15）、式（6-16）。

$$p = \frac{1}{3}\mathrm{tr}\boldsymbol{\sigma} \tag{6-15}$$

$$\varepsilon_v = \mathrm{tr}\boldsymbol{\varepsilon} \tag{6-16}$$

式中，$\boldsymbol{\sigma}$ 为应力张量；$\boldsymbol{\varepsilon}$ 为应变张量。相应的偏应力张量 $\boldsymbol{s}$、偏应变张量 $\boldsymbol{e}$ 分别定义为式（6-17）、式（6-18），$\mathrm{tr}\boldsymbol{\sigma}$、$\mathrm{tr}\boldsymbol{\varepsilon}$ 分别表示 $\boldsymbol{\sigma}$、$\boldsymbol{\varepsilon}$ 主对角线上元素之和。

$$\boldsymbol{s} = \boldsymbol{\sigma} - p\boldsymbol{I} \tag{6-17}$$

$$\boldsymbol{e} = \boldsymbol{\varepsilon} - \frac{\varepsilon_v}{3}\boldsymbol{I} \tag{6-18}$$

式中，$\boldsymbol{I} = \delta_{ij}$ 定义二阶同一张量或 Kronecker 符号，若 $i=j$，则 $\delta_{ij}=1$，而若 $i \neq j$，$\delta_{ij}=0$。对应的不变量分别见式（6-19）、式（6-20）。

$$q = \sqrt{\frac{3}{2}\boldsymbol{s}:\boldsymbol{s}} \tag{6-19}$$

$$\varepsilon_{\mathrm{q}} = \sqrt{\frac{2}{3} \boldsymbol{e} : \boldsymbol{e}} \qquad (6\text{-}20)$$

式中，q 为偏应力（剪应力）不变量；ε_{q} 为偏应变（剪应变）不变量。

6.3.2　基本假设条件

针对长期低幅往复循环荷载作用，进行土工构筑物数值仿真分析，需要合理解决边界值问题，即巨量计算高效化实现问题、复杂应力状态合理简化问题。因此，针对长期低幅往复循环荷载作用，构建冻结细粒填料（冻土）三维弹塑性本构模型，必须聚焦解决问题的核心需求，对复杂问题做合理简化假定。

对于轨道交通长期往复循环荷载作用下路基振动反应分析中的边界值问题，主要关注点在于累积塑性变形、弹性变形，至于每一荷载循环的滞回圈的细节并不重要。鉴于此，可以将长期往复循环荷载的加载过程简化为以往复循环荷载的幅值施加于路基上的长期静力荷载，将长期低幅往复循环荷载的加载时间 t 由连续循环振动的振次 N 代替，将这种简化的等效加载过程定义为相对于连续振次 N 的拟往复循环加载过程。

在轨道地基边界值问题中，由路基自重力与上部轨道系统重力联合产生的初始应力分布在施加长期低幅往复循环荷载作用之前即已确定，并且忽略由于冻结细粒填料（冻土）塑性应变累积而导致路基中应力重分布，即认为在长期低幅往复循环加载过程中地基中初始应力场分布保持不变，至于由长期低幅往复循环荷载作用在路基中产生的动应力，可以与初始应力叠加，形成路基中新的应力状态（应力场分布）。

相对于低温动三轴试验中试件所受的应力状态，在长期低幅往复循环荷载作用下，地基中土单元所受的应力状态更加复杂，因此计算域中任意单元的往复循环应力幅值由式（6-21）计算。

$$\sigma_{\mathrm{d}} = q_{\mathrm{d}} = \sqrt{\frac{3}{2} \boldsymbol{s}_N : \boldsymbol{s}_N} \qquad (6\text{-}21)$$

式中，$\boldsymbol{s}_N$ 为由往复循环荷载振动 N 次引起路基中计算单元的偏应力张量。

基于上述简化处理，针对轨道交通长期低幅往复循环荷载作用，进行路基振动反应数值仿真分析，可以将传统的两步加载过程（即初始应力场计算过程、往复循环荷载加载过程）转化为三步加载过程，见图 6-10。三步加载过程：第一步加载 Step1，即相对于加载时间 t 的静力 σ_{o} 加载过程，完成路基计算域中初始静态应力场分布计算；第二步加载 Step2，即相对于加载时间 t 的往复循环加载过程，类似于单调静力加载过程（即拟往复循环加载过程），荷载的最大值为往复循环荷载的幅值 σ_{d}，完成路基计算域中每一单元的初始往复循环荷载幅值计算；第三步加载 Step3，即相对于振次 N 的拟往复循环加载过程，得到路基计算域中每一单元的累积塑性应变、回弹应变、动应力，以及整个计算域中累积塑性应变分布、回弹应变分布、动应力场分布。显然，第一步加载、第二步加载为第三步加载中本构模型计算提供初值。

6.3.3　控制方程

针对轨道交通长期低幅往复循环荷载作用下冻土路基振动反应分析需求，建立合理的

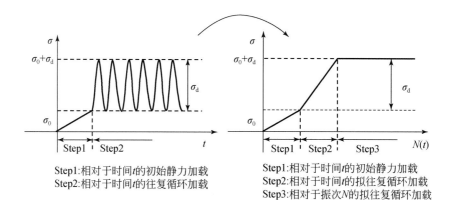

Step1:相对于时间*t*的初始静力加载
Step2:相对于时间*t*的往复循环加载

Step1:相对于时间*t*的初始静力加载
Step2:相对于时间*t*的拟往复循环加载
Step3:相对于振次*N*的拟往复循环加载

图6-10　长期低幅往复循环荷载之等效加载过程

冻结细粒填料（冻土）本构模型，应该以符合有限元数值计算流程方式构建且可以反映试验表现的主要特性。试验研究表明，长期低幅往复循环荷载作用下，冻结细粒填料（冻土）应变分为不可恢复的累积塑性应变、可恢复的回弹应变。因此，相对于连续振动次数 N 的应变率，可以按照叠加性原理进行分解，见式（6-22）。

$$\dot{\boldsymbol{\varepsilon}}_N = \dot{\boldsymbol{\varepsilon}}_N^{\mathrm{e}} + \dot{\boldsymbol{\varepsilon}}_N^{\mathrm{acc}} \tag{6-22}$$

式中，$\dot{\boldsymbol{\varepsilon}}_N$ 为应变率张量；$\dot{\boldsymbol{\varepsilon}}_N^{\mathrm{e}}$ 为应变率张量之弹性部分（回弹部分）；$\dot{\boldsymbol{\varepsilon}}_N^{\mathrm{acc}}$ 为应变率张量之塑性累积部分。弹性部分可以根据广义胡克定律由式（6-23）计算。

$$\dot{\boldsymbol{\varepsilon}}_N^{\mathrm{e}} = \dot{\boldsymbol{e}}_N^{\mathrm{e}} + \frac{1}{3}\dot{\varepsilon}_{\mathrm{v}}^{\mathrm{e}}\boldsymbol{I} = \frac{1}{2G_N}\dot{\boldsymbol{s}}_N + \frac{1}{3K_N}\dot{p}_N\boldsymbol{I} \tag{6-23}$$

式中，G_N 为振动次数为 N 的动剪切模量；K_N 为振动次数为 N 的动体积模量，二者取值按照第3章构建的初始压力相关型公式及其演化模型得到。

类似道理，累积塑性应变率 $\dot{\boldsymbol{\varepsilon}}_N^{\mathrm{acc}}$ 可以分解为两个分量，即累积体应变率 $\dot{\varepsilon}_{\mathrm{v},N}^{\mathrm{acc}}$、累积偏应变率 $\dot{\varepsilon}_{\mathrm{q},N}^{\mathrm{acc}}$。根据累积塑性应变率椭球与当前应力状态椭球共轴的基本假定，累积塑性应变率 $\dot{\boldsymbol{\varepsilon}}_N^{\mathrm{acc}}$ 可以表示为式（6-24）。

$$\dot{\boldsymbol{\varepsilon}}_N^{\mathrm{acc}} = \dot{\boldsymbol{e}}_N^{\mathrm{acc}} + \frac{1}{3}\dot{\varepsilon}_{\mathrm{v},N}^{\mathrm{acc}}\boldsymbol{I} = \frac{3\boldsymbol{s}_{\mathrm{t}}}{2q_{\mathrm{t}}}\dot{\varepsilon}_{\mathrm{q},N}^{\mathrm{acc}} + \frac{1}{3}\dot{\varepsilon}_{\mathrm{v},N}^{\mathrm{acc}}\boldsymbol{I} \tag{6-24}$$

式中，$\boldsymbol{s}_{\mathrm{t}}$ 为总偏应力张量；q_{t} 为偏应力张量之不变量（剪应力），二者均包括初始静力部分、往复循环应力部分，计算方法见式（6-25）。

$$\left.\begin{array}{l} \boldsymbol{s}_{\mathrm{t}} = \boldsymbol{s}_0 + \boldsymbol{s}_N \\[2mm] q_{\mathrm{t}} = \sqrt{\dfrac{3}{2}\boldsymbol{s}_{\mathrm{t}} : \boldsymbol{s}_{\mathrm{t}}} \end{array}\right\} \tag{6-25}$$

将如式（6-7）定义的累积流动方向比 d_{g} 代入式（6-24）中，可以得到累积塑性应变率的另一种表达形式，见式（6-26）。

$$\dot{\boldsymbol{\varepsilon}}_N^{\mathrm{acc}} = \left(\frac{3\boldsymbol{s}_{\mathrm{t}}}{2q_{\mathrm{t}}} + \frac{1}{3}d_{\mathrm{g}}\boldsymbol{I}\right)\dot{\varepsilon}_{\mathrm{q},N}^{\mathrm{acc}} \tag{6-26}$$

式中，$\dot{\varepsilon}_{\mathrm{q},N}^{\mathrm{acc}}$ 为相对于连续振动次数 N 的累积塑性剪应变率。根据此前构建的累积塑性剪应变经验式，累积塑性剪应变率见式（6-27）。

$$\dot{\boldsymbol{\varepsilon}}_{\mathrm{q},N}^{\mathrm{acc}} = \frac{\mathrm{d}\boldsymbol{\varepsilon}_{\mathrm{q},N}^{\mathrm{acc}}}{\mathrm{d}N} = g(\sigma_{\mathrm{d}}) \cdot g(\eta_0) \cdot g(p_0) \cdot g(s_{0.3}) \cdot \frac{\mathrm{d}\boldsymbol{\varepsilon}_{\mathrm{q},\mathrm{ref}}^{\mathrm{acc}}}{\mathrm{d}N} \tag{6-27}$$

由式（6-5）可知，相对于振动次数 N 的参考累积塑性剪应变率见式（6-28）。

$$\frac{\mathrm{d}\boldsymbol{\varepsilon}_{\mathrm{q},\mathrm{ref}}^{\mathrm{acc}}}{\mathrm{d}N} = C_{\mathrm{N1}} C_{\mathrm{N2}} \exp\left(-\frac{\boldsymbol{\varepsilon}_{\mathrm{q},\mathrm{ref}}^{\mathrm{acc}}}{C_{\mathrm{N1}}}\right) \tag{6-28}$$

由模型假设与计算流程（长期低幅往复循环荷载作用下路基振动反应数值分析三步加载过程）可知，影响函数 $g(\eta_0)$、$g(p_0)$、$g(S_{0.3})$ 在第一步加载与第二步加载计算中已经确定且在第三步等效加载计算中保持不变。类似道理，累积流动方向比经验模型中的影响函数 $d(\eta_0)$、$d(p_0)$、$d(S_{0.3})$ 在第三步等效加载计算之前已经确定。简化表述，得到式（6-29）、式（6-30）。

$$\kappa_1 = C_{\mathrm{N1}} \cdot C_{\mathrm{N2}} \cdot g(\eta_0) \cdot g(P_0) \cdot g(q_{0.3}) \tag{6-29}$$

$$\kappa_2 = \alpha_{\mathrm{ref}} d(\eta_0) d(p_0) \tag{6-30}$$

将式（6-28）~ 式（6-30）代入式（6-27）中，可以得到累积应变率张量表达式，见式（6-31）。

$$\dot{\boldsymbol{\varepsilon}}_N^{\mathrm{acc}} = \frac{\mathrm{d}\boldsymbol{\varepsilon}_N^{\mathrm{acc}}}{\mathrm{d}N} = \left(\frac{3s_{\mathrm{t}}}{2q_{\mathrm{t}}} + \frac{1}{3}d_g \boldsymbol{I}\right) \kappa_1 \exp\left(-\frac{\boldsymbol{\varepsilon}_{\mathrm{q},\mathrm{ref}}^{\mathrm{acc}}}{C_{\mathrm{N1}}}\right) g(\sigma_{\mathrm{d}}) \tag{6-31}$$

式中，d_g 可以由下式表述。

$$d_g = d_{g0} \exp\left[\kappa_2 d(\sigma_{\mathrm{d}}) \boldsymbol{\varepsilon}_{\mathrm{q},N}^{\mathrm{acc}}\right] \tag{6-32}$$

式中，初始累积流动方向比 d_{g0} 对冻结细粒填料（冻土）当前物理力学状态的依赖性，可以由式（6-13）得到。

6.3.4 数值计算方案

6.3.4.1 计算流程

以上已经阐述（构建）了两个方面的问题，一是长期低幅往复循环荷载作用下路基长期弹塑性变形分析的有限元数值计算方案框架，二是在这种计算方案中所应用的本构模型细节。下面将详细介绍这种计算方案具体实施与所采用本构模型具体应用的数值计算流程。根据上述长期低幅往复循环荷载作用路基振动反应数值分析的三步加载过程，有限元数值计算方案的算法分为三个模块[7,16]。

模块 1：计算初始静应力条件。

这一模块对应于图 6-10 中第一步加载 Step1。如前所述，采用建立的长期低幅往复循环环荷载下三维弹塑性本构模型进行大型边界值问题计算，需要在长期低幅往复循环环加载过程之前，确定计算域中每一单元的初始静力条件。由路基及其上部轨道系统重力在路基中产生的初始静力场分布，可以由标准有限单元数值方法计算得到，路基填料采用弹性本构模型与相应的静力学模型参数，计算单元高斯积分点初始应力为 σ_o，并将由此产生的应变重新设为 0。至此，可以确定累积塑性剪应变与累积流动方向比经验模型中关乎初始应力的影响函数值。

模块 2：计算初始动应力条件。

这一模块对应于图 6-10 中第二步加载 Step2。如图 6-10 所示，相对于加载时间 t 的拟往复循环加载过程为一单调加载过程。这一过程的总加载时间为一相对量（可以设为 1.0），路基填料采用弹性本构模型，相应的模型参数采用动剪切模量 G_0、动体积模量 K_0，首先计算每一单元的初始动应力状态，进一步由式（6-21）计算每一单元的往复循环荷载幅值。计算获得的初始动应力状态、往复循环荷载幅值，作为第三步加载 Step3 中动应力积分过程的初值。

模块 3：计算长期动应力过程——应力积分算法。

这一模块对应于图 6-10 中第三步加载 Step3，关键在于长期往复循环加载过程中应力积分算法。在这一模块中，详细介绍长期低幅往复循环荷载之等效加载过程中应力积分过程。要求计算域中每一单元无论是否发生不可恢复的累积塑性应变均必须同时满足连续性变形条件、总体上应力平衡条件。如前所述，在这一过程中，不更新路基初始应力条件与填料物理力学状态的影响函数。在往复循环荷载振动次数由 N 次增加至 $N+\Delta N$ 次过程中，需要更新的变量见式（6-33）。

$$[\boldsymbol{\sigma}_N, \boldsymbol{\varepsilon}_N, \boldsymbol{\varepsilon}_N^{\text{acc}}, \boldsymbol{\psi}_N] \rightarrow [\boldsymbol{\sigma}_{N+\Delta N}, \boldsymbol{\varepsilon}_{N+\Delta N}, \boldsymbol{\varepsilon}_{N+\Delta N}^{\text{acc}}, \boldsymbol{\psi}_{N+\Delta N}] \tag{6-33}$$

式中，下标 N 表示往复循环荷载振动 N 次之后的状态变量（即上次应力积分的收敛点的状态变量），下标 $N+\Delta N$ 表示往复循环荷载振动 $N+\Delta N$ 次之后需要确定的状态变量，其中的向量 ψ 包含两部分，即动弹性模量参数（K, G）、累积流动方向比 d_g。更新后的总应变张量见式（6-34）。

$$\boldsymbol{\varepsilon}_{N+\Delta N} = \boldsymbol{\varepsilon}_N + \Delta \boldsymbol{\varepsilon} \tag{6-34}$$

式中，总应变增量 $\Delta \varepsilon$ 由总体平衡方程与物理方程联合计算得到。

为了完成式（5-69）中状态变量的更新过程，采用完全显式的向前欧拉积分算法进行更新计算。因此，由式（6-35）计算累积塑性应变增量的张量。

$$\Delta \boldsymbol{\varepsilon}^{\text{acc}} = \left(\frac{3s_{t,N}}{2q_{t,N}} + \frac{1}{3}d_{g,N}\boldsymbol{I} \right) \kappa \exp \left(-\frac{\varepsilon_{q,\text{ref},N}^{\text{acc}}}{C_{N1}} \right) g(\sigma_{d,N}) \Delta N \tag{6-35}$$

采用式（6-16）、式（6-18），可以分别计算得到累积塑性体应变增量、累积塑性偏应变增量。因此，由于累积塑性应变增量而产生的应力增量见式（6-36）。

$$\Delta \boldsymbol{\sigma} = \Delta s + \Delta p \boldsymbol{I} = 2G_N (\Delta e - \Delta e^{\text{acc}}) + K_N (\Delta \varepsilon_v - \Delta \varepsilon_v^{\text{acc}}) \boldsymbol{I} \tag{6-36}$$

式中，K_N、G_N 为往复循环荷载振动 N 次的弹性参数，通过演化模型计算。至此，更新后的累积塑性应变张量与相应的应力张量分别见式（6-37）、式（6-38）。

$$\boldsymbol{\varepsilon}_{N+\Delta N}^{\text{acc}} = \boldsymbol{\varepsilon}_{N+\Delta N}^{\text{acc}} + \Delta \boldsymbol{\varepsilon}^{\text{acc}} \tag{6-37}$$

$$\boldsymbol{\sigma}_{N+\Delta N} = \boldsymbol{\sigma}_N + \Delta \boldsymbol{\sigma} \tag{6-38}$$

根据 6.3.2 节中模型基本假设条件，可以得到更新后的往复循环荷载幅值，见式（6-39）。

$$\sigma_{d,N+\Delta N} = q_{d,N+\Delta N} = \sqrt{\frac{3}{2} s_{N+\Delta N} s_{N+\Delta N}} \tag{6-39}$$

式中，更新后的偏应力张量 $s_{N+\Delta N}$ 可以由更新后的应力张量 $\sigma_{d,N+\Delta N}$ 代入式（6-17）中求解得到。更新后的动剪切模量见式（6-40）、动体积模量见式（6-41）。

$$G_{N+\Delta N} = G_0 (1 + \alpha_1 \varepsilon_{v,N+\Delta N}^{\text{acc}}) \tag{6-40}$$

$$K_{N+\Delta N} = K_0 (1 + \alpha_2 \varepsilon_{v,N+\Delta N}^{\text{acc}}) \tag{6-41}$$

将更新后的累积塑性剪应变、更新后的往复循环荷载幅值代入式（6-13），即可解得更新后的累积流动方向比，见式（6-42）。

$$d_{g,N+\Delta N} = d_{g0} \exp\left[\kappa_2 d(\sigma_{d,N+\Delta N})\varepsilon_{q,N+\Delta N}^{\mathrm{acc}}\right] \tag{6-42}$$

6.3.4.2　计算增量步

岩土本构模型的合理性、正确性与计算的稳定性、收敛性，不仅取决于模型本身，而且与模型求解算法具有很大的关联性。如前所述，基于应用简便的目的，针对轨道交通长期低幅往复循环荷载作用，构建的冻结细粒填料（冻土）的累积本构模型（三维弹塑性本构模型），采取完全显式向前欧拉算法对因累积塑性应变而引起的应力进行更新。这种算法的计算精度与振动次数增量步大小（简称振次增量步）密切相关，增量步越小，计算精度越高，相应的计算量也越大。因此，需要得到一个合理的振次增量步，使得计算精度与计算量之间达到合理平衡。为此，利用上述数值算法流程，编制了相应的计算程序，进而通过不同振次增量步的数值计算结果与由式（6-6）的累积塑性剪应变显式经验模型计算得到的解析结果进行对比，并且通过振次增量步间接评估计算量大小。综合精度要求与计算量，确定合理的振次增量步。

算例概况：路基填料取自青藏铁路北麓河段粉质黏土（作为模拟计算单元材料），长期低幅往复循环荷载的幅值为 1.5MPa，填料的初始含水率为 14%、冻结温度为−5℃、0.3MPa 标准试验围压下低温动三轴强度为 4.25MPa，初始应力比为 0.5，初始体应力为 1.5MPa，累积塑性剪应变的数值计算结果与解析计算结果的比较见图 6-11，其中数值计算采用上述的考虑不同振次增量步 ΔN 的数值模拟计算方法、解析计算采用式（6-6）的显式模型解析计算方法。

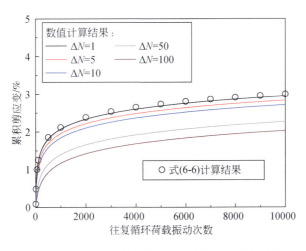

图 6-11　累积塑性剪应变与振动次数之间的相关性

由图 6-11 可以看出：①振次增量步 ΔN 对累积塑性剪应变的数值计算结果具有明显影响，ΔN 越大，累积塑性剪应变数值计算值越小；②不同振次增量步 ΔN 条件下，数值计算获得的累积塑性剪应变与振动次数 N 之间相互变化关系基本一致；③累积塑性剪应变与振动次数 N 之间相互变化关系，$\Delta N=1$ 条件下的数值计算结果与解析计算结果基本保持一致；④而在往复循环荷载的相同振动次数 N 条件下，随着 ΔN 越来越小，累积塑性剪应变与振动次数 N 之间相互变化关系，数值计算结果与解析计算结果之间差异越来越小，如 ΔN 分别为 100 次、50 次、10 次、5 次、1 次，振动 10000 次的数值计算结果与解析计算结果之间误差依次为 32.25%、24.32%、9.41%、5.45%、1.57%，即 ΔN 越小，数值计算结果精度越高，但是总增量步数越大，显然若次、总增量步数 $N = 10000$ 次，则现行普通计算机配置条件可以顺利计算。

6.3.5　模型验证与评述

针对轨道交通长期低幅往复循环荷载作用，构建了冻结细粒填料（冻土）三维弹塑性本构模型。为了验证这一本构模型的可靠性，按照如前所述的应力积分算法流程，利用大型商业软件 ABAQUS 二次开发功能，开发了这一本构模型的 UMAT 子程序，以便在 ABAQUS 中成功应用；在第 4 章中，针对长期低幅往复循环荷载作用，完成了冻结细粒填料（冻土）的低温动三轴试验，将这一试验作为数值算例，通过比较数值算例的计算结果与试验结果，完成这一本构模型、参数取值与相应的数值算法验证工作。等同于低温动三轴试验，数值算例中的冻土单元为轴对称圆柱体且承受轴向压应力，包括初始静力状态、轴向叠加循环应力。为了减小轴向循环荷载振动次数增量步 ΔN 对数值计算结果的影响，将 ABAQUS 中的最大增量步设为 $\Delta N = 1$。数值计算过程中需要的常量型模型参数列于表 6-1 中。在表 6-1 中，除了参数 C_{N1} 与 a_{ref} 给出了推荐的取值范围之外，其他参数均为通过大量归一化试验数据得到的用于表达不同因素影响程度的参数（并无物理意义），应用中可以取表中推荐的常数值，C_{N1}、a_{ref} 可以通过校正试验结果而合理取值。针对不同冻结温度与初始含水率条件，冻土标准三轴强度值 $S_{0.3}$、弹性模量参数 k_1 与 k_2 均可由普通低温三轴试验获取，算例采用的这三种参数的取值来自如前所述的试验结果。

表 6-1　冻结细粒填料（冻土）三维弹塑性本构模型参数一览表

累积塑性剪应变经验模型参数				累积流动方向比经验模型参数				弹性参数	
参数	取值	参数	取值	参数	取值	参数	取值	参数	取值
a_1	0.74	b_3	1.22	c_1	1.48	d_3	−1.71	n_1	0.40
b_1	1.22	a_4	7.67	d_1	−1.58	a_{ref}	3.5~5.3	n_2	0.29
a_2	0.66	b_4	0.92	c_2	2.92	c_4	0.07	a_1	0.05
b_2	0.83	C_{N1}	0.08~0.20	d_2	−1.82	d_4	0.66	a_2	0.07
a_3	0.19	C_{N2}	0.26	c_3	13.07	$d_{g0,ref}$	0.16		

针对第 4 章完成的长期低幅往复循环荷载作用下冻结细粒填料（冻土）低温动三轴试验，图 6-12 给出了累积塑性剪应变的数值计算与试验结果的比较，图 6-13 给出了累积塑性体应变的数值计算与试验结果的比较。在每一个试验结果对比图中，列出了参数 C_{N1} 与 a_{ref} 的精确取值。由图 6-12 与图 6-13 可以看出，无论是累积塑性剪应变，还是累积塑性体应变，根据构建的长期低幅往复循环荷载作用下冻结细粒填料（冻土）三维弹塑性本构模型与推荐的模型参数，获得的数值计算结果与试验结果均具有很好吻合度，并且累积塑性剪应变、累积塑性体应变随着往复循环荷载振动次数的演化规律也得到较好体现，因此说明这一本构模型可以达到预期的模拟功能。如前所述，虽然这一本构模型中参数较多，但是大多均源于各种影响因素的经验模型，表达了各种影响因素的作用规律，所以对于类似

于各类细粒冻土而言均可认为这些参数隶属于常量型参数，参数 C_{N1} 与 α_{ref} 的取值可以通过参考状态下累积塑性应变曲线在推荐范围进行校准取值。

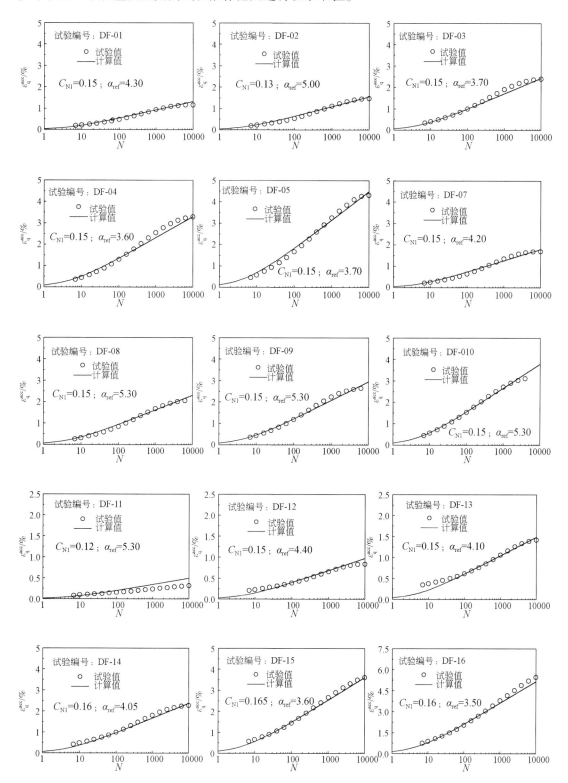

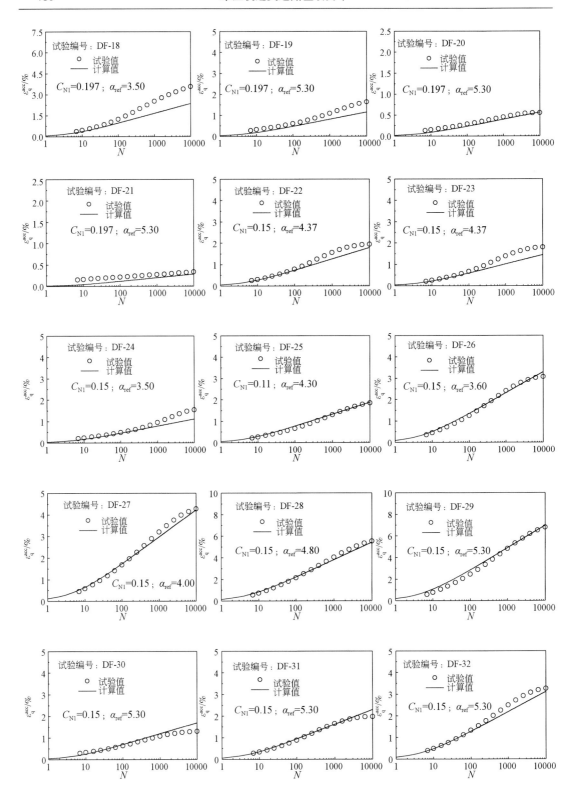

图6-12　累积剪应变之数值计算结果与试验结果对比

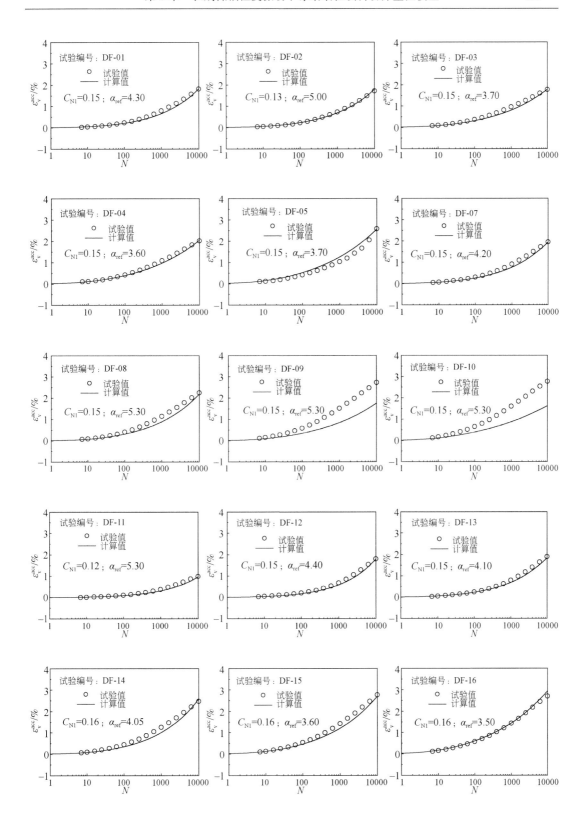

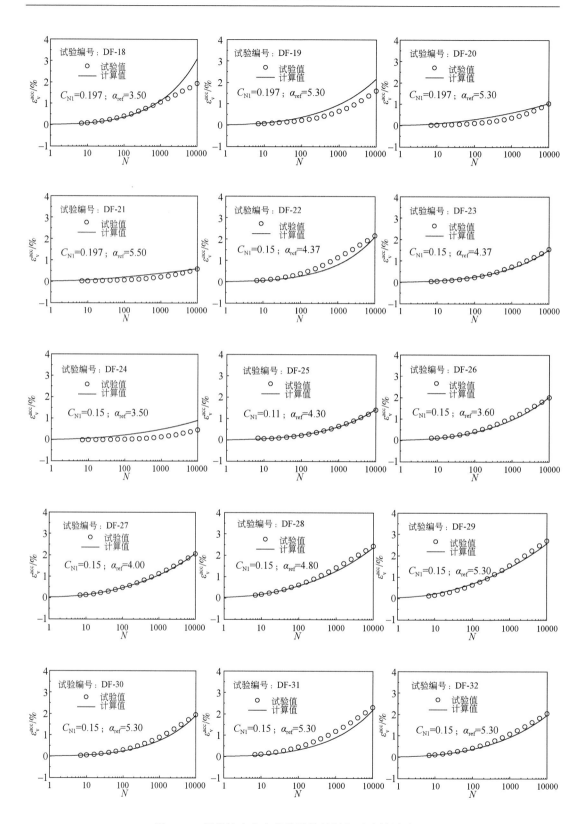

图6-13　累积体应变之数值计算结果与试验结果对比

　　针对长期低幅往复循环荷载作用，根据低温动三轴试验结果，将由试验获得的耦合累积塑性应变模型集成于经典弹塑性基本理论中，构建了冻结细粒填料（冻土）三维弹塑性本构模型，能够考虑显著影响冻土长期弹塑性特性的各类影响因素；进而，根据长期低幅往复循环荷载作用特点，提出了寒区轨道路基振动反应与永久变形分析的数值计算方案；然后，采用显式向前欧拉算法，将构建的三维弹塑性模型集成于数值计算方案中。针对模型可靠性验证的数值计算与试验结果的良好吻合度，验证了构建的冻结细粒填料（冻土）的三维弹塑性模型具有较好模拟能力。

　　针对长期低幅往复循环荷载作用，构建冻结细粒填料（冻土）三维弹塑性模型是寒区轨道路基振动反应模拟与永久变形预测所需的理论模型的一次重要尝试。利用这一模型，可以较好模拟低温动三轴试验中冻土表现出的基本动力性质；并且，模型中所采用的经验模型具备良好的融合与扩展性能，因而可以考虑更多因素对冻土累积塑性变形与回弹变形特性的影响；此外，模型遵循了经典弹塑性力学的基本理论框架，因此可以较方便地将模型应用于路基振动反应与永久变形分析的数值计算程序中，进而实现在边界值或场问题数值模拟分析中的成功应用。然后，构建的三维弹塑性模型中的塑性变形计算模型实际上是来自试验结果的经验式，因此若需要考虑更多影响因素，如荷载频率、荷载幅值、加载频次、载荷持时等，则需要进行相应的低温动三轴试验，以合理确定因此增加的模型参数类型与相应的取值。另外，这一模型中由试验得到的各类参数与现场勘察参数之间的关联性并不明确，故此限制了模型在实际工程中的推广应用。

§6.4　结论与总结

　　针对轨道路基冻结细粒填料（冻土），基于第 3 章长期低幅往复循环荷载作用下低温动三轴试验结果，分别提出了累积剪应变经验模型、累积流动方向比经验模型，继而结合提出的长期低幅往复循环荷载作用下动态模量之演化模型，在经典弹塑性力学基本框架下构建了可以模拟长期低幅往复循环荷载作用下弹塑性变形的三维动弹塑性模型（本构模型），最后利用试验结果对构建的本构模型与相应的参数取值进行了可靠性验证。取得的主要成果简述如下。

　　（1）基于长期低幅往复循环荷载作用下低温动三轴试验结果，分别构建了冻结细粒填料（冻土）累积剪应变经验模型、累积流动方向比经验模型。在这两个经验模型中，合理考虑了初始应力比、初始体应力、循环荷载幅值、标准三轴强度等因素影响与作用效应，据此可以计算各类工况条件下冻结细粒填料（冻土）累积剪应变、累积体应变，不仅为进一步构建长期低幅往复循环荷载作用下冻结细粒填料（冻土）三维动弹塑性模型奠定了重要的前期基础，而且还可以用于寒区轨道列车荷载下路基冻结细粒填料层长期永久沉降变形预测。

　　（2）将长期低幅往复循环荷载之加载过程合理等效为相对振动次数的拟静力加载过程，规定静力荷载与往复循环荷载之幅值相同。基于这种等效加载过程，即等效加载模式，结合经典弹塑性理论，构建了长期低幅往复循环荷载作用下冻结细粒填料（冻土）的三维动弹塑性本构模型。在构建的模型中，累积塑性应变由上述建立的累积应变经验模型计算，回弹应变由回弹的动剪切模量与动体积模量计算，即根据第 3 章提出的动剪切模量演化模型与动体积模量演化模型计算回弹应变，累积塑性应变与回弹应变共同组成总应变。

（3）按照提出的等效加载模式，融合长期低幅往复循环荷载下作用冻结细粒填料（冻土）三维动弹塑性本构模型，针对长期低幅往复循环荷载作用下弹塑性动力响应之边界值求解问题，提出了数值模拟计算方案，详细推导了这一方案中动弹塑性本构模型的数值积分过程，继而编制了基于 ABAQUS 软件的 UMAT 子程序，用于构建的三维动弹塑性本构模型的数值实现与相关问题求解。

（4）利用提出的累积剪应变经验模型计算结果、本构模型模拟结果，选取了具备较好计算精度与较高计算效率的增量步步长为 $\Delta N=1$，将长期低幅往复循环荷载作用下冻结细粒填料（冻土）低温动三轴试验作为算例进行模拟计算，根据模拟结果与试验结果对比分析，验证了构建的长期低幅往复循环荷载下作用冻结细粒填料（冻土）三维动弹塑性本构模型与推荐的参数的可靠性，可以用于可靠模拟计算分析轨道交通长期低幅往复循环荷载作用下路基冻结细粒填料（冻土）变形特性。

（5）构建的长期低幅往复循环荷载作用下路基冻结细粒填料（冻土）三维动弹塑性模型与参数取值方法、数值实现方法，为寒区轨道交通长期低幅往复循环荷载作用下路基冻结细粒填料层振动反应分析、稳定性分析、永久沉降变形计算等奠定了重要的理论基础。

参 考 文 献

[1] Yang Z, Elgamal A, Parra E. Computational model for cyclic mobility and associated shear deformation [J]. Journal of Geotechnical and Geoenvironmental Engineering, 2003, 129 (12): 1119-1127.

[2] Mroz Z, Norris V A, Zienkiewicz O C. Application of an anisotropic hardening model in the analysis of elasto-plastic deformation of soils [J]. Geotechnique, 1979, 29 (1): 1-34.

[3] Prevost J H. A simple plasticity theory for frictional cohesionless soils [J]. International Journal of Soil Dynamics and Earthquake Engineering, 1985, 4 (1): 9-17.

[4] Dafalias Y F. Bounding surface plasticity. I: Mathematical foundation and hypoplasticity [J]. Journal of Engineering Mechanics, 1986, 112 (9): 966-987.

[5] Niemunis A, Wichtmann T, Triantafyllidis T. A high-cycle accumulation model for sand [J]. Computers and geotechnics, 2005, 32 (4): 245-263.

[6] Karg C, François S, Haegeman W, et al. Elasto-plastic long-term behavior of granular soils: Modelling and experimental validation [J]. Soil Dynamics and Earthquake Engineering, 2010, 30 (8): 635-646.

[7] 李琼林. 往复循环荷载作用下冻土的动力性能与弹塑性本构模型 [D]. 哈尔滨: 哈尔滨工业大学, 2015.

[8] Ling X Z, Li Q L, Wang L N, et al. Stiffness and damping radio evolution offrozen clays under long-term low-level repeated cyclic loading: Experimental evidence and evolution model [J]. Cold Regions Science and Technology, 2013, 86: 45-56.

[9] Ling X Z, Zhang F, Li Q L, et al. Dynamic shear modulus and damping ratio of frozen compacted sand subjected to freeze-thaw cycle under multi-stage cyclic loading [J]. Soil Dynamics and Earthquake Engineering, 2015, 76: 111-121.

[10] Li Q L, Ling X Z, Hu J J, et al. Residual deformation and stiffness changes of frozen soils subjected to high- and low-amplitude cyclic loading [J]. Canadian Geotechnical Journal, 2019, 56: 263-274.

[11] Wang J H, Ling X Z, Li Q L, et al. Accumulated permanent strain and critical dynamic stress of frozen silty clay under cyclic loading [J]. Cold Regions Science and Technology, 2018, 153: 130-143.

［12］ Li Q L, Ling X Z, Sheng D C. Elasto-plastic behaviour of frozen soil subjected to long-term low-level repeated loading, Part I: Experimental investigation ［J］. Cold Regions Science and Technology, 2016, 125: 138-151.

［13］ Li Q L, Ling X Z, Hu J J, et al. Experimental investigation on dilatancy behavior of frozen silty clay subjected to long-term cyclic loading ［J］. Cold Regions Science and Technology, 2018, 153: 156-163.

［14］ Li Q L, Ling X Z, Sheng D C. Elasto-plastic behaviour of frozen soil subjected to long-term low-level repeated loading, Part II: Constitutive modelling ［J］. Cold Regions Science and Technology, 2016, 122: 58-70.

［15］ Li Q L, Ling X Z, Wang L N, et al. Accumulative strain of clays in cold region under long-term low-level repeated cyclic loading: Experimental evidence and accumulation model ［J］. Cold Regions Science and Technology, 2013, 94: 45-52.

［16］ An L S, Ling X Z, Geng Y C, et al. DEM Investigation of particle-scale mechanical properties of frozen soil based on the nonlinear microcontact model incorporating rolling resistance ［J］. Mathematical Problems in Engineering, 2018: 1-13.

第7章 往复循环振动下冻结粗粒填料动力特性与影响因素

§7.1 引 言

粗粒填料是一类冻胀不敏感性土，因此寒区轨道路基建设中，粗粒填料应用越来越多。现场监测与研究表明，在往复循环荷载与反复冻融耦合作用下，粗粒填料长期累积变形与动力性能退化是对路基服役性能造成重要影响的直接因素。这一点在高寒深季节冻土区（高寒冻融区）且浅表地下水丰富环境尤为突出，轨道路基设计应充分考虑长期往复循环荷载与高寒冻融循环耦合作用引起粗粒填料动力特性演化机制、过程、规律与主要影响因素。在实际施工中，为了满足路基填筑压实度、强度、承载力、稳定性等需求，必须向粗粒填料中掺入一定量细粒土。然而，在高寒深季节冻土区，高寒冻融作用，致使因向粗粒填料中掺入细粒土而往往成为诱发路基冻胀或路基水分场重分布的重要诱因。另外，寒区轨道路基粗粒填料动力特性等应用基础研究明显不同于研究细粒填料的同类问题。

鉴于上述，下面将以高寒冻融区轨道路基粗粒填料动力特性为关注点，以动应力、动应变、动剪切模量、阻尼比为主要参数，着眼于影响粗粒填料动力特性的主要因素，如冻融循环、围压、含水率、细粒含量等，研究这些因素影响下粗粒填料动力特性的变化规律、演变趋势，据此提出最大动剪切模量、剪切模量归一化曲线、阻尼比等在多因素联合作用下的经验式，为进一步分析在轨道交通往复循环荷载作用下粗粒填料变形特征、粗粒填料层振动反应、粗粒填料层性能演变与粗粒填料层动力问题研究的基于等效线性化模型数值计算方法等奠定重要的前期基础。

§7.2 往复循环荷载下冻结粗粒填料动力特性试验概况

低温动三轴试验是研究往复循环荷载下粗粒填料动力特性与主要影响因素的一个必要手段。以实际路基粗粒填料粒径为参考，考虑低温动三轴试验的试件尺度，获得粗粒填料的级配曲线，检测不同影响因素作用与细粒土不同掺入比（含量）下粗粒填料试件经历若干次冻融循环之后的长期动力特性。

7.2.1 试验仪器与性能

在石家庄铁道大学完成冻结粗粒填料动力特性与主要影响因素低温动三轴试验检测，采用英国 GDS 仪器设备有限公司研制的 DYNTTS 型电机控制式低温动三轴试验系统，温度控制系统可以实现 $-20 \sim 40^\circ\text{C}$ 温度范围试件环境温度连续改变（保证 0.5°C 误差精度），竖向加载系统可以实现轴向动力加载（轴向位移范围为 $-50 \sim +50\text{mm}$，加载范围为 $0 \sim$

40kN 可调，控制精度为 4N，频率范围为 0～5Hz 可调。现场监测表明，由轨道交通产生的往复循环荷载传至路基的频率一般衰减为 5～6Hz，因此 0～5Hz 频率范围满足模拟轨道交通往复循环荷载的频谱特性要求），围压控制范围为 0～6MPa 可调，此外还有自动数采系统、反压控制器。DYNTTS 型低温动三轴试验系统的一个极其重要优势：每完成一个冻融循环条件的加载试验工况，试件可以在温控试验压力舱中直接进行下一工况的冻融循环、加载试验，而无须从温控试验压力舱中取出试件移至冻融循环箱中进行下一工况冻融循环，再将冻融循环后的试件从冻融循环箱中取出重新移至温控试验压力舱中进行下一工况加载试验，因此避免因这种试件取出与移至过程而造成的误差，包括试件结构变化误差、取出过程误差、移至过程误差、反复衡温误差、再衡压误差、释压冻融误差（在冻融试验箱中进行试件冻融不可能保持设计的试验围压）等。

7.2.2　粗粒填料配制

根据《铁路路基设计规范》（TB 10001—2016），我国铁路路基自上而下由基床表层、基床底层、路基本体三部分组成。基床表层由性能良好的级配碎石填筑而成。基床底层以下的路基本体受荷较小。轨道交通往复循环荷载作用下，基床表层、路基本体沉降相对较小。基床底层的填筑料一般为 A 组填料、B 组填料，二者合称为粗粒料，力学性能较级配碎石差；基床底层的填筑厚度占整个路基高度一半以上，属于基床结构中的薄弱部分，但是承受的往复循环荷载又较路基本体大。鉴于上述，采用基床底层的填筑材料作为往复循环荷载下冻结粗粒填料动力特性与主要影响因素的研究对象。

适用于填筑基床底层的 A 组填料与 B 填填料的粒径范围从大于 200mm 占主要成分的块石类土到粒径大于 0.075mm 占主要成分的细砂类土。但是，由于受限于 DYNTTS 型低温岩土三轴试验系统性能、试件尺寸（圆柱状试件，直径为 101mm，高度为 200mm）而无法直接采用实际粗粒填料进行试验（试验要求：试件直径不小于且尽可能明显大于填料中最大土颗粒直径的 4 倍，试件高度为试件直径 2 倍或接近于试件直径 2 倍）。因此，选配试验的粗粒填料，采用等量替换法剔除实际粗粒填料中粒径大于 20mm 的土颗粒，此外为了研究细颗粒土含量对粗粒填料动力性能的影响，向粗粒填料中掺入细颗粒土的掺入比分别为 0.0%、2.2%、4.4%、6.6%。据此，配制的粗粒填料的颗粒级配曲线见图 7-1（a）。除了 5～10mm 粒径范围的土颗粒为角砾之外，其他粒径下的土颗粒形状以圆棱状石子为主，见图 7-1（b）。不同细颗粒土含量的粗粒填料的基本土质学特征见表 7-1，表中一并给出了粗粒填料中细颗粒土的基本水理性指标值。由表 7-1 可以看出，向粗粒填料中掺入的细颗粒土的塑性指数为 11.6，属于强冻胀敏感性土。根据上述配制的粗粒填料的基本土质学特征与向粗粒填料中掺入的细颗粒土的基本水理性指标值，并且结合《铁路路基设计规范》（TB10001—2016），配制的粗粒填料属于级配不好的含细圆砾土，应划分为 B 组填料。

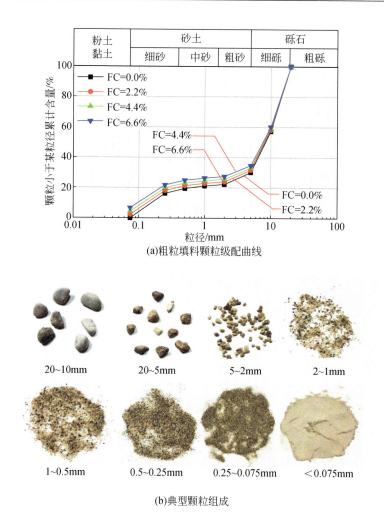

(a)粗粒填料颗粒级配曲线

20~10mm 　20~5mm 　5~2mm 　2~1mm

1~0.5mm 　0.5~0.25mm 　0.25~0.075mm 　<0.075mm

(b)典型颗粒组成

图7-1 粗粒填料颗粒级配曲线与典型颗粒组成之间的关系

表7-1 粗粒填料基本土质学指标

细粒含量 FC/%	最大粒径 /mm	平均粒径 /mm	均匀系数 C_u	曲率系数 C_c	最大干密度 $\rho_{dry,max}/(g/cm^3)$	最优含水率 $\omega_{opt}/\%$
0.0	20.0	8.7	58.4	12.9	2.15	5.8
2.2	20.0	8.5	65.0	11.5	2.18	5.9
4.4	20.0	8.2	74.3	10.1	2.20	5.8
6.6	20.0	8.0	88.4	8.4	2.25	6.2

注：粒径小于0.075mm细颗粒土；塑限$\omega_p = 18.8\%$，液限$\omega_L = 29.8\%$，塑性指数$I_p = 11.6$。

7.2.3 试件制备方法

针对高寒冻融区轨道交通对路基产生的往复循环荷载作用，采用低温动三轴试验系统，进行冻融循环-往复循环荷载耦合作用下粗粒填料动力性能与影响因素作用效果的试验测试，重点关注冻融循环、围压、动应力幅值、细颗粒土含量等主要因素对粗粒填料的累积轴向应变、动回弹模量、动剪切模量、阻尼比等变化与演变规律的影响。按照《铁路工程土工试验规程》（TB10102—2010）相关规定，采用如下试件制备方法。

采用分层击实法制备粗粒填料试件（重塑土试件），可以近似模拟实际路基工程中分层填筑与碾压施工过程。试件具体制备方法：①清洗、烘干填料，并且采用0.075~20mm网孔直径的标准筛进行筛分，收集粒径小于0.075mm的细颗粒土以备用；②准备圆筒状试件模具（内径为101mm，高度为200mm），采用标准锤击法分5层填筑、击实制备试件，每层填料的击实度控制为95%、击实后高度为40mm、击实后刮毛表面；③根据图7-1（a）颗粒级配曲线，计算每层填料各粒径土的掺入比；④具有同一颗粒级配的同一批试件的填料统一制备、存放，以确保同一批试件各层填料的颗粒分布一致；⑤根据实际路基填筑要求，按照最优含水率计算同一颗粒级配的同一批试件的填料中水的加入量（采用蒸馏水）；⑥将水喷洒加入填料中并拌和均匀，采用塑料薄膜袋封装加水后的填料，静置24h，以使水分在填料中扩散分布均匀；⑦由于同一颗粒级配同一批试件填料中含有不同粒径的土颗粒，并且粗粒土的黏聚力差，致使试件在移动与储存过程中土颗粒易发生碎落、剥离等，因此采用一定厚度的100mm直径的有机玻璃圆片置于试件两端且将试件套上橡皮膜套（橡皮膜套上端、下端采用橡胶带紧扣与有机玻璃圆片上）。这种试件制备方法，确保同一颗粒级配、同一含水率、同一击实度的同一批试件填料中不同粒径土颗粒分布均匀、水分布均匀、击实度均匀，进而保证试件为各向同性均质体。

7.2.4　冻融循环试验方法

1）高低温交变试验箱中冻融循环试验

在试件冻融过程中，为了确保试件水分不流失，将试件包裹于5层保鲜薄膜中。将包裹于5层保鲜薄膜中试件置入高低温交变试验箱进行冻融循环。设置冻结温度为−20℃、融冻温度为20℃[1,2]，冻结时间、融冻时间均为12h。在一个冻融循环周期，保证试件完全冻结、完全融冻。采用封闭系统，模拟地下水位距离振源较远或温度梯度较大。根据现场监测结果，采取自试件顶端单向降温冻结或单向升温融冻模式，更符合路基自然环境中温度变化的真实状态。但是，由于低温动三轴试验的试件较小，可以视为路基粗料层中一点单元，因此冻融循环过程中试件顶端与周围统一发生相同温度变化。研究表明，粗粒填料的动力性能在冻融循环6~10次之后便趋于稳定。因此，试验中，试件冻融循环6次，开始加载。基床底层填料埋深较大，一天的昼夜冻融循环不足以引起粗粒填料层温度场变化，试验冻融循环1次可以代表实际环境冻融循环1年。

2）DYNTTS型低温动三轴试验系统中冻融循环试验

在DYNTTS型低温动三轴试验系统的温控试验压力舱中进行试件冻融循环试验，因试件一直处于封闭状态冻融（保证试件冻融过程中不失水）而无须采用保鲜薄膜包裹试件，通过冷浴循环系统控制冻结温度为−20℃、融冻温度为20℃，冻结时间、融冻时间均为12h，在一个冻融循环周期保证试件完全冻结、完全融冻，试件冻融循环次数一般设置为6次（对于埋深较大的基床底层填料，以试件试验冻融循环1次模拟实际环境冻融循环1

年)[2-4]，自试件顶端单向降温冻结或单向升温融冻以模拟路基在自然环境中温度变化的真实状态[5]，根据粗粒填料实际埋深设置围压进行试件冻融循环（这一点不同于高低温交变试验箱中冻融循环试验。在高低温交变试验箱中进行试件冻融循环试验，无法据实际情况设置围压）。完成试验设计要求的冻融循环次数之后，启动加载系统，进行动力加载试验。

7.2.5　低温动三轴试验方法

在高低温交变试验箱中完成试件冻融循环之后，将试件及时移至 DYNTTS 型低温动三轴试验系统的温控试验压力舱中，按照试验设计温度进行衡温等向固结 2h（轴向施加的压力等同于围压）。试件完成衡温等向固结之后，启动轴向加载系统，首先施加 1kPa 轴向静载荷（加载速率为 0.1kPa/min）且稳定 10min[6]，以确保后续动力加载稳定。根据轨道交通对路基产生的往复循环荷载的现场监测结果，施加于试件轴向动力荷载可以选择正弦应力模式，见图 7-2，荷载幅值由试验设计确定。试件轴向动力加载的振动次数为 10000次，虽然相比于一些研究几十万次的轴向动力加载，10000 次的振动次数较少，但是在某种程度上，可以视振动 10000 次为长期往复循环荷载。根据哈尔滨—齐齐哈尔高铁列车速度（$v = 250$km/h）、车辆特征长度（$l = 25$m），由公式 $f = l/v$ 近似估算得到轴向加载的荷载振动频率为 3Hz。路基粗粒填料动力学参数试验工况见表 7-2。在 DYNTTS 型低温动三轴试验系统的温控试验压力舱中完成试件冻融循环之后，进行设计围压下轴向动力加载试验的衡温等向固结、动力加载模式、荷载频率、振动次数等与上述一致。

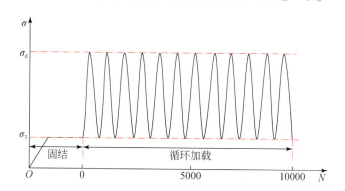

图 7-2　试件恒温等向固结与循环加载示意图

表 7-2　粗粒填料动力学参数试验工况

试件编号	冻融循环次数 N_{FT}	围压 σ_3/kPa	动应力幅值 $\bar{\sigma}_d$/kPa	细颗粒土含量 FC/%
DT-01~05	0，1，3，6，10	60	75	6.6
DT-06~08	6	30，45，75	75	6.6
DT-09~11	6	60	50，100，125	6.6
DT--12~14	6	60	75	0，2.2，4.4

注：试验动载频率为 3Hz，加载次数为 10000 次

在填料含水率与密实度一定的条件下（实际工程中，要求填料具有最优含水率、最大碾压密实度，因此粗粒填料动力性能试验中，可以不考虑含水率变化、密实度变化），土的类型（颗粒级配）、应力状态、物理状态是影响粗粒填料动力性能的三个重要因素，不仅影响粗粒填料塑性变形累积作用，而且随着荷载水平变化、冻融温度变化（即季节气温变化）、填筑层状态变化，粗粒填料不同动力特性也存在明显差异。因此，为了研究不同冻融循环下粗粒填料长期动力性能，将关注冻融循环次数、围压、动应力幅值、细颗粒土含量等重要影响因素，进行粗粒填料长期动力加载试验，具体试验工况见表 7-2。

§7.3　冻结粗粒填料动力特性指标试验确定方法

根据上述冻融循环下动力特性试验结果[7-14]，可以合理确定冻结粗粒填料动力性能指标。长期冻融循环与往复循环荷载耦合作用对冻结粗粒填料动力特性影响的科学表征需要可靠的性能指标，要求各个指标具有明确的物理意义。根据试件累积塑性轴向应变，可以评估路基粗粒填料层的沉降变形与演变特性。粗粒填料的回弹模量是基床结构设计、分析与路基应力状态确定的关键指标。粗粒填料的动剪切模量与阻尼比是评估粗粒填料（填筑层）抵抗变形能力与动力耗能的重要指标。

7.3.1　累积轴向应变与回弹模量

采用累积轴向应变，评估长期动力荷载作用下冻结粗粒填料的变形特性。试件轴向应变 ε 与荷载振动次数 N 之间关系示意图见图 7-3（a）。试件轴向应变分为回弹应变 ε_{cyc}、累积塑性应变 ε_{acc}，其中累积塑性应变是评估路基粗粒填料层长期性能的重要指标。基床层的回弹模量计算示意图见图 7-3（b），可以按照式（7-1）计算回弹模量。图 7-3 中，1^{st}cycle 为动载第一周循环，N^{th} cycle 为动载第 N 周循环，$\varepsilon_{\text{acc},1}$ 为动载第 1 周循环产生的累积塑性应变，$\varepsilon_{\text{acc},1}$ 为动载第 1 周循环的回弹应变，$\varepsilon_{\text{acc},N}$ 为动载第 N 周循环产生的累积塑性应变，$\varepsilon_{\text{acc},N}$ 为动载第 N 周循环的回弹应变，$M_{\text{r},1}$ 为动载第 1 周循环的回弹模量，$M_{\text{r},N}$ 为动载第 N 周循环的回弹模量。

$$M_{\text{ri}} = \frac{\bar{\sigma}_{\text{d}}}{\varepsilon_{\text{cyc},i}} \tag{7-1}$$

式中，M_{ri} 为动载第 i 周循环的回弹模量（kPa。i=1，2，…，N）；$\varepsilon_{\text{cyc},i}$ 为动载第 i 周循环的回弹应变（i=1，2，…，N）；$\bar{\sigma}_{\text{d}}$ 为动应力幅值（kPa）；$\varepsilon_{\text{cyc},i}$ 为回弹应变（%）。

7.3.2　动剪切模量与阻尼比

长期往复循环荷载作用下，动剪切模量 G_{d}、阻尼比 λ 是评估冻结粗粒填料抵抗变形能力与动力耗能的两个重要参数。动剪切模量 G_{d}、阻尼比 λ 的定义见图 7-4。现以第 1 个完整滞回圈为例说明：①$G_{\text{d},1}$ 为动载第 1 周循环的动剪切模量，表示为连接起始点（坐标原点 O）与滞回圈顶点直线的斜率；②动载第 1 周循环的滞回圈表示粗粒填料在第 1 周循环荷载作用下的耗能大小，据此可以计算动载第 1 周循环的阻尼比 λ_1；③同样道理，可以

计算动载第 N 周循环的动剪切模量 $G_{\mathrm{d,N}}$、阻尼比 λ_{N}。阻尼比 λ 的计算式为 $\lambda = A_2/4\pi A_1$，A_1 为三角形面积，A_2 为滞回圈面积，见图 7-4。

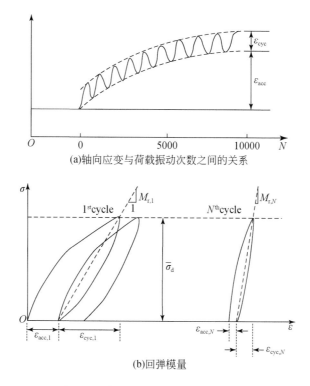

(a)轴向应变与荷载振动次数之间的关系

(b)回弹模量

图 7-3　轴向应变与回弹模量示意图

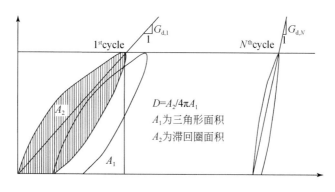

图 7-4　动剪切模量与阻尼比计算原理图

§7.4　冻结粗粒填料动力特性指标影响因素

影响冻结粗粒填料动力性能指标值的主要因素较多，如颗粒级配、围压、含水率、动应力幅值、细颗粒土含量、冻融循环次数等，但是根据实际路基填筑要求，填料必须选配为颗粒级配良好、控制为最优含水率、达到最大碾压密实度，也就是说，路基填筑设计与施工必须可靠把控这三个因素，因此以下基于低温动三轴试验结果，研究冻融循环次数、围压、动应力幅值、细颗粒土含量 4 个主要因素对冻结粗粒填料动力性能指标影响问题。

7.4.1　冻融循环影响

在围压 $\sigma_3 = 60\text{kPa}$、动应力幅值 $\bar{\sigma}_d = 75\text{kPa}$、细颗粒土含量 FC = 6.6% 试验条件下，针对不同冻融循环次数 N_{FT}（0 次，1 次，3 次，6 次，10 次）影响作用，通过低温动三轴试验获得的粗粒填料长期变形特性发展规律见图 7-5。由图 7-5 且结合相关计算分析可以获得：①累积轴向应变 ε_{acc} 因冻融循环次数 N_{FT} 增加、振动次数 N 增加而增加，见图 7-5（a），可以采用前 100 次振动产生的累积轴向应变 ε_{acc} 的平均值评估冻融循环次数 N_{FT} 对累积轴向应变 ε_{acc} 的影响，相比于未经历冻融作用，冻融循环 N_{FT} = 1 次、3 次、6 次、10 次的累积轴向应变 ε_{acc} 的平均值分别增加 50.3%、75.4%、92.9%、100.2%；②回弹模量 M_R 因冻融循环次数 N_{FT} 增加而降低、因振动次数 N 增加而略有上升，但是在这 4 种冻融循环次数 N_{FT} 下，当振动次数达到 $N = 100$ 次之后，每一种冻融循环次数 N_{FT} 下的回弹模量 M_R 均趋于稳定——即不再因振动次数 N 增加而明显增加，见图 7-5（b），因此可以采用前 100 次振动的回弹模量作为冻融循环次数 N_{FT} 对回弹模量 M_r 影响的评估标准，相比于未经历冻融作用，冻融循环 N_{FT} = 1 次、3 次、6 次、10 次的回弹模量之平均值分别减小 6.2%、11.6%、16.8%、18.9%；③动剪切模量 G_d 因冻融循环次数 N_{FT} 增加而降低、因振动次数 N 增加而略有上升，但是在这 4 种冻融循环次数 N_{FT} 下，当振动次数达到 $N = 100$ 次之后，每一种冻融循环次数 N_{FT} 下的动剪切模量 G_d 均趋于稳定——即不再因振动次数 N 增加而明显增加，见图 7-5（c），因此可以采用前 100 次振动的动剪切模量 G_d 作为冻融循环次数 N_{FT} 对动剪切模量 G_d 影响的评估标准，相比于未经历冻融作用，冻融循环 N_{FT} = 1 次、3 次、6 次、10 次的动剪切模量之平均值分别减小 7.9%、13.7%、19.3%、23.5%；④阻尼比 λ 因冻融循环次数 N_{FT} 增加而增大、因振动次数 N 增加而减小，但是在这 4 种冻融循环次数 N_{FT} 下，当振动次数达到 $N = 100$ 次之后，每一种冻融循环次数 N_{FT} 下的阻尼比 λ 均趋于稳定——即不再因振动次数 N 增加而明显减小，并且 4 种冻融循环次数 N_{FT} 下阻尼比 λ 与振动次数 N 之间关系的散点线趋于重合，见图 7-5（d），因此可以采用前 100 次振动的阻尼比 λ 作为冻融循环次数 N_{FT} 对阻尼比 λ 影响的评估标准，此外对应于冻融循环 N_{FT} = 1 次、3 次、6 次、10 次，阻尼比 λ 大致范围分别为 0.014 ~ 0.14、0.015 ~ 0.23、0.016 ~ 0.26、0.017 ~ 0.28，取其平均值作为参考进行冻融循环作用影响性分析，经历 1 次、3 次、6 次、10 次冻融之后的阻尼比 λ 较未经历冻融循环作用的阻尼比 λ 增加了 22.8%、32.6%、40.9%、49.6%；⑤冻融循环 1 次与未冻融相比累积轴向应变增加 33.5%，冻融循环 3 次与冻融循环 1 次相比累积轴向应变增加 14.3%，冻融循环 6 次与冻融循环 3 次相比累积轴向应变增加 9.1%，冻融循环 10 次与冻融循环 6 次相比累积轴向应变增加 3.6%，因此说明经历 6 次冻融循环之后，粗粒填料的累积轴向应变 ε_{acc} 变化已经比较小且趋于稳定，除了累积轴向应变 ε_{acc} 之外，回弹模量 M_R、动剪切模量 G_d、阻尼比 λ 受冻融循环次数 N_{FT} 影响也有这种变化趋势，这与粗粒填料静力性能指标随着冻融循环次数 N_{FT} 增加而表现出的演化规律一致。

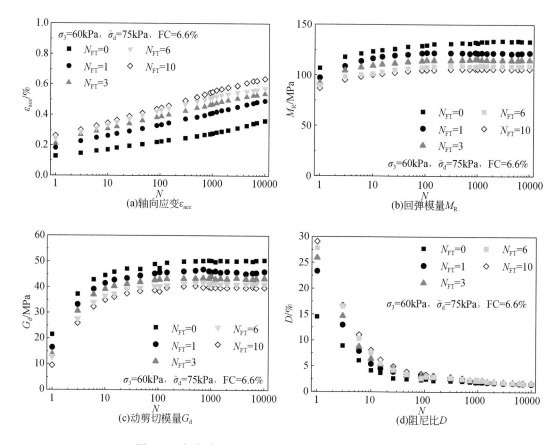

图 7-5   冻融循环次数对粗粒填料动力特性影响试验结果

7.4.2   围压影响

在动应力幅值 $\bar{\sigma}_d = 75\text{kPa}$、细颗粒土含量 FC = 6.6%、冻融循环次数 $N_{FT} = 6$ 试验条件下，针对不同围压 σ_3（30kPa，45kPa，60kPa，75kPa）影响作用，通过低温动三轴试验获得的粗粒填料长期变形特性发展规律见图 7-6。由图 7-6 可以看出：①累积轴向应变 ε_{acc} 因围压 σ_3 增加而显著减小、振动次数 N 增加而增加，见图 7-6（a），这是因为粗粒填料是一种摩擦性材料，颗粒之间摩擦作用因围压增加而明显增大，因此增加抵抗变形能力，此外振动次数 N 越多，填料越密实，致使检测到的观累积轴向应变 ε_{acc} 越大；②回弹模量 M_R 因围压 σ_3 增加而显著提高、受振动次数 N 增加影响较小（振动 100 次之前，回弹模量 M_R 因振次 N 增加而缓慢提高；振动 100 次之后，回弹模量 M_R 因振次 N 增加基本不发生明显变化——趋于稳定），见图 7-6（b），同样是因为粗粒填料是一种摩擦性材料，颗粒之间摩擦作用因围压增加而明显增大，因此增加抵抗塑性变形能力，相应增加回弹模量 M_R，此外振动次数 N 越多，填料越密实，回弹模量 M_R 便越大，但是在颗粒级配、含水率、动应力幅值、细颗粒土含量、冻融循环次数等一定条件下，填料振动密实度存在一个上限值，所以当振动 100 次之后，填料不再明显增加密实度，回弹模量 M_R 将趋于稳定；③动剪切模量 G_d 受围压 σ_3 增加影响、受振动次数 N 增加影响的变化规律基本等同于回弹模

M_R 受围压 σ_3 增加影响、受振动次数 N 增加影响的变化规律，见图 7-6（b）、（c），究其原因也如上述；④振动 100 次之前，在一定振动次数 N 下，阻尼比 λ 因围压 σ_3 上升而减小（振动次数越少，这一规律越明显），而振动 100 次之后，不同围压 σ_3 下阻尼比 λ 十分接近（试验数据点几乎重合），并且振动次数 N 增加对阻尼比 λ 影响极小（随着振动次数 N 增加，阻尼比 λ 几乎不变），见图 7-6（d），这是因为围压 σ_3 越大、振动次数 N 越多，填料强度越高、抵抗塑性变形性能越强、阻尼耗能越小（即塑性变形耗能越小），因此振动 100 次之前，阻尼比 λ 因围压 σ_3 上升而明显减小、因振动次数 N 增加而明显减小，但是在颗粒级配、含水率、动应力幅值、细颗粒土含量、冻融循环次数等一定的条件下，填料强度因围压 σ_3 上升、振动次数 N 增加而增大存在一个上限值，所以当振动 100 次之后，填料阻尼比 λ 基本不再因围压 σ_3 上升、振动次数 N 增加而明显减小（趋于稳定）。

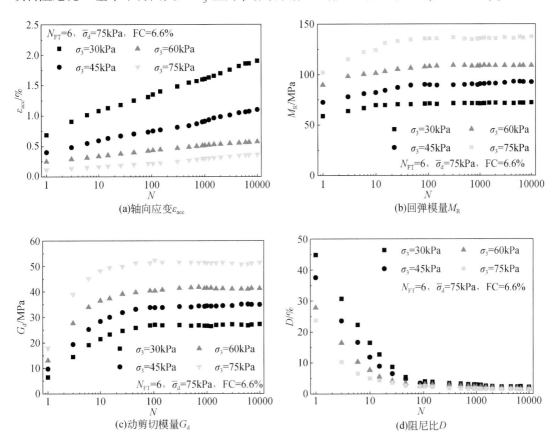

图 7-6　围压对冻结粗粒填料动力特性影响试验结果

7.4.3　动应力幅值影响

在动应力幅值 $\sigma_3 = 30$kPa、细颗粒土含量 FC $= 6.6\%$、冻融循环次数 $N_{FT} = 6$ 试验条件下，针对不同动应力幅值 $\bar{\sigma}_d$（50kPa，75kPa，100kPa，125kPa）影响作用，通过低温动三轴试验获得的粗粒填料长期变形特性发展规律见图 7-7。由图 7-7 可以看出：①累积轴

向应变 ε_{acc} 因动应力幅值 $\bar{\sigma}_d$ 增大而增加、因振动次数 N 增加而稍有增加，见图 7-7（a）；②回弹模量 M_R 因动应力幅值 $\bar{\sigma}_d$ 增大、振动次数 N 增加而稍有增加，见图 7-7（b），这是因为在应力幅值 $\bar{\sigma}_d$ 不超过某一上限值，动应力幅值 $\bar{\sigma}_d$ 越大、振动次数 N 越多，粗粒填料越密实、强度越高、抵抗变形能力越强，所以回弹模量 M_R 越大；③动剪切模量 G_d 也因动应力幅值 $\bar{\sigma}_d$ 增大、振动次数 N 增加而增加，特别是在振动次数 N 达到 10 次之前，随着振动次数 N 增加，动剪切模量 G_d 快速增大，而振动 100 次之后，动剪切模量 G_d 不再因振动次数增加而增大，见图 7-7（c），这是因为在应力幅值 $\bar{\sigma}_d$ 不超过某一上限值，动应力幅值 $\bar{\sigma}_d$ 越大、振动次数 N 越多，粗粒填料越密实、强度越高、抵抗变形能力越强，所以回弹模量 M_R 越大，但是振动 100 次之后，填料已经达到最大密实度，所以振动次数 N 增加不再影响回弹模量 M_R；④在一定振动次数 N 下，阻尼比 λ 因动应力幅值 $\bar{\sigma}_d$ 上升而稍有最大（这一规律在振动 100 次之前更明显），而振动 100 次之前阻尼比 λ 因振动次数 N 增加而快速减小、振动 100 次之后振动次数 N 增加基本不对阻尼比 λ 产生影响，见图 7-7（d），这是因为动应力幅值 $\bar{\sigma}_d$ 越大，填料塑性累积变形越大、阻尼耗能越大，而振动次数 N 越多，填料越密实、强度越高、抵抗塑性累积变形能力越强、阻尼耗能越小，但是在颗粒级配、含水率、动应力幅值、细颗粒土含量、冻融循环次数等一定条件下，填料强度因

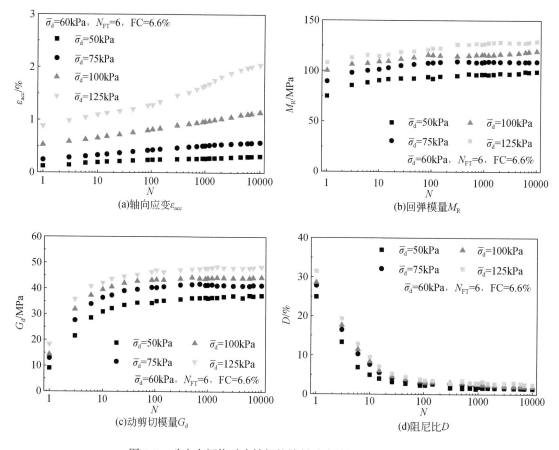

图 7-7　动应力幅值对冻结粗粒填料动力特性影响试验结果

振动次数 N 增加而增大存在一个上限值,所以当振动 100 次之后,填料阻尼比 λ 基本不再因振动次数 N 增加而明显减小(趋于稳定)。总的来看,阻尼比 λ 表现出与回弹模量 M_R、动剪切模量 G_d 相反的变化规律,累积轴向应变 ε_{acc} 在加载初始阶段快速增加、增长速率将在振动达到 100 次之后逐渐降低直至趋于平稳,原因如上述。粗粒填料在初始低幅振动荷载作用下被压缩越来越密实,这种压密效应随着振动次数 N 增加而到某一上限值之后便开始减弱,这一现象在图 7-5 ~ 图 7-8 中均可以观察到。

7.4.4　细颗粒土含量影响

在动应力幅值 $\sigma_3 = 75\text{kPa}$、围压 $\sigma_3 = 60\text{kPa}$、冻融循环次数 $N_{FT} = 6$ 试验条件下,针对不同细颗粒土含量 FC(0%,2.2%,4.4%,6.6%)影响作用,通过低温动三轴试验获得的粗粒填料长期变形特性发展规律见图 7-8。试验采用(配制)的粗粒填料为间断颗粒级配,其中较大粒径的粗颗粒形成骨架、骨架中的孔隙由细颗粒土填充,填料中的细颗粒土含量存在一个最优值,在细颗粒土的最优含量条件下,填料获得最大压实度。由图 7-8 可以看出:①在颗粒级配、含水率、围压、动应力幅值、冻融循环次数等一定条件下,累积轴向应变 ε_{acc} 因振动次数 N 增加而明显增加,但是细颗粒土含量 FC 对累积轴向应变 ε_{acc} 影响无规律可循,见图 7-8(a);②在颗粒级配、含水率、围压、动应力幅值、冻融循环次数等一定条件下,细颗粒土含量 FC 对回弹模量 M_R、动剪切模量 G_d、阻尼比 λ 三个指标值影响也无规律可循,见图 7-8(b)~(d);③在振动 10 次之前,回弹模量 M_R 因振动次数 N 增加而稍有增加,而在振动 10 次之后,随着振动次数 N 增加,回弹模量 M_R 不再发生明显变化而趋于稳定,见图 7-8(b);④在振动 10 次之前,动剪切模量 G_d 因振动次数 N 增加而较大幅度增加,而在振动 10 次之后,随着振动次数 N 增加,动剪切模量 G_d 不再发生明显变化而趋于稳定,见图 7-8(c);⑤在振动 10 次之前,阻尼比 λ 因振动次数 N 增加而较大幅度降低,而在振动 10 次之后,随着振动次数 N 增加,阻尼比 λ 不再发生明显变化而趋于稳定,见图 7-8(d)。细颗粒土含量 FC = 0%,粗粒填料中孔隙无细颗粒填充,致使试件稳定性较差;若含细颗粒土且含量越来越多,粗粒填料中孔隙被细颗粒填充且充填度越来越高,但是又因细颗粒土含量越来越多而使得试件受冻融作用的影响程度也越来越大,因此经历若干次冻融循环之后,试件力学性能劣化程度自然越来越大。值得指出的是,针对粗粒填料中细颗粒土之最优含量的研究还十分不充分,有待进一步工作。

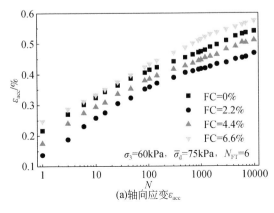

(a)轴向应变 ε_{acc}

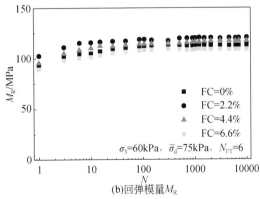

(b)回弹模量 M_R

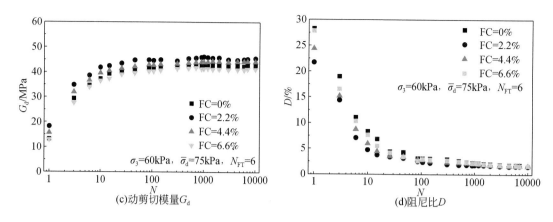

图 7-8　细颗粒土含量对冻结粗粒填料动力特性影响试验结果

§7.5　冻结粗粒填料动力特性指标演化经验模型

针对冻融循环次数、围压、动应力幅值、细颗粒土含量 4 个主要影响因素，基于上述低温动三轴试验结果，研究建立冻结粗粒填料动力性能指标演化经验模型，据此可以系统分析冻融循环、围压、动应力幅值、细颗粒土含量等因素对粗颗粒填料的累积轴向应变、回弹模量、动剪切模量、阻尼比的影响规律。

7.5.1　累积轴向应变演化经验模型

实际工程中，冻融循环次数、围压、动应力幅值、细颗粒土含量对冻结细粒填料累积轴向应变影响存在一定耦合作用与互馈效应，但是基于上述试验结果，建立填料累积轴向应变演化经验模型，考虑这 4 种影响因素之间耦合作用与互馈效应几乎做不到，或者说，即使能够做到，得到的模型式也很复杂而难以应用。鉴于此，建立粗粒填料累积轴向应变演化经验模型，将简化认为每一种影响因素均独立起作用。针对此类问题，也有学者不考虑各个影响因素之间耦合作用与互馈效应，建立了实用的经验模型。例如：Niemunis 和 Wichtmann 等针对砂土提出了一个高周循环累积经验模型，被证实可以用于预测冻结黏土、冻融饱和黏土、冻融粗粒土等累积轴向应变。基于此，提出了考虑冻融循环次数 N 的冻结粗粒填料累积轴向应变 $\varepsilon_{\mathrm{acc}}(N)$ 演化模型，见式（7-2）。

$$\varepsilon_{\mathrm{acc}}(N) = \eta_{\mathrm{FC}} \cdot f_{\mathrm{FT}} \cdot f_{\mathrm{ampl}} \cdot f_{\mathrm{CP}} \cdot f_N \tag{7-2}$$

式中，f_{FT} 为冻融循环次数 N_{FT} 的修正函数；f_{ampl} 为动应力幅值 $\bar{\sigma}_{\mathrm{d}}$ 的修正函数；f_{CP} 为围压 σ_3 的修正函数；f_N 为振动次数 N 的修正函数；η_{FC} 为细颗粒土含量 FC 的影响系数，修正函数也是用于描述不同因素对累积轴向应变的影响程度。

绘制归一化累积轴向应变与影响因素之间关系曲线，见图 7-9，拟合曲线可以分别得到 η_{FC}、f_{FT}、f_{ampl}、f_{CP}、f_N。归一化关系曲线可以采用迭代方法确定，具体迭代步骤如下。

（1）分别针对不同影响因素作用（考虑每一种影响因素作用，其他 3 种影响因素保持为某一常见的不变值），确定动载不同振动次数 N（46 次、106 次、506 次、1006 次、

1506 次、3006 次、6006 次、9999 次）下试件产生的累积轴向应变量，绘制不同影响因素（冻融循环次数，围压，应力幅值，细颗粒土含量）下的关系曲线，采用合适的函数 f_{FC}、f_{ampl}、f_{CP} 拟合该关系曲线，采用影响系数代替 η_{FC} 细颗粒土含量的修正函数 f_{FC} 以刻画细颗粒土含量的影响。

（2）选择不同振动次数 N（3 次、6 次、10 次、15 次、20 次、46 次、86 次…6006 次、7006 次、9999 次）下产生的累积轴向应变量，得到 $\varepsilon_{acc}(N)(\eta_{FC}\cdot f_{FC}\cdot f_{ampl}\cdot f_{CP})$ 与振动次数 N 之间的关系，采用合适的函数 f_N 拟合曲线，$\eta_{FC}\cdot f_{FC}\cdot f_{ampl}\cdot f_{CP}$ 值由步骤（1）确定。

（3）首次确定 f_{FC}、f_{ampl}、f_{CP}、f_N 之后，开始迭代。通过计算不同振动次数 N（46 次，106 次，506 次，1006 次，1506 次，3006 次，6006 次，9999 次）下产生的归一化累积轴向应变 $\varepsilon_{acc}(N)(\eta_{FC}\cdot f_N\cdot f_{ampl}\cdot f_{CP})$，重新定义冻融循环修正函数 f_{FT}。动应变幅值修正函数 f_{ampl} 也通过计算 $\varepsilon_{acc}(N)(\eta_{FC}\cdot f_{FC}\cdot f_{ampl}\cdot f_{CP})$ 重新定义。η_{FC}、f_N、f_{CP} 均采用同样方法重新计算。这一迭代过程将一直重复至拟合参数变化小于 1%。

根据上述迭代过程，确定 η_{FC}、f_{FC}、f_{ampl}、f_{CP}、f_N 的最终值、表达式，见表 7-3，可以据表 7-3 中表达式计算 f_{FC}、f_{ampl}、f_{CP}、f_N。在表 7-3 中，一并给出了 f_{FC}、f_{ampl}、f_{CP}、f_N、η_{FC} 的各个系数或拟合参数的合理取值。

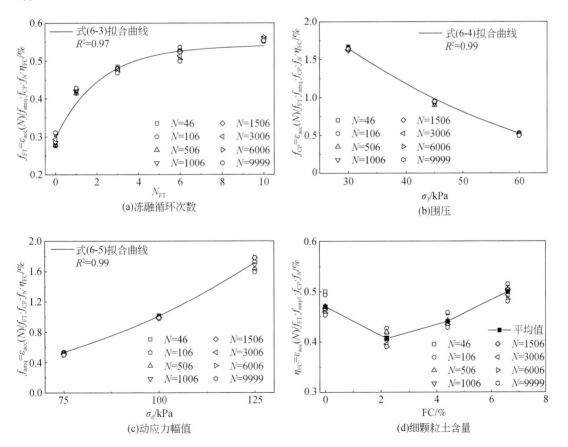

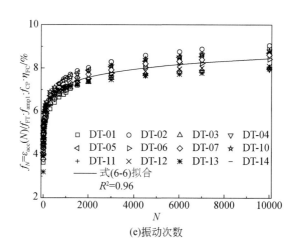

(e)振动次数

图 7-9　冻结粗粒填料累积轴向应变与影响因素之间的关系

表 7-3　累积轴向应变修正函数之拟合曲线

修正系数或函数		系数或拟合参数	取值
$f_{FT}=C_{FT1}\exp\ (C_{FT2}N_{FT})\ +C_{FT3}$	(7-3)	C_{FT1}	−0.24
		C_{FT2}	−0.56
		C_{FT3}	0.54
$f_{CP}=C_{CP1}\exp\ (C_{CP2}\sigma_3)$	(7-4)	C_{CP1}	5.14
		C_{CP2}	−0.038
$f_{ampl}=C_{ampl1}\exp\ (C_{ampl2}\sigma_d)$	(7-5)	C_{ampl1}	0.09
		C_{ampl2}	0.02
$f_N=\dfrac{C_{N1}N^{C_{N2}}}{1+C_{N3}N^{C_{N2}}}$	(7-6)	C_{N1}	4.77
		C_{N2}	0.17
		C_{N3}	0.36
η_{FC}		FC = 0.0%	0.54
		FC = 2.2%	0.41
		FC = 4.4%	0.44
		FC = 6.6%	0.50

　　由式（7-3）~式（7-6）与图 7-10 可以看出，冻融循环次数 N_{FT}、围压 σ_3、动应力幅值 $\bar{\sigma}_d$ 对累积轴向应变影响可以由指数函数拟合，振动次数 N 对累积轴向应变影响规律可以由双曲线函数拟合。每一影响因素对应式子的拟合相关系数 R^2 均高于 0.96，表明预测结果有较高置信度，进而说明式（7-2）能够准确描述所考虑的 4 种影响因素下的累积轴向应变演化规律。

　　为了验证式（7-2）的可靠性，将累积轴向应变的试验结果与预测结果进行对比，图 7-10（a）~（d）给出了典型结果。由图 7-10（a）~（d）可以看出，累积轴向应变的试验结果与据式（7-2）预测结果吻合度很高，即累积轴向应变计算得到的演化趋势与试验得到的演化趋势一致，并且同一振动次数 N 下累积轴向应变的计算值十分接近试验值。此外，将在累积轴向应变演化模型建立过程中未用到的试件（试件编号：DT–08，DT–09）测试结果验证式（7-2），见图 7-10（e）、（f）。由图 7-10（e）、（f）可以看出，累积轴向应变据式（7-2）预测结果与试验结果吻合度良好。因此，提出的累积轴向应变演化模型式（7-2）适用于描述冻结粗粒填料长期变形演化特性。

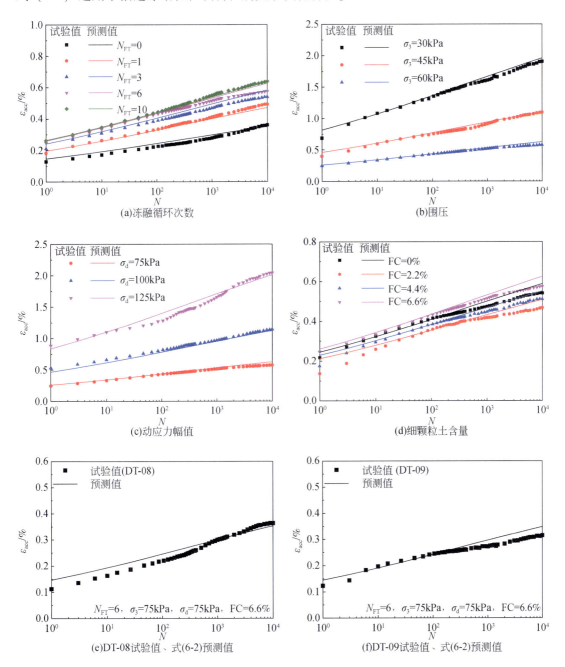

图 7-10　冻结粗粒填料累积轴向应变试验结果与预测结果比较

7.5.2　回弹模量演化经验模型

研究与实践表明，轨道交通振动作用下，粗粒填料的回弹模量与颗粒级配、粗颗粒类型、细颗粒土含量、密实度、含水率、围压（埋深）、固结时间、冻融循环次数、动应力幅值、应力历史等关系密切。在这些影响因素中，粗颗粒类型（砂粒、砾石）、颗粒级配、密实度（填筑碾压密实度）、含水率（最优含水率）等已控制于设计与施工中，固结时间（包括填筑结束至质检之间间隔时间、长期运行固结时间）、应力历史（即填筑层受力的应力路径或应力固结历史）已超出路基动力学研究范畴。因此，只关注冻融循环次数、围压、动应力幅值、细颗粒土含量，并且假设这 4 个影响因素对回弹模量影响相互独立起作用（忽略这 4 个因素对回弹模量影响实际存在的一定耦合作用与互馈效应），基于高周循环累积模型思路，研究冻结粗粒填料回弹模量演化经验模型。最终提出的冻结粗粒填料回弹模量 $M_R(N)$ 演化经验模型见式（7-7）。

$$M_R(N) = \zeta_{FC} \cdot g_{FT} \cdot g_{ampl} \cdot g_N \tag{7-7}$$

式中，g_{FT} 为冻融循环次数 N_{FT} 的修正函数；g_{ampl} 为动应力幅值 $\bar{\sigma}_d$ 的修正函数；g_{CP} 为围压 σ_3 的修正函数；g_N 为振动次数 N 的修正函数；ζ_{FC} 为细颗粒土含量 FC 的影响系数，修正函数也是用于描述不同因素对回弹模量的影响程度。

修正函数与影响系数 ζ_{FC}、g_{FC}、g_{ampl}、g_{CP}、g_N 确定方法仍然采用迭代方法，具体迭代过程与上述确定 η_{FC}、f_{FC}、f_{ampl}、f_{CP}、f_N 过程一致，在此不赘述。图 7-11 给出了归一化回弹模量受不同因素影响的变化规律，相应的拟合式子与拟合参数、参数合理取值见表 7-4。

表 7-4　回弹模量修正函数的拟合曲线

修正系数或函数		系数或拟合参数	取值
$g_{FT} = A_{FT1} + A_{FT2}\ln[A_{FT3}(N_{FT}+1)]$	(7-8)	A_{FT1}	180.70
		A_{FT2}	−10.96
		A_{FT3}	97.35
$g_{CP} = A_{CP1}\exp(A_{CP2}\sigma_3)$	(7-9)	A_{CP1}	48.50
		A_{CP2}	14.00
$g_{ampl} = A_{ampl1}\bar{\sigma}A_{ampl2\,d}$	(7-10)	A_{ampl1}	220.20
		A_{ampl2}	0.29
$g_N = A_{N1}NA_{N2} + A_{N3}$	(7-11)	A_{N1}	3.19×10^{-7}
		A_{N2}	0.02
		A_{N3}	4.11×10^{-7}
ζ_{FC}		FC = 0.0%	111.2
		FC = 2.2%	118.6
		FC = 4.4%	114.8
		FC = 6.6%	107.6

由图 7-11 可以看出，表 7-4 给出的式（7-8）~式（7-11）分别很好拟合了冻融循环次数 N_{FT}、围压 σ_3、动应力幅值 $\bar{\sigma}_d$、振动次数 N 对回弹模量影响效应或影响性，每一影响

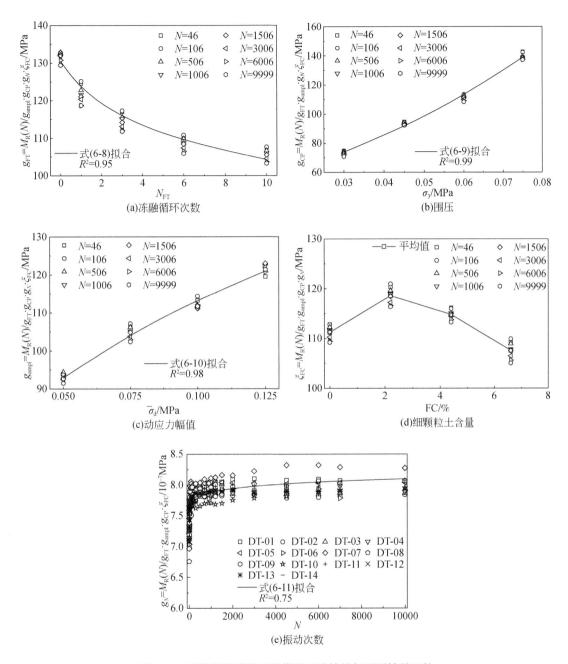

图 7-11　冻结粗粒填料回弹模量试验结果与预测结果比较

因素对应式子的拟合相关系数 $R^2 \geqslant 0.95$，表明预测结果有较高置信度，式 (7-7) 能够准确描述所考虑的 4 种影响因素下的回弹模量演化规律。

为了验证提出的回弹模量演化模型式 (7-7) 的适用性，将采用模型式 (7-7) 的预测结果与试验结果进行对比，见图 7-12。由图 7-12（a）可以看出，采用模型式 (7-7) 的预测值与试验值基本落于倾角 45°同一条直线上或位于该直线附近，表明预测得到的回弹模量值与试验值之间，虽然存在一定差异，但是模型式 (7-7) 总体上能够较好刻画不同影响因素作用下回弹模量随着振动次数变化而变化的演化趋势。由图7-12（a）可以看出，在动荷载振动10000次的作用范围，模型式（7-7）预测的回弹模量与试验检测的回弹模量之间的相对误差，绝大多数变化于−5%～+5%，满足工程需求。鉴于上述，提出的回弹模量演化模型式（7-7）适用于描述冻结粗粒填料长期变形演化特性。

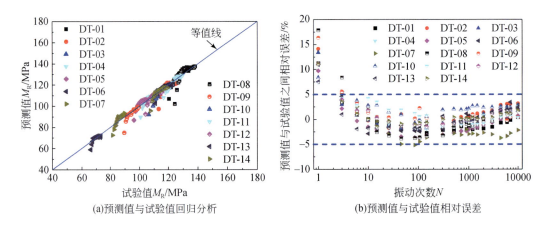

(a)预测值与试验值回归分析　　　　　　　　　　(b)预测值与试验值相对误差

图 7-12　冻结粗粒填料回弹模量试验结果与预测结果误差分析

应该说明，考虑上述 4 种影响因素的冻结粗粒填料回弹模量演化经验模型并非只有式（7-7）一种表达式，而存在多种形式的表达式，只是式（7-7）较简单，并且式（7-7）的冻融循环次数 N_{FT} 的修正函数 g_{FT}、动应力幅值 $\bar{\sigma}_d$ 的修正函数 g_{ampl}、围压 σ_3 的修正函数 g_{CP}、振动次数 N 的修正函数 g_N、细颗粒土含量 FC 的影响系数 ζ_{FC} 的表达式也相对较简单，与相应的系数或拟合参数易于获取。上述的累积轴向应变演化经验模型与下述的动剪切模量演化经验模型式（7-2）、阻尼比演化经验模型式（7-2）也如此。

7.5.3　动剪切模量与阻尼比演化经验模型

土动力学与冻土动力学试验研究表明，在动荷载作用下，土（冻土）的动剪切模量、阻尼比与土（冻土）的累积塑性应变之间存在密切关系，动剪切模量在变形硬化阶段因应变发展而趋于增大，而进入应变软化阶段动剪切模量因应变发展而减小、阻尼比则因应变发展而增大。因此，基于低温动三轴试验结果，可以立足于试件累积轴向应变，研究冻结粗粒填料动剪切模量与阻尼比演化经验模型。如上所述，冻融循环次数 N_{FT}、围压 σ_3、动应力幅值 $\bar{\sigma}_d$、振动次数 N 4 个因素对累积轴向应变的影响存在一定耦合作用与回馈效应，而这种耦合作用与回馈效应的微观机制复杂、时程演变复杂，简单的模型式（即使是解析推导的理论模型）无法精确刻画这种复杂的微观机制与时程演变，但是为了在提出的冻结粗粒填料动剪切模量与阻尼比演化经验模型中能够适当考虑这 4 个因素对累积轴向应变的影响，首先针对这 4 个因素进行累积轴向应变归一化处理。

7.5.3.1　累积轴向应变归一化

在 7.5.1 节中，给出了归一化的累积轴向应变随着振动次数 N 变化的经验模型式（7-2）。式（7-2）表示当 $N\rightarrow+\infty$ 时归一化的累积轴向应变趋于不变的某一常数，定义为冻结粗粒填料最终的累积轴向应变 $\varepsilon_{\mathrm{acc,ult}}$，可以由式（7-12）计算。

$$\varepsilon_{\mathrm{acc,ult}} = \lim_{N \to +\infty}\left(\eta_{\mathrm{FC}} \cdot f_{\mathrm{FT}} \cdot f_{\mathrm{ampl}} \cdot f_{\mathrm{CP}} \cdot \frac{C_{\mathrm{N1}} N^{C_{\mathrm{N2}}}}{1 + C_{\mathrm{N3}} N^{C_{\mathrm{N2}}}} \right) = \eta_{\mathrm{FC}} \cdot f_{\mathrm{FT}} \cdot f_{\mathrm{ampl}} \cdot f_{\mathrm{CP}} \cdot \frac{C_{\mathrm{N1}}}{C_{\mathrm{N3}}} \quad (7\text{-}12)$$

图 7-13 给出了冻结粗粒填料的最终累积轴向应变 $\varepsilon_{\mathrm{acc,ult}}$ 与冻融循环次数 N_{FT}、围压 σ_3、动应力幅值 $\bar{\sigma}_{\mathrm{d}}$、振动次数 N 4 个影响因素之间关系的试验结果。采用最小二乘法，处理试验数据，可以得到确定最终累积轴向应变 $\varepsilon_{\mathrm{acc,ult}}$ 与冻融循环次数 N_{FT}、围压 σ_3、动应力幅值 $\bar{\sigma}_{\mathrm{d}}$、振动次数 N 4 个影响因素之间关系的经验式，见式（7-13）~式（7-16）。

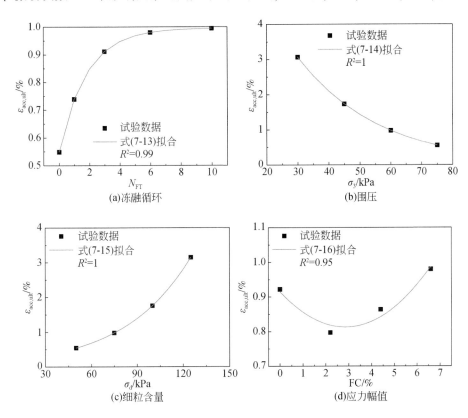

图 7-13　冻结粗粒填料最终累积轴向应变与主要影响因素之间的关系

$$\varepsilon_{\mathrm{acc,ult}}(N_{\mathrm{FT}}) = -0.45\exp(-0.56N_{\mathrm{FT}}) + 1 \quad (7\text{-}13)$$

$$\varepsilon_{\mathrm{acc,ult}}(\sigma_3) = 9.6\exp(-0.038\sigma_3) \quad (7\text{-}14)$$

$$\varepsilon_{\mathrm{acc,ult}}(\bar{\sigma}_{\mathrm{d}}) = 0.17\exp(0.02\bar{\sigma}_{\mathrm{d}}) \quad (7\text{-}15)$$

$$\varepsilon_{\mathrm{acc,ult}}(\mathrm{FC}) = 0.012\mathrm{FC}^2 - 0.07\mathrm{FC} + 0.91 \quad (7\text{-}16)$$

考虑冻结粗粒填料低温动三轴试验的测试结果显著受到冻融循环次数 N_{FT}、围压 σ_3、动应力幅值 $\bar{\sigma}_{\mathrm{d}}$、振动次数 N 4 个因素影响，因此提出了一个最终累积轴向应变 $\varepsilon_{\mathrm{acc,ult}}$ 随着 N_{FT}、σ_3、FC、$\bar{\sigma}_{\mathrm{d}}$ 变化而变化的相关性函数（称为功能函数或表观函数），见式（7-17）。

$$\varepsilon_{\mathrm{acc,ult}} = \varepsilon_0 h(N_{\mathrm{FT}}) h(\sigma_3) h(\bar{\sigma}_{\mathrm{d}}) h(\mathrm{FC}) \quad (7\text{-}17)$$

式中，ε_0 为模型参数（通过低温动三轴试验确定）；$h(N_{\mathrm{FT}})$ 取决于 N_{FT}；$h(\sigma_3)$ 取决于 σ_3；$h(\bar{\sigma}_{\mathrm{d}})$ 取决于 $\bar{\sigma}_{\mathrm{d}}$；$h(\mathrm{FC})$ 取决于 FC。

基于式 (7-5)、式 (7-6),对低温动三轴试验数据进行回归分析,可以得到式 (7-18)。

$$\varepsilon_{\mathrm{acc,ult}} = -9.3\times10^{-3}\left[\exp(-0.56N_{\mathrm{FT}})-2.2\right]\left(\mathrm{e}^{-0.038\sigma_3+0.02\bar{\sigma}_\mathrm{d}}\right)\left(FC^2-5.8FC+76\right) \quad (7\text{-}18)$$

引入累积轴向应变率(累积轴向应变比)$\delta_{\mathrm{acc},N}$ 概念,使累积轴向应变归一化。累积轴向应变率 $\delta_{\mathrm{acc},N}$ 定义为在一个给定周期下的累积轴向应变 $\varepsilon_{\mathrm{acc},N}$ 与最终累积轴向应变 $\varepsilon_{\mathrm{acc,ult}}$ 之比,由式 (7-19) 计算。

$$\delta_{\mathrm{acc},N} = \frac{\varepsilon_{\mathrm{acc},N}}{\varepsilon_{\mathrm{acc,ult}}} \quad (7\text{-}19)$$

据此,下面将分别介绍冻结粗粒填料的两个长期动力变形参数——动剪切模量 G_d、阻尼比 λ 与累积轴向应变率 $\delta_{\mathrm{acc},N}$ 之间的关系,即动剪切模量演化经验模型式、阻尼比演化经验模型式。

7.5.3.2 动剪切模量演化经验模型

对于长期运行中的轨道路基,在影响粗粒填料层动力性能的颗粒级配、粗颗粒粒度(砂粒、砾石)、细颗粒土含量、围压(埋深)、含水率(填筑控制的最优含水率,不考虑运行期地表水向粗粒填料层入渗、地下水向粗粒填料层渗流)、冻融循环次数等自身因素与外在因素一定的条件下,冻结粗粒填料动剪切模量则与轨道交通对路基产生的动应力特性及其作用持时关系密切,而动应力特性的两个重要指标是动应力幅值、动应力频率(频谱)且主要取决于列车的类型、编组、轴重、速度,余下需要考虑的因素是动应力作用持时,即振动次数。因此,首先针对往复循环荷载作用的振动次数 N,合理定义能够描述冻结粗粒填料动剪切模量随着振动次数 N 变化而演化的动剪切模量参数(动剪切模量演化参数)$\delta_{\mathrm{G},N}$,见式 (7-20)。目的在于采用动剪切模量参数 $\delta_{\mathrm{G},N}$ 对动剪切模量进行归一化处理。

$$\delta_{\mathrm{G},N} = \frac{G_{\mathrm{d},N}}{G_{\mathrm{d},1}} \quad (7\text{-}20)$$

式中,$G_{\mathrm{d},1}$ 为往复循环荷载的振动次数为 1(即动应力作用 1 个完整循环周期)对应的冻结粗粒填料的动剪切模量;$G_{\mathrm{d},N}$ 为往复循环荷载的振动次数为 N(即动应力作用 N 个完整循环周期)对应的冻结粗粒填料的动剪切模量。

在冻结粗粒填料动力变形的应变硬化阶段,$\delta_{\mathrm{G},N}$ 值大于 1,并且 $\delta_{\mathrm{G},N}$ 值较低表明动剪切模量增加幅度较小,反之,$\delta_{\mathrm{G},N}$ 值较高表明动剪切模量增加幅度较大;若冻结粗粒填料动力变形进入应变硬化阶段,则 $\delta_{\mathrm{G},N}$ 值越来越小,并且 $\delta_{\mathrm{G},N}$ 值由大于 1 转变为小于 1。根据上述方法,将表 7-2 中 14 个不同试验条件的低温动三轴试验测试结果归一化后,获得累积轴向应变率 $\delta_{\mathrm{acc},N}$ 与动剪切模量参数 $\delta_{\mathrm{G},N}$ 之间的关系见图 7-14(a)。轨道交通对路基工后竖向不均匀沉降控制要求较高,特别是高速轨道交通如高速铁路、速度不低于 220km/h 无砟轨道快速铁路或准高速铁路对路基工后竖向沉降控制要求极其严格,因此一般情况下路基工后变形基本处于应变硬化阶段,即 $\delta_{\mathrm{G},N}$ 随着 $\delta_{\mathrm{acc},N}$ 增加而增加,所以在 $\delta_{\mathrm{G},N}$-$\delta_{\mathrm{acc},N}$ 普通直角坐标系中,通过低温动三轴试验获得的 $\delta_{\mathrm{G},N}$、$\delta_{\mathrm{acc},N}$ 测试数据点均位于一个特定范围之内,见图 7-14(a)。$\delta_{\mathrm{G},N}$ 与 $\delta_{\mathrm{acc},N}$ 之间关系的最佳拟合曲线见式 (7-21)、最佳拟合上边界曲线见式 (7-22)、最佳拟合下边界曲线见式 (7-23),三者均为幂函数形式。

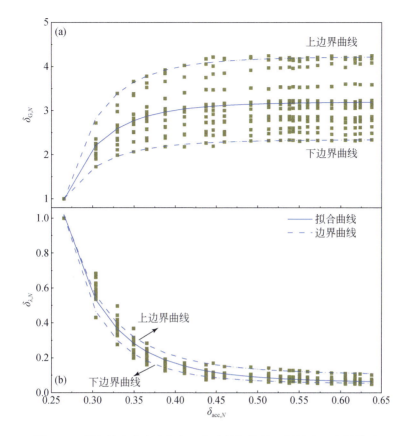

图 7-14　累积轴向应变比与归一化动剪切模量（阻尼比）之间关系
（a）动剪切模量参数$\delta_{G,N}$；（b）阻尼比参数$\delta_{\lambda,N}$

$$\delta_{G,N} = 8 \times 10^{-4} \delta_{\mathrm{acc},N}^{-5.98} + 3.2 \tag{7-21}$$

$$\delta_{G,N} = 8.3 \times 10^{-4} \delta_{\mathrm{acc},N}^{-6.24} + 4.23 \tag{7-22}$$

$$\delta_{G,N} = 6.2 \times 10^{-4} \delta_{\mathrm{acc},N}^{-5.79} + 2.35 \tag{7-23}$$

7.5.3.3　阻尼比演化经验模型

阻尼比是土或冻土的另一重要动力学参数。在颗粒级配、粗颗粒粒度、细颗粒土含量、围压、含水率、冻融循环次数、动应力特性等一定条件下，冻结粗粒填料阻尼比则与轨道路基所受的动应力持时即振动次数关系密切。因此，与动剪切模量一样，首先针对往复循环荷载作用的振动次数 N，合理定义能够描述冻结粗粒填料阻尼比随着振动次数 N 变化而演化的阻尼比参数（阻尼比演化参数）$\delta_{\lambda,N}$，见式（7-24），目的在于采用阻尼比参数$\delta_{\lambda,N}$对阻尼比进行归一化处理。

$$\delta_{\lambda,N} = \frac{\lambda_N}{\lambda_1} \tag{7-24}$$

式中，λ_1 为往复循环荷载的振动次数为 1（即动应力作用 1 个完整循环周期）对应的冻结粗粒填料的阻尼比；λ_N 为往复循环荷载的振动次数为 N（即动应力作用 N 个完整循环周期）对应的冻结粗粒填料的动剪切模量。

阻尼比参数$\delta_{\lambda,N}$值较低表示阻尼比λ随着振动次数N增加而上升幅度较小，反之，$\delta_{\lambda,N}$值较高则表示阻尼比λ随着振动次数N增加而上升幅度较大。根据上述同样方法，将表 7-2 中 14 个不同试验条件的低温动三轴试验测试结果归一化后，获得累积轴向应变率$\delta_{acc,N}$与阻尼比参数$\delta_{\lambda,N}$之间的关系见图 7-14（b）。在保证轨道交通路基稳定性与正常运行状态、长期服役性能而关注的填筑料变形硬化阶段，$\delta_{\lambda,N}$随着$\delta_{acc,N}$增加而减小，在$\delta_{\lambda,N}$-$\delta_{acc,N}$普通直角坐标系中，通过低温动三轴试验获得的$\delta_{\lambda,N}$、$\delta_{acc,N}$测试数据点均位于一个特定范围之内，见图 7-14（b）。$\delta_{\lambda,N}$与$\delta_{acc,N}$之间关系的最佳拟合曲线见式（7-25）、最佳拟合上边界曲线见式（7-26）、最佳拟合下边界曲线见式（7-27），三者均为幂函数形式。

$$\delta_{\lambda,N}=9.4\times10^{-4}\delta_{acc,N}^{-5.22}+0.99 \tag{7-25}$$

$$\delta_{\lambda,N}=9.4\times10^{-4}\delta_{acc,N}^{-5.19}+0.1 \tag{7-26}$$

$$\delta_{\lambda,N}=2.5\times10^{-4}\delta_{acc,N}^{-6.24}+0.05 \tag{7-27}$$

§7.6　结论与总结

寒区轨道交通路基在长期往复循环荷载作用下填筑层变形特征与抵抗变形能力倍受路基工程建设与运行维护关注。基于反复冻融循环与长期往复循环荷载耦合作用工程背景，针对冻融循环次数、围压、动应力幅值、细颗粒土含量 4 个重要因素耦合作用与互馈效应，立足于低温动三轴试验结果（检测数据），研究冻结粗粒填料动力性能演变与劣化特性，并且选取累积轴向应变（塑性应变）、回弹模量、动剪切模量、阻尼比作为考察指标，揭示冻融循环与往复循环荷载耦合作用下冻结粗粒填料动力性能演化规律。获得了如下主要结论。

（1）长期往复循环荷载耦合作用下，在细颗粒土含量、围压、动应力幅值、振动次数等一定条件下，随着冻融循环次数增多，冻结粗粒填料试件累积轴向应变增大，而回弹模量、动剪切模量减小，阻尼比增大；在冻融循环次数、围压、动应力幅值、细颗粒土含量等一定条件下，随着振动次数增多，回弹模量、动剪切模量增大，阻尼比减小，但是当振动次数达到一定值之后，回弹模量、动剪切模量、阻尼比均趋于稳定，表现出循环压密特性；在一般轨道交通振动荷载强度与频率（频谱）范围之内（关注路基填料层变形硬化阶段），模拟高寒区大地温度场季节变化的冻融循环 6 次之后，冻结粗粒填料动力变形特性趋于稳定；冻结粗粒填料动应变为 2.2% ~ 4.4%（2.2% ~ 4.4%应变也是一般轨道路基填筑层工后允许的变形范围），填料中细颗粒土含量存在一个最优值，使得填料动力性能与抵抗变形能力最优，这一点值得路基工工程设计注意。

（2）根据上述冻结粗粒填料动力特性研究结果，提出了相应的累积轴向应变演化经验模型、回弹模量演化经验模型，能够综合考虑冻融循环次数、围压、动应力幅值、细颗粒土含量、振动次数等因素影响，并且具有快速且可靠预测冻结粗粒填料层长期累积应变与演化规律、回弹模量变化与演化规律；此外，还获得了冻结粗粒填料动剪切模量与累积轴向应变之间的关系、阻尼比与累积轴向应变之间的关系，进而提出了动剪切模量因循环振动加载而变化的演化经验模型、阻尼比因循环振动加载而变化的演化经验模型。

参 考 文 献

[1] Kong Q, Wang R, Song G, et al. Monitoring the soil freeze-thaw process using piezoceramic-based smart

aggregate［J］. Journal of Cold Regions Engineering, 2014, 28（2）: 06014001.

［2］田爽. 高寒冻融区高铁路基粗粒填料力学性能与路基振动反应分析［D］. 哈尔滨: 哈尔滨工业大学, 2020.

［3］Ishikawa T, Zhang Y, Tokoro T, et al. Medium-size triaxial apparatus for unsaturated granular subbase course materials［J］. Soils and Foundations, 2014, 54（1）: 67-80.

［4］Ishikawa T, Tokoro T, Miura S. Influence of freeze-thaw action on hydraulic behavior of unsaturated volcanic coarse-grained soils［J］. Soils and Foundations, 2016, 56（5）: 790-804.

［5］Liu J, Zhang X, Li L, et al. Resilient behavior of unbound granular materials subjected to a closed-system freeze-thaw cycle［J］. Journal of Cold Regions Engineering, 2018, 32（1）: 04017015.

［6］Lin B, Zhang F, Feng D, et al. Accumulative plastic strain of saturated clay subjected to freeze-thaw cycles under long-term cyclic loading［J］. Engineering Geology, 2017, 231: 230-237.

［7］Ling X Z, Tian S, Tang L, et al. A damage-softening and dilatancy prediction model of coarse-grained materials considering freeze-thaw effects［J］. Transportation Geotechnics, 2019, 22: 100307.

［8］Tian S, Indraratna B, Tang L, et al. A semi-empirical elasto-plastic constitutive model for coarse-grained materials that incorporates the effects of freeze-thaw cycles［J］. Transportation Geotechnics, 2020, 24: 100373.

［9］Kong X X, Tian S, Tang L, et al. Dynamic behavior of coarse-grained materials with different fines contentsafter freeze-thaw cycles under multi-stage dynamic loading: experimental study and empirical model［J］. Cold Regions Science and Technology, 2020, 175: 103078.

［10］Tian S, Tang L, Ling X Z, et al. Experimental and analytical investigation of the dynamic behaviorof granular base course materials used for China's high-speed railways subjected to freeze-thaw cycles［J］. Cold Regions Science and Technology, 2019, 157: 139-148.

［11］Tian S, Tang L, Ling X Z, et al. Cyclic behaviour of coarse-grained materials exposed to freeze-thaw cycles: Experimental evidence and evolution model［J］. Cold Regions Science and Technology, 2019, 167: 102815.

［12］Tang L, Yan M H, Ling X Z, et al. Dynamic behaviors of railway's base course materials subjected to long-term low-level cyclic loading: experimental study and empirical model［J］. Geotechnique, 2017, 67: 1-9.

［13］Tang L, Tian S, Ling X Z, et al. Effect of freeze-thaw cycles on the strength of base course materials used under China's high-speed railway line［J］. Journal of Cold Regions Engineering, 2017, 31（4）: 6017003.

［14］Tang L, Tian S, Ling X Z, et al. Effect of freeze-thaw cycles on the strength of base course materials used under China's high-speed railway line［J］. Journal of Cold Regions Engineering, 2016, 30（2）: 52301007.

第8章 轨道路基冻融粗粒填料静动弹塑性本构模型

§8.1 引　言

寒区轨道路基中粗粒填料应用广泛，这是由于粗粒填料因冻胀不敏感而具有很好的抗冻性。往复循环荷载下冻融粗粒填料的本构模型是寒区轨道路基变形、稳定性与服役状态必要的基本理论。但是，长期以来因受限于相应的试验整备与试验条件，特别是缺乏满足冻融粗粒填料低温动三轴试验的特大直径试件试验的仪器装备，致使寒区轨道路基往复循环荷载下冻融粗粒填料本构理论与相关问题研究工作一直十分薄弱甚至处于停滞状态。鉴于此，以下将针对寒区轨道路基粗粒填料，考虑能量守恒定律，修正 Rowe 剪胀方程，首先构建荷载作用下冻融粗粒填料弹塑性本构模型，然后再利用轨道交通往复循环荷载作用下粗粒填料低温动三轴试验结果，结合弹塑性本构模型的基本框架，推导考虑循环往复荷载作用引起粗颗粒破碎的剪胀方程，进而建立考虑冻融循环与粗颗粒破碎联合作用的粗粒填料冻融统一循环压密弹塑性本构模型，并且利用往复循环荷载作用低温动三轴试验结果，校核模型参数的合理性。

§8.2 冻融粗粒填料静力弹塑性本构模型

研究与实践表明，轨道路基粗粒填料中占绝对优势比例的细砂、中砂、粗砂、砾石等粗颗粒土属于一类冻胀不敏感土，在地下水位以上且含水率不高的条件下，具有强抗冻性，但是因路基填筑碾压密实的需要而必须向粗颗粒土中掺入一定比例的细颗粒土，致使粗粒填料静动力性能实际难免受到冻融作用影响，特别是在高寒冻融环境更不可忽视这种影响作用。因此，适当考虑冻融循环作用影响，基于能量守恒定律，修正 Rowe 剪胀方程，构建可以考虑冻融循环效应的轨道路基（更关注高速铁路）粗粒填料静力弹塑性本构模型，为进一步研究冻融粗粒填料动力性能且建立往复循环荷载下压密弹塑性本构模型奠定必要的前期基础。

8.2.1 考虑冻融循环效应的剪胀方程

在三维应力空间，剪胀比 ζ_q 可以被定义为塑性体应变增量 $d\varepsilon_v^p = d\varepsilon_1^p + 2d\varepsilon_3^p$ 与塑性剪应变增量 $d\varepsilon_s^p = 2(d\varepsilon_1^p - d\varepsilon_3^p)/3$ 之比，即 $\zeta_q = d\varepsilon_v^p / d\varepsilon_s^p = [d\varepsilon_1^p + 2d\varepsilon_3^p]/[2(d\varepsilon_1^p - d\varepsilon_3^p)/3]$，$d\varepsilon_1^p$ 为最大主应变方向塑性应变增量，$d\varepsilon_3^p$ 最小主应变方向塑性应变增量［对于普通静（动）三轴试验或普通低温静（动）三轴试验，$d\varepsilon_3^p = d\varepsilon_2^p$］。Rowe 率先给出了应力比 σ_1/σ_3' 与剪胀比 ζ_q 之间的关系式[1]，见式（8-1）。

$$\frac{\sigma_1}{\sigma_3'} = \left(1 - \frac{d\varepsilon_v^p}{d\varepsilon_1^p}\right)\tan^2\left(\frac{\pi}{4} + \frac{\varphi_f}{2}\right) \tag{8-1}$$

式中，σ_1 为最大主应力；σ_3' 为有效围压；φ_f 为基本摩擦角，一般情况下，φ_f 在颗粒破碎摩擦角 φ_u 与临界状态摩擦角 φ_{cs} 之间取值。

为了方便，可以令基本摩擦角 φ_f 等于临界状态摩擦角[2]。但是，轨道路基在列车荷载下粗粒填料层一般远离临界状态，因此首先采用残余应力状态摩擦角 φ_r 代替基本摩擦角 φ_f，代入式（8-1），即 $\varphi_f = \varphi_r$。联立残余应力状态摩擦应力比 $M_R = 6\sin\varphi_r/(3-\sin\varphi_r)$ 与式（8-1），可以解得能量平衡方程，见式（8-2）。

$$p'\mathrm{d}\varepsilon_v^p + q\mathrm{d}\varepsilon_s^p = M_R\mathrm{d}\varepsilon_s^p + \frac{2q-3p'}{9}M_R\mathrm{d}\varepsilon_v^p \tag{8-2}$$

式中，p 为平均应力；p' 为有效平均应力；q 为剪应力。

式（8-2）左端项表示在单位体积变化下偏应力与平均应力做的塑性功之和 W_t、右端项表示在剪切过程中引起的能量耗散 W_c，包括 W_c 摩擦耗能 $M_R\mathrm{d}\varepsilon_s^p$、剪胀耗能 $M_R\mathrm{d}\varepsilon_v^p$ $[(2q-3p')/9]$。基于式（8-2）可以分别计算剪切过程中的塑性功、能量耗散，理论上，塑性功应等于能量耗散，即满足 $W_c/W_t = 1$。但是，由图 8-1（a）可知，在剪切初始阶段，能量耗散明显大于塑性功（表征为偏应变），说明计算结果不符合能量守恒定律，而事实并非如此，主要是因为剪切过程中粗粒填料的摩擦应力比不再为常数[3]，即粗粒填料的摩擦应力因剪切变形发展而发生变化（这一点显著不同于细颗粒土填料）。为了满足能量守恒定律，立足于相关研究基础[4-6]，提出了随着剪切作用发展而不断变化的摩擦应力比 M_f，由试验结果可知，可以采用双曲线函数表达摩擦应力比 M_f，见式（8-3）。

$$M_f = \frac{\varepsilon_s^p}{\alpha + \beta\varepsilon_s^p}M_R\exp(k_d\psi) \tag{8-3}$$

式中，$M_R\exp(k_d\psi)$ 为（试件）从剪缩向剪胀变化之转换点对应的应力比 M_d；k_d 为待定经验常数（刻画应变软化特性）；α、β 为模型经验参数。

联立式（8-2）与式（8-3）计算剪切过程中的塑性功、能量耗散，并且将计算结果绘制于图 8-1（b）中，可以看出，此时的计算结果较好满足能量守恒定律。

在轴对称应力空间中，式（8-1）中的主应力、主应变均可以表示为应力不变量、应变不变量，引入式（8-3）摩擦应力比，改进 Rowe 剪胀方程，见式（8-4）。

$$\frac{\mathrm{d}\varepsilon_v^p}{\mathrm{d}\varepsilon_s^p} = \frac{9(M_f - \eta)}{9 + 3M_f - 2M_f\eta} \tag{8-4}$$

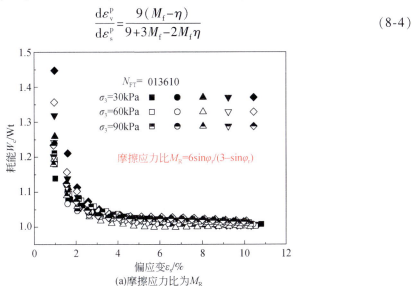

(a)摩擦应力比为 M_R

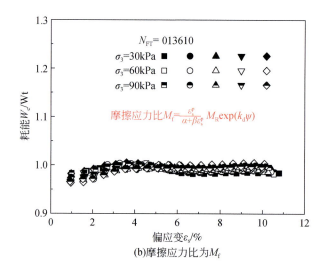

图 8-1　剪切过程中耗能与塑性功（表征为偏应变）之间关系

式中，η 为应力比，$\eta=q/p$。将式（8-3）代入式（8-4），解得式（8-5）。

$$\frac{d\varepsilon_v^p}{d\varepsilon_s^p}=\frac{9\left[\dfrac{\varepsilon_s^p}{\alpha+\beta\varepsilon_s^p}M_R\exp(k_d\psi)-\eta\right]}{9+3\dfrac{\varepsilon_s^p}{\alpha+\beta\varepsilon_s^p}M_R\exp(k_d\psi)-2\dfrac{\varepsilon_s^p}{\alpha+\beta\varepsilon_s^p}M_R\exp(k_d\psi)\eta}\tag{8-5}$$

式（8-5）为考虑冻融循环效应的粗粒填料塑性应变增量控制微分方程，图 8-2 对比了式（8-5）、Rowe 非线性剪胀方程（Rowe 剪胀方程）[1]、剑桥线性剪胀方程（剑桥剪胀方程）[7]中应力比–剪胀比预测结果（为了简洁，图中只对比了冻融循环 1 次且有效围压 $\sigma_3'=30\text{kPa}$ 条件下的计算结果）。由图 8-2 可以看出，由式（8-5）预测得到的应力比更接近于试验结果。

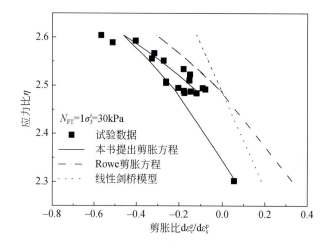

图 8-2　应力比与剪胀比之间的关系

基于式（8-5）可以得到塑性势函数 $g=g(p,q)$。为了清晰阐释这种塑性势函数的推导过程，首先引入一个由 Hill 提出的广义增量本构关系概念[8]，见式（8-6）。

$$\mathrm{d}\varepsilon_{ij}^{p} = h\frac{\partial g}{\partial \sigma_{ij}}\mathrm{d}f = 0 \tag{8-6}$$

式中，f 为屈服函数微分［式（8-12）］；h 为硬化函数［式（8-17）］。

由式（8-6）可以看出，塑性体应变增量、偏应变增量可以分别基于平均应力计算、偏应力计算。具体计算方法如下：

$$\frac{\mathrm{d}\varepsilon_{v}^{p}}{\mathrm{d}\varepsilon_{s}^{p}} = \frac{\partial g/\partial p}{\partial g/\partial q} \tag{8-7}$$

根据塑性势函数定义，塑性应变增量垂直于塑性势面，因此在 p-q 应力空间中任意点的塑性势函数 $g = g$（p, q）均满足式（8-8）。

$$\frac{\mathrm{d}\varepsilon_{v}^{p}}{\mathrm{d}\varepsilon_{s}^{p}} = -\frac{\mathrm{d}q}{\mathrm{d}p} \tag{8-8}$$

将式（8-8）代入式（8-5），解得式（8-9）。

$$\frac{\mathrm{d}q}{\mathrm{d}p} + \frac{9\left[\dfrac{\varepsilon_{s}^{p}}{\alpha+\beta\varepsilon_{s}^{p}}M_{R}\exp(k_{d}\psi)-\eta\right]}{9+3\dfrac{\varepsilon_{s}^{p}}{\alpha+\beta\varepsilon_{s}^{p}}M_{R}\exp(k_{d}\psi)-2\dfrac{\varepsilon_{s}^{p}}{\alpha+\beta\varepsilon_{s}^{p}}M_{R}\exp(k_{d}\psi)\eta} = 0 \tag{8-9}$$

式（8-9）为偏应力 q 的一阶线性微分方程。塑性势函数 $g = g$（p, q）即为式（8-9）的解。虽然塑性势函数是计算应力与应变之间关系的很重要部分，但是由研究可知[9]，事实上，并不需要得到塑性势函数的完整表达式，而仅需得到塑性势函数对偏应力 q、平均应力 p 的偏导数表达式即可。经过一定推导过程，可以得到塑性势函数对偏应力 q、平均应力 p 的偏导数表达式，见式（8-10）、式（8-11）。

$$\frac{\partial g}{\partial q} = 1 \tag{8-10}$$

$$\frac{\partial g}{\partial p} = \frac{9\left[\dfrac{\varepsilon_{s}^{p}}{\alpha+\beta\varepsilon_{s}^{p}}M_{R}\exp(k_{d}\psi)-\eta\right]}{9+3\dfrac{\varepsilon_{s}^{p}}{\alpha+\beta\varepsilon_{s}^{p}}M_{R}\exp(k_{d}\psi)-2\dfrac{\varepsilon_{s}^{p}}{\alpha+\beta\varepsilon_{s}^{p}}M_{R}\exp(k_{d}\psi)\eta} \tag{8-11}$$

式（8-10）、式（8-11）计算方法，详见 Salim 的相关研究[9]。为了验证式（8-10）、式（8-11）的正确性，可以将式（8-10）、式（8-11）代入式（8-7），推导结果满足控制微分方程式（8-5）。

8.2.2　屈服函数

由颗粒移动、翻转、磨损、破碎、挤压等过程而引起的颗粒重新排列、密实是导致粗粒填料发生塑性变形的主要原因。Salim 认为[9]，在等向应力条件下，即 $q = 0$、$\eta = 0$，尤其是在列车荷载下轨道路基应力范围（<1MPa），由颗粒变形引起的填料塑性变形并不显著。而偏应力 q 微小改变将使填料不断逼近临界状态，从而引发颗粒重新排列、密实而导致累积塑性变形。因此，可以仅考虑由偏应力 q 引起粗粒填料塑性应变，研究轨道路基粗粒填料层沉降问题、稳定性问题、服役状态问题。鉴于此，针对粗粒填料变形特征与状

态，可以对问题做两点合理假设：①当且仅当粗粒填料受到的应力比变化时，才发生塑性变形；②随着剪切变形增加，粗粒填料不断向临界状态（残余应力状态）逼近。在这两点假设条件下，屈服轨迹采用 p-q 应力空间中的常数应力比表示，见图 8-3。随着应力变化，屈服轨迹沿着当前应力比运动。采用式（8-12）表示针对应当前应力比 η_j 的屈服轨迹。

$$f = q - \eta_j p = 0 \tag{8-12}$$

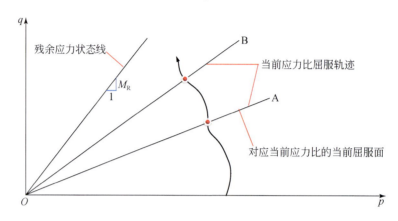

图 8-3　在 p-q 应力空间中当前应力比代表的屈服轨迹

8.2.3　硬化函数

Indraratna 等研究指出，在静力荷载作用下，粗粒填料变形的硬化函数可以通过下述方法获得。在 p-q 应力空间中，不排水应力路径可以近似表达为抛物线，见式（8-13）。

$$\left(\frac{\eta}{M_R}\right)^2 = \frac{p_r}{p}\left[\frac{1 - p_0/p}{1 - p_0/p_r}\right] \tag{8-13}$$

式中，p_r 为当前孔隙比对应的残余应力状态线上的平均正应力 p 值，见图 8-4 中点 a；p_0 为不排水应力路径与初始应力比之交点，见图 8-4 中点 b。

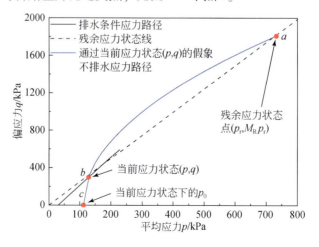

图 8-4　定义 p_0 示意图

以 $N_{FT} = 1$ 且 $\sigma_3' = 30$ kPa 数据为例

根据式 (8-13), 可以绘制出通过当前应力点 (p, q) 抛物线型不排水应力路径, 见图 8-4。由于在不排水应力路径条件下三轴试件的总体积变形为 0, 即有式 (8-14)。

$$d\varepsilon_v^p + d\varepsilon_v^e = d\varepsilon_v = 0 \qquad (8-14)$$

将弹性体应变增量 $d\varepsilon_v^e = [\kappa/(1+e_i)](dp/p)$、塑性体应变增量 $d\varepsilon_v^p$ [由式 (8-6) 计算] 代入式 (8-14), 解得式 (8-15)。

$$h\frac{\partial g}{\partial p}pd\eta + \frac{\kappa dp}{p(1+e_i)} = 0 \qquad (8-15)$$

式中, κ 为回弹系数 (源于剑桥模型); e_i 为初始孔隙比。对式 (8-15) 微分, 得到不排水应力路径的另一种微分形式, 见式 (8-16)。

$$\frac{2p}{M_R^2}\left(\frac{p_0}{p_r}-1\right)\eta d\eta + \left(\frac{p_0}{p}-1\right)p_r\frac{dp}{p} = 0 \qquad (8-16)$$

将式 (8-11)、式 (8-16) 代入式 (8-15), 可以解得硬化函数, 见式 (8-17)。

$$h = \frac{2\kappa(p_0/p_r-1)(9+3M_f-2M_f\eta)\eta}{9M_R^2(1+e_i)(2p_0/p-1)p_r(M_f-\eta)} \qquad (8-17)$$

8.2.4　应力应变关系

本构模型即为应力–应变关系方程。在合理确定硬化函数 h、塑性势函数对偏应力之偏导数 $\partial g/\partial q$、屈服函数微分形式 df 之后, 由式 (8-6) 计算得到塑性偏应变。其中, 硬化函数由式 (8-17) 计算, 硬化函数符号由 (p_0/p_r-1) 控制。据此, 若粗粒填料初始孔隙比 p_0 大于残余应力状态孔隙比 p_r, 即 $p_0 > p_r$, 则初始阶段处于松散状态, 此时式 (8-17) 为正值; 若粗粒填料初始孔隙比 p_0 小于残余应力状态孔隙比 p_r, 即 $p_0 < p_r$, 则初始阶段处于密实状态, 此时式 (8-17) 为负值。在轨道路基正常应力范围 (<1MPa), 粗粒填料一般处于较密实状态, 因此在硬化函数式 (8-17) 中添加一个负号, 以保证在探讨应力范围得到的结果均为正值。

对式 (8-12)、$q = p\eta_j$ 分别进行微分, 可以得到下式。

$$df = dq - \eta_j dp \qquad (8-18)$$

$$dq = \eta_j dp - pd\eta \qquad (8-19)$$

联立式 (8-18) 与式 (8-19) 可以解得 df, 见式 (8-20)。

$$df = dq - \eta_j dp = pd\eta \qquad (8-20)$$

进而, 将 df、$\partial g/\partial q$、h 表达式代入式 (8-6), 可以得到塑性偏应变增量表达式, 见式 (8-21)。

$$d\varepsilon_s^p = \frac{2\kappa(p/p_r)(1-p_0/p_r)(9+3M_f-2M_f\eta)\eta d\eta}{9M_R^2(1+e_i)(2p_0/p-1)(M_f-\eta)} \qquad (8-21)$$

在三轴不排水剪切过程中, p_0、p_r 保持不变, 也即 ($1-p_0/p_r$) 为定值, 这是因为此过程试件中孔隙不发生变化。但是, 在三轴排水剪切过程中, p_r 随着孔隙比变化而变化, 见图 8-5, p_r 具体表达式见式 (8-22)。

$$p_r = \exp\{[\Gamma(N_{FT})-v]/\lambda(N_{FT})\} \qquad (8-22)$$

图 8-5 中, 纵坐标为比体积 Ω_v, 定义为粗粒填料的总体积 Σ_v 与土颗粒体积 T_v 之比, 即 $\Omega_v = \Sigma_v/T_v = (T_v+K_v)/T_v = 1+K_v/T_v = 1+e$, 其中 $\Sigma_v = T_v+K_v$、K_v 为填料中孔隙体积、e

为填料孔隙比。相比于相对密度 D_r 或孔隙比 e 或孔隙率 n，采用比体积 Ω_v 描述粗粒填料（粗粒土或无黏性土）的密实度更具有优势，这是因为粗粒填料的总体积 Σ_v 易于准确检测、填料中的土颗粒体积 T_v 也易于准确检测，而粗粒土或无黏性土的相对密度 D_r 不可能准确检测、计算孔隙比 e 或孔隙率 n 所需的孔隙体积 K_v 也很难检测或不能准确检测。

图 8-5 中，横坐标为平均应力 $\ln p'$，定义为有效围压 p' 以 e 为底的自然对数。

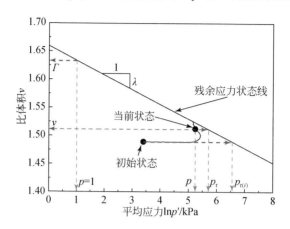

图 8-5　定义 p_r 示意图

以 $N_{FT}=1$ 且 $\sigma_3'=30$kPa 数据为例

通过当前应力点（图 8-4 中点 c）、残余应力状态点（图 8-4 中点 a），绘制不排水应力路径，则根据式（8-16）可以反算出当前 p_0 值，根据式（8-16）反算出当前孔隙比 p_0 值（作为下一步应力路径计算的初始孔隙比 p_0 值）。由于不排水应力路径是残余应力状态孔隙比 p_r 的函数，而 p_r 随着孔隙变化而变化，因此排水应力路径条件下 p_0 值随着应力变化而变化。据此，为了确保 $1-p_0/p_r$ 在数值上保持为不变的常数，采用 p_0 的初始值 $p_{0(i)}$、p_r 的初始值 $p_{r(i)}$ 进行三轴排水试验计算，此时可以将式（8-21）替换成式（8-23）。

$$d\varepsilon_s^p = \frac{2\theta\kappa(p/p_r)(1-p_{0(i)}/p_{r(i)})(9+3M_f-2M_f\eta)\eta d\eta}{9M_R^2(1+e_i)(2p_0/p-1)(M_f-\eta)} \tag{8-23}$$

式中，θ 为粗粒填料的物性常数（与粗粒填料的初始刚度有关）。

研究表明[9]，当 η 增加至逼近 M_f 时，应力控制条件下计算得到的塑性偏应变增量将特别大。因此，采用 $\eta^*=\eta$ (p/p_r) 替换 η，可以保证 $M_f-\eta^*$ 计算结果远大于 0，从而得到一个较合理的 $d\varepsilon_s^p$ 值。据此，最终可以得到塑性偏应变增量表达式，见式（8-24）。

$$d\varepsilon_s^p = \frac{2\theta\kappa(p/p_r)(1-p_{0(i)}/p_{r(i)})(9+3M_f-2M_f\eta^*)\eta d\eta}{9M_R^2(1+e_i)(2p_0/p-1)(M_f-\eta^*)} \tag{8-24}$$

若基于应变控制条件进行计算，则将式（8-24）写成如下形式。

$$d\eta = \frac{9\chi M_R^2(2p_0/p-1)(M_f-\eta^*)d\varepsilon_s^p}{2(p/p_r)(1-p_{0(i)}/p_{r(i)})(9+3M_f-2M_f\eta^*)\eta} \tag{8-25}$$

式中，$\chi=$ $(1+e_i)$ $/(\theta\kappa)$。

8.2.5　模型参数确定

构建的冻融粗粒填料静力弹塑性本构模型，共计 15 个模型参数。模型参数虽然过多，但是易于获取。此外，对于考虑冻融循环作用进行粗粒填料变形特性预测，这么多模型参数可以接受[10]。所有模型参数均可以通过低温三轴试验获得：①弹性剪切模量 G，由应力–应变关系曲线初始段计算得到；②残余应力状态参数（M_R，Γ，λ），根据三轴试验在残余应力状态下结果获得；③通过建立冻融循环次数与弹性剪切模量［式（3-2）］、残余应力状态参数［式（3-5），式（3-8），式（3-9）］之间经验关系式，将模型拓展到适用于冻融环境粗粒填料变形特性预测，需要的 11 个经验回归系数（A_1，A_2，A_3，B_1，B_2，B_3，B_4，Γ_1，Γ_1，λ_1，λ_2）见表 8-1。基于状态转换点处 $d\varepsilon_v^p/d\varepsilon_s^p=0$，可以确定参数 k_d，见式(8-26)。

$$k_d=\frac{1}{\varphi_d}\ln\frac{M_d}{M_R} \tag{8-26}$$

式中，φ_d 为状态转换点对应的 φ 值。

表 8-1　拟合方程经验回归系数

拟合方程	回归系数	取值	R^2
$G=A_1\exp\left(A_2N_{FT}\right)\times\left(\frac{\sigma_3'}{p_a}\right)^{A_3}$	A_1	27360	0.96
	A_2	−0.062	
	A_3	0.75	
$M_R=\left[B_1\exp\left(B2N_{FT}\right)+B_3\right]\times\left(\frac{\sigma_3'}{p_a}\right)^{B_4}$	B_1	0.27	0.98
	B_2	−0.27	
	B_3	2.06	
	B_4	−0.085	
$\Gamma\left(N_{FT}\right)=\Gamma_1 N_{FT}+\Gamma_2$	Γ_1	−0.077	0.99
	Γ_2	1.63	
$\lambda\left(N_{FT}\right)=\lambda_1 N_{FT}+\lambda_2$	λ_1	−0.0019	0.98
	λ_2	0.053	

值得说明的是，针对每一个试验结果均可以确定一个参数 k_d 值，但是针对同一种冻融粗粒填料，取 k_d 不同值的平均值作为参数 k_d 的最终值，对预测结果影响不大。

将应力不变量（q，p）、剪胀比 $d\varepsilon_v^p/d\varepsilon_s^p$ 代入式（8-4），得到不同应变水平下摩擦系数 M_f，据此绘制 M_f-ε_s 关系曲线，然后利用式（8-3）对曲线进行拟合，即可得到拟合参数 α、β。模型参数 χ 为校核模型初始刚度、初始孔隙比的参量，可以通过最小二乘法或试算法获得。

8.2.6　模型可靠性验证

根据不同冻融循环次数下冻融粗粒填料（颗粒级配不良的含土细圆砾，颗粒级配曲线见图 8-7）三轴试验结果，验证构建的冻融粗粒填料静力弹塑性本构模型的可靠性。模型参数按照表 8-2 取值，模型预测曲线与试验结果曲线一并绘制于图 8-6 中。由图 8-6 可以看出，针对 3 个不同有效围压 σ_3'、4 个不同冻融循环次数 N_{FT}、1 个未冻融作用等条件，偏应力 q 与偏应变 ε_s 之间的关系、体应变 ε_v 与偏应变 ε_s 之间的关系、体积剪胀作用（体积剪缩作用）

与偏应变ε_s之间的关系，模型预测结果与试验结果之间具有良好的吻合度，模型预测结果较准确描述了冻融循环作用影响、围压影响，以及二者联合作用下粗粒填料应力–应变关系曲线的应变软化特性、剪胀特性，并且模型也可以用于非冻融粗粒填料同类问题的研究。

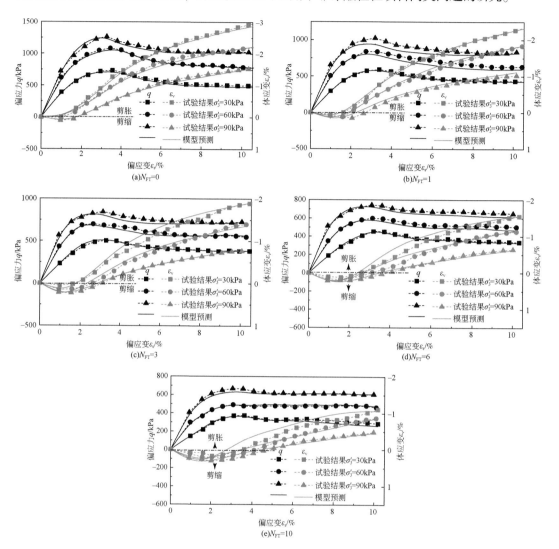

图8-6 冻融粗粒填料应力–应变关系模型预测结果与试验结果比较

在表8-2中，除了颗粒级配不良的含土细圆砾静三轴试验结果[6]之外，还选取了四种不同粗粒土静三轴试验结果验证模型的可靠性，即日本北海道火山粗粒土[11]、中国尾矿渣[12]、澳大利亚铁路道砟[13]、美国铁路底砟[14]，颗粒级配见图8-7。针对日本火山粗粒土、中国尾矿渣，经历一次冻融循环之后三轴试验，比较模型预测结果与试验结果。结果表明：①模型预测结果与试验结果吻合较好，见图8-8（a）、（b）；②在剪切全过程中，这两种粗粒土均表现出应变硬化特性、剪缩特性，因此导致模型中残余状态应力比M_R=剪胀应力比M_d=峰值应力比M_p，这种情况模型参数$k_d=0$，即可忽略模型中刻画应变软化特性的参数k_d。由于目前对冻融条件下粗粒填料变形特性研究较少，因此还选取了两种未经历冻融循环的试验结果验证模型。图8-8（c）为澳大利亚铁路道砟的模型预测结果与三轴试验结果的比较，图 8-8（d）为美国铁路底砟的模型预测结果与三轴试验结果的比较，可见不同围压下应力-应变关系特性的模型预测结果与试验结果之间吻合度高，说明构建的本构模型能够很好刻画未经冻融循环作用的粗粒土应力-应变之间的关系。

表 8-2　模型参数取值

数据来源	试验材料	N_{FT}	σ_3' /kPa	e_i	G /MPa	M_R	α	β	χ	Γ	λ	k_d
文献[6]	颗粒级配不良的含土细圆砾	0	30	0.30	13	2.54	-3.0×10^{-4}	1.025	0.018	1.625	0.054	1.033
			60	0.28	20.9	2.44	-4.6×10^{-5}	1.017	0.020			
			90	0.27	25.0	2.38	-1.2×10^{-4}	1.024	0.013			
		1	30	0.33	10.0	2.48	-2.8×10^{-4}	1.025	0.027	1.623	0.050	
			60	0.32	17.4	2.34	-5.7×10^{-4}	1.027	0.021			
			90	0.31	22.5	2.27	-4.6×10^{-4}	1.026	0.020			
		3	30	0.35	7.9	2.43	1.6×10^{-5}	1.019	0.018	1.609	0.046	
			60	0.33	15.2	2.26	-7.5×10^{-4}	1.027	0.011			
			90	0.33	20.3	2.19	-6.1×10^{-4}	1.032	0.009			
		6	30	0.36	6.4	2.37	1.5×10^{-4}	1.012	0.027	1.584	0.041	
			60	0.35	12.3	2.21	-4.4×10^{-4}	1.035	0.014			
			90	0.34	18.5	2.12	-6.2×10^{-4}	1.027	0.011			
		10	30	0.37	5.0	2.28	6.8×10^{-4}	0.991	0.025	1.551	0.035	
			60	0.36	10.4	2.17	-3.1×10^{-5}	1.033	0.031			
			90	0.35	14.7	2.08	-4.7×10^{-4}	1.029	0.024			
文献[11]	火山粗粒土	1	49	0.8	0.7	1.52	-3.5×10^{-4}	0.852	0.203	2.39	0.19	0
文献[12]	尾矿渣	1	200	1.01	12.2	1.75	0.0509	0.860	15.423	2.43	0.087	0
文献[13]	道砟材料	0	60	0.732	14.8	2.18	6.25×10^{-4}	1.15	1.979	2.41	0.105	0.8
文献[14]	底砟材料	0	41.3	0.70	7.6	1.69	-0.011	2.679	0.812	1.86	0.054	0.005

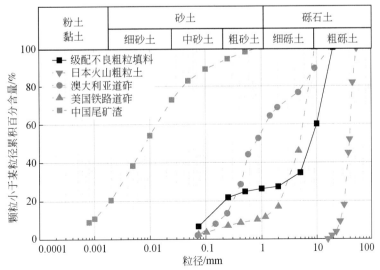

图 8-7　粗粒填料（粗粒土）颗粒级配曲线

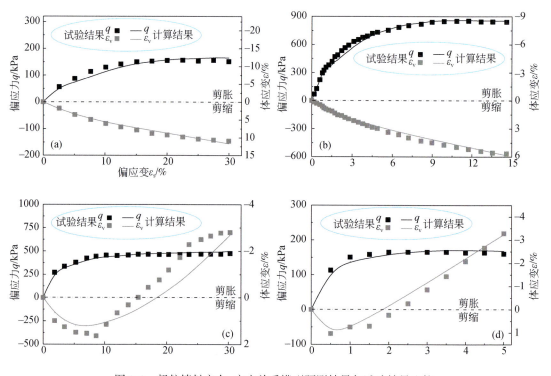

图 8-8　粗粒填料应力–应变关系模型预测结果与试验结果比较
（a）见文献 [11]；（b）见文献 [12]；（c）见文献 [13]；（d）见文献 [14]

通过上述验证，表明构建的冻融粗粒填料静力弹塑性本构模型能够可靠刻画经历冻融循环作用的粗粒填料（粗粒土）变形应力–应变关系、剪胀特性、剪缩特性，不仅如此，这种模型还可以用于描述未经历冻融循环作用的粗粒土变形应力–应变关系、剪胀特性、剪缩特性。

§8.3　冻融粗粒填料动力弹塑性本构模型

在轨道交通往复循环荷载作用下，影响路基粗粒填料变形特性的关键指标为摩擦系数，而影响粗粒填料摩擦系数的因素主要有粗颗粒（砂粒与砾石）滑移、转动、挤密、碰撞、磨损、破碎等，其中以颗粒破碎效应更突出；此外，由于路基填筑碾压密实的工程需求，在粗粒填料配比中，除了砂粒与砾石这类粗颗粒成分占绝对优势比例之外，还必须掺入一定比例的细颗粒土，如黏土、粉质黏土、砂质黏土、红黏土、黄土等，而这些细颗粒土属于冻胀敏感性土，加之长期运行中的路基粗粒填料可能含水率较高，所以在高寒冻融区需要考虑粗粒填料冻融性能演变劣化问题。鉴于上述，下面将充分考虑冻融循环次数、围压、动应力幅值等因素综合影响，基于以上构建的冻融粗粒填料静力弹塑性本构模型，进一步建立以考虑冻融循环作用与颗粒破碎效应为主的冻融粗粒填料循环压密弹塑性本构模型，称为循环压密型本构模型，用于描述高寒冻融环境轨道路基粗粒填料动力特性与长期变形演变规律。

8.3.1　循环压密型本构模型基本假设

8.3.1.1　粗粒填料变形基本特征与颗粒破碎指标

在轨道交通往复循环荷载作用下，路基粗粒填料变形具有两点基本特征，即压密性、破碎性。压密性：在长期往复低幅振动荷载作用下，粗粒填料变形，在加载初期，轴向应变较大，但是随着振动次数增加，轴向应变增量逐渐降低，表现出压密特性。破碎性：在静力荷载与振动荷载耦合作用下，粗粒填料中粒度较大的粗颗粒发生不同程度磨圆与破碎。Hardin 提出[15]，采用相对颗粒破碎指标 B_r 描述长期循环荷载作用下粗粒填料这种破碎性，图 8-9 给出了指标 B_r 的具体定义方法，即 $B_r = B_t / B_p$，其中 B_p 为潜在颗粒破碎、B_t 为总颗粒破碎量。

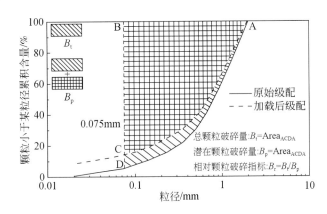

图 8-9　粗粒填料相对颗粒破碎指标 B_r 定义示意图

8.3.1.2　循环压密型本构模型基本假设

立足于应力控制式动三轴试验结果，通过解析分析，构建往复循环荷载下冻融粗粒填料压密弹塑性本构模型。动三轴应力状态下粗粒填料理想化应力路径见图 8-10：首先在围压作用下，试件等向固结至平均应力 p_0 且等待稳定之后，开始施加轴向长期动力荷载，初次加载至最大平均应力 p_{max}（点 a），然后卸载至最小平均应力 p_{min}（点 a），后继循环加载与卸载事件在点 a 与点 b 之间且沿着应力路径 a–b 反复往返进行。实际路基填筑要求粗粒填料含水率为最优含水率，即含水率较低，因此在动三轴试验中（相比于实际工程填筑施工的粗放式作业，试验试件制备为精细化操作过程，可以将试件土料的含水率精准控制为最优含水率），可以将等向固结平均应力 p_0 近似视为平均有效应力 p_0'，见图 8-10。

由于轨道交通长期往复循环动力荷载引起路基粗粒填料层动力响应十分复杂，构建往复循环荷载下冻融粗粒填料压密弹塑性本构模型，为了描述与推导方便，特对问题做以下两点合理简化假设。据此两点假设，可以简化而又准确描述长期动力加载过程。

第一点假设：将初次加载条件下达到的最大应力状态定义为最大加载面，不同应力状态条件下的最大加载面不同，需要特别考虑。由于初次加载引起试件内部结构损伤很小、强度较高，试件可以承受较大荷载振动作用，因此这一假设基本合理。

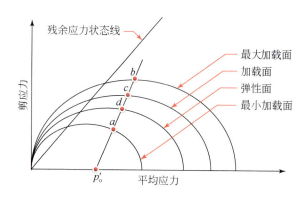

图 8-10　动三轴应力状态下粗粒填料理想化应力路径示意图

第二点假设：在加载过程中，存在弹性面，当加载的动应力幅值超过弹性面时，试件便产生弹塑性变形，并且弹性面随着振动次数增加而不断硬化。对于粗粒填料试件，由于粗颗粒在试件中含量占绝对优势，在模拟轨道交通振动荷载进行动三轴试验的动应力幅值范围（动应力幅值最大不超过 1MPa），只有很有限数量的粗颗粒被破碎，并且这些粗颗粒被完全压密的可能性也不存在，因此即使试件发生较大塑性变形，也仍然存在来自粗颗粒的弹性变形，弹性面显然随着粗颗粒被连续压密而不断硬化，所以这一假设具有很大的合理性。

8.3.2　考虑粗颗粒破碎效应的剪胀方程

在三轴应力条件下，基于能量守恒思想，引用翁作新提出的 Rowe 剪胀方程修正式[16]，式（8-2）可以改写成如下形式。

$$p' \mathrm{d}\varepsilon_{\mathrm{v}}^{\mathrm{p}} + q \mathrm{d}\varepsilon_{\mathrm{s}}^{\mathrm{p}} = M_R \mathrm{d}\varepsilon_{\mathrm{s}}^{\mathrm{p}} + \frac{2q - 3p'}{9} M_R \mathrm{d}\varepsilon_{\mathrm{v}}^{\mathrm{p}} + \frac{(3 - M_{\mathrm{cr}})(6 + 4M_{\mathrm{cr}})}{3(6 + M_{\mathrm{cr}})} \mathrm{d}E_{\mathrm{B}} \tag{8-27}$$

式中，$\dfrac{(3 - M_{\mathrm{cr}})(6 + 4M_{\mathrm{cr}})}{3(6 + M_{\mathrm{cr}})} \mathrm{d}E_{\mathrm{B}}$ 为粗颗粒破碎耗能。

整理式（8-27），可以得到采用应力不变量、应变不变量表示的考虑粗颗粒破碎效应的粗粒填料剪胀方程[17]，即应力、应变与粗颗粒破碎之间的关系方程，见式（8-28）。

$$\frac{q}{p} = \frac{(1 - \mathrm{d}\varepsilon_{\mathrm{v}}/\mathrm{d}\varepsilon_1) \tan^2(45 + \varphi_{\mathrm{f}}/2) - 1}{[2/3 + 1/3(1 - \mathrm{d}\varepsilon_{\mathrm{v}}/\mathrm{d}\varepsilon_1) \tan^2(45 + \varphi_{\mathrm{f}}/2)]} + \frac{\mathrm{d}E_{\mathrm{B}}(1 + \sin\varphi_{\mathrm{f}})}{[2/3 + 1/3(1 - \mathrm{d}\varepsilon_{\mathrm{v}}/\mathrm{d}\varepsilon_1) \tan^2(45 + \varphi_{\mathrm{f}}/2)] p \mathrm{d}\varepsilon_1}$$

$$\tag{8-28}$$

式中，q 为偏应力；p 为平均应力；$\mathrm{d}\varepsilon_1$ 为轴向应变增量；$\mathrm{d}\varepsilon_{\mathrm{v}}$ 为体应变增量；φ_{f} 为基本摩擦角；$\mathrm{d}E_{\mathrm{B}}$ 为单位体积粗颗粒破碎耗能。

为了求解式（8-28），需要确定粗颗粒破碎与塑性耗能之间的关系，即求得 E_{B}。可以采用试件在振动压实试验中受到的塑性功 W_{p} 近似代替 E_{B}。具体试验方法：利用表面振动压实仪，进行粗粒填料中粗颗粒破碎的振动压实试验，据振动压实结果，计算表面振动压实仪钢制夯对粗粒填料做功能量 W_{p}，并且对压实之前、之后的粗颗粒填料进行筛分以精准确定粗颗粒被振动压实破碎量。根据黄强提出的方法[18]，建立 W_{p} 与粗颗粒破碎率 B_{r} 之间的关系，绘制 B_{r} 与 W_{p} 之间的关系曲线于图 8-11 中，由此可知，试验结果满足双曲线关系[19]，见式（8-29）。

$$B_r = \frac{W_p}{a+bW_p}$$ (8-29)

式中，经验参数（拟合系数）$a = 1855$、$b = 0.083$。

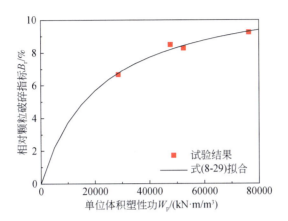

图 8-11　相对颗粒破碎率与单位体积塑性功之间的关系

根据循环荷载三轴试验结果，W_p 可以由应力-应变关系曲线滞回圈面积求得，见图 8-12，进而由式（8-29）求得 B_r，再与得到的累积应变一一对应，最终分别得到 $\mathrm{d}W_p/\mathrm{d}\varepsilon_1$（单位体积耗能率）、$\mathrm{d}B_r/\mathrm{d}\varepsilon_1$（相对颗粒破碎率），二者关系见图 8-13。结合应力不变量、应变不变量表达形式，式（8-28）可以改写成式（8-30）。

$$\frac{\mathrm{d}\varepsilon_v^p}{\mathrm{d}\varepsilon_s^p} = \frac{9(M_R-\eta)}{9+3M_R-2\eta M_R} + \frac{\beta \mathrm{d}B_r}{p\mathrm{d}\varepsilon_s^p}\left(\frac{9-3M_R}{9+3M_R-2\eta M_R}\right)\left(\frac{6+4M_R}{6+M_R}\right)$$ (8-30)

式中，$\mathrm{d}\varepsilon_v^p$ 为塑性体应变；$\mathrm{d}\varepsilon_s^p$ 为剪应变增量；η 为当前应力比。

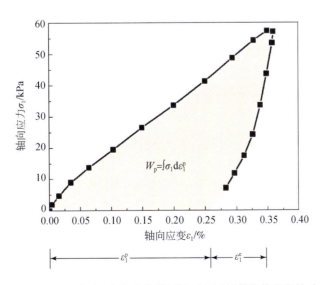

图 8-12　利用应力-应变曲线滞回圈面积计算单位体积塑性功

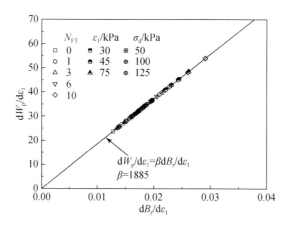

图 8-13　相对颗粒破碎率与单位体积耗能率之间的关系[6]

实际路基工程中，粗粒填料动力性能受到诸多因素影响，通过模拟轨道交通长期动力荷载作用，采用动三轴试验结果，选择冻融循环次数、围压、动应力幅值、振动荷载次数作为主要影响因素，采用 7.5 节中提出的累积变形演化经验模型与回弹模量演化经验模型相同的方法，建立了多因素耦合作用下相对颗粒破碎率演化规律模型，见式（8-31）。

$$f(B_r) = \frac{\mathrm{d}B_r}{\mathrm{d}\varepsilon_1}\ln(p_{\max}/p_{\min}) = k_{\mathrm{NFT}}k_{\mathrm{CP}}k_{\mathrm{ampl}}k_N \tag{8-31}$$

式中，$p_{\max}$ 为循环荷载作用下平均应力最大值；$p_{\min}$ 为循环荷载作用下平均应力最小值；k_{NFT} 为冻融循环次数的修正函数；k_{CP} 为动应力幅值的修正函数；k_{ampl} 为围压的修正函数；k_N 为振动次数的修正函数，用于描述不同因素对相对颗粒破碎率的影响程度。

图 8-14 给出了归一化轴向应变与各个影响因素之间的关系曲线，通过拟合这 4 个关系曲线，可以分别得到修正函数 k_{NFT}、k_{CP}、k_{ampl}、k_N 的如下表达式。

$$k_{\mathrm{NFT}} = B_{\mathrm{NFT1}}N_{\mathrm{FT}} + B_{\mathrm{NFT2}} \tag{8-32}$$

$$k_{\mathrm{CP}} = B_{\mathrm{CP1}}\sigma_3^{B_{\mathrm{CP2}}} \tag{8-33}$$

$$k_{\mathrm{ampl}} = B_{\mathrm{ampl1}}\bar{\sigma}_{\mathrm{d}}^{B_{\mathrm{ampl2}}} + B_{\mathrm{ampl3}} \tag{8-34}$$

$$k_N = B_{N1}N^{B_{N2}} + B_{N3} \tag{8-35}$$

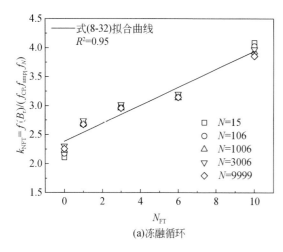

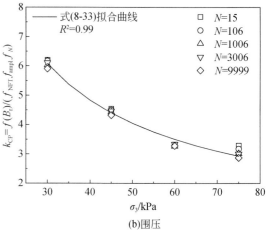

(a)冻融循环　　　　　　　　　　　　　　　(b)围压

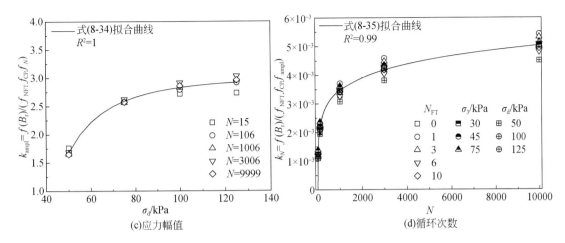

图 8-14　相对颗粒破碎率修正函数与各影响因素之间关系

式中，B_{NFT1}、B_{NFT2}、B_{CP1}、B_{CP2}、B_{ampl1}、B_{ampl2}、B_{ampl3}、B_{N1}、B_{N2}、B_{N3} 为拟合参数，具体取值见表 8-3。

表 8-3　拟合参数取值一览表

拟合参数修正方程		拟合参数	拟合值
$k_{\text{NFT}} = B_{\text{NFT1}} N_{\text{FT}} + B_{\text{NFT2}}$	(8-32)	B_{NFT1}	0.16
		B_{NFT2}	2.38
$k_{\text{CP}} = B_{\text{CP1}} \sigma_3^{B_{\text{CP2}}}$	(8-33)	B_{CP1}	90.9
		B_{CP2}	-0.80
$k_{\text{ampl}} = B_{\text{amol1}} \bar{\sigma}_{\text{d}}^{B_{\text{ampl2}}} + B_{\text{ampl3}}$	(8-34)	B_{ampl1}	-7.2×10^4
		B_{ampl2}	-2.79
		B_{ampl3}	3.02
$k_N = B_{N1} N^{B_{N2}} + B_{N3}$	(8-35)	B_{N1}	3.84×10^{-3}
		B_{N2}	8.93×10^{-2}
		B_{N3}	-3.67×10^{-3}

将式（8-31）代入式（8-30）中，并且考虑 $\varepsilon_{\text{s}}^{\text{p}}$ 与 ε_1 之间的转化关系[20]，可以解得如下式子。

$$\frac{\mathrm{d}\varepsilon_{\text{v}}^{\text{p}}}{\mathrm{d}\varepsilon_{\text{s}}^{\text{p}}} = \frac{9(M-\eta)}{9+3M-2\eta M} + \left(\frac{\beta}{p}\right)\left[\frac{1.15 k_{\text{NFT}} k_{\text{CP}} k_{\text{ampl}} k_N}{\ln(p_{\max}/p_{\min})}\right]\left(\frac{9-3M}{9+3M-2\eta M}\right)\left(\frac{6+4M}{6+M}\right) \tag{8-36}$$

考虑到式（8-36）中一些为常数的参数，为了后续表述方便，将式（8-36）改写为如下式子。

$$\frac{\mathrm{d}\varepsilon_{\text{v}}^{\text{p}}}{\mathrm{d}\varepsilon_{\text{s}}^{\text{p}}} = \frac{9(M-\eta)}{9+3M-2\eta M} + \frac{A k_{\text{NFT}} k_{\text{CP}} k_{\text{ampl}} k_N}{p(9+3M-2\eta M)} \tag{8-37}$$

式中，$A = \dfrac{1.15\beta}{\ln(p_{\max}/p_{\min})}\dfrac{(9-3M)(6+4M)}{6+M}$。

式（8-37）即为长期动力荷载作用下考虑粗颗粒破碎效应的粗粒填料剪胀控制方程。

8.3.3　塑性势函数

由定义可知，塑性应变增量向量垂直于塑性势面，见图8-15。根据定义，有式(8-8)，并且将式（8-8）代入式（8-36），可以解得式（8-38）。

$$\frac{dq}{dp}+\frac{9(Mp-q)+Ak_{NFT}k_{CP}k_{ampl}k_N}{p(9+3M-2\eta M)}=0 \tag{8-38}$$

不难看出，式（8-38）的解即为塑性势函数，类似于静力模型推导，并且需要精确的塑性势函数，而仅需要得到塑性势函数 $g=g$（p，q），分别对 q、p 的偏微分形式即可，如下式。

$$\frac{\partial g}{\partial p}=1 \tag{8-39}$$

$$\frac{\partial g}{\partial p}=\frac{9(Mp-q)+Ak_{NFT}k_{CP}k_{ampl}k_N}{p(9+3M-2\eta M)} \tag{8-40}$$

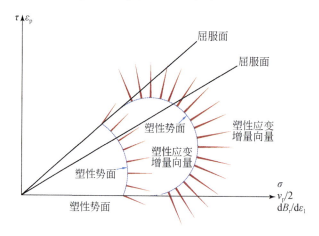

图 8-15　塑性势面演化示意图

8.3.4　屈服函数

机理上等同于静力荷载作用下静偏应力是引起路基填料产生静力塑性变形的主要原因，在轨道交通荷载长期振动作用下，动偏应力也是引起路基填料产生动力塑性变形的主要原因，因此沿用8.2.2节针对静力荷载作用下屈服函数的假设，忽略静水压力对粗粒填料塑性变形的影响，采用无帽屈服函数，在 q–p 动应力空间中，屈服函数表达式仍然采用式（8-12）形式。

8.3.5　初始加载下塑性应变

采用8.2.3节得到的硬化函数，并且将循环荷载作用下的塑性势函数、屈服函数代入式（8-6），可以得到初始加载下塑性应变计算式，见式（8-41）。

$$d\varepsilon_s^p = \frac{2\delta\kappa(p/p_{cs})(1-p_{0(i)}/p_{cs(i)})(9+3M-2M\eta^*)\eta d\eta}{M^2(1+e_i)(2p_0/p-1)[9(M-\eta^*)+A/p(k_{NFT}\times k_{CP}\times k_{ampl}\times k_N)]} \tag{8-41}$$

式中，δ 为与粗颗粒填料初始刚度有关的参数。

　　类似于粗粒填料静力本构模型，引入参数 $\eta^* = \eta$ (p/p_{cs})，以保证数值计算的准确性、合理性。相应，剪胀方程替换为如下形式。

$$\frac{d\varepsilon_v^p}{d\varepsilon_s^p} = \frac{9(M-\eta)}{9+3M-2\eta^*M} + \frac{Ak_{NFT}k_{CP}k_{ampl}k_N}{p(9+3M-2\eta^*M)} \tag{8-42}$$

　　联合式（8-41）与式（8-42），计算出相应的塑性剪应变、塑性体应变。值得说明的是，在轨道交通振动荷载变化范围之内，粗粒填料层在卸载过程中突出表现为可恢复的弹性变形，因此建立往复循环荷载下冻融粗粒填料动力压密弹塑性本构模型，将卸载过程近似假设为纯弹性响应。

8.3.6　后续加载下塑性应变

　　根据动三轴试验结果，在轨道交通振动荷载变化范围之内，粗粒填料在初始加载过程中产生较大的累积塑性变形，而在后续加载过程中累积塑性变形逐渐减小直至趋于完全弹性变形。在轨道交通长期振动荷载作用下，由于荷载强度与频率有限而超不出冻融粗粒填料层进入全面塑性变形状态的某一临界值，并且还存在一定变形硬化作用，因此经历一定量的累积塑性变形之后，变形便进入不再累积塑性变形的弹性安定状态，这实际是（冻融）粗粒填料的一个固有属性。此外，冻融粗粒填料变形还可以进一步分为两种状态，即塑性安定状态、棘轮效应。

　　长期动三轴试验表明，轨道交通荷载长期振动作用下，粗粒填料（冻融粗粒填料）呈现弹性安定状态，路基设计与施工必须重视考虑这一状态。针对这一状态，对初始加载下塑性应变计算式（8-42）进行修正，以确保计算得到的塑性应变随着振动次数增加而减小，据此获得后继加载下塑性应变计算式（8-43）。

$$d\varepsilon_s^p = \delta_1\delta_2\delta_3 \frac{2\delta\kappa(p/p_{cs})(1-p_{0(i)}/p_{cs(i)})(9+3M-2M\eta^*)\eta d\eta}{M^2(1+e_i)(2p_0/p-1)[9(M-\eta^*)+A/p(k_{NFT}k_{CP}k_{ampl}k_N)]} \tag{8-43}$$

式中，δ_1 为模拟包辛格效应而引入的考虑随着振动硬化效应的参数，计算方法如下：

$$\delta_1 = \frac{\|ac\| - \|ad\|}{\|ab\|} \tag{8-44}$$

式中，a、b、c、d 见图 8-10。若 $p > p_e$，采用式（8-44）；否则，即若 $p \leqslant p_e$，不适用于式（8-44），$\delta_1 = 0$。由图 8-10 可知，p_e 为弹性面对应的平均弹性荷载（点 d），据此可以计算 ac 值，即 $\|ac\|$，见式（8-45）。

$$\|ac\| = \sqrt{(p-p_e)^2 + (q-q_e)^2} \tag{8-45}$$

　　类似，也可以得到 ad 值、ab 值，即 $\|ad\|$、$\|ab\|$。由于经历动荷载一定振动次数之后，粗粒填料（冻融粗粒填料）便将表现为弹性变形性质，因此引入弹性面的概念，主要目的在于考虑动力加载历史影响。弹性面随着振动次数 N 增加而不断硬化。p_e 则在给定的应力路径 ab 之间变化，引用相关研究经验[20]，给出 p_e 与振动次数 N 之间关系的如下式子。

$$p_e = p_{\min} + \left(1 - \frac{1}{\ln(10+N)}\right)(p_{\max} - p_{\min}) \qquad (8\text{-}46)$$

如图 8-10 所示，点 d 用来控制粗粒填料（冻融粗粒填料）在后继加载过程中变形作用，点 c 代表当前应力状态位置。若点 c 高于点 d，则填料呈现出弹塑性变形，反之，则填料表现为弹性变形。

δ_2 为后继加载应力比影响的参数，见下式。

$$\delta_2 = 1 - \frac{\eta^*}{M_R} \qquad (8\text{-}47)$$

δ_3 则主要表示后继加载振动次数的影响，见下式。

$$\delta_3 = \frac{\mu}{N^\vartheta} \qquad (8\text{-}48)$$

式中，μ、ϑ 为经验常数，由试算法获得。

值得注意的是，δ_3 为与振动次数 N 有关的函数而并非直接与土性有关的参数，严格意义上，振动次数 N 影响应表示为粗粒填料（冻融粗粒填料）内部变量，但是为了避免本构模型表达式过于复杂，引入了参数 δ_3[20]，这是一种处理粗粒填料模拟问题的有效方法。

8.3.7　模型可靠性验证

模拟轨道交通对路基输入的振动荷载作用，针对冻融循环次数 N_{FT}、围压（有效围压）σ_3'、动应力幅值 $\bar{\sigma}_d$ 3 个重要因素对冻融粗粒填料轴向累积塑性变形的影响，通过动三轴试验结果与模型预测结果比较，验证构建的往复循环荷载下冻融粗粒填料动力压密弹塑性本构模型的可靠性。首先，基于往复循环荷载下冻融粗粒填料动力压密弹塑性本构模型，结合长期动力荷载作用的动三轴试验结果，校核了模型参数，见表 8-4。

表 8-4　往复循环荷载下冻融粗粒填料动力压密弹塑性本构模型参数

参数	冻融粗粒填料										
N_{FT}	0	1	3	6	10	6	6	6	6	6	6
σ_3'/kPa	60	60	60	60	60	30	45	75	60	60	60
$\bar{\sigma}_d/\text{kPa}$	75	75	75	75	75	75	75	75	50	100	125
M_R	2.54	2.48	2.43	2.34	2.28	2.34	2.34	2.34	2.34	2.34	2.34
Γ	1.68	1.66	1.63	1.60	1.56	1.60	1.60	1.60	1.60	1.60	1.60
λ	0.027	0.026	0.022	0.017	0.011	0.017	0.017	0.017	0.017	0.017	0.017
δ	1.1	1.0	1.0	1.3	1.6	2.3	1.7	0.9	1.0	1.2	1.2
μ	1.78	1.75	1.7	1.3	1.5	1.3	1.2	1.2	1.5	0.9	0.9
ϑ	0.85	0.85	0.85	0.85	0.85	0.78	0.78	0.78	0.75	0.75	0.75

图 8-16 给出了不同因素影响作用下的模型预测结果与试验结果的比较。图 8-16（a）表示在围压 60kPa、动应力幅值 75kPa、细颗粒土含量 6.6% 条件下，在长期动力荷载作用

下，冻融循环次数改变对冻融粗粒填料试件累积轴向塑性应变影响的模型预测结果与试验结果的比较。图 8-16（b）表示在冻融循环 6 次、动应力幅值 75kPa、细颗粒土含量 6.6% 条件下，在长期动力荷载作用下，围压（有效围压）改变对冻融粗粒填料试件累积轴向塑性应变影响的模型预测结果与试验结果的比较。图 8-16（c）表示在围压 60kPa、冻融循环 6 次、细颗粒土含量 6.6% 条件下，在长期动力荷载作用下，动应力幅值改变对冻融粗粒填料试件累积轴向塑性应变影响的模型预测结果与试验结果的比较。比较结果表明，构建的往复循环荷载下冻融粗粒填料动力压密弹塑性本构模型，能够准确刻画轨道交通振动作用下冻融粗粒填料累积变形特性与演化趋势。

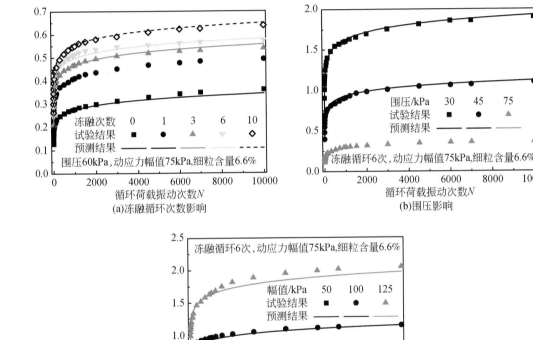

图 8-16　长期动力荷载作用下累积轴向应变模型
预测结果与试验结果的比较

图 8-17 给出了冻融粗粒填料累积轴向应变与动偏应力之间关系的模型预测结果与试验结果的对比。由图 8-17 可以看出，模型预测结果与试验结果之间吻合度很高，说明构建的往复循环荷载下冻融粗粒填料动力压密弹塑性本构模型，能够很好模拟轨道交通振动作用下冻融粗粒填料动力变形的加载与卸载过程。

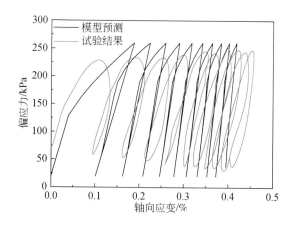

图 8-17　累积轴向应变与动偏应力之间关系模型预测结果与试验结果的比较

§8.4　结论与总结

（1）由于实际路基填筑施工因属于粗放式作业而难以达到要求的颗粒级配良好的设计标准，并且又考虑一般轨道路基工程中 A 组填料应用最广泛，因此配置颗粒级配接近于良好的一般粗粒填料作为研究对象，即含有一定掺入比的冻胀敏感性大的细颗粒土的 B 组填料（按照轨道路基 B 组填料中细颗粒土百分含量的设计标准要求，合理确定细颗粒土的掺入比例），目的在于使构建的冻融粗粒填料静力与动力弹塑性本构模型具有一般代表性。另外，因为配置的 B 组填料与标准要求的 B 组填料的颗粒级配、细颗粒土类型（分布广泛、易于获取且具有广泛地域代表性的黏性土——低液限粉质黏土、低液限粉土）、细颗粒土掺入比基本一致，因此基于配置的 B 组填料，构建的冻融粗粒填料静力与动力弹塑性本构模型可以用于完全满足标准要求的 B 组填料的相关问题研究。A 组填料一般为颗粒级配良好且粒径小于 0.075mm 的细颗粒土含量小于 15% 的漂石土、卵石土、碎石土、圆砾土、角砾土、砾砂土、粗砂土、中砂土，B 组填料一般为颗粒级配不良或良好且粒径小于 0.075mm 的细颗粒土含量小于 15% 的漂石土、卵石土、碎石土、圆砾土、角砾土、砾砂土、粗砂土、中砂土，或者粒径小于 0.075mm 的细颗粒土含量为 15% ~ 30% 的漂石土、卵石土、碎石土、圆砾土、角砾土、细砂土、黏砂土、砂粉土、砂黏土，因此 B 组填料与 A 组填料在粗颗粒成分、粗颗粒粒度、细颗粒粒度、细颗粒含量、颗粒级配等方面存在很大相似性或相同性，所以针对配置的 B 组填料，构建的冻融粗粒填料静力与动力弹塑性本构模型也可以近似用于 A 组填料的相关问题研究。

（2）由于受限于冻融粗粒填料低温动三轴试验的整备与试验条件，特别是缺乏满足特大直径试件试验的试验仪器，致使针对寒区轨道交通往复循环荷载作用，无法直接基于低温动三轴试验结果，构建冻融粗粒填料动力本构模型。因此，采用两步走的解决问题途径：①首先，考虑能量守恒定律，修正 Rowe 剪胀方程，构建轨道路基静力荷载作用下冻融粗粒填料静力弹塑性本构模型；②在此基础上，再针对轨道交通往复循环荷载作用，模拟配置粗粒填料（填料中最大颗粒粒径满足现行低温动三轴试验试件尺度对最大颗粒的粒度要求，要求试件中填料的最大粒径不超过 1/4 试件直径），进行冻融粗粒填料低温动三轴试验，根据试验结果且结合弹塑性本构模型的基本框架，推导考虑循环往复荷载作用引起粗颗粒破碎的剪胀方程，进而建立考虑冻融循环与粗颗粒破碎联合作用的粗粒填料冻融统一循环压密弹塑性本构模型，即循环荷载作用下冻融粗粒填料动力压密弹塑性本构模型。

（3）冻融粗粒填料静力弹塑性本构模型的具体构建方法：详见哈尔滨工业大学田爽完成的博士学位论文"高寒冻融区高铁路基粗粒填料力学性能与路基振动反应分析"（2020年10月），针对粗粒填料，选用应变控制式加载模式，进行冻融循环–轨道自重荷载联合作用的粗粒填料静三轴试验，获得冻融循环作用下粗粒填料静力学性能试验结果，据此研究冻融循环–静力荷载联合作用下粗粒填料应力–应变关系曲线、弹性剪切模量、峰值强度等静力学参数的变化规律；在此基础上，通过引入随着剪切过程变化而变化的摩擦应力比修正 Rowe 剪胀方程，并且以冻融循环次数作为衰减因子，构建考虑冻融循环效应的冻融粗粒填料静力弹塑性本构模型，模型参数概念清晰且均可以通过低温静三轴试验获得。

（4）循环荷载作用下冻融粗粒填料动力压密弹塑性本构模型的具体构建方法：详见哈尔滨工业大学田爽完成的博士学位论文"高寒冻融区高铁路基粗粒填料力学性能与路基振动反应分析"（2020年10月）、第6章，注重冻融循环–行车振动耦合作用，完成考虑冻融循环次数、围压、动应力幅值、细颗粒土含量等主要因素影响下的粗粒填料长期动力加载低温动三轴试验，揭示多因素耦合作用下粗粒填料累积轴向应变、回弹模量、剪切模量、阻尼比等性能指标长期变化规律，据此建立长期力学性能演变经验表达式；在此基础上，基于能量守恒平衡方程，结合弹塑性本构模型的基本框架，推导考虑循环往复荷载作用引起粗颗粒破碎的剪胀方程，进而建立（发展）考虑冻融循环与粗颗粒破碎联合作用的循环荷载作用下冻融粗粒填料动力压密弹塑性本构模型，模型考虑应力历史对粗粒填料累积变形影响，概念清晰且参数易于获取。

（5）根据影响冻融粗粒填料静/动力性能主要因素低温静/动三轴试验结果与模型预测结果的比对分析，验证了构建的冻融粗粒填料静力弹塑性本构模型、循环荷载作用下冻融粗粒填料动力压密弹塑性本构模型的可靠性。

参 考 文 献

[1] Rowe P W. The stress- dilatancy relation for static equilibrium of an assembly of particles in contact [C]. Proceedings of The Royal Society A： Mathematical, Physical and Engineering Sciences, 1962, 269 (1339)：500-527.

[2] Yin Z Y, Chang C S. Stress- dilatancy behavior for sand under loading and unloading conditions [J]. International Journal for Numerical and Analytical Methods in Geomechanics, 2013, 37 (8)：855-870.

[3] Bagherzadeh K, Mirghasemi A A, Mohammadi S. Numerical simulation of particle breakage of angular particles using combined DEM and FEM [J]. Powder Technology, 2011, 205 (1-3)：15-29.

[4] Guo W L, Zhu J G. Energy consumption of particle breakage and stress dilatancy in drained shear of rockfill materials [J]. Géotechnique Letters, 2017, 7 (4)：1-20.

[5] He J, Luo F, Zhu Z, et al. An elastoplastic constitutive model for frozen sandy soil considering particle breakage [J]. European Journal of Environmental and Civil Engineering, 2019：1-25.

[6] 田爽. 高寒冻融区高铁路基粗粒填料力学性能与路基振动反应分析 [D]. 哈尔滨：哈尔滨工业大学, 2020.

[7] Roscoe K H, Poorooshasb H B. A theoretical and experimental study of strains in triaxial compression tests on

normally consolidated clays ［J］. Géotechnique，1963，13（1）：12-38.

［8］ Hill R. The Mathematical Theory of Plasticity ［M］. Oxford：Oxford University Press，1950.

［9］ Salim W. Deformation and degradation behavior of ballast and constitutive modeling under cyclic loading ［D］. Wollongong：University of Wollongong，2004.

［10］ Chang D，Lai Y，Gao J. An investigation on the constitutive response of frozen saline coarse sandy soil based on particle breakage and plastic shear mechanisms ［J］. Cold Regions Science and Technology，2019，159：94-105.

［11］ Ishikawa T，Tokoro T，Miura S. Influence of freeze-thaw action on hydraulic behavior of unsaturated volcanic coarse-grained soils ［J］. Soils and Foundations，2016，56（5）：790-804.

［12］ Liu Y，Huang R，Liu E，et al. Mechanical behaviour and constitutive model of tailing soils subjected to freeze-thaw cycles ［J］. European Journal of Environmental & Civil Engineering，2018，22（11）：1-23.

［13］ Indraratna B，Sun Q D，Nimbalkar S. Observed and predicted behaviour of rail ballast under monotonic loading capturing particle breakage ［J］. Canadian Geotechnical Journal，2014，52（1）：73-86.

［14］ Suiker A，Selig E T，Frenkel R. Static and Cyclic Triaxial Testing of Ballast and Subballast ［J］. Journal of Geotechnical & Geoenvironmental Engineering，2005，131（6）：771-782.

［15］ Hardin B O. Crushing of Soil Particles ［J］. Journal of Geotechnical Engineering，1985，111（10）：1177-1192.

［16］ Ueng T S，Chen T J. Energy aspects of particle breakage in drained shear of sands ［J］. Géotechnique，2000，50（1）：65-72.

［17］ 赵洪雁. 大秦线万吨列车对轨道的动态影响分析及对策建议 ［J］. 中国铁路，2004，（9）：44-46+10.

［18］ 黄强. 粗粒土室内表面振动压实参数及土体结构分析试验研究 ［D］. 成都：西南交通大学，2016.

［19］ Indraratna B，Thakur P K，Vinod J S，et al. Semiempirical cyclic densification model for ballast incorporating particle breakage ［J］. International Journal of Geomechanics，2012，12（3）：260-271.

［20］ 叶阳升，蔡德钧，耿琳，等. 考虑颗粒破碎的高铁路基粗粒土填料循环压密本构模型 ［J］. 中国铁道科学，2020，41（4）：11-20.

第9章 列车振动下地下冰动力特性与永久变形预测模型

§9.1 引   言

寒区轨道路基中地下冰分布、含量、厚度与冻结温度、赋存位置等显著影响列车荷载下路基运行状态、服役性能、长期稳定性。在中国，无论是青藏高原大面积连续多年冻土区，还是东北岛状多年冻土区，这一问题相当突出。例如：青藏铁路穿越高温高含冰量多年冻土区路段达134km[1]，而青藏高原作为全球气候变暖的"放大器"，在未来50年在全球气候变暖背景下高含冰量多年冻土将进一步退化，严重影响铁路安全运行、正常运行；正在建设的哈尔滨—黑河高速铁路（铁路快速客运专线）之伊春—铁力段连续穿越的岛状多年冻土区中含有很多厚层富冰冻土、饱冰冻土、含土冰层、厚层地下冰，并且沿途广泛存在丰富浅表地下水，不仅给路基、隧道、涵洞等建设带来极大困难，而且严重影响铁路安全正常运行。多年冻土区，针对轨道交通荷载长期作用，地下冰——尤其是冻结温度较高的地下高温冰（0 ~ –1℃）的动力性能与长期稳定性成为路基工程特别值得关注的一个重要实际问题，这是因为冰具有显著的动力或静力压融性、受力软化性、长期蠕变性，地下高温冰更如此且问题极其突出。过去，对寒区轨道路基中细粒土或中细粒土填料动力性能做了较多研究、粗粒土填料动力性能也有一定研究（凌贤长、田爽等，2014 ~ 2020年），而对寒区轨道路基沿线地下冰动力性能则缺乏必要的研究工作——特别是对升温十分敏感的高温地下冰。鉴于此，以青藏铁路沿线高温多年冻土路基中厚层地下冰为对象，在低温动三轴试验的基础上，结合解析分析，研究轨道交通荷载长期作用下地下冰的动力性能、动力学参数，并且建立相应的动力永久变形预测经验模型[2,3]，为含厚层地下冰高温多年冻土（富冰冻土、饱冰冻土、含土冰层、厚层地下冰）场地轨道路基振动反应分析与安全评估中针对地下冰提供重要的研究依据。

§9.2 地下冰低温动三轴试验概况

进行地下冰低温动三轴试验，旨在针对轨道交通荷载振动作用，设计不同负温状态、应力路径，研究动荷载状态下地下冰（或填料中冰）的动力性能、动力学参数与动残余应变速率变化规律，并且检测关注的性能参数，为建立地下冰长期动力变形预测模型奠定必要的试验基础。采用中国科学院冻土工程国家重点实验室 MTS-810 型振动三轴材料试验系统（设备系统组成与主要性能参数详见 3.2.1 节），完成地下冰低温动三轴试验。冰试件制备与试验加载方案简述如下。

9.2.1　冰样性质与试件制备

冰是一种特殊的固体材料，多年冻土区地下冰一般处于接近冰的熔点的环境温度场中，通常为多晶冰（冰分为多晶冰、单晶冰，而自然冰以多晶冰居多）。冰的低温动三轴试验占用机时长、耗能极大、费用较高，因此试验方案设计应尽量减少试件数，在满足代表性与典型性前提下，尽量节约试验成本。冰试件选取与制备采用人工冻结法[4]，根据《土工试验方法标准》（GB 50123/T—2019）、《地基动力特性测试规范》（GB 50269/T—97）进行试验。为了确保试验结果可比性，采用低温动三轴试验的标准试件模具，制备圆柱状人造各向同性多晶冰试件，冰的粒径小于 2mm，试件的高度为 125mm、直径为 61.8mm、平均密度为 0.87g/cm³，见图 9-1（a）。冰试件装入橡皮膜中封闭，以备恒温与试验，见图 9-1（b）。在设计试验温度下，首先将试件放入恒温箱中恒温至少 48h，然后将试件由恒温箱中移至低温动三轴试验系统的压力腔中在设计试验围压与温度下等压恒温固结10min，进行动力试验。图 9-1（c）为动力试验之后冰试件变形的几何轮廓。

(a)试验前试件　　　　　　　　(b)装入橡皮膜后　　　　　　　　(c)试验后试件

图 9-1　冰试件装膜封闭与试验前后几何形态

9.2.2　试验加载模式与结束标准

现场监测表明[5]，列车行驶振动荷载是单向脉冲应力波，见图 9-2，路基振动反应的优势频率与转向架作用率（车速/转向架间距）有关，青藏铁路多年冻土场地对路基输入振动的优势频率不超过 3Hz。根据 MTS-810 型振动三轴材料试验系统动力性能，采用单向正弦应力波代替列车行驶对路基振动输入的单向脉冲应力波，即可以采用如图 9-3 所示的等效谐波荷载作为试验轴向振动输入波，由最大应力、最小应力、频率决定。图 9-3 中，σ 为应力（$\sigma=\sigma_1\pm\sigma_d$），$\sigma_1$ 为最大主静应力（轴向静应力），σ_3 为最小主静应力（围压），σ_d 为轴向动应力（动应力幅值），ε_{pd} 为轴向动应变（动压应变），$\dot{\varepsilon}_{pd,1}$ 为第 1 级荷载作用下产生的动应变速率（压应变速率），$\dot{\varepsilon}_{pd,II}$ 为第 2 级荷载作用下产生的动应变速率（压应变速率），t 为持续动力加载时间（每一级动荷载持续作用时间）。参照列车行驶路基振动反应分析的既有研究成果与经验[3,5-10]，以最大动应力作为试验控制变量，设定轴荷振动频率范围为 1~3Hz；采用分级循环加载动力试验方式，研究冰的动力性能、动力学参数、动残余应变速率，加载级数不少于 12 级且每一级荷载循环振动 12 次，所有冰试件在恒定围压下的载荷相同，以资对比，见表 9-1，取 5% 轴向动应变作为试件破坏标准；研究冰在长期动荷载作用下的变形特性，针对表 9-1 中任一级载荷试验，以最大循环振次为 $N=20000$ 次作为试验结束标准，也可以某一级载荷作用下轴向动应变达到 10% 作为试验结束标准。

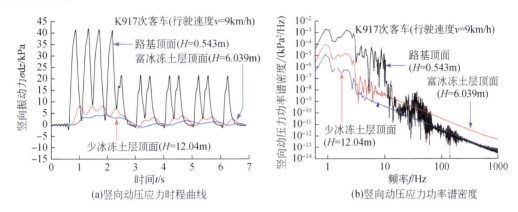

(a)竖向动压应力时程曲线　　　　　　　(b)竖向动压应力功率谱密度

图 9-2　青藏铁路冬季列车行驶路基动压应力时程与频谱[10,11]

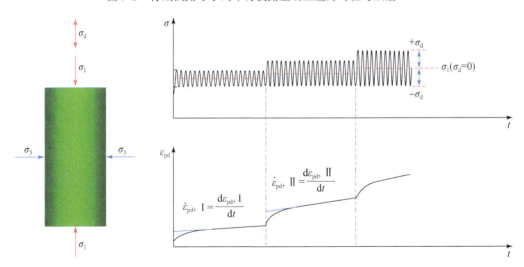

图 9-3　轴向分级循环动压应力加载示意图

表 9-1　地下冰动力学参数与动残余应变速率试验的动荷载分级标准

加载级数	1	2	3	4	5	6	7	8	9	⋯
σ_{1min}/MPa	0.698	0.698	0.698	0.698	0.698	0.698	0.698	0.698	0.698	⋯
σ_{1max}/MPa	1.030	1.363	1.697	2.030	2.363	2.697	3.030	3.363	3.697	⋯
σ_d/MPa	0.166	0.333	0.499	0.666	0.833	0.999	1.166	1.333	1.499	⋯

注：σ_d 为轴向加载动应力幅值，$\sigma_d = (\sigma_{1max} - \sigma_{1min})/2$。试验围压 $\sigma_3 = 0.3$MPa

9.2.3　试验控制条件

地下冰动力学参数与动残余应变速率试验控制条件见表9-2。现场地温监测表明，青藏铁路北麓河段（高温高含冰量冻土路段）多年冻土层中含土冰层地温为-0.5~-2℃，据此设计3个试验负温，即-0.5℃、-1℃、-1.5℃。研究地下冰在长期动荷载作用下累积轴向变形特性，试验控制条件见表9-3。

表9-2　地下冰动力学参数与动残余应变速率试验控制条件

试件编号	密度 ρ /(g/cm³)	温度 T /℃	频率 f /Hz	围压 σ_3 /MPa	振次 N	拟合参数			相关系数 R^2
						E_d/MPa	c_r/(MPa·s)	λ_0	
HBY-4	0.857	-0.5				1753.1	8049.4	0.1029	0.9482
HBY-5	0.882	-1.0	2			2100.1	8406.4	0.0791	0.9821
HBY-1	0.879	-1.5		0.3	12	2226.2	7972.8	0.0737	0.9892
HBY-16	0.877	-1.0	1			1896.4	7736.4	0.1056	0.9774
HBY-11	0.855		3			2075.5	7915.8	0.0754	0.9821

表9-3　地下冰累积轴向变形试验控制条件

试件编号	密度 ρ /(g/cm³)	温度 T /℃	频率 f /Hz	动应力幅值 σ_d /MPa	应力比 ζ
HBY-9	0.8772			0.166	0.2947
HBY-10	0.8708	-0.5	2	0.333	0.4556
HBY-3	0.8764			0.499	0.5567
HBY-2	0.8770			0.166	0.2947
HBY-18	0.8788	-1.0	2	0.333	0.4556
HBY-6	0.8719			0.499	0.5567
HBY-15	0.8809			0.166	0.2947
HBY-7	0.8782	-1.5	2	0.333	0.4556
HBY-8	0.8755			0.499	0.5567
HBY-14	0.8749	-1.0	1	0.499	0.5567
HBY-17	0.8806		3	0.499	0.5567

§9.3　地下冰动力学参数与主要影响因素

温度、围压与荷载振动频率是影响地下冰动力性能与动力学参数（动弹性模量、阻尼比）的重要因素。通过冰低温动三轴试验结果，可以得到试验过程中冰试件任一时刻的轴向载荷 P、轴向位移 u_d 等试验数据，进一步获得动应力 σ_d-动应变 ε_d 之间的关系曲线、阻尼比 λ-动应变 ε_d 之间的关系曲线。首先详细介绍动力学参数计算方法，然后基于试验数据对地下冰动力学参数即动弹性模量、阻尼比进行系统分析。

9.3.1　动力学参数定义与试验确定方法

动弹性模量、阻尼比是刻画地下冰动力性能的两个重要而不可或缺的性能指标，也即冰的动力学参数。根据低温动三轴试验结果，可以计算获得冰的动弹性模量、阻尼比。为此，需要结合低温动三轴试验，合理定义地下冰的动弹性模量、阻尼比。

基于低温动三轴试验获得 $\sigma_d\text{-}\varepsilon_d$ 之间的关系曲线、冰试件动力变形 $\sigma_d\text{-}\varepsilon_d$ 之间的关系曲线，根据 $\sigma_d\text{-}\varepsilon_d$ 之间关系曲线的滞回曲线确定骨干线，计算骨干线对应的本构关系的动弹性模量 E_d。如图 9-4 所示，采用第一级荷载循环对应滞回圈确定冰动弹性模量 E_d。根据第一级荷载循环滞回圈主要特征，骨干线可以描述为线性黏弹性模型，见式（9-1）~式（9-3）。

$$\sigma_d = \sigma_{de} + \sigma_{dc} \tag{9-1}$$

$$\sigma_{de} = E_d \varepsilon_d \tag{9-2}$$

$$\sigma_{dc} = c\dot{\varepsilon}_d \tag{9-3}$$

式中，σ_{de} 为弹性恢复力；σ_{dc} 为黏性阻尼力；ε_d 为冰动残余应变；$\dot{\varepsilon}_d$ 为冰动残余应变速率；E_d 为冰动弹性模量；c 为冰黏性系数。第一级荷载循环滞回圈骨干线模型参数确定方法简述如下，见图 9-4。

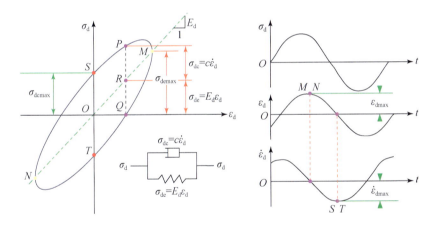

图 9-4　动弹性模量与阻尼比确定方法概念图

（1）设 M 点、N 点的动应变值等于动应变最大幅值 ε_{dmax}，则对应的动应变速率等于零，见图 9-4。M 点、N 点黏性元件承受的动应力为零，动应力完全由弹性元件承受，并且等于弹性元件承受的动应力为动应力最大幅值 σ_{demax}。根据动弹性模量定义，有下式。

$$E_d = \frac{\sigma_{demax}}{\varepsilon_{dmax}} \tag{9-4}$$

（2）设 S 点、T 点的动应变值等于零，则对应的动应变速率达到动应变速率最大幅值 $\dot{\varepsilon}_{dmax}$，见图 9-4。S 点、T 点弹性元件承受的动应力为零，动应力完全由黏性元件承受，并且等于黏性元件承受的动应力为动应力最大幅值 σ_{dcmax}。根据黏性系数定义，有下式。

$$c = \frac{\sigma_{dcmax}}{\dot{\varepsilon}_{dmax}} \tag{9-5}$$

（3）设 P 为动应力–动应变轨迹线上任一点。P 点的动应力由弹性元件与黏性元件共同承担，弹性元件、黏性元件承受的动应力分别表示为 QR 长度、RP 长度，见图 9-4，由式（9-1）可以得到下式。

$$QR = E_d \varepsilon_d$$
$$RP = c\dot{\varepsilon}_d \qquad\qquad (9\text{-}6)$$

（4）图 9-4 中动应力–动应变轨迹线椭圆（对于不能承受拉应力的土或承受拉应力有限的冻土，实际为一近似椭圆）围成的面积等于一周往复循环荷载作用耗损的能量。由于弹性元件耗能等于零，所以这个椭圆面积等于黏性元件耗量。因此，可以采用式（9-7）计算阻尼比 λ。

$$\lambda = \frac{S}{4\pi S_\Delta} \qquad\qquad (9\text{-}7)$$

式中，见图 9-5，S 为 σ_d–ε_d 之间关系曲线滞回圈椭圆面积；S_Δ 为 ΔOAB 面积。

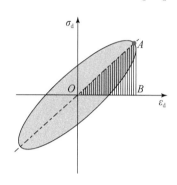

图 9-5　阻尼比确定方法概念图

冻土或土或冰的阻尼比 λ 是一个非常重要的土动力学或冻土动力学参数，较黏性系数应用更多、更普遍。阻尼比 λ 的物理意义：黏性（黏滞）系数 c 与临界黏性（黏滞）系数 c_r 之比，由式（9-7）计算。

$$\lambda = \frac{c}{c_r} = \frac{c}{2\sqrt{kM}} \qquad\qquad (9\text{-}8)$$

$$c_r = 2\sqrt{kM} \qquad\qquad (9\text{-}9)$$

$$k = \frac{A}{h}E_d \qquad\qquad (9\text{-}10)$$

式中，k 为冰试件弹性系数（反映冰试件刚度）；M 为冰试件质量，$M = \rho Ah$，其中 A 为冰试件横断面面积，h 为冰试件高度，ρ 为冰密度。将式（9-10）代入式（9-9），可以解得。

$$c_r = 2A\sqrt{\rho E_d} \qquad\qquad (9\text{-}11)$$

试验数据拟合结果表明，在一定试件尺度与围压、冻结温度、振动输入等试验条件下，每个试件检测出的冰动弹性模量 E_d 为一个常量。由式（9-11）可知，c_r 对每一个试件均为一个常量，冰黏性系数 c 与阻尼比 λ 之间呈正比例关系，见式（9-11）。

$$c = c_r \lambda \qquad\qquad (9\text{-}12)$$

针对试验数据，编制 MATLAB 试验分析程序，详细分析温度、频率对地下冰动弹性模量 E_d、阻尼比 λ 的影响，详见下述。

9.3.2　动弹性模量与主要影响因素

在线性黏弹性模型中，土的动弹性模量 E_d 是一个常量。由图 9-6 ~ 图 9-9 可以看出，冰的 σ_{de}–ε_d 之间关系符合线弹性模型，负温、频率、围压对动弹性模量 E_d 影响较大。下面详述各因素对动弹性模量 E_d 的影响。根据式（9-2）、图 9-4，由分级循环加载低温动三轴试验可以得到冰的 σ_{de}–ε_d 之间的关系曲线见图 9-6、图 9-8，采用 MATLAB 软件编制程序拟合得到不同影响因素作用下冰的动弹性模量 E_d 见表 9-2，表中也一并给出了对应的试验条件。冰的动弹性模量 E_d 与冻结温度 T、荷载振动频率 f 之间关系试验结果的拟合曲线分别见图 9-7、图 9-9。

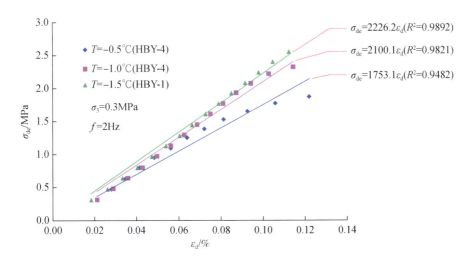

图 9-6　不同冻结负温 T 条件下冰动力变形骨干曲线

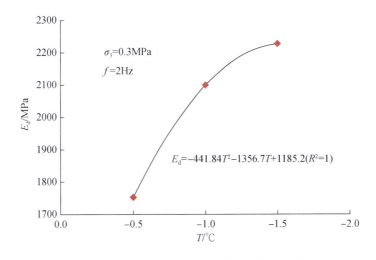

图 9-7　冰动弹性模量与冻结负温之间的关系

9.3.2.1　冻结温度对冰动弹性模量的影响

在试验围压 σ_3、轴向输入动荷载振动频率 f 相同的条件下，即 $\sigma_3 = 0.3\text{MPa}$、$f = 2\text{Hz}$，针对 3 种不同试验负温 T，获得冰动力变形 $\sigma_{de}\text{-}\varepsilon_d$ 之间关系曲线的骨干线见图 9-6（图中一并给出了 $\sigma_{de}\text{-}\varepsilon_d$ 之间关系试验拟合式）、动弹性模量与负温之间关系 $E_d\text{-}T$ 曲线见图 9-7。由图 9-6、图 9-7 且结合表 9-2 可以看出：①冰动弹性模量受冻结负温影响较大，即动弹性模量随着负温降低而显著增大，进而表现为冰动力变形的骨干线受温度变化影响明显，冰动强度随着负温升高而降低，在相同强度动应力作用下更易发生变形；②−1.0℃冰与−1.5℃冰的骨干线很接近，并且随着动应力幅值增加而近似呈线性变化特征，表明冻结负温 $T \leqslant -1.0℃$，冰的动力性能包括动弹性模量趋于稳定；③然而，−0.5℃冰的骨干线随着

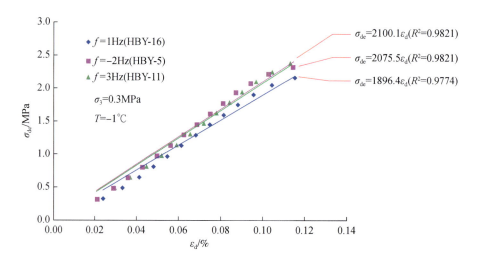

图 9-8　不同振动频率 f 条件下冰动力变形骨干曲线

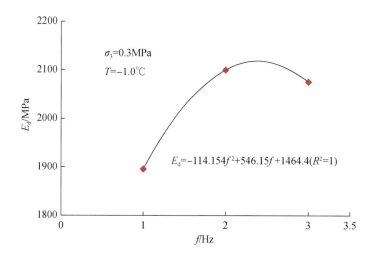

图 9-9　冰动弹性模量与动载频率之间的关系

动应力幅值增加而越来越表现出非线性特性，并且动应变速率越来越大，表明冻结负温较高且越接近于冰点，冰的动力性能包括动弹性模量不稳定、动强度较低且动强度随着动应力幅值增加、动变形发展而越来越低。低温冰的动弹性模量大、动强度高、动力软化性低、抗振性能强，主要是因为冰晶中未冻水含量较少且冰粒间胶结力较强。冰的动弹性模量与温度 T 之间关系的试验拟合式见式（9-13）。

$$E_\mathrm{d} = -441.8T^2 - 1356.7T + 1185.2 \tag{9-13}$$

冰的动弹性模量是冰的动强度（动抗剪强度）、动刚度（冰层动刚度）、抵抗动变形性能等的一个重要刻画指标，由冰的动弹性模量可以换算出冰的动剪切模量，而冰的动剪切模量直接反映冰抵抗动剪切与动力破坏的动力性能，因此冰的动弹性模量倍受冻结负温变化影响很好反映了寒区轨道路基地下冰的存在状态对地温或环境气温变化的敏感性。

　　鉴于上述，高寒区轨道路基高温冻土中地下冰的长期稳定性问题应特别值得工程关注，这显然成为青藏高原与东北高温多年冻土区，或处于退化中的青藏高原大面积连续多年冻土区与东北岛状多年冻土区铁路建设与运行维护面临的巨大挑战。

9.3.2.2　动载频率对冰动弹性模量影响

在试验围压 σ_3、冻结温度 T 相同的条件下，即 $\sigma_3 = 0.3\mathrm{MPa}$、$T = -1^\circ\mathrm{C}$，针对 3 种不同频率 f 的试验输入动载，获得冰动力变形 σ_{de}-ε_d 之间关系曲线的骨干线见图 9-8，图中一并给出了 σ_{de}-ε_d 之间关系试验拟合式子。由图 9-8 可以看出：①2Hz 与 3Hz 加载频率下冰的动应力-动应变之间关系基本一致，表现为这两种加载频率下 σ_{de}-ε_d 之间关系的试验数据点十分接近、试验数据拟合直线几乎重合，说明在轨道交通荷载振动强度下，2Hz 与 3Hz 加载频率对冰动力变形影响的差异很小；②然而，1Hz 加载频率下冰的动强度稍低于 2Hz 或 3Hz 加载频率冰的动强度，动应变越大，前者的动强度低于后者的动强度，这是因为冰类似于自然矿物结晶体，动力变形或静力变形均起源于晶格位错、滑移、攀移（显著不同于土的受力变形），这种晶格变形存在较大的蠕变效应，晶格动力蠕变与动载频率之间存在负相关性，即动载频率越低、晶格动力蠕变因动载频率降低而变大，表现为 1Hz 加载频率下冰的动强度低于 2Hz 或 3Hz 加载频率冰的动强度；③此外，在动应变相同条件下，较高频率荷载作用下冰的骨干线较陡，说明冰能够承受较高频率、较大动应力幅值（较大动应力强度）的动荷载作用，这是由于冰晶胶结体对较高频动荷载作用反应不敏感。

列车行驶对路基产生动荷载的频率具有多方面成因或影响因素，如发动机振动、车体机构振动、轨道不平顺振动、轨缝撞击振动、行车加速振动、行车制动振动、轮-轨碰撞振动、钢轨-轨枕碰撞振动、道床材料减振、路基动刚度、路基冻融状态等，这些振动之间因存在一定耦合作用与互馈效应而影响对道床、路基输入振动的频率，并且振动频率与行车速度之间存在正相关性，即速度越快、频率越高。普通铁路，列车行驶对路基振动输入主要来自轨缝撞击振动、轨道不平顺振动，次之为发动机振动、车体机构振动，就轨缝振动而言，振动频率 f 与行车速度 V、钢轨长度 L 之间的关系为 $f = V/L$，若 $V = 25.2 \sim 44.4\mathrm{m/s}$、$L = 12.6\mathrm{m}$（普通钢轨标准长度），则由轨缝弹跳产生的振动频率为 $f = 2 \sim 3.52\mathrm{Hz}$；高速铁路、快速铁路，列车行驶对路基产生动荷载的频率相对较高；但是，根据现场监测数据且结合数值仿真结果，列车行驶传至路基内部动荷载的频率一般为 $1 \sim 3\mathrm{Hz}$、传至路基顶面动荷载的频率少数达到 $5 \sim 6\mathrm{Hz}$。因此，针对频率 $f = 1 \sim 3\mathrm{Hz}$，研究寒区轨道列车行驶对路基振动输入下地下冰的动弹性模量问题具有显著合理性与一般代表性。

鉴于上述，对于青藏高原与东北高温多年冻土区、青藏高原退化中大面积连续多年冻土区、东北退化中岛状多年冻土区，保证轨道路基地下冰层、饱冰冻土层、富冰冻土层、含土冰层等长期稳定性，应将列车行驶对路基振动输入的频率控制为 $f = 2 \sim 3\mathrm{Hz}$。这一频率控制指标，对于普通铁路，通过提高道砟减振作用比较容易达到，而对于无砟高速铁路、快速铁路，则需要在轨道与路基之间特别设置减振装置、隔振装置，才可以达到。

在试验围压 σ_3、冻结温度 T 相同（$\sigma_3 = 0.3\mathrm{MPa}$，$T = -1^\circ\mathrm{C}$）而振动频率不同条件下，冰的动弹性模量见表 9-2、图 9-7，相应的多项式拟合式见式（9-14）。由此可以看出，1Hz 频率振动输入下冰的动弹性模量最小，2Hz 与 3Hz 频率振动输入下冰的动弹性模量相差不大，主要原因在于冰为结晶体，因此冰的动强度随着荷载振动持时延长、振动速度减慢而弱化，机理如上所述。进一步研究表明，荷载振动的频率对冰的动强度、动刚度、动弹性模量影响显著，频率越低，冰的动强度、动刚度、动弹性模量越小，冰动力变形的时效性越明显，但是若荷载振动频率较高，冰动力变形的时效性便不明显、残余应变变化也不大。冰的动弹性模量与频率 f 之间关系的试验拟合式见式（9-14）。

$$E_d = -114.15f^2 + 546.15f + 1464.4 \tag{9-14}$$

基于上述试验结果，冰的动弹性模量受温度与频率综合影响，可以采用这两个因素之间函数关系表示这种综合影响。据此，采用多元回归分析方法，获得冰的动弹性模量 E_d 与各影响因素之间试验拟合关系，见式（9-15）、式（9-16）。

$$E_d = 2100.1\phi_{ET}\phi_{Ef} \tag{9-15}$$

式中，ϕ_{ET} 为动弹性模量 E_d 的温度修正系数；ϕ_{Ef} 为动弹性模量 E_d 的频率修正系数，由下式计算。

$$\phi_{ET} = -0.21040T^2 - 0.646T + 0.56435$$
$$\phi_{Ef} = -0.05436f^2 + 0.2601f + 0.6973 \tag{9-16}$$

由于受限于试验条件，试验数据具有一定离散性，不过冰的动弹性模量 E_d 的回归值与试验值之间的误差可以控制在不超过 5% 范围。然而，尽管存在试验数据离散性，但是试验结果仍然可以揭示温度、频率对冰的动弹性模量 E_d 的影响规律与机理。

9.3.3　阻尼比与主要影响因素

由式（9-7）、式（9-12）与图 9-5 可知，在地下冰的等效线性化模型中，阻尼比 λ 为动应变幅值的函数。图 9-10 至图 9-13 呈现了冻结负温 T、动载频率 f、动应力幅值 σ_d 对地下冰阻尼比的影响规律。可以基于低温动三轴试验数据，计算获得地下冰的阻尼比 λ，图 9-10、图 9-12 为不同冻结温度条件下地下冰的阻尼比 λ 与动应变幅值 ε_d 之间关系的试验结果，图 9-11、图 9-13 为不同动载频率条件下地下冰的阻尼比 λ 与动应变幅值 ε_d 之间关系的试验结果。由此可见：①动应变幅值 ε_d 较小（$\varepsilon_d < 0.6\%$），阻尼比 λ 变化很小或极小而近似为不变的常量，选取前 4 级动载作用下阻尼比 λ 的平均值作为小应变阻尼比的不变量，为了方便应用线性黏弹性模型，记较小动应变幅值 ε_d 下的阻尼比 λ 为 λ_0；②动应变幅值 ε_d 较大（$\varepsilon_d > 0.6\%$），阻尼比 λ 随着动应变幅值 ε_d 增大显著增大，即动应变越大，地下冰的黏滞阻尼耗能越多，致使阻尼比 λ 越来越大。各试件试验获得的临界黏性系数

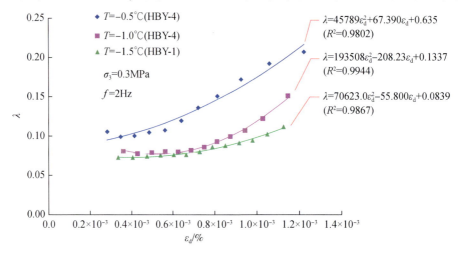

图 9-10　不同冻结负温 T 条件下冰阻尼比 λ 与动应变幅值 ε_d 之间的关系

c_r、小应变阻尼比 λ_0 见表 8-2，采用式（8-10）计算小应变下的黏性系数 c。基于此，下面将详细分析地下冰的阻尼比 λ 受冻结负温 T、动载频率 f 的影响情况。

9.3.3.1　冻结负温对冰阻尼比影响

在试验围压 σ_3、轴向输入动荷载振动频率 f 相同条件下，即 $\sigma_3 = 0.3\text{MPa}$、$f = 2\text{Hz}$，针对 3 种不同试验负温 T，获得冰动力变形的阻尼比 λ 与动应变幅值 ε_d 之间关系 $\lambda - \varepsilon_d$ 试验数据散点分布、相应的拟合关系曲线见图 9-10（图中一并给出了 $\lambda - \varepsilon_d$ 之间关系试验拟合式），阻尼比 λ 与负温 T 之间关系 $\lambda - T$ 试验数据散点分布、相应的拟合关系曲线见图 9-11，较小动应变幅值 ε_d 下阻尼比 λ_0 与负温 T 之间拟合关系式见式（9-17）。

$$\lambda_0 = 0.0367T^2 + 0.1025T + 0.145 \qquad (9\text{-}17)$$

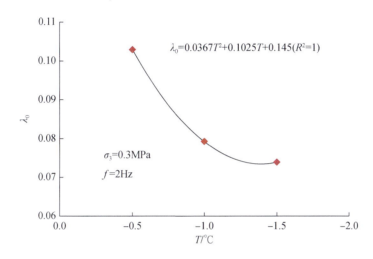

图 9-11　冰阻尼比 λ 与冻结负温 T 之间的关系

由图 9-10 与图 9-11 可以看出：①对于较低冻结负温 T（$-1.0℃$，$-1.5℃$），若动应变幅值较小（$\varepsilon_d < 0.6\%$，即较小动应变），则阻尼比 λ 随着动应变增大而变化很小或近似为不变量，反之，若动应变幅值较大（$\varepsilon_d > 0.6\%$，即较大动应变），则阻尼比 λ 随着动应变增大而明显增大；②对于较高冻结负温 T（$-0.5℃$），阻尼比 λ 不随动应变增大而增大或近似为不变量的动应变幅值 $\varepsilon_d \leqslant 0.42\%$，反之，阻尼比 λ 随着动应变增大而明显增大的动应变幅值 $\varepsilon_d > 0.42\%$，这一点明显不同于较低冻结负温 T（$-1.0℃$，$-1.5℃$）条件下阻尼比 λ 与动应变之间表出的正相关性；③在相同动应变条件下，较高冻结负温 T（$-0.5℃$）条件下的阻尼比 λ 显著高于较低冻结负温 T（$-1.0℃$，$-1.5℃$）条件下阻尼比 λ；④较小动应变幅值 ε_d（较小动应变）下阻尼比 λ_0 随着冻结负温 T 降低而显著降低。总结上述，地下冰的冻结温度越低，动力变形耗能越小，反之，则动力变形耗能越大，这主要是因为冻结温度越低，多晶体冰中未冻水含量越少、冰晶体之间胶结强度越大，致使在动载强度、动载频率、围压等相同条件下，冰动力变形的塑性耗能小。

9.3.3.2　动载频率对冰阻尼比影响

在试验围压 σ_3、冻结负温 T 相同条件下，即 $\sigma_3 = 0.3\text{MPa}$、$T = -1.0℃$，针对 3 种不同试验动载频率 f，获得冰动力变形的阻尼比 λ 与动应变幅值 ε_d 之间关系 $\lambda - \varepsilon_d$ 试验数据散

点分布、相应的拟合关系曲线见图 9-12（图中一并给出了 $\lambda - \varepsilon_d$ 之间关系试验拟合式），阻尼比 λ 与频率 f 之间关系 $\lambda - f$ 试验数据散点分布、相应的拟合关系曲线见图 9-13，较小动应变幅值 ε_d 下阻尼比 λ_0 与频率 f 之间拟合关系式见式（9-18）。

$$\lambda_0 = 0.0114f^2 - 0.0605f + 0.1547 \tag{9-18}$$

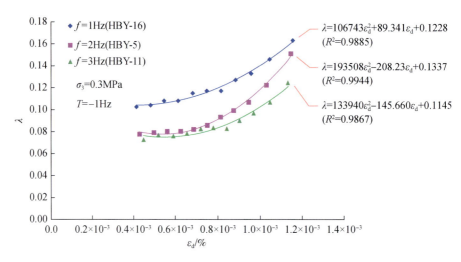

图 9-12　不同动载频率 f 条件下冰阻尼比 λ 与动应变幅值 ε_d 之间的关系

由图 9-12 与图 9-13 可以看出：①在相同动应变/动应变幅值 ε_d 条件下，冰的阻尼比 λ 因动载频率 f 降低而增大；②动应变幅值较小（$\varepsilon_d < 0.6\%$，即较小动应变），冰的阻尼比 λ 基本为一不变量，即阻尼比 λ 不因动应变幅值 ε_d 增大或减小而改变；③动应变幅值较大（$\varepsilon_d > 0.6\%$，即较大动应变），冰的阻尼比 λ 随着动应变幅值 ε_d 增大而增大；④较小动应变幅值 ε_d（较小动应变）下阻尼比 λ_0 随着动载频率 f 增大而显著降低，频率由 1Hz 增大至 2Hz 引起阻尼比 λ_0 降低的幅度远大于频率由 2Hz 增大至 3Hz 引起阻尼比 λ_0 降低的幅度。

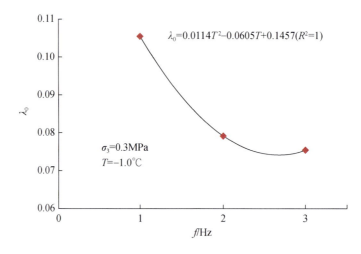

图 9-13　冰阻尼比 λ 与动载频率 f 之间的关系

总结上述，冻结负温 T、动载强度（动应力幅值 $\bar{\sigma}_d$）、动力变形（动应变幅值 ε_d，累积变形量）等一定条件下，在轨道交通对路基输入振动荷载的频率范围之内，即到达路基顶部动载的频率一般为 $f \leqslant 6\mathrm{Hz}$、到达路基内部或深部动载的频率较多为 $f \leqslant 3\mathrm{Hz}$（这正是路基场地地下冰层受到动载的频率范围），动载频率越高，地下冰动力变形耗能越小、阻尼比 λ 与较小动应变下阻尼比 λ_0 越小，反之，动载频率越低，则动力变形耗能越大、阻尼比 λ 与较小动应变下阻尼比 λ_0 越大，这主要是因为类似于天然结晶矿物的多晶体冰的动力变形（晶格动力位错、滑移、攀移）存在显著的时间效应，即某一级动载作用下理应产生的累积变形量需要一定时间过程，因动载频率高、作用速度快而使得冰的动力累积变形作用不能充分发挥，因此冰动力变形的塑性耗能小。

基于上述试验结果，冰的阻尼比 λ 与较小动应变下阻尼比 λ_0 也受温度与频率综合影响，可以采用这两个因素之间函数关系表示这种综合影响。据此，采用多元回归分析方法，获得较小动应变下阻尼比 λ_0 与各影响因素之间试验拟合关系，见式（9-19）、式（9-20）。

$$\lambda_0 = 0.079137\phi_{\lambda T}\phi_{\lambda f} \tag{9-19}$$

式中，$\phi_{\lambda T}$ 为阻尼比的温度修正系数；$\phi_{\lambda f}$ 为阻尼比的频率修正系数，计算方法见式（9-20）。

$$\phi_{\lambda T} = 0.4638T^2 + 1.2952T + 1.83226$$
$$\phi_{\lambda f} = 0.14405f^2 - 0.7645f + 1.9548 \tag{9-20}$$

由于受限于试验条件，试验数据具有一定离散性，不过冰的阻尼比 λ_0 的回归值与试验值之间误差可以控制于不超过 5% 范围。然而，尽管存在试验数据离散性，但是试验结果仍然可以揭示温度、频率对冰的较小动应变下阻尼比 λ_0 或阻尼比 λ 的影响规律与机理。

最后应该说明的是，以上只是针对冰的动弹性模量、阻尼比受围压、冻结温度、动载幅值、动载频率等因素影响开展的研究工作，但是关于地下冰的此项研究工作远非深入、完善，地下冰的动剪切模量、动强度及其主要影响因素的研究工作尚待开展，并且研究中还需要关注动力持时、冻结时间、冻结速度、冻结状态变化等因素影响，基于试验研究结果，进一步将研究工作拓展到具有一般性的理论分析、理论解，以使研究成果具有更好的推广应用价值。

§9.4　地下冰动残余应变与主要影响因素

多年冻土区，轨道交通荷载作用下，地下冰的动残余应变增长速率与主要影响因素分析，对于研究路基稳定性与长期服役性能至关重要。因此，针对冻结温度 T、荷载频率 f、动应力幅值 σ_{d}，基于低温动三轴试验结果，开展不同影响因素作用下地下冰的动残余应变速率演变规律研究工作。试验控制条件见表 9-2。

9.4.1　基本概念定义

9.4.1.1　冰动残余应变

冰的动残余应变 $\varepsilon_{\mathrm{pd}}$：轨道交通对路基振动输入引起动应力作用结束之后冰残留的应变值，见图 9-14。在此，针对冰的动力变形的低温动三轴试验，冰的动残余应变 $\varepsilon_{\mathrm{pd}}$ 可以定义为荷载振动作用前后冰试件的高度差 Δh 与试件的初始高度 h_0 之比，即 $\varepsilon_{\mathrm{pd}} = \Delta h / h_0 = (h_1 - h_0)/h_0$，其中 Δh 为荷载振动作用之前与之后冰试件的高度差（$\Delta h = h_{\mathrm{q}} - h_{\mathrm{h}}$）、$h_{\mathrm{q}}$ 为荷载振动作用之前试件的高度（试件的初始高度）、h_h 为荷载振动作用之后试件的高度。残余动应变取轴向动应力幅值 $\sigma_d = 0$ 时的永久动应变值，即图 9-14 中 K 点动应变为定义的动残余应变 ε_{pd}，对应的应力为 J 点应力 σ_J，$\sigma_J = \sigma_1 + \sigma_d = \sigma_1 + 0 = \sigma_1$，其中 σ_1 为轴向固结应力（静应力）。

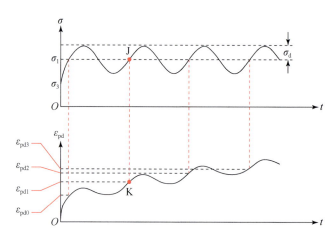

图 9-14　冰动残余应变定义概念图

9.4.1.2　冰动残余应变增长速率

根据每一次循环载荷作用下冰的动残余应变 ε_{pd}，可以获得每一次循环载荷作用下冰的动残余应变 ε_{pd} 时程曲线，即 ε_{pd}-t 关系曲线（t 为时间）。每一级动荷载作用下冰试件的轴向动残余应变增长速率 $\dot{\varepsilon}_{pd}$，可以定义为本级动荷载作用下第 3 振次至第 12 振次的 ε_{pd}-t 关系曲线的直线段斜率，目的在于尽可能消除每一级加载的瞬时沉降值，见图 9-3。应该说明，针对轨道交通振动荷载作用进行冰的低温动三轴试验，每一级循环载荷作用下，第 1 振次、第 2 振次的试件变形因受固结应力（静应力）影响大而不能完全反映真实的动应力作用变形，第 12 振次之后的试件变形很快趋于稳定，因此选择第 3 振次至第 12 振次的 ε_{pd}-t 关系曲线定义冰试件的轴向动残余应变增长速率 $\dot{\varepsilon}_{pd}$。在此，冰的动残余应变增长速率 $\dot{\varepsilon}_{pd}$，也可以表示为每一级循环加载下第 3 振次至第 12 振次轴向动残余应变平均增长速率。

$$\dot{\varepsilon}_{pd} = \frac{\dot{\varepsilon}_{pd3} + \dot{\varepsilon}_{pd4} + \cdots + \dot{\varepsilon}_{pd12}}{10} = \frac{\dfrac{\mathrm{d}\varepsilon_{pd3}}{\mathrm{d}t} + \dfrac{\mathrm{d}\varepsilon_{pd4}}{\mathrm{d}t} + \cdots + \dfrac{\mathrm{d}\varepsilon_{pd12}}{\mathrm{d}t}}{10}$$

式中，每一级循环加载下，ε_{pd3}、$\varepsilon_{pd4}\cdots\varepsilon_{pd12}$ 分别为第 3 振次、第 4 振次…第 12 振次下产生的轴向动残余应变值；$\dot{\varepsilon}_{pd3}$、$\dot{\varepsilon}_{pd4}\cdots\dot{\varepsilon}_{pd12}$ 分别为第 3 振次、第 4 振次…第 12 振次下轴向动残余应变增长速率；10 为从第 3 振次、第 4 振次至第 12 振次累计共 10 个振次。

9.4.1.3　冰受力变形动静应力比

在低温动三轴试验中，冰试件的轴向应变主要由剪应变引起，并且动载循环振动作用之前冰试件受到的静应力水平、动应力幅值对轴向动残余应变速率 $\dot{\varepsilon}_{pd}$ 影响较大。鉴于此，针对低温动三轴试验，描述冰试件的应力状态，可以引入动静应力比 ζ 概念。动静应力比

ζ 表示为广义动剪应力幅值与广义静剪应力之比，见式（9-21）。

$$\zeta = q_{\mathrm{d}}/q_{\mathrm{j}} = \sigma_{\mathrm{d}}/(\sigma_1 - \sigma_3) \tag{9-21}$$

式中，σ_{d} 为轴向动应力幅值；q_{d} 为循环动应力单独作用下引起的广义动剪应力幅值，由式（9-22）计算；q_{j} 为广义静剪应力，由式（9-23）计算。

$$q_{\mathrm{d}} = \sqrt{\frac{1}{2}\left[(\sigma_{\mathrm{d1}}-\sigma_{\mathrm{d2}})^2 + (\sigma_{\mathrm{d2}}-\sigma_{\mathrm{d3}})^2 + (\sigma_{\mathrm{d3}}-\sigma_{\mathrm{d1}})^2\right]} \tag{9-22}$$

$$q_{\mathrm{j}} = \sqrt{\frac{1}{2}\left[(\sigma_1-\sigma_2)^2 + (\sigma_2-\sigma_3)^2 + (\sigma_3-\sigma_1)^2\right]} \tag{9-23}$$

式中，σ_{d} 为轴向动应力幅值；σ_1 为轴向静压应力；$\sigma_3 = \sigma_2$ 为围压（径向静压应力）；σ_{d1}、σ_{d2}、σ_{d3} 分别为由动荷载单独作用引起单元的最大动主应力、中间动主应力、最小动主应力，在普通低温动三轴试验中，$\sigma_{\mathrm{d1}} = \sigma_{\mathrm{d}}$，$\sigma_{\mathrm{d2}} = \sigma_{\mathrm{d3}} = 0$。

9.4.2　冰动残余应变速率影响因素

针对轨道交通荷载作用，根据冻土动残余应变速率低温动三轴试验数据统计分析与拟合结果[3,9,10]，地下冰的动残余应变速率 $\dot{\varepsilon}_{\mathrm{pd}}$ 与应力状态（σ_{d}，σ_1，σ_3）之间关系可以表示为指数函数式，见式（9-24）。

$$\dot{\varepsilon}_{\mathrm{pd}} = C\left(\frac{q_{\mathrm{d}}}{q_{\mathrm{j}}}\right)^D = C\left(\frac{\sigma_{\mathrm{d}}}{\sigma_1-\sigma_3}\right)^D = C\zeta^D \tag{9-24}$$

式中，C、D 为与频率、温度、围压等因素有关的拟合参数。根据低温动三轴试验数据，通过回归分析，可以获得不同试验条件下拟合参数的取值，见表9-4。冰的动残余应变速率受动应力幅值、温度、频率等多种因素影响，基于试验结果详细分析如下。

表 9-4　冰的动残余应变速率试验条件与拟合参数取值

试件编号	密度 ρ /(g/cm³)	温度 T /℃	频率 f /Hz	围压 σ_3 /MPa	振次 N	拟合参数 C	D	均方差 S	相关系数 R^2
HBY-4	0.857	−0.5				0.14094	35.44	1.21×10^{-6}	0.9954
HBY-5	0.882	−1.0	2			0.12871	35.50	4.62×10^{-8}	0.9760
HBY-1	0.879	−1.5		0.3	12	0.00077	9.926	2.73×10^{-9}	0.9483
HBY-16	0.877	−1.0	1			0.87068	48.68	4.15×10^{-8}	0.9823
HBY-11	0.855		3			0.03027	26.24	4.11×10^{-8}	0.9729

9.4.2.1　动应力幅值影响

从材料变形与力学机理角度看，任何一种材料，在三种宏观力（即压力、张力/拉力、剪力）作用下，发生三种变形（即压缩变形、拉伸变形、剪切变形）与相应的三种破坏（即压缩破坏、拉伸破坏、剪切破坏），本征力学机制均为剪应力作用下的剪切破坏。基于此，可以采用动静应力比 ζ，研究动应力幅值对冰动残余应变速率的影响，这是因为动静应力比 ζ 被定义为广义动剪应力幅值 q_{d} 与广义静剪应力 q_{j} 之比，而广义动剪应力幅值 q_{d} 为最大动主应力、中间动主应力、最小动主应力的综合反映，广义静剪应力 q_{j} 为轴向静压应力与围压的综合反映、一般静应力状态的综合反映，见式（9-21）～式（9-23），所以动静应力比 ζ 从另一角度刻画了动应力幅值、动应力状态，而且还反映了一般静力状态、试验静应力状态。

在试验围压与动载频率一定条件下，即 $\sigma_3 = 0.3\mathrm{MPa}$、$f = 2\mathrm{Hz}$，针对 3 种不同试验负温，即 $T = -0.5℃$、$-1.0℃$、$-1.5℃$，通过普通低温动三轴试验，获得的冰动残余应变速率与动静应力比之间的关系见图 9-15（a）。在试验围压与冻结负温一定条件下，即 $\sigma_3 = 0.3\mathrm{MPa}$、$f = -1.0℃$，针对 3 种不同动载频率，即 $f = 1\mathrm{Hz}$、$2\mathrm{Hz}$、$3\mathrm{Hz}$，通过普通低温动三轴试验，获得的冰动残余应变速率与动静应力比之间的关系见图 9-15（b）。由图 9-15 可以看出：①在试验围压 σ_3、动载频率 f、动静应力比 ζ 一定条件下，随着冻结负温 T 降低，冰的动残余应变速率 $\dot{\varepsilon}_{\mathrm{pd}}$ 明显降低，说明冻结负温 T 变化对冰的动残余应变速率 $\dot{\varepsilon}_{\mathrm{pd}}$ 增大有重要控制作用；②在试验围压 σ_3、动载频率 f 一定与 3 种冻结负温 T（$T = -0.5℃$、$-1.0℃$、$-1.5℃$）条件下，随着动静应力比 ζ 增大，冰的动残余应变速率 $\dot{\varepsilon}_{\mathrm{pd}}$ 均增大，由于广义静剪应力 q_j 为不变的试验条件，所以冰的动残余应变速率 $\dot{\varepsilon}_{\mathrm{pd}}$ 随着动静应力比 ζ 增大而增大，实际是冰的动残余应变速率 $\dot{\varepsilon}_{\mathrm{pd}}$ 随着广义动剪应力幅值 q_d 也即轴向动应力幅值 σ_d ［式（9-21）～式（9-23）］增大而增大，说明动应力幅值 σ_d 变化对冰的动残余应变速率 $\dot{\varepsilon}_{\mathrm{pd}}$ 增大有重要正面加剧作用；③在试验围压 σ_3、冻结负温 T、动静应力比 ζ 一定条件下，随着动载频率 f 增大，冰的动残余应变速率 $\dot{\varepsilon}_{\mathrm{pd}}$ 有所增加，说明动载频率 f 增大对冰的动残余应变速率 $\dot{\varepsilon}_{\mathrm{pd}}$ 增大有一定正面加剧作用；④在试验围压 σ_3、冻结负温 T 一定与 3 种动载频率 f（$f = 1\mathrm{Hz}$、$2\mathrm{Hz}$、$3\mathrm{Hz}$）条件下，随着动静应力比 ζ 增大，冰的动残余应变速率 $\dot{\varepsilon}_{\mathrm{pd}}$ 均增大，如上述一致，也说明动应力幅值 σ_d 变化对冰的动残余应变速率 $\dot{\varepsilon}_{\mathrm{pd}}$ 增大有重要正面加剧作用。鉴于上述，在不同试验条件下，冰试件轴向动残余应变速率 $\dot{\varepsilon}_{\mathrm{pd}}$ 均随着动静应力比 ζ 增大而增大，即动残余应变速率 ζ 受动应力幅值 σ_d 影响显著，这是因为动应力幅值 σ_d 越大，输入冰试件的振动能越多，冰更易发生动残余变形。

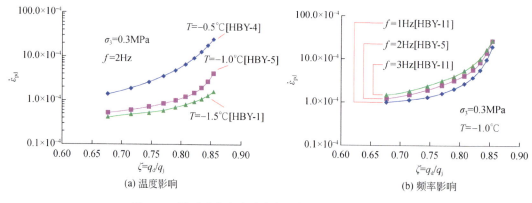

图 9-15　冰动残余应变速率与动静应力比之间的关系

9.4.2.2　冻结温度影响

冻结负温 T 是地下冰动残余应变速率 $\dot{\varepsilon}_{\mathrm{pd}}$ 的一个重要影响因素。在试验围压与动载频率一定条件下，即 $\sigma_3 = 0.3\mathrm{MPa}$、$f = 2\mathrm{Hz}$，针对 10 种逐渐递增的不同动静应力比 ζ，即 $\zeta =$

$0.677 \rightarrow 0.854$，通过普通低温动三轴试验，获得的冰动残余应变速率 $\dot{\varepsilon}_{\mathrm{pd}}$ 与冻结负温 T 之间的关系见图 9-16，以及冰动残余应变速率 $\dot{\varepsilon}_{\mathrm{pd}}$ 与动静应力比 ζ、冻结负温 T 之间的关系见图 9-17。由图 9-16、图 9-17 可以看出：①在试验围压 σ_3、动载频率 f、冻结负温 T 一定条件下，冰动残余应变速率 $\dot{\varepsilon}_{\mathrm{pd}}$ 因动静应力比 ζ 增大而明显增大、因冻结负温 T 降低而明显减小，说明动应力幅值 σ_{d} 增大对冰动残余应变速率 $\dot{\varepsilon}_{\mathrm{pd}}$ 增大的正面影响较大、冻结负温 T 降低对冰动残余应变速率 $\dot{\varepsilon}_{\mathrm{pd}}$ 增大的负面影响很大，二者因显然为冰动残余应变速率 $\dot{\varepsilon}_{\mathrm{pd}}$ 两个重要影响因素，这一点与 9.4.2.1 节结论相同；②冻结负温 $T=-0.5℃$，冰动残余应变速率 $\dot{\varepsilon}_{\mathrm{pd}}$ 最大，并且可以采用幂函数 $\dot{\varepsilon}_{\mathrm{pd}}=a\,|\,T\,|^{b}$ 描述冰动残余应变速率 $\dot{\varepsilon}_{\mathrm{pd}}$ 随着冻结负温 T 降低而迅速减小的衰减规律，见图 9-17；③ $-0.5℃$ 冰的动残余应变速率 $\dot{\varepsilon}_{\mathrm{pd}}$ 比 $-1.0℃$、$-1.5℃$ 冰的动残余应变速率 $\dot{\varepsilon}_{\mathrm{pd}}$ 大很多，说明冰的动强度随着冻结负温 T 升高而显著降低（高温冰抗动力变形的性能较差），这是因为冻结温度 T 越低，多晶冰中冰颗粒之间胶结增强越大，致使冰的动强度越高。

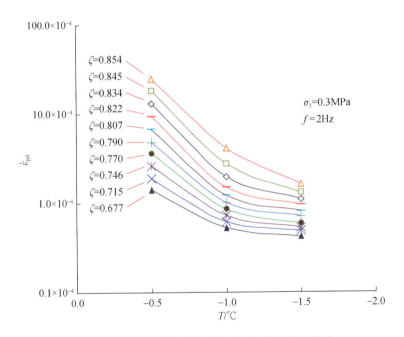

图 9-16　冰动残余应变速率与冻结负温之间的关系

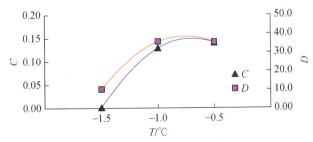

(a) 拟合参数 C、D 与冻结负温 T 之间的关系

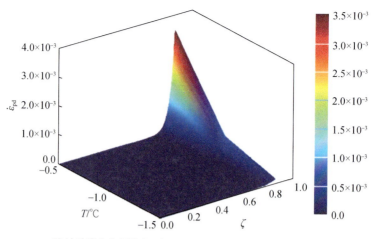

(b) 冰动残余应变速率$\dot{\varepsilon}_{pd}$与T、ζ之间关系拟合函数图

图 9-17　动残余应变速率与冻结负温、动静应力比之间的拟合关系

在试验围压与动载频率一定条件下，针对 3 种不同冻结负温 T（$T = -0.5℃$、$-1.0℃$、$-1.5℃$）获得的式（9-24）中拟合参数 C、D 的取值见表 9-4，C、D 与冻结负温 T 之间的关系见图 9-17（a），相应的拟合式子见式（9-25）、式（9-26）。由图 9-17（a）可知，拟合参数 C、D 随着冻结负温 T 降低而显著增大，$T = -1℃$ 的 C 值较 $T = -1.5℃$ 的 C 值增加超过 3 倍。冰的动残余应变速率 $\dot{\varepsilon}_{pd}$ 与冻结负温 T、动静应力比 ζ 之间的拟合关系见式（9-27），据此绘制的三者之间的关系曲面见图 9-17（b）。

$$C = -0.2314T^2 - 0.3227T + 0.0375 \quad (R^2 = 1) \tag{9-25}$$

$$D = -51.275T^2 - 77.033T + 9.7456 \quad (R^2 = 1) \tag{9-26}$$

$$\dot{\varepsilon}_{pd} = (-0.2314T^2 - 0.3227T + 0.0375)\zeta^{-51.275T^2 - 77.033T + 9.7456} \tag{9-27}$$

9.4.2.3　动载频率影响

在试验围压与冻结负温一定条件下，即 $\sigma_3 = 0.3\text{MPa}$、$T = -1℃$，针对 10 种逐渐递增的不同动静应力比 ζ，即 $\zeta = 0.677 \rightarrow 0.854$，通过普通低温动三轴试验，获得的冰动残余应变速率 $\dot{\varepsilon}_{pd}$ 与动载频率 f 之间的关系见图 9-18，以及冰动残余应变速率 $\dot{\varepsilon}_{pd}$ 与动静应力比 ζ、动载频率 f 之间的关系见图 9-19。由图 9-18、图 9-19 可以看出：①在每一种动静应力比 ζ 条件下，在轨道交通对路基输入振动的一般频率范围，随着动载频率 f 提高，冰的动残余应变速率 $\dot{\varepsilon}_{pd}$ 均有所增大（增大的幅度较小），说明动载频率 f 对冰的动残余应变速率 $\dot{\varepsilon}_{pd}$ 有一定影响；②动静应力比 ζ 对冰的动残余应变速率 $\dot{\varepsilon}_{pd}$ 影响规律与 9.4.2.2 节所述一致。

在试验围压与冻结负温一定条件下，针对 3 种不同动载频率 f（$f = 1\text{Hz}$、2Hz、3Hz）获得的式（9-24）中拟合参数 C、D 的取值见表 9-4，C、D 与动载频率 f 之间的关系见图 9-19（a），相应的拟合式子见式（9-28）、式（9-29）。由图 9-19（a）可知，拟合参数 C、D 随着动载频率 f 提高而明显降低，$f = 1\text{Hz}$ 的 C 值、D 值最大，随着动载频率 f 提高，C 值、D 值较大幅度减少。冰的动残余应变速率 $\dot{\varepsilon}_{pd}$ 与动载频率 f、动静应力比 ζ 之间的拟合关系见式（9-30），据此，采用数值计算结果绘制的三者之间的关系曲面见图 9-19（b）。

$$C = 0.9153f^{-3.0253} \tag{9-28}$$

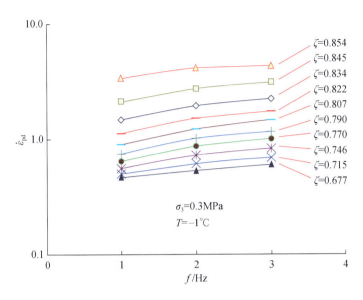

图 9-18　冰动残余应变速率与动载频率

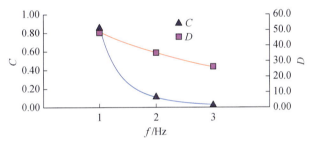

(a) 拟合参数C、D与动载频率f之间的关系

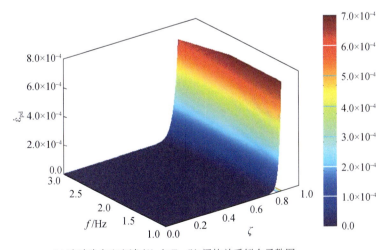

(b) 冰动残余应变速率$\dot{\varepsilon}_{pd}$与T、ζ之间的关系拟合函数图

图 9-19　动残余应变速率与冻结负温、动静应力比之间的拟合关系

$$D = 1.9571f^2 - 19.051f + 65.778 \tag{9-29}$$

$$\dot{\varepsilon}_{pd} = 0.9153f^{-3.0253}\zeta^{1.9571f^2 - 19.051f + 65.778} \qquad (9\text{-}30)$$

根据上述试验结果，拟合参数 C、D 也受到动载频率 f、冻结负温 T 等因素联合影响，可以表示为各因素之间的联合影响函数。据此，针对以上试验成果，采用多元回归分析方法，获得拟合参数 C、D 与各影响因素之间的拟合关系见式（9-31）、式（9-32）。

$$C = 0.1287\phi_{CT}\phi_{Cf} \qquad (9\text{-}31)$$
$$D = 35.50\phi_{DT}\phi_{Df} \qquad (9\text{-}32)$$

式（9-31）中，ϕ_{CT} 为冰动残余应变速率 $\dot{\varepsilon}_{pd}$ 回归式中拟合参数 C 的冻结负温 T 修正系数；ϕ_{Cf} 为冰动残余应变速率 $\dot{\varepsilon}_{pd}$ 回归式中拟合参数 C 的动载频率 f 修正系数，二者由下式计算。

$$\phi_{CT} = -1.7978T^2 - 2.5072T + 0.29135$$
$$\phi_{Cf} = 7.1113f^{-3.0253} \qquad (9\text{-}33)$$

式（9-32）中，ϕ_{DT} 为冰动残余应变速率 $\dot{\varepsilon}_{pd}$ 回归式中拟合参数 D 的冻结负温 T 修正系数；ϕ_{Df} 为冰动残余应变速率 $\dot{\varepsilon}_{pd}$ 回归式中拟合参数 D 的动载频率 f 修正系数，由下式计算。

$$\phi_{DT} = -1.4442T^2 - 2.1697T + 0.2745$$
$$\phi_{Df} = 0.055f^2 - 0.5366f - 1.8527 \qquad (9\text{-}34)$$

将式（9-31）、式（9-32）代入式（9-24），经过整理，可以得到冰动残余应变速率 $\dot{\varepsilon}_{pd}$（动残余应变增长速度）的以下计算式。

$$\dot{\varepsilon}_{pd} = C\zeta^D = 0.1287\phi_{CT}\phi_{Cf}\left(\frac{\sigma_d}{\sigma_1 - \sigma_3}\right)^{35.50}\phi_{DT}\phi_{Df} \qquad (9\text{-}35)$$

因为受限于试验条件，致使试验数据呈现一定离散性，但是采用上述拟合式子获得的冰动残余应变速率 $\dot{\varepsilon}_{pd}$ 回归式中拟合参数 C 的回归值、D 的回归值与试验值之间误差均在 5% 范围之内。

§9.5　长期动载作用下地下冰永久变形预测模型

多年冻土区轨道路基，在列车行驶振动荷载显著影响范围，若存在厚层地下冰，或饱冰冻土层，或富冰冻土层，或含土冰层，则在列车荷载长期反复振动作用下，地下冰将发生由动力引起的永久变形，导致或加剧路基沉降，进而诱发轨道竖向与横向不平顺，从而影响铁路充分发挥应有的商旅与货运功能，甚至威胁行车安全，还给铁路运行维护带来一定或较大困难。因此，针对列车荷载长期反复振动作用下，研究建立地下冰变形预测模型无疑具有一定工程意义。

9.5.1　地下冰动力永久变形预测模型

鉴于上述，针对轨道交通对路基输入振动荷载作用，立足于冰动力变形的低温动三轴试验结果，研究冰动力变形特性与主要影响因素，据此建立冰动力变形的预测模型，用于长期动载作用下地下冰变形预测。为了便于分析，取试验中冰试件承受的某一级动荷载为加载标准，研究冰在长期振动荷载作用下的变形特性。根据以上试验研究结果，影响冰动力性能的主要因素为冻结负温 T、动载频率 f、动应力幅值 σ_d，故而在建立列车荷载长期动载作用下地下冰变形预测的低温动三轴试验中也针对这三个主要影响因素，试验具体控制标准见表 9-5。

表 9-5　冰动力变形低温动三轴试验控制条件与拟合参数 （试验围压 $\sigma_3 = 0.3\text{MPa}$）

试件编号	密度 ρ /(g/cm³)	温度 $T/\text{°C}$	频率 f/Hz	动应力幅值 σ_d/MPa	静动应力比 ζ	拟合参数		均方差 S	相关系数 R^2
						b	c		
HBY-9	0.8772			0.166	0.2947	5.376×10^{-8}	1.633×10^{-3}	1.800×10^{-6}	0.99997
HBY-10	0.8708	−0.5	2	0.333	0.4556	2.471×10^{-7}	2.271×10^{-3}	8.011×10^{-6}	0.99998
HBY-3	0.8764			0.499	0.5567	8.837×10^{-7}	1.777×10^{-3}	4.879×10^{-5}	0.99015
HBY-2	0.8870			0.166	0.2947	1.036×10^{-7}	1.261×10^{-3}	1.910×10^{-6}	0.99986
HBY-18	0.8788	−1.0	2	0.333	0.4556	2.834×10^{-7}	1.835×10^{-3}	7.634×10^{-6}	0.99996
HBY-6	0.8719			0.499	0.5567	7.564×10^{-7}	1.668×10^{-3}	2.886×10^{-5}	0.99902
HBY-15	0.8809			0.166	0.2947	5.992×10^{-8}	1.125×10^{-3}	1.104×10^{-6}	0.99893
HBY-7	0.8782	−1.5	2	0.333	0.4556	2.421×10^{-7}	1.873×10^{-3}	6.511×10^{-6}	0.99987
HBY-8	0.8755			0.499	0.5567	4.518×10^{-7}	1.597×10^{-3}	1.280×10^{-5}	0.99981
HBY-14	0.8749	−1.0	1	0.499	0.5567	1.666×10^{-6}	1.637×10^{-3}	1.455×10^{-4}	0.99160
HBY-17	0.8806		3	0.499	0.5567	3.356×10^{-7}	2.235×10^{-3}	1.095×10^{-5}	0.99989

　　试验研究表明，冻结负温 T、动载频率 f、动应力幅值 σ_d 对冰的动力变形均有不同程度影响。图 9-20 至图 9-25 呈现了冻结负温 T、动载频率 f、动应力幅值 σ_d 对地下冰变形参数的影响规律。根据低温动三轴试验数据，可以得到冰的动残余应变 ε_{pd} 与动载振动次数即振次 N 之间的关系，见图 9-20、图 9-22、图 9-24。由图 9-20、图 9-22、图 9-24 可以看出，总体上，冰的动残余应变 ε_{pd} 因振次 N 增加而增大，并且振动起始阶段动残余应变 ε_{pd} 增大幅度较大，后期高振次作用下动残余应变 ε_{pd} 增加速率（曲线上各点的切线斜率）显著小于初期低振次作用下动残余应变 ε_{pd} 增加速率，并且进入后期高振次作用动残余应变 ε_{pd} 与振次 N 之间表现为线性或近似线性变化关系。这是因为冰试件等压固结之后在动力加载之起始阶段试件有一个压密过程，致使试件永久压缩变形量显著大，而后继续动力加载，试件永久压缩变形很快结束而进入正常动力变形阶段，所以试件后期高振次作用下动

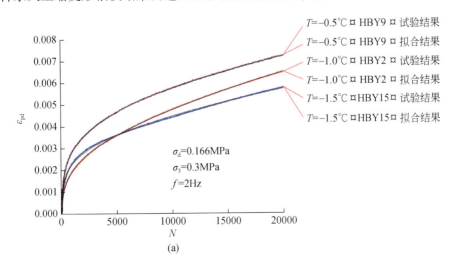

(a)

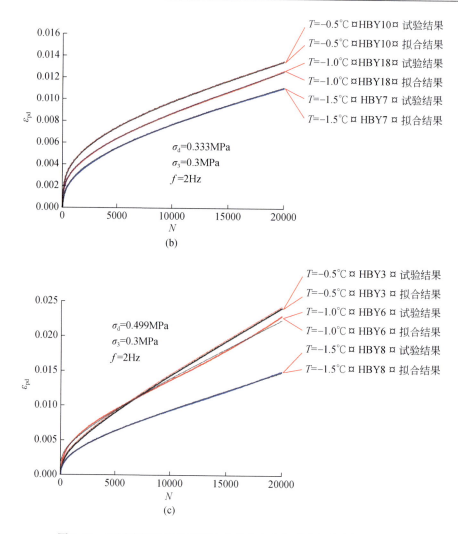

图9-20 不同冻结负温条件下冰动残余应变与动载振次之间的关系

残余应变 ε_{pd} 增加速率快速减小，直至小于初期低振次作用下动残余应变 ε_{pd} 增加速率，并且试件动残余应变 ε_{pd} 与振次 N 之间呈现线性或近似线性变化关系。

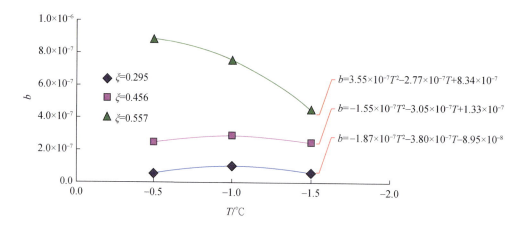

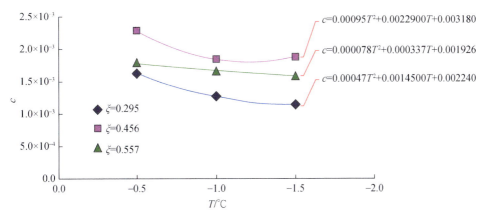

图 9-21　不同动静应力比下冰动残余应变模型参数与冻结负温之间的关系

根据文献 [2] 研究结果，并且结合图 9-20、图 9-22、图 9-24 中不同条件下冰动残余应变 ε_{pd} 与动载振次 N 之间关系试验结果，采用回归分析方法，分析冰动力变形的低温动三轴试验数据，可以得到轨道交通长期振动作用下地下冰永久动力变形的经验预测模型，见式 (9-36)。

$$\varepsilon_{pd} = a + bN + cN^d \tag{9-36}$$

式中，ε_{pd} 为轴向动残余应变；a 为与温度有关的参数；b 为与围压关的参数；c 为与振次有关的参数；d 为与动应力幅值有关的参数；N 为动载振动次数。根据数次拟合结果，$d < 1$，若冻结负温 T 较高、动应力幅值 σ_d 较大，可以取 $d = 1/2$，保证冰永久动力变形预测结果的精度较高，反之，则取 $d = 1/10$。为便于分析，取 d 为定值 $1/6$。故此，经验预测模型式 (9-36) 变为式 (9-37)。

$$\varepsilon_{pd} = a + bN + cN^{\frac{1}{6}} \tag{9-37}$$

根据冻土蠕变理论，式 (9-37) 中右端第一项 a 表示冰的瞬时应变、第二项 bN 表示冰的黏塑性蠕变、第三项 $cN^{1/6}$ 表示冰的衰减蠕变。据此，参数 a、b、c 可以分别视为瞬时变形、平均蠕变率、蠕变衰减系数，物理意义明确。在动载频率 f、动应力幅值 σ_d、冻结负温 T 等变化条件下，获得的冰永久动力变形之 ε_{pd}–N 之间关系的试验结果、拟合结果见图 9-20、图 9-22、图 9-24。由此可见，ε_{pd}–N 之间关系的试验结果与拟合结果高度吻合，拟合参数 b、c 取值与均方差 S、相关系数 R^2 见表 9-5。轨道交通长期振动作用下地下冰永久动力变形特性与主要影响因素详述如下。

9.5.2　冻结负温对地下冰永久动力变形影响

在动载频率 f 与围压 σ_3 不变条件下，针对 3 种不同冻结负温 T、3 种不同动应力幅值 σ_d，冰永久动力变形之 ε_{pd}–N 之间关系的试验结果、拟合结果见图 9-20。由图 9-20 (a) →图 9-20 (b) →图 9-20 (c)，动应力幅值 σ_d 逐渐增加。

由图 9-20 可以看出：①在动载频率 f、动应力幅值 σ_d、围压 σ_3 不变条件下，冰动残余应变 ε_{pd} 因冻结负温 T 降低而明显减小，冻结负温 T 由 $-0.5℃$ 仅小幅度降至 $-1.5℃$，冰动残余应变 ε_{pd} 则较大幅度减小，表明冻结负温 T 越高，冰动强度越低、抗动力变形性能越差且显著不稳定；②在动载振动次数 N 相同条件下，动应力幅值 σ_d 即使增大幅度很小，也引起冰动残余应变 ε_{pd} 显著增大;③在动载频率 f、动应力幅值 σ_d、围压 σ_3、冻结负温 T 一定条件下,冰动残余应变 ε_{pd} 因长期动载振动次数 N 增加而明显增大,并且振动大约达到 $N=1200$ 次之后,冰动残余应变 ε_{pd} 与振动次数 N 之间呈线性或近似线性互长关系。总结上述,动载频率 f、动应力幅值 σ_d、振动次数 N、围压 σ_3、冻结负温 T 是冰动残余应变 ε_{pd} 的 4 个重要影响因素,值得引起工程关注。

在上述其他试验条件一致情况下,针对 3 种不同动静应力比 ζ,根据冰低温动三轴试验结果,获得的长期动载作用下地下冰变形预测模型——冰永久动力变形预测经验式(9-36)或式(9-37)中拟合参数 b、c 与冻结负温 T 之间关系见图 9-21、表 9-5。

从图 9-21 可以看出:①在动静应力比较小条件下,即 $\zeta=0.295$,随冻结负温 T 降低,黏塑性蠕变率 b 明显减小;②但是,若动静应力比发生一定增大,即 $\zeta=0.456$ 或 0.557,在 3 种不同冻结负温 T 条件下,即 $T=-0.5℃$、$-1.0℃$、$-1.5℃$,黏塑性蠕变率 b 基本稳定或变化极小;③在试验控制的 3 种不同动静应力比较小条件下,即 $\zeta=0.295$、0.456、0.557,在试验控制的冻结负温 T 条件下,即 $T=-0.5℃$、$-1.0℃$、$-1.5℃$,随着冻结负温 T 降低,蠕变衰减系数 c 稍有降低,说明在试验控制的冻结负温 T 范围之内,冻结负温 T 对蠕变衰减系数 c 影响很小;④在试验控制的 3 种不同动静应力比 ζ 条件下,黏塑性蠕变率 b、蠕变衰减系数 c 与冻结负温 T 之间关系均可以描述为二次函数多项式。

9.5.3 动应力幅值对地下冰永久动力变形影响

在动载频率 f 与围压 σ_3 不变条件下,针对 3 种不同动应力幅值 σ_d、3 种不同冻结负温 T,冰永久动力变形的 ε_{pd}–N 之间关系的试验结果、拟合结果见图 9-22。由图 9-22(a)→图 9-22(b)→图 9-22(c),冻结负温 T 逐渐降低。

由图 9-22 可以看出:①在动载频率 f、冻结负温 T、围压 σ_3 不变条件下,冰动残余应变 ε_{pd} 因动应力幅值 σ_d 增大而较大幅度增大,并且冻结温度 T 越高,冰动残余应变 ε_{pd} 的减小对动应力幅值 σ_d 降低的反应越敏感,此外在动载振动次数 N 相同条件下,动应力幅值 σ_d 即使增大幅度很小,也引起冰动残余应变 ε_{pd} 显著增大,因此动应力幅值 σ_d 是冰动残余应变 ε_{pd} 的一个重要影响因素;②在动载频率 f、动应力幅值 σ_d、围压 σ_3、冻结负温 T 一定条件下,冰动残余应变 ε_{pd} 因长期动载振动次数 N 增加而明显增大,并且振动大约达

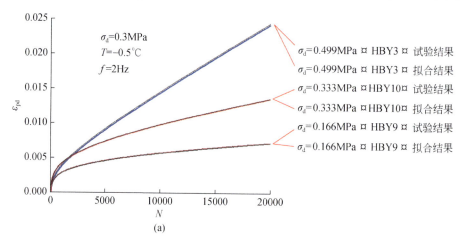

(a)

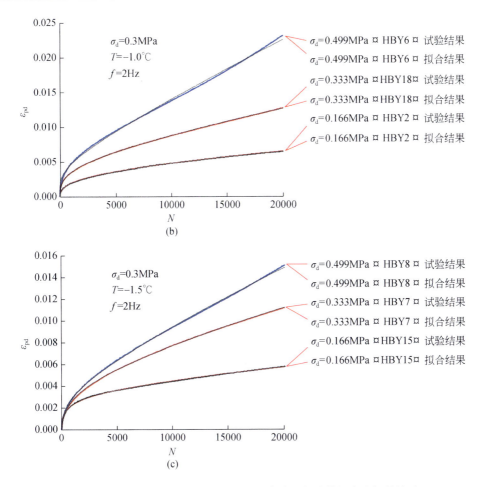

图 9-22　不同动应力幅值条件下冰动残余应变与动载振次之间的关系

到 $N=1200$ 次之后，冰动残余应变 ε_{pd} 与振动次数 N 之间呈线性或近似线性互长关系。主要是因为动应力幅值 σ_d 越大，动荷载强度越大，输入冰试件的动能越大，致使冰晶体动力位错滑移与攀移等晶格变形作用越大、冰晶体动力压融作用越大、冰晶体热融作用越大、多晶冰中冰颗粒之间动力压密作用越大、多晶冰中冰颗粒之间相互动力滑移作用越大、多晶冰结构弱化作用越大（抵抗动力变形性能降低），因此冰动残余应变 ε_{pd} 随着动应力幅值 σ_d 增大、动载振动次数 N 增多明显或较大幅度增大。

在上述动载频率 f、围压 σ_3 等其他试验条件一致情况下，针对 3 种不同冻结负温 T，根据冰低温三轴试验结果，获得的长期动载作用下地下冰变形预测模型——冰永久动力变形预测经验式（9-36）或式（9-37）中拟合参数——黏塑性蠕变率 b、蠕变衰减系数 c 与动静应力比 ζ 之间的关系见图 9-23、表 9-5。由于围压 σ_3 不变，所以动静应力比 ζ 变化实际反映动应力幅值 σ_d 变化。

从图 9-23 可以看出：①在 3 种冻结负温 T 条件下，黏塑性蠕变率 b 均随着动静应力比 ζ 增大而增大，并且二者之间关系可以表示为指数函数形式；②但是，在 3 种冻结负温 T 条件下，蠕变衰减系数 c 与动静应力比 ζ 之间相互变化关系则非如此，即动静应力比 ζ 由 0.3 增大至 0.455，蠕变衰减系数 c 明显增大，而动静应力比 ζ 由 0.455 增大至 0.555，则蠕变衰减系数 c 趋于减小，二者之间关系可以表示为二次多项式形式；③在动静应力比 ζ

一定条件下，随着冻结负温 T 降低，黏塑性蠕变率 b、蠕变衰减系数 c 均有减小趋势。

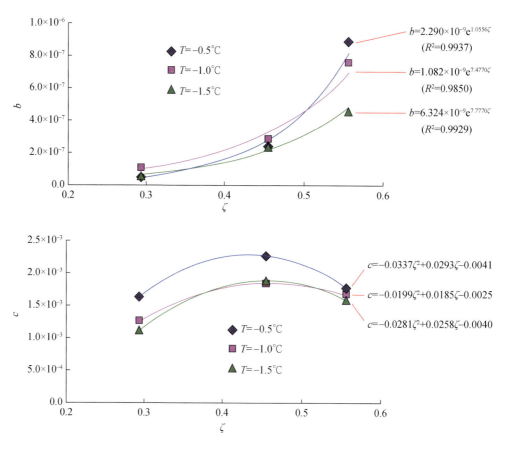

图 9-23　不同冻结负温下冰动残余应变模型参数与动静应力比之间的关系

9.5.4　动载频率对地下冰永久动力变形影响

在动应力幅值 σ_d、围压 σ_3、动静应力比 ζ、冻结负温 T 等试验条件一定下，针对 3 种不同动载频率 f，冰永久动力变形的 ε_{pd}–N 之间关系的试验结果、拟合结果见图 9-24。由图 9-24 可以看出：①在其他试验条件不变条件下，随着动载频率 f 提高，冰动残余应变 ε_{pd} 显著增大；②在动载作用初期（$N<1200$ 次），随着振动次数 N 增多，冰动残余应变 ε_{pd} 增大的速率较快且为显著的非线性增大；③而后，随着动载作用次数 N 不断增多，频率 $f=1\mathrm{Hz}$ 动载作用，冰动残余应变 ε_{pd} 因振动次数 N 增多而呈非线性增大且增大速率较快，频率 $f=2\mathrm{Hz}$、$3\mathrm{Hz}$ 动载作用，冰动残余应变 ε_{pd} 因振动次数 N 增多而呈线性增大。动载频率 f 对冰动残余应变 ε_{pd} 的影响效应，充分反映了动载作用的持时效应（每一振次的作用时间）或速率效应，冰的动强度因每一振次的动载作用持时延长或总作用持时延长而弱化，也即动载频率 f 越低，冰受力变形表现的动强度越小、动残余应变 ε_{pd} 越大，而动载频率 f 较高，冰动残余应变 ε_{pd} 的持时效应越不明显、残余应变值变化越不大。这一认识与 Turunen-Rise I、Brekke A、Harvik L 等研究成果一致[11]。

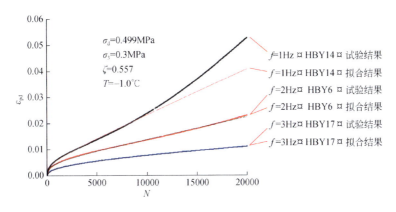

图 9-24 不同动载频率条件下冰动残余应变与动载振次之间的关系

在动应力幅值 σ_d、围压 σ_3、动静应力比 ζ、冻结负温 T 等试验条件一定条件下，根据冰低温动三轴试验结果，获得的冰永久动力变形预测经验式（9-36）式（9-37）中拟合参数——黏塑性蠕变率 b、蠕变衰减系数 c 与动载频率 f 之间的关系见图 9-25、表 9-5。由图 9-25 可以看出，黏塑性蠕变率 b 随着动载频率 f 提高而减小，蠕变衰减系数 c 随着动载频率 f 提高而增大。

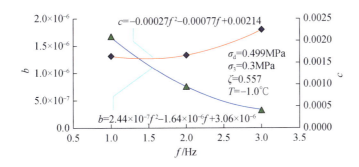

图 9-25 冰动残余应变模型参数与动载频率之间的关系

9.5.5 黏塑性蠕变率与蠕变衰减系数经验模型

基于上述结果，不难看出，在轨道交通振动荷载作用下，地下冰的黏塑性蠕变率 b、蠕变衰减系数 c 明显或显著受到动静应力比 ζ、冻结负温 T、动载频率 f 三个因素联合影响，这种联合影响可以表示为各因素之间试验经验关系，即试验经验模型。为此，采用多元回归分析方法，分析以上试验数据，可以获得冰的黏塑性蠕变率 b、蠕变衰减系数 c 与动静应力比 ζ、冻结负温 T、动载频率 f 三者之间的经验关系，见式（9-38）、式（9-39）。

$$b = 7.5729 \times 10^{-7} \phi_{bT} \phi_{b\zeta} \phi_{bf} \tag{9-38}$$

$$c = 0.001658 \phi_{cT} \phi_{c\zeta} \phi_{cf} \tag{9-39}$$

式（9-38）中，ϕ_{bT} 为 b 的冻结负温 T 的修正系数；$\phi_{b\zeta}$ 为 b 的动静应力比 ζ 的修正系数；ϕ_{bf} 为 b 的动载频率 f 的修正系数，由下式计算。

$$\phi_{bT} = -0.4688T^2 - 0.3658T + 1.1013$$

$$\phi_{b\zeta} = 0.015605 \mathrm{e}^{7.47698\zeta} \qquad\qquad (9\text{-}40)$$

$$\phi_{bf} = 0.3222f^2 - 2.1656f + 4.0407$$

式 (9-39) 中，ϕ_{cT} 为 c 的冻结负温 T 的修正系数；$\phi_{c\zeta}$ 为 c 的动静应力比 ζ 的修正系数；ϕ_{cf} 为 c 的动载频率 f 的修正系数，由下式计算。

$$\phi_{cT} = 0.04704T^2 + 0.2033T + 1.1616$$

$$\phi_{c\zeta} = -12.0247\zeta^2 + 11.1737f - 1.4879 \qquad\qquad (9\text{-}41)$$

$$\phi_{cf} = 0.1628f^2 - 0.4644f + 1.2907$$

　　受限于试验条件，致使试验数据呈现一定离散性，但是采用上述拟合式子获得的冰动残余应变 $\varepsilon_{\mathrm{pd}}$ 回归式中冰的黏塑性蠕变率 b 的回归值、蠕变衰减系数 c 的回归值与试验值之间误差基本在 10% 范围之内，见表 9-6。

表 9-6　地下冰永久动力变形经验预测模型参数试验值与回归值之比较

试件编号	负温 T /℃	频率 f /Hz	动应力幅值 σ_{d}/MPa	黏塑性蠕变率 b			参考剪应变幅 γ_{dr}		
				实验值	回归值	误差/%	实验值	回归值	误差/%
HBY-9			0.166	5.376×10^{-8}	1.247×10^{-7}	−130.9	1.633×10^{-3}	1.370×10^{-3}	16.02
HBY-10	−0.5	2	0.333	2.471×10^{-7}	4.153×10^{-7}	−67.85	2.271×10^{-3}	1.993×10^{-3}	12.10
HBY-3			0.499	8.837×10^{-7}	8.845×10^{-7}	−0.09	1.777×10^{-3}	1.811×10^{-3}	−1.88
HBY-2			0.166	1.036×10^{-7}	1.067×10^{-7}	−3.15	1.261×10^{-3}	1.285×10^{-3}	−1.70
HBY-18	−1.0	2	0.333	2.834×10^{-7}	3.552×10^{-7}	−25.20	1.835×10^{-3}	1.870×10^{-3}	−2.04
HBY-6			0.499	7.564×10^{-7}	7.567×10^{-7}	−0.08	1.668×10^{-3}	1.699×10^{-3}	−2.46
HBY-15			0.166	5.992×10^{-8}	6.359×10^{-8}	−5.61	1.125×10^{-3}	1.230×10^{-3}	−9.68
HBY-7	−1.5	2	0.333	2.421×10^{-7}	2.118×10^{-7}	12.31	1.873×10^{-3}	1.870×10^{-3}	0.20
HBY-8			0.499	4.518×10^{-7}	4.511×10^{-7}	0.14	1.597×10^{-3}	1.626×10^{-3}	−1.82
HBY-14	−1.0	1	0.499	1.666×10^{-6}	1.665×10^{-6}	0.06	1.637×10^{-3}	1.658×10^{-3}	−1.28
HBY-17		3	0.499	3.356×10^{-7}	3.363×10^{-7}	−0.18	2.235×10^{-3}	2.285×10^{-3}	−2.31

§9.6　结论与总结

　　针对轨道交通荷载振动作用，采用人造多晶冰，立足于低温动三轴试验，研究长期动荷载作用下地下冰的永久变形、演化规律与主要影响因素。冰的动应力与动应变之间的关系被刻画为黏弹性模型；冰的动弹性模量 E_{d}、阻尼比 λ_0 与冻结负温、动载频率之间的关系，可以拟合为多项式子；采用多元回归分析方法，获得了冰的动力学参数与各影响因素之间关系的综合表达式。冰的动弹性模量因冻结负温降低、动载频率增大而增大，阻尼比因动应变幅值增大而显著增大、因冻结负温降低而减小（相同动剪应变幅值条件下）、因动载频率增大而减小。冰的动残余应变增长速率受控于动应力幅值，并且因动载频率增大而增大、因冻结负温降低而减小、因动静应力比增大而增大；动残余应变速率与冻结负温、动载频率、动静应力比之间关系可以拟合为幂函数式子；采用多元回归分析方法，获得了冰的动残余应变速率与各影响因素之间关系的综合表达式，奠定了轨道交通荷载作用下冰的永久变形预测的重要基础。基于低温动三轴试验资料，建立了轨道交通荷载长期作用下冰的永久变形预测经验模型，物理意义明确、拟合精度高，并且综合考虑了振动次数（振动持时）、动载频率、应力状态、冻结负温等主要因素的影响效应，可以用于轨道交通荷载长期作用下地下冰的研究变形预测与相关研究。黏塑性蠕变率 b 因冻结负温降低而降低、因动载频率增加而增加、因动应力幅值增加而增加；蠕变衰减系数 c 因冻结负温降低而降低、因动应力幅值增加而增加、因动载频率增加而降低。

参 考 文 献

[1] 程国栋. 冷却路基方法修建青藏铁路 [J]. 中国铁道科学, 2003, 24 (3): 1-4.

[2] 朱占元, 陈士军, 凌贤长, 等. 人造多晶冰的动力学参数试验研究 [J]. 岩土工程学报, 2013, 35 (4): 762-766.

[3] 陈士军. 青藏线含融化夹层和地下冰冻土路基列车行驶振动响应 [D]. 哈尔滨: 哈尔滨工业大学, 2013.

[4] 徐洪宇, 赖远明, 喻文兵, 等. 人造多晶冰三轴压缩强度特性试验研究 [J]. 冰川冻土, 2011, 33 (5): 1120-1126.

[5] Ling X Z, Chen S J, Zhu Z Y, et al. Field monitoring on the train-induced vibration response of track structure in the Beiluhe permafrost region along Qinghai-Tibet railway in China [J]. Cold Regions Science and Technology, 2010, 60 (1): 75-83.

[6] Chen S J, Ling X Z, Zhu Z Y, et al. Field monitoring on train-induced vibration in the seasonally frozen region of Daqing in spring [C]. Proceedings of the 2nd international conference on transport engineering, Southwest Jiaotong University, Chengdu, China, 2009, 345: 2017-2022.

[7] Zhu Z Y, Ling X Z, Chen S J, et al. Analysis of dynamic compressive stress induced by passing trains in permafrost subgrade along Qinghai-Tibet Railway [J]. Cold Regions Science and Technology, 2011, 65 (3): 465-473.

[8] 朱占元, 凌贤长, 陈士军, 等. 青藏铁路列车行驶引起的轨枕竖向作用力 [J]. 哈尔滨工业大学学报, 2011, 6 (43): 6-10.

[9] Zhu Z Y, Ling X Z, Wang Z Y, et al. Experimental investigation on the dynamic behavior of frozen clay [J]. Cold Regions Science and Technology, 2011, 69 (1): 91-97.

[10] 朱占元. 青藏铁路列车行驶多年冻土场地路基振动反应与振陷预测 [D]. 哈尔滨: 哈尔滨工业大学, 2009.

[11] Turunen-Rise I, Brekke A, Harvik L, et al. Vibration in dwellings from road and rail traffic-Part I: a new Norwegian measurement standard and classification system [J]. Applied Acoustics, 2003, 64 (1): 71-87.

第10章 高寒冻融区轨道交通路基振动反应现场监测

§10.1 引　　言

实践与研究表明，场地是否存在冻土层对地基与土工构筑物动力反应具有重要影响。例如：黑龙江省德都县位于高寒深季节冻土区，冻结最大冻深为 2.4~2.6m，县辖龙镇于 1986 年 2 月 9 日、3 月 1 日、5 月 7 日、8 月 16 日先后发生 5.3 级、5.0 级、5.4 级、5.8 级四次震级较接近的破坏性地震，在场地或地基存在冻土层的 2 月与 3 月两次地震中砖混结构破坏严重、土坯房屋受损很小，而在地基不存在冻土层的 5 月与 8 月两次地震中土坯房屋破坏严重、砖混结构受影响很小，足以说明场地或地基是否存在冻土层对不同动刚度工程结构地震反应具有重要影响。针对轨道交通振动作用，通过现场监测，可以客观认识高寒区不同冻融状态路基振动反应的基本特征、时空演变与主要影响因素，从而为路基振动反应分析的理论研究与数值模拟，提供必要的实测依据、验证标准。鉴于上述，分别针对高寒深季节冻土区、多年冻土区，选择北京—哈尔滨铁路（干线铁路/普通铁路）、哈尔滨—大庆铁路（即滨洲铁路一段，干线铁路/普通铁路）、哈尔滨—大连高速铁路（无砟轨道）、哈尔滨—佳木斯铁路快速客运专线（有砟轨道）、青藏铁路（普通铁路，分别监测了北麓河段热棒路基、普通路基）、甘泉重载铁路、塔韩重载铁路，进行列车行驶路基振动反应现场监测，据此研究路基振动反应的基本特征、时空分布、衰减规律与主要影响因素，系统考虑的主要影响因素有场地类型、路基结构、路堤高度、冻融状态（季节变化）、轨道形式与列车类型、动力编组、行车轴重、行驶速度等。由于篇幅限制，以哈尔滨—大庆铁路（普通铁路）、哈尔滨—大连高速铁路（无砟轨道）、哈尔滨—佳木斯铁路快速客运专线（有砟轨道）为例，阐述列车行驶路基振动反应现场监测结果与若干问题处理措施。

§10.2 高寒冻融区普通铁路路基振动反应现场监测

针对高寒深季节冻土区不同场地条件、不同最大冻深、不同最低负温、不同填料类型、不同路堤高度与不同通车频次的普通干线铁路，分别在滨洲铁路的哈尔滨—大庆铁路安达段上选择 K124+118 断面（通车频次低。滨洲铁路：哈尔滨—满洲里铁路）、在北京—哈尔滨铁路的王岗—五家段上选择 K1229+135 断面（通车频次高），前者进行了一个完整冻融期（即春季、夏季、冬季）列车行驶路基振动加速度现场监测，后者进行了冬季与夏季列车行驶路基振动加速度现场监测，目的在于比较分析上述不同条件下路基振动反应问题。下面首先介绍哈尔滨—大庆铁路列车行驶路基振动反应现场监测与分析结果[1-4]。

10.2.1　路基振动加速度反应现场监测数据处理

1）加速度幅值与加速度有效值

列车行驶铁路路基振动反应是一个频率与振幅均相当复杂的随机过程, 现场加速度监测数据为每次列车通过路段时的测点信号, 据监测点监测信号, 如何更科学地量化路基振动加速度反应特征与变化规律、衰减特性成为一个重要的数据处理技术问题。根据大量现场监测数据分析经验, 采用加速度幅值、加速度有效值、加速度 1/3 倍频程谱分析列车行驶路基振动反应问题, 不仅可以获得更好的理想结果——特别是路基振动强度大小、振动传播衰减规律, 而且物理意义更清楚明确。鉴于此, 首先分别定义加速度幅值、加速度有效值。定义路基振动反应的加速度幅值为加速度绝对值的最大值, X 方向（平行于轨道延伸方向）的最大值、Y 方向（水平且垂直于轨道延伸方向）的最大值、Z 方向（竖向）的最大值分别记为 $|a_x|_{max}$、$|a_y|_{max}$、$|a_z|_{max}$, 定义见式（10-1）, X 方向、Y 方向、Z 方向的加速度有效值分别记为 $|a_x|_{val}$、$|a_y|_{val}$、$|a_z|_{val}$, 定义见式（10-2）。

$$|a_i|_{max} = \max\{|a_{ij}|\} \quad (i = X, Y, Z; j = 1, 2, 3, \cdots, N) \tag{10-1}$$

$$|a_i|_{val} = \frac{1}{N}\sqrt{\sum_{j=1}^{N}|a_{ij}|^2} \quad (i = X, Y, Z; j = 1, 2, 3, \cdots, N) \tag{10-2}$$

式中, $i = X$、Y、Z 代表空间坐标方向; a_{ij} 为列车通过时采集的 i 方向第 j 个振动加速度时程记录; N 为列车通过时采集加速度记录点的个数。

2）加速度 1/3 倍频程谱

在声学中, 振动加速度的 1/3 倍频程谱是声信号分析的一个重要手段, 具有频带宽谱线少的特点。1/3 倍频程谱的频程划分采用恒定带宽比, 即 1/3 倍频程是在一个倍频程的上频率与下限频率之间插入两个频率, 要求 4 个频率之间比值相同, 如此, 便将一个倍频程划分为 3 个频程。1/3 倍频程谱是由一系列中心频率与对应中心频率所在频带之内信号的有效值或平均幅值构成, 关系见下式[1,5]。

$$f_0 = \sqrt{f_l f_u} \tag{10-3}$$

$$f_u = 2^{1/3} f_l \tag{10-4}$$

$$\beta = (f_u - f_l)/f_0 \approx 23.16\% \tag{10-5}$$

式中, f_0 为 1/3 倍频程的中心频率; f_l 为 1/3 倍频程频带的下限频率; f_u 为 1/3 倍频程频带的上限频率; β 为 1/3 倍频程的相对带宽。1/3 倍频程由多个带通滤波器并联组成, 中心频率可以表示为下式。

$$f_c = 1000(2^{n/3}) \quad (n = 0, \pm 1, \pm 2, \cdots) \tag{10-6}$$

根据现行国家标准, 1/3 倍频程的中心频率 f_c 取值有一定要求, 即分别取为 1.00、1.25、1.60、2.00、2.50、3.15、4.00、5.00、6.30、8.00、10.00、$\cdots$。由此可以看出, 每隔两个中心频率, 频率值增加一倍。在寒区轨道交通路基振动反应加速度分析中, 由于主要分析列车荷载振动频率下不同加速度的幅值特性, 因此只计算中心频率 f_c 对应频段的加速度有效值 a_r, 计算方法见下式。

$$a_r = \sqrt{P} = \sqrt{\int_{f_l}^{f_u} S_a(f)\mathrm{d}f} \tag{10-7}$$

式中，$S_{a}(f)$ 为功率谱密度函数；P 为 1/3 倍频程频带之内的总功率；a_{r} 为 1/3 倍频程频带中心频率处的加速度有效值。

10.2.2　路基振动加速度反应现场监测概况

在滨洲铁路的哈尔滨—大庆铁路安达段上，选择 K124+118 断面（垂直于轨道延伸方向的竖向横断面）作为监测断面，土层类型见图 10-1，基床表层为砂夹石压实填土、基床底层为粉质黏土压实填土，路基底部为天然粉质黏土层。哈尔滨—大庆铁路安达段位于典型高寒深季节冻土区，每年 3 月中旬~5 月中旬为春融期、10 月中旬~次年 3 月上旬为冻结期、3 月下旬~10 月上旬为正常期（无冻土层的正常期，即非冻结期），夏季最高气温 38℃，冬季最低气温低于−35℃，甚至达到或超过−41℃，最大冻深达到或超过 2.2m。监测断面所在的路段为列车正常行驶的双线平直路段，Ⅲ 型轨枕 1667 根/km、60kg 钢轨无缝线路，路堤高度为 2.9m、坡度为 1∶1.6，道砟层厚度为 0.4m。

加速度监测仪器采用中国国家地震局工程力学研究所研制的 891-2 型测振仪（三向拾振器，也即三向加速度传感器），通频带为 0.5~80Hz，加速度分辨率为 $1\times10^{-5}\,\mathrm{m/s^{2}}$。采集设备应用中国东方振动和噪声技术研究所研制的 INV306 信号采集与分析系统。各监测点均同时监测竖向振动加速度、平行于轨道延伸方向振动加速度、水平且垂直于轨道延伸方向振动加速度，监测采样频率为 512Hz。根据拾振器布置定义空间坐标方向：平行于轨道延伸方向为纵向（X 方向），水平且垂直于轨道延伸水平向为横向（Y 方向），竖向且垂直于轨道延伸方向为竖向（Z 方向），见图 10-1。监测点布置见图 9-1：钢轨、轨枕各布置 4 个监测点，钢轨监测点为 G_{1}、G_{2}、G_{3}、G_{4}，轨枕监测点为 C_{1}、C_{2}、C_{3}、C_{4}，目的在于监测列车行驶对路基输入振动的振源特性；轨枕监测点 C_{1}、C_{4} 与钢轨监测点 G_{1}、G_{4} 均位于监测断面上；轨枕监测点 C_{2} 与 C_{3} 对称于监测断面，钢轨监测点 G_{2} 与 G_{3} 也对称于监测断面，目的在于分析钢轨、轨枕振动反应的相似性与延时性；自路堤至场地布置 4 个监测点 C_{5}（布置于路肩，距离上行轨道中心 2.5m）、C_{6}（布置于基床表层，距离上行轨道中

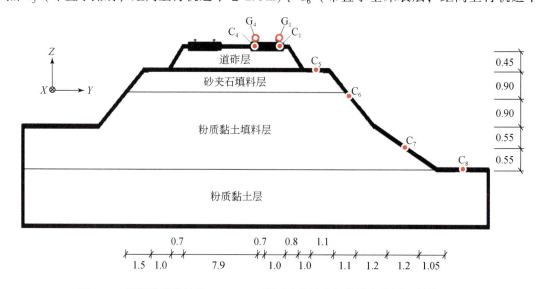

图 10-1　滨洲铁路安达段 K124+118 断面路基结构与监测点布置（单位：m）

心 4.5m)、C₇ (布置于基床底层,距离上行轨道中心 6.8m)、C₈ (布置于临近路基场地,距离上行轨道中心 8.9m),这 4 个监测点与监测点 C₁、C₄、G₁、G₄ 位于同一监测断面上,目的在于研究振动沿横断面传播与衰减特性;路堤监测点加速度计置于地表下 30cm 处;监测点 C₄、G₄ 仅监测 Z 方向加速度,监测点 G₃ 监测 Y 方向加速度、Z 方向加速度,其他监测点均同时监测 X 方向加速度、Y 方向加速度、Z 方向加速度。各监测点采样频率均为 512Hz。

针对同一监测断面 K124+118,分别在春季、夏季、冬季各监测一次,目的在于比较季节变化、是否存在冻土层、冻土厚度、冻土温度等对列车行驶路基振动反应的影响。冬季(冻结期)监测时间为 2006 年 2 月 3 日,路基中冻结层为 1.8m;春季(春融期)监测时间为 2007 年 5 月 15 日,路基顶面以下 1.0m 范围为融土层、1.0~1.8m 为冻结层;夏季(正常期)监测时间为 2007 年 9 月 4 日,路基中无冻土层。不同季节现场监测情况见图 10-2。

图 10-2　安达段 K124+118 断面列车行驶路基与轨道现场监测概况

10.2.3　路基振动加速度反应现场监测结果

冻结期、春融期、正常期,分别针对列车的不同车型(快速客车、普通客车、货车)、不同速度 (v=60~140km/h)、不同编组 (1+10、1+60、2+15 等),每一趟列车通过,同时监测路基上每个监测点 (C₅、C₆、C₇、C₈) 3 个方向 (X 方向,Y 方向,Z 方向) 加速度反应,一并监测两趟列车会车时路基加速度反应。

1) 路基振动反应加速度时程

由于篇幅限制,下面针对倍加关心的路基与场地存在冻土层的冻结期快速客车 T507 (v=140km/h,1 节机车+10 节客车) 通过、货车 (v=60km/h,1 节机车+56 节货车) 通过，仅以路肩（监测点 C_5）与临近路堤的场地（监测点 C_8）振动加速度监测结果为例，见图 10-3，简介两趟不同列车通过时路基振动加速度反应与传播衰减情况。由图 10-3 可以看出：①货车通过时路肩三向加速度峰值反应均明显大于客车 T507 通过时路肩三向加速度峰值反应，这是因为货车轴较大较重且速度较慢、振动频率较低，致使路肩受振动荷载较大；②客车 T507 通过引起路肩 Y 方向与 Z 方向加速度最大幅值，机车通过分别为 $0.7\mathrm{m/s^2}$、$1.9\mathrm{m/s^2}$，客厢通过分别为 $0.4\mathrm{m/s^2}$、$1.1\mathrm{m/s^2}$，前者明显大于后者，这是由于机车轴重较客厢轴重大，而对于货车，由于货厢轴重也较大，因此机车与货厢通过引起路肩 X 方向、Y 方向、Z 方向加速度幅值相近；③由路肩至临近路堤的场地（监测点 C_8），客车 T507 通过时 Z 方向加速度幅值由 $1.8\mathrm{m/s^2}$ 降至 $0.15\mathrm{m/s^2}$（降低 91.7%），货车通过时 Z 方向加速度幅值由 $2.9\mathrm{m/s^2}$ 降至 $0.2\mathrm{m/s^2}$（降低 93.1%），二者降低幅度均很大，表明路基振动加速度随着距线路中心距离增加而快速衰减，但是由于存在较厚且冻结负温较低的冻土层而使得路基–场地体系整体动刚度较人、自振频率较高，所以客车 T507 通过引起振动频率较高的动载衰减较货车通过引起振动频率较低的动载衰减的幅度小。进一步研究表明，列车轴重越大引起路基加速度反应越大，而在路基–场地体系存在冻土层条件下，行车速度越快，路基加速度反应因距离增大而衰减的幅度越小。

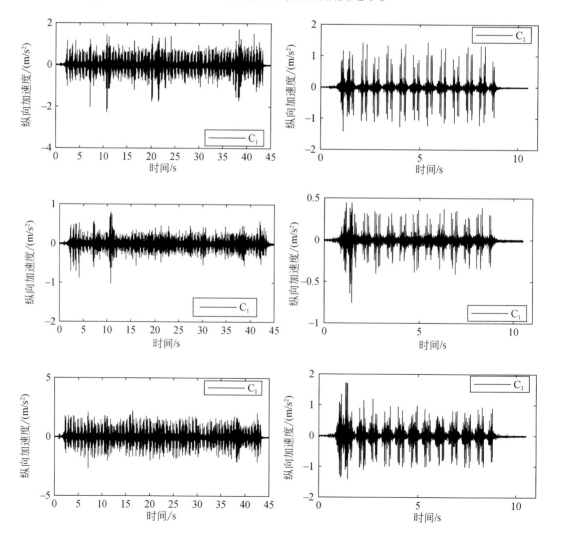

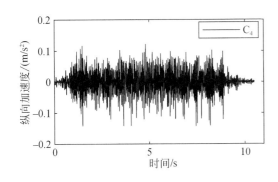 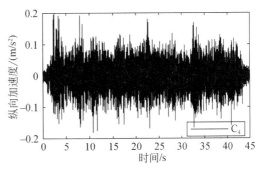

图 10-3　滨洲铁路 K124+118 断面路肩与场地振动加速度时程

2）路基振动加速度有效值与衰减规律

针对列车行驶路基–场地体系加速度反应衰减问题，采用加速度有效值描述加速度强度变化规律与衰减特性。加速度有效值：在一个振动周期之内，对现场采集的加速度信号，进行先平方，再求和（积分），再开方平，再针对采样数求平均值，见式（10-2）。针对春季（春融期）、夏季（正常期）、冬季（冻结期）不同列车通过路基振动反应，据滨洲铁路 K124+118 断面加速度现场监测结果，可以得到 X 方向加速度有效值 $|a_x|_{\text{val}}$、Y 方向加速度有效值 $|a_y|_{\text{val}}$、Z 方向加速度有效值 $|a_z|_{\text{val}}$ 随着监测点（C_5、C_6、C_7、C_8）距线路中心距离（距轨道中心水平距离 S_G）增加而衰减的变化规律，见图 10-4。冻结期监测：货车 $v = 60\text{km/h}$，快速客车 $v = 140\text{km/h}$，普通客车 $v = 70\text{km/h}$。由图 10-4 可以看出：①随着距轨道中心水平距离 S_G 增加，X、Y、Z 三个方向加速度有效值均较大幅度衰减；②冻结期，Z 方向加速度有效值明显大于 X、Y 两个方向加速度有效值，X 方向较 Y 方向加速度有效值大，并且越临近轨道、越明显；③春融期，Y、Z 两个方向加速度有效值较接近且大于 X 方向加速度有效值；④正常期，临近轨道，Z 方向加速度有效值明显大于 X、Y 两个方向加速度有效值，X 方向加速度有效值稍大于 Y 方向加速度有效值；⑤冻土层、列车轴重、行车速度是影响路基振动反应的三个重要因素，即冻土层明显加剧路基振动反应，列车轴重越大、速度越快，路基振动加速度有效值越大。

根据图 10-4 给出的现场监测结果，通过拟合分析，冻结期、春融期、正常期三种不同冻融条件下，不同列车通过，路基振动反应 X、Y、Z 三个方向加速度有效值 $|a_i|_{\text{val}}$ 与距轨道中心水平距离 S_G 之间关系均可以表示为如下负指数函数形式。

$$|a_i|_{\text{val}} = me^{-nS_G} \quad (i = x、y、z) \tag{10-8}$$

式中，m、n 为由路基振动加速度反应现场监测结果确定的待定系数，m 表征加速度强度

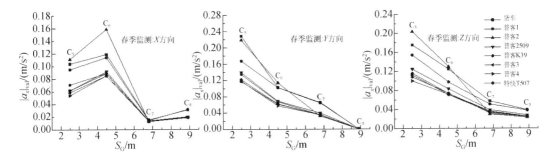

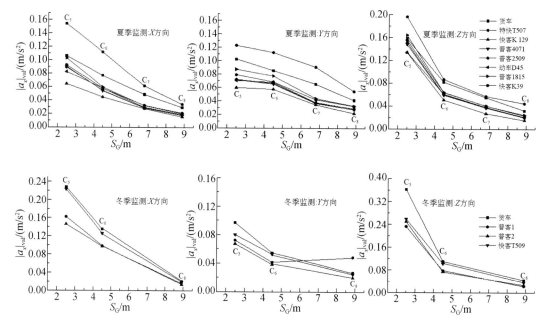

图 10-4　列车行驶路基振动加速度有效值与距线路中心距离之间的关系

且主要取决于冻土层、列车轴重、行车速度（m 值越大，加速度幅值或强度越大），n 表征加速度随着距线路中心距离最大而衰减的幅度或快慢程度（n 值越大，加速度衰减的幅度越大或越快），n 还与路基冻融状态、振动频率成分或频谱关系密切。

3）路基振动加速度频谱特征

针对列车行驶路基振动反应加速度时域监测数据，进行 ffT 变换，可以得到加速度频谱图。首先分析加速度时程变化典型曲线，获得路基振动加速度峰值频率与由转向架固定轴距引起的振动频率之间的关系。列车荷载下轨道路基中动应力频率受列车类型、编组形式、行驶速度、路基结构等多因素联合影响。列车通过，由车辆定距、转向架固定轴距、轨枕间距引起的振动频率见下式[1]。

$$f_{ci} = (i \times v)/(2l_c) \quad (i = 1,2,3,\cdots) \tag{10-9}$$

$$f_{ti} = (i \times v)/(2l_t) \quad (i = 1,2,3,\cdots) \tag{10-10}$$

$$f_s = (i \times v)/(2l_s) \quad (i = 1,2,3,\cdots) \tag{10-11}$$

式中，f_{ci} 为由车辆定距引起的振动频率（Hz）；f_{ti} 为由转向架固定轴距引起的振动频率（Hz）；f_s 为由轨枕间距引起的振动频率（Hz）；i 为一趟列车的车辆数；v 为行驶速度（m/s）；l_c 为车辆定距之半（m）；l_t 为转向架固定轴距之半（m）；l_s 为轨枕间距（m）。由式（10-9）～（10-11）计算得到分别由车辆定距、转向架固定轴距、轨枕间距引起的第 1 主频（$i=1$）列于表 10-1。列车–轨道体系与钢轨受力分析简化模型见图 10-5，车体、转向架、轮对均假定为刚体（在列车行驶过程中，不考虑内部振动）且表示为质量块，钢轨简化为弹性连续地基梁，道床假定为弹性地基（道床与路基隔离开），相邻车体之间、车体与转向架之间、转向架与轮对之间均由并联弹簧–阻尼器连接，轮对与钢轨之间作用力为均布弹性力。

表 10-1　监测车辆参数与相关振动频率计算结果

列车类型	车辆结构	行驶速度/(km/h)	l_c /m	l_t /m	l_s /m	f_{c1} /Hz	f_{t1} /Hz	f_{s1} /Hz
特快客车 T507	2 系悬挂	140	8.4	1.2		2	16	70
快速客车 K39	2 系悬挂	70	9	1.2	0.556	1	8	35
货车	1 系悬挂	60	4.25	0.915		2	9	30

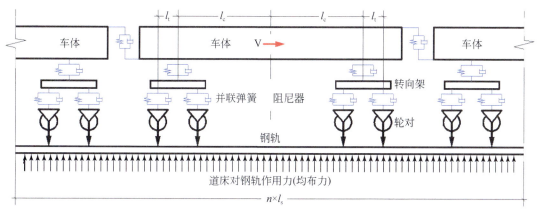

图 10-5　列车–轨道体系与钢轨受力分析简化模型

　　针对冻结期，以特快客车 T507（$v = 140$km/h）、快速客车 K39（$v = 70$km/h）、货车（$v = 60$km/h）通过监测结果为例，分析路基振动反应竖向（Z 方向）加速度频率与列车类型、行驶速度之间的关系。在监测点 C_5 获得的路基振动反应竖向加速度时程曲线 $a_z(t)$ 与相应的傅里叶谱（ffT 谱）见图 10-6，傅里叶谱中纵坐标为竖向加速度幅值（单位为 m·s^{-2}/Hz）。由图 10-6 可以看出：①货车通过路基振动加速度明显大于特快客车、快速客车；②货车通过路基加速度强烈或显著反应的频率范围为 5~90Hz，包括 8 个典型频带且每个频带含一个峰值频率；③特快客车 T507 通过路基加速度强烈或显著反应的频率范围为 10~80Hz，包括 4 个典型频带且每个频带含一个峰值频率；④快速客车 K39 通过路基加速度强烈或显著反应的频率范围为 20~85Hz，包括 8 个典型频带且每个频带含一个峰值频率。因此，在轨道结构、路基形式、路堤高度、冻融状态等一定条件下，列车轴重、行驶速度直接影响路基振动加速度强度与频谱特征。

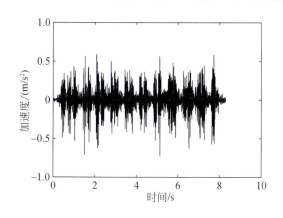

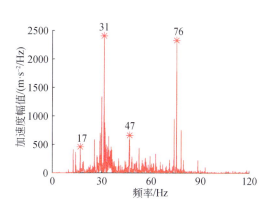

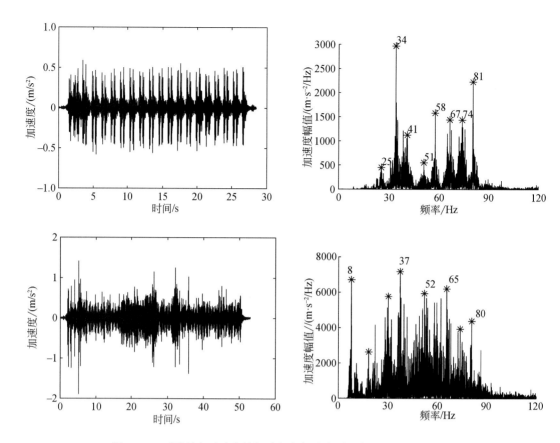

图 10-6　不同列车通过路基振动竖向加速度时程与相应的傅里叶谱

　　以快速客车 K39 通过路基振动竖向加速度反应为例，傅里叶谱 8 个典型频带的峰值频率分别为 25Hz、34Hz、41Hz、51Hz、58Hz、67Hz、74Hz、81Hz，见图 10-6。据此，分析路基振动竖向加速度反应的峰值频率与由转向架固定轴距引起的振动频率之间的关系。结果表明，在路基振动竖向加速度反应傅里叶谱中，第 n 个频带的峰值频率可以表示为下式。

$$f_{\mathrm{do},n} = nv/(2l_t) \quad (n = 1, 2, 3, \cdots) \tag{10-12}$$

式中，v 为行车速度（m/s）；$2l_t$ 为转向架固定轴距。

　　通过式（10-12），可以计算路基振动加速度反应各频带的峰值频率。针对监测点 C_5 获得的各频带峰值频率见表 10-2，表中一并给出了特快客车 T507、快速客车 K39、货车通过路基振动竖向加速度反应 8 个典型频带中峰值频率的计算值、实测值，可见二者之间吻合度较好。因此，式（10-12）可以用于列车行驶路基振动加速度反应傅里叶谱中各典型频带峰值预测。

表 10-2　列车行驶基振动竖向加速度频谱中各峰值频率计算值与实测值对比

列车类型	方法	$f_{\mathrm{do},1}$ /Hz	$f_{\mathrm{do},2}$ /Hz	$f_{\mathrm{do},3}$ /Hz	$f_{\mathrm{do},4}$ /Hz	$f_{\mathrm{do},5}$ /Hz	$f_{\mathrm{do},6}$ /Hz	$f_{\mathrm{do},7}$ /Hz	$f_{\mathrm{do},8}$ /Hz	$f_{\mathrm{do},9}$ /Hz	$f_{\mathrm{do},10}$ /Hz
特快客车 T507	计算	16	32	49	65	81	—	—	—	—	—
	实测	17	31	47	—	76	—	—	—	—	—

续表

列车类型	方法	$f_{do,1}$ /Hz	$f_{do,2}$ /Hz	$f_{do,3}$ /Hz	$f_{do,4}$ /Hz	$f_{do,5}$ /Hz	$f_{do,6}$ /Hz	$f_{do,7}$ /Hz	$f_{do,8}$ /Hz	$f_{do,9}$ /Hz	$f_{do,10}$ /Hz
快速客车 K39	计算	8	16	24	32	41	49	57	65	73	81
	实测	—	—	25	34	41	51	58	67	74	81
货车	计算	9	18	27	36	46	55	64	73	82	—
	实测	8	18	30	37	—	52	65	74	80	—

注：表中"—"表示频带无明显峰值频率

　　振动反应傅里叶谱具有多个频带，致使频谱分析对比较为困难。鉴于此，采用频带宽谱线少的 1/3 倍频程谱，分析列车行驶路基振动反应加速度频谱特征与主要影响因素。以特快客车 T507 通过路基振动竖向加速度反应为例，针对春融期、正常期、冻结期，根据路堤不同位置监测的竖向加速度（图 10-1 中监测点 C_5、C_6、C_7、C_8），可以计算不同监测点振动加速度的 1/3 倍频程谱，见图 10-7。由图 10-7 可以看出：①自路堤顶部监测点 C_5 至路堤底部监测点 C_8，各监测点竖向振动加速度主频主要集中于 10 ~ 150Hz，各主频加速度幅值随着距振源（轨道）距离增大而变化，但是不同监测点的主频变化不大；②冻结期，路基竖向振动加速度峰值反应频带宽对应的 1/3 倍中心频率范围为 32 ~ 100Hz，随着距振源距离增加，高频部分加速度幅值迅速衰减；③春融期，路基竖向振动加速度峰值反应频带宽对应的 1/3 倍中心频率范围为 16 ~ 80Hz，基床底层（监测点 C_7）加速度幅值明显大于路基其他监测点（监测点 C_5、C_6、C_8）——特别是加速度峰值显著大于临近轨道的路基顶部（监测点 C_5）加速度峰值，并且监测点 C_8 加速度幅值也明显大于监测点 C_5、C_6 加速度幅值，这是春融期路堤中部至上部的冻土层已经融化，而下部仍然存在冻土层，致使含冻土层部位加速度反应更大；④正常期，路基竖向振动加速度峰值反应频带宽对应的 1/3 倍中心频率范围为 16 ~ 63Hz，随着距振源距离增加，高频部分加速度幅值迅速衰减。根据上述，冻土层存在与否对列车行驶路基振动反应具有重要影响，由冻结期大范围很低负温冻结状态→春融期较小范围残余较高负温冻结状态，竖向振动加速度峰值反应频带宽趋于变窄且向较低频段频移，冻土层利于加大路基振动反应。这一认识，对于进一步研究考虑行车振动与冻融循环耦合作用避免或减轻路基病害的工程措施，无疑具有极其重要的实际意义。

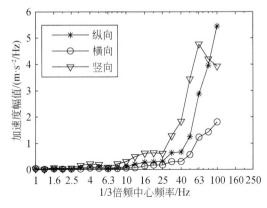
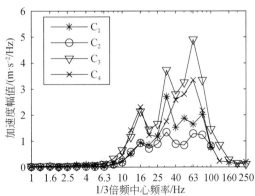

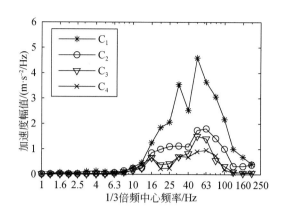

图 10-7　T507 通过路基不同监测点竖向加速度 1/3 倍频程谱

10.2.4　路基振动加速度反应影响因素

在轨道形式、道床厚度、路基结构、路堤高度与场地工程地质、水文地质等条件一定情况下，列车行驶路基振动反应的主要影响因素为路基冻融状态与列车类型、编组、轴重、速度。鉴于此，根据上述现场监测结果，分析这些因素对路基振动加速度反应的影响效应。

10.2.4.1　列车类型与行车速度影响

1) 路基振动加速度衰减规律

首先，以不存在冻土层的正常期列车行驶路基振动加速度反应现场监测结果为例，并且注重邻近轨道的路肩监测点（路肩因距离轨道十分接近而对列车振动反应非常敏感，轨枕振动传至路肩衰减很小），分析加速度有效值随着距轨道中心不同水平距离的空间分布规律，见图 10-8。由图 10-8 可以看出：①路肩监测点 C_5，在 X 方向、Y 方向、Z 方向，T507、货车、1815、4071、K129 各次列车通过时加速度有效值有从大至小的递变关系；②任一类型列车通过，随着距轨道中心水平距离增大，路基振动反应 X 方向、Y 方向、Z 方向加速度有效值均明显衰减。比较各次列车的类型、编组、速度，可知 T507 加速度有效值最大，这是由于尽管车辆编组的车体数量最小，但是行驶速度为 140km/h 且为其他列车行驶速度 2 倍以上；1815 加速度有效值大于 4071 加速度有效值，这是由于 1815（编组：2+15）与 4071（编组：1+17）车体数量接近且二者行驶速度均为 69km/h，但是 1815 含 2 辆机车；K129 加速度有效值最小，这是由于 K129 行驶速度（68km/h）小于其他列车行驶速度、车体数量也小于其他列车；货车加速度有效值仅次于 T507 加速度有效值，这是因为货车轴重大且 56 节车体数量远多于其他列车。鉴于上述，在轨道结构、路基形式、路堤高度、冻融状态等一定条件下，影响列车行驶路肩振动反应加速度有效值（加速度幅值）的主要因素为列车类型、列车编组、行驶速度。货车载重量大且载物车厢数较大，所以路肩振动反应加速度有效值较大；列车编组相近，行驶速度越快，路肩振动反应加速度有效值越大；列车行驶速度相近，车体数量越多、轴重越大，路肩振动反应加速度有效值越大。

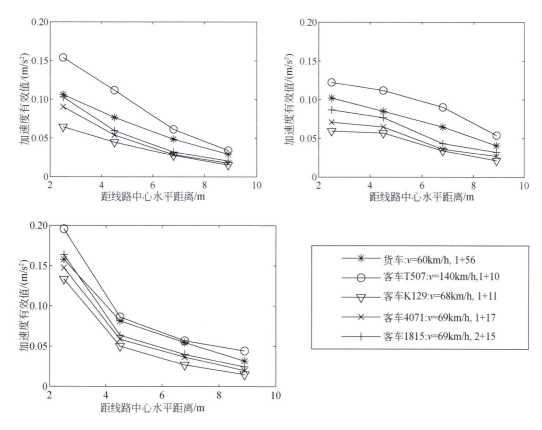

图 10-8　路基振动加速度有效值随着距轨道中心距离增加衰减规律

2）路基振动加速度反应频谱

针对不存在冻土层的正常期与列车不同类型、不同编组、不同速度，根据路肩监测点 C_5 振动反应加速度现场监测结果，计算 X 方向、Y 方向、Z 方向加速度的 1/3 倍频程谱，见图 10-9（加速度幅值与 1/3 倍频中心频率之间的关系）。由图 10-9 可以看出：①不同类型、不同编组、不同速度列车通过，路肩振动 X 方向加速度、Y 方向加速度、Z 方向加速度的 1/3 倍频程谱均存在 3 个明显频带，即低频带 1 ~ 10Hz、中频带 10 ~ 100Hz、高频带 100 ~ 150Hz；②由于受到固定轴距的影响，货车通过，路肩振动加速度在 5 ~ 10Hz 范围明显存在

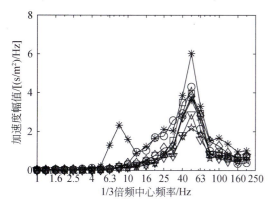
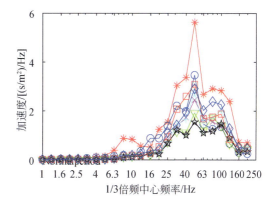

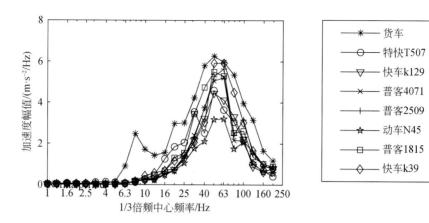

图 10-9　路肩三向振动加速度 1/3 频程谱

频率峰值；③路肩振动加速度频率，Z 方向主频带较宽，Y 方向主频带为 $25 \sim 100 \mathrm{Hz}$ 较明显，X 方向主频带较窄。

10.2.4.2　空间三向振动差异影响

1）路基振动加速度衰减规律

针对冻土层逐渐融化的春融期、不存在冻土层的正常期、冻土层稳定存在的冻结期，分别进行路基振动加速度反应现场监测，根据监测数据，计算获得了不同季节与不同类型、不同编组、不同速度列车行驶下路基振动加速度有效值随着距轨道中心水平距离 S_G 增加而衰减的变化规律，包括 X 方向、Y 方向、Z 方向，加速度有效值可以更好刻画加速度幅值或加速度强度，监测点距轨道中心水平距离 S_G 是监测点距振源空间距离如竖向距离、水平距离、任一方向倾斜距离的典型代表。通过拟合分析，春融期、正常期、冻结期，不同列车通过，路基振动反应在 X、Y、Z 三个方向加速度有效值与距轨道中心水平距离 S_G 之间关系均可以表示为负指数函数形式，见式（10-8）。因篇幅限制，以特快客车 T507（速度 $v=140 \mathrm{km/h}$，编组 $1+10$）通过路基振动反应为例，简述加速度有效值随着距轨道中心水平距离 S_G 增加而衰减的变化规律，见图 10-10，图中一并给出了加速度有效值与距轨道中心水平距离 S_G 之间关系拟合式子。

由图 10-10 可以看出：①在春融期、正常期、冻结期三个不同冻融状态，特快客车 T507 通过路基振动反应在 X、Y、Z 三个方向加速度有效值随着距轨道中心水平距离增加 S_G 而表现的衰减规律均可以刻画为负指数函数形式，加速度有效值在路肩监测点 C_5 处最大、在邻近路堤坡脚的场地监测点 C_8 处最小、由路肩监测点 C_5 至路堤边坡监测点 C_6 大幅度衰减、由路堤边坡监测点 C_6 至监测点 C_7 再至监测点 C_8 衰减幅度快速减小；②春融期、正常期，Z 方向→X 方向→Y 方向，路肩监测点 C_5 振动加速度有效值显著减小，但是正常期 X 方向与 Y 方向加速度有效值接近且显著小于 Z 方向加速度有效值；③冻结期，Y 方向→Z 方向→X 方向，路肩监测点 C_5 振动加速度有效值也明显减小，Y 方向与 Z 方向加速度有效值接近且显著大于 X 方向加速度有效值。总的来看，仅就特快客车 T507 通过路基振动反应监测结果，相比正常期、冻结期，春融期路肩监测点 C_5 在 X、Y、Z 三个方向振动反应更强烈且加速度有效值相互之间差值较大，表明更易破坏；而路堤边坡与邻近场地监测点（C_6，C_7，C_8）三个不同季节在 X、Y、Z 三个方向振动反应很小且加速度有效值相互之间差值也很小，因此不易破坏；冻结期，由于存在动刚度较大的水平冻土层且路基整体阻尼减小，并且在行车影响有限长度且为直线延伸的监测路段中轨道几乎平行于冻土层，致使冻土层对竖向振动和沿轨道方向振动有放大作用，而对横向振动有一定约束作用，因此相比正常期，冻结期路基横向振动加速度反应减小、竖向与纵向振动加速度反应增大；春融期，冻土层动刚度逐渐减小且逐步发生双向融化，路基中因仍然存在一定厚度冻结层阻止融土中水分向下渗透而使得路基表层含水率增大，加上路基整体强度减小、动刚度减小，因此对横向振动约束作用下降，所以相比正常期，春融期路基横向振动加速度反应增强、竖向与纵向振动加速度反应减弱。

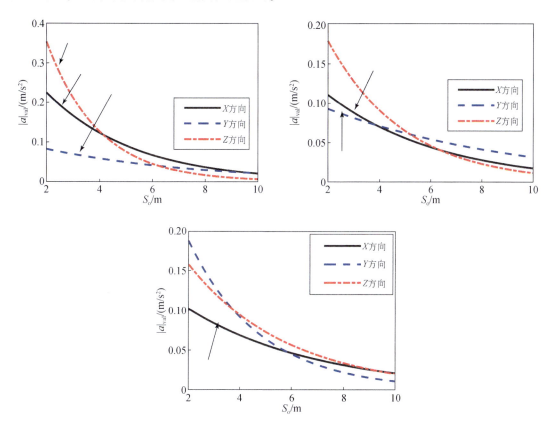

图 10-10　特快客车 T507 通过路基加速度有效值因远离轨道中心而衰减

　　如前所述，列车行驶路基振动反应与列车类型、列车编组、列车轴重、行驶速度、轨道类型、路堤高度、路基结构、冻融状态之间的关系密切，轨道类型、路堤高度、路基结构、冻融状态决定了轨道-路基动力体系的自振特性，列车类型、列车编组、列车轴重、行驶速度决定了列车行驶对路基振动输入的强度与频谱特性，若轨道-路基动力体系的自振频率越接近输入路基振动的主频段，则路基振动反应越强烈、振动传播影响范围越大，在列车类型、编组、轴重、速度与轨道类型、路堤高度、路基结构等一定条件下，路基振动反应强度与衰减特性便取决于路基冻融状态，而对于同一路段与同一冻融状态，不同列车以不同速度通过，路基振动反应强度与空间衰减规律也不同。

2）路基振动加速度反应频谱

针对春融期、正常期、冻结期，以特快客车 T507 通过路基振动反应为例，比较分析同一趟列车行驶同一路段同一监测断面（路肩监测点 C_5）不同冻融状态路基在 X 方向、Y 方向、Z 方向振动加速度频谱特征。由图 10-11 可以看出：①不含冻土层的正常期，X 方向、Y 方向、Z 方向第一主频均为 50Hz，主频幅值 Z 方向最大（$4.4\mathrm{m/s^2}$）、X 方向次之（$4.3\mathrm{m/s^2}$）、Y 方向最小（$3.5\mathrm{m/s^2}$）；②处于逐步融化过程的春融期，Y 方向第一主频为 60Hz，X 方向、Z 方向第一主频均为 30Hz，主频幅值 Z 方向最大（$2.8\mathrm{m/s^2}$）、Y 方向次之（$2.5\mathrm{m/s^2}$）、X 方向最小（$1.5\mathrm{m/s^2}$）；③处于极低温冻结状态的冻结期，X 方向与 Z 方向第一主频基本一致（118Hz），Y 方向第一主频最低（65Hz），主频幅值 X 方向最大（$5.4\mathrm{m/s^2}$）、Z 方向次之（$4.6\mathrm{m/s^2}$）、Y 方向最小（$1.8\mathrm{m/s^2}$）；④同一冻融期 X 方向、Y 方向、Z 方向主要振动频率范围基本一致，主频带宽正常期最宽、春融期次之、冻结期最窄，并且由冻结期→春融期→冻结期，主频带由较高频向较低频移动。鉴于上述，冻土层存在与否、冻土层融化过程对列车行驶路基振动反应强度及其主频分布具有重要影响；冻结期，由于存在极端低温的深厚冻土层（事实上，振动主要影响区域未超过冻深范围），致使路基整体动刚度较大、自振频率较高，而由轨道传至路基振动的频率也较高，所以主频带宽最窄，并且 X 方向、Z 方向主频幅值较大，至于 Y 方向主频幅值较低是因为冻土层对路基横向振动的约束作用；春融期，冻土层逐步融化且动强度逐步降低，又因为昼夜温差大而使得白天融化的水无法入渗至下伏非冻土层、滞留于冻土层与非冻土层过渡带，导

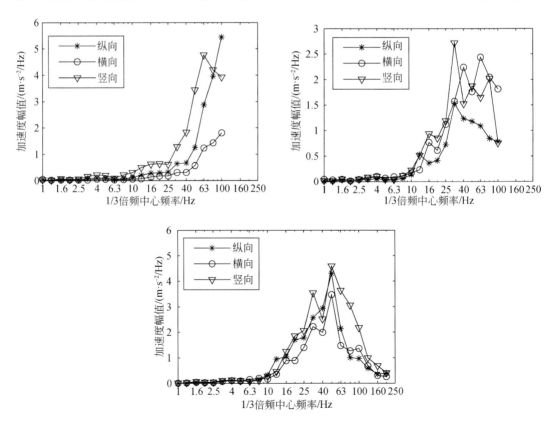

图 10-11　特快客车 T507 通过不同冻融状态路肩三向振动加速度 1/3 频程谱

致振动主要影响区域路基整体动刚度较大幅度减小、自振频率明显降低（远离由轨道传至路基振动的频率），所以主频带宽较冻结期宽，特别是 X 方向、Z 方向主频幅值显著小于冻结期 X 方向、Z 方向主频幅值，至于 Y 方向主频幅值较冻结期 Y 方向主频幅值大是因为处于逐步融化状态的冻土层对路基横向振动约束作用明显减小；相比于春融期，正常期路基中振动主要影响区域不存在冻土层且无大量冰融水，加上春融期后振动主要影响区域被长时间压实，致使路基整体动刚度得以增大、自振频率也升高（但是二者未达到冻结期水平），所以主频带宽，并且 X 方向、Y 方向、Z 方向主频幅值大幅度增大，至于 Y 方向主频幅值大幅度增大是因为不存在冻土层对路基横向振动的约束作用。

10.2.4.3　路基冻融状态影响

针对存在深厚冻土层的冻结期、冻土层逐步融化的春融期、不存在冻土层的正常期，进行列车行驶路基振动加速度反应现场监测，根据现场监测结果，考察季节性不同冻融状态对路基加速度反应的影响规律。

1）路基振动加速度衰减规律

以同一路段中同一监测断面同一趟列车——特快客车 T507（$v=140\text{km/h}$，编组 1+10）通过路基振动加速度反应现场监测结果为例，比较冻结期、春融期、正常期路基在 X 方向、Y 方向、Z 方向振动加速度幅值及其衰减规律，见图 10-12。由图 10-12 可以看出：①冻结期，路肩（监测点 C_5）加速度反应 Z 方向最大（1.8m/s²）、X 方向次之（1.4m/s²）、

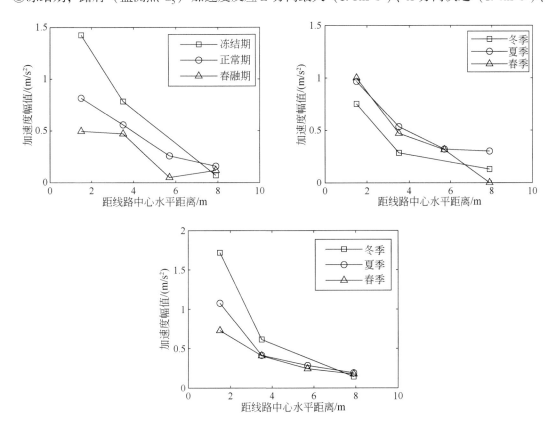

图 10-12　特快客车 T507 通过路基加速度有效值与距轨道中心距离之间的关系

Y 方向最小 （$0.7\,\mathrm{m/s^2}$），自路肩至路堤坡底加速度衰减幅度 Z 方向最大、X 方向次之、Y 方向最小；②春融期，路肩加速度反应 Y 方向最大 （$1.0\,\mathrm{m/s^2}$）、Z 方向次之 （$0.7\,\mathrm{m/s^2}$）、X 方向最小 （$0.5\,\mathrm{m/s^2}$），自路肩至路堤坡底加速度衰减幅度也是 Y 方向最大、Z 方向次之、X 方向最小；③正常期，路肩加速度反应 Z 方向 （$1.1\,\mathrm{m/s^2}$） 与 Y 方向 （$1.0\,\mathrm{m/s^2}$）接近且明显大于 X 方向 （$0.8\,\mathrm{m/s^2}$），自路肩至路堤坡底加速度衰减幅度也是 Z 方向与 Y 方向接近且大于 X 方向。

根据上述，以正常期路基振动加速度反应为基准，冻结期加速度幅值在 X 方向与 Z 方向放大、在 Y 方向缩小，而春融期加速度幅值在 X 方向与 Z 方向缩小、在 Y 方向小幅度放大，这是路基季节性变化的冻融状态的影响结果。冻结期，自基床表层向路基本体连续冻结，导致基床下部水分不断向上迁移而在冻结锋面（冻结缘）冻结成冰，路基整体动强度与动刚度因此增加，使得路基振动加速度幅值在 X 方向与 Z 方向被放大，而在 Y 方向被抑制。春融期，自基床表层向路基本体逐步解冻，路基上部处于动强度与动刚度降低的融冻状态、下部仍处于冻结状态，加上深季节冻土区（典型大陆气候区）春融期昼夜温差大（白天为融冻正温，夜间为冻结负温），因此融冰产生的水分无法及时入渗至路基下伏非冻融层且也不能及时蒸发进入大气，致使在路基上部冻融层与下部非冻土层之间过渡带形成饱水层或高含水率土层，导致路基整体动强度与动刚度降低，所以路基振动加速度幅值在 X 方向与 Z 方向被抑制，而在 Y 方向稍有放大（由于路基整体动强度与动刚度降低而使之抵抗横向振动性能降低）。

2）路基振动加速度反应频谱

根据现场监测结果，分别针对冻结期、春融期、正常期，整理的特快客车 T507 通过路肩（监测点 C_5）在 X 方向、Y 方向、Z 方向振动加速度 1/3 频程谱见图 10-13。由图 10-13 可以看出：①冻结期，X 方向、Y 方向、Z 方向主频均最大，其中 X 方向与 Y 方向约为 100Hz、Z 方向约为 60Hz；②正常期 X 方向主频（约 50Hz）、Z 方向主频（约 50Hz）均大于春融期 X 方向主频（约 30Hz）、Z 方向主频（约 30Hz）；③而对于 Y 方向，正常期主频（约 50Hz）小于春融期（约 60Hz）；④主频对应的加速度幅值，X 方向、Z 方向冻结期最大 （X 方向为 $5.8\,\mathrm{m/s^2}$，Z 方向为 $4.8\,\mathrm{m/s^2}$）、正常期次之 （X 方向为 $4.2\,\mathrm{m/s^2}$，Z 方向为 $4.7\,\mathrm{m/s^2}$）、春融期最小 （X 方向为 $1.8\,\mathrm{m/s^2}$，Z 方向为 $2.0\,\mathrm{m/s^2}$）；⑤Y 方向主频对应的加速度幅值，春融期大于正常期。

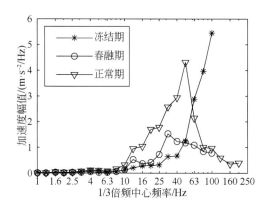
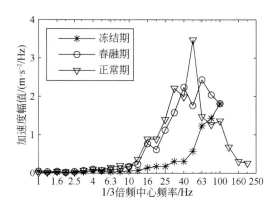

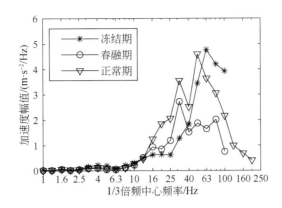

图 10-13　特快客车 T507 通过不同冻融状态路肩三向振动加速度 1/3 频程谱

分析上述原因：①相比正常期，冻结期因路基中存在冻土层而使之动强度、动刚度整体增大，因此 X 方向、Y 方向、Z 方向加速度反应主频均有所提高，并且主频对应的加速度幅值在 Y 方向与 Z 方向均被放大、在 Y 方向被抑制；②春融期，自基床表层向下部逐渐解冻，融冰产生的水分无法及时入渗至路基下伏非冻融层且也不能及时蒸发进入大气，致使在路基上部冻融层与下部非冻土层之间过渡带形成饱水层或高含水率土层，导致路基整体动强度与动刚度降低，因此 X 方向、Z 方向加速度频率与幅值均减小，而 Y 方向加速度频率稍大于正常期、幅值稍小于正常期值（未完全融化的冻结层对 Y 方向振动反应具有一定约束作用）。

§10.3　高寒冻融区高铁无砟轨道路基振动反应现场监测

自 2006 年全国铁路第六次大提速开始，中国客运铁路建设逐步进入高速化蓬勃发展的崭新时代。截至 2021 年底，中国高速铁路（含铁路快速客运专线）运行里程达到 $4.1 \times 10^4 \mathrm{km}$，占全球高速铁路长度的 72% 以上，位居世界第一。中国是一个冻土大国，全国近三分之二已建、在建与计划建设的高速铁路均位于季节冻土区，东北、西北、华北深季节冻土区高速铁路建设越来越多。深季节冻土区，随着轮轨速度越来越快，冻融与振动耦合作用下路基振动反应与稳定性问题越来越突出，日益成为工程界与学术界热切关注的焦点与热点问题。按照轨道结构形式，高速铁路轨道分为有砟轨道、无砟轨道，这两种轨道形式下路基振动反应存在一定差异。鉴于上述，充分考虑影响路基振动反应的主要因素，如列车速度、轨道形式、路基结构、冻融环境等影响，基于现场监测结果，分别针对有砟轨道、无砟轨道，系统研究路基振动反应特性与衰减规律。为此，首先根据哈尔滨—大连高速铁路（世界第一条穿越高寒冻融区高速铁路）路基振动反应现场监测结果，研究无砟轨道路基振动反应问题，然后根据哈尔滨—佳木斯快速客运专线路基振动反应现场监测结果，研究有砟轨道路基振动反应问题。

10.3.1　监测路段概况与测点布置

在哈尔滨—大连高速铁路临近鞍山西客站路段上，建立了高速铁路无砟轨道长期监测断面（DK284+882），见图 10-14，分别针对正常期（2019 年 10 月，刚入冬而未冻。10 月平均气温为 17℃）、冻结期（2020 年 1 月，达到最大冻深。1 月平均气温为−12℃、最大冻深为 1.6m），监测了高速列车行驶轨道−路基体系振动反应竖向加速度，采用经验模态分解法处理加速度监测数据，据此分析了路基不同冻融状态竖向加速度时域特征、频域特征，并且给出了行车速度、监测距离等影响因素变化与竖向加速度峰值、振级演化规律之间的拟合关系。

监测路段为高路堤双线线路，上行线、下行线之间轨道距离为 5m，中国铁路 CRTS Ⅰ 型板式轨道，见图 10-14，由 60kg/m 钢轨、扣件系统、预应力混凝土轨道板、混凝土沥青 CA 砂浆、混凝土基层、凸形挡台组成，轨道板尺寸为长 4.962m×宽 2.4m×厚 0.19m，相邻轨道板通过凸形挡台、端部锚筋纵向连接。图 10-15 为监测路段横剖面图（垂直于轨道延伸方向），在中国季节冻土区高速铁路中被广泛采用，基床表层为厚度 0.4m 的掺 5% 水泥级配砾石层，基床表层之下依次分别为 1.0m 厚防冻 A/B 组粗粒填料层（细粒含量小于 5%）、2.0m 厚常规 A/B 组粗粒填料层（细粒含量小于 15%），2.0m 厚基床之下路堤本体对细粒含量控制较宽松。

图 10-14　哈尔滨—大连高速铁路无砟轨道长期监测断面（DK284+882）

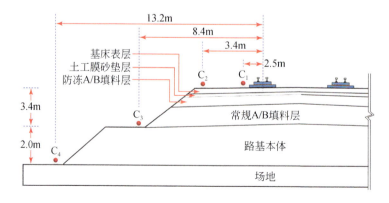

图 10-15　监测断面（DK284+882）结构与测点布置

在哈尔滨—大连高速铁路上，运行的高速列车主要类型为 CRH380BG，见图 10-16。CRH380BG 是在 CRH380B 基础上为适应高寒区运行而设计的一款新型高速列车，一般由 4 辆动车与 4 辆拖车组成。高速列车行驶下，路基受到的周期性激励的频率定义为基频，包括 $f_c = v/L_c$、$f_{wb} = v/L_{wb}$、$f_{sb} = v/L_{sb}$、$f_{ab} = v/L_{ab}$。图 10-16 给出了两个相邻车辆中心距离 L_c、轴距长度 L_{wb}、同一车辆两个转向架中心距离 L_{sb}、两个相邻车辆相邻转向架之间距离 L_{ab}。表 10-3 给出了相应于车辆几何结构、行车速度的基频。

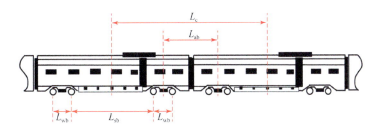

图 10-16　高速列车 CRH380BG 几何特征与相关尺寸示意图

表 10-3　高速列车 CRH380BG 荷载特征频率

列车类型	特征长度/m		频率/Hz	行车速度	
				298km/h	252km/h
CRH380BG	L_c	25	f_c	3.3	2.8
	L_{wb}	2.5	f_{wb}	33	28
	L_{sb}	17.5	f_{sb}	4.7	4
	L_{ab}	7.5	f_{ab}	11	9.3

测点布置方案见图 10-15，不同测点编号分别为 C_1、C_2、C_3、CE_4，如此布置可以获得路堤振动加速度传播衰减规律，这四个测点不置于同一横剖面上。监测装置主要为拾振器、信号放大器、数据采集分析系统、实时显示器。拾振器为中国地震局工程力学研究生产的 891-Ⅱ型加速度计，具有体积小、使用方便、免调整零位、灵敏度高、检测精度高等优点，并且适用于各种频谱振动数据采集，加速度检测精度为 $1.0 \times 10^{-5} \, \mathrm{m/s^2}$。数据采集分析系统为东华测试技术有限公司生产的 DH5922D 型信号采集分析系统，可以测量电压、电流、加速度、位移、频率等数据信号。信号放大器具有信号放大、积分、滤波、阻抗转换等功能。拾振器采集的微弱信号经过信号放大器放大，提高了测试精度，放大倍数可据实际环境进行调整。

10.3.2　采样频率与数据处理

现场监测列车行驶轨道–路基体系振动反应，合理确定信号监测的采样频率 f_s 极其重要，若采样频率低于信号频率，则采集的数据无法全面反映信号的真实振动特点，如随机过程、频谱特征、峰值强度、卓越周期等，并且往往漏采重要振动时段或强振幅值，特别是对于随机振动更如此。采样频率 f_s 应满足 Shannon 采样定理，见式（10-13）。

$$f_s \geqslant 2f_{max} \tag{10-13}$$

式中，f_{max} 为被采信号的最大频率。

　　高速列车行驶产生的振动频率一般不高于400Hz，因此根据式（10-13），现场监测采样频率设定为1000Hz。在监测数据分析之前，为了可靠消除或削弱噪声分量，保留反映实际振动的加速度分量，特基于经验模态分解（EMD）对现场监测的振动信号进行滤波。首先将监测的时程信号分解成若干个本征模态函数（IMF），分解得到的本征模态函数包含从高到低不同频段，残差为平均趋势或常数。本征模态函数分解过程可表示如下：

$$x(t) = \sum_{i=1}^{n} c_i(t) + r_n(t) \tag{10-14}$$

式中，$x(t)$为现场监测的振动时程信号；$c_i(t)$为本征模态函数；$r_n(t)$为残余项；t为时间。

　　编制计算程序，首先将现场监测的路基振动反应加速度时程数据分解为12个本征模态函数（IMF），然后将分解得到的本征模态函数（IMF）曲线转换为功率谱密度（PSD）曲线，最后一个本征模态函数（IMF）为残余项$r_n(t)$，见图10-17。

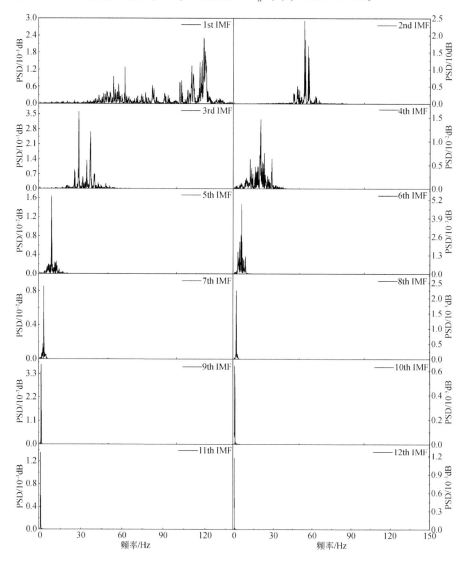

图10-17　现场监测路基振动信号本征模态函数功率谱密度曲线

　　由于白噪声在各个频率下能量分布均匀，所以第 1 个本征模态函数（IMF）为噪声项。因此，首先剔除第 1 个本征模态函数（IMF）、最后 1 个本征模态函数（IMF）即残余项 $r_n(t)$，然后合并其他各项，便得到降噪滤波之后的现场监测加速度时程曲线，见图 10-18。图 10-18 为测点 C_1 的竖向加速度时程曲线（时域信号）、频谱曲线（频域信号）且与 EMD 法降噪滤波之后（预处理之后）曲线对比。由图 10-18 可以看出：①由于存在噪声分量，加速度时程曲线顶点有噪声分量，见时域信号；②由于存在噪声分量，高频下出现能量集中，见频域信号；③经过 EMD 法滤波之后，噪声成分被成功滤掉，加速度峰值相差较小，研究所需的信号几乎不受影响。

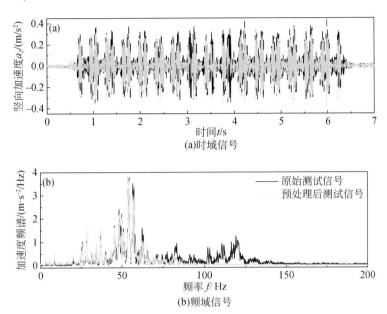

(a)时域信号

(b)频域信号

图 10-18　原始测试信号与预处理后信号比较

10.3.3　路基振动反应加速度现场监测结果

　　深冻结期（2020 年 1 月）监测了 26 节高铁列车通过时路基振动竖向加速度 a_z，非冻结期（2019 年 10 月）监测了 22 节高铁列车通过时路基振动竖向加速度 a_z，行车速度变化于 250~307km/h。监测结果表明，不同行车速度下，监测的竖向加速度 a_z 的时程变化基本一致、频谱特征也类似。因此，下面只针对两种典型行车速度即 252km/h、298km/h，分析路基振动加速度反应与主要影响因素。

10.3.3.1　路基振动反应加速度时域特征

1）路基冻结状态与测点距离对加速度时程变化影响

　　分别针对深冻结期、非冻结期，同一型号高速列车 CRH380BG 以相同速度 298km/h通过监测路段，监测了距轨道中心线不同距离的测点 C_1、测点 C_2、测点 C_3、测点 C_4 的路基竖向加速度 a_z 时程曲线，见图 10-19。由图 10-19 可以看出：①无论是深冻结期，还是非冻结期，这 4 个不同位置测点处竖向加速度时程变化特征基本一致；②深冻结期加速度强度显著小于非冻结期加速度强度，这主要是路基不同冻融状态，相对于非冻结期，深冻结期路基中存在很厚的冻土层，显著提高了路基整体动刚度、动模量、动强度，因此明显改善了路基整体稳定性而对高速列车振动反应较非冻结期小很多；③随着测点离轨道中心线距离增大，监测的路基振动加速度快速衰减，这主要是路基的材料阻尼（吸收阻尼）与几何阻尼（填料层中孔隙、裂隙、相变等缺陷阻抗，路基的几何轮廓界面阻尼、不同结构层界面阻尼）共同对输入波衰减影响的结果；④无论是深冻结期路基中存在很厚的冻土层，还是非冻结期路基中不存在冻土层，列车高速行驶对路基输入的振动频率远高于路基的自振频率，所以冻结状态对高速列车行驶下路基振动反应的总体频谱特征影响不大（振动强度除外）。

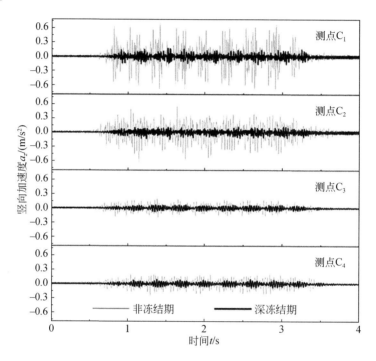

图 10-19　不同季节与不同测点加速度时程

2）行车速度对路基振动加速度时程变化影响

深冻结期，252km/h、298km/h 行驶速度的高速列车（8 节车厢，CRH380BG）通过监测路段，路基振动反应在测点 C_1 的加速度时程监测结果见图 10-20。由图 10-20 可以看出，同一型号相同车厢数列车以两种不同速度行驶，监测的路基上同一点的加速度时程曲线的特征基本一致且均存在与 8 节车厢对应的 9 个峰值，相应两个峰值之间的间隔时间 t_p 与行车速度有关，对应于速度 298km/h、252km/h 的 t_p 值分别为 0.302s、0.357s。值得注意，不同行车速度在路基上同一点产生的振动具有极其相似的周期特征，但是时间间隔不同。

10.3.3.2　路基振动峰值加速度时域特征

1）路基冻结状态与测点距离对峰值加速度影响

峰值加速度是刻画列车高速行驶下路基振动反应强度的一个极其重要的动力学指标。应该认识到，由于场地地层结构、岩土类型、岩土产状、地质构造、地下水位、地下水富

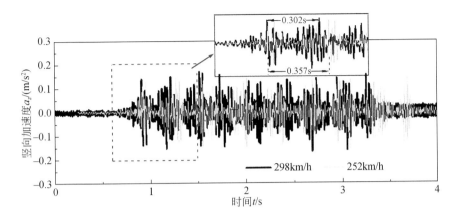

图 10-20　深冻结期型号编组相同列车两种速度行驶路基上同一点加速度时程

集程度、地下水渗流状态，路基质量等级、结构形式、路基形式（路堑路基，路堤路基，边坡路基，水平场地路基）、路堤高度与坡度、路堑深度与坡度，以及场地与路基冻结状态、冻融状态、冻结深度、冻结温度等存在多样性、复杂性，加上高铁列车轴重、速度、编组也具有一定可变性，致使路基加速度监测数据难免出现一定离散性。图 10-21 给出了深冻结期、非冻结期列车不同行驶下路基上不同监测点的峰值竖向加速度 a_{PZ}。在图 10-21 中，为了方便对比，将高铁列车行驶速度分为两组，即 $v = 250 \sim 280\text{km/h}$、$v = 280 \sim 300\text{km/h}$，并且分别针对深冻结期、非冻结期计算各自行车速度的平均值，按照这三个速度值给出不同季节监测获得的路基峰值竖向加速度 a_{PZ} 与监测点位置距离 d 之间的关系图。

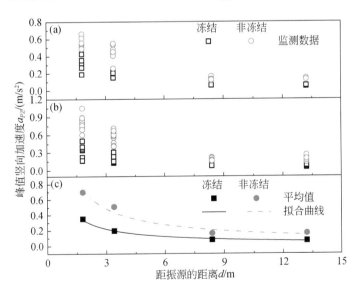

图 10-21　路基不同冻结状态与不同行车速度下不同测点峰值加速度

由图 10-21 可以看出：①无论是深冻结期，还是非冻结期，路基振动反应加速度竖向峰值 a_{PZ} 均因远离轨道而快速衰减，并且这两个不同季节峰值竖向加速度平均值 $\bar{a}_{PZ}$ 因空间距离不同表现的衰减规律也如此，原因仍然如上所述；②同一测点，无论距离轨道中心线远近如何，监测获得的路基振动反应加速度竖向峰值 a_{PZ} 非冻结期均明显高于深冻结期，并且峰值竖向加速度平均值 $\bar{a}_{PZ}$ 也是非冻结期明显高于深冻结期，原因如前所述；③深冻结期、非冻结期路基振动反应峰竖向值加速度平均值 $\bar{a}_{PZ}$ 与距轨道中心线距离 d 之间的关系可以表示为幂函数形式，见式（10-15）、式（10-16）；④路基振动加速度竖向峰值 a_{PZ} 随着远离轨道中心线而衰减的速率，非冻结期大于深冻结期，具体表现为自测点 C_1 至测点 C_4，非冻结期峰值竖向加速度平均值 $\bar{a}_{PZ}$ 下降76.4%，深冻结期峰值竖向加速度平均值 $\bar{a}_{PZ}$ 下降71.9%。应该说明，式（10-15）、式（10-16）仅为基于现场监测数据获得的经验拟合式，只能参考用于类似工况条件，包括场地条件、路基结构、路堤高度、冻融状态、列车类型、列车编组、列车轴重、行驶速度等。

$$深冻结期: \bar{a}_{PZ} = 0.56d^{-0.86} \quad (R^2 = 0.982) \quad (10\text{-}15)$$

$$非冻结期: \bar{a}_{PZ} = 1.19d^{-0.82} \quad (R^2 = 0.935) \quad (10\text{-}16)$$

式中，R^2 为相关系数。

2）行车速度对路基振动反应峰值加速度影响

列车速度变化于 $250 \sim 307\text{km/h}$，深冻结期、非冻结期监测的路基上不同点的峰值竖向加速度 a_{PZ} 见图10-22。由图10-22可以看出，无论是深冻结期，还是非冻结期，随着列车速度增大，路基上不同测点的峰值竖向加速度 a_{PZ} 均呈近似线性上升（图中一并给出了

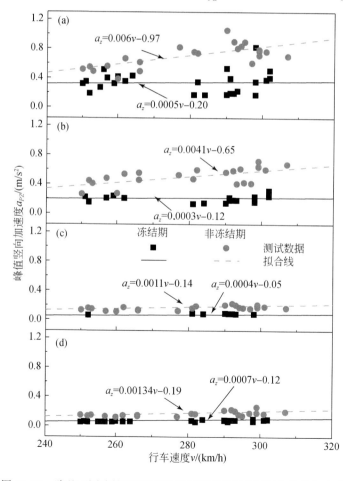

图10-22　路基不同冻结状态与不同行车速度下不同测点峰值加速度

峰值竖向加速度 a_{PZ} 与行车速度之间关系的线性拟合式子），而这种变化趋势在非冻结期表现的更明显，这是由于非冻结期因路基动模量、动刚度、动强度均小于深冻结期而对行车振动反应更大。应该指出，这一结论与普通铁路行车路基振动反应峰值加速度的监测结果完全相反，这是普通铁路为有砟轨道且路基填筑质量等级低，路基冻胀量大且由冻胀引起的轨道不平顺更大，致使路基对行车振动响应更大，因此深冻结期路基振动反应峰值加速度较非冻结期大。速度 250km/h 以上的高速铁路对轨道平顺性要求极其严格，深冻结期、非冻结期均要求轨道保持良好的平顺度，在这种情况下，路基整体动刚度、动模量成为影响路基加速度反应与衰减的主要因素。根据图 10-22 的监测结果，无论是深冻结期，还是非冻结期，随着距轨道中心线距离增大，路基加速度反应峰值竖向加速度 a_{PZ} 受行车速度影响逐渐减弱。

10. 3. 3. 3 路基振动反应加速度频域特征

1）路基冻结状态对振动反应加速度频域特征影响

图 10-23 为深冻结期与非冻结期路基上不同测点振动加速度频谱曲线，列车行驶速度为 $v=298$km/h，据此分析路基振动加速度反应频域特征。由图 10-23 可以看出：①冻结层对路基振动反应加速度频谱特性的影响仅限于振幅；②非冻结期路基振动反应加速度频谱明显高于深冻结期路基振动反应加速度频谱，特别是存在显著的波段；③越临近轨道，路基振动反应加速度的显著频段越宽，而越远离轨道，路基振动反应加速度的高频段越来越被过滤，即在振动传播过程中高频振动快速衰减，仅保留较低频段加速度。

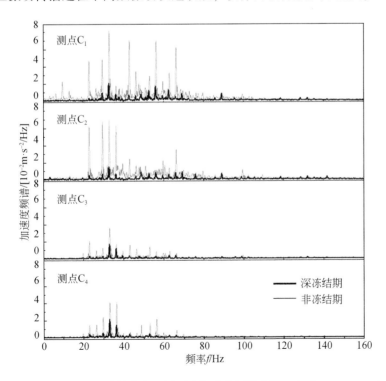

图 10-23 路基不同冻结状态不同测点加速度频谱曲线（车速 $v=298$km/h）

图 10-24：测点 C_1，监测的路基振动加速度的有效频率接近特征频率 f_c 的整数倍（由列车特征长度 L_c 引起），行车速度为 $v=298\text{km/h}$，深冻结期与非冻结期的第一主频率均为 33Hz 且大约为 $10f_c$，深冻结期与非冻结期监测得到频谱曲线的相邻波谷对应的频率约为 13/2、15/2、5/2、7/2、f_{wb}/2、3/2。因此，特征频率对路基振动产生了显著的加速度调幅作用，而路基冻结与否并不显著改变周期性特征。f_{wb}、f_{sb}、f_{ab} 分别在 $(2k+1)/2$、$(2k+1)/2$、$(2k+1)/2$ 处具有调制路基振动反应加速度幅度效应（$k \in N$，N 为自然正整数）。

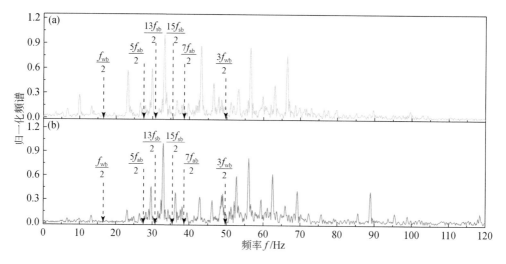

图 10-24　深冻结期/非冻结期加速度归一化频谱曲线（车速 $v=298\text{km/h}$）

为了更全面评估高速铁路路基振动响应特性，将监测获得的路基振动加速度频谱数据对时间积分，可以得到路基振动反应的速度、动位移的频谱数据。图 10-25 分别给出了路基上测点 C_1 深冻结期速度与动位移的频谱曲线、非冻结期速度与动位移的频谱曲线，监测路段行车速度为 $v=298\text{km/h}$。由图 10-23 与图 10-25 可以看出，相比路基振动反应加速度频谱，速度、动位移频域位于较低频率范围，速度频域范围小于 80Hz，动位移频域范围更低。深冻结期与非冻结期路基振动速度、动位移主频分布一致，这一结论与上述加速度监测结论相同。

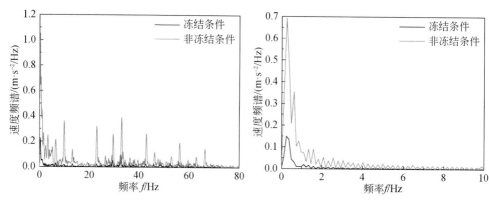

图 10-25　深冻结期/非冻结期路基振动速度与位移频谱曲线（车速 $v=298\text{km/h}$）

　　分别针对深冻结期、非冻结期，在行车速度为 298km/h 条件下，监测获得的路基上测点 C_1 的振动加速度频谱、速度频谱、动位移频谱，将在频域中积分结果进行归一化处理，可以得到加速度、速度、动位移归一化累积信号能量，见图 10-26。加速度、速度、动位移的归一化累积信号能量反映振动频率对产生加速度、速度、动位移的贡献大，即归一化累积信号能量线的切线斜率越大，振动频率对产生加速度、速度、动位移的贡献越大。由图 10-26 可以看出：①在较低频范围，动位移归一化累积信号能量线的切线斜率远大于速度、加速度归一化累积信号能量线的切线斜率，并且动位移归一化累积能量超过 90%，因此列车行驶输入路基振动的低频分量对路基动位移贡献更大；②输入路基振动的频率达到 32Hz 之后，速度归一化累积信号能量几乎达到 90%，但是加速度归一化累积信号能量仅达到 30%；③输入路基振动的频率为 32Hz 或更高（<140Hz），几乎不对路基动位移产生任何影响，但是对路基振动加速度影响却很大（贡献约 60%）；④在较低频段（<5Hz），路基振动速度、动位移归一化累积信号能量深冻结期略大于非冻结期，这是因为深冻结期路基振动反应的速度、动位移频域信号能量集中于较低频带（<5Hz），而非冻结期路基振动反应的速度、动位移频域信号能量分布的频带更宽，致使累积信号能量在高频段增大；⑤列车行驶对路基输入的中高频振动（10～140Hz）对路基振动位移影响很小，但是对路基振动惯性力的产生却有很大贡献（98%）。应该说明，导致上述现象的原因尚不明确，需要进一步深入研究确认。因受限于目前的试验测试条件，实验室测试中施加的动荷载主要为低频荷载（≤10Hz），一般不考虑中高频荷载（>10Hz）输入试验测试，这显然不利于全面而客观认识高铁路基粗粒填料动力特性与影响因素。

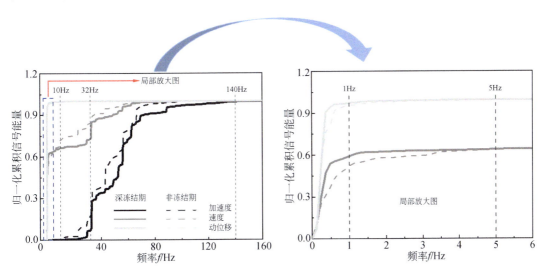

图 10-26　深冻结期/非冻结期路基振动归一化累积信号能量

　　根据《客货共线铁路工程动态验收技术规范》（TB 10461—2009），路基顶面振动竖向加速度的阈值为 $10m/s^2$，显著大于现场监测值 $1.0m/s^2$，说明高铁运行引起的中高频振动对路基振动竖向加速度（惯性力）、路基结构不造成严重影响。

　　2）列车速度对路基振动反应加速度频域特征影响

　　以深冻结期列车行驶路基振动加速度反应监测结果为例，考察列车速度对路基振动反应加速度频域特征影响问题。图 10-27 给出了高速列车的行驶速度分别为 298km/h、

252km/h 测点 C_1 的加速度振幅频谱，据此评估列车速度对深冻结期路基振动竖向加速度 a_z 频谱特性的影响。由此可见，路基振动加速度 a_z 频谱，298km/h 速度对应的频谱分布较 252km/h 速度对应的频谱分布更宽，并且前者在高频段范围较大，说明较高的列车速度引起路基振动频率范围较大且高频振动成分较多，速度 252km/h、298km/h 对应的第一主频分别为 56.3Hz、33Hz，随着行车速度加快，路基振动加速度频谱的第一主频向低频带移动，行车速度为 298km/h、252km/h，路基振动加速度频谱分别在 131.8Hz、112.5Hz 出现峰值，对应于轨垫间距的特征长度引起的轨垫频率 f_{rp}，哈尔滨—大连高速铁路的轨垫间距为 0.65m。

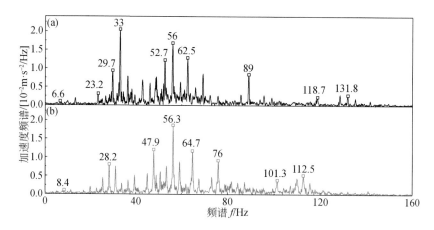

图 10-27　深冻结期不同行车速度路基测点 C_1 振动反应竖向加速度频谱

图 10-28 给出了深冻结期、非冻结期路基上测点 C_1 的竖向加速度频谱采用车辆特征频率 f_c 归一化后的频谱曲线 $M=f/f_c$。由图 10-28 可以看出，路基振动反应加速度频谱的峰值几乎均集中于车辆特征频率 f_c 的整数倍，而对应于车辆定距、相邻车辆转向架间距的特征频率 f_{sb}/f_c、f_{ab}/f_c 并未出现峰值，此外车辆特征频率 f_c 的某些整数倍的峰值则削减，如 $M=5$ 或 15，这是因为车辆定距对应的频率出现调幅而导致的结果，见图 10-24。

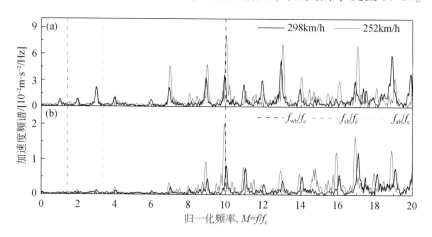

图 10-28　深冻结期不同行车速度路基测点 C_1 振动反应竖向加速度归一化频谱

10.3.3.4　路基振动反应加速度振级

1）定义路基振动加速度水平

高速列车行驶路基振动反应的加速度水平（加速度振级）是评估振动持续时间的一个重要指标。列车高速行驶通过任一监测断面可以近似认为路基发生瞬态振动。对于瞬态振动条件，一般推荐的常用评估方法可以表示为下式。

$$a_w(t_0) = \left\{ \frac{1}{\tau} \int_{t_0-\tau}^{t_0} [a_w(t)]^2 dt \right\}^{\frac{1}{2}} \tag{10-17}$$

$$\text{MTVV} = \max[a_w(t_0)] \tag{10-18}$$

$$\text{VAL} = 20 \lg 10 \frac{\text{MTVV}}{a_0} \tag{10-19}$$

式中，$a_w(t_0)$ 为瞬态频率加权加速度（m/s^2），也称之为均方根 RMS 值；τ 为运行平均值的积分时间（建议取值：$\tau = 1\text{s}$）；t、t_0 分别为时间（积分变量）、监测时间（瞬态时间）；MTVV 为最大瞬态振动加速度值；VAL 为振动加速水平（加速度振级）。仅考虑竖向振动加速水平 VAL（L_{az}），参考加速度 a_0 设置为 $1.0 \times 10^{-6} \text{m/s}^2$。

2）路基冻结状态对加速度振级（振动加速度水平）影响

根据监测获得的路基振动反应竖向加速度数据对峰值竖向加速度 a_{PZ}、$\overline{\text{RMS}}$ 振动值进行统计分析，$\overline{\text{RMS}}$ 为整列列车通过产生的振动信号 RMS 值的平均值。表 10-4 列出的统计结果有助于评估高铁路基的振动加速度水平，即路基振动反应的加速度振级 L_{az}。非冻结期，距轨道中心线 1.8~13.2m 范围，路基振动反应的峰值竖向加速度 $a_{PZ} \approx 10^{-1} \text{m/s}^2$，相应的 $\overline{\text{RMS}} \approx 10^{-1} \text{m/s}^2$ 深冻结期，距轨道中心线 1.8~13.2m 范围，路基振动反应的峰值竖向加速度 $a_{PZ} \approx 10^{-1} \text{m/s}^2$，相应的 $\overline{\text{RMS}} \approx 10^{-2} \text{m/s}^2$。深冻结期，高铁列车行驶引起路基振动幅度较小，表明评估路基振动水平，均方根 RMS 值应比峰值竖向加速度 a_{PZ} 更具代表性，建议应用。

表 10-4　路基振动反应竖向加速度峰值与均方根值统计结果

参数	监测点	深冻结期				非冻结期			
		a_{PZ}	$\bar{a}_{PZ}$	$\overline{\text{RMS}}$	$\overline{\text{RMS}}_a$	a_{PZ}	$\bar{a}_{PZ}$	$\overline{\text{RMS}}$	$\overline{\text{RMS}}_a$
加速度 /[10^{-1}m/s^2]	C_1	1.68~8.23	3.50	0.37~1.00	0.59	3.83~10.52	6.98	0.76~2.09	1.45
	C_2	1.29~3.09	1.96	0.29~0.66	0.37	2.62~7.13	5.11	0.58~1.99	1.17
	C_3	0.60~0.85	0.78	0.14~0.22	0.20	1.08~2.21	1.61	0.28~0.58	0.43
	C_4	0.49~0.96	0.68	0.12~0.26	0.18	1.18~2.58	1.65	0.30~0.71	0.47

注：a_{PZ} 为峰值竖向加速度；$\overline{\text{RMS}}$ 为竖向加速度均方根值；$\bar{a}_{PZ}$ 为 a_{PZ} 的平均值；$\overline{\text{RMS}}_a$ 为 $\overline{\text{RMS}}$ 的平均值

图 10-29 为针对深冻结期获得的路基振动反应竖向加速度均方根 $\overline{\text{RMS}}$ 值与峰值竖向加速度 a_{PZ} 之比的概率密度分布直方图。由此可知，高铁列车行驶路基振动反应的竖向加速度均方根 $\overline{\text{RMS}}$ 值与峰值竖向加速度 a_{PZ} 之比约为 23%，这一点与其他铁路不同路段列车行驶路基振动反应加速度监测分析结果吻合。进一步监测研究表明，高寒冻融区，列车荷载下路基振动反应加速度均方根 $\overline{\text{RMS}}$ 值与峰值竖向加速度 a_{PZ} 之比与路基冻融状态、列车行

驶速度、测点距轨道中心线距离基本无关或关系不大。

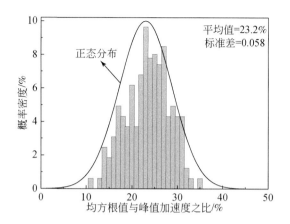

图 10-29　深冻结期路基加速度均方根与峰值加速度之比概率密度分布

图 10-30 为分别针对深冻结期、非冻结期由监测获得的高速列车荷载下路基不同测点（C_1，C_2，C_3，C_4）振动加速度 1/3 程频谱。由于在地基中测得的列车高速行驶引起的振动频率在 220Hz 之内，因此将频率范围划分为 21 个频段，最大频段范围为 176 ~ 222Hz，中心频率为 200Hz；深冻结期、非冻结期监测的路基各测点的显著频带范围为 27.8 ~ 35.1Hz，中心频率为 31.5Hz；此外，无论深冻结期，还是非冻结期，几乎所有频带上均可以清楚观察到路基上测点 C_1 至测点 C_4 的加速度振级 L_{az} 衰减；相比于深冻结期，非冻结期路基振动反应的加速度振级 L_{az} 衰减程度更大；高速列车荷载下，路基振动反应的加速度振级 L_{az} 衰减特性随温度降低而降低。

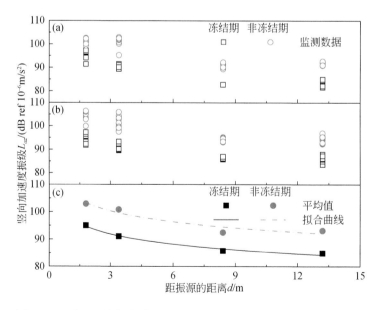

图 10-30　路基竖向加速度振级随着距轨道中心线距离增加变化规律

图 10-30 为深冻结期、非冻结期监测获得的路基竖向加速度振级 L_{az} 随着距轨道中心线距离 d 增加而表现的变化规律。按照行车速度不同范围，即 $v = 250 ~ 280$km/h、$v = 280 ~$

300km/h 范围，将加速度振级 L_{az} 分为两部分，见图 10-30，并且计算加速度振级 L_{az} 平均值、拟合曲线。可以采用幂函数形式，分别表示深冻结期、非冻结期列车高速行驶路基竖向加速度振级 L_{az} 与距轨道中心线距离 d 之间相互变化关系，见式（10-20）、式（10-21）。

$$深冻结期：L_{az} = 98.04 d^{-0.06} \quad (R^2 = 0.981) \tag{10-20}$$

$$非冻结期：L_{az} = 106.95 d^{-0.06} \quad (R^2 = 0.913) \tag{10-21}$$

由式（10-20）与式（10-21）可知：①深冻结期与非冻结期列车高速行驶路基竖向加速度振级 L_{az} 随着距轨道中心线距离 d 增加具有相似的衰减规律；②相比于路基峰值竖向加速度 $a_{P,Z}$ 随着距轨道中心线距离 d 增加而衰减（图 10-21），路基竖向加速度振级 L_{az} 因距轨道中心线距离 d 增加而衰减变缓；③对于非冻结期、深冻结期，由测点 C_1 至测点 C_4 竖向加速度振级 L_{az} 衰减率分别为 10.6%、9.5%。根据深冻结期拟合式（10-20）预测，在距轨道中心线距离 $d = 50$m 处，竖向加速度振级 $L_{az} = 77$dB，超过《城市区域环境振动标准》（GB 10070—1988）规定的振动限值[6]。

10.3.3.5　路基振动加速度动力影响系数

根据竖向加速度监测数据，讨论高速铁路路基振动加速度动力影响系数问题。引入路基振动竖向加速度动力影响系数 If_c，进一步探讨根据高速列车行驶路基加速度反应监测数据得到的路基振动反应规律在实际路基动力稳定性评估与预测中的具体应用。高铁路基振动加速度监测数据的离散性主要是因为高铁–轨道–路基系统的不确定性，如列车编组、轴重、速度与轨道形式、轨道结构、路基结构、路堤高度、路堑深度等可变性、复杂性。特别在监测数据不足的情况下，根据监测数据得到的路基振动竖向加速度 a_Z 值，进行实际路基动力稳定性评估与预测，往往低估了高速列车振动作用的环境影响性。

规定或假定：在每个监测工况中均有 K 个监测点、N 个监测数据；下式中符号，下角标 k、i 分别表示第 k 个监测点、第 i 个监测数据；$\overline{A_{P,Z}^k}$ 代表第 k 个监测点的 N 个监测数据 $A_{P,Z,i}^k$ 值平均值；上角标 Δ 表示相对误差，如 $a_v^{\Delta k}$ 是第 i 个监测数据与第 k 个监测点之相对误差。上述参数、路基振动竖向加速度动力影响系数 IF_c 的定义见下式[7]。

$$\overline{A_{P,Z}^k} = \frac{\sum_{i=1}^{N} A_{P,Z,i}^k}{N} \tag{10-22}$$

$$\overline{A_{P,Z}^k} = |A_{P,Z,i}^k - A_{P,Z}^k| \tag{10-23}$$

$$IF_{P,Z,i}^k = \frac{A_{P,Z,i}^{\Delta k}}{\overline{A_{P,Z}^k}} \tag{10-24}$$

$$\overline{IF_{P,Z}^k} = \frac{\sum_{i=1}^{N} IF_{P,Z,i}^k}{N} \tag{10-25}$$

$$IF_c = \frac{\sum_{k=1}^{K} \overline{IF_{P,Z,v}^k}}{K} \tag{10-26}$$

利用式（10-26），计算路基振动竖向加速度动力影响系数 IF_c 见表 10-5。由此可见，对应于深冻结期、非冻结期的路基振动竖向加速度动力影响系数分别为 $IF_c = 0.196$、$IF_c = 0.175$。按照深冻结期较大的竖向加速度动力影响系数 IF_c 分析，高铁路基振动反应的竖向加速度峰值变化于 0.804～1.196。因此，1.196 倍竖向峰值竖向加速度 $a_{P,Z}$ 可以用于高寒冻融区高速铁路路基建设与振动控制设计。

表 10-5　高寒冻融区高速铁路路基竖向峰值加速度动力影响系数计算

计算参数	深冻结期				非冻结期			
	C_1	C_2	C_3	C_4	C_1	C_2	C_3	C_4
$\overline{A}_{P,Z}^{k}$	0.350	0.196	0.078	0.068	0.698	0.511	0.161	0.165
平均误差	0.113	0.037	0.006	0.014	0.129	0.099	0.024	0.028
$\overline{IF}_{P,Z}^{k}$	0.322	0.287	0.073	0.205	0.185	0.194	0.152	0.170

§10.4　高寒冻融区快速铁路有砟轨道行车路基振动反应现场监测

哈尔滨—佳木斯快速铁路（简称哈佳快速铁路）为目前国际上高寒区最长的快速铁路，国铁 I 级双线铁路，见图 10-31，全长 343km，有砟轨道，运行 CRH5G 型高寒动车组，设计速度 200km/h，编组分为 8 节编组、16 节编组，以 8 节编组为主。针对非冻结期、深冻结期，分别监测了不同速度动车组通过路基振动反应加速度时程[8,9]，非冻结期监测通过的列车速度分布于 195～215km/h，深冻结期监测通过的列车速度分布于 180～195km/h。哈佳快速铁路于 2014 年 7 月 9 日正式开工建设，2018 年 5 月 1 日正式开始联调联试，2018 年 9 月 30 日全线正式通车运营。

图 10-31　哈尔滨—佳木斯快速铁路与有砟轨道概况

10.4.1　监测路段概况与测点布置

监测断面位于哈尔滨—佳木斯快速铁路 K44+704 路段（宾西）。列车行驶路基振动反应加速度，深冻结期监测进行于 2019 年 1 月 29 日，非冻结期监测进行于 2019 年 9 月 12 日。现场监测概况见图 10-32。定义空间坐标方向：铁路延伸方向为纵向（X 向，水平方向），垂直于铁路延伸方向为横向（Y 向，水平方向），垂直于轨道面方向为竖向（Z 向）。

监测断面与加速度传感器布置见图 10-33。布置 4 个测点，即测点 C_1、测点 C_2、测点 C_3、测点 C_4，分别位于道砟层边坡、路堤坡肩（路肩）、路堤边坡、路堤坡脚。在每个测点分别布置 Y 向拾振计、Z 向拾振计，以一并监测同一测点竖向加速度、纵向加速度，采样频率为 1000 Hz；测点 C_2 还布置了 Z 向位移传感器，以监测临近轨道测点路基竖向动位移。监测设备性能介绍见 10.3.1 节。

图 10-32　哈尔滨—佳木斯高速铁路路基振动加速度现场监测概况

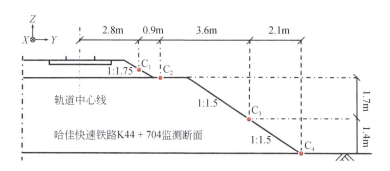

图 10-33　哈尔滨—佳木斯快速铁路路基监测断面与测点布置

10.4.2　路基振动加速度时域特征

10.4.2.1　路基振动加速度时程变化规律

现场监测表明，分别针对不同季节（路基、场地不同冻融状态）、不同行车速度，监测获得的路基振动加速度时程曲线的主要特征、变化规律基本一致，因此为了节减篇幅，下面仅以非冻结期监测动车组 D7812 通过获得的路基振动加速度时程曲线为例，阐述路基振动加速度时程变化规律。根据现场监测结果，绘制的测点 C_1 至测点 C_4 的竖向（Z 方向）加速度时程曲线、水平（Y 方向）加速度时程曲线见图 10-34，D7812 编组为 8 节、速度为 199.66km/h。

由图 10-34 可以看出：①尽管各测点距轨道中心线距离不同，竖向加速度与水平加速度时程变化规律基本一致，并且不同时刻正向与反向幅值均对称分布（对称轴为加速度值为零的水平轴）；②距轨道中心线较近的测点 C_1、测点 C_2，加速度时程变化的峰值与转向架（轮对）对应，这是由于车辆荷载通过转向架传递至轮对，再由轮对传递至钢轨、轨下路基，所以根据加速度时程曲线可以清晰辨认出转向架个数、车辆编组；③不同于测点 C_1、测点 C_2，坡脚测点 C_4 的竖直、水平加速度时程曲线均呈纺锤形，据此无法清晰辨认车辆的转向架、轮对、编组；④随着测点远离轨道中心线，转向架、轮对、轴重对路基振动加速度及其峰值的贡献逐渐减小，路基振动速度反应随之下降，以路基竖向加速度峰值为例，道床层测点 C_1 加速度峰值为 1.5m/s^2，传至测点 C_2、测点 C_3、测点 C_4，加速度峰值分别为 0.44m/s^2、0.25m/s^2、0.062m/s^2，衰减率分别为 70.67%、83.33%、95.87%，这是由于路基几何阻尼、材料阻尼对机械波具有显著吸收作用、耗散作用。

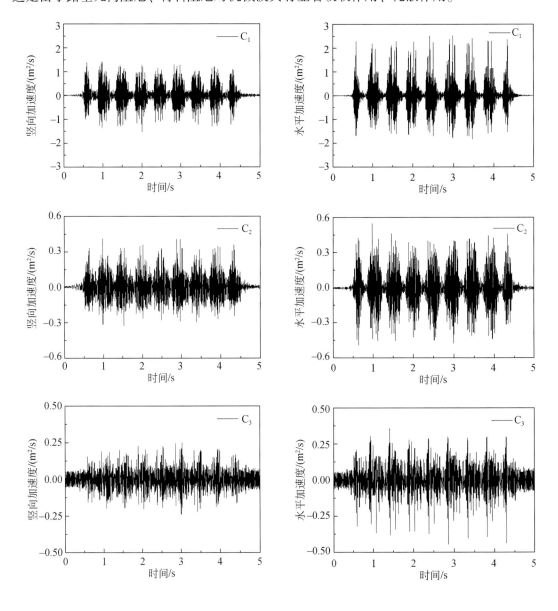

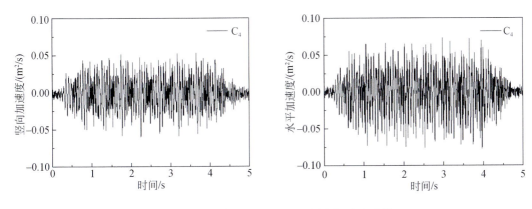

图 10-34　监测断面 K44+704 上测点加速度时程

10.4.2.2　路基振动加速度有效值行车速度影响

加速度有效值是考察轨道、道床、路基、隧道、桥梁等工程振动反应强度的一个重要评价指标。监测断面 K44+704 上各测点，针对冻结期、非冻结期，监测获得的加速度有效值与行车速度之间关系分别见图 10-35、图 10-36。由图 10-35 与图 10-36 可以看出：①各测点加速度有效值随着行车速度变化的分布均比较离散（越远离轨道中心线，离散性也越大），但是均在一个并不很大范围波动（表明路基振动加速度与行车速度之间关联性较弱）；②线性拟合式与拟合线的变化趋势各异而不能得出统一变化规律，这一点不同于

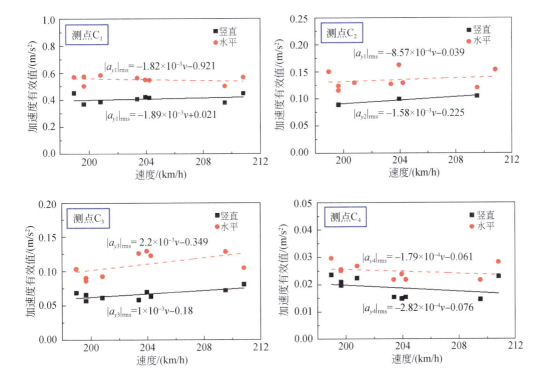

图 10-35　监测断面 K44+704 上测点加速度有效值与车速之间的关系（非冻结期）

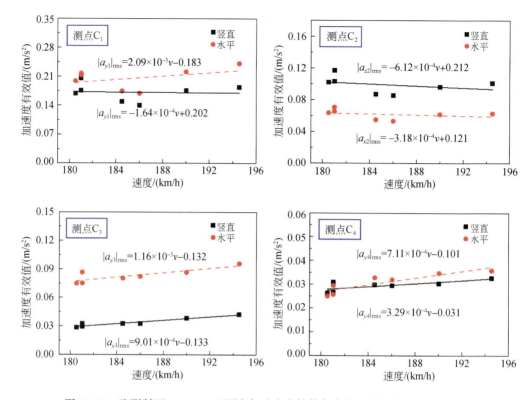

图 10-36　监测断面 K44+704 上测点加速度有效值与车速之间的关系（冻结期）

其他铁路获得的认识，即路基振动加速度反应因行车速度增加而略有增加，分析原因，一方面是监测时段不同动车组行驶速度相互之间差异较小且多分布于某一速度值附近（因此进行路基振动加速度与行车速度之间关联性分析存在一定片面性），另一方面路基振动加速度除与行车速度有关之外，还受车辆轴重、轮对磨损度等多种因素影响；③冻结期与非冻结期，同一测点，路基振动加速度有效值与行车速度之间关联性基本一致。

10.4.2.3　路基振动加速度衰减规律

　　道床层边坡中部测点 C_1 点一并监测列车高速通过时基床振动竖向加速度、水平加速度，以基床竖向加速度为例，非冻结期加速度有效值为 $0.40 m/s^2$，冻结期则为 $0.17 m/s^2$，可见基床振动竖向加速度非冻结期明显大于冻结期。但是，临近基床坡脚的路基顶面测点 C_2，非冻结期与冻结期竖向加速度有效值基本相同（$0.1 m/s^2$）。图 10-37 给出了不同行车速度下非冻结期、冻结期路基振动加速度有效值随着距轨道中心线距离增大而表现的衰减规律。由图 10-37 可以看出，测点 C_2、测点 C_3、测点 C_4 路基加速度有效值衰减率超过 70%，近似采用负指数函数拟合衰减曲线，这是因为路堤几何阻尼、材料阻尼而使得大部分振动能量在传播过程中被吸收、耗散。

　　类似于无砟轨道路基振动反应分析方法，引入加速度振级 L_{az} 的概念，据此绘制了非冻结期不同行车速度下各测点竖向加速度振级随着距轨道中心线距离 d 增加而表现的变化趋势，见图 10-38。由图 10-38 可以看出，非冻结期，不同行车速度下路基振动竖向加速度振级随着距轨道中心线距离增加均呈减小趋势，适合采用线性式拟合这种衰减趋势。监测结果表

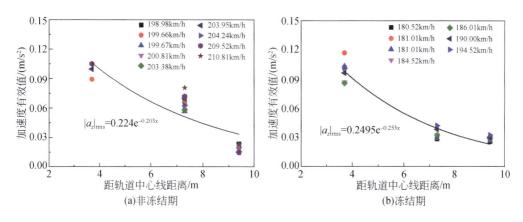

图 10-37　监测断面 K44+704 上测点加速度有效值空间衰减规律

明，路基振动加速度振级的空间变化趋势，非冻结期水平加速度振级、冻结期竖向加速度振级、冻结期水平加速度振级与非冻结期竖向加速度振级基本一致，在此不赘述。

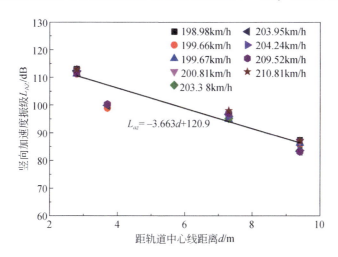

图 10-38　非冻结期监测断面 K44+704 上竖向加速度振级空间衰减规律

值得说明的是，因为地形、地貌、政治、经济、客服等需求，高速铁路/快速客运专线/快速客货混线必须通过人口密集区，但是列车高速运行又不可避免会产生环境振动与噪声污染；根据我国《城市区域环境振动标准》（GB 10070—1988）中的相关规定条款，居民区、文教区环境竖向加速度振级昼间不得大于 70dB、夜间不得大于 67dB，见表 10-6；由图 10-38 可以看出，若要求满足夜间行车环境竖向加速度振级不大于 67dB 的规定，则居民区、文教区距离高速铁路/快速客运专线/快速客货混线距离至少为 15m（水平直线距离），这种要求在人口密度小而空旷地带易满足；然而，高速列车通过城市居民区或进站、出站，显然满足不了这种水平直线距离要求，则需要考虑采用增设阻波板（减振、隔振措施）、地下连续墙等，以减少环境振动、噪声污染。

表 10-6　城市各类区域竖向（振动加速度）振级标准值　　　（单位：dB）

适用地带范围	昼间	夜间
特殊住宅区	65	65
居民区、文教区	70	67
混合区、商业中心区	75	72
工业集中区	75	72
交通干线道路两侧	75	72
铁路干线两侧	80	80

10.4.3　路基振动加速度频域特征

10.4.3.1　路基振动加速度频谱行车速度影响

哈佳快速铁路列车一般由 5 辆动车与 3 辆拖车组成。如前所述，高速列车在车体几何构造上的重复性而使得运行中对钢轨、轨下基础的周期性激励，此外高速铁路、快速铁路、普通铁路、重载铁路、地铁轻轨等自身结构的几何特征也引发周期性激励。根据现场监测结果，获得哈佳快速铁路运行速度，计算轨枕振动反应各特征频率，见表 10-7，表中符号意义与前面一致。

表 10-7　哈佳快铁几何特征参数与轨枕特征频率计算结果

车体与轨枕特征长度/m			轨枕特征频率/Hz		
			车速	199.66km/h	209.52km/h
车体几何特征	L_c	25.9	f_c	2.1	2.2
	L_{wb}	2.7	f_{wb}	20.5	21.5
	L_{sb}	19	f_{sb}	3.4	3.6
	L_{ab}	6.9	f_{ab}	8.0	8.4
轨枕几何特征	L_t	0.65	f_t	85	90

根据非冻结期现场监测数据，研究行车速度对路基振动反应加速度频率特性影响。列车时速为 199.66km/h、209.52km/h，测点 C_1 竖向加速度傅里叶谱见图 10-39。由图 10-39 可以看出：①车速 199.66km/h 对应的道床振动加速度频率主要分布于 50~103Hz，车速 209.52km/h 对应的道床振动加速度频率主要分布于 45~115Hz，后者频带更宽，表明随着车速加快，竖向加速度频谱中的高频振动逐渐增多；②频谱图中标出了加速度峰值点对应的频率值，通过与表 10-7 对比，发现这些频率多分布于表 10-7 中计算出的基频整数倍附近，但是由于多普勒效应与现场条件的复杂性，二者并未完全吻合。

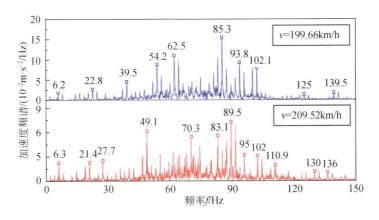

图 10-39　监测断面 K44+704 上测点 C_1 非冻结期竖向加速度频谱

　　哈佳快速铁路有砟轨道振动加速度反应现场监测数据分析结果再一次证实，列车类型、速度、编组与轨道结构、几何特征长度将引发轨道/路基周期性准静态激励这一客观事实，而且在临近轨道的路基振动过程中起重要作用。此外，对应于车速 199.66km/h、209.52km/h 的第一主频分别为 85.3Hz、89.5Hz，分别接近于表 10-7 中通过轨枕间距计算的基频 85Hz、90Hz，说明对于有砟轨道路基，高速移动的列车荷载将引起轨枕强烈振动，并且在近轨道的路基振动过程中起主导作用，这一点与理论分析中有砟轨道路基传动机理一致。

10.4.3.2　冻融状态对路基振动加速度频谱影响

　　根据路肩测点 C_2 与路堤坡脚测点 C_4 现场监测数据，研究路基冻融状态对路基振动反应加速度频率特性影响，分析竖向加速度频谱。哈佳快速铁路针对非冻结期、冻结期分别采用不同运行时刻表、运行速度，非冻结期、冻结期分别选择两个代表速度 199.66km/h、186.01km/h。图 10-40 给出了测点 C_2 与测点 C_4 非冻结期 $v=199.66$km/h 对应的路基振动反应竖向加速度频谱、冻结期 $v=209.52$km/h 对应的路基振动反应竖向加速度频谱。由图 10-40 可以看出：①非冻结期，路肩测点 C_2 振动反应竖向加速度频率范围主要分布于 20~120Hz，而坡脚测点 C_4 振动反应竖向加速度频率范围则缩小为 10~75Hz，这是非冻结期路基整体动刚度较小、自振频率较低、材料阻尼较大，致使路基自振频率明显远离自道床（具有一定减振与过滤高频波作用）传至路基动力波的频率，并且传至测点 C_4 动力波的很高频成分绝大部分已被路基过滤，因此测点 C_4 对很高频率振动反应小，而临近轨道的测点 C_2 则受钢轨振动影响很大且输入很高频动力波衰减小，所以测点 C_2 对动力波反应频带宽且很高频成分反应显著；②冻结期，路肩测点 C_2 与路堤坡脚测点 C_4 振动反应竖向加速度频率分布基本一致，主要集中于 50~120Hz 范围，这是因为冻结期路基整体动刚度较大、自振频率较高、材料阻尼较小，所以路基对动力波在其中传播的衰减作用较小，因此测点 C_2 与测点 C_4 振动反应竖向加速度频率分布基本一致。上述表明，在非冻结状态下近场路基振动主要由很高频波引起、远场路基主要表现为相对较低频率振动，但是冻结期因冻土层的存在而减弱了路基对很高频动力波的滤波作用。

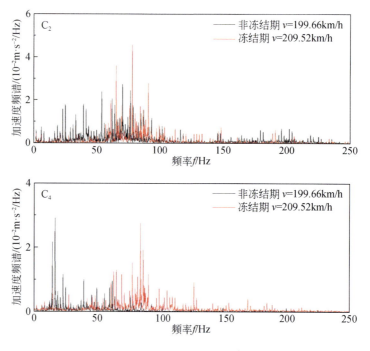

图 10-40　路基不同冻融状态测点 C_2 与测点 C_4 竖向加速度频谱

10.4.3.3　路基振动加速度频谱偏移规律与影响因素

根据正常期（非正常期）时速 199.66km/h 动车组通过现场监测数据，计算获得的测点 C_1 至测点 C_4 振动加速度傅里叶谱见图 10-41。由图 10-41 可以看出，随着距轨道中心

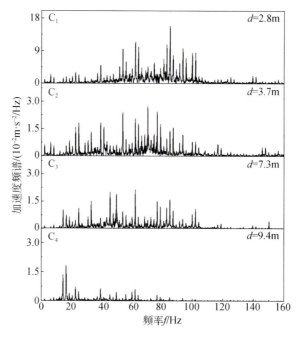

图 10-41　正常期（非冻结期）路基测点 $C_1 \sim C_4$ 竖向加速度频谱

线距离增大，即由测点 C_1、测点 C_2、测点 C_3、测点 C_4 路基振动反应加速度的频带越来越窄且越来越向较低频段偏移、主振频段越来越低，临近轨道的测点 C_1、离轨道较近的测点 C_2 的加速度频段较宽而主要集中于 30 ～ 110Hz（测点 C_1 加速度频段更集中于 50 ～ 105Hz），路堤坡脚测点 C_4 加速度频段主要集中于较低频段 10 ～ 75Hz，且更位于狭窄区间 15 ～ 30Hz、很高频部分基本消失。

由测点 C_1、测点 C_2、测点 C_3、测点 C_4 随着距轨道中心线距离增加，第一主频由很高频段向较低频段偏移。分析原因：由于路基材料阻尼对输入振动衰减作用，加上临近轨道起因于轨道几何不平顺、轮对几何缺陷、钢轨几何缺陷、轮–轨冲撞、轨–枕冲撞等的高频/很高频振动引起路基填料颗粒振动次数较多、颗粒摩擦耗能较大，因此输入高频/很高频振动传播距离较小；相比之下，较低频振动引起路基填料颗粒振动次数较少、颗粒摩擦耗能较小，因此输入路基振动可以传播更远。

类似于无砟轨道分析方法，考虑列车高速行驶产生的振动波包含多种频率成分，直接由傅里叶变换获得的频谱因谱线较多而难以清楚识别主要特征，因此采用谱线少而频带较宽的 1/3 倍频程谱，进一步针对不同冻融状态路基振动反应频谱特征展开分析。针对正常期与冻结期速度分别为 199.66km/h、186.01km/h 两趟列车通过，图 10-42 给出了路基监测断面 K44+704 上各测点获得的竖向振动加速度 1/3 频程谱，图中在保留图形主要特征基础上对纵坐标做了折断处理。

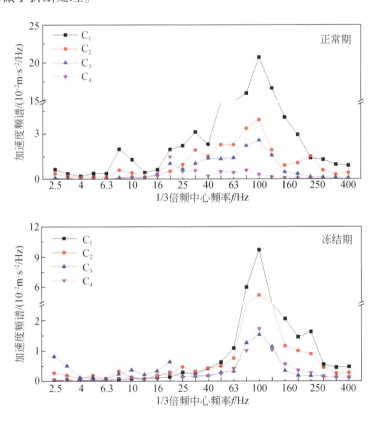

图 10-42　正常期与冻结期路基测点 C_1 ～ C_4 竖向加速度 1/3 频程谱

由图 10-42 可以看出：①正常期与冻结期，路基振动反应竖向加速度 1/3 程频谱在各测点的振动频率均有 3 个较明显的频带，较低频带为 4~10Hz，中高频带为 10~40Hz，很高频带为 40~160Hz；②正常期与冻结期，路基各测点振动反应竖向加速度大多数以 40~160Hz 高频振动为主，这种特点在冻结期表现得尤为明显；③结合图 10-41 考察，正常期，测点 C_1、测点 C_2、测点 C_3 振动加速度反应的第一主频均分布于 63~100Hz 高频范围，而离轨道更远的测点 C_4 振动加速度反应的第一主频则位于 10~25Hz 较低频范围，因此表明第一路基振动加速度反应的主频呈现随着距轨道距离增加而逐渐向较低频段偏移的空间演变趋势；④在冻结期路基振动加速度反应 1/3 频程谱图中，各测点第一主频段均分布于 63~100Hz 范围，在距轨道中心线水平距离不超过 9.4m 范围与振源距离之间关系不大，表明相比于不含冻土层的正常期，冻结期路基中冻土层对高频振动的滤波作用减弱，因此路基振动中高频成分占比较大；⑤无论是冻结期，还是正常期，各测点主振频率的加速度幅值均表现为随着振源距离（以上描述为距轨道中心线距离）增加而减小，这一点与时域分析中加速度有效值随着振源距离增加的变化规律一致，表明路基材料阻尼耗能是输入路基振动传播衰减的极其重要因素，大部分振动能在传播过程中均被吸收、耗散。

最后应该说明，在哈佳快速铁路基监测断面 K44+704 监测中，因受限于客观条件而未监测距离轨道更远场地的振动加速度反应，所以未获得自路基近场远场更大范围振动加速度反应 1/3 频程谱的空间演变规律。但是，过去以大秦重载铁路为背景开展了相同的道床-路基-场地列车行驶振动加速度反应现场监测与相关研究工作，结果表明在距轨道距离更远的远场（≥10m），冻结期场地振动反应竖向加速度主频段也显示随着距轨道距离增大而自高频段向低频段逐步偏移。

10.4.3.4 路基振动反应动位移峰值与幅频特性

作为一个范例，在监测断面 K44+704 上选择测点 C_2，根据现场监测结果，进行路基振动反应动位移峰值与幅频特性分析。针对正常期、冻结期，图 10-43 分别给出了路基上测点 C_2 振动反应竖向动位移峰值与行车速度之间的关系。由图 10-43 可以看出：①无论是冻结期还是正常期，在同一监测时段，行车速度变化对路基上测点 C_2 竖向振动位移峰值影响均很小，这是因为在同一季节的同一监测时段，路基整体动刚度、动模量、动泊松比、密实度、阻尼系数、自振特性等影响动位移的主要因素不变，更何况不同趟列车之间行驶速度值差别也不很大，据此也可推知，相比于行车速度，路基动力特性对振动位移及

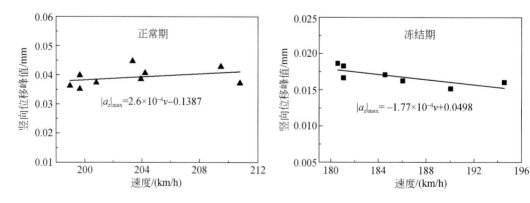

图 10-43　正常期/冻结期路基测点 C_2 竖向振动位移与车速之间的关联性

其峰值影响更大；②正常期路基振动竖向位移峰值主要分布于 0.035 ~ 0.045mm，冻结期路基振动竖向位移峰值主要分布于 0.015 ~ 0.02mm，后者显著小于前者；③正常期路基竖向振动位移峰值随着行车速度加快而呈近似线性很小幅度增大，与之相反，冻结期路基竖向振动位移峰值随着行车速度加快而呈近似线性很小幅度减小，图中给出了路基竖向振动位移峰值与行车速度之间关系的线性拟合式，拟合直线的斜率只有 10^{-4} 量级。应该说明，由于监测期间通过的车次较少、车速较集中，并且每趟动车组很难保证载客量（轴重）、轮轨磨损度等因素完全一致，因此上述路基振动位移峰值与车速之间关联性分析难免存在一定片面性，尚待基于丰富的监测数据且结合不同工况的反复数值模拟对这一问题做更深入分析。

　　针对正常期、冻结期，图 10-44 分别给出了不同行车速度下路基上测点 C_2 竖向振动位移频谱。由图 10-44 可以看出：①不同季节（即路基不同冻融状态，正常期与冻结期）不同行车速度下，路基竖向振动位移主要分布于低频段或较低频段且多集中于频率 $f <$ 4.5Hz 范围；②正常期与冻结期路基竖向振动位移均存在频宽基本一致的两个显著动位移的频段，一个频段为 1.75 ~ 2.25Hz，另一个频段为 0.00 ~ 0.62Hz；③路基竖向振动位移的峰值频率（卓越频率）正常期与冻结期近似相同，即卓越频率 $f_{OP} = 2.1 ~ 2.13$Hz；④正常期，车速稍有加快，路基竖向振动位移峰值反应则明显减小；⑤而冻结期，路基竖向振动位移峰值反应则受车速变化影响很小而可忽略不计。鉴于上述，路基竖向振动位移频谱明显不同于加速度频谱，表明路基振动位移反应与加速度反应之间在产生机理方面存在较大差别。

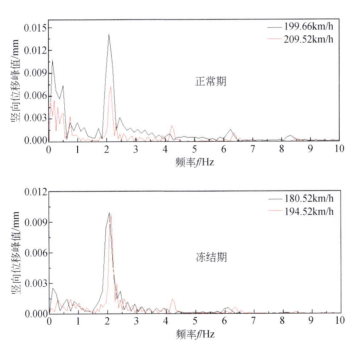

图 10-44　正常期/冻结期路基测点 C_2 竖向振动位移频率

参 考 文 献

［1］王子玉．深季节冻土区列车荷载下路基振动响应特性与永久变形研究［D］．哈尔滨：哈尔滨工业大学，2014.

［2］Wang Z Y, Ling X Z, Zhang F, et al. Field monitoring of railroad embankment vibration responses in seasonally frozen regions［J］. Sciences in Cold and Arid Regions, 2013, 5 (4): 0393-0398.

［3］Wang Z Y, Ling X Z, Tian L H, et al. Train-Induced Subgrade Vibration LevelBy field Experiments［C］. Recent Advanced In Environmental Vibration: Proceedings of 6th international symposium on environmental vibration, Shanghai, 2013: 194-200.

［4］Wang Z Y, Ling X Z, Zhu Z Y, et al. Dominant frequencies of train-induced vibrations in a seasonally frozen region［J］. Cold Regions Science and Technology, 2015, 116: 32-39.

［5］陈士军．青藏线含融化夹层和地下冰冻土路基列车行驶振动响应［D］．哈尔滨：哈尔滨工业大学，2013.

［6］国家环境保护局．城市区域环境振动标准 GB 10070—1988［S］．北京：中国标准出版社，1988.

［7］Feng S, Zhang X, Wang L, et al. In situ experimental study on high speed train induced ground vibrations with the ballast-less track［J］. Soil Dynamics and Earthquake Engineering, 2017, 102: 195-214.

［8］李善珍．高寒区高铁有砟轨道-路基体系动力特性与稳定性评价方法［D］．哈尔滨：哈尔滨工业大学，2022.

［9］Li S Z, Ling X Z, Tian S, et al. In-situ test and analysis of subgrade vibration with ballasted track in deep seasonally frozen regions［J］. Transportation Geotechnics, 2021, 100658.

第11章 寒区轨道交通振源特性与轮–轨作用力模拟

§11.1 引　言

研究寒区轨道交通路基动力学与工程问题，仅借助现场监测难以全面系统认识列车荷载下路基振动反应的基本特点、特征过程、时空演变（即振动反应时程演化、空间分布，空间分布具有时间过程）、振动传播、衰减规律与主要影响因素，因此在必要的不同工况现场监测与计算分析基础上，必须针对不同场地条件、冻融状态、轨道类型、路基结构与列车不同类型、编组、轴重、速度等各种工况下，进行反复数值模拟分析，方可获得对上述问题的充分认识。但是，进行寒区轨道交通路基振动反应数值分析，面临必须解决的两方面问题，一是寒区轨道交通振源特性模拟方法，二是寒区路基振动反应分析方法，解决第一方面问题的主要目的是解决第二方面问题提供对路基的振动输入，其中第一方面问题解决的难度很大且与第二方面问题研究存在不可分割的关联性。关于列车振动荷载计算模型，文献报道了大量轮轨关系定性描述研究成果，并且在定量分析方面也取得了一定有益进展。20 世纪 70 年代初开始，随着轨道交通迅速发展，国际上轮轨动力学领域取得了丰硕的研究成果，先后建立了种类繁多、繁简不同、性能各异的轮轨动力分析模型，如三自由度模型、双层轨道模型、Derby 基本模型、Sato 半车模型、翟婉明统一模型等。特别值得说明的是，翟婉明建立的车辆–轨道耦合统一模型[1]，充分吸收了各种传统模型优点，从车辆轨道耦合动力学原理出发，以轨道不平顺为激励源，采用大系统思想，综合考虑车辆、轨道线路、轮轨界面三方面影响，研究轨道结构动力响应，突破了传统子系统简化研究的局限性，将轨道结构动力学研究提高到一个新层次，也是迄今较完善的轮轨动力分析通用模型，尤其适用于复杂问题的精确分析。

§11.2 寒区轨道交通振源特性模拟建模思路

11.2.1 问题的提出

轨道交通振动对路基振动输入显著不同于地震作用对路基振动输入：列车与轨道、道床、路基构成一个相互作用与互馈的统一动力体系，列车行驶产生的振动通过轨道、道床向下传至路基，反过来，列车行驶引起的路基、道床、轨道振动又传至列车而影响行车振动，因此列车、轨道、道床、路基相互之间存在明显的振动相互作用与互馈效应，即列车、轨道、道床、路基既是激振体，又是受振体；然而，地震对路基输入的振动直接从下覆地层传至路基，路基只是被动的受振体，路基对振源的发震作用不产生任何影响。此外，正因为上述列车–轨道–道床–路基振动耦合统一体系（列车–轨道–路基振动耦合统一体系），寒区路基中冻土层存在与否（路基冻融状态）显然将对列车行驶振动产生一定影响。鉴于上述，进行寒区轨道交通振源特性模拟的数值建模，必须将列车、轨道（含钢轨、轨枕、道床/轨道板）、路基作为一个统一动力体系考虑，即列车–轨道–路基振动耦合统一体系，并且还要求考虑路基冻融状态。

11.2.2　寒区轨道交通振源特性模拟与路基振动反应分析途径

事实上，列车–轨道–路基振动耦合统一体系是一个复杂耦合动力系统，存在动力、耦合、时变三大效应，若直接采用这一复杂耦合动力系统进行路基振动反应分析，更何况还要求计算时步取 $\Delta t = 0.001 \sim 0.0001$s（工程或地基地震反应分析的计算时步一般取 $\Delta t = 0.1 \sim 0.01$s，但是列车时速快且振动频率远高于地震频率，所以要求计算时步必须取足够小，否则可能丢掉一些重要反应），必然出现计算量很大、计算耗时很长、存储量很大等海量计算问题，并且很难可靠解决列车与轨道之间、轨道与路基之间、列车通过轨道与路基之间等时变耦合效应问题。鉴于上述，基于大系统"逼近"分析基本理念与结构抗震"子结构法"分析方法，将列车–轨道–路基振动耦合统一体系合理分解为两个子系统，即列车–轨道竖向耦合动力体系、轨枕–道床–路基振动耦合体系[2-6]，见图 11-1，前一动力体系用于列车行驶振源特性模拟与影响振动荷载（振动力）特性的影响因素分析，也即据此求解因行车振动而产生作用于轨枕上的振动力，将此振动力作为路基的振动输入，后一动力系统用于列车行驶路基振动反应与影响因素分析。如此处理，将使列车行驶振源特性模拟与振动影响因素分析、路基振动反应与影响因素分析的计算量大幅度减少——无论路

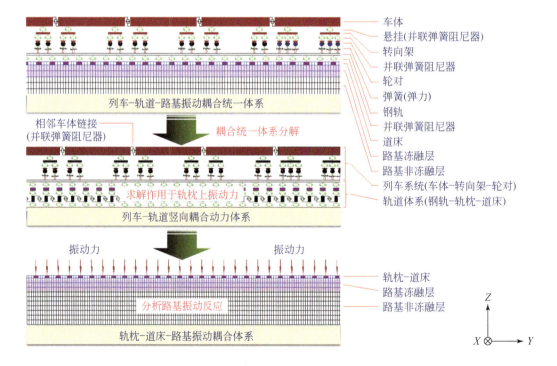

图 11-1　列车–轨道–路基振动耦合统一体系分解模拟示意图

基冻融状态如何，并且通过采用现场监测数据验证表明计算精度很高。这种处理方法，之所以得到很高精度的模拟计算结果，主要是因为钢轨与轨枕之间振动相互作用属于理想的弹性过程，并且在这种弹性振动相互作用过程中钢轨与轨枕之间始终不脱离而一直紧密接触，因此几乎不影响路基振动、道床振动对列车振动反馈效应（即影响效应），特别是对于高速铁路或快速铁路无砟轨道路基更是如此。应该说明，列车行驶振动实际是一个复杂的三维动力过程，即 X 方向振动、Y 方向振动、Z 方向振动，但是竖向振动（Z 方向振动）占比很大且极其突出、沿轨道水平方向振动（Y 方向振动）占比相对较小、垂直于轨道水平方向（X 方向振动）振动占比则很小而可不计对路基稳定性的影响，因此可以在 YZ 平面中建立列车–轨道竖向耦合动力体系的数值模型、轨枕–道床–路基振动耦合体系数值模型，进行列车行驶振源特性模拟与振动影响因素分析、路基振动反应与影响因素分析，从而避免三维动力数值分析的建模繁杂与计算量大的技术难题。

列车–轨道竖向耦合动力体系下各属一级子系统、二级子系统、三级子系统，以及各相关子系统之间耦联关系，见图 11-2，这是构建列车–轨道竖向振动耦合分析的数值模型必须依赖的主系统与各级子系统之间的逻辑关系。

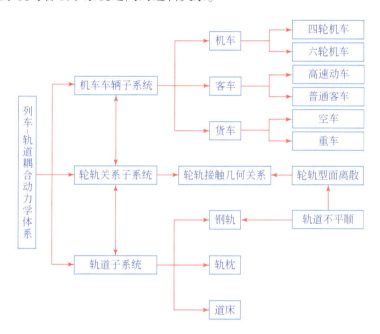

图 11-2　列车–轨道竖向耦合动力体系中
各级子系统之间的逻辑关系

在列车行驶路基振动反应与影响因素动力数值分析中，针对路基中存在的冻土层、融土层，仅赋值相应的冻土动力学参数、融土动力学参数，而无需对上覆冻土层或融土层与下伏非冻土层之间接触带（过渡带）不做相互作用处理，这是因为冻土层或融土层与非冻土层之间过渡带的土性（土的动力特性）实际是逐渐过渡而非突变，并且接近于过渡带的冻土或融土与非冻土之间在土的动力特性方面的差别也很小。

§11.3 列车-轨道竖向振动耦合模型

11.3.1 问题的剖析与建模思想

在建立寒区轨道交通振源特性模拟数值模型中，车辆与轨道是轮-轨振动系统中不可分割的两大组成部分，不可忽视车辆与轨道之间振动耦合作用、车辆各轮对之间振动耦合作用，车辆与轨道之间振动耦合作用系统具有多自由度、强非线性等特点，因此系统复杂，致使振动荷载模拟更复杂，涉及列车的类型、编组、轴重、悬挂体系、行车速度、轨道结构、轨道不平顺等诸多因素。从系统工程角度看，列车-轨道振动耦合体系可以分解为两个动力物理系统，即车辆系统、轨道系统，以轮-轨接触点为分界线，线上为车辆系统，线下为轨道系统。过去的研究，将车辆-轨道振动相互作用分为各自独立的三个模块，即车辆动力学、轨道动力学、轮-轨动力相互作用，各自作为一个孤立系统进行分析。事实上，车辆系统、轨道系统通过轮-轨振动相互作用耦合成一个统一体系，这两个系统动力相互作用决定了列车行驶振动荷载特点，即振源特性。因此，在轨道交通振源特性与振动荷载影响因素研究中，必须将车辆系统、轨道系统一并置于一个统一的整个耦合系统中考察。

鉴于上述，列车-轨道竖向耦合振动系统的动力分析模型分为车辆模型、轨道模型、轮-轨关系模型（轮-轨接触模型）。车辆模型，从单一的移动常力荷载，发展到综合考虑车辆各构件（主动或被动机构）之间动力相互作用的半车模型或整车模型；轨道模型，基于纯数学模型不断改进与完善，如集总参数模型、连续弹性基础梁模型、连续弹性离散点简支梁模型等；轮-轨关系模型，表征轮、轨接触状态的接触单元模型也得到优化。中国轨枕设计，一般选取三种道砟支撑条件，即中间段不支撑、中间段半支撑、整段全支撑。针对道砟受力、路基受力，选择中间段不支撑，计算应力分布符合实际情况，如此，轨枕与道砟之间接触应力 σ_d 为轨枕承担的动压力 P_d 与轨枕-道砟之间有效接触面积 S 的比值，即 $\sigma_d = P_d/S$。

在以下解析中，将在翟婉明建立的车辆-轨道竖向耦合动力系统统一模型基础上，通过改进，形成列车-轨道竖向振动耦合模型，可以模拟具有多个车厢与机车的整挂列车行驶产生的振动荷载，进而完成任一趟整挂列车通过路基振动反应分析。但是，由于列车过长，若轨道梁选取的长度过长，则大幅度增加自由度，致使计算耗时呈数量级增加。一般情况下，采用 6 节车厢，便可很好模拟车辆-轨道系统的振动状态。因此，基于不同车厢组合的 6 节编组列车，以不同速度行驶，研究列车-轨道竖向振动耦合系统振源特性、各种主要激扰因素对振动的影响。

11.3.2 车辆竖向振动模型

列车车辆是一个由车体、转向架、轮对与弹簧阻尼悬挂装置组成的多自由度刚体振动系统。据此，并且考虑车体、前转向架、后转向架的竖向沉浮运动、竖向点头运动，以及轮对的竖向振动，针对客车、货车、机车、发电车四大车辆形式，分别给出四轴二系悬挂、六轴二系悬挂、四轴一系中央悬挂的车辆竖向动力模型，见图 11-3～图 11-5，图中符号意义见表 11-1。这三个模型完整反映了车体质量、车体点头惯量、转向架质量、转向架点头惯量、轮对质量、一系悬挂刚度与阻尼、二系悬挂刚度与阻尼、车厢之间刚度与阻尼等对行车振动的影响，车辆动力学分析参数见表 11-1。

表 11-1　车辆系统动力模型参数/函数

参数	名称	参数	名称	参数	名称
M_c	车体质量 /kg	Z_c	车体 竖向动位移/m	l_{cx}	车厢长度之半 /m
M_t	转向架质量/kg	Z_{ti} $(i=1,2)$	前转向架 后转向架 竖向动位移/m	l_c	第 j 节车辆 定距之半 /m
M_W	轮对质量 /kg	Z_{iWl} $(i=1,2)$ $(l=1,2,3)$	四轴车辆 六轴车辆 轮对 竖向动位移 /m	l_t	第 j 节车辆 转向架 固定轴距之半 /m
J_c	车体 点头惯量/（kg·m²）	β_c	车体 点头动角位移 /rad	K_c	车辆之间 连接刚度 /（N/m）
J_t	转向架 点头惯量/（kg·m²）	β_{ti} $(i=1,2)$	前转向架 后转向架 点头动角位移 /rad	C_c	车辆之间 连接阻尼系数 /（N·s/m）
K_{sm} $(m=1,2)$	一系悬挂 刚度 二系悬挂 刚度 /（N/m）	C_{sm} $(m=1,2)$	一系悬挂 二系悬挂 阻尼系数 /（N·s/m）	$P_{il(t)}$ $(i=1,2)$ $(l=1,2,3)$	单侧车轮 轴函数 /N
K_c	车辆之间 连接刚度/（N/m）	R	车轮 滚动圆半径 /m	$F_{i0l(t)}$ $(i=1\sim4)$ $(l=1\sim6)$	轮对处 激励力函数 /N

11.3.2.1　四轴/六轴二系悬挂车辆模型

四轴或六轴二系悬挂车辆模型见图 11-3、图 11-4，车体沉浮运动、车体点头运动、转向架沉浮运动、转向架点头运动与四个轮对竖向振动或六个轮对竖向振动，共计 10 个自由度或 12 个自由度。可以任意取第 j 节车辆作为研究对象，针对车体、转向架、轮对，采用 D'Alembert 原理，可以获得车辆系统振动方程，见式（11-1）～式（11-5）。

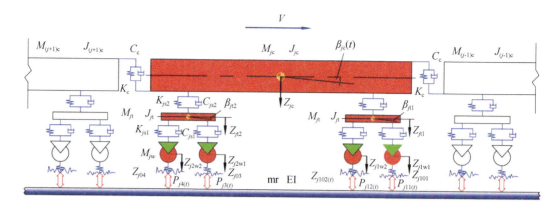

图 11-3　四轴二系悬挂车辆模型示意图

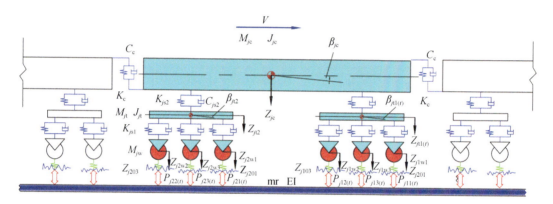

图 11-4　六轴二系悬挂车辆模型示意图

1) 车体动力平衡方程[1,3]

$$M_{jc}\ddot{Z}_{jc} + \sum_{i=1}^{2}\left[C_{js2}(\dot{Z}_{jc} - \dot{Z}_{jti}) + K_{js2}(Z_{jc} - Z_{jti})\right] +$$

$$C_c(2\dot{Z}_{jc} - \dot{Z}_{(j-1)c} - \dot{Z}_{(j+1)c} + l_{(j-1)cx}\dot{\beta}_{(j-1)c} - l_{(j+1)cx}\dot{\beta}_{(j+1)c}) +$$

$$K_c(2Z_{jc} - Z_{(j-1)c} - Z_{(j+1)c} + l_{(j-1)cx}\beta_{(j-1)c} - l_{(j+1)cx}\beta_{(j+1)c}) = M_{jc}g \tag{11-1}$$

$$J_c\ddot{\beta}_{jc} + \sum_{i=1}^{2}\left[C_{js2}(l_{jc}^2\dot{\beta}_{jc} - \eta_i l_{jc}\dot{Z}_{jti}) + K_{js2}(l_{jc}^2\beta_{jc} - \eta_i l_{jc}Z_{jti})\right] +$$

$$C_c(2l_{jcx}^2\dot{\beta}_{jc} - l_{jcx}\dot{Z}_{(j-1)c} + l_{jcx}\dot{Z}_{(j+1)c} + l_{jcx}l_{(j-1)cx}\dot{\beta}_{(j-1)c} +$$

$$l_{jcx}l_{(j+1)cx}\dot{\beta}_{(j+1)c}) + K_c(2l_{jcx}^2\beta_{jc} - l_{jcx}Z_{(j-1)c} + l_{jcx}Z_{(j+1)c} +$$

$$l_{jcx}l_{(j-1)cx}\beta_{(j-1)c} + l_{jcx}l_{(j+1)cx}\beta_{(j+1)c}) = 0 \tag{11-2}$$

2) 转向架动力平衡方程[1,3]

$$M_{jt}\ddot{Z}_{jti} + (C_{js2} + 2C_{js1})\dot{Z}_{jti} + (K_{js2} + 2K_{js1})Z_{jti} - C_{js2}(\dot{Z}_{jc} + \eta_i l_{jc}\dot{\beta}_{jc})$$

$$- K_{js2}(Z_{jc} + \eta_i l_{jc}\beta_{jc}) - \sum_{l=1}^{N_l}(C_{js1}\dot{Z}_{jiWl} + K_{js1}Z_{jiWl}) = M_{jt}g \tag{11-3}$$

$$J_{ji}\ddot{\beta}_{jti} + 2C_{js1}l_{jt}^2\dot{\beta}_{jt1} + 2K_{js1}l_{jt}^2\beta_{jt1} - \sum_{l=1}^{N_l} 2\eta_l l_{jt}(C_{js1}\dot{Z}_{jiWl} + K_{js1}Z_{jiWl}) = 0 \tag{11-4}$$

3) 轮对动力平衡方程[1,3]

$$M_{jW}\ddot{Z}_{jiWl} + C_{js1}(\dot{Z}_{jiWl} - \dot{Z}_{jti} - \eta_l l_{jt}\dot{\beta}_{jti}) + K_{js1}(Z_{jiWl} - Z_{jti} - \eta_l l_{jt}\beta_{jti})$$
$$+ 2p_{jil}(t) = F_{ji0l}(t) + M_{jW}g \tag{11-5}$$

式中，i 为前、后转向架（$i=1$ 表示前转向架，$i=2$ 表示后转向架）；η_i 为转向架系数（$i=1$，对应 $\eta_i=1$；$i=2$，对应 $\eta_i=-1$）；N_l 为单个转向架下轮对数（对于四轴车辆，取 $N_l=2$；对于六轴车辆，取 $N_l=3$）；N_l 中下角标 l 表示轮对（$N_l=2$ 对应 $l=1$ 或 $l=2$，$N_l=3$ 对应 $l=1$ 或 $l=2$ 或 $l=3$，数据 1、2、3 表示轮对位于转向架前位、转向架后位、转向架中位）；η_l 为轮对系数（$l=2$ 或 $l=3$，分别取 $\eta_l=1$、-1、0）。

特别说明：参数下标 j、$j-1$、$j+1$ 表示不同编号车辆对应的参数；对于位于列车行驶前方的机车，则略去车体动力平衡方程中 $j-1$ 项；对于位于列车行驶后方的尾车，略去车体动力平衡方程中 $j+1$ 项。

11.3.2.2　四轴一系中央悬挂车辆模型

图 11-5 为四轴一系中央悬挂货车的典型模型，轮对运动自由度不独立，可由转向架运动导出，共计 6 个自由度。任意取第 j 节车辆为研究对象，车辆振动系统动力方程如下。

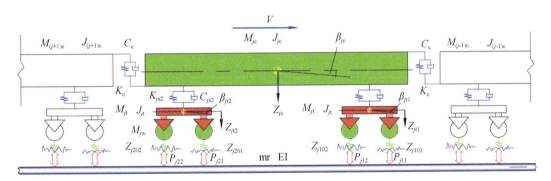

图 11-5　四轴一系中央悬挂车辆模型示意图

1) 车体动力平衡方程[1,3]

由于四轴一系中央悬挂车辆与四轴或六轴二系悬挂车辆的车体运动状态一致，因此四轴一系中央悬挂车辆模型的车体动力平衡方程也为式（11-1）、式（11-2）。事实上，无论是货车、普通客车、特快客车，还是高铁动车组，行驶过程中车体的运动状态均本质区别。

2) 转向架动力平衡方程[1,3]

$$(M_{jt}+2M_{jW})\ddot{Z}_{jti} + C_{js2}(\dot{Z}_{jti} - \dot{Z}_{jc} - \eta_i l_{jc}\dot{\beta}_{jc}) + K_{js2}(Z_{jti} - Z_{jc} - \eta_i l_{jc}\beta_{jc})$$
$$+ \sum_{l=1}^{2}\left[2p_{jil}(t) - F_{ji0l}(t)\right] = (M_{jt}+2M_{jW})g \tag{11-6}$$

$$(J_{jt}+2M_W l_{jt}^2)\ddot{\beta}_{jti} + \left[p_{ji1}(t) - p_{ji2}(t)\right]l_{jt} = \left[F_{ji01}(t) - F_{ji02}(t)\right]l_{jt} \tag{11-7}$$

3）轮对动力平衡方程[1,3]

不同于四轴或六轴二系悬挂车辆，四轴一系中央悬挂车辆的轮对运动方程不独立，依赖于转向架振动的动位移、速度、加速度。据此，建立的四轴一系中央悬挂车辆的轮对动力平衡方程见式（11-8）。

$$Z_{ji\text{W}l} = Z_{jti} + \eta_l l_{jt} \beta_{jti}$$

$$\dot{Z}_{ji\text{W}l} = \dot{Z}_{jti} + \eta_l l_{jt} \dot{\beta}_{jti} \qquad (11-8)$$

$$\ddot{Z}_{ji\text{W}l} = \ddot{Z}_{jti} + \eta_l l_{jt} \ddot{\beta}_{jti}$$

最后应该说明，以上针对典型列车车辆模型且在一定行驶速度范围给出车辆动力平衡方程，至于其他列车如高铁动车组、快速动车组、地铁列车、轻轨列车等车辆模型的动力平衡方程的数学形式、建立方法也与之基本一致，因限于篇幅，在此不赘述。

11.3.3　轨道振动模型

轨道结构模型见图 11-6，由于钢轨的高跨比较小，弯曲半径与梁高相比大很多，主要为弯曲变形，因此可以不计振动过程中剪切变形影响、转动惯量影响。采用弹性离散点支撑的无限长 Euler 梁模拟钢轨，既保证足够的数值计算精度，又适应工程应用需求，并且避免十分繁杂的计算过程。轨下基础沿钢轨方向被离散，采用三层钢轨-轨枕-道床-路基的质量块-弹簧-阻尼模型。轨枕、道床被离散为质量块，钢轨与轨枕质量块之间、轨枕质量块与道床质量块之间、道床质量块与路基之间均由并联弹簧阻尼器竖向连接，在道床相邻质量块之间引入剪切刚度、剪切阻尼（并联弹簧阻尼器）。如此，既考虑了轨下垫层/轨枕、道床、路基的黏-弹特性，并且还考虑了道床之间剪切特性。轨道振动模型中参数见表 11-2。

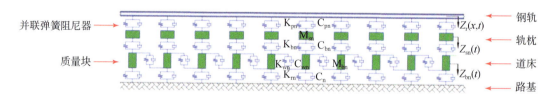

图 11-6　轨道振动模型示意图

表 11-2　轨道振动模型参数

参数	名称	参数	名称	参数	名称
m_r	钢轨单位长度质量/(kg/m)	K_p	轨下垫层动刚度/(N/m)	C_p	轨下垫层阻尼系数/(N·s/m)
E_r	钢轨动弹性模量/MPa	K_b	道床动刚度/(N/m)	C_b	道床离散阻尼系数/(N·s/m)
I	钢轨截面动惯性矩/m⁴	K_f	路基动刚度/(N/m)	C_f	路基阻尼系数/(N·s/m)
C_d	钢轨阻尼系数/(N·s/m)	K_{sb}	道床动剪切刚度/(N/m)	C_{sb}	道床剪切阻尼系数/(N·s/m)
E_b	道床动弹性模量/MPa	M_s	轨枕质量/(N/m)	ρ_b	道砟密度/(kg/m³)
E_f	路基填料动模量/MPa	h_b	道床厚度/m	α	道砟内摩擦角/(°)

11.3.3.1　钢轨振动微分方程

在实际应用中，连续无限长钢轨 Euler 梁模型可以简化为有限长简支梁。据分析结果，为了获得满意结果，钢轨的计算长度 L 应使第一辆车的第一轮对、最后一辆车的最后轮对分别至前简支端、后简支端的距离均不低于 30m。

钢轨振动模型见图 11-7。轮对对钢轨作用力为 P_{jil}（$j=1\sim m$，$i=1\sim 2$，$l=1\sim 2$ 或 3），即表示第 j 节车辆第 i 号转向架（1 表示前转向架，2 表示后转向架），l 号车轮（1 表示前轮，2 表示后轮，3 表示中轮）对钢轨作用力；轨枕支点反力为 F_{rsn}（$n=1\sim N$），N 为轨道长 L 范围内轨枕支点总数；l_{jcx} 为第 j 车厢长度之半；l_{jt} 为转向架固定轴距之半；l_{jc} 为定距之半。

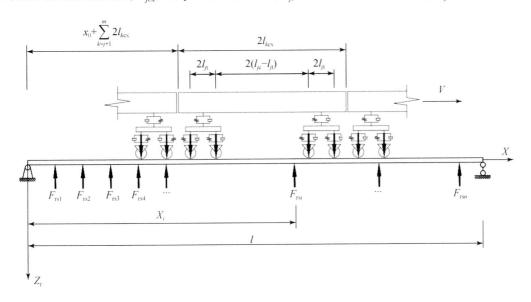

图 11-7　列车行驶钢轨振动分析模型示意图

在图 11-7 中，XOZ_r 为 x 轴位于钢轨上的直角坐标系，随着车辆以速度 V 向前移动，第 j 节车辆第 i 号转向架中第 l 轮对的运动坐标见式（11-9）[1,3]。

$$x_{pjil}(t) = x_0 + l_{jcx} + \eta_i l_{jc} + \eta_l l_{jt} + Vt + \sum_{k=j+1}^{m} 2l_{kcx} \tag{11-9}$$

式中，x_0 为计算起始时刻最后一节车厢尾部的坐标；t 为列车行驶时间变量；m 为列车车厢数；η_i 为转向架系数（取值如前述）；η_l 为轮对系数（取值如前述）。

根据轨枕间距 l_s，计算各轨枕支点坐标见式（11-10）[1,3]。

$$x_n = nl_s \quad (n=1\sim N) \tag{11-10}$$

如前所述，只考虑梁（钢轨）竖向弯曲变形，不考虑剪切变形影响、转动惯量影响，应用伯努利·欧拉理论（Bernoulli Euler Theory），分析列车行驶钢轨振动微分方程。假设钢轨振动竖向位移挠度为 $Z_r(x,t)$，通过引入 Diracδ 函数，得到钢轨振动微分方程如下式[1,3]。

$$E_r I \frac{\partial^4 Z_r(x,t)}{\partial x^4} + m_r \frac{\partial^2 Z_r(x,t)}{\partial t^2} + C_d \frac{\partial Z_r(x,t)}{\partial t}$$

$$= -\sum_{n=1}^{N} F_{rsn}(t)\delta(x-x_n) + \sum_{j=1}^{m}\sum_{i=1}^{2}\sum_{l=1}^{N_l} p_{jil}(t)\delta(x-x_{pjil}) \tag{11-11}$$

$$F_{\mathrm{rsn}}(t) = K_{\mathrm{p}n}\big[Z_{\mathrm{r}}(x_n,t) - Z_{\mathrm{s}n}(t)\big] + C_{\mathrm{p}n}\big[\dot{Z}_{\mathrm{r}}(x_n,t) - \dot{Z}_{\mathrm{s}n}(t)\big] \tag{11-12}$$

式中，$Z_{\mathrm{s}n}(t)$ 为轨枕振动位移；N_l 为转向架下轮对数（四轴车厢取 $N_l = 2$，六轴车厢取 $N_l = 3$）。

简支 Euler 梁具有无限自由度，通过应用简支 Euler 的正则振型函数，并且引入正则振型坐标 $q(t)$，可以得到钢轨模型的振型表达式见式（11-13），则钢轨挠度可表示式（11-14）[1,3]。

$$Y_k(x) = \sqrt{\frac{2}{m_{\mathrm{r}}l}}\sin\frac{k\pi x}{l} \quad (k=1,2,\cdots,\infty) \tag{11-13}$$

$$Z_{\mathrm{r}}(x,t) = \sum_{k=1}^{+\infty} Y_k(x)q_k(t) \tag{11-14}$$

在保证求解精度与收敛性条件下，可以截取 $NM = 0.5N$（N 为钢轨范围内轨枕支点总数）的模态阶数进行分析。通过引入模态正交性、Diracδ 函数性质等，可以将式（11-11）转化为二阶常微分方程组[1,3]，见式（11-15）。

$$\ddot{q}_k(t) + \frac{C_{\mathrm{d}}}{m_{\mathrm{r}}}\dot{q}_k(t) + \sum_{n=1}^{N} C_{\mathrm{p}n}Y_k(x_n)\sum_{h=1}^{NM}Y_h(x_n)\dot{q}_h(t) + \frac{E_{\mathrm{r}}I}{m_{\mathrm{r}}}\left(\frac{k\pi}{l}\right)^4 q_k(t)$$

$$+ \sum_{n=1}^{N} K_{\mathrm{p}n}Y_k(x_n)\sum_{h=1}^{NM}Y_h(x_n)q_h(t) - \sum_{i=1}^{N} C_{\mathrm{p}n}Y_k(x_n)\dot{Z}_{\mathrm{s}n}(t) \tag{11-15}$$

$$- \sum_{n=1}^{N} K_{\mathrm{p}n}Y_k(x_n)Z_{\mathrm{s}n}(t) = \sum_{j=1}^{m}\sum_{i=1}^{2}\sum_{l=1}^{N_l} p_{jil}(t)Y_k(x_{pjil}) \quad (k=1\sim NM)$$

11.3.3.2　轨枕振动微分方程

如图 11-6 所示，轨枕质量块上、下分别受到钢轨作用力、道床作用力。任意取第 n 号轨枕为研究对象，则轨枕振动平衡方程见式（11-16）[1,3]。

$$K_{\mathrm{p}n}\big[Z_{\mathrm{r}}(x_n,t) - Z_{\mathrm{s}n}(t)\big] + C_{\mathrm{p}n}\big[\dot{Z}_{\mathrm{r}}(x_n,t) - \dot{Z}_{\mathrm{s}n}(t)\big]$$

$$- K_{\mathrm{b}n}\big[Z_{\mathrm{s}n}(t) - Z_{\mathrm{b}n}(t)\big] - C_{\mathrm{b}n}\big[\dot{Z}_{\mathrm{s}n}(t) - \dot{Z}_{\mathrm{b}n}(t)\big] = M_{\mathrm{s}n}\ddot{Z}_{\mathrm{s}n}(t) - M_{\mathrm{s}n}g \tag{11-16}$$

将钢轨广义坐标位移表达式（11-14）代入式（11-16），得到最终的轨枕振动微分方程，见式（11-17）[1,3]。

$$M_{\mathrm{s}n}\ddot{Z}_{\mathrm{s}n}(t) + (C_{\mathrm{p}n} + C_{\mathrm{b}n})\dot{Z}_{\mathrm{s}n}(t) + (K_{\mathrm{p}n} + K_{\mathrm{b}n})Z_{\mathrm{s}n} - C_{\mathrm{b}n}\dot{Z}_{\mathrm{b}n}(t)$$

$$- K_{\mathrm{b}n}Z_{\mathrm{b}n}(t) - C_{\mathrm{p}n}\sum_{h=1}^{NM}Y_h(x_n)\dot{q}_h(t) - K_{\mathrm{p}n}\sum_{h=1}^{NM}Y_h(x_n)q_h(t) = M_{\mathrm{s}n}g \tag{11-17}$$

11.3.3.3　道床振动微分方程

如图 11-6 所示，道床的任一质量块，不仅受到上部轨枕作用力、下部路基作用力，而且两侧还受到相邻道床质量块的剪切力作用。任意取道床的第 n 号质量块为研究对象，可以获得振动方程，见式（11-18）[1,3]。式（11-18）中 4 个作用力见式（11-19）。将式（11-19）代入式（11-18），可以解得最终的道床振动微分方程，见式（11-20）。

$$F_{\mathrm{s}bn} - F_{\mathrm{f}bn} - F_{\mathrm{bb}(n-1)} - F_{\mathrm{bb}(n+1)} = M_{\mathrm{b}n}\ddot{Z}_{\mathrm{b}n}(t) - M_{\mathrm{b}n}g \tag{11-18}$$

$$F_{\mathrm{s}bn} = K_{\mathrm{b}n}\big[Z_{\mathrm{s}n}(t) - Z_{\mathrm{b}n}(t)\big] + C_{\mathrm{b}n}\big[\dot{Z}_{\mathrm{s}n}(t) - \dot{Z}_{\mathrm{b}n}(t)\big]$$

$$F_{\mathrm{fb}n} = K_{\mathrm{f}n} Z_{\mathrm{b}n}(t) + C_{\mathrm{f}n} \dot{Z}_{\mathrm{b}n}(t)$$

$$F_{\mathrm{bb}(n-1)} = K_{\mathrm{sb}n} \left[Z_{\mathrm{b}n}(t) - Z_{\mathrm{b}(n-1)}(t) \right] + C_{\mathrm{sb}n} \left[\dot{Z}_{\mathrm{b}n}(t) - \dot{Z}_{\mathrm{b}(n-1)}(t) \right] \tag{11-19}$$

$$F_{\mathrm{bb}(n+1)} = K_{\mathrm{sb}n} \left[Z_{\mathrm{b}n}(t) - Z_{\mathrm{b}(n+1)}(t) \right] + C_{\mathrm{sb}n} \left[\dot{Z}_{\mathrm{b}n}(t) - \dot{Z}_{\mathrm{b}(n+1)}(t) \right]$$

$$M_{\mathrm{b}n} \ddot{Z}_{\mathrm{b}n}(t) + (C_{\mathrm{b}n} + C_{\mathrm{f}n} + 2C_{\mathrm{sb}n}) \dot{Z}_{\mathrm{b}n}(t) + (K_{\mathrm{b}n} + K_{\mathrm{f}n} + 2K_{\mathrm{sb}n}) Z_{\mathrm{b}n}(t) -$$

$$C_{\mathrm{b}n} \dot{Z}_{\mathrm{s}n}(t) - K_{\mathrm{b}n} Z_{\mathrm{s}n}(t) - C_{\mathrm{sb}n} \dot{Z}_{\mathrm{b}(n+1)}(t) - K_{\mathrm{sb}n} Z_{\mathrm{b}(n+1)}(t) - \tag{11-20}$$

$$C_{\mathrm{sb}n} \dot{Z}_{\mathrm{b}(n-1)}(t) - K_{\mathrm{sb}n} Z_{\mathrm{b}(n-1)}(t) = M_{\mathrm{b}n} g$$

式中，$F_{\mathrm{sb}n}$ 为轨枕与道床相互作用力；$F_{\mathrm{fb}n}$ 为路基与道床相互作用力；$F_{\mathrm{bb}(n-1)}$ 为研究的道床的质量块与左侧质量块之间相互剪切作用力；$F_{\mathrm{bb}(n+1)}$ 为研究的道床的质量块与右侧质量块之间相互剪切作用力。

根据上述，轨道振动微分方程组的阶数为 $NM+2N$。在满足求解精度要求的情况下，尽量减少钢轨分析长度，可以有效节减计算耗时。

11.3.4　轮-轨竖向接触模型

正确研究列车与轨道之间振动相互作用，必须首先清楚轮-轨接触关系。列车行驶，车轮在轨道上运行，轮-轨之间是一种动态接触关系。采用 Hertz 非线性弹性接触理论，可以确定轮-轨之间竖向相互作用力，见式（11-21）[1,3]。

$$p(t) = \left[\frac{1}{G} \delta Z(t) \right]^{3/2} \tag{11-21}$$

式中，G 为轮-轨接触常数（$\mathrm{m/N^{2/3}}$，锥形踏面车轮取 $G = 4.57 R^{-0.149} \times 10^{-8}$，磨耗型踏面车轮取 $G = 3.86 R^{-0.115} \times 10^{-8}$）；$\delta Z(t)$ 为轮-轨之间弹性压缩量（m）。可以用轮-轨接触点处的位移差直接确定 $\delta Z(t)$，见式（11-22）[1,3]，包括静压量。

$$\delta Z(t) = Z_{ji\mathrm{W}l}(t) - Z_r(x_{pjil}, t) \tag{11-22}$$

式中，$j = 1 \sim m$，$i = 1$ 或 2，$l = 1$ 或 2 或 3；$Z_{ji\mathrm{W}l}(t)$ 为 t 时刻车辆 j 第 i 号转向架第 l 号车轮的位移（m）；$Z_r(x_{pjil}, t)$ 为 t 时刻车辆 j 第 i 号转向架、第 l 号车轮下钢轨位移（m）。若 $\delta Z(t) < 0$，表示轮与轨脱离，此时轮-轨之间相互竖向作用力为零。若轮-轨接触面存在高低不平顺 $Z_0(t)$，则轮-轨之间相互竖向作用力见式（11-23）[1,3]。轮-轨接触应力见式（11-24）。

$$p_{jil} = \begin{cases} \left\{ \dfrac{1}{G} \left[Z_{ji\mathrm{W}l}(t) - Z_r(x_{pjil}, t) - Z_0(t) \right] \right\}^{3/2} \\ 0 \,(轨道脱离) \end{cases} \tag{11-23}$$

$$\sigma(t) = S[p(t)]^{1/3} \tag{11-24}$$

式中，S 为 Hertz 的应力常数（$\mathrm{N^{2/3}/m^2}$）。车轮半径 $R = 0.15 \sim 0.6\mathrm{m}$；锥形踏面车轮 $S = 2.49 R^{-0.251} \times 10^7$；磨耗型踏面车轮 $S = 1.49 R^{-0.376} \times 10^7$。

11.3.5　激励类型

列车以一定速度在轨道上运行，在各种激励因素作用下，必然触发车辆-轨道耦合系统振动。除了列车轴重引起的准静态激励因素之外，主要由车轮与轨道之间动力相互激扰引起激励。一般情况下，轮-轨动力激扰可分为两种类型，即确定性激扰、非确定性激扰。确定性激扰具有确定形式、必然变化规律，可以采用时间的确定函数描述，具体分为谐波型激扰、脉冲型激扰、动力型激扰。谐波型激扰主要起因于轨头局部压陷、轨面波浪形磨耗、轨面三角坑、车轮偏心、车轮不圆顺等；脉冲型激扰主要起因于钢轨错牙接头、钢轨低接头、钢轨接头轨缝、钢轨面剥离、车轮扁疤等；动力型激扰主要起因于轨下基础缺陷，即轨道接头刚度削弱、轨枕失效或扣件松脱、道床暗坑或空吊板、道砟板结或松散等。非确定性激励即为轨道随机不平顺，既无确定的变化形式，也无必然变化规律，不能用时间的确定函数描述，即一般不是单个现象，而是诸多因素结合，如钢轨磨耗、轨枕间距不均、道砟板结或松散、路基刚度变化等。但是，总体上，这些因素具有一定统计规律性，反映了轨道不平顺的随机特性。非确定性激励主要有轨道高低不平顺、轨道水平顺、轨距差异变化、轨道扭曲等不平顺激励形式，本质上是一类随着里程变化的随机函数。事实上，列车竖向振动是环境振动的主要原因。研究与路基病害调查表明，高寒冻融区，年年反复冻融耦合列车竖向振动作用成为路基沉降变形的根本原因，而路基沉降变形——特别是过大的不均匀沉降差直接造成轨道高低不平顺，严重影响行车安全，甚至造成重大行车事故，高速铁路或快速铁路的这种病害危害性极大。因此，年年反复冻融耦合列车竖向振动作用造成路基沉降变形、进而引起轨道高低不平顺日益成为高寒冻融区轨道交通岩土工程中亟待解决的一个极其重要的运输安全问题。鉴于此，在以下分析中，将聚焦列车行驶竖向振动问题，而不考虑垂直于轨道的横向水平振动、平行于轨道的纵向水平振动等影响，主要考虑几个主要竖向轮-轨耦合系统的动力激励因素，即宽轨缝等脉冲型激励、谐波型激扰、动力型激扰、轨道高低随机不平顺激励等。

11.3.5.1　确定性激励

1）脉冲型激励[1,3]

脉冲型激励起因于宽轨缝、轨面剥离、车轮扁疤等轨道缺陷。宽轨缝激励机制：在钢轨连接部位的宽轨缝处，车轮与钢轨端头瞬时碰撞而对轨道产生向下冲击作用，导致轮-轨系统发生突发冲击与振动，因此形成脉冲型激励。宽轨缝激励存在于有缝钢轨的普通铁路，而无缝钢轨的高速铁路与快速铁路则无宽轨缝激励。宽轨缝脉冲型激励模型详见文献，在此不赘述。轨面剥离激励机制、车轮扁疤激励机制与钢轨接头宽轨缝激励机制类似。

2）谐波型激励[1,3]

钢轨上广泛存在的波浪形磨耗、轨头局部压陷、尖轨处竖向不平顺、可动心轨辙叉处竖向不平顺，即产生典型的谐波型激扰；此外，车轮几何中心与质心偏离，也造成周期性简谐波型激扰。因此，由于轨道几何不平顺而产生的谐波型激励，可以近似描述为一个单半周期（$T/2$）的简谐波（单谐波激励）或多个半周期的简谐波（多谐波激励），每一种谐波型激励的频率或周期、振幅不变。对于单谐波激励，见图 11-8，可以采用余弦函数简单刻画轮对动位移 $Z_0(t)$，见式（11-25）。

$$Z_0(t) = \frac{1}{2}a(1-\cos\omega t)\ (0 \leq t \leq S/v) \tag{11-25}$$

式中，S 为谐波的波长（m，$T/2$ 周期波长）；a 为谐波的波深（也即振幅，m）；t 为时间，$\omega = 2\pi/T = 2\pi f$，其中 T 为谐波的周期（s），f 为谐波的频率（s^{-1}）。对于多谐波激励，时间变量满足 $0 \leqslant t \leqslant nS/v$，$n$ 为谐波的波数，v 为行车速度（m/s）。

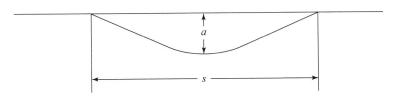

图 11-8　单一谐波不平顺激扰示意图

轨道上还存在马鞍形磨耗不平顺，见图 11-9，一般存在于淬火区至非淬火区约 300mm 过渡范围，深度一般为几毫米。可以采用相隔 S_1 的两个单谐波描述马鞍形磨耗不平顺，动位移可以表示为式（11-26）。

$$Z_0(t) = \begin{cases} \dfrac{1}{2}a(1-\cos\omega t) & (0 \leqslant t \leqslant S/v) \\ 0 & [S/v < t \leqslant (S+S_1)/v] \\ \dfrac{1}{2}a\left\{\left[1-\cos\omega\left(t-\dfrac{S+S_1}{v}\right)\right]\right\} & [(S+S_1)/v < t \leqslant (2S+S_1)/v] \end{cases} \tag{11-26}$$

根据现场调查结果，钢轨上短波形磨耗往往存在于平原区铁路直线段，波长一般为 170～260mm，波深一般为 0.4～1.5mm；钢轨上长波形磨耗往往存在于山区铁路长大下坡道的小半径曲线路段上，波长一般为 300～600mm，波深一般为 0.5～2.5mm。

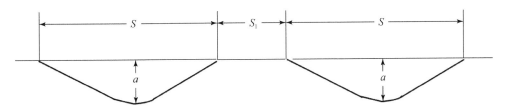

图 11-9　马鞍形谐波不平顺激扰示意图

3）动力型激励[1,3]

动力型激励主要考虑轨枕空吊、道砟松散或板结，见图 11-10，可以采用一个统一式表达道砟动刚度变化、阻尼变化，见式（11-27）。

$$\begin{cases} K'_{bn} = \eta_k K_{bn} \\ C'_{bn} = \eta_c C_{bn} \end{cases} \tag{11-27}$$

式中，K'_{bn} 为变化后的道砟动刚度；C'_{bn} 为变化后的道砟阻尼比；K_{bn} 道砟初始动刚度；C_{bn} 为道砟初始阻尼比；η_k 为道砟动刚度的变化系数；η_c 为道砟阻尼比的变化系数。据道砟状况，确定 η_k、η_c 取值。对于轨枕空吊，取 $\eta_k = 0$、$\eta_c = 0$；对于道砟松散，η_k、η_c 可在 0.1～1 取值；对于道砟板结，η_k、η_c 可在 1～10 取值。

11.3.5.2　非确定性激励——轨道高低随机不平顺激励

轨道高低随机不平顺一般假定为 Gauss 平稳随机过程，可以采用一些数字统计特征来描述，其中功率谱密度函数（PSD）因具有直观性且与其他统计量之间存在变换关系而成

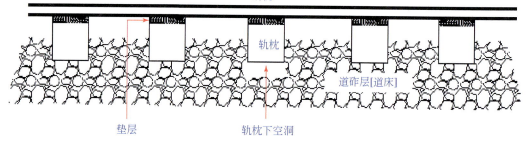

钢轨

轨枕

道砟层[道床]

垫层　　　　　　　轨枕下空洞

图 11-10　轨枕空吊示意图

为最主要的一个统计特性。目前，国际上许多国家均测得各自的轨道不平顺空间样本，并且拟合出相应的谱密度与相关函数。20 世纪 90 年代末以来，中国通过各主要干线轨检车检测数据与部分地面测量数据，经过统计分类，给出了干线轨道不平顺的功率谱密度。下面简要列出国内外典型的高低不平顺轨道谱。

1）中国干线铁路轨道谱

近 40 年来，随着中国各种铁路建设日益加快发展，相关铁路设计单位、科研院所、高等学校等先后给出了不同线路高低不平顺轨道谱。长沙铁道学院（合并于中南大学）提出的高低不平顺轨道谱见式（11-28）[7]。

$$S_v(f) = 2.755 \times 10^{-3} \frac{f^2 + 8.879 \times 10^{-1}}{f^4 + 2.524 \times 10^{-2} f^2 + 9.61 \times 10^{-7}} \tag{11-28}$$

式中，f 为空间频率 m^{-1}；$S_v(f)$ 单位为 mm^2/m^{-1}。

中国铁道科学研究院给出的轨道谱见式（11-29）[8]。

$$S(f) = \frac{A(f^2 + Bf + C)}{f^4 + Df^3 + Ef^2 + Ff + G} \tag{11-29}$$

式中，A、B、C、D、E、F、G 均为轨道谱密度的特征参数，针对不同线路的具体取值不同。表 11-3 为中国三大提速干线与郑武高速铁路（试验段）轨道高低不平顺谱的特征参数的具体取值。表 11-3 中，现场测量时，京沪干线、京广干线、京哈干线的提速目标为 160km/h，郑武高铁试验段最高试验速度为 240km/h。

表 11-3　中国干线铁路轨道高低不平顺谱特征参数值

参数		A	B	C	D	E	F	G
京沪干线 京广干线 京哈干线	左高低	1.1029	−1.4709	0.5941	0.8480	3.8016	−0.2500	0.0112
	右高低	0.8581	−1.4607	0.5848	0.0407	2.8428	−0.1989	0.0094
郑武高铁 试验段	左高低	0.1270	−2.1531	1.5503	4.9835	1.3891	−0.0327	0.0018
	右高低	0.3326	−1.3757	0.5497	2.4907	0.4057	0.0858	−0.0014

2004 年 1 月～2005 年 4 月，中国铁道科学研究院陈宪麦、王澜等根据秦沈线轨道不平顺检测数据[9,10]，统计分析了轨道高低、轨距、轨向、扭曲、水平 5 种常见轨道不平顺轨道谱。鉴于平均轨道谱不能很好描述中国众多干线轨道不平顺特性，提出了按照行车速

度等级划分轨道不平顺谱方法，分别为速度 200km/h 等级的提速线路轨道谱、速度 160km/h 等级的提速线路轨道谱、速度 120km/h 等级的普通线路轨道谱。这三级轨道谱较吻合于目前中国干线铁路实际，轨道不平顺拟合谱统一表达式见式（11-30）。

$$S(f) = \frac{Af^2 + B}{Cf^6 + Df^4 + Ef^2 + F} \tag{11-30}$$

式中，A、B、C、D、E、F 为轨道不平顺谱密度的特征参数，高低不平顺轨道谱取值见表 11-4。

表 11-4　速度分级高低不平顺轨道谱特征参数值

参数		A	B	C	D	E	F
速度等级 /（km/h）	120	0.0	0.00478	0.0	1.0	0.00739	0.0
	160	0.0	0.0029	0.0	1.0	0.00758	0.0
	200	0.0	0.00098	0.0	1.0	0.00788	0.0

2）美国高低不平顺轨道谱

美国高低不平顺轨道谱为拟合以粗糙度常数与截断频率表示的偶次函数，空间波长范围为 1.524～304.8m，拟合式见式（11-31）[11]。

$$S_v(\Omega) = \frac{kA_v\Omega_c^2}{\Omega^2(\Omega^2 + \Omega_c^2)} \tag{11-31}$$

式中，$S_v(\Omega)$ 为轨道竖向不平顺功率谱密度 $[cm^2/(rad \cdot m^{-1})]$；$\Omega$ 为空间角频率（rad·m^{-1}）；A_v 为粗糙度常数（cm^2·rad·m^{-1}）；Ω_c 为截断频率（rad·m^{-1}）；k 为安全系数（取值范围 $k = 0.25 \sim 1.0$）。

美国轨道级别分为 6 级[11]，其中三级轨道至六级轨道不平顺的粗糙度参数、截断频率见表 11-5。

表 11-5　美国三级轨道至六级轨道谱参数值

参数		三级轨道谱	四级轨道谱	五级轨道谱	六级轨道谱
$A_v/(cm^2 \cdot rad \cdot m^{-1})$		0.6816	0.5376	0.2095	0.0339
$\Omega_c/(rad \cdot m^{-1})$		0.8245	0.8245	0.8245	0.8245
允许最大速度 /（km/h）	货车	64	96	128	176
	客车	96	128	144	176

3）德国高速铁路轨道谱

欧盟成员国高速铁路统一采用德国高速铁路轨道谱，高低不平顺轨道谱拟合式见式（11-32）。

$$S_v(\Omega) = \frac{A_v\Omega_c^2}{(\Omega^2 + \Omega_r^2)(\Omega^2 + \Omega_c^2)} \tag{11-32}$$

式中，$S_v(\Omega)$ 为轨道竖向不平顺功率谱密度 $[m^2/(rad \cdot m^{-1})]$；A_v 为轨道粗糙度常数（m^2·rad·m^{-1}）；Ω_c、Ω_r 均为截断频率（rad/m）；A_v、Ω_c、Ω_r 参数取值见表 11-6，表其中"低干扰"可用于速度 250km/h 以上的高速铁路、"高干扰"适用于普通铁路。

表 11-6　德国高速铁轨道谱参数值

轨道级别	$A_v/(\mathrm{m}^2 \cdot \mathrm{rad} \cdot \mathrm{m}^{-1})$	$\Omega_c/(\mathrm{rad} \cdot \mathrm{m}^{-1})$	$\Omega_r/(\mathrm{rad} \cdot \mathrm{m}^{-1})$
低干扰	4.032×10^{-7}	0.8246	0.0206
高干扰	1.08×10^{-6}	0.8246	0.0206

4）轨道短波不平顺功率谱

上述轨道谱均为长波不平顺，波长变化于几米至百米范围，一般只满足低频振动分析。由于弹簧下质量和轨下结构的振动主频可达数百赫兹甚至数千赫兹，因此上述轨道谱难以满足轨道结构随机振动研究需求。为此，通过 Colmar 钢轨磨耗测量仪实测了石家庄—太原铁路轨道竖向短波不平顺[10]，经统计回归，获得近似短波不平顺功率谱密度，见式（11-33），波长范围为 0.01～1 m。

$$S(f) = 0.036 f^{-3.15} \tag{11-33}$$

§11.4　列车–轨道竖向振动耦合模型参数选取

采用建立的列车–轨道竖向振动耦合模型，进行列车行驶振源特性模拟与振动荷载影响因素分析，模型参数选择的合理性对计算结果的精度与可靠性至关重要。根据研究与实践经验[1,12-17]，并且结合青藏铁路等寒区轨道线路具体列车类型、轨道结构，立足于广泛收集的资料分析，给出了尽可能满足要求的列车–轨道结构参数。此外，通过对比分析各国高低随机不平顺轨道谱，并且还分别比较各国普通铁路轨道谱与高速铁路轨道谱的异同，通过三角级数法将轨道谱转化成作为系统激励输入的时程数据。

11.4.1　列车–轨道结构参数

中国寒区普通铁路或干线铁路如京哈铁路、哈大铁路、青藏铁路等，正常通行的客车或货车基本一致，普通客车一般编组为硬座车、硬卧车、软卧车、餐车、发电车/机车等几种车型。下面以青藏铁路为例，介绍列车–轨道结构参数合理选取问题。

青藏铁路，客车编组为共计 16 节车厢，其中硬卧车 8 辆、硬座车 4 辆、软卧车 2 辆、餐车 1 辆、发电车/机车 1 辆，硬卧车、硬座车、软卧车、餐车差异不大且一般为四轴二系悬挂系统，可以采用客车 YZ25T 代替计算，发电车/机车 KD25T 因轴重较大而需单独考虑，格尔木—拉萨区段客货混载列车牵引采用美国 GE 公司的六轴二系悬挂 NJ2 型交流传动内燃机车、货车采用四轴一系中央悬挂体系货车 C62A。据此，青藏铁路列车行驶振源特性模拟、振动荷载影响因素分析、路基振动反应分析，计算需要的车辆具体参数值见表 11-7。

表 11-7　青藏铁路列车型号与车辆参数取值

参数	名称	客车 YZ25T	货车 C62A	客车机车 NJ2	发电机 KD25T
M_c	车体质量/kg	48000	77000	69500	67400
M_t	转向架质量/kg	2200	1130	22850	8500
M_w	轮对质量/kg	1900	1200	2750	1900

续表

参数	名称	客车 YZ25T	货车 C62A	客车机车 NJ2	发电机 KD25T
J_c	车体点头惯量/kg	2312000	1200000	1833000	3713000
J_t	构向架点头惯量/$(kg \cdot m^2)$	2200	760	49788	6700
K_{s1}	一系悬挂动刚度/(kN/m)	2130	—	3400	12000
K_{s2}	二系悬挂动刚度/(kN/m)	800	10640	3350	800
C_{s1}	一系悬挂阻尼/$(kN \cdot s/m)$	120	—	120	120
C_{s2}	二系悬挂阻尼/$(kN \cdot s/m)$	217	140	80	80
K_c	车辆间连接动刚度/(N/m)	—	—	—	—
C_c	车辆间连接阻尼/$(N \cdot s/m)$	3000	3000	3000	3000
l_c	车辆定距之半/m	9	4.25	7.7	9
l_t	转向架轴距之半/m	1.2	0.875	2.15	1.35
l_{cx}	车厢长度之半/m	13.3	8	11	12.75
R	车轮滚动圆半径/m	0.4575	0.42	0.625	0.4575
	轴重/kg	15,000	21,015	21,950	23,000

青藏铁路多年冻土区路段轨道结构一般标准：50kg/m 钢轨，Ⅱ 型轨枕 (1800 根/km)，450mm 厚道砟，具体参数取值见表 11-8。根据前面的阐述，钢轨振动分析模态阶数决定数值计算的精度、可靠性，一般取钢轨下轨枕数的一半即可满足工程需求。模型中钢轨分析长度若过大，则振动方程组的分析阶数便显著增大，明显增加计算耗时、计算难度。翟婉明通过分析验证得出[1]，6 节车辆编组列车行驶耦合系统振动反应可很好模拟整挂列车运行状态，并且大幅度减小钢轨分析长度，显著缩短分析的阶数、耗时。

根据前述，为使数值计算满足精度要求且降低计算耗时，选取钢轨长度为 375.856m、跨度内含 675 根轨枕。此外，主要分析 337 号轨枕附近的轨–枕振动反应，即分析钢轨长度范围中段附近的轨–枕作用力，受钢轨两端简支点影响甚小，可以获得满意的计算结果。

道砟的参振质量、支承刚度与路基的支承刚度，可以通过轨枕几何尺寸、道砟内摩擦角与密度、道砟动弹性模量、路基填料动弹性模量等参数换算获得。具体换算方法，读者可以参考相关文献 [1, 18]，在此不赘述。

总之，根据上述针对青藏铁路进行"列车–轨道竖向振动耦合模型"参数值选取的实际案例，不难看出，确定模型参数的合理取值必须依据具体列车的类型、编组、轴重、速度，机车、车辆的动力机构与传动方式，轨道的钢轨类型与材质、轨枕布置、道砟厚度与质量，钢轨、轨枕、道砟、路基填料等动力特性，以及激励类型与方式等，见上述且参照表 11-7、表 11-8。

表 11-8　青藏铁路轨道结构参数

参数	名称	参数取值	参数	名称	参数取值
M_r	钢轨单位长度质量/(kg/m)	51.5	ρ_b	道砟密度/(kg/m^3)	1950
I	钢轨惯性矩/m^4	2.037×10^{-5}	h_b	道砟厚度/m	0.45
E_r	钢轨动弹性模量/MPa	2.059×10^5	α	道砟内摩擦角/(°)	35
K_p	轨下垫层动刚度/(kN/m)	1.2×10^5	E_b	道砟动弹性模量/MPa	120
C_p	轨下垫层阻尼/$(kN \cdot s/m)$	124	C_b	道砟离散阻尼/$(kN \cdot s/m)$	124

参数	名称	参数取值	参数	名称	参数取值
M_s	轨枕质量/kg	251	K_{bs}	道砟动剪切刚度/(kN/m)	78400
I_s	轨枕间距/m	0.556	C_{bs}	道砟剪切阻尼/(kN·s/m)	80
I_{sb}	轨枕底面宽度/m	0.273	E_f	路基填料动模量/(MPa/m)	27.7~290
I_{se}	半轨枕有效支承长度/m	0.950	C_f	路基填料阻尼/(kN·s/m)	31150

11.4.2　轨道高低不平顺谱时域转化

轨道高低不平顺是必然存在的激励因素，并且与列车行驶下车辆-轨道耦合系统动力反应关系密切，直接影响行车的平稳性、舒适性、安全性、轮-轨动力效应等。轨道不平顺只能通过轨检车现场测试获得，但是因行车状态、气候变化等因素影响而发生随时程变化，因此是一个随机过程。世界各铁路大国通过大量现场实测数据，统计拟合出相应的表征轨道不平顺状态的功率谱密度函数。然而，完全根据现场检测取得确定的轨道不平顺状态也不太现实，因此为了在列车行驶振源特性模拟、振动荷载影响因素分析、路基振动反应分析等问题研究中选取合适的轨道随机不平顺激励，有必要探明典型轨道功率谱的基本特征、相互差异，并且采取适当的时域变换方法将功率谱转化为样本函数，作为列车-轨道竖向耦合系统动力分析的激励输入。

11.4.2.1　轨道高低不平顺典型功率谱比较

在上述激励模型中，介绍了各国拟合的轨道高低不平顺谱。在此，主要从轨道高低不平顺功率谱密度（PSD）角度，分析比较普通线路谱之间的差异、高速线路谱之间的差异。

1) 普通铁路轨道谱比较

采用中国普通铁路轨道谱与美国 AAR 标准五级轨道谱、六级轨道谱进行比较。由于美国四级轨道谱及其之下轨道谱不平顺幅值过大，在此不予考虑。如式（11-31）所示，美国轨道谱幅值单位为 $cm^2/(rad·m^{-1})$，采用角频率（rad·m^{-1}）。而中国干线轨道谱幅值单位为 $mm^2/(m^{-1})$，采用空间频率（m^{-1}）。因此，分析比较中国干线轨道谱与美国轨道谱之间的异同点，首先必须统一幅值单位。在此，将美国轨道谱单位换算为 $mm^2/(m^{-1})$，换算过程见式（11-34）~式（11-36），其中式（11-36）是由式（11-35）代入式（11-34）得到。

$$S_v(f) = 100 \cdot 2\pi \cdot S_v(\varOmega) \tag{11-34}$$

$$\frac{kA_v\varOmega_c^2}{\varOmega^2(\varOmega^2+\varOmega_c^2)} = \frac{k \cdot 2\pi \cdot (A_v/2\pi) \cdot (2\pi f_c)^2}{(2\pi f)^2\left[(2\pi f)^2+(2\pi f_c)^2\right]} = \frac{k \cdot (A_v/2\pi) \cdot f_c^2}{2\pi \cdot f^2(f^2+f_c^2)} \tag{11-35}$$

$$S_v(f) = \frac{k \cdot (100 \cdot A_v/2\pi) \cdot f_c^2}{f^2(f^2+f_c^2)^2} \tag{11-36}$$

图 11-11 给出了 1~100m 波长范围高低不平顺轨道谱的比较：中国铁道科学院三大干线（京沪干线、京广干线、京哈干线）高低不平顺轨道谱、速度分级高低不平顺轨道谱（120km/h、160km/h），长沙铁道学院高低不平顺轨道谱，美国 AAR 标准五级轨道谱、六

级轨道谱。由此可见，中国三大干线高低不平顺轨道谱总体上介于美国 AAR 标准五级轨道谱与六级轨道谱之间。具体比较结果：①中国铁道科学院速度分级高低不平顺轨道谱完全介于美国 AAR 标准五级轨道谱与六级轨道谱之间，并且长波部分接近美国五级轨道谱、短波部分逼近于美国六级轨道谱，其中速度 120km/h 及以下的普通线路轨道谱较速度 160km/h 等级的提速线路轨道谱大；②长沙铁道学院高低不平顺轨道谱总体上优于美国六级轨道谱，10m 以下低波长部分与美国六级轨道谱基本一致；③中国铁道科学院中国三大干线轨道谱 25m 以上波长显著优于美国六级轨道谱、25m 以下波长部分大于美国六级轨道谱而接近于美国五级轨道谱、1m 波长左右部分大于美国五级轨道谱。

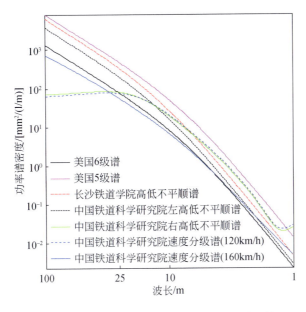

图 11-11　普通铁路轨道高低不平顺功率谱比较

轨道长波高低不平顺主要影响列车运行平稳性，轨道短波高低不平顺对轮–轨振动相互作用具有重要影响。由此可以推知：①中低速列车在中国铁道科学院三大干线轨道不平顺谱激扰下平稳性优于美国 AAR 标准六级轨道谱激扰，但是轮–轨振动相互作用大于美国 AAR 标准六级轨道谱激扰、小于美国 AAR 标准六级轨道谱激扰；②中国铁道科学院速度分级轨道谱中，120km/h、160km/h 两级轨道谱激扰下列车运行舒适性、轮–轨振动作用均差于美国 AAR 标准六级轨道谱激扰，而优于美国 AAR 标准五级轨道谱激扰；③长沙铁道学院轨道谱激扰下列车运行舒适性略优于美国 AAR 标准六级轨道谱激扰，而轮–轨振动作用与美国 AAR 标准六级轨道谱激扰相当。

2）高速铁路轨道谱比较

国外高速铁路典型轨道谱标准为德国轨道谱，分为低干扰谱（适于 250km/h 及其以上速度）、高干扰谱（适于 250km/h 以下速度）。在此，以中国铁道科学院 1998 年在郑武高速铁路试验段上通过轨检车测量且拟合获得的轨道谱、中国铁道科学研究院 200km/h 速度分级轨道谱作为比较对象，见图 11-12。如式（11-32）所示，德国轨道谱的幅值单位为 $m^2/(rad \cdot m^{-1})$，同样需要换算成单位为 mm^2/m^{-1}，换算原理如上述，换算过程见式（11-34）~式（11-36）。

图 11-12 为中国与德国高速铁路高低不平顺轨道谱在 1 ~ 100m 波长范围的对比结果。特别值得说明的是，郑武高速铁路试验段，轨检车仅能得到 1 ~ 30m 波长范围轨道不平顺谱，因此 30m 以上波长的功率谱密度有些失真。由图 11-12 可以看出：①郑武高速铁路试验段左高低不平顺功率谱与右高低不平顺功率谱基本一致，而在 1 ~ 10m 波长范围则差于德国高干扰轨道谱，并且波长越小越明显；②在 10 ~ 30m 波长范围，郑武高速铁路试验段高低不平顺功率谱略优于德国高干扰谱，却差于德国低干扰谱；③然而，在波长超过 30m 以上范围，郑武高速铁路试验段左轨道谱密度与右轨道谱密度之间差别较大而有些失真；④中国铁道科学研究院速度 200km/h 提速线路轨道谱介于德国高干扰谱与低干扰谱之间，长波部分明显差于德国低干扰谱且向高干扰谱逼近，而短波部分——特别是 10m 以下则基本与德国低干扰谱一致。

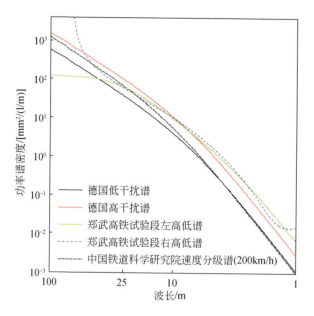

图 11-12　高速铁路轨道高低不平顺功率谱比较

根据上述，郑武高速铁路试验段轨道谱行车舒适性优于德国高干扰谱、差于德国低干扰谱，而轮–轨振动相互作用大于德国轨道谱；中国铁道科学研究院速度 200km/h 轨道谱行车舒适性介于德国高干扰谱与低干扰谱之间，轮–轨振动作用与德国低干扰谱基本相当且明显小于德国高干扰谱。

11.4.2.2　轨道高低不平顺功率谱时域转化

采用时域数值积分方法，求解列车–轨道竖向振动耦合体系。因此，首先必须获得轨道随机不平顺时域样本函数，作为系统激励输入。轨道高低不平顺谱一般具有平稳 Gauss 随机过程特征，可以通过三角级数法、白噪声滤波法、二次滤波法、频域法四种数值模拟方法[19-23]，将这种随机过程转化为空间或中时域样本。时频转换方法的精度、有效性对再现轨道高低不平顺状态至关重要。

20 世纪 70 年代初 Shinozuka 率先提出三角级数法[24]，一直是工程中常用的数值模拟随机过程的一种有效方法，将轨道不平顺视为 Gauss 平稳随机过程，并且表示为一组具有随机相位的正弦或余弦之和。白噪声滤波法是现代谱估计的逆过程，由功率谱密度拟合式形成滤波器，对产生给定方差的白噪声序列进行滤波，输出不平顺信号，这种数值方法物理意义清楚，但是受轨道谱不同形式影响，设计滤波器较困难，并且若输入序列为不严格白噪声，轨道不平顺模拟精度不高[19,21]。二次滤波法首先得到高斯随机变量，继而设计滤波器，分两次对高频段、低频段过滤白噪声，得到轨道随机不平顺数据，但是这种方法针对不同轨道谱因需要设计相应的滤波器而缺乏通用性，并且得到的高频段功率谱密度函数误差较大。频域法是近期提出的一种新方法[20,23]，直接对轨道谱密度函数进行采样，并且采取抽样序列处理方式对产生的含相位信息序列进行傅里叶逆变换，这种方法因原理较简单且宜实现而被较多采用[25,26]，但是具体应用则需要采样周期、个数且要求模拟时间满足一定条件、模拟时间有限制，使得列车不同速度下的轨道模拟长度受到一定限制，缺乏灵活性。

以下采用三角级数法，对各国轨道谱进行时域转化，获取时域样本，并且通过改进的周期图法 (welch)，将样本函数转化为功率谱密度函数且与相应的轨道谱拟合函数做比较，以分析模拟精度。

为了获得时域样本函数，必须首先将空间频率轨道谱转化为时间频率功率谱密度函数，然后再通过三角级数法转换得到时域样本函数。轨道谱单位统一为 mm^2/m^{-1}，见式 (11-36)，并且无论是空间频率轨道谱，还是时间频率轨道谱，二者均方值在谱带宽度范围均相同。据此，可以推得式 (11-37)，由式 (11-37) 进一步推得式 (11-38)。

$$S_m(f_m)\,\mathrm{d}f_m = S_t(f_t)\,\mathrm{d}f_t \tag{11-37}$$

$$S_t(f_t) = S_m(f_m) \cdot \mathrm{d}f_m/\mathrm{d}f_t = S_m\left(\frac{f_t}{v}\right) \cdot \mathrm{d}f_m/\mathrm{d}vf_m = S_m\left(\frac{f_t}{v}\right)/v \tag{11-38}$$

式中，$S_m(f_m)$ 为轨道谱 $[mm^2/m^{-1}]$；$S_t(f_t)$ 为转化的时间频率功率谱密度 $[mm^2/s^{-1}]$；f_m 为空间频率 m^{-1}；f_t 为时间频率 (Hz)；v 为列车时速 (m/s)。

以美国 AAR 标准六级轨道谱为例，列车速度为 90km/h，轨道高低不平顺时程样本见图 11-13。据此，通过 welch 法将图 11-13 时域样本进行功率谱密度转换且与原轨道谱的拟

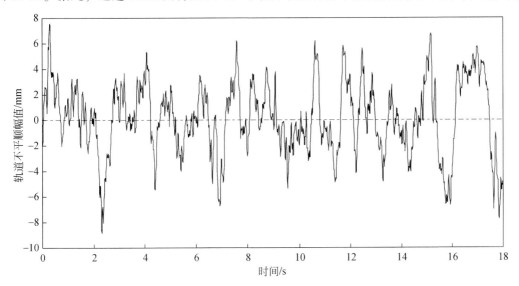

图 11-13　美国 AAR 标准六级高低不平顺轨道谱时域样本 (行车速度 90km/h)

合函数进行比较，见图 11-14，可见采用三角级数法进行轨道功率谱密度函数的时域转换，既方便快捷，又满足精度要求。

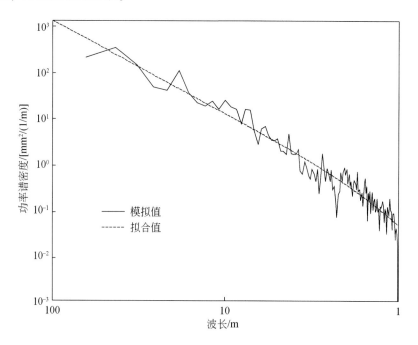

图 11-14　美国 AAR 标准六级高低不平顺轨道谱拟合值与模拟值比较

§11.5　轨-枕作用力主要影响因素

根据建立的列车-轨道竖向振动耦合模型，针对青藏铁路列车与轨道结构且位于多年冻土区高填方路基路段，考虑宽轨缝等脉冲型激励、波浪形磨耗等谐波型激励、轨枕空吊等动力型激励与各国轨道高低不平顺谱激励等多种作用，分不存在轮-轨激扰与存在轨道随机不平顺激扰两种情况，通过反复数值模拟计算，分析比较了不同轴重、不同速度对轨-枕振动相互作用影响。特别说明：青藏铁路多年冻土区季节活动层冬季冻结、春季融化，路基动刚度等动力特性年年四季循环更替变化，因此有必要探求路基动刚度等动力特性变化对轨-枕相互作用力影响；此外，过去的研究显示，对于存在深厚冻土层的多年冻土区，路基冻融状态（季节活动层）对轨-枕振动相互作用影响不明显，因此不分析冻路基融状态影响。

11.5.1　列车轴重对轨-枕作用力影响

研究与病害调查表明，寒区轨道交通，随着列车轴重不断加大、速度不断提高，耦合冻融的振动问题日益突出。因此，列车轴重加大必然对轨-枕作用力产生重要影响，成为影响寒区冻土路基稳定性的一个重要因素。在此，以常见的二系悬挂六轴机车 NJ2、二系悬挂四轴客车 YZ25T、一系中央悬挂四轴货车 C62A 为典型代表，分不存在轮-轨激励与存在美国 AAR 标准六级高低不平顺轨道谱激励两种情况，针对速度 90km/h 列车行驶，通过模拟计算获得的轨–枕作用力见图 11-15。其中，列车均为 6 节编组，考虑了车辆之间连接阻尼，通过改变列车轴重（递增级差为 0.5t）方式体现轴重对轨–枕作用力影响，机车 NJ2、货车 C62A 轴重变化范围均为 18～25t，客车 YZ25T 轴重变化范围为 13～20t。

从图 11-15 可以看出：①无论是大轴重的六轴二系悬挂机车 NJ2、小轴重的四轴二系悬挂客车 YZ25T，还是大轴重的四轴一系中央悬挂货车 C632A，在无轮–轨激励情况下，以速度 90km/h 行驶，轨–枕作用力的最大值均随着轴重增加而呈线性增长且增长趋势一致；②由于列车类型不同，轨–枕作用力的最大值略有差异；③在轴重相同的情况下，货车 C62A 行驶轨–枕作用力的最大值较大，机车 NJ2 行驶轨–枕作用力的最大值次之。

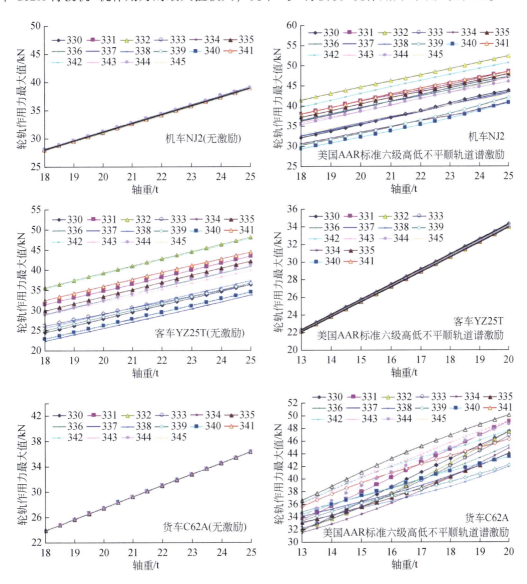

图 11-15 列车轴重对轨–枕作用力最大值影响（行车速度 90km/h）

上述为列车速度 90km/h 行驶轨–枕作用力因轴重不同而表现的变化规律。为了考察轨–枕作用力因行车速度改变是否仍然随着轴重增加而呈近似线性增大，以速度 160km/h

行驶的 6 节编组客车 YZ25T 为例，分别针对不存在轮−轨激励、存在美国 AAR 标准六级高低不平顺轨道谱激励通过模拟计算获得的轨−枕作用力见图 11-16。

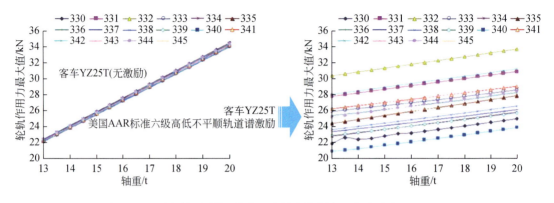

图 11-16　列车轴重对轨−枕作用力最大值影响（行车速度 160km/h）

比较图 11-15 与图 11-16 可以看出：①列车以速度 160km/h 行驶轨−枕作用力随着轴重增加呈现与列车以速度 90km/h 行驶一致的线性增长规律；②对于无轮−轨激励，列车以速度 160km/h 行驶的轨−枕作用力最大值与列车以速度 90km/h 行驶的轨−枕作用力最大值也基本一致；③对于有轨道不平顺激励（美国 AAR 标准六级高低不平顺轨道谱激励），相比列车以速度 90km/h 行驶，列车以速度 160km/h 行驶的轨−枕作用力有较大增长，不同轨枕处的轨−枕作用力的差异也增大。

根据上述，对于有或无轮−轨激励，列车行驶轨−枕作用力最大值均随着轴重增加而呈线性增大，只是轨−枕作用力幅值因列车类型不同而稍有差异，货车 C62A 行驶轨−枕作用力幅值较大，机车 NJ2 行驶轨−枕作用力幅值次之；对于无轮−轨激励，行车速度变化对轨−枕作用力影响不大，而对于有轮−轨激励，钢轨高低不平顺状态的差异，致使各轨枕处的轨−枕作用力最大值存在较大差异，并且随着行车速度加快，不同轨枕处的轨−枕作用力最大值之间差异也增大。

11.5.2　行车速度重对轨−枕作用力影响

1964 年，世界首条高速铁路——日本新干线正式开通运营，正常营运速度为 271km/h，最高速度为 300km/h，因此开启了世界高速铁路建设的第一次浪潮。随后法国、德国、意大利、英国等大部分欧洲发达国家相继开始修建本国或跨国高速铁路。进入 21 世纪，随着全国铁路完成第六次大提速（2006 年），中国开始进入高铁时代，高速铁路建设发展日益加快，一跃成为世界第一高铁大国。青藏铁路尽管目前列车速度一般在 90km/h 左右，但是未来计划提速至 160km/h。如前所述，轨道高低不平顺，致使列车速度对轨−枕作用力影响较大。列车提速，首先需要确定提速后的列车行驶对列车−轨道体系振动反应的影响程度。为了更真实反映行车速度对轨−枕作用力的影响情况，并且在满足逼近实际要求前提下尽可能减少计算耗时，根据前述的理由，以下仍然将青藏铁路客车、货车均简化为 6 节编组，即客车编组（KC）为 NJ2- YZ25T- YZ25T- YZ25T- YZ25T- YZ25T、货车编组（HC）为 NJ2-C62A-C62A-C62A-C62A-C62A。据此，采用建立的列车−轨道竖向振动耦合模型，分别针对无激励、有轮轨激励（输入青藏铁路实测轨道高低不平顺谱激励，见

图 11-17[17]），通过列车行驶轨-枕作用力模拟计算，获得轨-枕作用力与行车速度之间的关系，见图 11-18。

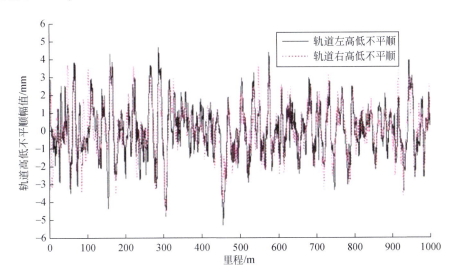

图 11-17 青藏铁路实测最优轨道高低不平顺谱

由图 11-18 可以看出：①机车为 NJ2、客车为 YZ25T、货车为 C62A，对于无轮-轨激励，无论是 6 节客车编组 KC（1 节机车 NJ2，5 节客车 YZ25T），还是 6 节货车编组 HC（1 节机车 NJ2，5 节货车 C62A），行车速度对轨-枕作用力最大值影响不明显，基本以某一力为中心点表现出小幅简谐波形式起伏，最大波幅一般不超过 0.5kN；②不同车辆类型、不同轴重、不同编组对轨-枕作用力最大值影响较大，6 节客车编组 KC、6 节货车编组 HC 行驶轨-枕作用力较大（在 43kN 附近波动），6 节编组机车 NJ2 行驶轨-枕作用力次之（在 34kN 附近波动），6 节编组客车 YZ25T 行驶轨-枕作用力最小（在 25～26kN 之间波动）；③轨-枕作用力较大的客车编组 KC、货车编组 HC，以 280km/h 以上速度行驶，轨-枕作用力波动的幅值稍微增大，但是轨-枕作用力有所下降，而引起较小轨-枕作用力的较低轴重的客车 YZ25T，以 160km/h 以上速度行驶，轨-枕最大作用力波动的幅值增大，而对于大轴重的机车 NJ2，轨-枕作用力波动的幅值较小且几乎不受速度影响，只在速度320km/h 以上（若实际存在），轨-枕作用力波动的幅值略微增大；④在实测轨道高低不平顺激励下，行车速度对轨-枕作用力最大值影响较大，由于轨枕附近钢轨不平顺的差异，大部分轨枕处的轨-枕作用力随着行车速度增加而被放大，只有个别轨枕处的轨-枕作用力出现减小情况；⑤6 节编组的机车 NJ2 与客车 YZ25T，低速行驶下轨-枕作用力几乎未变化，速度达到 90km/h 轨-枕作用力开始放大；⑥大轴重机车 NJ2 在速度 320km/h 左右轨-枕作用力出现峰值，而低轴重的客车 YZ25T 行驶轨-枕作用力基本上随着速度加快而波动上升，未出现明显峰值；⑦6 节编组的客车 KC、货车 HC，速度不超过 140km/h，行车速度对轨-枕作用力影响不明显，但是各轨枕处的轨-枕作用力差异较大，随着行车速度加快，部分轨枕处的轨-枕作用力缓慢下降，部分轨枕处的轨-枕作用力呈波动上升，并且不同轨枕的轨-枕力差异增大。

根据上述，在无激励作用下，轨-枕作用力基本不受行车速度影响（随着行车速度加快，轨-枕作用力只在一个中心点附近小幅波动），而只受车辆类型、轴重、编组等影响，

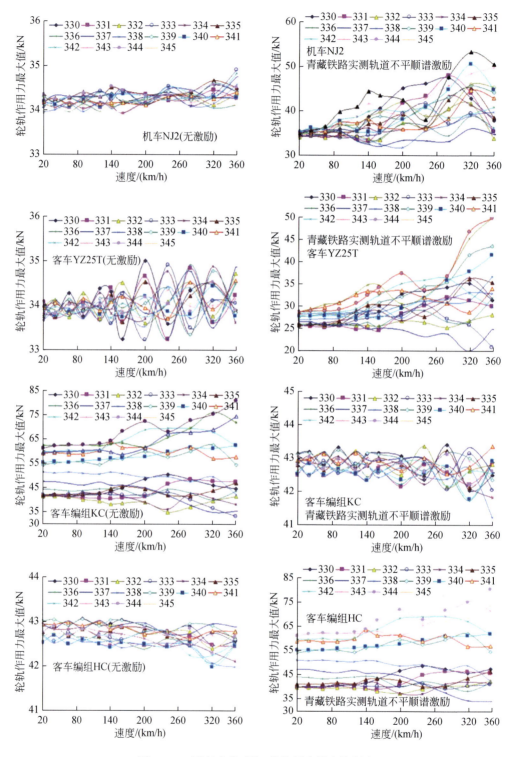

图 11-18　列车速度对轨-枕作用力最大值影响

大轴重的机车 NJ2 行驶轨-枕作用力波动幅值小，低轴重的客车 YZ25T 行驶轨-枕作用力波动幅值大；对于有实测轨道不平顺激励下，行车速度对轨-枕作用力影响较大，大轴重的机车以速度 320km/h 左右行驶轨-枕作用力出现明显峰值，由于轨道不平顺状态的差异，随着行车速度加快，有些轨枕处的轨-枕作用力被放大，有些轨枕处的轨-枕作用力却减小，不同轨枕之间的轨-枕作用力的差异被放大。

11.5.3　宽轨缝位置重对轨-枕作用力影响

宽轨缝位置的定义：见图 11-19，以某一轨枕的中线为起始点（起始线），将相邻两个轨枕中线之间的间距 h（即轨枕间距）平分为 5 等分，宽轨缝位置离起始点（起始线）的距离占一个轨枕间距 h 的比例 η 分别为 0.0、0.2、0.4、0.6、0.8、1.0。据此，若宽轨缝的宽度为 10mm（这是一般宽轨缝的宽度），则宽轨缝的不同位置对轨-枕作用力影响的模拟计算结果见图 11-20（宽轨缝在 337 号轨枕与 338 号轨枕之间的不同位置）。

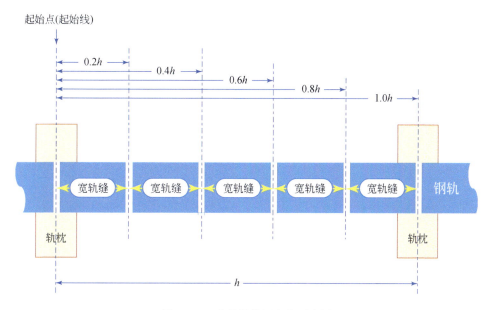

图 11-19　宽轨缝位置定义示意图

由图 11-20 可以看出：①速度 90km/h 的大轴重六轴机车 NJ2、低轴重四轴客车 YZ25T、客车编组 KC、货车编组 HC 与速度 160km/h 的客车编组 KC、速度 120km/h 的货车编组 HC 行驶下，宽轨缝的不同位置对轨-枕作用力最大值影响的变化规律几乎一致，

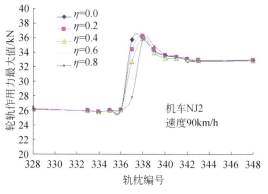

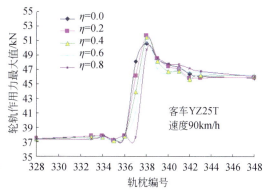

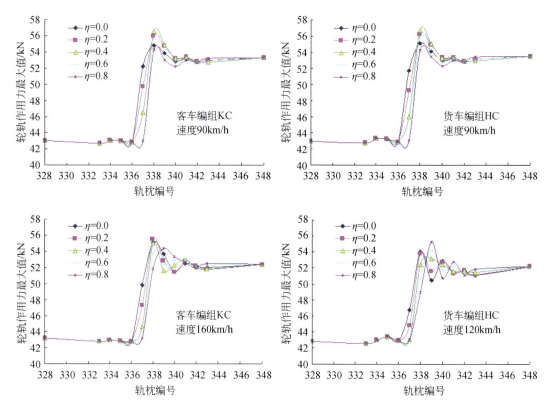

图 11-20　宽轨缝位置对轨–枕作用力最大值影响

宽轨缝在 337 号轨枕与 338 号轨枕之间的不同位置，336 号轨枕及其之前轨枕（如 334 号轨枕、332 号轨枕、330 号轨枕、328 号轨枕）承受的轨–枕作用力几乎不受宽轨缝位置影响，336 号轨枕之前轨枕（如 334 号轨枕、332 号轨枕、330 号轨枕、328 号轨枕）承受的轨–枕作用力瞬间陡降而趋于稳定，而 338 号轨枕承受的轨–枕作用力瞬间放大，338 号轨枕之后轨枕（如 340 号轨枕、342 号轨枕、344 号轨枕、346 号轨枕、348 号轨枕）承受的轨–枕作用力随着离宽轨缝距离增大而衰减且趋于稳定；②宽轨缝位置仅影响轨缝所在位置的前一个轨枕（337 号轨枕）承受的轨–枕作用力的幅值，若宽轨缝位于 337 号轨枕，轮–轨之间瞬间冲击作用，致使 337 号轨枕承受的轨–枕作用力瞬间达到峰值，随着宽轨缝位置向 338 号轨枕移动，轨–枕作用力最大值几乎呈线性快速衰减，到 0.8 个轨枕间隔处，337 号轨枕承受的轨–枕作用力基本不受宽轨缝影响且几乎回落到原处；③宽轨缝在一个轨枕间隔中移动，宽轨缝所在位置的下一个轨枕（338 号轨枕）承受的轨–枕作用力一直保持最大且对宽轨缝不同位置的反应不敏感，宽轨缝位于 0.4 个轨枕间隔位置，轨–枕作用力的幅值略微大些；④客车编组 KC、货车编组 HC 行驶下轨–枕作用力的放大幅值最大且几乎不受行车速度影响，而大轴重机车 NJ2 行驶下轨–枕作用力次之，较低轴重客车 YZ25T 行驶下轨–枕作用力的放大倍数大很多；⑤速度 160km/h 客车编组 KC、速度 120km/h 货车编组 HC 行驶下轨–枕作用力最大值较速度 90km/h 客车编组 KC、速度 90km/h 货车编组 HC 行驶下略微小些，并且宽轨缝在 0.8 个轨枕跨度位置，338 号轨枕承受的轨–枕作用力回落幅值较大，而 339 号轨枕承受的轨–枕作用力出现峰值。

　　根据上述，无论宽轨缝位于一个轨枕跨度（即相邻两个轨枕之间，如上述 337 号轨枕与 338 号轨枕之间）之内的任何位置，对列车过来方向如 336 号轨枕及其之前轨枕承受的轨–枕作用力几乎没有影响，而对列车驶去方向如 338 号轨枕及其之后轨枕承受的轨–枕作用力有放大效应，这种放大倍数基本不受宽轨缝位置影响；宽轨缝位置仅只对其所在位置的前一个轨枕承受的轨–枕作用力幅值影响较大；此外，列车行驶速度、车辆形式、动力编组等对宽轨缝位置的轨–枕作用力效应的影响不敏感。

11.5.4　动力型激励对轨–枕作用力影响

青藏铁路多年冻土区路段，由于季节冻融层（活动层）年复一年的冻结期与融冻期交替变化，不仅路基稳定性受到明显扰动，而且使道砟出现松散或板结等概率较大，道砟松散到一定程度，不仅道砟层大幅度失去动刚度、阻尼，而且还将出现轨枕空吊现象。因此，在动力型激励影响轨–枕作用力问题分析中，将着重考虑轨枕空吊、道砟松散、道砟板结三个方面的重要因素。

道砟因松散或板结而导致的动刚度与阻尼系数变化，可以表示为道砟原有的动刚度值、阻尼系数值乘以一个修正系数 ζ，即道砟动刚度、阻尼系数的修正系数 ζ。道砟松散的修正系数取 $\zeta=0.1\sim1$，道砟板结的修正系数取 $\zeta=1\sim10$；若轨枕空吊，则修正系数取 $\zeta=0$。据此，轨枕空吊、道砟松散、道砟板结三种情况，通过修正系数 ζ 统一起来刻画不同列车行驶下动力型激励对轨–枕作用力影响。在此，根据上述，主要考虑速度 90km/h 的 6 节编组机车 NJ2、客车 YZ25T，速度 160km/h 的客车编组 KC，以及速度 120km/h 的货车编组 HC，针对 1 个轨枕至 3 个轨枕空吊、道砟松散、道砟板结对轨–枕作用力影响，数值模拟计算结果见图 11-21 ~ 图 11-23。

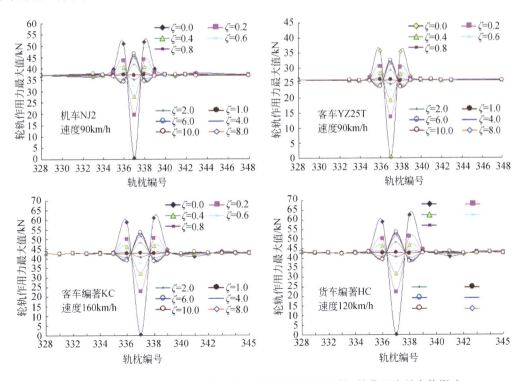

图 11-21　在一根轨枕下道砟松散/板结与轨枕空吊对轨–枕作用力最大值影响

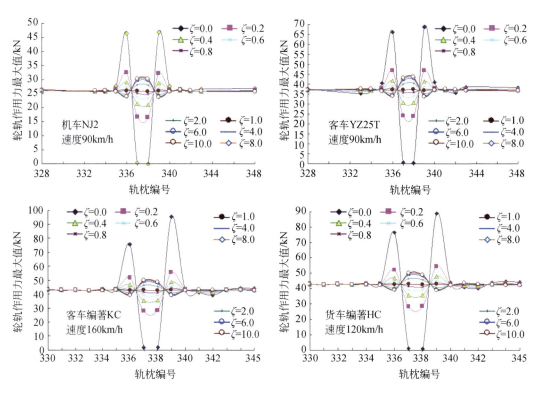

图 11-22　在两根轨枕下道砟松散/板结与轨枕空吊对轨–枕作用力最大值影响

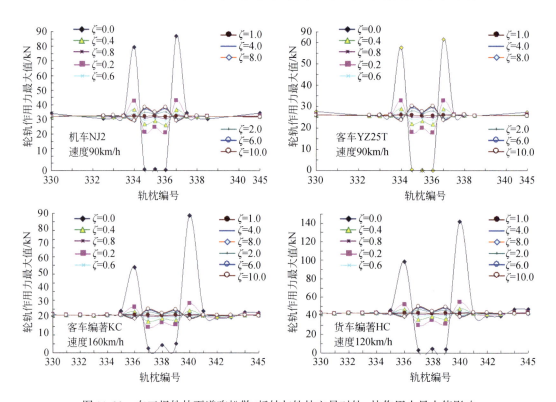

图 11-23　在三根轨枕下道砟松散/板结与轨枕空吊对轨–枕作用力最大值影响

由图 11-21 ~ 图 11-23 可以看出：①速度 90km/h 行驶的机车 NJ2、速度 90km/h 行驶的客车 YZ25T、速度 160km/h 行驶的客车编组 KC、速度 120km/h 行驶的货车编组 HC，1 个轨枕至 3 个轨枕下道砟松散、道砟板结、轨枕空吊对轨–枕作用力影响规律几乎一致，即轨枕下道砟松散系数取值 $\zeta=0.0 \sim 1.0$，轨–枕作用力从 0.0 逐渐恢复到原值，而这种轨下基础缺陷之前、之后两个状态的轨–枕作用力被瞬间放大，并且迅速回落到原值；②道砟板结系数由 1 增加到 10，轨–枕作用力的反应规律与道砟松散完全相反，道砟板结使得轨–枕作用力被放大且随着板结系数增大而缓慢上升，而相邻两个轨枕的轨–枕作用力随着道砟板结系数增大而略有下降；③相对于轨枕空吊、道砟松散，道砟板结引起轨–枕作用力上升或下降的幅值均小很多（几乎可以忽略不计），其中轨枕空吊（松散系数为 0）下的轨–枕作用力减小到 0，相邻两个轨枕的轨–枕作用力被瞬间放大，并且随着轨枕空吊的轨枕数增加，轨–枕作用力放大倍数渐次增加；④在无激励下，速度 160km/h 行驶的客车编组 KC、速度 120km/h 行驶的货车编组 HC 轨–枕作用力幅值相当且较大，时速 90km/h 行驶的机车 NJ2 轨–枕作用力幅值次之，速度 90km/h 行驶的客车 YZ25T 轨–枕作用力幅值最小；⑤对于 1 根轨枕，若轨枕空吊，无论各列车引起原有的轨–枕作用力幅值大小如何，位于空吊轨枕两侧轨枕的轨–枕作用力放大幅值相当；⑥对于 2 根轨枕或 3 根轨枕，若轨枕空吊，位于空吊轨枕两侧轨枕的轨–枕作用力继续放大且达到原有幅值一倍以上，机车 NJ2 行驶与客车 YZ25T 行驶引起的空吊轨枕两侧轨枕的轨–枕作用力幅值相当，而客车编组 KC、货车编组 HC 引起的后一轨枕的轨–枕作用力放大倍数增大，并且 3 个轨枕空吊，后一个轨枕的轨–枕作用力为原有幅值的 4 倍左右，而前一个轨枕的轨–枕作用力幅值几乎与 2 个轨枕空吊的轨–枕作用力幅值一致。

基于上述分析，道砟动刚度、阻尼系数的修正系数 $\zeta > 0.2$，轨–枕作用力的放大、缩小倍数均很小，对工程稳定性影响可忽略不计，而当修正系数为 $\zeta=0.0$，即轨枕空吊，空吊轨枕丧失轨–枕作用力，位于空吊轨枕两侧轨枕的轨–枕作用力瞬间放大，并且若空吊轨枕的修正系数 $\zeta=3$，则空吊轨枕两侧轨枕的轨–枕作用力放大到原有幅值的 4 倍左右，对工程稳定性有强烈影响，不容忽略。

11.5.5　谐波型激励对轨–枕作用力影响

在轮–轨激励中，轨道普遍存在钢轨波形磨耗、道岔转辙区（尖轨处）竖向单谐波不平顺、可动心轨辙叉处竖向单谐波不平顺、马鞍型谐波不平顺等，可以刻画为单个简谐波或多个简谐波。在此，主要考察不同列车行驶下钢轨单谐波、马鞍形谐波对轨–枕作用力的影响，为了更好比较，谐波的波心均固定于 337 号轨枕与 338 号轨枕之间的中心点（中心线）。

11.5.5.1　单谐波波长对轨–枕作用力影响

普通铁路轨道普遍存在单谐波不平顺。道岔转辙区典型尖轨处单谐波波长一般为 2m，可动心轨辙叉处单谐波不平顺波长约为 1.0m，波幅一般超过 2mm；此外，还有一些典型竖向不平顺单谐波，如轨头压陷、车轮不圆顺等，波长一般为 0.2 ~ 1.0m。在此，固定波幅为 6mm，考虑波长范围为 0.18 ~ 4.0m，分别为 0.18m、0.3m、0.5m、0.7m、1.0m、1.5m、2.0m、2.5m、3.0m、3.5m、4.0m，针对速度 90km/h 的 6 节编组机车 NJ2、客车

YZ25T、货车 C62A、发电车 KD25T，以及速度 160km/h 的客车编组 KC、速度 120km/h 的货车编组 HC 行驶下，分析波长对轨-枕作用力影响，数值模拟计算结果见图 11-24。

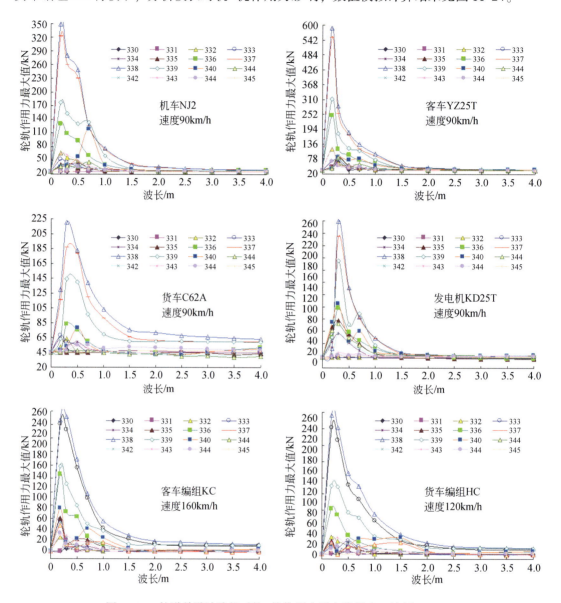

图 11-24　轨道单谐波波长对轨-枕作用力最大值影响（波幅：6mm）

由图 11-24 可以看出：①尽管不同列车/车辆以不同速度行驶，但是单谐波波长变化对轨-枕作用力影响规律类似；②波长≤1.0m，波长越短，轨-枕作用力越大，尤其是波长不超过 0.5m 轨-枕作用力很大，而波长大于 1.5m，轨-枕作用力迅速回落且趋于一致；③谐波波心所在位置的后一轨枕（即 338 号轨枕，列车驶来方向的轨枕）的轨-枕作用力最大、前一轨枕（即 337 号轨枕，列车驶去方向的轨枕）的轨-枕作用力次之，远离谐波波心各轨枕的轨-枕作用力依次减小的轨枕为 339 号轨枕、336 号轨枕、340 号轨枕、335 号轨枕等，单谐波激扰基本只对谐波中心前、后 5 个轨枕的轨-枕作用力影响较大；④小波长 0.18m、0.3m 对轨枕之间冲击力最强，160km/h 速度的客车编组 KC、90km/h 速度的六轴大轴重机车 NJ2 行驶下轨–枕作用力幅值的最大值超过原有幅值 30 倍，120km/h 速度的货车编组 HC 行驶下轨–枕作用力次之，但是也达到原有幅值的 20 倍以上；⑤单谐波激励下轨–枕作用力还受到车辆类型、轴重、速度等影响，尤其是波长不超过 1.0m 影响更明显；⑥不同车型、不同速度的列车行驶，在波长 0.18m 或 0.3m 的短波激励下，轨–枕作用力的峰值交替出现；⑦对于轨–枕作用力峰值较大的速度 160km/h 客车编组 KC、速度 120km/h 货车编组 HC，0.18m 或 0.3m 波长引起的轨–枕作用力最大值基本一致，前者反应略大；⑧大轴重六轴机车 NJ2 行驶，在 0.18m 波长的谐波激励下，轨–枕作用力最大幅值达到 600kN，接近 0.3m 波长的谐波激励下的最大幅值 2 倍；⑨客车 YZ25T 行驶，在 0.18m 波长的谐波激励下，轨–枕作用力达到最大，但是只稍大于 0.3m 波长的谐波激励下的轨–枕作用力；⑩而货车 C62A、发电车 KD25T 行驶，在 0.3m 波长的谐波激励下，最大轨–枕作用力达到峰值且超过 0.18m 波长的谐波激励下的轨–枕作用力 1 倍以上。

根据上述，轨道竖向单谐波不平顺波幅为 6mm、波长大于 1.5m，对轨–枕作用力影响较小，而不超过 1.0m 波长的单谐波激励使轨枕之间产生很大冲击力，尤其不超过 0.5m 波长的单谐波激励可使轨–枕作用力超过原有幅值 30 倍以上，因此对于典型短波长的轨头压陷，必须注意控制波幅发展，以保证冻土路基动力稳定性。

11.5.5.2　单谐波波幅对轨–枕作用力影响

以上针对单谐波波幅为 6mm，讨论了波长变化对轨–枕作用力影响。而典型尖轨处的轨道竖向不平顺波长一般为 2m，根据磨耗程度将波深（波幅）分三个级别，即轻度磨耗（2～4mm）、中度磨耗（4～6mm）、严重磨耗（>6mm）。因此，固定激励单谐波的波长为 2m，针对波幅变化于 2～10mm，分析列车不同编组、不同速度下波幅变化对轨–枕作用力的影响，数值模拟计算结果见图 11-25。

为了便于比较，轨道单谐波不平顺的波心仍然设置于 337 号轨枕与 338 号轨枕之间的中心位置。从图 11-25 可以看出：①在波长 2m 的单谐波激励下，不同速度、车辆、编组等列车行驶，波幅对轨–枕作用力影响规律较一致；②谐波波心所在位置的后一轨枕（即 338 号轨枕，列车驶来方向的轨枕）的轨–枕作用力最大，并且轨–枕作用力随着波幅增加而呈线性增大，337 号轨枕、339 号轨枕的轨–枕作用力次之，对前、后相邻的三跨轨枕（即 337 号轨枕、338 号轨枕、339 号轨枕）的轨–枕作用力影响较强烈；③而对于轨–枕作用力较大的速度 160km/h 客车编组 KC，若激励谐波的波幅大于 6mm，明显影响前、后相邻的六跨轨枕的轨–枕作用力；④速度 160km/h 客车编组 KC 行驶，轨–枕作用力幅值最大，激励谐波的波幅为 10mm，最大轨–枕作用力可达原始值 3 倍以上，速度 120km/h 货

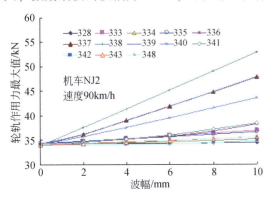

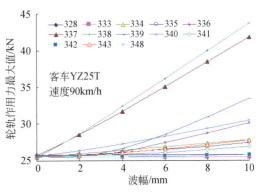

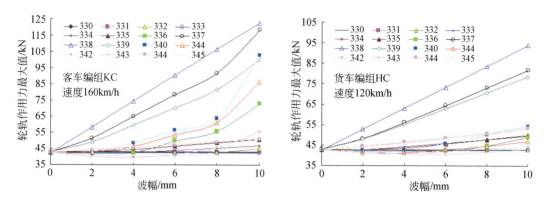

图 11-25　轨道单谐波波幅对轨–枕作用力最大值影响（波长：2m）

车编组 HC 行驶轨–枕作用力次之，而速度 90km/h 机车 NJ2、客车 YZ25T 行驶，依然是大轴重六轴机车行驶轨–枕作用力较大。

　　根据上述，列车速度、编组等对不同波幅的单谐波激励下产生的轨–枕作用力放大幅值有一定影响，波长 0.5m 左右谐波对轨–枕作用力的放大效应远大于波长 1.0m 以上谐波对轨–枕作用力影响，而轨道存在如轨头压陷、车轮不圆顺等波长小于 1.0m 的单谐波不平顺。为了区分较长波长与较短波长的谐波波幅对轨–枕作用力影响的异同，以及不同速度、不同编组的列车行驶对轨–枕作用力幅值影响的差异，在此，考虑速度 90km/h 客车编组行驶、货车编组 HC 行驶、速度 160km/h 客车编组 KC 行驶、速度 120km/h 货车编组 HC 行驶，在 0.5m 波长的单谐波激励下，计算获得的谐波波幅变化对轨–枕作用力影响见图 11-26。

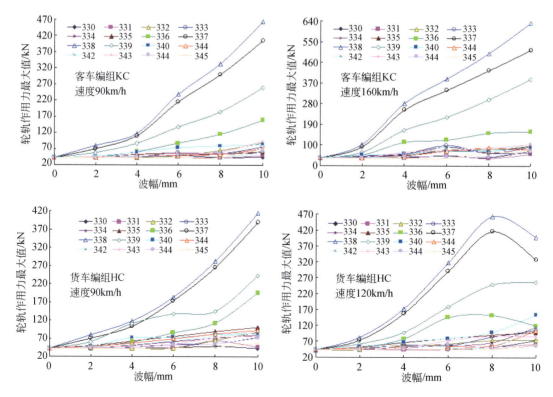

图 11-26　轨道单谐波波幅对轨–枕作用力最大值影响（波长：0.5m）

由图 11-26 可以看出：①对于 0.5m 波长的单谐波激励，谐波的波幅对不同类型、速度、编组的列车行驶引起的轨–枕作用力的影响规律基本一致，并且与 2.0m 波长谐波的波幅影响规律较一致，即谐波中心所在位置的后一轨枕（即 338 号轨枕，列车驶来方向的轨枕）的轨–枕作用力最大，其次为 337 号轨枕、339 号轨枕、336 号轨枕，谐波波幅对谐波中心前、后四跨轨枕的轨–枕作用力影响显著；②一般情况下，谐波波幅越大，轨–枕作用力越大，而只有以速度 120km/h 行驶的货车编组 HC 例外，谐波波幅为 8mm，轨–枕作用力出现峰值。

通过比较图 11-25 与图 11-26 可以看出：①0.5m 波长谐波激励下波幅对轨–枕作用力影响远大于 2m 波长谐波激励下波幅对轨–枕作用力影响，前者引起的最大轨–枕作用力为后者引起的最大轨–枕作用力的 5~6 倍，并且随着波幅增大，最大轨–枕作用力呈指数规律上升；②速度 160km/h 客车编组 KC 行驶，因 0.5m 长谐波激励而产生的轨–枕作用力最大，可超过 600kN，其次为速度 120km/h 货车编组 HC 行驶产生的轨–枕作用力，可达 470kN；③在轨道不平顺单谐波波长与波幅一定条件下，列车速度对轨–枕作用力影响也很大，如在 0.5m 波长谐波激励下，速度 90km/h 客车编组 KC、速度 90km/h 货车编组 HC 行驶引起的最大轨–枕作用力，分别比速度 160km/h 客车编组 KC、速度 120km/h 货车编组 HC 行驶引起的最大轨–枕作用力少 170kN、50kN。

根据上述，无论是在波长 0.5m 单谐波激励下，还是在波长 1.0m 单谐波激励下，不同类型、编组、速度、轴重的列车行驶下，谐波波幅对轨–枕作用力影响规律基本一致，谐波波幅越大，轨–枕作用力越大，只有速度 120km/h 货车编组 HC 行驶通过波长 0.5m 谐波激扰，8mm 波幅引起的轨–枕作用力达到峰值；但是，对于波长 0.5m 谐波激扰，2mm 波幅引起的最大轨–枕作用力可达原有值 2 倍以上；此外，谐波激扰的速度效应也很大。鉴于此，寒区轨道交通速度的合理确定必须关注谐波等不平顺激扰因素作用，特别是青藏铁路高温不稳定多年冻土区路段，列车提速应尤其注意轨道谐波不平顺激励作用。

11.5.5.3　马鞍形谐波对轨–枕作用力影响

轨道上存在的马鞍形磨耗竖向不平顺见图 11-9，一般尺寸与激励式见 11.3.5.1 节。在此，采用两个相隔 0.04m 的马鞍形谐波（波长为 0.13m，波深为 3mm）作为激励，针对速度 90km/h 的机车 NJ2、客车 YZ25T、货车 C62A、发电车 KD25T、客车编组 KC、货车编组 HC，以及速度 160km/h 的客车编组 KC、速度 120km/h 的货车编组 HC，分析马鞍形谐波对轨–枕作用力影响。马鞍形谐波中点位于 337 号轨枕与 338 号轨枕之间的跨中。数值模拟计算结果见图 11-27。

由图 11-27 可以看出：①不同列车以不同速度行驶，在两个相隔 0.04m 且波长为 0.13m、波深为 3mm 的马鞍形谐波激励下，马鞍形谐波中点两侧轨–枕作用力呈对称状态，紧邻中点的 337 号轨枕、338 号轨枕的轨–枕作用力最大，并且在离谐波中点 3 跨轨枕间隔之内轨–枕作用力快速衰减而达到稳定状态，即这种马鞍形谐波激励影响谐波中点前、后六跨轨枕间隔之内轨–枕作用力；②在这种马鞍形谐波激励下，大轴重货车编组 HC 以速度 120km/h 行驶引起的轨–枕作用力最大（337 号轨枕、338 号轨枕的轨–枕作用力可达 540kN），速度 90km/h 货车编组 HC、速度 90km/h 客车 YZ25T、速度 90km/h 客车编组 KC、160km/h 客车编组 KC 行驶引起的轨–枕作用力次之，速度 90km/h 货车 C62A、速度 90km/h 发电车 KD25T 行驶引起的轨–枕作用力最小。

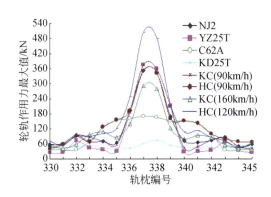

图 11-27　轨道马鞍形激励对轨-枕作用力最大值影响

如前所述，谐波激励，谐波幅值越大，轨-枕作用力越大，尤其是在波长为 0.5m 左右的短波长谐波激励下轨-枕作用力更加显著。此类短波长马鞍型谐波激励，波峰为 3mm，轨-枕作用力可超过 500kN，因此对轨-枕动力相互作用的严重影响不可忽视，所以要求着力控制此类短波长马鞍形谐波的波峰发展。

11.5.6　高低随机不平顺对轨-枕作用力影响

根据轮-轨激励模型与轨道高低不平顺分析结果，钢轨面剥离、车轮扁疤、宽轨缝等脉冲型激励作用，轨头局部压陷、轨面波形磨耗、轨面三角坑与车轮偏心、不圆顺等谐波型激励作用，以及寒区冻融作用引起的轨下基础缺陷如轨枕空吊、道砟松散、道砟板结等动力型激励作用，导致因长期反复的冻融变形与行车振动耦合作用而引起路基不均匀沉降，进而耦联轨道不平顺，这种具有一定时效性（即随着时间发展而发生变化）的轨道不平顺属于显著影响轨-枕作用力的确定性激励因素，这些确定性激励因素在铁路这种线性长大工程中又难以确定，因此各国通过轨道车等方式进行大量现场测试，将测试数据通过统计分析而转化为空间功率谱，然后拟合成不平顺轨道谱。各国轨道谱均用于表征特定轨道随机不平顺状态，一般分为普通线路谱、高速谱。对某些轨道线路，可以根据轨道结构设计标准，以及特定需求，选择合适的轨道谱以近似代替轨道的真实不平顺状态，即上述的一些确定性激扰因素，能够获得满足工程需求的分析结果。在 11.3.5.2 节与 11.4.2 节全面分析比较了随机高低不平顺轨道谱，并且采用三角级法，将随机高低不平顺轨道谱转化成作为轨道高低不平顺激励的时程数据。在此，有必要分析随机不平顺轨道谱的轨-枕动力效应。

如前所述，美国一级谱至四级谱幅值较大（可达 30mm 以上），所以在此不予考虑，而由图 11-12 与图 11-13 可知，中国铁道科学研究院干线谱与郑武线高速谱的左高低谱密度、右高低谱密度基本相同，因此下面只以郑武线左高低谱密度近似代替。在此，分析轨道高低随机不平顺对轨-枕作用力影响，依此考虑中国铁道科学研究院干线谱、郑武线高速谱、中国铁道科学研究院速度分级谱（120 谱、160 谱、200 谱）、长沙铁道学院谱、德国高速谱（低干扰谱、高干扰谱）、美国谱（五级谱、六级谱）、青藏铁路实测高低不平顺谱，共计 11 类轨道高低不平顺谱，行车速度分为 90km/h、120km/h、160km/h，列车分为机车 NJ2、客车 YZ25T、货车 C62A、发电车 KD25T，在上述 11 类轨道高低不平顺谱激励下，模拟计算轨–枕作用力，见图 11-28。由图 11-28 可以看出：①美国 AAR 标准五级轨道谱对轨–枕作用力影响较大，而其他高低不平顺轨道谱对轨–枕作用力影响水平相当，其中

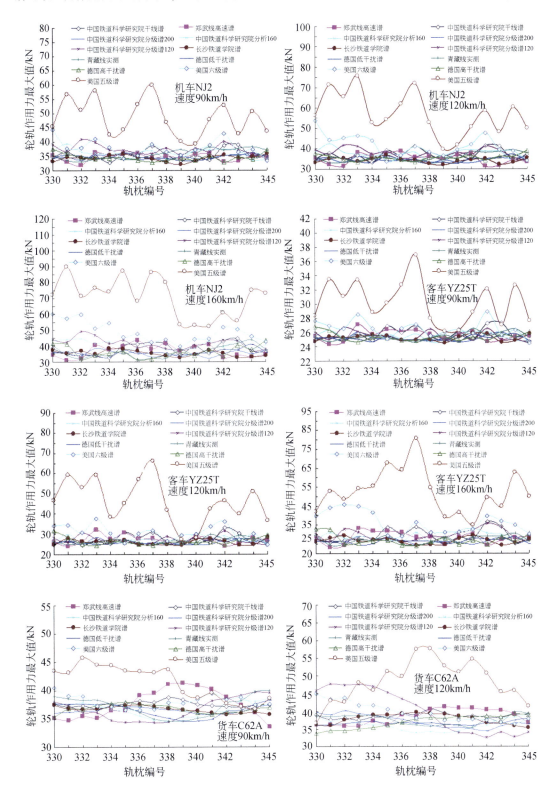

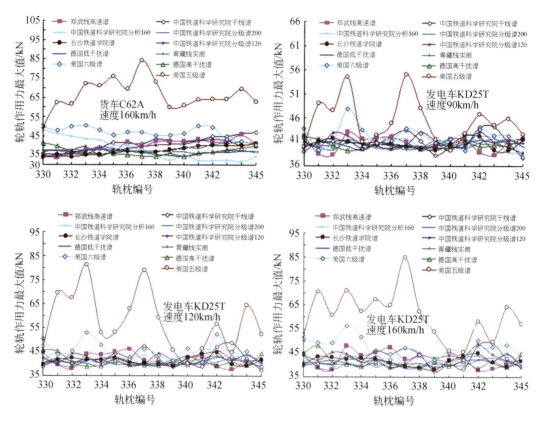

图 11-28　轨道高低不平顺谱对轨-枕作用力最大值影响

美国 AAR 标准六级谱与中国铁道科学研究院速度分级谱 120 引起轨-枕作用力稍大些；②在不同随机不平顺轨道谱激励下，列车速度越快，引起轨-枕作用力越大，速度由 90km/h 增快至 120km/h 引起轨-枕作用力增加的幅度较大，速度由 120km/h 增快至 160km/h 引起轨-枕作用力最大的幅度较小；③总体上，机车 NJ2 行驶引起轨-枕作用力较大，货车 C62A、发电车 KD25T 行驶引起轨-枕作用力次之，客车 YZ25T 行驶引起轨-枕作用力较小；④在上述 11 类轨道高低不平顺谱激励下，不同列车以不同速度行驶引起轨-枕作用力的幅值最大不超过 100kN，较前述宽轨缝脉冲型激励、谐波型激励等引起轨-枕作用力的幅值小很多，但是在各种轨道不平顺谱激励下，各轨枕承受的轨-枕作用力变化规律基本一致；⑤随着列车运行加快，对轨-枕作用力不利影响的轨道随机不平顺谱的波长也随之增长，因此轨-枕作用力的幅值有所上升；⑥美国 AAR 标准五级谱激励对轨-枕作用力影响最大，其他随机高低不平顺轨道谱对轨-枕作用力影响较一致；⑦除了美国 AAR 标准五级谱之外，其余轨道谱激励引起的轨-枕作用力一般在 45kN 左右，未出现前述单谐波不平顺激励对谐波中心附近轨-枕作用力瞬间放大数倍甚至 30 倍情况。在波幅相同条件下，0.5m 左右的短波长单谐波激励下轨-枕作用力放大幅度比数米的长波长激励下轨-枕作用力放大幅度大很多；而由图 11-11、图 11-12、图 11-14 可见，轨道高低随机不平顺功率谱密度函数的波长范围为 1.00～100.00m，长波长波的幅值较大，随着波长向 1.00m 靠近，功率谱密度函数基本呈线性衰减。除了美国 AAR 标准五级谱之外，其余轨道不平顺谱的幅度一般不超过 10mm，波长与波幅之比较大，所以不能激发类似前述谐波激励中放大数倍至几十倍的轨–枕作用力。

如轮–轨激励模型中所述，由于轨下结构振动主频可达数百赫兹甚至数千赫兹，因此一般轨道高低不平顺谱无法满足列车–轨道结构体系耦合作用高频响应分析需求。研究表明，不超过 1.00m 波长的轨道高低不平顺反映轨面的粗糙程度；在列车以不超过 300km/h 速度运行条件下，轨道高低不平顺引起振动的频率成分远高于转向架的模态频率，并且短波长的轨道高低不平顺引起的轮–轨冲击力主要与簧下质量有关，因此采用中国 50kg/m 钢轨线路的竖向短波长轨道不平顺功率谱密度［式（11-33）］近似表示，波长范围为 0.01~1.00m。

在此，针对短波长的轨道随机高低不平顺谱激励，考察机车 NJ2、客车 YZ25T、货车 C62A、发电车 KD256、客车编组 KC、货车编组 HC 分别以速度 90km/h、120km/h、160km/h 行驶引起轨–枕振动反应状态，见图 11-29。由图 11-29 可以看出，行车速度越快、轴重越大，轨–枕作用力越大，发电车 KD25T 行驶引起的轨–枕作用力最大，客车编组 KC、货车编组 HC 行驶引起的轨–枕作用力次之。比较图 11-28 与图 11-29，短波长的轨道不平顺谱激励的轨–枕作用力较前述不平顺谱激励的轨–枕作用力大，但是未激励出如短波长谐波激励放大几倍甚至几十倍的轨–枕作用力，这是因为短波长谐波的波幅为 3~10mm，而短波长不平顺谱的波幅较小（不超过 0.2mm）。

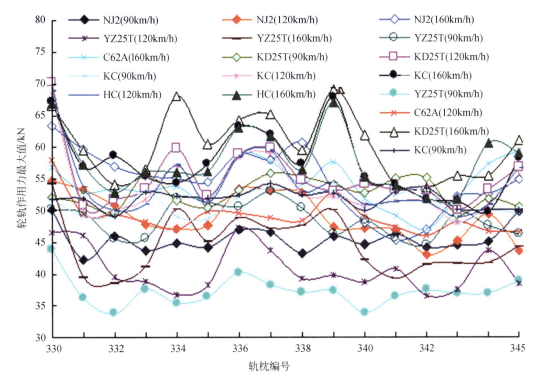

图 11-29　轨道短波长高低不平顺谱对轨–枕作用力最大值影响

长期以来，高低随机不平顺轨道谱、轨面高低短波不平顺谱，国内外均是通过大量现场实测数据统计拟合而成，比较精确反映普通铁路、高速铁路的轨道不平顺状态。德国高速谱、郑武线高速谱、中国铁道科学研究院速度分级 200 高速谱优于中国铁道科学研究院干线谱、中国铁道科学研究院速度分级谱 120、中国铁道科学研究院速度分级谱 160、长沙铁道学院谱、美国 AAR 标准谱等普通铁路谱。分析表明，除了美国 AAR 标准 5 级谱之外，美国 AAR 标准 6 级谱、德国高速谱、中国轨道谱引起的轨–枕作用力较一致。青藏铁路为 160km/h 提速线路，多年冻土区路段钢轨一般为 50kg/m 标准，因此以上选择中国铁道科学研究院速度分级 160 轨道谱、中国 50kg/m 钢轨线路竖向短波长不平顺谱近似代替青藏铁路多年冻土区路段轨道高低不平顺状态，并且加入宽轨缝激励、动力型激励（源于道砟缺陷）等激励作用，综合分析列车行驶振源特性与轨–枕作用力。

参 考 文 献

[1] 翟婉明. 车辆–轨道耦合动力学（第三版）[M]. 北京：科学出版社，2007.

[2] Zhu Z Y, Ling X Z. Vibration Source Characteristics Of Permafrost Subgrade Induced By Train Traffic Along Qinghai-Tibet Railway In China [C]. 4th International Symposium on Environmental Vibration：Prediction, Monitoring and Evaluation, Beijing, 2009, 700-705.

[3] 朱占元. 青藏铁路列车行驶多年冻土场地路基振动反应与振陷预测 [D]. 哈尔滨：哈尔滨工业大学，2009.

[4] Zhu Z Y, Ling X Z, Chen S J, et al. Analysis of dynamic compression stress induced by passing trains in permafrost subgrade along Qinghai- Tibet Railway [J]. Cold Regions Science and Technology, 2011, 65 (1)：465-473.

[5] 朱占元，凌贤长，陈士军，等. 青藏铁路列车行驶引起的轨枕竖向作用力研究 [J]. 哈尔滨工业大学学报，2011，43（6）：6-10.

[6] Zhu Z Y, Ling X Z, Wang L N. Vibration Characteristics of Permafrost Embankment Induced by Passing Trains in Qinghai-Tibet Railway in Winter [C]. 9th International Conference of Chinese Transportation Professionals, ASCE, Harbin, 2009, 973-979.

[7] 长沙铁道学院随机振动研究室. 关于机车车辆/轨道系统随机激励函数的研究 [J]. 长沙铁道学院学报，1985，（2）：1-36.

[8] 铁道科学研究院铁道建筑研究所. 我国干线轨道不平顺功率谱的研究. TY-1215：铁道科学研究院，1999.

[9] 陈宪麦，王澜，陶夏新，等. 我国干线铁路通用轨道谱的研究 [J]. 中国铁道科学，2008，29（3）：73-77.

[10] 陈宪麦. 轨道不平顺时频分析及预测方法的研究 [D]. 北京：中国铁道科学研究院，2006.

[11] Garg V K, Dukkipati R V. Dynamics of Railway Vehicle Systems [M]. Canada：Academic Press, 1984.

[12] 雷晓燕. 高速列车对道砟的动力响应 [J]. 铁道学报，1997，19（1）：114-121.

[13] 夏禾，陈英俊. 车—梁—墩体系动力相互作用分析 [J]. 土木工程学报，1992，25（2）：3-12.

[14] 吴延民. NJ2 型机车主要技术特点及初期运用情况 [J]. 内燃机车，2009，1：2-5.

[15] 黄强. 青藏铁路格拉段机车车辆总体技术条件研究 [J]. 中国铁路，2002，（3）：41-47.

[16] 李瑞淳，朱彦. 青藏铁路客车研制方案的探讨 [J]. 中国铁路，2002，（12）：57-59.

[17] 张曙光. 青藏铁路高原客车 [M]. 北京：中国铁道出版社，2007.

[18] 马巍，刘端，吴青柏. 青藏铁路冻土路基变形监测与分析 [J]. 岩土力学，2008，29（3）：571-579.

[19] 陈春俊，李华超. 频域采样三角级数法模拟轨道不平顺信号 [J]. 铁道学报，2006，28（3）：38-42.

[20] 王元丰，王颖，王东军. 铁路轨道不平顺模拟的一种新方法 [J]. 铁道学报，1997，19（6）：110-115.

[21] 崔高航. 城轨交通引起的环境振动研究及轨谱参数虚拟反演 [D]. 哈尔滨：哈尔滨工业大

学，2009.

[22] 崔高航，陶夏新，朱增强，等. 基于 Blackman-turkey 法生成轨道不平顺时程研究 [J]. 沈阳建筑大学学报（自然科学版），2010，26（4）：644-649.

[23] 陈果. 车辆—轨道祸合系统随机震动分析 [D]. 成都：西南交通大学，2001.

[24] Shinozuka M. Digital simulation of random processes and its application [J]. Journal of Sound Vibration，1972，25：111-128.

[25] 张昕，蒋通. 考虑轨道不平顺的车–桥动力分析 [J]. 力学季刊，2003，24（1）：15-22.

[26] 练松良. 轨道动力学 [M]. 上海：同济大学出版社，2003.

第12章 寒区轨道交通路基振动反应分析理论与方法

§12.1 问题的提出

高寒区反复冻融-长期行车振动耦合作用下路基稳定性与运行状态日益成为寒区轨道交通倍加关注的一个极其重要的科学与工程问题。列车荷载下不同冻融状态与不同结构形式路基振动反应包括动变形、动应力、加速度等，这些动力反应的大小、分布、时程等关乎路基强度疲劳特性、累积变形特性、动力稳定特性，直接影响路基设计、使用、养护、维修。路基冻结作用引起地下水通过毛细孔隙作用向冻结缘迁移，而路基冬季冻结自上而下发生（即自路基面层向内部发生），因而在路基上层或外层形成一个相对密封的盖层，如此，行车振动便在路基中产生"活塞"效应，见图12-1，更利于地下水通过毛细孔隙作用向冻结缘迁移，所以加剧路基冻结作用，冻结层也因此含水率更高、含冰量更大，进而使得融冻期路基发生更严重的融沉、翻浆、冒泥等病害。长期以来，世界各冻土大国针对冻融作用引起轨道路基病害问题已有较多研究工作，但是在过去的研究中缺乏列车荷载下冻土路基振动问题的足够研究工作，特别是冻融耦合行车振动作用导致高寒区轨道路基长期难以有效治理的病害研究更罕见文献报道。正因为如此，应寒区轨道路基运行状态与冻害防控的迫切需求，诞生了"寒区轨道交通路基动力学"这一新的研究方向。寒区轨道交通路基动力学的一项重要研究内容是列车荷载下不同冻融状态路基振动反应与冻融-振动耦合下路基运行状态、长期稳定性、病害成生特征、病害演变规律。

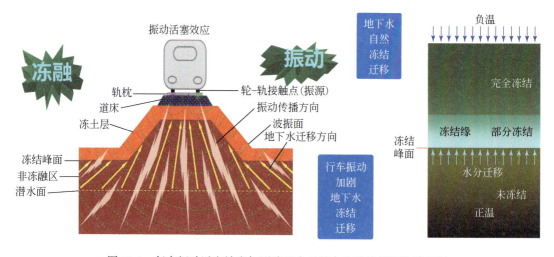

图12-1 行车振动活塞效应加剧路基中地下水向冻结缘迁移示意图

根据研究方法，列车行驶路基振动反应分析可以分为现场监测方法、数值模拟方法、解析方法。现场监测方法，虽然可以获得列车行驶路基振动反应基本特征、时空分布与主要影响因素，并且在实际地质环境、气候环境、列车编组等条件下获得的结果认识具有客观性、真实性、直接性，但是也有较大局限性，如上线工作审批困难、冬季监测工作环境低温恶劣、短期得不到不同冻融状态监测结果、难以获得满足研究要求不同工况监测数据、监测劳务费与差役费等成本高、只能监测路基表层振动反应数据、监测数据类型单一或有限（一般监测加速度反应）、监测工作存在一定安全隐患等。因此，数值方法（即动力数值方法，如动力有限元法、动力有限元与无限元结合法）便成为研究列车荷载下不同冻融状态路基振动反应基本特征、时空分布与主要影响因素的一种有效手段。在科学建立数值模型、合理给出边界条件与初始条件、正确选取数值算法与计算参数值等前提下，采用动力数值方法进行寒区轨道交通路基振动反应分析，不仅能够获得与现场监测基本一致的理想结果，而且可以很好弥补现场监测上述各项不足，并且还可以获得自路基表层至内部任意深度的任一位置动应变、动应力、动位移、速度、加速度等模拟计算结果，特别是在现代计算机技术与算法高度发达的今天，动力数值方法拥有低成本消耗、高技术投入、条件可控性好且可在短时间获得不同工况的高置信度模拟结果，当然动力数值方法在模型建立、参数值选取、初始条件给定、加载模式确定等也存在一定主观性。所以，现场监测与动力数值方法结合研究不同列车荷载下不同冻融状态与不同结构形式路基振动反应问题，可以很好弥补各自的不足、发挥各自的优势。

建立寒区轨道路基振动反应数值分析的动力数值模型，在具体路基结构形式基础上，需要客观考虑路基冻融状态进行分层。以高寒深季节冻土区（冻深≥1.0m）轨道路基为例，针对路基季节性冻融状态分层，见图12-2：初冻期（10月中旬~11月中旬），每年最大冻深分为上部冻结层、下部非冻层，之下为年年不冻结的非冻融层；深冻期（深冻结期，11月下旬~3月中旬），每年达到最大冻深的冻结层，之下为年年不冻结的非冻融层；融冻期（3月下旬~4月下旬或5月上旬），每年最大冻深分为上部融化层、下部冻结层，

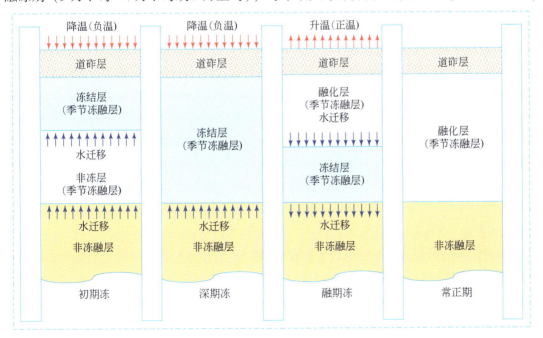

图 12-2　寒区轨道路基年度冻融变化与自由水迁移示意图

之下为年年不冻结的非冻融层；正常期（5月上旬或中旬～10月中旬），每年最大冻深全部为融化层，之下为年年不冻结的非冻融层。多年冻土区轨道路基季节性冻融状态分层：表层或浅层为季节活动层（季节融化层），之下为多年冻土层，多年冻土层之下为非冻结层。浅季节冻土区（冻深小于0.5m）、中季节冻土区（冻深0.5～1.0m）路基季节性冻融状态分层与高寒深季节冻土区一致。根据路基季节性冻融状态分出的不同层，数值模型计算参数取值必须采用各层填料实际的动力性能指标值、物理状态指标值，但是无须考虑不同层之间接触面模拟问题（即不需要设置界面单元，不同层之间通过单元节点直接连接），这是因为不同层之间实际存在一个过渡带，过渡带上路基填料材料性能逐渐过渡。

　　采用解析方法，分析列车行驶路基振动反应问题，一般将列车行驶引起的振荷载近似简化为可以进行数学描述的移动荷载时程，将钢轨、轨枕、路基据各自变形与承载性能简化为力学模型，并且利用模型初始条件与边界条件进行数学求解，最终得到路基与地基振动反应解析表达式。考虑路基不同冻融状态，进行列车荷载下寒区轨道路基振动反应解析分析，需要针对上述冻融状态分层分别建立简化力学模型。解析方法分析寒区轨道路基振动反应，虽然具有严格的数学与力学推导过程，并且能够很好刻画列车行驶振动荷载移动过程，但是则存在实际问题较大简化的缺陷，致使分析结果很可能与实际之间存在较大差别。

　　第10章根据现场监测数据分析了寒区轨道路基振动反应分析的基本特征、空间分布、衰减规律与主要影响因素，以下首先简介寒区轨道路基振动反应解析分析方法，然后重点阐述采用动力数值方法分析寒区轨道路基振动反应与主要影响因素的问题。

§12.2　寒区轨道交通路基振动反应解析分析方法

　　在列车行驶路基振动反应诸多解析分析方法中，以Karlstroem建立的解析分析方法即轨道-路基-地基系统振动反应解析方法较具代表性[1]，在此介绍这种解析方法。模拟计算列车行驶轨道-路基-地基系统振动反应的分析模型见图12-3。模型中，钢轨模拟为无限长Euler-Bernoulli模型，轨枕模拟为矩形横截面（尺寸：$2bS×h$）纵向异性无限长矩形Kirchhoff薄板，路堤简化为矩形横截面（尺寸：$2a×d$）可压缩土层（可压缩的板状体），路堤之下的地基由n层土组成，前$n-1$层土为有限厚度可压缩土层（层厚分别标记为 d1～dn-1，实际为每一层地面埋深，见图12-3），第n层土模拟为黏弹性半无限空间体。定义xyz笛卡尔直角坐标系：见图12-3，x轴为沿轨道水平方向（以列车驶去方向为正方向），y轴为垂直于轨道水平方向（以水平向左方向为正方向），z轴为垂直于轨道竖直向（以竖直向下为正方向）。列车行驶引起的振动荷载作用于轨道顶面（钢轨面），每个车轮均被视为一个点载荷（振动荷载）作用 $F = F_0 \delta \left[x - \int_0^t V(s) \, ds \right]$，$F_0$ 为荷载幅值，$V(t)$ 为与时间t相关的行驶速度，x为沿轨道的坐标。

　　矩形横截面弹性路堤与分层地基振动反应，可以刻化为弹性动力学方程，见式（12-1）。

$$(\lambda_j + 2\mu_j) \nabla (\nabla \cdot u_j) - \mu_j \nabla (\nabla \cdot u_j) = \rho_j \ddot{u}_j \qquad (12\text{-}1)$$

式中，λ_j、μ_j 为路堤动弹性层 Lame 常数；u_j 为动位移向量（包括 x 方向动位移分量 u_j、y 方向动位移分量 v_j、z 方向动位移分量 w_j）；下标 j 表示路堤或地基（路堤表示为 $j=e$；地基表示为 $j=1, 2, \cdots, n$）；ρ_j 为路基填料或地基土的密度。

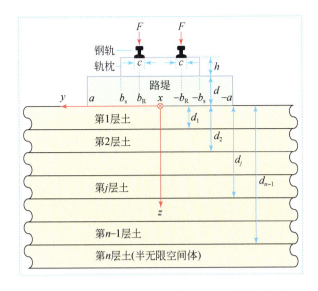

图 12-3　轨道–路基–地基系统振动反应分析模型

在垂直于坐标轴方向（法向）e_k（$k=x$，y，z）的平面上，动应力表示为

$$t_j^{(e_k)} = \lambda_j e_k \nabla \cdot u_j + 2u_j \partial_k u_j + u_j e_k \times (\nabla \times u_j) \qquad (12\text{-}2)$$

在地基中上、下两个土层界面上，即第 j 土层与第 $j+1$ 土层之间界面上，坐标 $z=d_j$，动位移 u、动应力 t 为连续，见式（12-3）、式（12-4）。

$$u_j = u_{j+1} \qquad (z=d_j) \qquad (12\text{-}3)$$

$$t_j^{(e_z)} = t_{j=1}^{(e_z)} \qquad (z=d_j) \qquad (12\text{-}4)$$

路堤与地基接触区域的路堤底面与地基顶面之间动位移连续、动应力连续，路堤与地基非接触区域的地基顶面动应力为零，见式（12-5）、式（12-6）。

$$u_1 = u_e \qquad (\,|y|<a, z=0\,) \qquad (12\text{-}5)$$

$$t_1^{(e_z)} = \begin{cases} t_1^{(e_z)} & (\,|y|<a, z=0\,) \\ 0 & (\,|y|<a, z=0\,) \end{cases} \qquad (12\text{-}6)$$

矩形横截面路堤左侧、右侧的边界条件见式（12-7）。

$$\begin{cases} v_e = 0 & (\,|y|=a, -d<z<0\,) \\ \sigma_{xye} = 0 & (\,|y|=a, -d<z<0\,) \\ \sigma_{zye} = 0 & (\,|y|=a, -d<z<0\,) \end{cases} \qquad (12\text{-}7)$$

式中，a 为路堤宽度一半；d 为路堤高度（路堤厚度），见图 12-3。在边界条件式（12-7）中，动应力 $\sigma_{yxe}=0$、$\sigma_{yze}=0$ 为自然边界条件，$v_e=0$ 是为了计算需要而设置的人工边界条件。为了更好模拟路堤的动竖向位移情况，边界条件式（12-7）中可以简化为式（12-8）。

$$\begin{cases} v_e = 0 & (\,|y|=a, -d<z<0\,) \\ \sigma_x u_e = 0 & (\,|y|=a, -d<z<0\,) \\ \sigma_z w_e = 0 & (\,|y|=a, -d<z<0\,) \end{cases} \qquad (12\text{-}8)$$

模型中，除了将钢轨模拟为水平无限长 Euler-Bernoulli 梁（竖向承受列车荷载）之外，还考虑钢轨横向作用（垂直于钢轨延伸方向的水平作用，即 y 方向作用，见图 12-3）、纵向作用（沿钢轨延伸方向的水平作用，即 x 方向作用，见图 12-3），y 方向采用 Euler-

Bernoulli 控制方程描述钢轨动力特性，x 方向采用杆方程描述钢轨动力特性。钢轨横截面积表示为 A_b、动弹性模量表示为 E_b、密度用表示为 ρ_b、y 方向动惯性矩表示为 I_{yb}、z 方向动惯性矩表示为 I_{zb}（下标 b 表示钢轨），钢轨在 y 方向受约束于欧拉伯努利方程、在 x 方向受约束于杆件方程。

研究表明[2]，列车通过离散轨枕位置的钢轨，轨枕竖向动位移与轨枕沿钢轨均匀分布状态几乎保持一致。因此，通过引入 y 方向各向同性 Kirchhoff 板[3]，计算轨枕的质量、动刚度。由于钢轨由轨枕支撑，所以 x 方向动剪切刚度、动杨氏模量均应为零，然而板状路堤通过轨枕在 x 方向上承载，y 方向各向同性板模型能够描述这两种情况。路堤板模型，在各向同性的 y-z 平面上有质量密度 ρ_s、动弹性模量 E_{sk}、动泊松比 v_{syz} 且动剪切模量 $G_{sk} = E_{sk}/2\ (1+v_{syz})$，在 x 方向上有动弹性模量 E_{sx}、动剪切模量 G_{sx}，在 x-k 平面上各个方向有动泊松比 v_{sxk}。由动刚度张量的对称性，得到 $v_{sxk}E_{sx} = v_{skx}E_{sk}$。在靠近轨道板（轨枕）的路堤自由顶面上，即在 $b_s \leqslant y < a$ 处，由列车荷载引起的动应力消失。因此，路堤顶部应力的法向分量（z 方向分量）、横向分量（y 方向分量）满足边界条件式（12-9）、式（12-10）。

$$\sigma_{zze} = \begin{cases} J_1\ddot{w}_e + J_2\partial_x^4 w_e + J_3\partial_x^2\partial_y^2 w_e + J_4\partial_y^4 w_e & |y| < b_s,\ |y| \notin [b_R \pm c/2] \\ I_1\ddot{w}_e + I_2\partial_x^4 w_e + I_3\partial_x^2\partial_y^2 w_e + I_4\partial_y^4 w_e - F/c & |y| \in [b_R \pm c/2] \\ 0 & b_s \leqslant |y| < a \end{cases} \qquad (12\text{-}9)$$

$$\sigma_{yze} = \begin{cases} (\rho_b A_b\ddot{v}_e + E_b I_{zb}\partial_x^4 v_e)/c & |y| \in [b_R \pm c/2] \\ 0 & |y| \notin [b_R \pm c/2] \end{cases} \qquad (12\text{-}10)$$

式中，

$$I_1 = J_1 + \frac{\rho_b A_b}{c}$$

$$I_2 = J_2 + \frac{E_b I_{yb}}{c}$$

$$I_3 = J_3$$

$$I_4 = J_4$$

$$J_1 = \rho_s h$$

$$J_2 = \frac{h^3}{12}\left(\frac{E_{ss}^2}{E_{sx} - E_{sk}v_{sxk}^2}\right)$$

$$J_3 = \frac{h^3}{6}\left(\frac{E_{sk}E_{ss}U_{sxk}}{E_{sk} - E_{sk}U_{sxk}^2} + 2G_{sx}\right)$$

$$J_4 = \frac{h^3}{12}\left(\frac{E_{sk}E_{ss}}{E_{sx} - E_{sk}v_{skk}^2}\right)$$

在沿轨道方向上（即 x 方向），通过杆方程考虑钢轨对路堤顶面 x 方向动剪应力 σ_{zxe} 影响，见式（12-11）。

$$\sigma_{xze} = \begin{cases} (\rho_b A_b\ddot{u}_e - E_b A_b\partial_x^2 u_e)/c & |y| \in [b_R \pm c/2] \\ 0 & |y| \notin [b_R \pm c/2] \end{cases} \qquad (12\text{-}11)$$

边界条件式（12-9）～式（12-11）适用于 $z = -d$、沿轨道方向 x 所有取值。

运动方程式（12-1）的解析解通过分解路堤（$j = e$）与地基（$j = 1,\ 2,\ \cdots,\ n$）中的

三个标量势中的位移场获得，见式（12-12）。

$$u_j = \nabla \varphi_j + \nabla \cdot (e_z \psi_{\mathrm{SH}j}) + \nabla \cdot \nabla \cdot (e_z \psi_{\mathrm{SV}j}) \tag{12-12}$$

式中，φ_j 为 P 波的势函数；$\psi_{\mathrm{SH}j}$ 为 SH 波的势函数；$\psi_{\mathrm{SV}j}$ 为 SV 波的势函数。

在地基分层界面上，利用势场，将 y 坐标通过傅里叶变换为动位移场，变换域中变量在顶部采用符号"∧"表示，见式（12-13）~式（12-15）。

$$\hat{\varphi}_j = \frac{1}{2\pi} \int_{-\infty}^{\infty} (A_{jd} e^{i h_{\mathrm{p}j}(z - d_{j-1})} + A_{ju} e^{-i h_{\mathrm{p}j}(z - d_j)}) e^{i p y} \mathrm{d}p \tag{12-13}$$

$$\hat{\psi}_{\mathrm{SH}j} = \frac{1}{2\pi} \int_{-\infty}^{\infty} (B_{jd} e^{i h_{\mathrm{s}j}(z - d_{j-1})} + B_{ju} e^{-i h_{\mathrm{s}j}(z - d_j)}) e^{i p y} \mathrm{d}p \tag{12-14}$$

$$\hat{\psi}_{\mathrm{SV}j} = \frac{1}{2\pi} \int_{-\infty}^{\infty} (C_{jd} e^{i h_{\mathrm{s}j}(z - d_{j-1})} + C_{ju} e^{-i h_{\mathrm{s}j}(z - d_j)}) e^{i p y} \mathrm{d}p \tag{12-15}$$

式中，p 为 y 的变换变量；$A_{jd} = A_{jd}(p)$ 为下行（下标 d）P 波的幅度；$A_{ju} = A_{ju}(p)$ 为上行（下标 u）P 波的幅度；$B_{jd} = B_{jd}(p)$ 为下行（下标 d）SH 波的幅度；$B_{ju} = B_{ju}(p)$ 为上行（下标 u）SH 波的幅度；$C_{jd} = C_{jd}(p)$ 为下行（下标 d）SV 波的幅度；$C_{ju} = C_{ju}(p)$ 为上行（下标 u）SV 波的幅度。波数为 $k_{\mathrm{p}j} = \omega / c_{\mathrm{p}j}$、$k_{\mathrm{s}j} = \omega / c_{\mathrm{s}j}$，其中波速计算式为 $c_{\mathrm{p}j} = [(\lambda_j + 2\mu_j)/\rho_j]$、$c_{\mathrm{s}j} = (\mu_j/\rho_j \mu_j)^{1/2}$。$z$ 方向对应的波数为 $h_{\mathrm{p}j} = (k_{\mathrm{P}_j}^2 - q^2 - p^2)^{1/2}$ 与 $h_{\mathrm{s}j} = (k_{\mathrm{s}_j}^2 - q^2 - p^2)^{1/2}$，$h_{\mathrm{p}j} \geqslant 0$，$h_{\mathrm{s}j} \geqslant 0$。在最后一层的半无限空间体中（$j = \mathrm{n}$）无反射波，即 $A_{\mathrm{nu}} = 0$、$B_{\mathrm{nu}} = 0$、$C_{\mathrm{nu}} = 0$，并且采用下行波或渐逝波的辐射条件。指数中，d_{j-1}、d_j 至关重要，因为二者可以防止指数增长。通过这种选择，指数函数的绝对值永远不超过 1。若 $j = 1$，根据定义，$d_0 = 0$。地面动位移场、动应力场，可以联立式（12-2）、式（12-12）~式（12-15）解得。

路堤中（$j = \mathrm{e}$）动位移场可以按照三角级数展开，而在 y 方向必须满足沿路堤两侧的边界条件式（12-8）。由于列车行驶属于对称加载，场 u_e 关于 $y = 0$ 对称，这意味 u_e 与 w_e 是偶数、v_e 是奇数，因此以傅里叶余弦与傅里叶正弦级数发展，波数 $p_m = m\pi/a$ 在 y 方向。从而，为方程式（12-12）中的势能提供以下选择。

$$\hat{\varphi}_e = \sum_{m=0}^{\infty} (D_{1m} \sin h_{\mathrm{p}m} z + E_{1m} \cos h_{\mathrm{p}m} z) \cos p_m y \tag{12-16}$$

$$\psi_{\mathrm{SH}e} = \sum_{m=1}^{\infty} (D_{2m} \sin h_{\mathrm{s}m} z + E_{2m} \cos h_{\mathrm{s}m} z) \sin p_m y \tag{12-17}$$

$$\psi_{\mathrm{SV}e} = \sum_{m=0}^{\infty} (E_{3m} \sin h_{\mathrm{s}m} z - D_{3m} \cos h_{\mathrm{s}m} z) \cos p_m y \tag{12-18}$$

式中，D_{nm}、E_{nm} 为待定常数，$n = 1$ 表示 P 波幅值，$n = 2$ 表示 SH 波幅值，$n = 3$ 表示 SV 波幅值。波数与地基中波数相似，下标 e 表示路堤 $k_{\mathrm{pe}} = \omega / c_{\mathrm{pe}}$、$k_{\mathrm{se}} = \omega / c_{\mathrm{se}}$，其中 c_{pe} 为路堤中压缩波波速，c_{se} 为路堤中剪切波波速，由 $c_{\mathrm{pe}} = [(\lambda_e + 2\mu_e)/\rho_e]^{1/2}$ 与 $c_{\mathrm{se}} = (\mu_e/\rho_e)^{1/2}$ 求得。z 方向波数为 $h_{\mathrm{p}m} = (k_{\mathrm{pe}}^2 - q^2 - p_m^2)^{1/2}$、$h_{\mathrm{s}m} = (k_{\mathrm{se}}^2 - q^2 - p_m^2)^{1/2}$ 且满足条件 $h_{\mathrm{p}m} \geqslant 0$、$h_{\mathrm{s}m} \geqslant 0$。类似于地面层，路堤中动位移场可以很容易采用方程式确定。联立式（12-16）~式（12-18）与式（12-12），推得路堤中动位移表达式见式（12-19）~式（12-21）。

$$\hat{u}_e = \sum_{m=0}^{\infty} \hat{u}_m(z) \cos p_m y \tag{12-19}$$

$$\hat{v}_e = \sum_{m=1}^{\infty} \hat{v}_m(z) \sin p_m y \tag{12-20}$$

$$\hat{w}_{e} = \sum_{m=0}^{\infty} \hat{w}_{m}(z) \cos p_{m} y \qquad (12\text{-}21)$$

式中，

$$\hat{u}_{m}(z) = \sum_{n=1}^{3} \alpha_{nm}(D_{nm}\sin k_{nm}z + E_{nm}\cos k_{nm}z) \qquad (12\text{-}22)$$

$$\hat{v}_{m}(z) = \sum_{n=1}^{3} \beta_{nm}(D_{nm}\sin k_{nm}z + E_{nm}\cos k_{nm}z) \qquad (12\text{-}23)$$

$$\hat{w}_{m}(z) = \sum_{n=1}^{3} \gamma_{nm}(D_{nm}\cos k_{nm}z - E_{nm}\sin k_{nm}z) \qquad (12\text{-}24)$$

式中，系数 α_{nm}、β_{nm}、γ_{nm}、k_{nm} 列于表 12-1，表中符号 i 表示虚数单位。

表 12-1　路堤动位移系数一览表

n	1	2	3
α_{nm}	iq	p_{m}	iqh_{sm}
β_{nm}	$-p_{m}$	$-iq$	$-p_{m}h_{sm}$
γ_{nm}	h_{pm}	0	$-(p^{2}+q^{2})$
k_{nm}	h_{pm}	h_{sm}	h_{sm}

由式（11-2）可以解得路堤中动应力表达式，见式（12-25）~式（12-27）。

$$\hat{\sigma}_{xze} = \sum_{m=0}^{\infty} \hat{\sigma}_{xzm}(z) \cos p_{m} y \qquad (12\text{-}25)$$

$$\hat{\sigma}_{yze} = \sum_{m=0}^{\infty} \hat{\sigma}_{yzm}(z) \sin p_{m} y \qquad (12\text{-}26)$$

$$\hat{\sigma}_{zze} = \sum_{m=0}^{\infty} \hat{\sigma}_{zzm}(z) \cos p_{m} y \qquad (12\text{-}27)$$

式中，

$$\hat{\sigma}_{xzm}(z) = \sum_{n=1}^{3} \mu_{e}\zeta_{nm}(D_{nm}\cos k_{nm}z - E_{nm}\sin k_{nm}z) \qquad (12\text{-}28)$$

$$\hat{\sigma}_{yzm}(z) = \sum_{n=1}^{3} \mu_{e}\zeta_{nm}(D_{nm}\cos k_{nm}z - E_{nm}\sin k_{nm}z) \qquad (12\text{-}29)$$

$$\hat{\sigma}_{zzm}(z) = \sum_{n=1}^{3} \mu_{e}\eta_{nm}(D_{nm}\sin k_{nm}z + E_{nm}\cos k_{nm}z) \qquad (12\text{-}30)$$

式中，系数 ζ_{nm}、ζ_{nm}、η_{nm} 为从等式（12-2）中微分收集得到的系数，见式（12-31）~式（12-33）。

$$\zeta_{nm} = k_{nm}\alpha_{nm} + iq\gamma_{nm} \qquad (12\text{-}31)$$

$$\zeta_{nm} = k_{nm}\beta_{nm} - p_{m}\gamma_{nm} \qquad (12\text{-}32)$$

$$\eta_{nm} = ((k_{se}/k_{pe})^{2}-2)(iq\alpha_{nm}+p_{m}\beta_{nm}) - (k_{se}/k_{pe})^{2}k_{nm}\gamma_{nm} \qquad (12\text{-}33)$$

为了获得以路堤中常数表示地面未知数的解决方案，因此采用了界面条件式（12-3）、式（12-4）与边界条件式（12-6）。由式（12-3）中界面条件获得式（12-34）~式（12-36）。

$$iqA_{j}(d_{j})+ipB_{j}(d_{j})-qh_{sj}C_{j}(d_{j}) = iqA_{j+1}(d_{j})+ipB_{j+1}(d_{j})-qh_{sj+1}C_{j+1}(d_{j}) \qquad (12\text{-}34)$$

$$iqA_{j}(d_{j})-ipB_{j}(d_{j})-qh_{sj}C_{j}(d_{j}) = iqA_{j+1}(d_{j})-ipB_{j+1}(d_{j})-qh_{sj+1}C_{j+1}(d_{j}) \qquad (12\text{-}35)$$

$$ih_{pj}\tilde{A}_j(d_j) + (q^2+p^2)\tilde{C}_j(d_j) = ih_{pj+1}\tilde{A}_{j+1}(d_j) + (q^2+p^2)\tilde{C}_{j+1}(d_j) \tag{12-36}$$

由式（11-4）中界面条件获得式（12-37）~式（12-39）。

$$u_j\left[-2qh_{pj}\tilde{A}_j(d_j) - ph_{sj}\tilde{B}_j(d_j) + iq(k_{sj}^2-2h_{sj}^2)\tilde{C}_j(d_j) \right]$$
$$= \mu_{j+1}\left[-2qh_{pj+1}\tilde{A}_{j+1}(d_j) - ph_{sj+1}\tilde{B}_{j+1}(d_j) + iq(k_{sj+1}^2-2h_{sj+1}^2)\tilde{C}_{j+1}(d_j) \right] \tag{12-37}$$

$$u_j\left[-2ph_{pj}\tilde{A}_j(d_j) + qh_{sj}\tilde{B}_j(d_j) + ip(k_{sj}^2-2h_{sj}^2)\tilde{C}_j(d_j) \right]$$
$$= \mu_{j+1}\left[-2ph_{pj+1}\tilde{A}_{j+1}(d_j) + qh_{sj+1}\tilde{B}_{j+1}(d_j) + ip(k_{sj+1}^2-2h_{sj+1}^2)\tilde{C}_{j+1}(d_j) \right] \tag{12-38}$$

$$\mu_j\left[(k_{sj}^2-2h_{sj}^2)A_j(d_j) + 2ih_{sj}(p^2+q^2)C_j(d_j) \right]$$
$$= \mu_{j+1}\left[(k_{sj+1}^2-2h_{sj+1}^2)A_{j+1}(d_j) + 2ih_{sj+1}(p^2+q^2)C_{j+1}(d_j) \right] \tag{12-39}$$

式中，

$$A_k(z) = A_{kd}e^{ih_{pk}(z-d_{k-1})} + A_{ku}e^{-ih_{pk}(z-d_k)}$$

$$\tilde{A}_k(z) = A_{kd}e^{ih_{pk}(z-d_{k-1})} - A_{ku}e^{-ih_{pk}(z-d_k)}$$

$$B_k(z) = B_{kd}e^{ih_{sk}(z-d_{k-1})} + B_{ku}e^{-ih_{sk}(z-d_k)}$$

$$\tilde{B}_k(z) = B_{kd}e^{ih_{sk}(z-d_{k-1})} - B_{ku}e^{-ih_{sk}(z-d_k)}$$

$$C_k(z) = C_{kd}e^{ih_{sk}(z-d_{k-1})} - C_{ku}e^{-ih_{sk}(z-d_k)}$$

$$\tilde{C}_k(z) = C_{kd}e^{ih_{sk}(z-d_{k-1})} + C_{ku}e^{-ih_{sk}(z-d_k)}$$

对边界条件式（12-6）进行傅里叶逆变换，得到如下三个式子。

$$\mu_1\left[-2qh_{p1}\tilde{A}_1(0) - ph_{s1}\tilde{B}_1(0) + iq(k_{s1}^2 - 2h_{s1}^2)\tilde{C}_1(0) \right] = \sum_{m=0}^{\infty}\hat{\sigma}_{xzm}(0)f_m(p) \tag{12-40}$$

$$\mu_1\left[-2ph_{p1}\tilde{A}_1(0) + qh_{s1}\tilde{B}_1(0) + ip(k_{s1}^2 - 2h_{s1}^2)\tilde{C}_1(0) \right] = \sum_{m=0}^{\infty}\hat{\sigma}_{yzm}(0)g_m(p) \tag{12-41}$$

$$\mu_1\left[(k_{s1}^2 - 2h_{s1}^2)A_1(0) + 2ih_{s1}(p^2 + q^2)C_1(0) \right] = \sum_{m=0}^{\infty}\hat{\sigma}_{zzm}(0)f_m(p) \tag{12-42}$$

式中，f_m、g_m 分别定义为式（11-43）、式（11-44）。

$$f_m(p) = \int_{-a}^{a} \cos p_m y\, e^{-ipy}\mathrm{d}y = \frac{2(-1)^m p\sin(ap)}{p^2 - p_m^2} \tag{12-43}$$

$$g_m(p) = \int_{-a}^{a} \sin p_m y\, e^{-ipy}\mathrm{d}y = -\frac{2i(-1)^m p_m\sin(ap)}{p^2 - p_m^2} \tag{12-44}$$

通过两种方法采用路堤中常数表示地面中未知数：一是 Thomson-Haskell 方法或传递矩阵技术[4]，即从底层开始，通过递归消除法获得未知数之间的线性关系，然而随着频率增加，计算最终将难免遇到精度问题且算法变得不稳定[4]；二是 Lih 和 Mal 采用的全局矩阵方法[4]，这是为了获得稳定的求解算法，具体方法是利用式（12-34）~式（12-42）对每个 p 同时获得由路堤中常数表示的地面中未知数。如此，依赖于连续傅里叶变量 p 的未知数 A_{jd}、A_{ju}、B_{jd}、B_{ju}、C_{jd}、C_{ju} 均可以采用 D_{mn}、E_{mn} 表达（D_{mn}、E_{mn} 不依赖于 p）。

采用边界条件式（12-5）的反傅里叶级数与路堤宽度（$-a<y<a$）的反傅里叶级数，以及路堤顶部边界条件式（12-9）~式（12-11）的类似反傅里叶级数，可以解得未知数 D_{mn}、E_{mn}。由于正交性，每个 m 均有一个方程，采用 m' 表示。式（12-5）可以导出

下式。

$$\frac{1}{2\pi}\int_{-\infty}^{\infty}\left[iqA_1(0)+ipB_1(0)-qh_{s1}C_1(0)\right]f_{m'}(p)\mathrm{d}p=\frac{2a}{\varepsilon_{m'}}\hat{u}_{m'}(0)\quad(m'=0,1,\cdots)$$

$$(12\text{-}45)$$

$$\frac{1}{2\pi}\int_{-\infty}^{\infty}\left[ipA_1(0)-iqB_1(0)-ph_{s1}C_1(0)\right]g_{m'}(p)\mathrm{d}p=-a\hat{v}_{m'}(0)\quad(m'=1,2,\cdots)$$

$$(12\text{-}46)$$

$$\frac{1}{2\pi}\int_{-\infty}^{\infty}\left[ih_{p1}\tilde{A}_1(0)+(q^2+p^2)\tilde{C}_1(0)\right]f_{m'}(p)\mathrm{d}p=\frac{2a}{\varepsilon_{m'}}\hat{w}_{m'}(0)\quad(m'=0,1,\cdots)$$

$$(12\text{-}47)$$

式中，$\varepsilon_{m'}$ 是 Neumann 因子，其中 $\varepsilon_0=1$、$\varepsilon_{m'}=2$ 用于 $m'\geqslant 1$。类似的逆傅里叶级数应用于边界条件式（12-9）~式（12-11），可以导出下式。

$$\hat{\sigma}_{zzm'}(-d)\frac{2a}{\varepsilon_{m'}}=\sum_{m=0}^{\infty}(K_{zb}\Gamma_{m,m'}+K_{zs}\Delta_{m,m'})\hat{w}_m(-d)-\frac{\hat{F}}{c}\Gamma_{0,m'}\quad(m'=0,1,\cdots)$$

$$(12\text{-}48)$$

$$\hat{\sigma}_{yzm'}(-d)a=\sum_{m=1}^{\infty}K_{yb}\hat{v}_m(-d)\Omega_{m,m'}\quad(m'=1,2,\cdots)\qquad(12\text{-}49)$$

$$\hat{\sigma}_{xzm'}(-d)\frac{2a}{\varepsilon_{m'}}=\sum_{m=0}^{\infty}K_{xb}\hat{u}_m(-d)\Gamma_{m,m'}\quad(m'=0,1,\cdots)\qquad(12\text{-}50)$$

式中，

$$K_{zb}=-\frac{A_b\rho_b}{c}\omega^2+\frac{E_bI_{yb}}{c}q^4$$

$$K_{zs}=-J_1\omega^2+J_2q^4+J_3q^2p_m^2+J_4p_m^4$$

$$K_{yb}=-\frac{A_b\rho_b}{c}\omega^2+\frac{E_bI_{zb}}{c}q^4$$

$$K_{xb}=-\frac{A_b\rho_b}{c}\omega^2+\frac{E_bA_b}{c}q^2$$

在式（12-48）~式（12-50）中，$\Gamma_{m,m'}$、$\Omega_{m,m'}$、$\Delta_{m,m'}$ 针对 m 与 m_0 每种组合进行分析确定，见式（12-51）~式（12-53）。

$$\Gamma_{m,m'}=\int_{-b_R-c/2}^{-b_R+c/2}\cos p_m y\cos p_{m'}y\mathrm{d}y+\int_{b_R-c/2}^{b_R+c/2}\cos p_m y\cos p_{m'}y\mathrm{d}y\qquad(12\text{-}51)$$

$$\Omega_{m,m'}=\int_{-b_R-c/2}^{-b_R+c/2}\sin p_m y\sin p_{m'}y\mathrm{d}y+\int_{b_R-c/2}^{b_R+c/2}\sin p_m y\sin p_{m'}y\mathrm{d}y\qquad(12\text{-}52)$$

$$\Delta_{m,m'}=\int_{-b_s}^{b_s}\cos p_m y\cos p_{m'}y\mathrm{d}y\qquad(12\text{-}53)$$

最后，将式（12-40）中傅里叶变换为式（12-54）。

$$\hat{F}=F_0\int_{-\infty}^{\infty}\int_{-\infty}^{\infty}\delta\left(x-\int_0^t V(s)\mathrm{d}s\right)\mathrm{e}^{\mathrm{i}(\omega t-qx)}\mathrm{d}x\mathrm{d}t\qquad(12\text{-}54)$$

若列车加速，则需要在 Diracdelta 三角函数中对速度进行积分。然而，若列车恒速行驶，则 V_0 表达式可以简化为下式。

$$\hat{F}=F_0\int_{-\infty}^{\infty}\int_{-\infty}^{\infty}\delta(x-V_0t)\mathrm{e}^{\mathrm{i}(\omega t-qx)}\mathrm{d}x\mathrm{d}t=F_0\frac{2\pi}{|V_0|}\delta\left(\frac{\omega}{V_0}-q\right)\qquad(12\text{-}55)$$

如此，将使计算非常快，因为相对于 q 的反傅里叶变换，以上便变得微不足道，即 $q = \omega / V_0$，对于一个频率含量为 $0 < f < 3\,\mathrm{Hz}$ 的 $200\mathrm{m} \times 200\mathrm{m}$ 计算域，计算耗时一般约 1 分钟。

上述为针对非冻土区进行列车行驶路基振动反应解析分析方法。寒区轨道路基振动反应解析分析方法与上述无本质区别，也就是说，上述解析方法完全可以用于寒区轨道路基振动反应分析。但是，采用上述解析方法进行寒区轨道路基振动反应分析，需要分别针对初冻期、深冻期、融冻期、正常期，对路堤、地基进行冻融状态分层，见图 12-2，即在图 12-3 的轨道–路基–地基系统振动反应分析模型中，要求根据年度季节气候变化考虑图 12-2 所示的冻结层（季节冻融层）、非冻层（季节冻融层）、融化层（季节冻融层）、非冻融层（长期不冻层），不同层各自取相应的冻土（路堤冻结填料）动力性能参数值、融土（路堤融化填料）动力性能参数值、非冻融土动力性能参数值。

§12.3　寒区轨道交通路基振动反应数值分析方法

在第 11 章中已阐述，可以采用轨枕–道床–路基动力系统，进行寒区轨道交通路基振动反应数值分析方法。现场监测与研究表明：①列车行驶路基振动反应以竖向（z 方向）振动占比最大（绝对优势）、纵向（x 方向，沿轨道水平方向）振动次之、横向（y 方向，垂直于轨道水平方向）最小；②对于普通铁路（含重载铁路），列车行驶路基在 y 方向振动尽管明显小于 x 方向振动、z 方向振动，但是也较大，因此最好进行路基三维（x 方向，y 方向，z 方向）振动反应分析；③对于高速铁路或快速铁路——特别是无砟轨道路基，列车行驶路基在 y 方向振动显著小于 x 方向振动、z 方向振动，因此可以只进行路基二维（x 方向，z 方向）振动反应分析。不同于地震作用，由于列车行驶振动荷载频率较高，采用动力有限元方法进行路基振动反应数值分析，要求计算域剖分的单元尺寸足够小且计算时步不超过 $0.0005\mathrm{s}$，否则对计算精度影响较大且可能丢掉一些重要特征反应。因此，限于计算机硬件水平与算法技术，列车行驶路基振动反应三维动力数值分析中计算耗时太长问题且占用存储空间太大问题极其突出，并且考虑动力非线性更难实现，这也是目前国内外列车行驶路基振动反应三维动力数值分析中罕见较小单元尺寸的一个主要原因。为了满足足够小单元尺寸、足够小计算时步且很好考虑动力非线性三方面的重要需求，并且尽可能缩短计算耗时，较多进行列车荷载下路基振动反应二维动力数值分析；在二维动力数值分析中，为了获得列车行驶路基三维振动反应特征、振动传播衰减规律与主要影响因素，可以分两步进行，即分别模拟计算 x–z 平面上振动反应、y–z 平面上振动反应。第 11 章已叙及，一般情况下，采用 6 节车厢便可很好模拟车辆–轨道系统振动状态，因此在 x–z 平面上进行路基振动反应也可以只考虑列车行驶对路基振动输入的 6 节车厢荷载范围，以尽可能缩短计算耗时。在轨道路基设计与路基振动累积沉降分析最关心路基中动压应力空间分布、时程演变，而动压应力主要存在于轨枕下道床与路基中部一定有限区域且受其他轨枕影响较小[5-8]，并且轨道路基属于一种延伸长度远大于横断面几何尺寸的线形构筑物，所以采用动力有限元方法进行路基振动反应分析，可以按照平面应变问题简化处理。但是，进行二维平面应变问题动力有限元方法求解，应注意几点：①应进行轨枕–道床–路基–场地体系全面系统建模，并且道床、路基单元尺寸应尽量小，以提高计算精度；②输入列车行驶引起钢轨支承处轨枕作用力作为振动载荷，充分模拟动力荷载经轨枕，至道床，到路基这一完整传递过程，以减小体系简化误差；③必须考虑路基填料/土的动力非线性性能；④对于半无限域问题动力分析，为了减少因虚拟边界而产生的反射波影响，须采用合适的边界条件；⑤数值积分动力方程，应选用绝对稳定的积分方法，如 Newmark 常值加速度积分方法、Wilson-θ 积分方法，以避免求解不稳定。

　　总体上，列车行驶路基振动反应数值分析方法与路基地震反应数值分析方法基本一致，主要区别在于二者振动传播方向、振动输入模式、振源点数量、振动耦合方式等方面。以下首先阐述寒区轨道交通路基振动反应动力有限元数值分析方法与若干要点，然后介绍这种分析方法的两个典型应用案例。

12.3.1　计算域剖分要求与边界条件

　　首先特别说明，进行工程课题动力有限元数值分析，合理确定单元尺寸极其重要，直接关系计算结果的真实性与精确性，单元尺寸主要取决于输入振动的波长，要求保证输入随机振动不同周期所有波长的波均能够完整通过单元，因此单元尺寸 R 最大不超过 1/4 波长 L、最小可以为 1/8 波长 L（既满足计算结果真实性与精确性要求，又避免很长的计算耗时），即 $R=1/4L \sim 1/8L$；鉴于此，需要根据列车行驶对路堤/地基振动输入的现场监测数据，获得输入随机振动的不同波长范围与频谱，依据最小或较小波长且参照主频段合理确定单元尺寸；当然，确定计算域不同部位单元尺寸还需要考虑关心的重要部位，如动力反应较大部位、路堤与地基之间过渡带、轨枕直接下方道床/路基区域等。

　　进行列车行驶路基振动反应三维动力有限元数值分析，轨枕模拟为刚体，道床、路堤、地基均离散为三维实体单元（8 节点六面体单元），轨枕与道床之间动力耦合采用并联弹簧阻尼器模型，道床与路堤之间、路堤与地基之间无须考虑接触面模拟（因为相互之间材性差别不是很大），如上所述，初冻期、深冻期、融冻期、正常期而导致路堤与地基中出现的冻融状态分层，即冻结层（季节冻融层）、非冻层（季节冻融层）、融化层（季节冻融层）、非冻融层（长期不冻层），不同层之间不需要考虑接触面模拟（因为不同层之间存在材性过渡带）。为了尽可能减少计算耗时，计算域在竖向与水平向均采用单元尺寸过渡方法以降低单元总数量（道床单元尺寸、路堤单元尺寸与邻近路堤的路基单元尺寸尽可能小，远离路堤的地基单元尺寸逐渐增大），并且保证路堤附近与地基表层计算精度。

　　进行列车行驶路基振动反应二维动力有限元数值分析，采用等参数任意四边形单元剖分动力计算域（整个动力计算域为等参数任意四边形单元集合体），各单元节点均有水平方向动位移与竖向动位移两个自由度（包括计算域内部单元、临空面单元），相邻单元之间由节点连接，相邻单元动力变形满足连续性条件。列车行驶路基振动反应，二维数值分析计算域剖分的其他问题处理方法与上述三维数值分析相应问题的处理方法一致，在此不赘述。

　　三维动力有限元数值分析截取范围与边界条件模拟要求：①计算域沿轨道方向（x 方向）的长度为 6 节车厢振动荷载范围长度、横向（y 方向）的水平宽度为路堤底宽 4 ~ 7 倍、竖向（z 方向）的垂直深度至少为道床厚度与路堤高度之和的 4 倍（含道床厚度、路堤高度）；②为了避免或大幅度减小虚拟边界产生的反射波的多次往返效应（影响计算结果），计算域水平底边界、竖向侧边界均采用黏性阻尼边界（否则，边界发生振动波反复反射，使振动能量多次传回计算域，有悖于振动能量大部分向无限远处逸散的事实），阻尼系数可根据路堤填料层/地基土层的动力特性（实测剪切波速）合理取值，其中沿轨道方向的竖向侧边界建议最好采用竖向黏性剪切阻尼边界；③道床、路堤、地基临空面均为自由边界。

二维动力有限元数值分析截取范围与边界条件模拟要求：①在 x–z 面分析（纵向剖面分析），计算域沿轨道方向（x 方向）的长度为 6 节车厢振动荷载范围长度、竖向（z 方向）的垂直深度至少为道床厚度与路堤高度之和的 4 倍（含道床厚度、路堤高度）；②在 y–z 面分析（横向剖面分析），计算域沿横向（y 方向）的水平宽度为路堤底宽的 4～7 倍、竖向（z 方向）的垂直深度至少为道床厚度与路堤高度之和的 4 倍（含道床厚度、路堤高度）；③为了避免或大幅度减小虚拟边界产生的反射波的多次往返效应（影响计算结果），计算域水平底边界、竖向侧边界均采用黏性边界，阻尼系数可根路堤填料层/地基土层的动力特性（实测剪切波速）合理取值；④为了减少因虚拟边界产生的反射波影响，计算域边界尺寸 R 还应满足 $R \geq 2\lambda_s$（λ_s 为输入随机振动之剪切波的最大波长），并且单元宽度 L 在振源附近应满足 $L \leq \lambda_s/12$、在其他位置应满足 $L \leq \lambda_s/6$；⑤为了解决无限域能量逸散问题，还可以采用传递边界、无反射边界、透射边界、混合元法（有限元结合无限元法）等；⑥道床、路堤、地基临空面均为自由边界。

采用黏性边界考虑能量无限远逸散问题的具体方法：在边界上设置阻尼器（最早由 Lysmer 提出），利用阻尼器产生与运动速度成正比的黏性阻尼力吸收逸散波能量。在动力有限元数值计算中，黏性边界可以采用阻尼单元构成。动力有限元法二维数值分析，阻尼单元的阻尼力见式（12-56）、式（12-57）。

$$P_x = \rho V_p \dot{u}_x \overline{A} = c_x \dot{u}_x \tag{12-56}$$

$$P_y = \rho V_s \dot{u}_y \overline{A} = c_y \dot{u}_y \tag{12-57}$$

式中，ρ 为路基填料/地基土的密度；V_p 为路基/地基中随机 P 波的波速；V_s 为路基/地基中 S 波的波速；$\dot{u}_x$ 为黏性边界处节点振动的水平速度；$\dot{u}_y$ 为黏性边界处节点振动的竖向速度；$\overline{A}$ 为边界单元的面积；c_x 为黏性边界单元的水平阻尼系数（$c_x = \rho V_p \overline{A}$）；$c_y$ 为黏性边界单元的竖向阻尼系数（$c_y = \rho V_s \overline{A}$）。

应该指出，上述仅针对很大范围开阔水平平坦场地条件，即不存在场地沟谷效应或边坡效应（不同于静力有限元数值分析，动力有限元数值分析必须合理考虑场地沟谷或边坡对入射波多次往返反射效应），若铁路顺延/穿越沟谷、斜坡或邻近铁路存在沟谷、斜坡，如穿越山地、丘陵、黄土高原等地貌区铁路，进行列车行驶路基动力有限元数值分析还需要考虑如何消除沟谷或斜坡对输入振动的往返反射效应，解决这一问题的可行办法是对计算域的沟谷边界或斜坡边界合理设置黏性阻尼边界（吸收到达边界的振动波），或设置透射边界（使到达边界的振动波透过边界而继续向无限远处传播）。

最后，列车行驶路基振动反应三维动力有限元数值分析，为了有效解决计算量大、计算耗时长、占用存储空间大三个方面的突出问题且显著提高计算效益，还可以采用动力有限元法结合动力无限元边界模拟无限远边界，对于水平场地路基或路堤地基动力模型的 x 方向、y 方向、z 方向均采用无限元边界，具体实施方法见图 12-4。这种动力数值方法优势在于：①使输入振动波的边界反射对计算域影响很小或较小；②对建模尺寸要求降低，即仅需建立关注范围模型，而无须通过加大模型尺寸以降低边界影响。

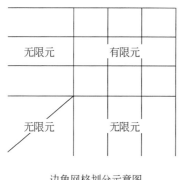
边角网格划分示意图

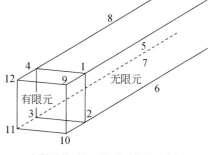
有限元单元与无限单元位置示意图

图 12-4　有限元结合无限元示意图

12.3.2　体系动力方程组建立与求解

根据动力有限元法分析理论与振动力学理论[9]，将轨枕–道床–路堤–地基体系计算模型进行离散，获得运动状态下各节点动力平衡方程见式（12-58）。

$$\boldsymbol{f}_1+\boldsymbol{f}_D+\boldsymbol{f}_S=p(t) \tag{12-58}$$

式中，$\boldsymbol{f}_1$ 为体系惯性力向量；$\boldsymbol{f}_D$ 为体系阻尼力向量；$\boldsymbol{f}_S$ 为体系抗力力向量；$p(t)$ 为外动力向量。式（12-58）可以表示成式（12-59）。

$$[M]\{\ddot{\boldsymbol{u}}\}+[C]\{\dot{\boldsymbol{u}}\}+[K]\{\boldsymbol{u}\}=\{P\} \tag{12-59}$$

式中，$[M]$ 为体系质量矩阵；$[C]$ 为体系阻尼矩阵；$[K]$ 为体系总刚度矩阵；$\{P\}$ 为节点荷载向量；$\{\ddot{\boldsymbol{u}}\}$ 为节点动加速度向量；$\{\dot{\boldsymbol{u}}\}$ 为节点速度向量；$\{\boldsymbol{u}\}$ 为节点动位移向量；第 i 个节点的相对动位移为 $u_i=\{u_{ix}\ u_{iy}\ u_{iz}\}^T$，$u_{ix}$、$u_{iy}$、$u_{iz}$ 分别为第 i 个节点的 x 方向水平动位移、y 方向水平动位移、z 方向竖向动位移。

质量矩阵 $[M]$ 即集中质量矩阵，假定质量均集中于各节点上，质量矩阵为一种对角线矩阵[9]，定义见式（12-60）。

$$[M_e]=\int \rho\,[\psi]^T[\psi]\mathrm{d}V \tag{12-60}$$

阻尼有多种表达方式，其中以瑞利阻尼形式最常用，瑞利型阻尼中阻尼常数与阻尼矩阵分别见式（12-61）、式（12-62）。

$$h_s=\frac{1}{2}\left(\frac{a_0}{\omega_s}+a_1\omega_s\right) \tag{12-61}$$

$$[C]=\alpha[M]+\beta[K] \tag{12-62}$$

式中，

$$\alpha=\frac{2\omega_1\omega_2(h_1\omega_2-h_2\omega_1)}{(\omega_2^2-\omega_1^2)}=\lambda\omega$$

$$\beta=\frac{2(h_2\omega_2-h_1\omega_1)}{(\omega_2^2-\omega_1^2)}=\lambda\omega^{-1}$$

式中，h_s 为 s 阶振型的阻尼系数；ω_1 为第一阶振型固有圆频率；ω_2 为第二阶振型固有圆频率；ω_1^2 为第一阶振型的特征值；ω_2^2 为第二阶振型的特征值；λ 为路堤填料/土的阻尼比；ω 为体系的自振圆频率。确定 α 和 β 值，阻尼比 λ 可以由低温/常温动三轴试验直接测定，自振圆频率 ω 采用反幂法（迭代法）求解，基本求解方程如下。

$$[M]\{\delta\} = \{R\} \tag{12-63}$$
$$[K]\{r\} = \{R\} \tag{12-64}$$
$$\{\delta\} = \{r\}\omega^2 \tag{12-65}$$

式中，$\{\delta\}$ 为体系的振型向量，其他符号意义如上。具体迭代求解方法：先任意假定体系的一组振型向量 $\{\delta\}$，通过式（12-63）、式（12-64）求出另一组振型向量 $\{\delta'\}$，若 $\{\delta'\}$ 与 $\{\delta\}$ 之间相对误差满足给定的允许相对误差，则由式（12-65）计算体系的主振圆频率 ω，否则，采用 $\{\delta'\}$ 代替 $\{\delta\}$，重复同样步骤继续迭代计算，直至满足要求为止。

体系动力方程式（12-59）为常系数二阶线性常微分方程组。由于体系动力方程中各矩阵阶数均较高，因此在动力有限元数值分析中，经常采用振型叠加法、直接积分法两大类数值方法求解，其中直接积分法分为隐式算法、显式算法[10]。采用逐步积分法且选用威尔逊 $\theta = 1.4$ 的隐式积分格式，求解式（12-59），保证求解稳定性。由于冻土/土（路基填料）的动剪切模量、阻尼比为动剪应变的函数，所以第一次迭代，必须对每个单元均假定一个动剪应变值（幅值），再通过上述插值方法确定相应的动剪切模量、阻尼比，建立相应的体系动力方程并求解。如此，对于二位动力有限元分析，解出每一时刻节点动位移之后，便可以求得相应的动应变分量 ε_x、ε_y、γ_{xy}，依据式（12-66）进一步得到最大动剪应变 γ；然后，逐个时刻比较，找出 $|\gamma|$ 的最大值，将这一最大值乘上 0.65 作为单元新的等价动剪应变值（幅值），重新确定相应的动剪切模量、阻尼比，进行下一次迭代计算。如此下去，直到相邻两次迭代计算的误差小于允许值为止。

$$\gamma = \sqrt{(\varepsilon_x - \varepsilon_y)^2 + \gamma_{xy}^2} \tag{12-66}$$

式中，ε_x 为 x 方向动线应变；ε_y 为 y 方向动线应变；γ_{xy} 为动剪应变。

采用显式算法求解体系动力方程式（12-59），当前增量步开始时刻 t，计算 t 时刻节点加速度 $\ddot{u}_t$ 见式（12-67）。

$$\ddot{u}_t = M^{-1}[P-I]_t \tag{12-67}$$

式中，M 为节点质量矩阵；P 为施加的外荷载；I 为单元内力。

采用显示算法对加速度在时间上进行积分[10]，计算速度变化，首先假定加速度为常数，再应用这个速度变化值加上前一个增量步中点的速度确定当前增量步中点的速度，计算式如下。

$$\dot{u}_{t+\frac{\Delta t}{2}} = \dot{u}_{t-\frac{\Delta t}{2}} + \frac{\Delta t_{t+\Delta t} + \Delta t_t}{2}\ddot{u}_t \tag{12-68}$$

增量步结束时刻的动位移为速度对时间的积分再加上在增量步开始时刻的动位移，见式（12-69）。

$$u_{t+\Delta t} = u_t + \Delta t_{t+\Delta t}\dot{u}_{t+\frac{\Delta t}{2}} \tag{12-69}$$

如此，为增量步开始时刻提供了满足体系动力平衡条件的加速度，据此在时间上"显式地"前推速度、动位移。

12.3.3　填料/土本构模型与参数取值要点

试验研究表明[11]，无论是冻结状态，还是非冻结状态，在列车振动荷载长期反复作用下，路基填料或地基土表现出较明显的塑性变形性质，特别列车振动作用下填料或土应力–应变关系出现显著的非线性、滞后性。在第 5 章、第 6 章、第 8 章中，针对轨道交通荷载振动作用，分别建立了往复循环荷载下冻结细粒填料动力边界面塑性模型、长期低幅往复循环荷载下冻结细粒填料动弹塑性模型、冻融粗粒填料静力与动力弹塑性本构模型，能够很好刻画列车行驶振动作用下路基冻融细粒填料与粗粒填料的动力非线性特点与过程。基于地震作用，Hardin 和 Drnevich[12]建立的等效线性化模型，可以近似描述土的非线性动力性能，也是目前普遍采用的一个土动力学模型，优点是模型参数易于可靠确定且分析计算的耗时较短（在土动力非线性分析过程中，缩短机时特别重要）。等效线性化模型[11-13]：将土视为黏–弹性体，通过线性迭代计算近似刻画土的非线性效应、阻尼滞后效应，尤其是在小应变（$1\% \sim 2\%$）下能给出较合理的分析计算结果，采用等效动剪切模量 $G_{\rm d}$、等效阻尼比 λ 描述土动力变形的应力–应变本构关系的两个基本特征——非线性、滞后性。动剪切模量 $G_{\rm d}$、阻尼比 λ 均为动剪应变 γ 函数，即 $G_{\rm d} = G_{\rm d}(\gamma)$、$\lambda = \lambda(\gamma)$，因此在计算模型中，首先通过低温/常温动三轴试验，测定冻土/土的动剪切模量比–动剪应变关系曲线、阻尼比–动剪应变关系曲线，再通过插值方式，自动给出与不同动剪应变对应的动剪切模量、阻尼比。根据等效线性化模型，对应于某一动剪应变 γ 的动剪切模量 $G_{\rm d\gamma}$ 计算式如下。

$$G_{\rm d\gamma} = \alpha_{\rm G} G_{\rm dmax} \tag{12-70}$$

式中，$\alpha_{\rm G}$ 为冻土/土的动剪切模量比；$G_{\rm dmax}$ 为冻土/土（路基填料）的最大动剪切模量，由动三轴试验测定。

等效线性化模型采用黏–弹性 Kelvin 模型描述土在周期性荷载作用下的滞回性，动应力–动应变关系见式（12-71）。

$$\tau = G_{\rm d}\gamma + \eta_{\rm G}\dot{\gamma} \tag{12-71}$$

式中，$\eta_{\rm G}$ 为动剪切黏滞系数；τ 为动剪应力；γ 为动剪应变。动剪切黏滞系数 $\eta_{\rm G}$ 可以表示为式（12-72）。

$$\eta_{\rm G} = 2G_{\rm d}\lambda/\omega \tag{12-72}$$

式中，ω 为圆频率，其他符号意义如上述。

对于三维问题动力分析，若以 ε_{ij} 表示动应变偏量，则等效线性化模型可以推广为下式。

$$\sigma_{ii} = K_{\rm d}\varepsilon_{\rm v} + 2G_{\rm d}\varepsilon_{ii} + \eta_{\rm K}\dot{\varepsilon}_{\rm v} + 2\eta_{\rm G}\dot{\varepsilon}_{ii} \quad (i = x, y, z) \tag{12-73}$$

$$\sigma_{ij} = 2G_{\rm d}\varepsilon_{ij} + 2\eta_{\rm G}\dot{\varepsilon}_{ij} \quad (i = x, y, z \quad j = x, y, z \quad i \neq j) \tag{12-74}$$

式中，x、y、z 为由图 11-3 定义的 3 个坐标方向；$K_{\rm d}$ 为填料或土的动体积模量，见式（12-75）；$\eta_{\rm K}$ 为填料或土的动体积黏滞系数，见式（12-76）。

$$K_{\rm d} = 2G_{\rm d}\mu_{\rm d}/(1 - 2\mu_{\rm d}) \tag{12-75}$$

$$\eta_{\rm K} = K_{\rm d}\eta_{\rm G}/G_{\rm d} \tag{12-76}$$

式中，$\mu_{\rm d}$ 为填料或土的动泊松比；$\eta_{\rm G}$ 为动剪切黏滞系数。式（12-76）给出了填料或土的动剪切黏滞系数 $\eta_{\rm G}$ 与动体积黏滞系数 $K_{\rm d}$ 之间的换算关系。

由于初冻期、深冻期、融冻期、正常期等不同季节气温变化而导致路堤/地基中出现冻融状态分层，即冻结层（季节冻融层）、融化层（季节冻融层）、非冻层（季节冻融层）、非冻融层（年复一年不冻层），见图 12-2，针对列车行驶振动荷载作用，不同冻融状态层的土/冻土/融土的动本构关系均可以采用往复循环荷载下冻结细粒填料动力边界面塑性模型，或长期低幅往复循环荷载下冻结细粒填料动弹塑性模型，或冻融粗粒填料静力与动力弹塑性本构模型，或等效线性化模型，但是模型参数取值必须充分考虑冻融状态，依据具体冻结负温或融化状态进行模型参数合理取值。具体办法：①根据列车荷载下路基振动反应分析面对的季节如初冻期、深冻期、融冻期、正常期，进行道床–路堤–地基体系温度场数值模拟分析，据此确定不同土层冻融状态及其温度范围；②根据路堤/地基中不同土层冻融状态及其温度范围，通过不同温度下一系列低温/常温动三轴试验，获得模型的不同参数 C_i 与不同试验温度 T_i 之间关系的试验散点曲线，并且进一步回归拟合成相应的关系式，即 $C_i = F(T_i)$，C 表示动剪切模量 G_d、阻尼比 λ 等某种模型参数，F 表示某种函数，下角标 i 表示与第 i 温度值 T_i 对应的某种模型参数 C 的具体取值 C_i；③针对式 $C_i = F(T_i)$，编制一个计算程序，用于由已知的 T_i 值计算待求的某种模型参数 C 的具体取值 C_i。根据上述，针对任一季节气温变化均可以获得自路堤顶面至地基深部非冻融层整个计算域范围不同温度场中不同冻融状态的填料/土/冻土/融土的模型参数的连续取值，从而保证列车行驶路基振动反应分析的动力有限元模拟计算结果的真实性。

最后，特别值得说明，不同于振源（震源）位置不变的自然地震作用或动力机械振动作用，轨道交通振动作用，由于路基中任一点均受到来自于多点振源（每一个轮轨接触点均为一个振源）联合振动作用且每个振源均为移动过程、每个振源传至路基中任一受振点的振动波之间均存在一定相位差，因此路基中任一点受振变形过程，除了变形开始时刻为纯剪切变形（动应变椭球主轴与动应力椭球主轴重合）之外，其他任一时刻的变形均为简单剪切变形（动应变椭球主轴与动应力椭球主轴不重合），并且随着变形发展，动应变主轴与动应力主轴之间夹角越来越大；然而，长期以来，广泛应用的低温/常温普通动三轴试验则为纯剪切变形过程，即试件变形的动应力主轴与动应变主轴之间在整个试验变形全过程均始终保持重合；因此，严格意义上，应根据低温/常温振动扭剪试验数据，获得上述路堤填料或地基土动本构模型的参数值。

还有一点也值得说明，低温/常温普通动三轴试验应力条件并未关心中间动主应力 σ_2^d 对试件材料动力性能的影响，严格上只适用于水平自由场地土层条件，而对于列车荷载下路堤中应力状态，中间动主应力 σ_2^d 值比较大且与最小动主应力 σ_3^d 之间差别也很显著，中间动主应力 σ_2^d 对冻融填料/土动力性能影响较明显甚至较大——特别是在路堤边坡临近临空面的土层中尤其如此，因此严格上应该采用低温/常温真动三轴试验检测获得上述路堤填料动本构模型的参数值。

12.3.4　道床–路基/路堤–地基振动反应计算

按照上述方法，解出每一时刻的单元节点动位移之后，便可以求得相应的速度分量、加速度分量与动应变分量 ε_y、ε_z、γ_{yz}（在此，以垂直于轨道延伸方向的横剖面 y–z 上二维问题为例，见图 12-3，至于三维问题也如此）。进行列车行驶路基振动反应分析主要有两个重要目标，一是求解路基振动反应的动应变（据此，进一步计算累积变形量，确定不均匀沉降量，直接关乎轨道不平顺），二是计算路基振动反应的动应力（据此，评估列车荷载耦合冻融作用下路基强度稳定性或破坏与否）。应该指出，轨道路基稳定性或服役状态关键在于不均匀沉降而非强度，也就是说，无论是冻土区，还是非冻土区，轨道路基失效往往并非强度破坏，而是因为不均匀沉降引起轨道过大不平顺，这是由于在满足路基建设质量设计要求下列车荷载一般不足以造成路基强度破坏，但是长期行车反复振动作用可以导致路基发生过大的累积沉降变形，进而耦合发生影响行车安全的轨道过大不平顺。对于二维问题，根据车行驶路基动应变分量 ε_y、ε_z、γ_{yz} 计算相应的动应力分量 σ_y、σ_z、τ_{yz} 见下式。

$$\begin{Bmatrix} \sigma_y \\ \sigma_z \\ \tau_{yz} \end{Bmatrix} = \frac{E_d(1-\mu_d)}{(1+\mu_d)(1-2\mu_d)} \begin{bmatrix} 1 & \dfrac{\mu_d}{1-\mu_d} & 0 \\ \dfrac{\mu_d}{1-\mu_d} & 1 & 0 \\ 0 & 0 & \dfrac{1-2\mu_d}{2(1-\mu_d)} \end{bmatrix} \begin{Bmatrix} \varepsilon_y \\ \varepsilon_z \\ \gamma_{yz} \end{Bmatrix} \qquad (12\text{-}77)$$

式中，σ_y 为 y 方向动正应力；σ_z 为 z 方向动正应力；τ_{yz} 为动剪应力；ε_y 为 y 方向动正应变；ε_z 为 z 方向动正应变；γ_{yz} 为动剪应变；E_d 为动弹性模量；μ_d 动泊松比；E_d、μ_d 均由低温/常温动三轴试验测定。

12.3.5　寒区轨道交通路基振动反应分析软件简介

根据上述原理，采用 Visual Fortran 语言与 MATLAB 语言，开发了寒区轨道交通路基振动反应动力有限元数值分析大型软件 ZL-RNTLM（1 个主程序，72 个子程序，1.2 万句执行语句）[14-20]，包含岩土施工过程仿真、岩土参数反演分析计算、地下水渗流模拟计算、岩土工程地震反应分析、轨道交通路基振动反应分析五大功能模块，等参数四边形单元、节理与接触面单元、杆单元、直单元等多种单元类型，各向同性线弹性模型、非线性弹性模型、非线性黏-弹性模型（等效线性化模型）、理想弹-塑性模型等多种岩土本构关系，适用于平面应力、平面应变、轴对称条件等岩土问题静力分析、动力分析，软件的可靠性已获得多个实际工程问题分析的校核与验证。ZL-RNTLM 软件计算流程见图 12-5、子程序之间调用关系见图 12-6、运行窗口见图 12-7，可以多点输入振动荷载时程曲线且考虑填料/冻土/土的非线性黏-弹性性质与人工黏性边界，模拟列车行驶过程中计算域内任一点任意时刻振动力反应且实时判别破坏危险性。输入的计算参数：道床、路堤、地基等几何参数，结构层参数，道砟、路堤填料、地基土等物理性质参数、静力性能参数、动力性能参数，温度场参数，最小单元尺寸，振动时程。自动剖分计算域，方便参数优化与影响因素分析。在不同冻融状态与各种车型、编组、车速、轴重等条件下，计算路基振动反应，包括轨枕、道床、路堤、地基等动应力时程、动应变时程、动位移时程、速度时程、加速度时程，并且分析主要影响因素。ZL-RNTLM 软件适用于轨道路基、边坡、隧道等多种岩土工程动力反应分析与实时破坏危险性预测。

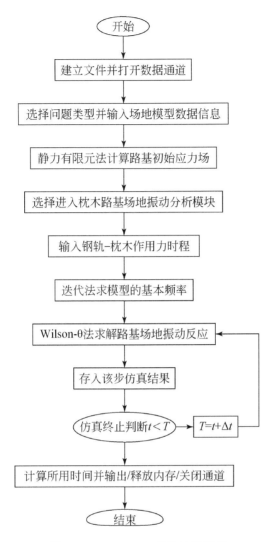

图 12-5　ZL-RNTLM 软件计算流程

图 12-6 中针对寒区轨道交通路基振动反应分析主要子程序功能[14]：OPENFILE 为建立输入与输出文件并打开文件通道子程序，INPUT 为输入列车轨道模型信息子程序，ZERO 为变量、数组预先清零子程序，MATPOI 为形成动力体系总刚度指示矩阵子程序，VEQS 为形成车辆方程子程序，VEQS1 为二系悬挂四轴客车车辆、货车车辆、机车车辆子程序，VEQS2 为一系中央悬挂货车车辆子程序，VEQS3 为一系轴箱悬挂货车车辆子程序，VEQS4 为二系悬挂六轴机车车辆子程序，TEQS 为形成轨道方程子程序，EXCIT 为系统激扰子程序，FRONT 为 Wilson-θ 法求解体系动力方程组子程序，WRDC 为赫兹非线性弹性接触理论计算轮轨作用力子程序，OUTPUT 为输出车辆与轨道结构模拟计算结果子程序，OUTPUT_MAX 为输出车辆与轨道结构模拟计算结果最大值子程序。

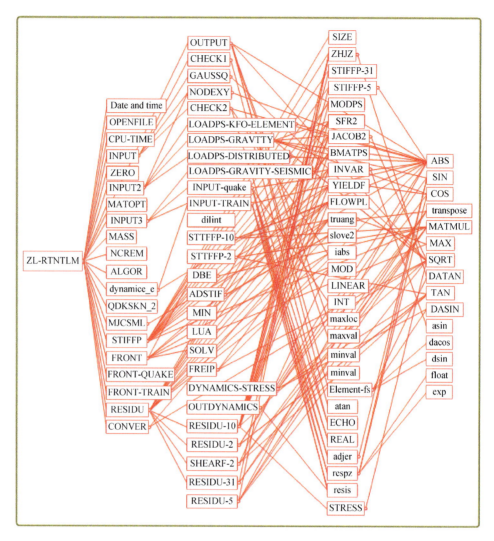

图 12-6　ZL-RNTLM 软件子程序之间的调用关系

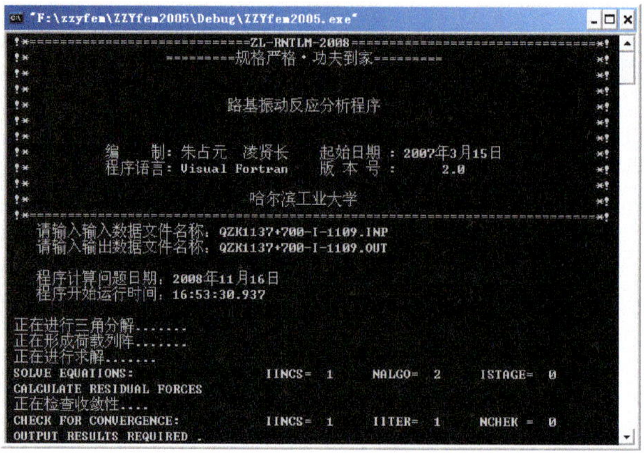

图 12-7　ZL-RNTLM 软件运行窗口

§12.4　多年冻土区铁路列车行驶路基振动反应数值分析

青藏铁路北麓河段属于典型多年冻土区路基，进行了列车行驶轨道–路堤–地基体系振动反应现场监测（凌贤长、朱占元、王丽霞等，2007 年 6 月 4 ~ 6 日，日平均气温为 –8.2℃，除了路基表层为厚 0.5m 未冻结砂夹石之外，其他均为冻结层）[14,21,22]，现场监测的路基分为热棒路基 DK1137+700（监测断面Ⅰ）、普通路基 DK1137+719.7（监测断面Ⅱ），见图 12-8，这两个监测断面相距 19.7m 且断面尺寸、路堤高度、路堤结构、地基结构、冻结状态、轨道结构等基本一致。针对 13 趟相同编组、不同速度（88 ~ 120km/h）的青藏客车（适应高原环境运行的专用客运列车）行驶，监测了钢轨、轨枕、路堤、地基振动加速度反应，采样频率为 8192Hz。根据现场监测结果，系统分析了列车行驶轨道–路堤–地基体系振动加速反应的基本过程、时空分布、衰减规律与频谱特征。

图 12-8　北麓河段轨道–路堤–地基体系振动反应现场监测概况

青藏铁路北麓河段采用 50kg 有缝钢轨（宽轨缝接头，轨缝宽为 10mm）、Ⅱ 型轨枕 1800 根/km、450mm 厚道砟，单线微曲，曲率半径为 1000m，正常行驶路段。青藏铁路北麓河段位于青藏高原寒冷干旱气候区，极端最高气温为 23.2℃、极端最低气温为 –37.7℃、年平均气温为 –5.2℃、最大积雪厚度为 14cm、年内冻结期长达 7 ~ 8 个月（当年 9 月至次年 4 月）[23]，冻土上限深度为 2 ~ 3m、年平均地温为 –2.0 ~ –1.0℃[23]，地基岩性为细砂土、粉砂土、砾砂土、黏土、泥岩、砂岩，富冰冻土连续分布，地下冰非常发育，二级区划上属于低温基本稳定区[23]。作为一个应用范例，针对青藏列车（适应高原环境运行的机车车辆、客车车辆、货车车辆）行驶，采用 ZL-RNTLM 软件模拟计算北麓河段 DK1137+

700 路基振动反应[14-20]。北麓河段 DK1137+700 路基为路堤路基,路堤高度为 3.5m、顶面宽度为 11.3m,计算域截取范围与路堤–场地地层结构(冻层概况)见图 12-9。

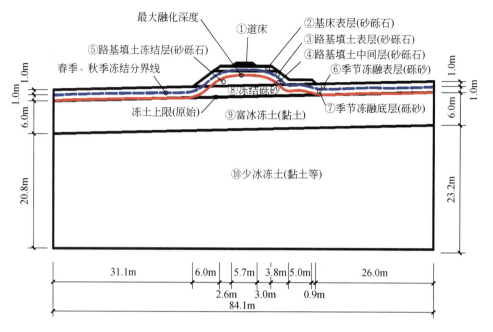

图 12-9　北麓河段 DK1137+700 道床–路堤–地基–场地横剖面图

　　DK1137+700 横剖面轨枕–道床–路堤–地基体系振动反应分析动力有限元计算域剖分见图 12-10、振动输入见图 12-11,采用二维平面应变模型,路堤底面向两侧分别延伸 31m,两侧竖向边界自地表向下深度为 30m,黏性阻尼吸收边界,道床、路基采用等参数四边形单元离散,轨枕模拟为梁单元,采用第 11 章建立的列车–轨道竖向耦合动力体系分析软件 ZL-TNTLM 求解轨–枕作用力作为对道床/路基输入的振动荷载[14],具体采用模拟获得的轨缝附近 338 号轨枕的振动荷载时程曲线见图 12-11(K917 次客运车,速度为 94km/h),作为外荷载直接作用于轨枕梁单元的钢轨支承节点上(图 12-11)。

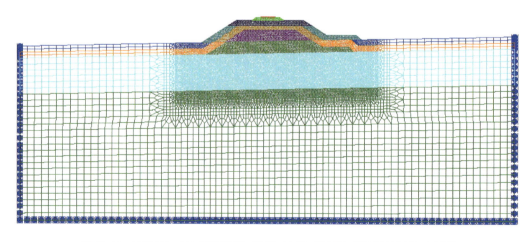

图 12-10　DK1137+700 断面道床–路堤–地基–场地体系计算域剖分示意图

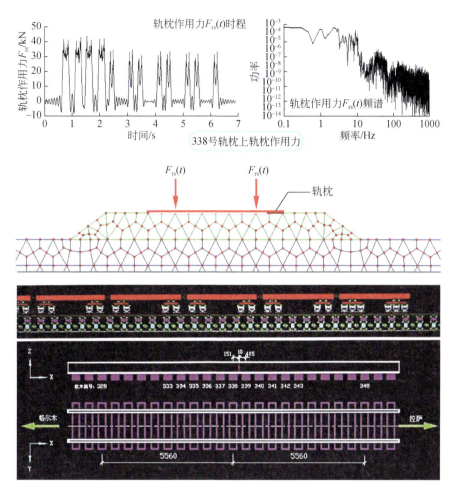

图 12-11　输入道床–路堤–地基–场地体系轨–枕作用力示意图

多年冻土区，路堤–地基–场地季节冻融状态变化是一个连续而相对稳定过程，为了简化模拟计算，可以取每个季为一个确定地温。根据温度场预测结果[23-25]，针对活动层，取路堤与地基表层 1m 厚融化为春季温度状态、融化厚度达 2m 为夏季温度状态，秋季冻结从路堤与地基表面开始，取冻结表层厚度 1m 为秋季温度状态（其中存在 1m 深未冻结层），冬季全部为冻结状态且表层地温更低，各季节地温具体取值见表 12-2。道床层、基床表层、路堤填土层、地基土层的物理力学性质指标取值见表 12-3、动力学计算参数取值见表 12-4。Ⅱ型轨枕梁单元采用线弹性模型、动弹性模量取值为 $E_d = 30\text{GPa}$，轨下梁单元截面面积取值为 $A = 0.04585\text{m}^2$、动惯性矩取值为 $I_d = 1.59 \times 10^{-4}\text{m}^4$，轨枕中间段梁单元截面面积。

表 12-2　道床–路堤–地基体系不同季节温度场取值

层序	名称	春季	夏季	秋季	冬季
②	基床表层	正温	正温	−1℃	−5℃
③	路基填土表层（砂砾石层）	正温	正温	−1℃	−5℃
④	路基填土中间层（砂砾石层）	−1℃	正温	正温	−1℃
⑤	路基填土冻结层（砂砾石层）	−1℃	−1℃	−1℃	−1℃

层序	名称	春季	夏季	秋季	冬季
⑥	季节冻融层表层（砾砂层）	正温	正温	-1℃	-5℃
⑦	季节冻融层底层（砾砂层）	-1℃	正温	正温	-1℃
⑧	冻结砾砂层	-1℃	-1℃	-1℃	-1℃
⑨	富冰冻土（黏土层）	-1℃	-1℃	-1℃	-1℃
⑩	少冰冻土（黏土层）	-1℃	-1℃	-1℃	-1℃

表 12-3　道床-路堤-地基体系不同层物理与动力学性质指标取值

土层名称	测试条件	天然重度 /（kN/m³）	含水率 /%	最大动剪 切模量/kPa	动泊松比
道床层	正温/冻结	20.0	—	2.86×10^5	0.30
基床表层	正温	19.5	—	2.26×10^5	0.30
	-1℃	19.5	—	3.56×10^5	0.28
	-5℃	19.5	—	5.86×10^5	0.22
路堤填土层 （砂砾石层）	正温	19.0	—	2.26×10^5	0.31
	-1℃	19.0	—	3.56×10^5	0.29
	-5℃	19.0	—	5.36×10^5	0.24
季节融化层 （砂砾层）	正温	18.0	—	1.36×10^5	0.35
	-1℃	18.0	—	2.76×10^5	0.31
	-5℃	18.0	—	5.03×10^5	0.25
富冰冻土（黏土层）	-1℃	16.0	>23	3.20×10^5	0.35
少冰冻土（黏土层）	-1℃	18.0	18	2.69×10^5	0.35

表 12-4　道床-路堤-地基体系不同层动力学计算参数

土层 名称	测试 条件	参数	动剪应变 $\gamma_d/10^{-4}$							
			0.05	0.10	0.50	1.00	5.00	10.00	50.00	100.00
道砟层	—	α_G	0.9994	0.9988	0.9942	0.9885	0.9450	0.8957	0.6321	0.4621
		λ	0.0040	0.0060	0.0190	0.0300	0.0750	0.0900	0.1100	0.1200
基床 表层	正温	α_G	0.9991	0.9981	0.9907	0.9815	0.9138	0.8413	0.5146	0.3464
		λ	0.0040	0.0060	0.0190	0.0300	0.0830	0.1040	0.1380	0.1440
	-1℃	α_G	0.9993	0.9986	0.9932	0.9865	0.9359	0.8795	0.5935	0.4220
		λ	0.0154	0.0207	0.0409	0.0548	0.1063	0.1390	0.2332	0.2709
	-5℃	α_G	0.9997	0.9995	0.9974	0.9948	0.9745	0.9502	0.7925	0.6563
		λ	0.0102	0.0137	0.0272	0.0365	0.0718	0.0954	0.1752	0.2171
路堤 填土层	正温	α_G	0.9900	0.9700	0.9000	0.8500	0.7000	0.5500	0.3200	0.2000
		λ	0.0040	0.0060	0.0190	0.0300	0.0750	0.0900	0.1100	0.1200
	-1℃	α_G	0.9993	0.9986	0.9932	0.9865	0.9359	0.8795	0.5935	0.4220
		λ	0.0043	0.0067	0.0185	0.0287	0.0771	0.1152	0.2495	0.3120
	-5℃	α_G	0.9997	0.9994	0.9972	0.9945	0.9731	0.9476	0.7835	0.6441
		λ	0.0049	0.0071	0.0165	0.0238	0.0551	0.0783	0.1658	0.2157

续表

土层名称	测试条件	参数	动剪应变 $\gamma_d/10^{-4}$							
			0.05	0.10	0.50	1.00	5.00	10.00	50.00	100.00
季节融化层	正温	α_G	0.9900	0.9700	0.9000	0.8500	0.7000	0.5500	0.3200	0.2000
		λ	0.0040	0.0060	0.0190	0.0300	0.0750	0.0900	0.1100	0.1200
	$-1℃$	α_G	0.9993	0.9986	0.9932	0.9865	0.9359	0.8795	0.5935	0.4220
		λ	0.0060	0.0088	0.0214	0.0313	0.0743	.1056	0.2075	0.2523
	$-5℃$	α_G	0.9997	0.9994	0.9971	0.9942	0.9716	0.9447	0.7737	0.6310
		λ	0.0037	0.0055	0.0134	0.0196	0.0473	0.0685	0.1498	0.1966
富冰冻土	$-1℃$	α_G	0.9995	0.9989	0.9946	0.9892	0.9482	0.9015	0.6467	0.4779
		λ	0.0541	0.0645	0.0966	0.1149	0.1707	0.2007	0.2769	0.3056
少冰冻土	$-1℃$	α_G	0.9985	0.9970	0.9852	0.9709	0.8697	0.7695	0.4003	0.2502
		λ	0.0824	0.0985	0.1489	0.1774	0.2614	0.3029	0.3878	0.4108

在此，首先采用在秦沈铁路快速客运专线上实测的轨道高低不平顺谱作为输入激励，见图 12-12（a），通过建立的列车–轨道竖向耦合动力体系分析软件 ZL-TNTLM，计算轨–枕作用力（车辆类型与列车编组、速度：1 节 NJ2 型机车+4 节 YZ25 型客车+1 节 NJ2 型机车，行驶速度为 200km/h），并且将模拟计算的轨–枕作用力与实测的轨–枕作用力做比较，以进一步验证分析软件 ZL-TNTLM 的可靠性[14]。比较图 12-12（b）与（c）可以看出，秦沈铁路客运专线中华之星高速试验动车组通过引起的轨–枕作用力时程变化的计算结果与实测结果基本一致，因此验证了建立的列车–轨道竖向耦合动力体系分析软件 ZL-TNTLM 的应用可靠性，据此模拟计算的轨–枕作用力，完全可以用于道床–路堤–地基体系振动反应分析的动力输入。

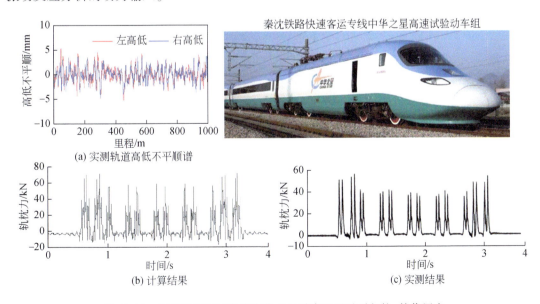

图 12-12　秦沈铁路客运专线中华之星动车组通过引起轨–枕作用力

寒区轨道交通路基振动反应分析软件 ZL-RNTLM 与列车–轨道竖向耦合动力体系分析软件 ZL-TNTLM 结合，可以模拟列车行驶振动荷载移动过程。例如：青藏铁路客车 K917 以速度 94km/h 通过北麓河段，采用分析软件 ZL-RNTLM、分析软件 ZL-TNTLM，在 x–z 面上模拟计算出路基中动应力云图见图 12-13，由此清楚可见列车行驶振动荷载移动过程。

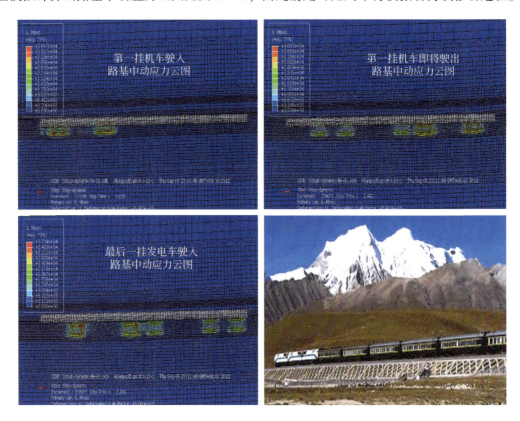

图 12-13　青藏铁路客车 K917 通过北麓河段路基中动应力云图

冬季，青藏客车 K917 以速度 94km/h 通过 DK1137+700 横断面引起路堤顶面、富冰冻土层顶面、少冰冻土层顶面产生的动压应力 σ_{dz} 时程与功率谱见图 12-14。由图 12-14 可以看出：①机车通过（0.7 ~ 2.4s）引起路堤顶面产生的最大动压应力（42.0kPa）显著大于客车通过（2.4 ~ 7.0s）产生的最大动压应力（21.8kPa）；②路基顶面振动压应力的峰值对应于转向架通过时刻，动压应力的优势频率位于 10Hz 之内，轨–枕作用率 $f = 94/3.6/0.556 = 46.9$Hz 附近也出现峰值，但是振动能量较小；③路堤中振动因深度增加而减弱，路堤填料耗能与滤波作用，致使振动传至富冰冻土层顶面，高频振动消失，振动优势频率位于 3Hz 之内，在机车与转向架作用率附近，振动能量集中明显。

冬季，K917 通过 DK1137+700 断面引起路堤–地基中动应力最大值分布云图见图 12-15。由图 12-15 可以看出：①列车行驶引起路基振动以竖向动压应力 σ_{dz} 为主，在道床内部钢轨支承处及其附近应力显著集中且产生于两个轨枕支点处的两个动压应力波通过干涉与融合而形成一个纺锤形区域，主要影响范围在轨枕下 6m 左右的椭圆形区域，见图 12-15（a）；②动水平应力 σ_{dy} 主要集中于道床内部、路堤顶面、路堤坡脚，见图 12-15（b）；③动剪应力 τ_{dyz} 突出集中于轨枕之下道床与路堤中，而进入地基便大幅度衰减，但

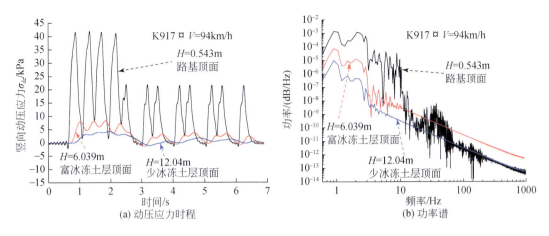

(a) 动压应力时程　　　　　　　　　　(b) 功率谱

图 12-14　冬季 K917 通过 DK1137+700 断面动压应力时程与功率谱

是在地基中扩散影响范围则很大，此外产生于两个轨枕支点处的两个动剪应力波分别分布于两个纺锤形区域（越向深处，区域越向左、右两侧发散），见图 12-15（c）；④动广义剪应力 q_d 与动压应力 σ_{dy} 分布规律基本一致，只是动广义剪应力 q_d 扩散影响范围更大，见图 12-15（d）。y 方向、z 方向定义见图 12-3。

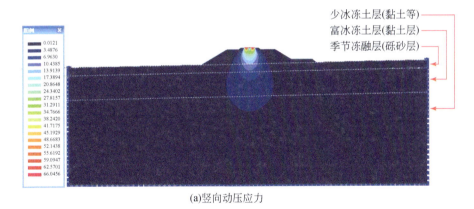

(a)竖向动压应力

(b)动水平应力

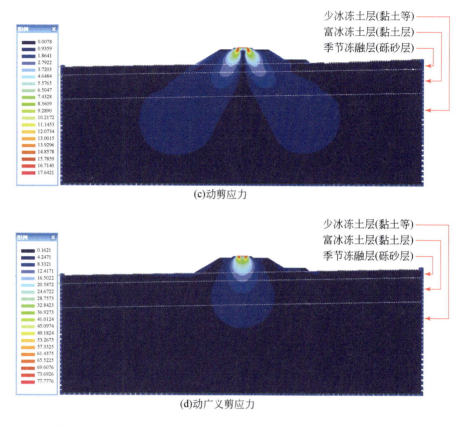

(c)动剪应力

(d)动广义剪应力

图 12-15　冬季 K917 通过 DK1137+700 断面动压应力最大值分布云图

　　冬季，K917 通过 DK1137+700 断面引起基床表面最大动压应力呈马鞍形分布（在垂直于轨道延伸方向的水平 y 轴方向，最大动压应力随着距轨道中心线水平距离增大而表现的变化规律），见图 12-16（a）；此外，机车、客车行驶对富冰冻土层顶面产生的最大动压应力分别为 8.95kPa、4.57kPa，二者分别为路堤顶面动压应力的 19.8%、16.7%，可以采用负指数函数拟合路堤–地基中动压应力沿深度 z 轴方向的衰减规律，见图 12-16（b）。

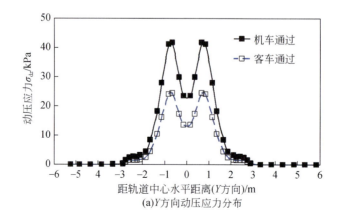

(a)Y方向动压应力分布

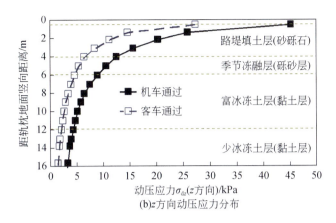

(b)z方向动压应力分布

图 12-16　冬季 K917 通过 DK1137+700 断面动压应力最大值分布

　　冬季，K917 通过 DK1137+700 断面引起道床–路堤–地基中动弹性位移最大值分布云图见图 12-17。由图 12-17 可以看出：①在竖向横剖面 y–z 上，列车行驶振动作用在路堤–地基中产生的最大动弹性水平位移（y 轴方向位移）沿轨道竖向中线（z 轴方向）两侧呈对称分布（两个轨枕支点下方分别出现两个最大动弹性水平位移分布的纺锤形区域），并

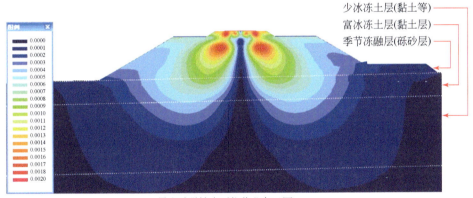

最大动弹性水平位移分布云图

最大动弹性竖向位移分布云图

图 12-17　冬季 K917 通过 DK1137+700 断面最大动弹性位移分布云图

且主要集中于道床内部、路堤中轨枕端部支撑钢轨点下方区域，随着远离轨道，路堤–地基中逐渐减小；②两个轨枕支点下方产生的最大竖向动弹性位移均分布于轨道正下方同一纺锤形区域，并且主要集中于道床内部、基床表层；③道床–路堤–地基中产生的最大动弹性水平位移以竖向动弹性位移为主，如基床表层最大动弹性水平位移为 0.06mm、最大动竖向位移为 0.244mm，富冰冻土层（黏土层）顶面最大动弹性竖向位移为 0.000868mm（约为基床表层最大动弹性竖向位移的 0.36%，可以忽略不计）。

§12.5　深季节冻土区铁路列车行驶路基振动反应数值分析

哈尔滨—满洲里铁路（简称滨洲铁路）隶属于中国东北典型高寒深季节冻土区干线铁路。滨洲铁路，全长 935km（黑龙江段长 375km，内蒙古段长 560km），建于 1898 ~ 1901年，由中俄共同修建的东清铁路（中东铁路）的西部干线，故称为西部线，现为电气化复线铁路；滨洲铁路，自满洲里站向西出国境与俄罗斯西伯利亚大铁路接轨，也是中国东北交通大动脉，更是连接亚欧大陆的重要通道，承担哈尔滨铁路局57%的运输量，年货物运输能力超过 1 亿 t。

在此，针对滨洲铁路安达段，采用 12.2.1 ~ 12.2.4 节阐述的寒区轨道交通路基振动反应分析方法，进行深季节冻土区铁路列车行驶路基振动反应分析。在 10.2.2 节中，介绍了滨洲铁路安达段的钢轨类型、道床情况、路堤结构、场地条件与年度气温变化、冻融状态，以及列车行驶轨枕–道床–路堤–地基/场地振动反应现场监测与分析结果。采用滨洲铁路安达段 K124+118 剖面所在位置左、右沿轨道方向各延伸一段的道床–路堤–地基–场地体系建立列车行驶路基振动反应分析的三维动力有限元数值模型，计算域垂直于轨道方向的横剖面尺寸见图 12-18，双线平直路段，线间距为 5.05m，路堤高度为 3.0m，路堤边坡坡度为 1:1.5，道床边坡坡度为 1:1.75，路堤填料为粉质黏度，据现场剪切波速测试确定地基与场地土层类型也为粉质黏土层，深冻结期的最大冻深为 2.0m，基床表层之下

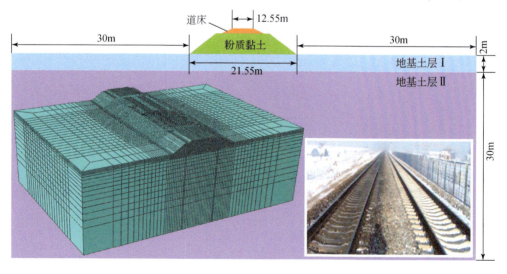

图 12-18　滨洲铁路安达段 K124+118 剖面与三维动力有限元计算域剖分

5.0m 范围温度场变化幅度很小，基床表层之下 10.0m 以外温度场变化幅度为 10.0 ~ 15℃，现场监测表明列车行驶振动显著影响深度为路堤顶面之下 5.0m，图中地基土层 Ⅰ 为冻结期达到最大冻深（2.0m）而正常期全部融化的冻融层、地基土层 Ⅱ 为深冻结期最大冻深之下的非冻土层。安达春融期开始时间大约在 3 月下旬、结束时间大约在 5 月下旬，滨洲铁路建成 50 年分冻结期、春融期、正常期对安达段路堤-地基-场地体系温度场预测结果见图 12-19[1]。为比较季节变化对列车行驶道床-路堤-地基-场地体系振动反应影响，要求确定因季节气候变化而引起路堤-地基-场地体系温度场分布，然而季节变化是连续且相

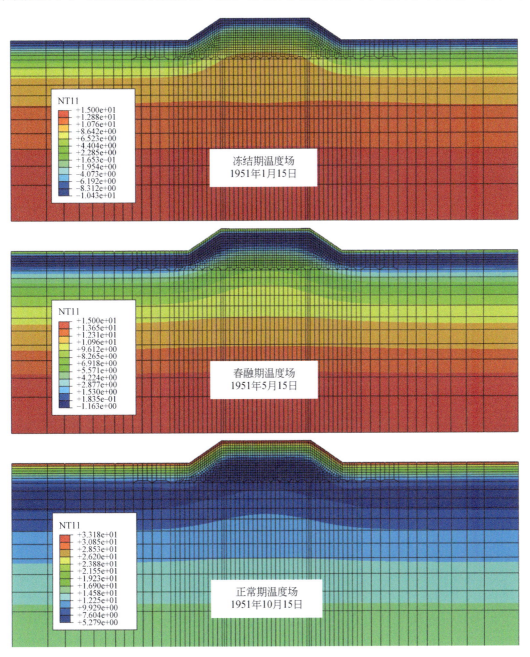

图 12-19　滨洲铁路建成 50 年安达段 K124+118 剖面温度场预测结果

对列车行驶时间较漫长的一个过程，为了简化分析，以季节变化为指标简化确定温度场分布，各季节温度取值见表 12-5。鉴于上述，分析列车行驶路基振动反应：春融期，取 2010 年 5 月 15 日路基中心断面温度场，据此地基土层 I 分为上部融化层（厚度 1m）、下部冻结层（厚度 1m），路堤与计算域中邻近路堤的场地也按照如此分层厚度进行分层，这种"融化"与"冻结"的厚度分层在当地具有一定代表性，这是因为融化层厚度过薄，路基振动反应分析结果将与冻结期分不开，难以反映春融期特点，反之，融化层厚度过厚，路基振动反应分析结果将与正常期分不开，也难以反映春融期特点；正常期，取 2010 年 10 月 15 日路基中心断面温度场，冻土层全部融化；冻结期，取 2011 年 1 月 15 日路基中心断面温度场，达到最大冻结深度，即冻结层厚度为 2m。

表 12-5　滨洲铁路安达段路堤–路基–地基土物理力学参数取值

土名称	温度/℃	天然重度/(kN/m³)	最大动剪切模量/kPa	动泊松比
道床（道砟）	正温	20.0	2.860×10^5	0.25
路堤（粉质黏土）	+1	20.0	2.540×10^4	0.32
	−2	21.0	6.091×10^5	0.30
	−8	21.0	1.352×10^6	0.28
地基土层 I（粉质黏土）	+1	18.0	2.540×10^4	0.32
	−2	19.0	6.091×10^5	0.30
	−8	19.0	1.352×10^6	0.28
地基土层 II（粉质黏土）	正温	18.0	9.018×10^4	0.29

采用参数化建模技术，建立列车行驶道床–路堤–地基–场地体系振动反应分析三维动力有限元数值模型，通过设置道床厚度、道床坡度、路堤高度、基床表层厚度、基床底层厚度、路基本体厚度、路堤宽度、路堤坡度、地基厚度、地基宽度、场地宽度、场地深度、延伸长度等几何参数、材料参数、最小单元尺寸，以及路堤–地基–场地体系冻融状态参数、融化层厚度、冻结层厚度、冻土参数、融土参数等，自动剖分计算域（单元尺寸由加载中心至场地边缘由小到大自动过渡两次，以尽可能使整个计算域单元逐步均匀过渡），方便参数化分析各影响因素。参数化建模输入参数窗口见图 12-20。参数化建模，可以考虑多种路堤/路基几何形式，在道床顶部加上轨枕荷载可以计算列车各种类型、编组、轴重、速度与相向会车等条件下路基振动反应，分析列车荷载下轨枕、道床、路基、地基、场地等动应力、动应变、动位移、速度、加速度，通过模型不同几何尺寸、单元尺寸试算且比较计算结果，为合理选择用于正式振动反应分析的数值模型几何尺寸、单元大小且获得准确计算结果、节省计算耗时提供依据。

采用参数化建模技术，建立列车行驶道床–路堤–地基–场地体系振动反应分析三维动力有限元数值模型，轨枕模拟为刚体模型，道床、路堤、地基、场地均离散为 8 节点六面体三维实体单元的集合体；轨枕与路基之间耦合，可以近似通过固定连接约束（导致的结果误差可以接受）或通过并联弹簧阻尼器连接；模型在竖向（z 方向）、水平方向（y 方向）由临近钢轨至计算域边界均采用单元尺寸由小之大逐渐过渡方式，远离轨道一定距离之后几何采用无限元，以尽可能降低单元总数，并且保证路堤/路基附近与地基表层计算

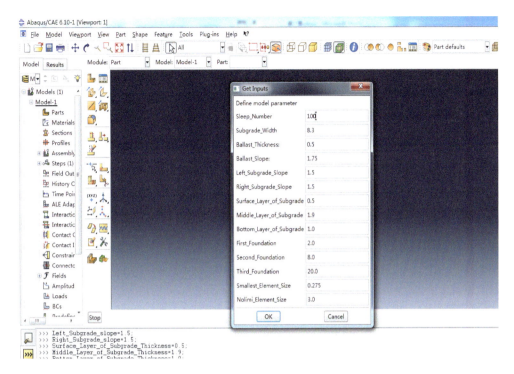

图 12-20　列车行驶地基振动反应三维数值分析参数化建模输入参数窗口

精度；道床单元尺寸最小且取为 0.2m，无限元尺寸取为 5m。三维动力有限元数值模型计算域剖分见图 12-18。

应用表明，进行岩土工程地震/振动反应分析，直接积分法中隐式积分格式，虽然具有保证求解稳定性的技术优势，但是则存在占用内存大、存储空间需求大且可能难以收敛、导致大量迭代计算、计算耗时长等重要缺陷。因此，采用显式积分格式求解道床–路堤–地基–场地体系动力方程组，可以有效处理复杂的材料非线性问题、接触非线性问题，适用于分析列车振动荷载这种动力波动传播，计算效果好，并且需要的内存与硬盘空间远小于隐式积分格式。

针对列车振动荷载作用，为了更好刻画路堤、地基、场地的材料（土或冻土或融土）动应力–动应变之间关系的非线性（动力性能与过程）、滞后性（阻尼滞后效应），并且易于确定模型参数、节减计算耗时，将土或冻土或融土近似为动力黏–弹性体，采用等效线性化模型，实现等效线性化三维模型应用。根据试验结果，并且结合相关文献资料，选取道床、路堤、地基、场地的土/冻土/融土物理力学指标值与动力学参数值见表 12-5、表 12-6[26]。此外，基于试验结果，获得路堤填料/地基土的动弹性模量、阻尼比与温度、冻融循环次数、加载频率等影响因素之间经验拟合关系式（见第 3 章、第 7 章、第 8 章），确定不同温度条件下路堤填料/地基土的最大动剪切模量，并且调入编制的分析软件中。

表 12-6　滨洲铁路安达段路堤-路基-地基土动力学参数取值

土名称	温度/℃	参数	动剪应变 $\gamma_d/10^{-4}$							
			0.05	0.10	0.50	1.00	5.00	10.00	50.00	100.00
道床（道砟）	正温	α_G	0.999	0.998	0.994	0.988	0.945	0.896	0.632	0.462
		λ	0.004	0.006	0.019	0.030	0.075	0.090	0.110	0.120
路堤（粉质黏土）	-2	α_G	0.996	0.993	0.964	0.931	0.730	0.574	0.213	0.119
		λ	0.018	0.024	0.049	0.066	0.122	0.150	0.198	0.208
	-8	α_G	0.999	0.999	0.995	0.989	0.948	0.901	0.644	0.475
		λ	0.024	0.029	0.046	0.056	0.088	0.105	0.152	0.240
	+1	α_G	0.999	0.999	0.993	0.986	0.934	0.877	0.588	0.416
		λ	0.006	0.009	0.020	0.027	0.058	0.078	0.140	0.166
地基土层 I（粉质黏土）	-2	α_G	0.996	0.993	0.964	0.931	0.730	0.574	0.213	0.119
		λ	0.018	0.024	0.049	0.066	0.122	0.150	0.198	0.208
	-8	α_G	0.999	0.999	0.995	0.989	0.948	0.901	0.644	0.475
		λ	0.024	0.029	0.046	0.056	0.088	0.105	0.152	0.240
	+1	α_G	0.999	0.999	0.993	0.986	0.934	0.877	0.588	0.416
		λ	0.006	0.009	0.020	0.027	0.058	0.078	0.140	0.166
地基土层 II（粉质黏土）	正温	α_G	0.996	0.993	0.964	0.931	0.730	0.574	0.213	0.119
		λ	0.018	0.024	0.049	0.066	0.122	0.150	0.198	0.208

针对两种不同编组客车以不同速度行驶通过滨洲铁路安达段，采用软件 ZL-TNTLM 模拟计算获得的轨-枕作用力，见图 12-21，作为道床-路堤-地基-场地体系振动反应分析的振动输入，可以避免采用列车行驶轨枕振动反应加速度作为振动输入而需要解决场地时变系统处理困难等问题。列车振动荷载输入方式：①在道床-路堤-地基-场地体系三维动力有限元数值模型中，针对每一根轨枕所在的位置输入与之对应的轨-枕作用力时程，见图 12-22；②为了很好模拟列车行驶振动荷载移动过程，需要根据每一车体前后轮轴之间距离、相邻轨枕间距、行车速度，计算前后相邻轨枕之间轨-枕作用力的相位差，据此可靠确定前后相邻轨枕之间轨-枕作用力输入起始时刻的时间差。

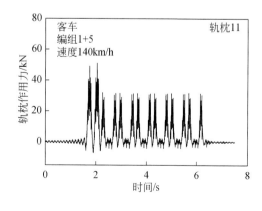
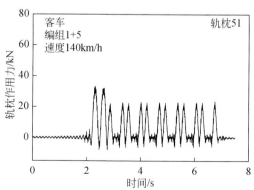

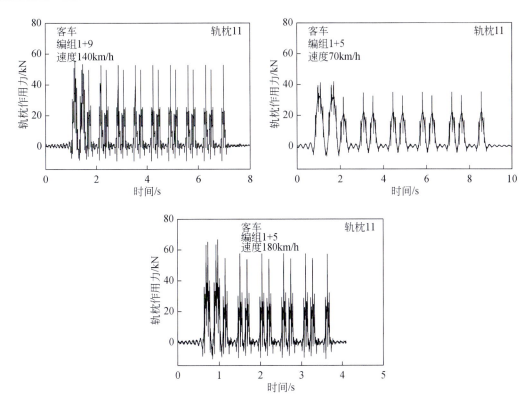

图 12-21　不同编组客车以不同速度通过安达段轨-枕作用力计算结果

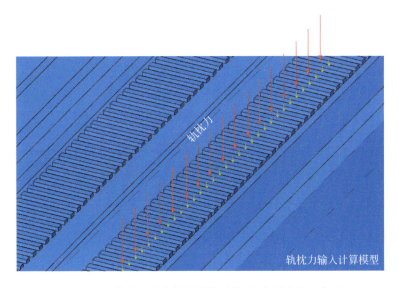

图 12-22　体系动力分析数值模型轨-枕作用力输入方法

特快客车 T507（编组：1 机车+10 客车）以速度 140km/h 通过滨洲铁路安达段，针对深冻结期，路堤顶面竖向动压应力分布云图模拟计算结果见图 12-23、竖向动位移分布云图模拟计算结果见图 12-24（竖向动位移数量级接近于现场监测值[26]）、路堤顶面竖向动压应力时程模拟计算结果见图 12-25，自计算开始计时，时刻 1.898s 机车第一个转向架驶入，时刻 2.277s 机车全部驶入，时刻 2.657s 机车驶出、第一节客车驶入，时刻 3.036s 第二节

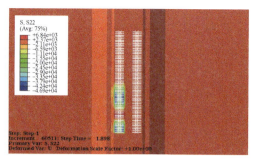
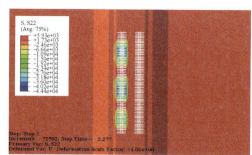

机车开始驶入 机车全部驶入

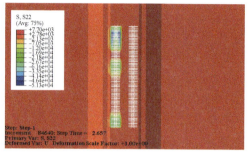
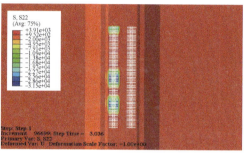

机车驶出/第一节客车驶入 第一节客车驶出/第二节客车驶入

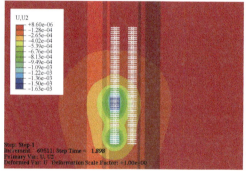
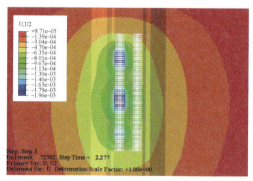

机车开始驶入 机车全部驶入

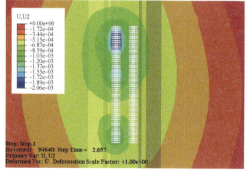
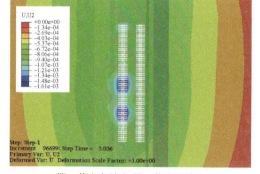

机车驶出/第一节客车驶入 第一节客车驶出/第二节客车驶入

图 12-23 列车行驶引起路堤顶面竖向动压应力分布云图（在 x-y 平面上）（单位：kPa）

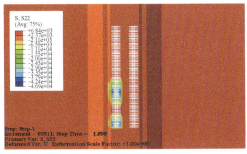
机车开始驶入

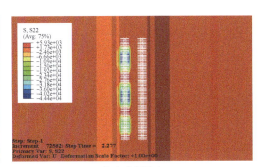
机车全部驶入

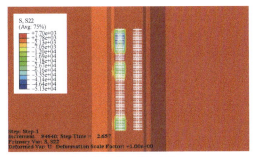
机车驶出/第一节客车驶入

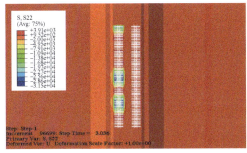
第一节客车驶出/第二节客车驶入

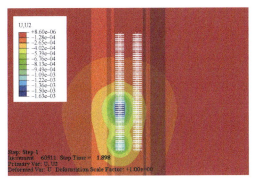
机车开始驶入

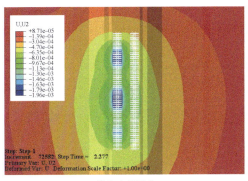
机车全部驶入

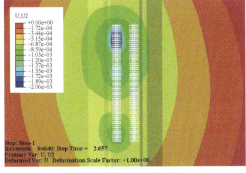
机车驶出/第一节客车驶入

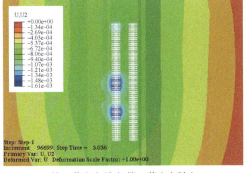
第一节客车驶出/第二节客车驶入

图 12-24　列车行驶引起路堤顶面竖向动位移分布云图（在 x–y 平面上）（单位：m）

客车开始驶入，这 4 个不同时间点竖向动应力分布云图、竖向动位移分布云图清楚反映列车转向架移动状态。由图 12-23、图 12-24 且结合 12.2.6 节、12.2.7 节模拟计算结果，不难看出，对于一定高度的路堤路基（路堤高度达到或接近行车竖向振动的主要影响深度），这一点认识很重要。研究表明，对于很低路堤路基（路堤高度远小于行车竖向振动的主要

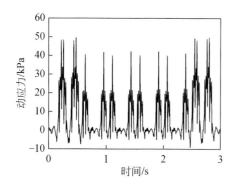

影响深度）或非路堤路基（如水平场地路基、边坡场地路基、路堑路基），列车行驶振动作用对路基产生的竖向动压应力、竖向动位移在水平面上影响范围将超过路堤底宽一定范围。

针对深冻结期，特快客车 T507 以速度 140km/h 通过上述同一路段，路堤路肩中点（位于路肩边缘与道床地边缘之间的中点）与基床表层底部点竖向加速度时程的模拟计算结果见图 12-26，图中一并给出了同一点竖向加速度时程的现场监测结果，可见，路堤路肩、基床表层上同一点加速度时程的模拟计算结果与现场监测结果之间具有很好的吻合性，并且自路肩中点至基床表层底部点竖向加速

图 12-25　列车行驶引起路堤顶面竖向动压应力时程（在 z 方向上）（单位：kPa）

度大幅度衰减（竖向加速度幅值的衰减率达到 $\eta_A = 60\% \sim 78\%$），机车通过路肩中点竖向加速度的幅值均为 $2m/s^2$、基床表层底部竖向加速度幅值均为 $0.6 \sim 0.8m/s^2$。竖向加速度幅值衰减率计算方法：$\eta_A = 100\% \left[(A_b - A_o)/A_b \right]$，$A_b$ 为路肩中点竖向加速度的幅值，A_o 为基床表层底部点竖向加速度的幅值。

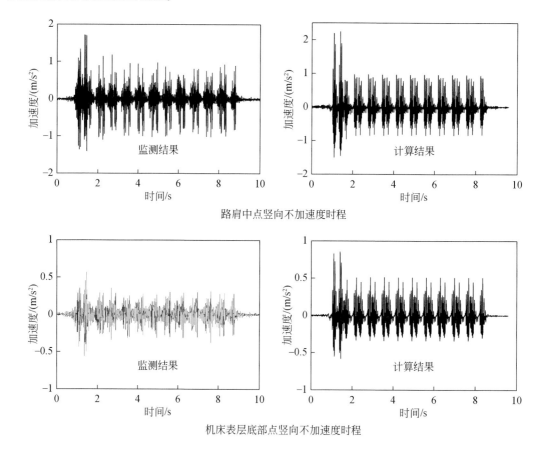

路肩中点竖向不加速度时程

机床表层底部点竖向不加速度时程

图 12-26　列车行驶引起路肩与基床表层底部加速度时程

参 考 文 献

[1] Karlstroem A B. An analytical model for train-induced ground vibrations from railways [J]. Journal of Sound and Vibration, 2006, 292: 221-241.

[2] Vostroukhov A V, Metrikine A V. Periodically supported beam on a visco-elastic layer as a model for dynamic analysis of a high-speed railway track [J]. International Journal of Solids and Structures, 2003, 40 (21): 5723-5752.

[3] Ambartsumyan S A. Theory of Anisotropic Plates. vol. II, Technomic Publication, Stanford, USA, 1970.

[4] S.-S. Lih, A. K. Mal. On the accuracy of approximate plate theories for wavefield calculations in composite laminates [J]. Wave Motion, 1995, 21 (1): 17-34.

[5] 杨灿文, 龚亚丽. 列车通过时路基应力和振动 [J]. 土木工程学报, 1963, 9 (2): 9-57.

[6] 王常晶, 陈云敏. 列车荷载在地基中引起的应力响应分析 [J]. 岩石力学与工程学报, 2005, 24 (7): 1178-1186.

[7] 刘宏扬. 冻土场地路基列车高速行驶振动反应研究 [D]. 哈尔滨: 哈尔滨工业大学, 2006.

[8] Zhu Z Y, Ling X Z, Chen S J, et al. Analysis of dynamic compression stress induced by passing trains in permafrost subgrade along Qinghai-Tibet Railway [J]. Cold Regions Science and Technology, 2011, 65 (1): 465-473.

[9] 王勖成, 邵敏. 有限单元法基本原理和数值方法 (第二版) [M]. 北京: 清华大学出版社, 1997.

[10] 费康, 张建伟. ABAQUS 在岩土工程中的应用 [M]. 北京: 中国水利水电出版社, 2010.

[11] 张克绪, 凌贤长. 地震工程及工程振动. 北京: 科学出版社, 2016.

[12] Hardin B O, Drnevich V P. Shear modulus and damping in soils design equations and curves [J]. Journal of the Soil Mechanics and Foundations Division, 1972, 98 (7): 667-692.

[13] 张克绪, 谢君斐. 土动力学 [M]. 北京: 地震出版社, 1989.

[14] 朱占元. 青藏铁路列车行驶多年冻土场地路基振动反应与振陷预测 [D]. 哈尔滨: 哈尔滨工业大学, 2009.

[15] Tang C X, Zhu Z Y, Luo F, et al. Deformation behaviour and influence mechanism of thaw consolidation of embankments on the Qinghai-Tibet Railway in permafrost regions [J]. Transportation Geotechnics, 2021, 28: 100-513.

[16] Zhu Z Y, Ling X Z, Wang Z Y, et al. Experimental investigation of the dynamic behavior of frozen clay from the Beiluhe subgrade along the QTR [J]. Cold Regions Science and Technology, 2011, 69 (1): 91-97.

[17] Zhu Z Y, Ling X Z, Chen S J, et al. Analysis of dynamic compression stress induced by passing trains in permafrost subgrade along Qinghai-Tibet Railway [J]. Cold Regions Science and Technology, 2011, 65 (1): 465-473.

[18] 朱占元, 凌贤长, 陈士军, 等. 青藏铁路列车行驶引起的轨枕竖向作用力研究 [J]. 哈尔滨工业大学学报, 2011, 43 (6): 6-10.

[19] Zhu Z Y, Ling X Z, Wand L N. Vibration Characteristics of Permafrost Embankment Induced by Passing Trains in Qinghai-Tibet Railway in Winter [C]. 9th International Conference of Chinese Transportation Professionals, ASCE, Harbin, 2009, 973-979.

[20] Zhu Z Y, Ling X Z. Vibration Source Characteristics Of Permafrost Subgrade Induced By Train Traffic Along Qinghai-Tibet Railway In China [C]. 4th International Symposium on Environmental Vibration: Prediction, Monitoring and Evaluation, Beijing, 2009, 700-705.

[21] Ling X Z, Chen S J, Zhu Z Y, et al. Field monitoring on the 1 train-induced vibration response of track structure in the Beiluhe permafrost region along Qinghai-Tibet railway in China [J]. Cold Regions Science

and Technology, 2010, 60 (1): 75-83.

[22] 朱占元, 凌贤长, 张峰, 等. 季节冻土区夏季轨道结构振动反应现场监测 [J]. 哈尔滨工业大学学报, 2009, 41 (12): 41-45.

[23] 牛富俊, 张建明, 张钊. 青藏铁路北麓河试验段冻土工程地质特征及评价 [J]. 冰川冻土, 2002, 24 (3): 264-269.

[24] 马巍, 刘端, 吴青柏. 青藏铁路冻土路基变形监测与分析 [J]. 岩土力学, 2008, 29 (3): 571-579.

[25] 张建明, 刘端, 齐吉琳. 青藏铁路冻土路基沉降变形预测 [J]. 中国铁道科学, 2007, 28 (3): 12-17.

[26] 王子玉. 深季节冻土区列车荷载下路基振动响应特性与永久变形研究 [D]. 哈尔滨: 哈尔滨工业大学, 2014.

第13章 高寒冻融与列车振动耦合作用下路基稳定性评价方法

§13.1 问题的提出

高寒区铁路的关键在路基，路基的关键在冻融。当今，高寒区铁路建设发展日益加快，随着列车速度不断加快、轴重不断加大，冻融、振动成为严重制约高寒区高速铁路、快速铁路、重载铁路、干线铁路建设发展与运行维护的两大极其重要的科学与技术问题。高寒区——特别是高寒冻融区轨道路基稳定性至关重要，直接关系路基长期运行状态、服役性能。长期以来，寒区轨道路基稳定性评价比较关注冻融问题，一般仅将列车荷载作为轴重考虑为静力作用，而对列车行驶振动作用则鲜有考虑；事实上，由于列车速度不断加快、轴重不断加大而使得关乎路基稳定性的振动问题日益凸显，尤其是高寒冻融区，冻融耦合振动作用成为影响路基运行状态、服役性能进而导致路基失稳的主控因素，因此亟待针对高寒冻融与列车振动耦合作用，研究建立新的路基稳定性可靠评价方法与相应的评价模型、评价指标。此外，过去对轨道路基稳定性评价一直注重强度评价而未重视变形问题，如相关规范的临界动应力法评价，实际上，铁路路基失稳或失效往往并非强度破坏（在满足路基建设设计要求、施工质量保证与运行维护规定条件下，列车荷载作用很少使路基发生强度破坏），而是由于路基工后在长期固结作用、地下水作用、冻融作用、振动作用等多因素耦合与互馈效应下，发生的过大变形（特别是不均匀沉降），引起轨道高低不平顺或横向不平顺，显著影响铁路运行状态、服役性能甚至造成重大行车事故，因此应建立耦合变形与强度的路基稳定性评价新方法，以路基永久沉降变形评价为主，兼顾路基强度评价。

迄今，国内外针对铁路路基稳定性评价，主要可以归纳为四大类方法：一是基于建设设计的稳定性评价，根据岩土工程勘察资料且考虑气候状况、冻融条件、地形地貌、铁路类型、线路等级、运载要求等，依据相关规范进行科学而可靠的路基设计，并且按照设计要求严格控制施工质量，据此评价路基长期运行稳定性；二是基于现场监测的稳定性评价，针对关键路段建立路基稳定性与运行状态的长期监测系统，或者不定期对一些认为存在安全隐患的人工巡检不定路段进行短期监测、检测，或者通过轨道检测车巡检确定可能存在安全隐患的不定路段，并且结合路基运行维护情况，评价路基长期运行稳定性；三是基于数值分析的稳定性评价方法，根据勘察资料、铁路类型、路基结构、设计方法、施工质量、冻融状态、列车荷载等，科学建立轨道–道床–路基–场地体系静力分析数值模型、动力分析数值模型，并且科学选择本构模型与模型参数、合理模拟接触关系与人工边界、正确确定加载方案与输入模式，通过不同工况的反复静力稳定性数值模拟、动力稳定性数值模拟，据此评价路基长期运行稳定性；四是基于解析分析的稳定性评价，根据勘察资料、轨道类型、路基类型、路基结构、场地条件、冻融状态、列车荷载等，在一定必要的问题简化假定条件下，研究提出路基稳定性分析的解析方法，并且建立解析分析模型（方程式，即评价模型）与相应的目标指标（评价指标），据此评价路基长期运行稳定性。上述第一种评价方法与第二种评价方法具有条件真实性好、实用性强且容易掌握、易于推广等优势，但是则存在个例性强、耗时长、成本高且布置传感器难以长期存活或有效、监测受限等重要缺陷；第三种评价方法具有高技术投入、高效益、低成本、低消耗、因素可控性强、可考虑因素多且可在短时间完成不同工况的反复模拟分析等诸多优势，但是也存在难以科学建立分析方法与数值模型、正确选择本构模型与模型参数、合理模拟接触关系与人工边界等缺陷，并且设计人员也难以掌握；第四种评价方法具有理论性很强、物理意义明确、力学概念清楚、严格解析过程且可获得评价的数学力学模型与相应的评价指标等优势，但是则存在对复杂而影响因素较多的实际问题的必要简化假设而带来的过多主观因素，致使评价结果难免与实际之间存在一定差别，甚至因差别较大而不能应用。

鉴于上述，以下将基于高寒区轨道路基长期稳定性面临的冻融与振动两大实际问题，聚焦冻土层及其反复冻融作用，主要关注耦合冻融作用的长期竖向振陷变形且兼顾强度破坏，提出路基稳定性评价的数值模拟与解析分析联合方法，构建耦合变形与强度的路基稳定性评价模型且给出相应的评价指标。轨道路基失稳的一个重要表现是路基发生永久沉降变形而引起轨道过大的高低不平顺，严重影响或威胁行车安全，所以路基永久沉降变形成为路基稳定性评价的一项重要内容，因此下面将首先讨论高寒区轨道路基永久沉降变形计算与预测方法，在此基础上，阐述高寒区路基土体结构损伤评价方法与评价指标。

§13.2　多年冻土区轨道路基冻土层振陷预测方法与预测模型

研究表明（凌贤长，1999～2015 年），青藏铁路多年冻土区路段，列车振动对冻土层永久沉降变形具有显著影响，这是由于冻土层中含量较高的冰在列车荷载作用下易发生动力流变作用、动力塑性变形作用、动力压融作用，特别是含土冰层、饱冰冻土、富冰冻土等高含冰量冻土层，不仅因对动力波衰减作用小而使之传播距离远，而且上述三种作用表现更突出。在全球大气整体升温背景下，多年冻土层强度趋于弱化，多年冻土区轨道路基冻土层振陷问题应引起重视。多年冻土区轨道路基冻土层振陷实际表现为冻土层上限振陷。鉴于上述，下面将立足于路基填料（冻土）低温动三轴试验结果，并且结合解析分析，首先建立冻土振陷预测模型，然后据此进一步提出多年冻土层上限振陷预测方法。

13.2.1　冻土残余动应变增长率与影响因素

列车荷载下路基产生的永久沉降变形是因为振动作用而引起的残余动应变的长期累积结果。冻土残余动应变增长率（残余动应变增长速率，刻画动应力作用下残余动应变累积的幅度即快慢程度）是建立多年冻土区轨道路基振陷预测方法与预测模型的必要基础。长期以来，针对轨道交通振动作用，关于冻土残余动应变增长率及其主要影响因素尚未见研究的文献报到。考虑五种不同负温、频率、含水率、围压分别进行低温动三轴试验，要求同一围压下同一试件施加的轴向动载不低于 12 级且自最低级动载至最后一级动载依次振动（荷载递增的级差保持一致），根据试验结果，研究冻土残余动应变增长率与主要影响因素[1-3]。

13.2.1.1　基本概念定义

1）残余动应变

在低温/常温动三轴试验中，冻土/土试件在轴向动应力作用下发生一定动应变、停止轴向动应力作用必然残余一定不可恢复的动应变。冻土/土的残余动应变 ε_{pd}：$\varepsilon_{pd} = (h_q - h_f)/h_q$，$h_q$ 为低温/常温动三轴试验之前试件高度，为低温/常温动三轴试验之后试件高度。具体应用中，见图 13-1，可以取轴向动应力幅值 $\sigma_d = 0$ 对应的动应变为残余动应变 ε_{pd}，即图中 a 点、b 点、c 点、d 点分别对应的动应变 ε_{pda}、ε_{pdb}、ε_{pdc}、ε_{pdd} 均为动残余动应变，a 点、b 点、c 点、d 点对应的轴向动应力幅值 $\sigma_d = 0$ 的点分别为 e 点、f 点、g 点、h 点，即轴向应力为试件固结轴向静应力 σ_1。

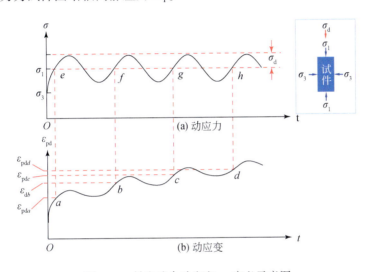

图 13-1　轴向残余动应变 ε_{pd} 定义示意图

2）残余动应变增长率

根据每次循环轴向动应力作用下的残余动应变可以绘制 ε_{pd}–t 关系曲线，见图 13-2。为了消除每级轴向加载时刻产生的瞬时沉降，取每级轴向荷载作用的第 3 次循环至第 12 次循环（每次循环即完成一个周期的振次）的残余动应变的直线斜率定义为本级轴向荷载作用下的轴向残余动应变增长率 $\dot{\varepsilon}_{pd}$（增长率即增长速率），见图 13-2，也是每级轴向循环加载振次的第 3 次振次至第 12 次振次轴向残余动应变平均增率，也简称为冻土/土动应变速率或动应变率。图 13-2 中，$\dot{\varepsilon}_{pdI}$ 为第 I 级轴向循环荷载作用对应的轴向残余动应变增长率，$\dot{\varepsilon}_{pdII}$ 为第 II 级轴向循环荷载作用对应的轴向残余动应变增长率。

3）动静应力比

在冻土/土低温或常温动三轴试验中，本质上，试件轴向动应变为动剪应变（普通动三轴试验属于动纯剪切过程），并且轴向动应变速率 $\dot{\varepsilon}_{pd}$ 受动应力幅值大小、动力作用之前试件承受的静应力水平影响很大（静应力即试件固结应力）。因此，定义动静应力比 ζ，以更好刻画动三轴试验中试件的应力状态。动静应力比 ζ（简称应力比）：动广义剪应力幅值与静广义剪应力之比，见式（13-1）。

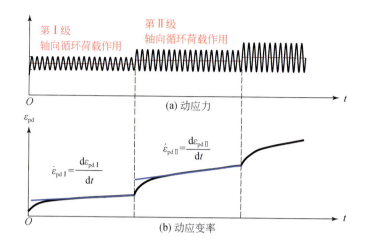

图 13-2　轴向残余动应变增长率 $\dot{\varepsilon}_{pd}$ 定义示意图

$$\zeta = q_d / q_j = \sigma_d / (\sigma_1 - \sigma_3) \tag{13-1}$$

式中，q_j 为静广义剪应力［式（13-2）］；q_d 为轴向动应力单独作用下引起的动广义剪应力幅值［式（13-3）］；σ_d 为轴向动应力幅值；σ_1 为轴向静压应力；σ_3 为围压（径向静压应力）；σ_1、σ_3 为试件固结应力。

$$q_j = \sqrt{\frac{1}{2}\left[(\sigma_1-\sigma_2)^2+(\sigma_2-\sigma_3)^2+(\sigma_3-\sigma_1)^2\right]} \tag{13-2}$$

$$q_d = \sqrt{\frac{1}{2}\left[(\sigma_{d1}-\sigma_{d2})^2+(\sigma_{d2}-\sigma_{d3})^2+(\sigma_{d3}-\sigma_{d1})^2\right]} \tag{13-3}$$

式中，对于实际路基，σ_1、σ_2、σ_3 分别为由路基自重力产生的初始地应力的单最大主应力、中间主应力、最小主应力；σ_{d1}、σ_{d2}、σ_{d3} 分别为由列车行驶作用在路基中产生的最大动主应力、中间动主应力、最小动主应力（实际为三个动主应力的幅值）。

以上提到了"静应力水平"的概念。在此，很有必要明确两个概念，即应力水平、应力作用水平，应力水平是指应力大小（对于动应力，表示为动应力幅值大小），应力作用水平是指应力作用产生的应变大小（对于动应力作用，表示为产生的动应变幅值大小），应力作用水平取决于应力性质（如静力荷载、随机动力荷载、冲击荷载等）、应力水平（即应力大小）、应力作用时间、材料力学性能（如强度、流变性）、材料孔隙率、材料含水率、环境围压、环境温度等，也就是说，应力水平低不见得应力作用水平低，如 10kPa 静力（即静力的应力水平）作用于土体上产生的应力作用水平远远小于作用于岩体上产生的应力作用水平。

13.2.1.2　冻土残余动应变增长率影响因素

根据冻土残余动应变率的低温动三轴试验数据统计结果且经多次拟合对比分析表明，可以采用指数函数表达冻土残余动应变速率与应力状态之间的关系，见式（13-4）。

$$\dot{\varepsilon}_{pd} = C\left(\frac{q_d}{q_j}\right)^D = C\left(\frac{\sigma_d}{\sigma_1-\sigma_3}\right)^D = C\zeta^D \tag{13-4}$$

式中，$\dot{\varepsilon}_{pd}$ 为轴向残余动应变；ζ 为动静应力比；C、D 为与试件含水率、冻结负温、试验围压、动应力频率、动应力幅值等影响因素有关的拟合参数。根据青藏铁路北麓河段路基中粉质黏土的低温动三轴试验数据，通过回归分析，得到各种试验条件下拟合参数见表 13-1。由此可见，影响冻土残余动应变率的主要因素有试件含水率、冻结负温、试验围压、动应力频率、动应力幅值，基于本试验结果阐述如下。

表 13-1　冻土残余动应变率试验条件与拟合参数

试件编号	负温 $\theta/^{\circ}\text{C}$	含水率 $\omega/\%$	频率 f/Hz	围压 σ_3/MPa	振次 N	拟合参数		均方差 S	相关系数 R^2
						C	D		
NT-11	−2					0.0019145	5.5753	1.32×10^{-8}	0.98632
NT-12	−5					0.0005421	6.5762	6.44×10^{-10}	0.99675
NT-4	−7	18.19	6	0.5	12	0.0002970	7.3411	2.20×10^{-10}	0.99794
NT-24	−10					0.0000641	4.9101	2.06×10^{-11}	0.98065
NT-16	−12					0.0000160	2.8461	2.83×10^{-12}	0.95311
NT13-1		13				0.002486	6.7970	1.59×10^{-8}	0.99832
NT15-1	−7	15	6	0.5	12	0.001089	8.0619	1.50×10^{-9}	0.98806
NT21-1		21				0.000434	8.4011	1.99×10^{-10}	0.98749
NT23-1		23				0.000277	6.9731	1.68×10^{-10}	0.97557
NT-15			2			0.0024962	8.9375	6.88×10^{-9}	0.99403
NT-10	−7	18.19	4	0.5	12	0.0005365	6.8347	8.63×10^{-10}	0.97817
NT-14			8			0.0002617	7.4079	1.57×10^{-10}	0.98512
NT-13			10			0.0001644	7.0540	7.26×10^{-11}	0.97757
NT-9				0.8		0.000590	5.3746	5.62×10^{-10}	0.9888
NT-23	−7	18.19	6	1.0	12	0.000636	4.5179	6.38×10^{-10}	0.99301
NT-19				1.3		0.000697	3.4765	9.32×10^{-10}	0.9962
NT-20				1.5		0.000717	3.0136	1.09×10^{-9}	0.99763

1）动应力幅值

各种试验条件下获得的冻土残余动应变增长率 $\dot{\varepsilon}_{\text{pd}}$ 与动静应力比 ζ 之间的关系见图 13-3，可见，冻土残余动应变率 $\dot{\varepsilon}_{\text{pd}}$ 均随着动静应力比 ζ 增大而显著增大，因此动应力幅值（动应力强度）对冻土残余增长率 $\dot{\varepsilon}_{\text{pd}}$ 影响大，这是因为动应力幅值越大，对试件输入的动能越多，更易使冻土产生残余变形。

2）冻结负温

在试验围压 σ_3、含水率 ω、动荷频率 f、动静应力比 ζ 相同而不变的条件下，试验获得的冻土残余动应变增长率 $\dot{\varepsilon}_{\text{pd}}$ 与冻结负温 θ 之间的关系见图 13-4。由图 13-4 可以看出：①冻结负温 $\theta=-2^{\circ}\text{C}$，冻土残余动应变增长率 $\dot{\varepsilon}_{\text{pd}}$ 最大；②冻结负温 $\theta\geqslant-5^{\circ}\text{C}$，随着冻结负温 θ 降低，冻土残余动应变增长率 $\dot{\varepsilon}_{\text{pd}}$ 按照幂函数 $\dot{\varepsilon}_{\text{pd}}=a\,|\,\theta\,|^{b}$ 规律迅速衰减；③冻结负温 $\theta\leqslant-5^{\circ}\text{C}$，冻土残余动应变增长率 $\dot{\varepsilon}_{\text{pd}}$ 趋于稳定于某一很小值；④高温冻土（冻结温度为 $0\sim-2^{\circ}\text{C}$）较低温冻土的残余动应变增长率 $\dot{\varepsilon}_{\text{pd}}$ 大很多，表现出高温冻土动强度低、抗动载性能差。在土含水率相同的条件下，低温冻土强度高的主要原因是其中未冻水含量减少、

含冰量较多且冰强度高、土颗粒与冰之间胶结强度较大。

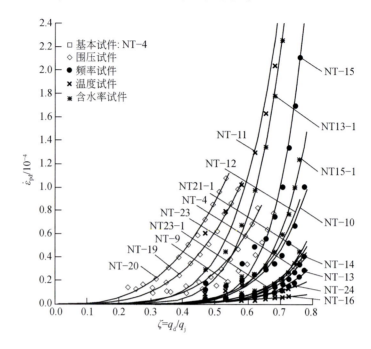

图 13-3　冻土残余动应变增长率 $\dot{\varepsilon}_{pd}$ 与动静应力比 ζ 之间的关系

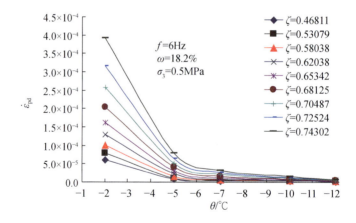

图 13-4　冻土残余动应变增长率 $\dot{\varepsilon}_{pd}$ 与冻结负温 θ 之间的关系

在试验围压 σ_3、含水率 ω、动荷频率 f 相同的条件下，针对 5 种不同冻结负温 θ 试验结果获得的拟合参数 C、D 见表 13-1，C、D 与冻结负温 θ 之间的关系见图 13-5，相应的拟合式见式（13-5）、式（13-6）。由图 13-5 可以看出，拟合参数 C 值随着冻结负温 θ 升高而呈指数规律迅速增大，$-2℃$ 的 C 值较 $-5℃$ 的 C 值增大 2.5 倍，但是冻结负温 θ 存在一个临界值（$-7℃$ 左右）而使拟合参数 D 取得最大值。冻土残余动应变增长率 $\dot{\varepsilon}_{pd}$ 与冻结负温 θ、动静应力比 ζ 之间的拟合关系见式（13-7），据此绘制的三维关系曲面见图 13-5。

$$C = 0.005758\mathrm{e}^{0.467\theta} \quad (R = 0.9917) \tag{13-5}$$

$$D = -0.10953\theta^2 - 1.26559\theta + 3.39103 \quad (R = 0.9823) \tag{13-6}$$

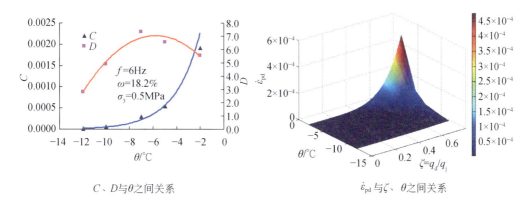

C、D 与 θ 之间关系　　　　　　　　　　　$\dot{\varepsilon}_{pd}$ 与 ζ、θ 之间关系

图 13-5　冻土残余动应变增长率 $\dot{\varepsilon}_{pd}$、拟合参数与 θ、ζ 之间的关系

$$\dot{\varepsilon}_{pd} = 0.005758 e^{0.467\theta} \zeta^{-0.10953\theta^2 - 1.26559\theta + 3.39103} \tag{13-7}$$

3）土含水率

在试验围压 σ_3、冻结负温 θ、动荷频率 f、动静应力比 ζ 相同而不变的条件下，试验获得的冻土残余动应变增长率 $\dot{\varepsilon}_{pd}$ 与含水率 ω 之间的关系见图 13-6。由图 13-6 可以看出：①低含水率 ω 下（含水率 $\omega \leqslant 0.15$，即 $\omega \leqslant 15\%$），含水率 ω 对冻土残余动应变增长率 $\dot{\varepsilon}_{pd}$ 影响大，并且随着含水率 ω 增大，$\dot{\varepsilon}_{pd}$ 大幅度降低；②含水率 $\omega > 0.15$，随着含水率 ω 增大，冻土残余动应变增长率 $\dot{\varepsilon}_{pd}$ 大幅度减小到很小值，特别是含水率 $\omega \geqslant 0.18$，含水率 ω 增大对 $\dot{\varepsilon}_{pd}$ 几乎无影响。这是因为，含水率 ω 低，冻土中含冰量低且土颗粒与冰胶结力弱，因此冻土强度低，动力变形大；反之，随着含水率 ω 增大，冻土中含冰量多（更多土颗粒被冰胶结）且土颗粒与冰胶结力增强，因此冻土强度增大，动力变形小；然而，含水率 ω 增大到一定值之后，随着含水率 ω 继续增大，在同一冻结负温 θ 与冻结时间下，虽然冻土中含冰量、被冰胶结的土颗粒均有所增加，但是未冻水含量也随之增多，并且冰的强度因冻结负温 θ 不变而保持一定，因此冻土动强度反而减小，直至趋稳于某一值。

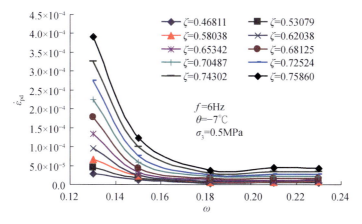

图 13-6　冻土残余动应变增长率 $\dot{\varepsilon}_{pd}$ 与含水率 ω 之间的关系

在试验围压 σ_3、冻结负温 θ、动荷频率 f、振动次数 N 相同的条件下，针对 5 种不同含水率 ω 试验结果获得的拟合参数 C、D 见表 13-1，C、D 与含水率 ω 之间的关系见图 13-7，

相应的拟合式见式（13-8）、式（13-9）。由图 13-7 可以看出，拟合参数 C 值随着含水率 ω 增加而大幅度减小，但是含水率 $\omega \geqslant 0.18$，含水率 ω 增加对 C 值影响则很小；含水率 ω 存在一个临界值（0.18 左右）而使拟合参数 D 取得最大值。冻土残余动应变增长率 $\dot{\varepsilon}_{pd}$ 与含水率 ω、动静应力比 ζ 之间的拟合关系见式（13-10），据此绘制的三维关系曲面见图 13-7。

$$C = -6.9833\omega^3 + 4.1908\omega^2 - 0.8345\omega + 0.0555 \quad (R = 0.9992) \tag{13-8}$$

$$D = -381.56\omega^2 + 140.15\omega - 4.8312 \quad (R = 0.7352) \tag{13-9}$$

$$\dot{\varepsilon}_{pd} = (-6.9833\omega^3 + 4.1908\omega^2 - 0.8345\omega + 0.0555)\zeta^{-381.56\omega^2 + 140.15\omega - 4.8312} \tag{13-10}$$

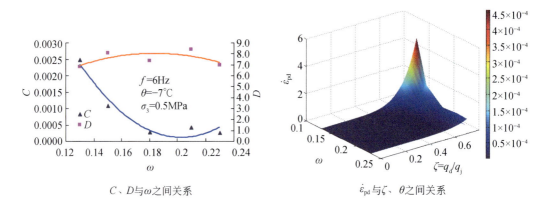

图 13-7　冻土残余动应变增长率 $\dot{\varepsilon}_{pd}$、拟合参数与 ω、ζ 之间的关系

4）动载频率

在试验围压 σ_3、含水率 ω、冻结负温 θ 相同而不变的条件下，试验获得的冻土残余动应变增长率 $\dot{\varepsilon}_{pd}$ 与动荷频率 f 之间的关系见图 13-8。由图 13-8 可以看出：①动荷频率 $f \leqslant 6\text{Hz}$，动荷频率 f 对冻土残余动应变增长率 $\dot{\varepsilon}_{pd}$ 影响大，并且随着含水率动荷频率 f 增大，$\dot{\varepsilon}_{pd}$ 大幅度降低；②动荷频率 $f > 6\text{Hz}$，冻土残余动应变增长率 $\dot{\varepsilon}_{pd}$ 大幅度减小到很小值且动荷频率 f 增大对 $\dot{\varepsilon}_{pd}$ 几乎无影响，可以采用幂函数 $\dot{\varepsilon}_{pd} = af^b$ 拟合这种相互变化关系。动荷频率 f 对冻土残余动应变增长率 $\dot{\varepsilon}_{pd}$ 这种影响反映了冻土动力变形存在一定时效性，即冻土动强度因动力作用时间延长而衰减，动载施加速度对冻土动强度影响很大；动载频率越小，加载速率、卸载速率均越慢，冻土动强度也越小、动刚度也越低，$\dot{\varepsilon}_{pd}$ 便越大；加载频率处于高频范围，加载速率、卸载速率均比较大，冻土动力变形时效性便不明显，因此 $\dot{\varepsilon}_{pd}$ 值变化不大。

在试验围压 σ_3、冻结负温 θ、含水率 ω 相同的条件下，针对 5 种不同动荷频率 f 试验结果获得的拟合参数 C、D 见表 13-1，C、D 与动荷频率 f 之间的关系见图 13-9，相应的拟合式见式（13-11）、式（13-12）。由图 13-9 可以看出：①动荷频率 $f = 2\text{Hz}$，C、D 取值最大；②随着动荷频率 f 增加，C 值、D 值迅速减少；③$f \geqslant 6\text{Hz}$，C 值、D 值快速减少而逐步趋于稳定。冻土残余动应变增长率 $\dot{\varepsilon}_{pd}$ 与动荷频率 f、动静应力比 ζ 之间的拟合关系见式（13-13），据此绘制的三维关系曲面见图 13-9。

$$C = 0.0065418f^{-1.6307563} \quad (R = 0.9831) \tag{13-11}$$

$$D = 0.0546107f^2 - 0.8150186f + 10.00228 \quad (R = 0.8846) \tag{13-12}$$

$$\dot{\varepsilon}_{pd} = 0.0065418f^{-1.6307563}\zeta^{0.0546f^2 - 0.815f + 10.002} \tag{13-13}$$

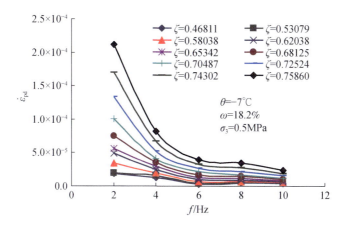

图 13-8　冻土残余动应变增长率 $\dot{\varepsilon}_{pd}$ 与动载频率 f 之间的关系

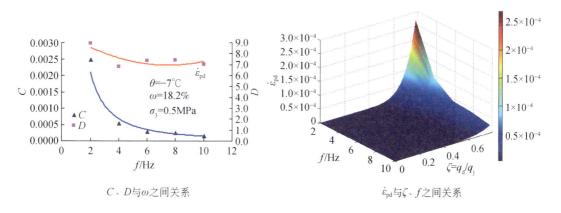

C、D 与 ω 之间关系　　　　　　　　　$\dot{\varepsilon}_{pd}$ 与 ζ、f 之间关系

图 13-9　冻土残余动应变增长率 $\dot{\varepsilon}_{pd}$、拟合参数与 f、ζ 之间的关系

5）试验围岩

在试验冻结负温 θ、动载频率 f、含水率 ω、动静应力比 ζ 相同而不变的条件下，试验获得的冻土残余动应变增长率 $\dot{\varepsilon}_{pd}$ 与试验围压 ζ 之间的关系见图 13-10。由图 13-10 可以看出，随着试验围压 ζ 增大，冻土残余动应变增长率 $\dot{\varepsilon}_{pd}$ 呈近似线性增大，并且动静应力比 ζ 越大，$\dot{\varepsilon}_{pd}$ 增大的幅度也越大。分析原因：①随着试验围压 ζ 增大，土颗粒之间接触点和接触区承受的外压力逐渐转变且累积成较大的局部内应力，导致土中冰发生压融作用、动力流变作用，并且冻土中未冻水、压融水越来越向低应力区迁移，所以冻土残余动应变增长率 $\dot{\varepsilon}_{pd}$ 因围压 ζ 增大而增大；②冻土中冰局部压融作用、流塑性作用导致冰重分布、冰晶重定向，因此降低了冰的黏聚力，致使冻土残余动应变增长率 $\dot{\varepsilon}_{pd}$ 增大；③冻土中未冻水迁移与重分布，加上未冻水与越来越多的压融水作用，降低了土颗粒之间摩阻力、黏聚力，利于加剧土颗粒滑动位移、定向排列，使得冻土残余动应变增长率 $\dot{\varepsilon}_{pd}$ 增大。

在动载频率 f、冻结负温 θ、含水率 ω 相同的条件下，针对 5 种不同围压 σ_3 试验结果获得的拟合参数 C、D 见表 13-1，C、D 与试验围压 σ_3 之间的关系见图 13-11，相应的拟合式见式（13-14）、式（13-15）。由图 13-11 可以看出，随着试验围压 σ_3 增大，C 值呈非线性增大且趋于稳定，而 D 值则呈非线性减小。冻土残余动应变增长率 $\dot{\varepsilon}_{pd}$ 与试验围压

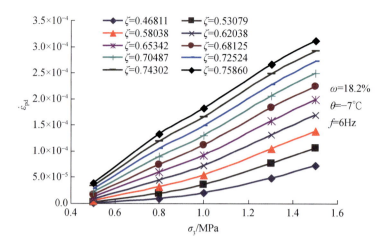

图 13-10 冻土残余动应变增长率 $\dot{\varepsilon}_{pd}$ 与试验围压 σ_3 之间的关系

σ_3、动静应力比 ζ 之间的拟合关系见式（13-16），据此绘制的三维关系曲面见图 13-11。

$$C = -0.00059184\sigma_3^2 + 0.00157563\sigma_3 - 0.00032966 \quad (R = 0.9886) \quad (13\text{-}14)$$

$$D = 2.7974\sigma_3^2 - 9.8752\sigma_3 + 11.556 \quad (R = 0.9996) \quad (13\text{-}15)$$

$$\dot{\varepsilon}_{pd} = (-0.00059184\sigma_3^2 + 0.00157563\sigma_3 - 0.00032966)\zeta^{2.7974\sigma_3^2 - 9.8752\sigma_3 + 11.556} \quad (13\text{-}16)$$

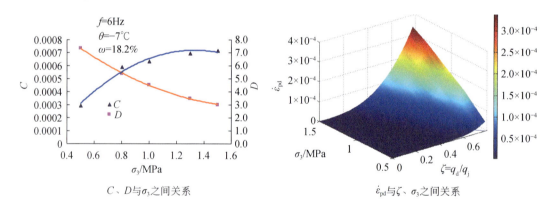

图 13-11 冻土残余动应变增长率 $\dot{\varepsilon}_{pd}$、拟合参数与 σ_3、ζ 之间的关系

基于上述试验结果，不难看出，冻土残余动应变增长率 $\dot{\varepsilon}_{pd}$ 的拟合参数 C、D 受试验围压、冻结负温、土含水率、动载频率等因素联合影响，可以表示为各因素之间的函数。据此，对上述试验成果，采用多元回归分析方法，可以获得拟合参数 C、D 与各影响因素之间的关系，见式（13-17）、式（13-18）。

$$C = \eta_{C\theta}\eta_{C\omega}\eta_{Cf}\eta_{C\sigma}0.0003067 \quad (13\text{-}17)$$

$$D = \eta_{D\theta}\eta_{D\omega}\eta_{Df}\eta_{D\sigma}7.328 \quad (13\text{-}18)$$

式中，$\eta_{C\theta}$、$\eta_{C\omega}$、η_{Cf}、$\eta_{C\sigma}$ 分别为冻土残余动应变增长率 $\dot{\varepsilon}_{pd}$ 拟合参数 C 因受冻结负温、含水率、动载频率、试验围压影响的修正系数，计算方法见式（13-19）；$\eta_{D\theta}$、$\eta_{D\omega}$、η_{Df}、$\eta_{D\sigma}$ 分别为冻土残余动应变增长率 $\dot{\varepsilon}_{pd}$ 拟合参数 D 因冻结负温、含水率、动载频率、试验围压的修正系数，计算方法见式（13-20）。

$$\eta_{C\theta} = (0.005758e^{0.467\theta})/0.000219$$

$$\eta_{C\omega} = (-6.9833\omega^3 + 4.1908\omega^2 - 0.8345\omega + 0.0555)/0.000345$$

$$\eta_{Cf} = (0.0065418f^{-1.6307563})/0.000352 \tag{13-19}$$

$$\eta_{C\sigma} = (-0.00059184\sigma_3^2 + 0.00157563\sigma_3 - 0.00032966)/0.00031$$

$$\eta_{D\theta} = (-0.10953\theta^2 - 1.26559\theta + 3.39103)/6.883$$

$$\eta_{D\omega} = (-381.56\omega^2 + 140.15\omega - 4.8312)/8.033$$

$$\eta_{Df} = (0.0546107f^2 - 0.8150186f + 10.00228)/7.078 \tag{13-20}$$

$$\eta_{D\sigma} = (2.7974\sigma_3^2 - 9.8752\sigma_3 + 11.556)/7.318$$

故此，将式（13-17）、式（13-18）代入式（13-4）得到冻土残余动应变增长率 $\dot{\varepsilon}_{pd}$ 的计算方法见式（13-21）。

$$\dot{\varepsilon}_{pd} = C\zeta^D = \eta_{C\theta}\eta_{C\omega}\eta_{Cf}\eta_{C\sigma}0.0003067\left(\frac{\sigma_d}{\sigma_1 - \sigma_3}\right)^{\eta_{D\theta}\eta_{D\omega}\eta_{Df}\eta_{D\sigma}7.328} \tag{13-21}$$

根据以上拟合式计算的冻土残余动应变增长率 $\dot{\varepsilon}_{pd}$ 的拟合参数 C 值、D 值与试验值对比见表 13-2。由表 13-2 可见，拟合参数 C、D 的计算值绝大多数与试验值一致或差别很小、少数误差较大。应该说明，拟合参数 C、D 计算值与试验值之间存在差别的主要原因是难免存在一定试验离散性、试验误差，在严格控制试验规程要求前提下，若具有足够多试件的试验量，则完全可以大幅度减小试验离散性、试验误差。

表 13-2　冻土残余动应变增长率 $\dot{\varepsilon}_{pd}$ 拟合参数 C/D 试验值与回归值的比较

试件编号	C			D		
	试验值	回归值	误差/%	试验值	回归值	误差/%
NT-11	0.0019145	0.0022628	15.39	5.57530	5.48409	1.64
NT-12	0.0005421	0.0005574	2.75	6.57620	6.98073	5.79
NT-4	0.0002970	0.0002190	26.25	7.34110	6.88319	6.65
NT-24	0.0000641	0.0000540	15.82	4.91010	5.09393	3.61
NT-16	0.0000160	0.0000212	24.54	2.84610	2.80579	1.44
NT13-1	0.0024860	0.0024972	0.45	6.79700	6.93994	2.06
NT15-1	0.0010890	0.0010494	3.78	8.06190	7.60620	5.99
NT21-1	0.0004340	0.0003969	9.34	8.40110	7.77350	8.07
NT23-1	0.0002770	0.0002925	5.30	6.97310	7.21878	3.40
NT-15	0.0024962	0.0021125	18.16	8.93750	8.59069	4.04
NT-10	0.0005365	0.0006822	21.35	6.83470	7.61598	10.26
NT-14	0.0002617	0.0002203	15.83	7.40790	6.97722	6.17
NT-13	0.0001644	0.0001531	7.39	7.05400	7.31316	3.54
NT-9	0.0005900	0.0005521	6.87	5.37460	5.44618	1.31
NT-23	0.0006360	0.0006541	2.77	4.51790	4.47820	0.89
NT-19	0.0006970	0.0007184	2.99	3.47650	3.44585	0.89
NT-20	0.0007170	0.0007021	2.12	3.01360	3.03735	0.78

13.2.2 列车长期反复振动下冻土振陷预测模型建立试验

病害调查与研究表明，寒区——特别是高寒冻融区，轨道路基沉降主要来源于冻融耦合列车长期反复振动作用而产生的永久不可恢复变形，至于路基工后长期固结沉降占比则很小或较小。寒区轨道路基冻土层振陷是由列车反复振动作用引起的长期累积残余变形。长期振动荷载作用下土体永久变形估算分三类方法[4]，即增量分析法、直接积分法、试验分析法。增量分析法较准确，但是尚无公认的可真实反映土体二维或三维永久变形状态的分析本构模型，此外对于循环次数巨多的列车振动作用，因计算量太大而不便选用。直接积分法也涉及土的本构模型合理选取问题，即使合理选定了土的本构模型，模型参数往往很难准确确定。试验分析法是针对不同试验围压、冻结负温、振动荷载等试验条件，根据不同工况的低温动三轴试验，获得冻土残余动应变与荷载振动次数 N 之间的关系，计算冻土永久变形具有直观可靠、计算简单等突出优势，可很好用于列车行驶振动荷载长期作用下冻土振陷预测。因此，以下采用试验分析法，建立列车长期反复振动下冻土振陷预测模型。为便于对比，取冻土动力学参数试验的某一级振动荷载为加荷标准，只加一级振动荷载直至达到终止标准为止，研究列车长期反复振动下冻土变形特性与振陷预测模型，试验条件见表 13-3，分别考虑三种不同试验围压、冻结负温、动载频率、动载幅值，由于高温冻土的动强度低、变形大，因此采用 -2℃冻结负温完成两个不同动应力幅值试验以资对比分析。冻土残余动应变 ε_{pd} 与动载振次 N 之间的关系试验结果见图 13-12，可见，残余动应变 ε_{pd} 随动载振次 N 增加而增加，高振次 N 下残余动应变增长率 $\dot{\varepsilon}_{pd}$（曲线上任一点切线斜率）明显小于低振次 N 下残余动应变增长率 $\dot{\varepsilon}_{pd}$。根据图 13-12，各因素对冻土残余动应变 ε_{pd} 具体影响情况分析如下。

表 13-3 冻土低温动三轴振陷试验条件

试件编号	负温 θ/℃	频率 f/Hz	含水率 ω/%	围压 σ_3/MPa	主应力 σ_1/MPa		动应力幅值 σ_d/MPa	动静应力比 ζ
					σ_{1min}	σ_{1max}		
hnt-21	−7.0	6	18.19	0.5	1.163	1.997	0.417	0.3861
hnt-22	−7.0	6	18.19	0.5	1.163	4.663	1.750	0.7252
hnt-26	−7.0	6	18.21	0.5	1.163	7.332	3.085	0.8232
hnt-33	−2.0	6	18.21	0.5	1.163	1.997	0.417	0.3861
hnt-30	−2.0	6	18.21	0.5	1.163	3.330	1.083	0.6201
hnt-31	−2.0	6	18.21	0.5	1.163	4.663	1.750	0.7252
hnt-25	−10.0	6	18.19	0.5	1.163	4.663	1.750	0.7252
hnt-28	−7.0	2	18.21	0.5	1.163	4.663	1.750	0.7252
hnt-29	−7.0	10	18.21	0.5	1.163	4.663	1.750	0.7252
hnt-27	−7.0	6	18.21	1.0	2.327	5.827	1.750	0.5687
hnt-32	−7.0	6	18.21	1.5	3.490	6.990	1.750	0.4679

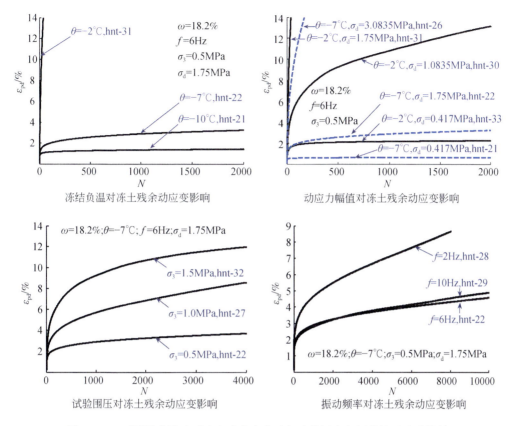

图 13-12　不同因素影响下冻土残余应变动与动载振次之间的关系试验结果

在相同含水率 ω、振动频率 f、试验围压 σ_3、动应力幅值 σ_d 条件下，−2℃冻土（高温冻土）残余动应变 ε_{pd} 累积很快而迅速破坏；−7℃（−10℃）冻土（低温冻土）残余动应变 ε_{pd} 累积在振动起始阶段增长快、振次 N 达到 100 次（50 次）左右之后残余动应变增长率 $\dot{\varepsilon}_{pd}$ 趋于稳定，这是因为等压固结之后的试件在动力加载起始阶段发生初始快速压密；此外，相同振次 N 情况下，高温冻土的残余动应变 ε_{pd} 较低温冻土的残余动应变 ε_{pd} 大很多，说明高温冻土动强度低、抗动力荷载性能差且不稳定。

在相同含水率 ω、振动频率 f、试验围压 σ_3、冻结负温 θ 条件下，动应力幅值 σ_d 越大，冻土残余动应变 ε_{pd} 累积越快，动应力幅值 σ_d 超过一定值，试件迅速破坏；动应力幅值 σ_d 较小，冻土残余动应变增长率 $\dot{\varepsilon}_{pd}$ 趋向于稳定（hnt-21，hnt-33）；此外，对比两种负温下动应力幅值增量 $\Delta\sigma_d$ 相同的残余动应变累积增量（hnt-31、hnt-33 与 hnt-22、hnt-21）可以看出，相同振次 N 情况下，高温冻土（−2℃）残余动应变 ε_{pd} 较低温冻土（−7℃）残余动应变 ε_{pd} 明显大很多，说明高温冻土对动应力幅值增量 $\Delta\sigma_d$ 增加更敏感。这主要是因为动应力幅值 σ_d 越大，输入试件中的振动能量越大，冻土产生动力累积变形也越大，又由于振动能量部分转化为热能而使得冻土中冰发生一定热融、冰对土颗粒胶结强度降低、冰对土孔隙充填度降低、土颗粒间黏结强度降低、土颗粒发生滑移、土中微裂纹不断产生，因此导致冻土结构弱化、强度蜕化。

在相同的含水率 ω、动应力幅值 σ_d、振动频率 f、冻结负温 θ 条件下，试验围压 σ_3 位于 0.5～1.5MPa 范围，试验围压 σ_3 越低，冻土残余动应变 ε_{pd} 累积越慢、达到相同应变水

平所需的振次 N 越多。试验围压 σ_3 影响冻土动力性能的主要原因在于，土颗粒间接触点和接触区的外压力转变成很大的局部内应力，导致冻土中冰发生压融作用、冰出现动力流变（动力蠕变）且未冻水与冰融水向低应力区迁移，冰因局部压融、流塑性流变而又使得冰晶重分布、重定向，减低了冰黏聚力，未冻水与冰融水迁移、重分布而加大对土颗粒间滑移的润滑作用、减小土颗粒间摩阻力。

在相同含水率 ω、动应力幅值 σ_d、试验围压 σ_3、冻结负温 θ 条件下，振动频率 f 较低频，冻土残余动应变 ε_{pd} 累积较快（hnt-28）；振动频率 f 为 6Hz，冻土残余动应变 ε_{pd} 累积最慢，随着振动频率 f 进一步提高，振动频率 f 对残余动应变 ε_{pd} 影响有所加强（hnt-29）。此外，相同荷载振次 N 下，较低的振动频率 f 对冻土残余动应变 ε_{pd} 的影响比高振动频率 f 对冻土残余动应变 ε_{pd} 的影响明显大很多，较低频率 f 振动作用更易使冻土发生残余动应变。不同振动频率 f 水平下冻土残余动应变 ε_{pd} 与时间之间的关系试验结果见图 13-13，可见，荷载振动存在一个临界频率（6Hz 左右），振动频率大于或小于这一临界频率，冻土残余动应变 ε_{pd} 累积速率均加快。振动频率 f 对冻土残余动应变 ε_{pd} 的影响反映冻土动力变形作用与动力残余永久变形作用存在时效性，冻土动强度随着动力变形发展而衰减，如此，加载速率对冻土动强度影响很大，动载频率 f 越小，加载、卸载速度均慢，相应的冻土动强度较低、动刚性较差、动弹性模量较小、动力变形较大、残余动应变累积较多。载荷频率处于高频范围，加载、卸载速率均较大，冻土动力变形的时效性均不明显，因此残余动应变累积变化不大。

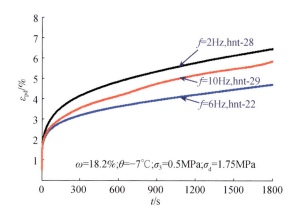

图 13-13　不同振动频率条件下冻土残余动应变与时间之间的关系试验结果

13.2.3　列车行驶长期反复振动作用下冻土振陷预测模型一

针对青藏铁路北麓河段路基黏土，参照文献［5］，根据低温动三轴试验数据，通过回归分析，获得的列车行驶长期反复振动作用下冻土的一种振陷预测模型的基本形式见式（13-22）[6-8]。

$$\varepsilon_{pd} = a + bN + cN^d \tag{13-22}$$

式中，ε_{pd} 为轴向残余动应变；N 为轴向动应力作用振次；a、b、c、d 为与试验围压 σ_3、冻结负温 θ、动应力幅值 σ_d、动载振次 N 有关的振陷参数。多次拟合结果表明，d 为小于 1 的某一数值，若动应力幅值 σ_d 大、冻结负温 θ 较高，取 $d=1/2$，计算结果的精度高；相反，若动应力幅值 σ_d 小、冻结负温 θ 较低，可以取 $d=1/10$，计算结果的精度也较高。为了简化拟合参数且分析拟合参数的影响因素，取 $d=1/6$ 为定值。因此，采用的振陷预测模型见式（13-23）。

$$\varepsilon_{pd}=a+bN+cN^{\frac{1}{6}} \tag{13-23}$$

根据冻土蠕变理论[5,9]，并且结合试验结果，式（13-23）中第 1 项 a 表示瞬态应变（即第一阶段弹性应变）、第 2 项 bN 表示黏塑性流变（即第二阶段蠕变）、第 3 项 $cN^{1/6}$ 表示衰减黏性流变（即第三阶段衰减蠕变）。据此，振陷参数 a、b、c 也有明确物理意义，参数 a 为第一阶段瞬态弹性应变，参数 b 为第二阶段蠕变的平均蠕变率（表示冻土在一定振动作用下产生的最小蠕变率的极限值，称为黏塑流蠕变率），参数 c 为第三阶段蠕变衰减系数（称为蠕变衰减系数）[5]。进一步试验与分析表明，a 为关乎冻结负温 θ 的模型参数，b 为关乎动应力幅值 σ_d 的模型参数，c 为关乎试验围压 σ_3 的模型参数，d 为关乎动载振次的模型参数。在各种试验条件下，针对冻土轴向残余动应变 ε_{pd} 与动载振动次数 N 之间的关系，由低温动三轴试验获得的试验曲线与通过冻土振陷预测模型式（13-23）计算获得的模拟曲线之间吻合度很高或基本一致，见图 13-14，说明提出的冻土振陷预测模型式（13-23）的拟合精度高，可以列车荷载下路基冻土振陷量的评估预测。

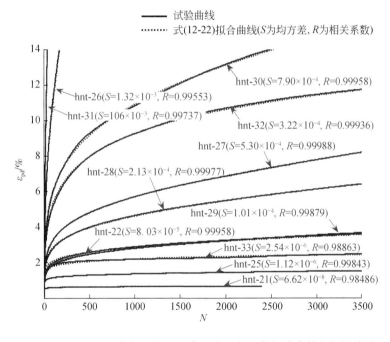

图 13-14　不同试验条件下冻土残余动应变与动载振动次数之间的关系

试验研究表明，在振动荷载作用下，冻土同时发生动力强化作用、动力弱化作用，初始动应变以动力强化作用占优势，之后逐渐表现出动力弱化作用且动力弱化作用越来越大，而与动力强化作用之间进入平衡状态，最后动力弱化作用占优势而使土开始出现破坏[10]。根据对低温三轴振动压缩试验数据多次拟合分析结果，振陷参数 a、b、c，除了与试验围压 σ_3、冻结负温 θ、动应力幅值 σ_d 等因素有关外，还受拟合采用的动应力循环次数（振次）N 影响。因此，若不考虑拟合采用的动载振次 N，而仅分析振陷参数对冻土振陷影响将意义不大。因此，利用不同振次 N 下拟合参数变化曲线，分析长期动荷载作用下最关心的振陷参数

b、c 影响。应该说明，由于振陷预测模型式（13-23）中第一项 a 瞬态弹性动应变且可恢复，对冻土最终累积振陷量无贡献，因此也无须考虑各种试验条件对 a 的影响。

1）黏塑流蠕变率 b

各种试验条件下获得的冻土振陷参数 b 与动载振次 N 之间的关系拟合曲线见图 13-15。由图 13-15 可以看出：①动载振次 $N<100$ 次，随着动载振次 N 增加，不同试验条件下的参数 b 值均迅速减少（即单位振次下参数 b 减小幅度很大）；②动载振次 $N>100$ 次，随着动载振次 N 增加，不同试验条件下的参数 b 值均接近于零；③除了因冻结负温 θ 较高、动应力幅值 σ_d 较大而使冻土试件迅速破坏之外，动载振次 N 达到一定临界值（$N=60\sim240$ 次）之后，参数 b 值趋于最小蠕变率的极限值，可以采用幂函数拟合 b 与 N 之间的关系。

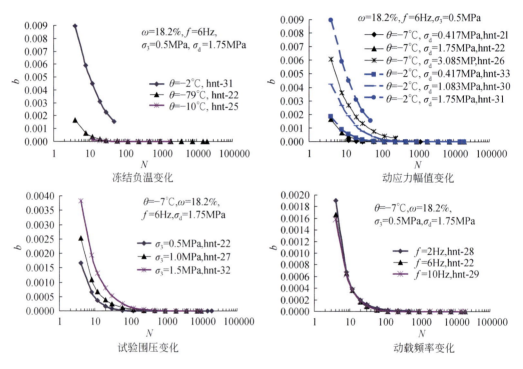

图 13-15　不同试验条件下振陷参数 b 与动载振次 N 之间的关系

由图 13-15 可以看出：①在相同含水率 ω、振动频率 f、试验围压 σ_3、动应力幅值 σ_d 条件下，冻结负温 $\theta\geqslant-2^\circ\mathrm{C}$ 的高温冻土的振陷参数 b 值明显大于冻结负温 $\theta=-7^\circ\mathrm{C}$ 的低温冻土的参数 b 值；②冻结负温 $\theta\leqslant-7^\circ\mathrm{C}$，冻结负温 θ 继续降低对参数 b 值影响不明显；③动应力幅值 σ_d 反映对试件输入的振动能量，因此参数 b 对动应力幅值 σ_d 变化很敏感，在相同含水率 ω、振动频率 f、试验围压 σ_3、冻结负温 θ 条件下，动应力幅值 σ_d 越大，参数 b 越大，并且在相同动应力幅值增量 $\Delta\sigma_d$ 条件下，高温冻土的参数 b 值增大更显著；④在相同含水率 ω、动应力幅值 σ_d、振动频率 f、冻结负温 θ 条件下，试验围压 σ_3 越低，参数 b 越小；⑤在相同含水率 ω、动应力幅值 σ_d、试验围压 σ_3、冻结负温 θ 条件下，振动频率 f 对参数 b 值影响极小而可忽略不计。

2）蠕变衰减系数 c

各种试验条件下获得的冻土振陷参数 c 与动载振次 N 之间的关系拟合曲线见图 13-16。

由图 13-16 可以看出：①随着动载振次 N 增加，不同试验条件下的参数 c 值的变化较复杂，但是主要表现为增大，振次 N 增加的次数相同，参数 c 值有的增大幅度较大或很大、有的增大幅度小或很小；②除了冻结负温 θ 较高（高温冻土）、动应力幅值 σ_d 较大而使试件很快破坏之外，振次 N 达到某一临界值之后，参数 c 便出现峰值，峰值之后，随着振次 N 进一步增加，参数 c 值趋于稳定。

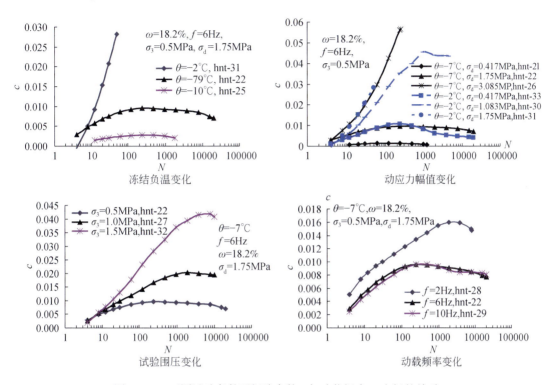

图 13-16　不同试验条件下振陷参数 c 与动载振次 N 之间的关系

由图 13-16 还可以看出：①在相同含水率 ω、振动频率 f、试验围压 σ_3、动应力幅值 σ_d 条件下，冻结负温 $\theta \geqslant -2℃$ 的高温冻土的振陷参数 c 值明显大于冻结负温 $\theta = -7℃$ 的低温冻土的参数 c 值，而且随着冻结负温 θ 降低，参数 c 值减小；②参数 c 对动应力幅值 σ_d 变化敏感，在相同含水率 ω、振动频率 f、试验围压 σ_3、冻结负温 θ 条件下，动应力幅值 σ_d 越大，参数 c 值越大，并且在相同动应力幅值增量 $\Delta\sigma_d$ 条件下，高温冻土的参数 c 值增大更显著；③在相同含水率 ω、动应力幅值 σ_d、振动频率 f、冻结负温 θ 条件下，随着动载振次 N 增加，试验围压 σ_3 越高，参数 c 值越大，并且参数 c 达到峰值所需的振次 N 越多；④在相同含水率 ω、动应力幅值 σ_d、试验围压 σ_3、冻结负温 θ 条件下，振动频率 $f =$ 2Hz（hnt-28）对应的参数 c 值明显增大，4000 次左右的荷载振次 N 对应的参数 c 值达到峰值；⑤振动频率 f 达到或超过 6Hz，频率 f 变化对参数 c 值影响不大，240 左右的荷载振次 N 对应的参数 c 达到峰值。

13.2.4　列车行驶长期反复振动作用下冻土振陷预测模型二

在 13.1.3 节中，针对列车荷载特点，根据冻土低温动三轴压实试验结果，直接建立了列车行驶冻土振陷预测模型一。但是，受限于试验条件，特别是进行针对列车行驶长期反复振动作用的冻土低温动三轴压实试验占用机时很长，致使试验的试件数量有限，此外冻土动力流变的影响因素多，难以系统检测振陷预测模型的拟合参数 a、b、c 与土含水率 ω、冻结负温 θ、试验围压 σ_3、动应力幅值 σ_d 等各影响因素之间的全面函数关系。故此，经过多方面分析考证，首先基于冻土动力学参数试验结果，研究了冻土残余动应变增长率与土含水率 ω、试验围压 σ_3、冻结负温 θ、动静应力比 ζ、动载频率 f 等影响因素之间的函数关系（13.1.1.2 节、13.1.2 节），然后根据长期动荷载作用下冻土低温动三轴振陷试验结果，引入循环荷载长期作用振次 N 的函数，修正建立的冻土振陷与各影响因素之间的函数关系，即可获得列车行驶长期反复振动作用下冻土振陷预测模型二，见式（13-24）。

$$\varepsilon_{pd} = (A\ln N + B)\,\varepsilon_{pd1} = (A\ln N + B)\frac{\dot{\varepsilon}_{pd}}{f} = (A\ln N + B)\frac{C\zeta^{CD}}{f}$$

$$= \eta_{C\theta}\,\eta_{C\omega}\,\eta_{Cf}\,\eta_{C\sigma}0.\,0003067\zeta^{\eta_{D\theta}\eta_{D\omega}\eta_{Df}\eta_{D\sigma}7.\,328}\frac{(A\ln N + B)}{f} \tag{13-24}$$

式中，A、B 为由冻土低温动三轴振陷试验确定的拟合参数；f 为轴向荷载振动频率；N 为轴向荷载振动次数即振次；ε_{pd} 为由分级循环加载试验确定荷载振动一次产生的残余动应变（计算式 $\varepsilon_{pd1} = \dot{\varepsilon}_{pd}/f = C\zeta^D/f$，$\zeta$ 为动静应力比，C、D 为与土含水率 ω、冻结负温 θ、试验围压 σ_3、动应力频率 f、动应力幅值 σ_d 等影响因素有关的拟合参数）；$\eta_{C\theta}$、$\eta_{C\omega}$、η_{Cf}、$\eta_{C\sigma}$ 分别为冻土残余动应变增长率 $\dot{\varepsilon}_{pd}$ 拟合参数 C 因受土含水率 ω、冻结负温 θ、动载频率 f、试验围压 σ_3 影响的修正系数，计算方法见式（13-19）；$\eta_{D\theta}$、$\eta_{D\omega}$、η_{Df}、$\eta_{D\sigma}$ 分别为冻土残余动应变增长率 $\dot{\varepsilon}_{pd}$ 拟合参数 D 因土含水率 ω、冻结负温 θ、动载频率 f、试验围压 σ_3 的修正系数，计算方法见式（13-20）。

由式（13-24）可以看出，冻土振陷预测模型二综合考虑了土单元的应力状态（体现为动静应力比 ζ）与土含水率 ω、冻结负温 θ、动载频率 f、试验围压 σ_3、动载振次 N 等因素的影响。针对不同试验条件，由低温动三轴试验获得的冻土振陷试验曲线、由振陷预测模型二式（13-24）获得的冻土振陷预测曲线见图 13-17，可见，试验曲线与预测曲线之间具有很高的吻合度，说明采用式（13-24）预测列车行驶路基振陷累积量的精度很高。

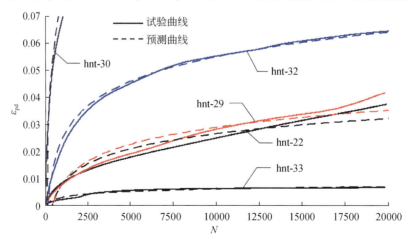

图 13-17　不同试验条件下冻土残余动应变与动载振动次数之间的关系

§13.3　多年冻土区轨道路基冻土层振陷预测与影响因素

现场调查与研究表明[1,2,7,8,11-16]，多年冻土区路基永久沉降变形由路堤填土层工后固结变形、季节融化层（活动层）压密变形、多年冻土融沉变形（多年冻土退化）、高温多年冻土压缩变形四部分组成，主要受路基结构、填筑质量、冻土含冰量、地温状态、上覆层重力、列车振动等因素影响，其中路基结构、填筑质量、上覆层重力对路基永久沉降变形超出了"寒区轨道交通路基动力学"研究范畴，而考虑冻土含冰量、地温状态、列车振动影响的冻融与振动耦合下路基永久沉降变形即振陷则是"寒区轨道交通路基动力学"的一项主要研究内容。长期以来，国内外针对静载作用下高温冻土融沉与压缩变形开展了较多深入研究[1,16-20]，但是对冻融与振动耦合下轨道路基永久沉降变形即振陷问题研究，除了凌贤长、朱占元等早期工作之外[1-3,6-8,21,22]，尚罕见其他学者同类研究的文献报道。因此，以下将基于12.1节建立的多年冻土区轨道路基冻土振陷预测模型与第10章、第12章路基振动反应分析成果，研究多年冻土区列车长期行驶振动作用引起冻土上限振陷预测方法与影响因素，并且作为成果实际应用的一个范例，给出青藏铁路北麓河段DK1136路基未来50年列车行驶引起多年冻土层上限振陷量的预测结果。

13.3.1　多年冻土区轨道路基多年冻土层振陷预测方法

在13.1.4节中，建立了冻土振陷预测模型式（13-24），用于描述与计算列车长期行驶振动作用引起多年冻土层上限即活动层的累积沉降变形量。在冻土振陷预测模型式（13-24）中，最关键的变量是因列车行驶振动而在冻土中产生的动静应力比 ζ，动静应力比 ζ 计算方法见式（13-1）~式（13-3）。采用动静应力比 ζ，刻画冻土中由静应力状态与振动应力状态耦合作用而使之产生的振陷量。广义剪应力也称为广义应力，或应力强度，或广义等效应力。轨道路基中初始地应力状态为静应力状态，土单元中广义剪应力为静广义剪应力，表示为 q_{j}，见式（13-3）；列车振动在路基中产生的动应力状态是一个随机过程，土单元中广义剪应力为动广义剪应力，表示为 q_{d}，见式（13-2）。冬季，青藏铁路北麓河段DK1136路基中因货车、客车行驶而产生的动静应力比 ζ 时程与功率谱见图13-18[图中，$P(f)$ 为功率密度，即单位频带中的信号功率，f 为频率（单位为Hz），t 为时间（单位为s），H 为埋深（单位为m）]，可见，动静应力比 ζ 时程变化与路基中动压应力时程变化相似，动静应力比 ζ 的峰值对应于转向架通过的时刻，振动优势频率对应于转向架作用率。应该指出，采用动力有限元方法计算路基冻土中动静应力比 ζ，已经考虑了列车荷载振动作用引起的应力路径的影响。

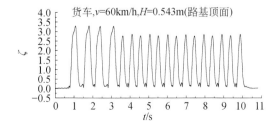

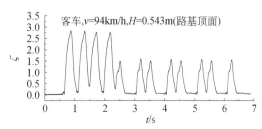

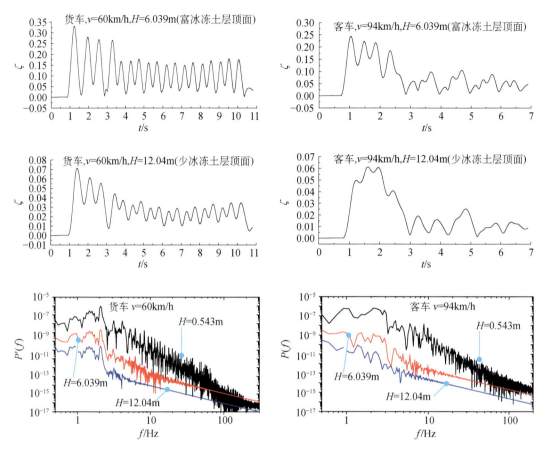

图 13-18　列车行驶路基动静应力比时程与功率谱

　　青藏铁路北麓河段路基中静广义剪应力分布见图 13-19，冬季客车机车行驶路基中引起的动广义剪应力最大值见图 12-15，动静应力比的最大值在横剖面中分布云图见图 13-20。由图 13-20 可以看出，动静应力比的最大值存在于道床内部、基床表层，随着埋深增大而迅速衰减。不同季节不同车辆类型通过在路基中引起的动静应力比 ζ 的最大值沿埋深 H 加大

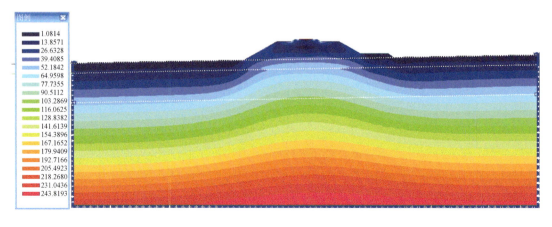

图 13-19　青藏铁路北麓河段 DK1137+700 初始静剪应力（kPa）分布云图

而表现的衰减规律见图 13-21。由图 13-21 可以看出，路基中动静应力比 ζ 在富冰冻土层顶面（多年冻土层上限，即活动层地面）为 0.1～0.34，路基中动静应力比 ζ 沿深度 H 方向表现的衰减规律可以表示为负幂次方函数，见式（13-25），拟合参数 E、F 与相关系数 R 见表 13-4。

$$\zeta = EH^{-F} \tag{13-25}$$

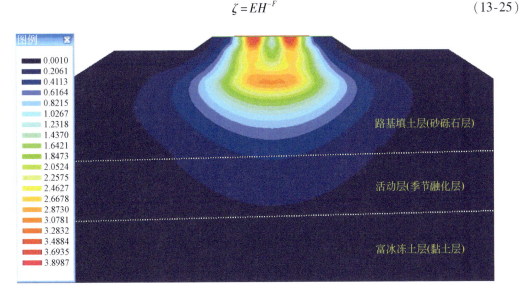

图 13-20　青藏铁路北麓河段路基中动静应力最大值分布

冬季，剖面 DK1137+700，客车机车行驶，$v=94\text{km/h}$

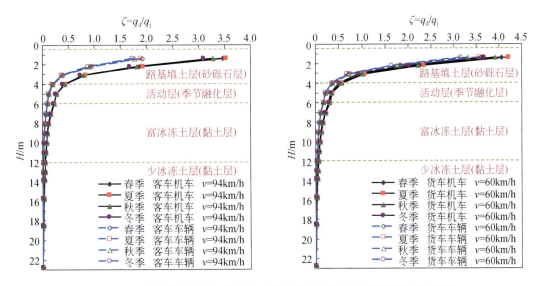

图 13-21　青藏铁路北麓河段列车行驶路基中动静应力比沿深度衰减规律

剖面 DK1137+700

根据上述，无论是冬季、春季、夏季、秋季，还是客车行驶、货车行驶，多年冻土层之上的活动层（季节融化层）、路基填土层（实际也是季节融化层）中动静应力比 ζ 均显著或明显大于多年冻土层中动静应力比 ζ，这是因为列车行驶对路基输入的振动作用沿埋

深 H 衰减很快。在路基填筑层/地层类型、土性、密实度/孔隙率、含水率与冻融状态等一定条件下，由于列车行驶振动作用下在路基中产生的动静应力比 ζ 成为路基振陷的唯一重要成因，因此预估列车荷载下多年冻土区路基振陷量必须聚焦活动层及其之上填土层振陷。

表 13-4　动静应力比 ζ 沿路基深度 H 方向衰减关系拟合参数与相关系数

通车季节	客车行驶（$v=94$km/h）						货车行驶（$v=60$km/h）					
	客车机车 NJ2			客车车辆 YZ25T			货车机车 DF8B			客车车辆 C62		
	E	F	R^2	E	F	R^2	E	F	R^2	E	F	R^2
春季	7.8592	2.0012	0.9946	2.7713	1.8033	0.9753	8.3966	2.0012	0.9943	5.9851	1.9633	0.9748
夏季	8.1818	2.0104	0.9948	2.7906	1.8018	0.9753	8.7413	2.0104	0.9943	6.0364	1.9364	0.9750
秋季	7.6764	1.9927	0.9945	2.6620	1.7871	0.9767	8.2013	1.9927	0.9939	5.7422	1.9482	0.9753
冬季	7.0043	1.972	0.9941	2.5018	1.7817	0.9741	7.483	1.972	0.9941	5.4037	1.9327	0.9757

列车行驶引起路基振动反应的影响因素众多，致使很难精确计算振动荷载长期作用下路基累积附加沉降。由于冻土特殊性，预测青藏铁路沿线多年冻土区路基振陷，还需要考虑冻土负温、含水率、围压与动载频率等因素影响，而全面考虑这些存在相互影响与互馈效应的影响因素精确计算路基振陷或累积附加沉降量，不仅做不到，而且也根本没有这个必要，探索一种满足工程精度要求的简化计算方法，才是追求的最终目标。因此，参考国内外相关文献资料，提出了一种采用分层总和法的多年冻土区轨道路基沉降预测的活动层振陷简化计算方法。根据青藏铁路多年冻土区路基结构与沉降现场监测的实际情况，针对列车行驶活动层振陷的这种简化计算方法，提出以下几点基本简化假设条件。

（1）青藏铁路多年冻土区路基长期振陷预测期之内，列车类型、行车速度、编组型式、通车频次（车流量）等列车条件或因素一直不变。具体假定：客车速度为 94km/h，货车速度为 60km/h，每天通行 8 趟客车（编组型式：3 节 NJ2 机车+15 节 YZ25 车辆）、3 趟货车（编组形式：3 节 DF8B 机车+50 节 C62 车辆）。

（2）青藏铁路多年冻土区路基振动反应数值分析表明，富冰冻土层顶面承受的动压应力、动静应力比的峰值对应于转向架作用。因此，假设富冰冻土层的振动频率由转向架作用次数确定，即每通过 1 个转向架对路基振动 1 次，各个转向架振动特点相同且不同转向架之间振动互不影响。

（3）现场监测表明，寒区因不同季节交替而引起路基地温变化是一个连续物理过程，并且在青藏高原多年冻土区每一个季节同一冻土层或活动层中地温沿深度变化不大或很小。因此，为了简化模拟计算，不同季节对同一冻土层的地温取一个不变的定值。参考文献［11，16，23］温度场监测成果，针对青藏铁路北麓河段，取路基与场地表层融化厚度 1m 的地温状态为春季、融化厚度 2m 的地温状态为夏季、冻结厚度 1m 的地温状态为秋季（存在 1m 深未冻结层）、活动层全部冻结为冬季，不同季节地温取值见表 12-1。

基于上述假设，根据分层总和原理与地温动三轴试验结果，建立的列车行驶路基冻土振陷预测模型见式（13-24），多年冻土层上限（富冰冻土层顶面）发生长期沉降（振陷）预测式见式（13-26）。应该说明，多年冻土层上限（富冰冻土层顶面）沉降（振陷）主要起因于多年冻土层振陷作用。

$$\Delta_N = \int_{H_1}^{H_3} \varepsilon_{\mathrm{pd}}(N,H,\theta,\omega,f,\sigma_3)\,\mathrm{d}H$$

$$= (A\ln N + B)\int_{H_1}^{H_3} \varepsilon_{\mathrm{pd1}}(H,\zeta,\theta,\omega,f,\sigma_3)\,\mathrm{d}H \qquad (13\text{-}26)$$

$$= (A\ln N + B)\Delta_1$$

式中，Δ_N 为振动 N 次引起多年冻土层上限的总沉降量；Δ_1 为初始振动一次引起多年冻土层上限的沉降量；A、B 为由输入列车振动荷载进行低温动三轴振陷试验确定的拟合参数；H_1 为多年冻土层上限（富冰冻土层顶面）与轨枕底面之间竖向距离；H_3 为下伏基岩顶面（本质意义是不受冻融循环、形成振动影响的下伏地层顶面，即下伏基岩顶面及其之下的地层对关注的上覆路基振陷无贡献）与轨枕底面之间竖向距离，其他符号意义如前所述。

不同类型列车与不同季节（路基与场地不同地温状态），每个转向架通过一次引起多年冻土层上限（富冰冻土层顶面）产生的初始沉降量（振陷量）不同，计算方法见式（13-27）、式（13-28）。

$$\Delta_{1ij} = \int_{H_1}^{H_3} \varepsilon_{\mathrm{pd1}ij}\ (H,\zeta,\theta,\omega,f,\sigma_3)\,\mathrm{d}H$$

$$= \int_{H_1}^{H_2} \varepsilon_{\mathrm{pd1}ij}(H,\zeta,\theta,\omega,f,\sigma_3)\,\mathrm{d}H + \int_{H_2}^{H_3} \varepsilon_{\mathrm{pd1}ij}\ (H,\zeta,\theta,\omega,f,\sigma_3)\,\mathrm{d}H \qquad (13\text{-}27)$$

$$= \int_{H_1}^{H_2} \frac{C_{ij}(E_{ij}H^{-F_{ij}})^{D_{ij}}}{f_i}\,\mathrm{d}H + \int_{H_2}^{H_3} \frac{C_{ij}(E_{ij}H^{-F_{ij}})^{D_{ij}}}{f_i}\,\mathrm{d}H \quad (i = 1\sim 4, j = 1\sim 4)$$

$$\varepsilon_{\mathrm{pd1}ij} = \frac{\dot{\varepsilon}_{\mathrm{pd}ij}}{f_i} = \frac{C_{ij}(\zeta_{ij})^{D_{ij}}}{f_i} = \frac{C_{ij}(E_{ij}H^{-F_{ij}})^{D_{ij}}}{f_i} \quad (i = 1\sim 4, j = 1\sim 4) \qquad (13\text{-}28)$$

式中，Δ_{1ij} 为车辆类型 i 在季节 j 行驶每个转向架通过引起多年冻土层上限（富冰冻土层顶面）产生的沉降量（$i=1$、2、3、4 分别表示客车机车、客车车辆、货车机车、货车车辆，$j=1$、2、3、4 分别表示春季、夏季、秋季、冬季。其他相同，在此略）；$\varepsilon_{\mathrm{pd1}ij}$ 为车辆类型 i 在季节 j 行驶每个转向架通过引起多年冻土区路基中多年冻土层上限之下与埋深 H 相应位置的残余动应变；E、F 为冻土路基中动静应力比衰减关系拟合系数（取值见表 13-4）；C、D 为冻土动应变速率拟合系数［按照式（13-17）~式（13-21）计算］；f_i 为车辆类型 i 行驶引起多年冻土层上限之下土层动应力频率（按照车辆的转向架作用率计算，f_i = 车辆类型 i 行驶速度/转向架间距）；H_2 为少冰冻土层顶面与轨枕底面之间竖向距离。

为了便于计算且考虑季节变化影响，以客车机车作为参考标准，根据每一季节冻融状态的实际数（并非公历中每一季节规定的 3 个月），按照式（13-29）进行加权平均得到每年客车机车每个转向架通过引起路基振陷而产生的平均初始振动沉降量。

$$\Delta_1 = \frac{\sum_{j=1}^{4} m_j \Delta_{11j}}{12} \qquad (13\text{-}29)$$

式中，m_j 为季节 j 在一年中月数，如青藏铁路沿线多年冻土区每年春季 2 个月、夏季 2 个月、秋季 2 个月、冬季 6 个月。

以客车机车作为参考标准，同一季节不同车辆按照式（13-30）确定车辆类型修正系数 η_{ij}，由式（13-31）获得某一季节每天折合成客运机车 NJ2 通过的折合振次 N_{1j}，再按照季节修正式（13-32）进行不同季节每天折合振次的季节修正得到年平均每天振动次数

N_1，预测天数的振动次数按照式（13-33）计算。故此，上述每天折合振动次数 N_1 与初始振动沉降量均考虑了季节变化、车辆类型对振陷沉降的影响。

$$\eta_{ij} = \frac{\Delta_{1j}}{\Delta_{11j}} \qquad (13\text{-}30)$$

$$N_{1j} = \sum_{i=1}^{4} N_{1j} = \sum_{i=1}^{4} N'_{1ij}\eta_{ij} \qquad (13\text{-}31)$$

$$N_1 = \frac{\sum_{j=1}^{4} m_j N_{1j}}{12} \qquad (13\text{-}32)$$

$$N = D_n N_1 \qquad (13\text{-}33)$$

式中，D_n 为多年冻土层上限（富冰冻土层顶面）振陷预测的天数。

综上所述，在进行路基分层总和法振陷预测过程中，综合考虑了路基与场地地温（季节变化）、围压、含水率与车辆类型、振动频率、振动次数对多年冻土层上限振陷量的影响。基于上述原理，编制了振陷预测程序 ZXYC，据此通过计算机可以快速完成不同工况路基振陷预测。

算例：以青藏铁路北麓河段为例，列车行驶条件等同于上述假定，场地温度为 $-0.5℃$，富冰冻土层厚度为 6m，路堤高度为 3.5m，据此，通过以上方法计算获得的不同季节各种车辆类型行驶下每个转向架振动引起多年冻土层上限初始累积沉降量（即转向架每通过一次产生的初始累积沉降量）见图 13-22，可见，多年冻土层上限振动沉降主要产生于多年冻土层上限之下 2m 范围；不同车辆类型与不同季节的转向架振次折算系数见表 13-5，多年冻土层上限振陷预测计算式见式（13-34）～式（13-36），列车行驶 50 年引起多年冻土层上限振陷过程见图 13-23，多年冻土层上限最终振陷量为 22.812mm。特别说明，上述振陷量仅考虑列车行驶振动引起多年冻土层上限位置（距轨枕底面 6m）的振陷量，即多年冻土层上限之下多年冻土层的累积振动沉降，并不是路基表面的振动沉降量，

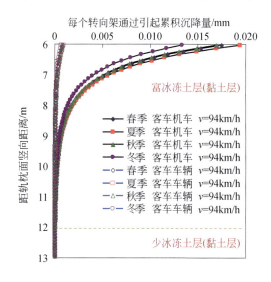
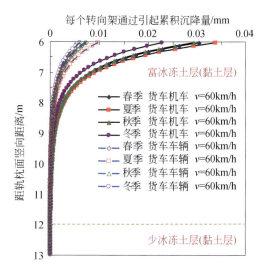

图 13-22　青藏铁路北麓河段列车行驶每个转向架引起路基初始累积沉降沿深度衰减规律（剖面 DK1137+700）

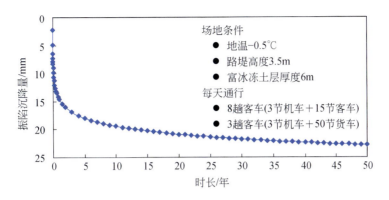

图 13-23　青藏铁路北麓河段行车 50 年路基累积沉降过程

而路基表面的振动沉降量还需要计入活动层与路基填筑层的振动沉降量；此外，路基表面的实际沉降量，除了列车行驶振动引起的沉降之外，还需要计入年年反复发生的累积融沉量，即融冻固结沉降量。

$$\Delta_1 = \frac{\sum_{j=1}^{4} m_j \Delta_{11j}}{12} = \frac{2 \times \Delta_{11j}|_{j=1} + 2 \times \Delta_{11j}|_{j=2} + 2 \times \Delta_{11j}|_{j=3} + 6 \times \Delta_{11j}|_{j=4}}{12} \quad (13\text{-}34)$$

$$= 6.538 \times 10^{-3} \text{mm}$$

$$N_1 = \frac{\sum_{j=1}^{4} m_j N_{1j}}{12} = \frac{2 \times N_{1j}|_{j=1} + 2 \times N_{1j}|_{j=2} + 2 \times N_{1j}|_{j=3} + 6 \times N_{1j}|_{j=4}}{12} = 314.16 \text{ 次}$$

$$(13\text{-}35)$$

$$\Delta|_{N=5 \times \times 365 \times 314.16 = 5733408.3} = (320.94 \ln N - 1505.28) \cdot \Delta_1 = 22.812 \text{mm} \quad (13\text{-}36)$$

表 13-5　转向架振次折算系数

通车季节	起止月份	客车 ($v=94$km/h)				货车 ($v=60$km/h)			
		机车 NJ2		车辆 YZ25T		机车 DF8B		车辆 C62	
		冻土层上限振陷量/mm	折算系数	冻土层上限振陷量/mm	折算系数	冻土层上限振陷量/mm	折算系数	冻土层上限振陷量/mm	折算系数
春季	5~6	7.3×10^{-3}	1.0	3.9×10^{-4}	0.0534	2.0×10^{-2}	2.7185	3.5×10^{-3}	0.4812
夏季	7~8	8.1×10^{-3}	1.0	4.1×10^{-4}	0.0505	2.2×10^{-2}	2.7367	4.6×10^{-3}	0.5735
秋季	9~10	7.1×10^{-3}	1.0	3.8×10^{-4}	0.0530	1.9×10^{-2}	2.7122	3.3×10^{-3}	0.4694
冬季	11~4	5.6×10^{-3}	1.0	3.0×10^{-4}	0.0532	1.5×10^{-2}	2.6702	2.9×10^{-3}	0.5168

路堤高度 3.5m，富冰冻土层厚度 6m，冻土温度 -0.5℃，$H_1 = 6$m，$H_2 = 12$m，$H_3 = 35$m

13.3.2　多年冻土区轨道路基多年冻土层振陷影响因素

研究表明，多年冻土区，在行车条件（列车类型、编组、轴重、时速与通车频次）不变情况下，列车行驶引起多年冻土层上限振陷的主要因素为地温（年平均地温）、路堤高度（隐含：多年冻土层与轨道之间竖向距离）、富冰冻土层厚度。在以上相同行车条件下，采用上述多年冻土层上限预测方法，针对不同地温、不同富冰冻土层厚度、不同路堤高度，计算获得未来50年多年冻土层上限振陷量与地温、富冰冻土层厚度、路堤高度之间关系见图13-24，详细分析如下。

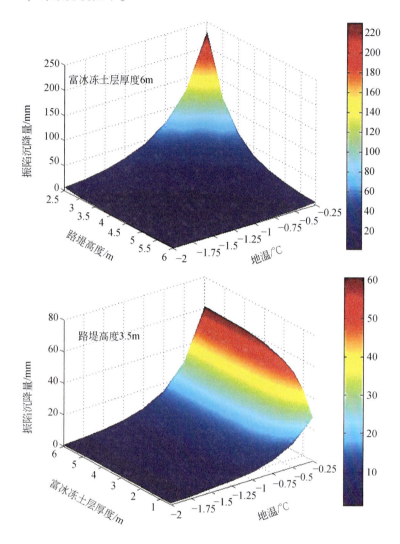

图 13-24　青藏铁路连续行车 50 年多年冻土层上限振陷预测结果

1）年平均地温对多年冻土层上限振陷影响

在富冰冻土层厚度（6m）不变而路堤高度改变条件下，针对连续行车50年，年平均地温与多年冻土层上限振陷累积沉降量之间关系的预测计算结果见图13-25。由图13-25可以看出：①年平均地温为-2℃，列车行驶引起多年冻土层上限的振陷量非常小，即使路堤高度为2.5m，连续行车50年引起多年冻土层上限的振陷量也仅7.3mm；②随着地温升高，多年冻土层上限振陷量增长非常快，如年平均地温为-0.25℃，连续行车50年引起多年冻土层上限振陷量达到235mm。主要是因为冻土温度越高，动强度、承载力越低，所以相同动载作用下产生的动残余变形也越大。因此，在全球气候升温背景下，多年冻土退化与退化速率不断加快成为不可抗拒的自然事实，行车振陷耦合融沉作用、强度弱化引起变形作用，多年冻土区轨道路基稳定性与沉降控制问题应引起特别关注。

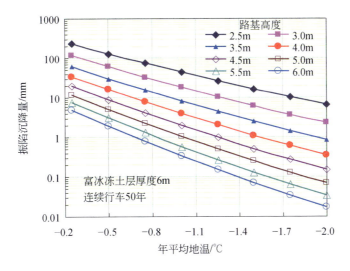

图 13-25　行车 50 年多年冻土层上限振陷与年平均地温之间的关系

2）路堤高度对多年冻土层上限振陷影响

路堤高度是多年冻土层上限振陷量又一重要影响因素。在富冰冻土层厚度（6m）不变而年平均地温改变的条件下，针对连续行车 50 年，路堤高度与多年冻土层上限振陷累积沉降量之间关系的预测计算结果见图 13-26。由图 13-26 可以看出：①路堤高度为 6m，即使年平均地温为-0.25℃，列车行驶引起多年冻土层上限的振陷量仍然非常小，连续行车 50 年引起多年冻土层上限的振陷量仅 4.3mm；②随着路堤高度降低，富冰冻土动静应力比增大很快，致使多年冻土层上限振陷量增长非常快，如路堤高度为 2.5m，连续行车 50 年引起多年冻土层上限的振陷量达到 235mm（较 6m 路堤高度增大约 54 倍）。图 13-25

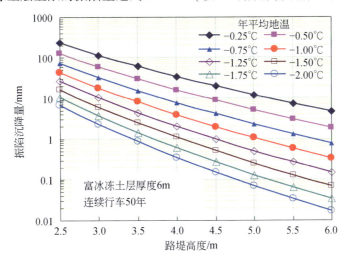

图 13-26　行车 50 年多年冻土层上限振陷与路堤高度之间的关系

也显示上述变化规律。这是因为行车振动荷载自轨道向下传播衰减速度很快，路堤越高，多年冻土层距离轨道竖向距离越大，达到多年冻土层振动力越小，因此富冰冻土动静应力比越小，致使连续行车50年引起多年冻土层上限振陷量越小。

　　3）富冰冻土层厚度对多年冻土层上限振陷影响

　　针对连续行车50年，图13-27给出了富冰冻土层厚度对多年冻土层上限振陷影响的预测结果，其中图13-27（a）为路堤高度（3.5m）不变而富冰冻土层厚度改变条件下多年冻土层上限振陷与年平均地温之间的关系、图13-27（b）为路堤高度（3.5m）不变而年平均地温改变条件下多年冻土层上限振陷与富冰冻土层厚度之间的关系。由图13-27可以看出：①随着富冰冻土层厚度增加，持续通车50年引起的多年冻土层上限振陷量增大；②但是，富冰冻土层厚度超过2m，富冰冻土层厚度增加对多年冻土层上限振陷量影响非常小。因此，多年冻土层上限振陷变形主要发生于多年冻土层上限附近一定区域，原因主要在于列车行驶引起的动压应力随着埋深增大而快速衰减，在路堤高度相同的条件下，轨道离多年冻土层上限越近，动压应力便越大，致使动静应力比也越大（图13-21），更易使多年冻土层产生累积振陷。

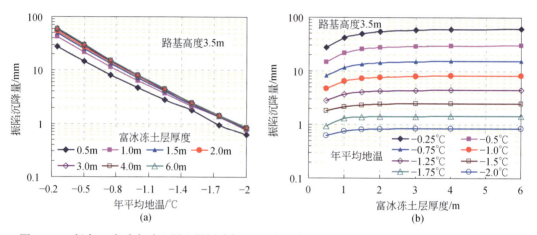

图 13-27　行车50年多年冻土层上限振陷与（a）年平均地温和（b）富冰冻土层厚度之间的关系

　　综上所述，多年冻土层上限累积振陷量主要发生于富冰冻土层顶面之下2m范围一定区域，随年平均地温升高、路堤高度降低，多年冻土层上限振陷量较大幅度增大，因此降低地温、增加路堤高度对减少列车行驶引起多年冻土层上限振陷量效果非常显著。

13.3.3　青藏铁路北麓河段路基多年冻土层振陷预测

　　根据文献［1-3］确定青藏铁路北麓河段DK1136各监测断面的路堤高度、富冰冻土厚度、地温参数见表13-6，列车行驶条件等同于13.2.1节。采用上述列车行驶路基中多年冻土层上限振陷预测方法，针对设计使用年限50年之内地温不变、地温升高0.1℃、地温升高0.2℃、地温升高0.3℃四种不同工况，进行北麓河段DK1136各监测断面路基多年冻土层上限振陷预测，预测结果见表13-6，据此获得不同地温条件下各监测断面振陷预测值与持续行车时长、里程位置之间的关系见图13-28。由图13-28可以看出：①路堤高度较低，如DK1136+520断面、DK1136+755断面，列车行驶引起路基中多年冻土层上限振陷量较大；②路堤高度最高的 DK1136+580 断面，列车行驶引起路基中多年冻土层上限振陷量最小；③在未来全球气候升温大背景下，随着地温升高，路基中多年冻土层上限振陷量明显增大，若假设未来 50 年平均地温升高 0.3℃，列车行驶引起多年冻土层上限振陷量增大将超过地温不变（−0.59℃）振陷量 2 倍，其中 DK1136+520 断面多年冻土层上限未来 50 年累积振陷量可达 103.47mm。

表 13-6　青藏铁路北麓河段 DK1136 路基多年冻土层上限振陷预测结果

断面里程	路堤高度/m	富冰冻土层厚度/m	地温/℃	50 年累积沉降量/mm			
				地温不变	升温 0.1℃	升温 0.2℃	升温 0.3℃
DK1136+520	3.0	4.5	−0.59	48.26	61.92	79.84	103.47
DK1136+540	4.5	3.8	−0.53	7.93	10.84	14.88	20.57
DK1136+565	4.8	5.0	−0.56	5.14	7.18	9.98	13.97
DK1136+580	5.0	5.8	−0.58	3.92	5.46	7.64	10.76
DK1136+600	4.0	4.0	−0.60	11.81	15.83	21.26	28.72
DK1136+620	3.2	2.2	−0.63	31.20	40.50	51.95	67.06
DK1136+755	3.1	2.0	−0.53	46.37	59.08	75.73	97.65
DK1136+775	4.3	3.0	−0.48	11.47	15.52	21.14	28.97

注：升温为 50 年设计基准期地温平均值上升幅度

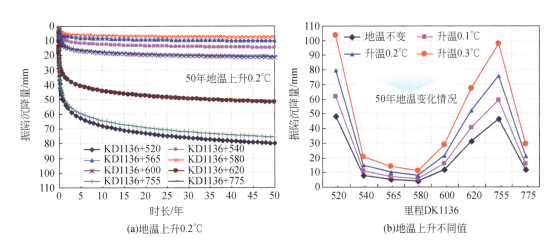

图 13-28　青藏铁路北麓河段 DK1136 路基多年冻土层上限振陷预测结果

§13.4　深季节冻土区轨道路基振陷预测与影响因素

深季节冻土区，冻结期极端低温且漫长，不仅冻深大，而且年复一年反复冻融，冻结层在融冻期全部融化，全部融化的冻结层在列车振动荷载作用下难免发生较大振陷量，进而显著影响轨道不平顺。因此，深季节冻土区冻融与振动耦合作用下轨道路基振陷问题应引起关注。然而，长期以来，罕见深季节冻土区冻融与振动耦合作用下轨道路基振陷研究的文献报道。鉴于此，以下针对深季节冻土区，首先根据冻土/融土（路基填料）、列车振动荷载特点进行的动三轴试验与固结不排水静三轴试验结果，获得列车长期振动下路基冻融土永久应变模型，然后结合建立的深季节冻土区路基温度场分析数值模型、振动响应分析数值模型，分别考虑不同冻融状态、列车类型、行车速度、路堤高度等影响因素，计算长期列车荷载作用下路基永久变形，进而定量分析不同冻融状态下列车类型、轴重、车速与路基高度对路基永久变形的影响，将为进一步评价深季节冻土区轨道路基稳定性与服役状态奠定重要基础。根据现场监测与数值模拟结果，列车行驶振动荷载在路基中传播衰减较快，向下传播 5～6m 即已衰减很弱，而在深季节冻土区路基中的季节冻融层倍受影响，超过季节冻融层振动便大幅度衰减，这是因为冻结层融化之后对动力波的阻尼（主要为材料阻尼）衰减效应很大——剪切波衰减作用尤其大，因此深季节冻土区轨道路基振陷预测应主要聚焦季节冻融层的长期振陷作用。

13.4.1　深季节冻土区轨道路基永久应变预测模型构建思路

构建深季节冻土区轨道路基永久应变模型思路：采用力学分析与经验法相结合方法，其中力学分析具体落实于数值模拟，首先通过动力有限元法数值模拟获得因列车行驶振动作用而在路基中产生的动应力，然后结合上述动三轴试验与静三轴试验建立路基永久应变模型，因此充分考虑了路基受力特性、冻融特性、冻融与振动耦合作用，并且易于通过静/动三轴试验获取模型参数。

研究表明，长期列车行驶反复振动荷载作用下路基土体永久应变，除与土的自身物理性质关系密切之外，还明显或显著受到动载幅值、振动频率、加载次数、围压（埋深）等影响。从力学角度考虑路基土体永久变形作用，土体自身物理性质如土的类型（土性分类）、颗粒成分、颗粒级配、粗粒含量、胶结物、孔隙性、裂隙性、密实度、含水率等可以综合表述为土的静强度（土的静强度与围压密切相关）；关乎土的容重与埋深的静应力可以表述为土的静强度；振动荷载幅值与频率可以综合表述为荷载强度，而由不同强度振动荷载作用在路基土体中产生的动应力大小可以表述为动强度（注意：这个动强度并非土的动强度，而是外动应力的强度）；由于任何材料在任何类型荷载作用下发生变形或破坏的力学机制均为剪切作用，因此引起路基土体永久应变的动应力强度刻画为动偏应力、静应力强度刻画为静偏应力。采用动静应力比 ζ 刻画列车振动作用在路基土体中应力状态[1,2,24,25]，构建深季节冻土区轨道路基永久应变模型，$\zeta = q_d/q_f$，其中 q_d 为由列车振动在路基土体中产生的动偏应力［计算式见式（13-1）～式（13-3）］、q_f 为静偏应力。深季节冻土区路基在长期列车荷载作用下路基永久应变预测模型的建立步骤简述如下[25]。

（1）根据固结不排水静三轴压缩试验结果，确定不同温度下路基土的固结不排水静强度，即峰值静强度。

（2）针对不同负温、不同幅值荷载振动作用，进行长期列车振动作用下冻土动三轴永久应变试验，据此确定不同工况下荷载振动次数与轴向永久动应变之间的关系。

（3）在步序（1）与步序（2）试验结果基础上，可靠确定路基土体在某一温度下对应的动静应力比 ζ，以动载振动次数 N 为因变量，建立长期列车荷载作用下路基（土体）永久应变模型，见式（13-37），实际为一个二元非线性函数。

$$\varepsilon = f(N, \zeta) \tag{13-37}$$

13.4.2　深季节冻土区轨道路基永久应变预测模型建立步骤

第一步：轨道路基土静强度固结不排水静三轴压缩试验

轨道路基土固结不排水静三轴压缩试验的目的是获得土的静强度，为计算路基土体中动静应力比 ζ 提供数据。此项试验，要求试验温度与以下长期列车振动作用下冻土动三轴永久应变试验的试验温度一致。进行静三轴固结不排水压缩试验（CU），是因为每一趟列车通过某一路段的时间均很短，路基中的土短时间来不及排水。

土样选用深季节冻土区铁路沿线分布较广的粉质黏土。设计试验温度 T 为三种不同负温条件，即 -2℃、-4℃、-6℃，围压为 $\sigma_3 = 0.3\text{MPa}$。试验设备为中国科学院冻土工程国家重点实验室 MTS-810 型（振动）三轴试验机。采用标准击实法制备重塑土试件，土的含水率 ω 控制为最优含水率（路基填筑施工，土的含水率均控制为最优含水率），制备的试件置于设定温度的人工冷却环境中恒温至整体温度均匀一致后，放进地温静三轴恒温压力腔中等压固结 2h，依据静三轴压缩试验规程 SL237-017-1999 进行试验，轴向应变达到 15% 作为试件破坏且停止试验的结束标准，试验中控制轴向应变加载速率为 2mm/min。试验结果见图 13-29。由图 13-29 可以看出：①三种不同负温条件下，路基土轴向应变 ε_1 与主应力差（$\sigma_1 - \sigma_3$）之间关系均符合双曲线模型；②轴向应变变化于 $\varepsilon_1 = 0 \sim 5\%$，主应力差（$\sigma_1 - \sigma_3$）因轴向应变 ε_1 增加而增大的幅度很大；③轴向应变 $\varepsilon_1 > 5\%$，主应力差（$\sigma_1 - \sigma_3$）因轴向应变 ε_1 增加而增大的幅度逐渐减小，直至趋于下降；④随着负温降低，主应力差（$\sigma_1 - \sigma_3$）显著增大，负温由 -2℃降至 -4℃、-6℃，主应力差（$\sigma_1 - \sigma_3$）增大 20% 左右，因此冻结负温对路基土体破坏的主应力差（$\sigma_1 - \sigma_3$）影响显著，这是因为冻结负温越低，冻土强度越高，达到破坏要求的偏应力越大。应该说明，主应力差（$\sigma_1 - \sigma_3$）实际为偏应力的一个分量 [也可表示为 $1/2$（$\sigma_1 - \sigma_3$）]，在平面应力状态或普通三轴状态下，偏应力的另一分量为剪应力 τ，二者称为偏应力二分量。为了比较，图 13-29 也给出了非冻土（$+1$℃）的轴向应变 ε_1 与主应力差（$\sigma_1 - \sigma_3$）之间的关系，可见，非冻土在轴向应变 ε_1 达到 1% 左右之后，变形便进入塑性状态（接近于刚塑性变形）。表 13-7 给出了不同负温条件下路基土试件试验破坏对应的主应力差（$\sigma_1 - \sigma_3$），也即静力作用下冻土的峰值静强度，可见，-2℃、-4℃、-6℃对应的峰值静强度分别为 1.312MPa、1.72MPa、2.127MPa。

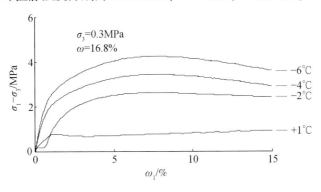

图 13-29　路基土轴向应变与主应力差之间的关系

表 13-7　路基土破坏主应力差固结不排水静三轴试验检测结果

温度 T/℃	含水率 ω/%	围压 σ_3/kPa	破坏主应力差 $(\sigma_1 - \sigma_3)$/kPa
−2	16.8	300	1312
−4	16.8	300	1720
−6	16.8	300	2127

第二步：轨道路基土动永久应变与动载振次之间关系动三轴试验

土样、试件制备方法、试验负温、试验围压、试验规程、试验设备等均与第一步试验完全一致。轴向动力加载方式：在一定试验围压与负温下，只施加一级轴向振动荷载一直振动直至试件达到设定的破坏标准为止，施加的轴向振动荷载为正弦波荷载（加载过程中幅值 σ_d、频率 f 一直保持不变。考虑模拟列车振动荷载，控制振动频率为 4Hz），见图 13-1，图中 σ_1、σ_3 为试件固结静应力。施加轴向振动荷载的终止标准：持续施加轴向振动荷载直至试件达到设定的试件破坏标准，或者达到设定的振动次数即终止施加轴向振动荷载。试件破坏有两种判定标准：①轴向动应变 ε_d 达到某一值（$\varepsilon_d = 15\%$）之后，轴向动载再也加不上去且持续回落，判定为试件破坏，终止试验；②根据经验，轴向动载的振动次数 N 达到至少某一值（$N = 10000$ 次），判定为试件破坏，终止试验。应该说明，动三轴试验中较多输入正弦波荷载，而非现场监测的随机波（自道床或轨道板对路基输入的随机波），根据现场监测的随机波，可以通过动能等效方法获得试验轴向振动输入的正弦波荷载。具体等效方法：首先根据现场振动监测数据，分析得到对路基振动输入的主频范围，进而合理确定某一振动频率作为"动能等效"的不变频率，然而通过建立动能等效方程，即采用现场监测随机波对试件轴向振动输入而产生的动能等于采用正弦波对试件轴向振动输入而产生的动能，在试件质量、冻土动力学参数、两种波振动频率、振动持时（振动次数）等均为不变的已知值条件下，动能等效方程中只有一个未知数，即正弦波荷载幅值，方程可求解。路基土动永久应变试验条件见表 13-8，表中 F_{1min}、F_{1max} 分别为轴向荷载最小值、最大值。

表 13-8　长期列车振动作用下路基土永久动应变动三轴试验条件

试件编号	温度 /℃	围压 σ_3 /kPa	F_{1min} /kN	F_{1max} /kN	动载幅值 σ_d/kPa	静强度 $\sigma_1 - \sigma_3$/kPa	动静应力比 ζ
CFN–11		300	1.1	5.3	700	1312	0.53
CFN–13	−2	300	1.1	6.2	833	1312	0.63
CFN–19		300	1.1	6.7	933	1312	0.71
CFN–31	−4	300	1.1	6.7	933	1720	0.54
CFN–42		300	1.1	4.3	533	1720	0.31
CFN–05		300	1.1	9.9	1467	2127	0.68
CFN–15		300	1.1	6.7	933	2127	0.44
CFN–32	−6	300	1.1	8.3	1200	2127	0.56
CFN–34		300	1.1	9.1	1333	2127	0.63
CFN–39		300	1.1	9.5	1400	2127	0.66

根据上述地温动三轴试验数据，针对不同负温 θ（冻结温度）、不同振动应力幅值 σ_d，

获得路基土动永久应变与动载振次之间关系散点线见图 13-30。由图 13-30 可以看出：①在动力加载初期，冻土动永久应变 ε_d（累积残余动应变）随着动载振次 N 增加而快速增加，在一定冻结负温 θ 条件下，振动次数 N 超过一定值之后，动永久应变 ε_d 增加幅度逐渐减小，甚至趋于稳定；②在一定冻结负温 θ 条件下，振动应力幅值 σ_d 越大，冻土动永久应变 ε_d 越大，而在振动应力幅值 σ_d 一定条件下，冻结负温 θ 越高，动永久应变 ε_d 显著最加；③在较高冻结负温 θ 条件下（$\theta = -2℃$ 或 $-4℃$），振动应力幅值 σ_d 变化对冻土动永久应变 ε_d 影响较大，而在较低冻结负温 θ 条件下（$\theta = -6℃$），振动应力幅值 σ_d 变化对动永久应变 ε_d 影响较小或很小；④每一冻结负温 θ 均对应一个振动应力幅值 σ_d 的阈值，若振动应力幅值 σ_d 超过这个阈值，则随着振动次数 N 不断增加，冻土动永久应变 ε_d 便越来越大，如冻结负温 $\theta = -6℃$，振动应力幅值的阈值为 $\sigma_d = 1.40\text{MPa}$。根据上述，在一定冻结负温 θ 条件下，振动应力幅值 σ_d 影响而使得冻土动永久应变 ε_d 与荷载振次 N 之间关系分为趋稳型、溃增型、临界型。例如，冻结负温 $\theta = -6℃$，振动应力幅值 $\sigma_d < 1.40\text{MPa}$，随着振动次数 N 增加，动永久应变 ε_d 趋于稳定而不再增大，冻土动永久应变 ε_d 与荷载振次 N 之间关系即分为趋稳型；振动应力幅值 $\sigma_d > 1.47\text{MPa}$，随着振动次数 N 增加，动永久应变 ε_d 显著快速最大，冻土动永久应变 ε_d 与荷载振次 N 之间关系即分为溃增型；而介于二者之间的振动应力幅值 $\sigma_d = 1.40\text{MPa}$，冻土动永久应变 ε_d 与荷载振次 N 之间关系即分为临界型，对应的振动应力幅值 $\sigma_d = 1.40\text{MPa}$ 即为上述的阈值。在任一冻结负温 θ 与任一振动应力幅值 σ_d 条件下，可以将振动次数 $N = 10000 \sim 20000$ 次作为冻土动永久应变 ε_d 试验的振动次数的一个参照基准值 N_j，即 $N_j = 10000 \sim 20000$ 次（土性、初始含水率、初始孔隙率、冻结负温、动载幅值等不同，N_j 取值也不同，但是基本介于 $10000 \sim 20000$ 次）；若振动次数 $N < N_j$，则随着振动次数 N 增加，冻土动永久应变 ε_d 便快速增大；反之，若振

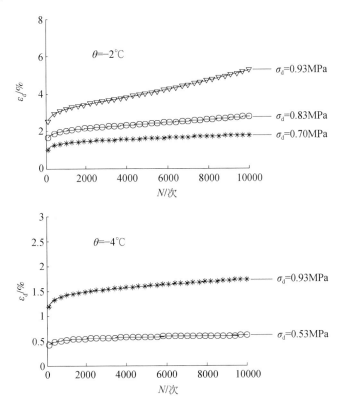

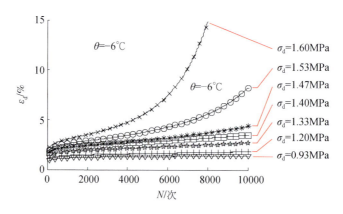

图 13-30　路基土轴向动永久应变与荷载振次之间的关系

动次数 $N > N_j$，则随着振动次数 N 增加，冻土动永久应变 ε_d 便趋于稳定（动永久应变 ε_d 与荷载振次 N 之间关系分为趋稳型），或更加快速增大（动永久应变 ε_d 与荷载振次 N 之间关系分为溃增型）。在进行冻土动强度、动永久应变、动力学参数等低温动三轴试验中，振动次数的参照基准值 N_j 对于合理预估轴向荷载振动次数 N 具有重要意义。

第三步：列车长期行驶反复振动下路基永久应变预测模型确定

根据上述第二步试验结果，在一定冻结负温 θ 条件下，由于振动应力幅值 σ_d 影响而使得冻土动永久应变 ε_d 与荷载振次 N 之间关系分为趋稳型、溃增型（破坏型）、临界型。但是，在实际轨道路基中，路基土体动永久应变 ε_d 与荷载振次 N 之间关系只有趋稳型、临界型，一般不大可能存在溃增型（破坏型），即随着荷载振次 N 增多，土体残余动应变一直累积下去，若果真如此，则不只是影响轨道不平顺，而是路基失去使用功能，自然无预测路基振动永久变形的实际必要。因此，下面针对土体动永久应变 ε_d 与荷载振次 N 之间趋稳型关系、临界型关系，确定列车长期行驶反复振动下路基永久应变模型。通过比较图 13-12 与图 13-30 可以看出，列车长期行驶振动作用下，深季节冻土区轨道路基土体动永久应变 ε_d 与荷载振次 N 之间趋稳型关系、临界型关系等同于多年冻土区轨道路基土体动永久应变 ε_{pd} 与荷载振次 N 之间关系，因此深季节冻土区轨道路基土体动永久应变 ε_d 的预测模型同样确定为式（13-22）。根据以上第二步试验结果，土体动永久应变 ε_d 与荷载振次 N 之间关系，动应力幅值 σ_d 较大条件下表现为溃增型（破坏型），动应力幅值 σ_d 较小条件下表现为稳定型。例如，对于冻结负温为 $\theta = -2℃$，较大的动应力幅值为 $\sigma_d = 0.93\text{MPa}$，而对于冻结负温为 $\theta = -6℃$，较大的动应力幅值则为 $\sigma_d = 1.4\text{MPa}$，因此在土性、孔隙率、含水率、密实度、动载频率、通车频次等一定条件下，决定路基土体振陷曲线类型的动应力幅值 σ_d 较大或较小取决于冻结负温 θ 值，也就是说，动应力幅值 σ_d 较大或较小只有相对意义，应据具体情况合理评定。

针对不同冻结负温 θ、不同动应力幅值 σ_d，图 13-31 分别给出了轨道路基土体动永久应变 ε_d 与荷载振次 N 之间关系的试验曲线、拟合曲线［式（13-22）］，可见，试验曲线与拟合曲线之间具有很好的吻合度，说明采用式（13-22）拟合或刻画动永久应变 ε_d 与荷载振次 N 之间关系的试验结果具有很高的拟合精度高。长期列车荷载作用，路基土体动永久应变 ε_d 预测模型式（13-22）的拟合参数统计结果见表 13-9。表 13-9 中试件编号与图 13-31 中试件编号均为 Chfn-11、Chfn-13、Chfn-15、Chfn-31、Chfn-39、Chfn42，编号相同的试件为同一试件。

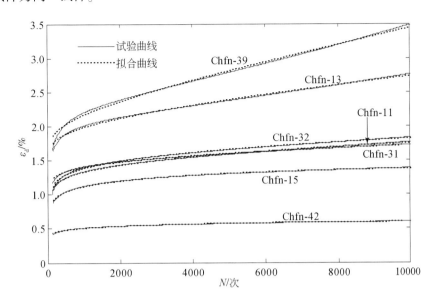

图 13-31　路基土体动永久应变 ε_d 与荷载振次 N 之间的关系

表 13-9　列车长期行驶反复振动下路基永久应变预测模型拟合参数

试件编号	动静应力比 $\zeta=q_d/q_f$	a	b	c	R
Chfh-11	0.53	0.5971	0.0000	0.2288	0.9988
Chfh-13	0.63	1.2590	0.0000	0.2153	0.9978
Chfh-15	0.44	0.3959	0.0000	0.2311	0.9987
Chfh-31	0.54	0.8411	0.0000	0.1753	0.9985
Chfh-32	0.56	0.5666	0.0000	0.2564	0.9986
Chfh-39	0.66	1.3116	0.0001	0.2381	0.9981
Chfh-42	0.31	0.2514	0.0000	0.0820	0.9984

　　针对长期列车荷载振动作用，图 13-32 给出了轨道路基冻土与融土永久应变预测模型参数 a、b、c 与动静应力比 ζ 之间的关系。由图 13-32 可以看出：①随着动静应力比 ζ 增大，参数 a、b 呈非线性增大且增大的幅度越来越大（$\zeta<0.5$，a、b 因 ζ 增大而增大的幅度较小；$\zeta>0.5$，a、b 因 ζ 增大而增大的幅度快速加大），参数 c 呈线性增大；②随着动静应力比 ζ 增大，瞬态应变、平均蠕变、衰减蠕变均呈增加趋势［式（13-22）中，a 表示瞬态应变，bN 表示平均蠕变，$cN^{1/6}$ 表示衰减蠕变］。模型参数 a、b、c 与动静应力比 ζ 之间的拟合关系见式（13-38）。

$$a = 0.1328 + 0.0131e^{\zeta/0.145} \quad (R=0.9584)$$
$$b = -2.835e^{-6} + 1.5623e{-7}e^{\zeta/0.1027} \quad (R=0.8045) \tag{13-38}$$
$$c = -1.003e^4 + 1.003e4e^{\zeta/2.703e4} \quad (R=0.7415)$$

　　根据式（13-37），输入某一冻结负温 θ 下路基土体中动静应力比 ζ，确定预测模型式

（13-22）中参数 a 值、b 值、c 值，并且以荷载振动次数 N 为因变量，采用式（13-22）可以预测轨道路基土体（冻土/融土）累积永久应变量，为下一步求解路基累积永久变形做准备。

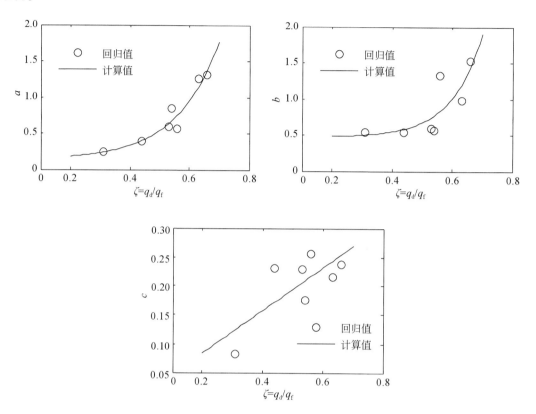

图 13-32　路基冻土与融土永久应变预测模型参数与动静应力比之间的关系

13.4.3　深季节冻土区长期列车荷载下路基振陷计算方法

在 13.3.2 节中，给出了深季节冻土区轨道路基永久应变预测模型建立方法。根据建立的深季节冻土区轨道路基永久应变预测模型，以动静应力比 ζ 为自重应力荷载与列车振动荷载之间的关联，以动载振动次数 N 为因变量（刻画了通车频次即在一定时间内通车次数或动载振动作用持时），并且将行车振动主要影响范围的路基自上而下合理划分出若干单元层，首先据动载振动次数 N，计算长期列车荷载振动作用下路基各单元层产生的永久应变，然后采用分层总和法原理，累加各单元层的永久应变，便得到路基顶面永久振陷量。具体计算步骤简述如下。

（1）计算因路基自重力作用而在路基土体中产生的静偏应力 q_f 分布：根据固结不排水静三轴压缩试验数据，并且采用式（13-39）计算路基土体破坏的静偏应力（静强度）q_f 分布。

$$q_f = 2\tau_f \tag{13-39}$$

式中，τ_f 为固结不排水抗剪强度（由固结不排水静三轴压缩试验确定）。

此外，对于实际路基工程，出于一定安全储备考虑，认为满足铁路正常运行条件的路基土体为非线性弹性模型，据此，采用通过建立路基稳定性分析的有限元模型计算路基自重应力场。通过式（13-40）计算路基土体破坏的静偏应力（静强度）q_f 分布[26]。

$$q_f = 2\tau_f = \frac{2c_{cu}\cos\varphi_{cu}}{1-\sin\varphi_{cu}} + \sigma_{cz}\frac{(1+K_0)\sin\varphi_{cu}}{1-\sin\varphi_{cu}} \qquad (13\text{-}40)$$

式中，K_0 为土的侧限系数；c_{cu} 为由固结不排水静三轴压缩试验（CU）确定土的黏聚力；φ_{cu} 为由固结不排水静三轴压缩试验（CU）确定土的内摩擦角；σ_{cz} 为土体自重应力。

（2）计算因列车振动作用而在路基土体中产生的动偏应力 q_d 分布：对于列车行驶对路基产生的随机振动问题，根据土动力学原理，可以假定路基土体为长期广泛应用的等效线性化模型（黏弹性动本构模型），首先通过列车行驶路基振动反应分析的动力有限元模型计算土体中动主应力分布，然后采用式（13-40）计算路基中动偏应力 q_d 分布。

$$q_d = \sqrt{3J_2} = \sqrt{\frac{1}{2}\left[(\sigma_{d1}-\sigma_{d2})^2+(\sigma_{d2}-\sigma_{d3})^2+(\sigma_{d3}-\sigma_{d1})^2\right]} \qquad (13\text{-}41)$$

式中，$\sqrt{J_2}$ 为由列车行驶振动荷载作用而引起路基土体中产生的第二动偏应力不变量；σ_{d1}、σ_{d2}、σ_{d3} 为由列车行驶振动荷载作用而引起路基土体中产生的第一动主应力、第二动主应力、第三动主应力。

（3）计算路基土体中动静应力比 ζ 分布：将由以上步序（1）与步序（2）获得的路基土体中静偏应力 q_f、动偏应力 q_d 代入式 $\zeta = q_d/q_f$ 中，计算列车振动作用下路基稳定性分析动力有限元模型中的动静应力比 ζ 分布，进而确定路基中各单元层的最大动静应力比 ζ_{max}。

（4）计算长期列车荷载作用下路基永久变形 D_p 即振陷量：根据上述确定的路基中各单元层的最大动静应力比 ζ_{max}，并且据未来连续行车时间与单位时间通车频次确定行车振动作用累计次数 N，采用式（13-22）、式（13-37）计算路基中每一单元层的永久应变（振陷量），进而基于分层总和原理，按照式（13-41）分层累加计算路基永久变形 D_p（路基表面永久沉降变形量）。

$$D_p = \sum_{i=1}^{k} \varepsilon_{dpi} h_i \qquad (13\text{-}42)$$

式中，h_i 为路基中第 i 土单元层的厚度；ε_{dpi} 为第 i 土单元层的永久应变（残余动应变即振陷应变）；k 为路基土体划分的单元层的数量。

应该说明，上述为了问题的简化而将路基中土体自上而下划分出 k 个单元层，但是在路基稳定性静力有限元分析与列车行驶路基振动反应动力有限元分析中，进行计算域的单元离散肯定不具有成"层"特点，即并非自上而下划分出"单元层"，对于这种情况，可以计算整个计算域中各个单元的竖向振陷量（动永久应变量 ε_{dpi}），结合各个单元的厚度 h_i，如此，同样根据式（13-41）计算路基永久变形 D_p。

算例计算方法与步骤：①根据深季节冻土区路基土层结构、土性参数、土的本构、地温状态且合理模拟人工边界、初始条件等，通过路基稳定性静力有限元模型分析、行车振动反应动力有限元分析，可以分别得到自重力作用下路基土体的静偏应力 q_f 分布、列车振动力作用下路基土体中动偏应力 q_d 分布；②计算域中每个单元的静偏应力 q_f 与动偏应力 q_d 之比即为单元的动静应力比 ζ；③将动静应力比 ζ 代入式（13-22）、式（13-37），即通过路基土体的永久应变模型（振陷预测模型），可以计算获得各单元永久应变（残余动应变）；④根据分层总和法原理，采用式（13-41）沿路基深度方向进行积分，便可得到列车振动荷载作用下路基永久变形量，即长期列车荷载下路基振陷量。

　　以滨洲铁路安达段 K124+118 为例，根据上述方法与步序，针对春融期特快客车 T507 行驶振动作用，计算轨道正下方路基土体中动静应力比 ζ、土体残余动应变 ε_{dp}、路基表面永久沉降变形量 D_p。特快客车 T507，编组为 1 机车+10 客车，速度为 140km/h；安达段 K124+118 路堤高度、路基结构与土的物理力学参数、动力学参数等见 12.2.7 节、表 12-4、表 12-5。路基土体中动静应力比 ζ 与埋深 H 之间关系计算结果见图 13-33（a）。由图 13-33（a）可以看出：①总体上，随着埋深 H 增加，路基土体中动静应力比 ζ 逐渐衰减；②路基各结构层静力特性不同，致使相邻结构层之间分界面处动静应力比 ζ 产生突变；③距基床表面 0.5m 之内，尽管土体中动偏应力 q_d 很大或最大，但是由于受临近的钢轨、轨枕、道床三者自重力显著影响而使得这一范围土体中静偏应力 q_f 也较大，致使土体中动静应力比 ζ 较小；④在埋深 0.5～1.5m 范围，随着埋深 H 增大，土体中动静应力比 ζ 明显增大，这是因为在此范围由行车振动在土体中引起的动偏应力 q_d 仍然很大，但是钢轨、轨枕、道床、路基上层等自重力已随着埋深 H 增大而绝大部分快速消散，致使土体中静偏应力 q_f 随着埋深 H 增大而增大。针对三种不同埋深 H（0.67m，1.33m，2.00m），路基土体残余动应变 ε_{dp} 与动载振动次数 N 之间关系计算结果见图 13-33（b）。由图 13-33（b）可以看出：①土体残余动应变 ε_{dp} 因埋深 H 增大而明显或显著减小，并且减小的幅度因振动次数 N 增多而增大，动载振动 $N = 10^6$ 次，土体残余动应变 ε_{dp} 在埋深 0.67m 处为

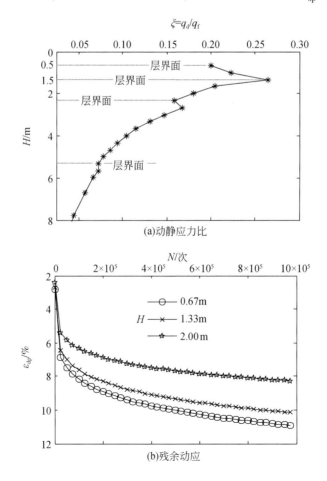

(a)动静应力比

(b)残余动应

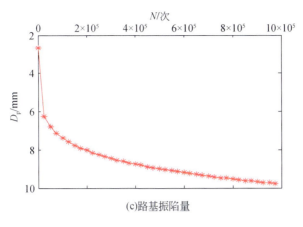

图 13-33　列车长期荷载作用下结构层

11.00% 、在埋深 1.33m 处为 10.15% 、在埋深 2.00m 处为 8.20% （单位深度衰减比率几乎减半），主要是行车对路基输入的振动力因埋深 H 增大而耗散，致使土体中动偏应力 q_d 越来越小；②动载振动次数 $N < 2 \times 10^5$ 次，土体残余动应变 ε_{dp} 因振动次数 N 增加而大幅度增加（振动次数 $N < 2 \times 10^4$ 次，残余动应变 ε_{dp} 几乎瞬态增加），残余动应变 ε_{dp} 主要来自土孔隙压密、冰压融，以软化作用为主；③动载振动次数 $N > 2 \times 10^5$ 次，土体残余动应变 ε_{dp} 因振动次数 N 增加而增加的幅度很小且越来越小，甚至趋于稳定，这是因为经过土孔隙压密、冰压融之后，土体刚度越来越大，硬化作用逐渐增大。长期列车荷载下路基振陷量 D_p（永久变形量）与动载振动次数 N 之间关系计算结果见图 13-33 （c）。比较图 13-33 （c）与图 13-33 （b）可以看出，路基振陷量 D_p 与动载振动次数 N 之间的关系等同于路基土体残余动应变 ε_{dp} 与动载振动次数 N 之间的关系。

13.4.4　深季节冻土区长期列车荷载下路基振陷影响因素

以滨洲铁路安达段为例（安达隶属于大庆深季节冻土区，距离哈尔滨大约 130km），针对不同冻融状态、列车类型、行车速度、路堤高度四方面重要影响因素，分别考察深季节冻土区长期列车荷载下路基振陷量，即动永久沉降变形量。根据监测资料且结合路基–场地体系温度场数值模拟结果，大庆深季节冻土区最大冻结深度为 1.8 ~ 2.0m，冻结期取冻土层计算厚度为最大冻结深度 2.0m，融冻期取基表以下 1.0m 为融化层、基表以下 1.0 ~ 2.0m 为冻结夹层，正常期（冻结层全部融化的非冻结期）均为非冻土层。

1）冻融状态对路基振陷影响

采用上述方法，分别针对冻结期、融冻期、正常期，特快客车 T507 行驶振动作用（编组为 1 机车+10 客车。速度为 140km/h），计算轨道正下方路基土体中动静应力比 ζ 与埋深 H 之间的关系见图 13-34 （a）、路基振陷量 D_p 与动载振动次数 N 之间的关系见图 13-34 （b）。由图 13-34 （a）可以看出：①在列车振动主要影响范围之内（埋深 $H < 2.4m$），冻融状态明显影响路基土体中动静应力比 ζ，动静应力比 ζ 在冻结期较小、融冻期较大、正常期介于二者之间，这是由于冻土层因在冻结期处于完全冻结状态而使之静强度（静偏应力 q_f）很大，冻土层因在融冻期处于部分融化、部分冻结状态且冻结之后融化

又破坏结构、融化积水而使之静强度（静偏应力 q_f）明显降低，冻土层全部融化之后因在正常期重固结而使之又大幅度恢复静强度（静偏应力 q_f）；②埋深 $H>2.4m$，即超过列车振动荷载主要影响范围，致使由行车在路基中产生的动偏应力 q_d 大幅度衰减，因此冻融状态对土体中动静应力比 ζ 几乎无影响；③冻结期、融冻期、正常期，在距路基表面深度为1.7m附近，土体中动静应力比 ζ 达到最大值，这是由于不仅此处动偏应力 q_d 相比于静偏应力 q_f 较大。由图13-34（b）可以看出：①路基振陷量 D_p，冻结期明显小于融冻期、正常期，正常期稍小于融冻期，因此融冻期路基振陷量 D_p 最大，原因或机理如上述；②路基振陷量 D_p 因振动次数 N 增加而增加，但是动载振动次数 $N<2\times10^5$ 次，振陷量 D_p 因振动次数 N 增加而大幅度增加，特别是振动次数 $N<2\times10^4$ 次，振陷量 D_p 几乎瞬态增加，原因或机理与土体残余动应变 ε_{dp} 受振动次数 N 影响的机理一致。

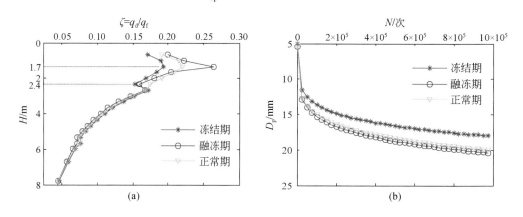

图13-34　列车长期荷载作用下冻融状态对路基（a）动静应力比与（b）振陷影响

2）列车类型对路基振陷影响

列车类型涵盖了列车轴重、动力编组、行车速度、振动持时。针对大轴重货车 C75（速度100km/h）、空载货车 C62AK（速度100km/h）、满载货车 C62A（速度100km/h）、普通客车 YZ25（速度140km/h）四种不同类型列车行驶振动作用，并且考虑三种不同冻融状态，分别计算轨道正下方路基土体中动静应力比 ζ 与埋深 H 之间的关系、路基振陷量 D_p 与动载振动次数 N 之间的关系，融冻期的计算结果见图13-35（a）、（b），正常期的计算结果见图13-35（c）、（d），冻结期的计算结果见图13-35（e）、（f）。由图13-35可以看出，三种类型货车行驶振动引起路基动静应力比 ζ、振陷量 D_p 均明显大于客车行驶振动引起路基动静应力比 ζ、振陷量 D_p，这是因为货车轴重显著大于客车轴重，并且货车速度低于客车速度、货车振动频率也低于客车振动频率［现场监测与数值分析表明，列车行驶对路基输入振动的频率一般均超过 $5\sim6Hz$ 且多数在10Hz以上（远超过一般地震频率），振动在路基中传播衰减很快，因此行车振动频率越低，输入路基-场地体系中动力波能量越大且传播越远］，此外三种类型货车行驶振动引起路基动静应力比 ζ、振陷量 D_p 非常接近（散点线基本重合），因此列车类型对路基振陷影响主要是轴重、速度，二者体现于输入路基中振动荷载的强度、频率，同一类型列车如货车行驶振动下路基振陷基本一致，而不同类列车如货车与客车行驶振动下路基振陷差别较大。融冻期，普通客车 YZ25 行驶在路基土体中产生的动静应力比 $\zeta=0.23$、路基振陷量 $D_p=22mm$（振动次数 $N=10^6$ 次），大轴重货车 C75 行驶在路基土体中产生的动静应力比 $\zeta=0.41$、路基振陷量 $D_p=32mm$（振动

次数 $N = 10^6$ 次），足以说明大轴重列车行驶振动作用对融冻期路基动力稳定性影响大。大轴重货车 C75 行驶在路基土体中产生的动静应力比 ζ、路基振陷量 D_p（振动次数 $N = 10^6$ 次），冻结期 $\zeta = 0.26$、$D_p = 27\text{mm}$（振动次数 $N = 10^6$ 次），融冻期 $\zeta = 0.41$、$D_p = 33\text{mm}$，正常期 $\zeta = 0.32$、$D_p = 31\text{mm}$（振动次数 $N = 10^6$ 次），可见，受季节影响的路基冻融状态对动力比与永久变形影响明显。

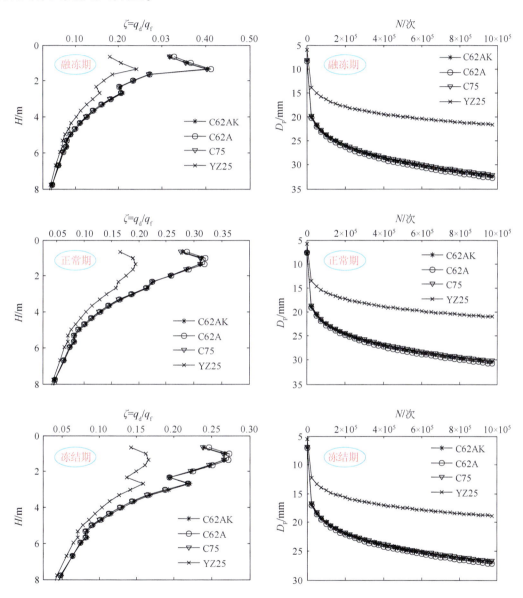

图 13-35　不同冻融状态不同类型列车行驶对路基动静应力比与振陷影响

3）行车速度对路基振陷影响

普通客车 YZ25（1 节机车+10 节客车）正常速度为 140km/h。为了考察列车时速不同对路基振陷的影响情况，选择列车类型与编组不变的同一趟列车（即客车 YZ25），针对 5 种速度（70km/h、90km/h、140km/h、180km/h、210km/h）且考虑三种冻融状态，分别计算轨道正下方路基土体中动静应力比 ζ 与埋深 H 之间的关系、路基振陷量 D_p 与动载振动次数 N 之间的关系，冻结期的计算结果见图 13-36（a）、（b），融冻期的计算结果见图 13-36（c）、（d），正常期的计算结果见图 13-36（e）、（f）。由图 13-36 可以看出：①无论是冻结期，还是融冻期、正常期，也无论客车 YZ25 以何种速度行驶，路基土体中动静应力比 ζ 与埋深 H 之间关系的演变规律均一致，路基振陷量 D_p 与动载振动次数 N 之间关系的演变规律也均一致；②在任一种冻融状态，即冻结期、融冻期、正常期，无论是在列车振动荷载主要影响范围（路基/路堤顶面之下 2.00m），还是在列车振动荷载大幅度消散范围，路基土体中动静应力比 ζ、路基振陷量 D_p 均随着行车速度加快而明显或显著增大，这是因为行车速度越快，在路基土体中产生的动偏应力 q_d 越大，而静偏应力 q_f 随着埋深增大而增大的幅度较小且小于动偏应力 q_d 随着行车速度加快而增大的幅度，因此行

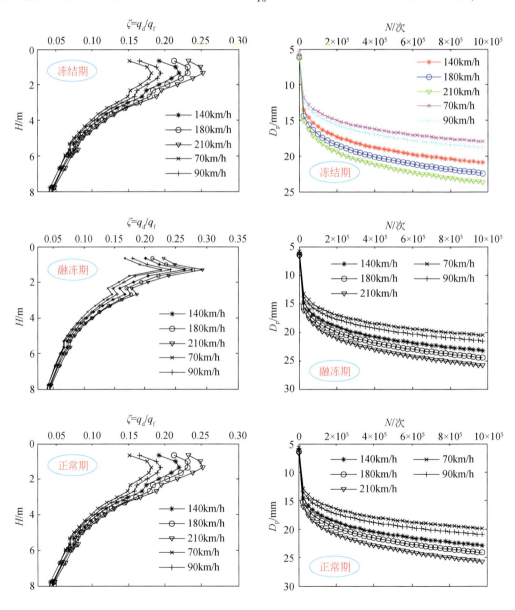

图 13-36　不同冻融状态客车 YZ25 速度对路基动静应力比与振陷影响

车速度越快，路基土体中产生的动偏应力 q_d 越大，致使路基振陷量 D_p 越大；③在列车同一行驶速度下，路基土体中动静应力比 ζ、路基振陷量 D_p，融冻期最大，正常期次之，冻结期最小，并且融冻期动静应力比 ζ、振陷量 D_p 随着行车速度加快而增加的幅度更大。例如，融冻期，客车 YZ25 行驶速度由 70km/h 提升至 210km/h，路基土体中最大动静应力比 ζ 由 0.23 增至 0.29（增大 21%），路基累积振陷量 D_p 由 19mm 增加至 21mm（增加 10%），可见，由行车速度引起的路基累积振陷量 D_p 不容忽视。鉴于上述，融冻期，行车速度加快对路基土体中动静应力比 ζ、路基振陷量 D_p 最大的正面影响值得重视，故此针对深季节冻土区轨道路基安全防控，融冻期实现列车适当减速行驶成为一个重要途径。

4）冻土层厚度

在路基季节冻土层不同厚度（即最大冻深不同）条件下，普通客车 YZ25 以速度 140km/h 行驶（编组：1 节机车+10 节客车），针对春融期、正常期、冻结期，分别计算轨道正下方路基振陷量 D_p 与动载振动次数 N 之间的关系，见图 13-37，动载连续振动 $N=10^6$ 次。由图 13-37 可以看出：①在季节冻土层厚度即最大冻深不变条件下，编组相同的同类列车以相同速度行驶振动相同次数（$N=10^6$ 次），路基振陷量 D_p 冻结期最小、正常期与融冻期相差不明显，这是由于冻结期冻土层动强度与动刚度明显大于融冻期冻土层部分融化的动强度与动刚度、正常期冻土层全部融化的动轻度与动刚度；②无论是冻结期，还是融冻期、正常期，随着季节冻土层厚度增加，路基振陷量 D_p 显著增大——特别是连续振动 10^6 次不同厚度冻土层之间累积振陷量差异更突出，这是由于冻土层或融土层或部分

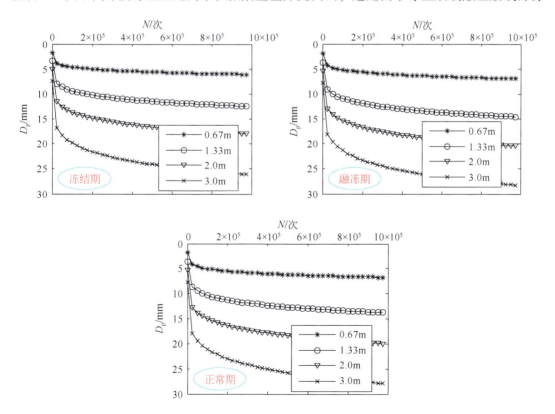

图 13-37　不同冻融状态客车 YZ25 行驶下冻土层厚度对路基振陷影响

融土层的累积振陷量均为土层竖向动永久应变 ε_{pd} 的累积结果，因此土层越厚，累积的竖向动永久应变 ε_{pd} 越多，路基振陷量 D_p 自然也越大；③行车动载输入初期即振动 200～250 次，无论是冻结期，还是融冻期、正常期，也无论冻土层厚度是多少，路基振陷量 D_p 均几乎瞬态完成，并且不同厚度冻土层或融土层或部分融土层的振陷量几乎相同，这是因为初期振陷源自土层中既有孔隙压密、孔隙水排出，而这一过程与土层冻融状态无关或关系不大。

§13.5　高寒区轨道路基结构损伤评价方法与损伤影响因素

轨道路基稳定性涉及两方面问题：第一方面是路基沉降（振陷）问题，即变形问题；第二方面是路基结构损伤问题，即强度问题。高寒区，路基结构损伤与振陷一样，二者均是在列车振动与自然冻融耦合作用下而发生的不可逆物理力学过程。为了研究高寒区路基强化与病害治理措施，首先必须查明路基振陷与结构损伤及其主要影响因素问题。在 13.1～13.3 节中，系统讨论了列车振动与自然冻融耦合作用下路基振陷特征、主要影响因素与预测方法。以下将在 13.1～13.3 节内容基础上[27]，基于 Palmgren-Miner 线性累积损伤准则（Palmgren-Miner accumulated fatigue damage rule），分别利用路基静稳定性数值分析、振动反应数值分析，获得路基土体中动应力、静应力，据此求出不同列车行驶动载作用不同振次 N 下路基结构损伤值，并且研究路基结构损伤值沿埋深方向变化规律，进而考察列车速度、轴变化对路基损伤结构损伤的影响。

13.5.1　冻融与振动耦合作用下路基结构损伤计算方法

13.5.1.1　Palmgren-Miner 线性累积损伤准则

1924 年 Palmgren 根据轴承损伤与转动次数之间的线性关系假定，提出了轴承运转疲劳损伤线性积累过程。1945 年 Miner 进一步提出：在疲劳试验中，一定幅值的动载作用于试件上，试件结构损伤与动载振动次数 N 之间呈线性关系，即随着荷载振动次数 N 增加，试件结构损伤呈线性累积增加。试件损伤累积到一定值，认为试件破坏。事实上，轴承旋转与动载振动之间的物理意义一致，即轴承旋转一周相当于动载完成一个周期的振动。因此，上述结构线性累积损伤准则又称为 Palmgren-Miner 线性累积损伤准则，简称为 P-M 线性累积损伤准则或 P-M 准则。由于 P-M 线性累积损伤准则不考虑动力加载顺序影响且据其对结构损伤的预测结果吻合于检测结果，加上形式（表达式）简单，因此日益获得广泛的工程应用。研究表明，动应力作用下土体结构蜕化与强度弱化过程具有疲劳累积损伤特性。因此，可以引入 Palmgren-Miner 线性累积损伤假定与相应的准则，通过叠加由每一级动剪应力引起的损伤值即得到总损伤值（损伤既然假定为线性过程，便满足"圣维南"线性叠加原理）。在冻融与行车振动耦合作用下，若路基土体发生的结构总损伤值超过土体所能承受的损伤值，即判定为土体发生结构破坏。应该说明，P-M 准则起源于轴承与相关金属部件试验结果，严格意义上仅适用于高周疲劳条件，即小振幅、高频率、高振次振动作用，这一点正符合列车行驶产生的振动荷载特点。

根据 P-M 准则累积损伤假定，路基土体结构损伤指标为 D，若土体结构损伤程度达到 100%（即 $D=1$），则土体发生疲劳破坏。根据 P-M 准则与等幅疲劳试验结果，可以得到 σ_i-N 曲线，见图 13-38，据此可以判定在随机动载作用下土体结构损伤指标 D、疲劳破坏与否。

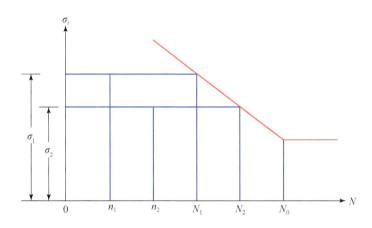

图 13-38　P-M 准则线性累积损伤示意图

路基土体结构损伤指标 D 计算方法：在路基土体中截取任一土单元，假设幅值 σ_i 的动应力作用于土单元某一潜在破坏面上，动应力作用引起土单元发生疲劳变形，动应力作用次数即振动次数 N 达到某一临界值 N_{cri}（σ_i），土单元破坏；若实际幅值 σ_i 的动应力作用的振动次数仅为 $N=n_i$（σ_i），则根据 Miner 线性损伤累积假设，土单元产生的累积损伤指标 D 计算式见式（13-42）。应该指出，对于路基中任一种类型土体，幅值 σ_i 的动应力作用振动次数为 N，土体结构损伤状况、破坏与否不仅与振动次数 N 有关，还与动应力强度即幅值 σ_i 关系密切，也就是说，同一种土在不同幅值 σ_i 的动应力作用下，达到某一结构损伤程度或达到破坏的动应力作用振动次数 N 不同，而不同种土在同一幅值 σ_i 的动应力作用下，振动次数 N 相同，土体结构损伤程度不同、破坏程度不同，因此上述 n_i、N_{cri} 均为 σ_i 的函数，即 $n_i=n_i$（σ_i）、$N_{\mathrm{cri}}=N_{\mathrm{cri}}$（$\sigma_i$）。$i$ 为第 i 级动载，$i=1$、2、3…。

$$D=\frac{n_i(\sigma_i)}{N_{\mathrm{cri}}(\sigma_i)} \tag{13-43}$$

式中，D 为无量纲数且 $0 \leqslant D \leqslant 1$。$D=1$，土体发生疲劳破坏。在不同幅值 σ_i 的动应力重复作用不同周数情况下，即振动 N（σ_i）次，路基土体疲劳累积损伤指标 D 可以表示为每一级动载作用引起的疲劳损伤的叠加，见式（13-43），式中 m 表示 m 级动载。

$$D=\sum_{i=1}^{m}\frac{n_i(\sigma_i)}{N_{\mathrm{cri}}(\sigma_i)} \tag{13-44}$$

13.5.1.2　基于累积塑性变形的路基土体损伤指标计算方法

以巴准重载铁路沿线深季节冻土区路段 DK60+695.35～DK60+696.12 为例，阐述基于累积塑性变形的路基土体损伤指标计算方法。路段 DK60+695.35～DK60+696.12 位于中低山区、地势起伏，因此采用人工路堑路基，即先开挖路堑，再在路堑中填筑路堤，路堑边坡最大高度为 9.96m，路堤最大高度为 6.00m。路堤–地基剖面 DK60+696.12（位于内蒙古自治区鄂尔多斯市）见图 13-39，地基土 1 为全风化砂岩与泥岩互层（$\sigma = 200\text{kPa}$，Ⅲ级硬土），地基土 2 为强风化砂岩与泥岩互层（$\sigma = 300\text{kPa}$，Ⅲ级硬土），地基 3 为弱风化砂岩与泥岩互层（$\sigma = 400\text{kPa}$，Ⅳ级软石），路堤填土 1 相当于 C 组填料（基床表层），路堤填土 2 相当于 D 组填料（基床底层），二者主体成分为含砂砾的粉质黏土/含碎石土，道床与路堤各部分几何尺寸见表 13-10，道床、路堤、地基土基本物性见表 13-11。轨枕弹性模量 $E = 30\text{GPa}$、横截面积 $A = 0.04585\text{m}^2$、惯性矩 $I = 1.59 \times 10^{-4}\text{m}^4$。

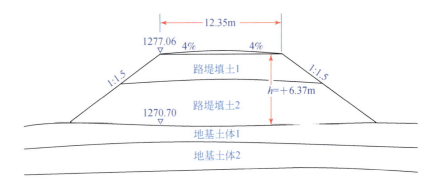

图 13-39　路堤-地基剖面图（DK60+696.12）

表 13-10　道床与路堤各部分几何尺寸

道砟高度/m	道砟顶面宽度/m	基床表层厚度/m	基床底层厚度/m	路堤顶面宽度/m	路堤边坡坡率
0.45	4	2	4.37	12.35	1 : 1.5

表 13-11　道床-路堤-地基土基本物性指标值

土层名称	天然重度/(kN/m³)	最大动模量/kPa	动泊松比
道床	23.0	2.860×10^5	0.20
路堤填土表层（基床表层）	19.5	2.260×10^5	0.30
路堤填土表层（基床表层）	20.0	1.060×10^5	0.25
地基土体 1	18.0	9.80×10^4	0.30
地基土体 2	18.0	1.500×10^5	0.27
地基土体 3	18.0	6.000×10^5	0.24

　　研究表明，深季节冻土区，融冻期列车行驶振动作用下路基结构最易发生损伤破坏。因此，针对融冻期计算列车行驶振动作用下路基结构损伤指标 D。为了计算路基结构损伤指标 D，首先通过针对重载列车振动荷载特点的低温动三轴试验获得深季节冻融、行车振动主要影响范围路堤填土、地基土的累积振陷变形特性。而这种低温动三轴试验的加载方案不同于冻土动力学参数试验的加载方案，具体见表 13-12，主要研究试验围压与动应力幅值对试件累积振陷变形影响。为了保证试验结果的可靠性，施加的轴向振动荷载类型要求符合实际列车通过在路基土体中产生的动应力形式。根据现场监测结果，列车行驶振动

作用下路基土体中产生的竖向动应力形式类似于半正弦波，因此列车行驶振动作用下路基土体中动应力模拟为单向循环正弦波荷载，见图 13-40。采用等向固结（试件固结静应力 $\sigma_1 = \sigma_2 = \sigma_3$）不排水条件进行试验，满足轴向振动 10000 次或轴向累积塑性动应变达到 10% 即停止轴向加载。由于仅作为一个算例，介绍列车行驶振动作用下路基土体损伤指标计算方法，因此只设计一个试验负温 -10°C、一个轴向振动频率 2.0Hz。

表 13-12　路堤填土与地基土低温动三轴试验加载方案设计

试验围压/MPa	土样含水率/%	轴向动应力幅值/MPa	轴向振动频率/Hz
0.3	18.0	0.12	2.0
		0.18	
		0.24	
		0.30	
0.6		0.18	
		0.24	
0.9		0.18	
		0.24	

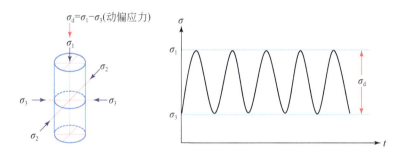

图 13-40　低温动三轴试验模拟列车振动作用轴向加载模式

低温动三轴试验的负温与动载频率保持一致，目的是研究围压、动应力幅值变化对试件轴向累积塑性动应变 ε_{dp}（振陷，轴向残余动应变，%）的影响，以及在二者变化影响下轴向累积塑性变形随着振动次数 N 变化的演变规律。针对不同围压、不同动应力幅值，图 13-41 给出了路堤/地基土轴向累积塑性动应变 ε_{dp} 与振动次数 N 之间关系的试验结果与相应的拟合曲线。由图 13-41 可以看出：①在围压 σ_3 与振动次数 N 相同条件下，路堤/地基土轴向残余动应变 ε_{dp} 因动应力幅值 σ_d 增大而增加；②在动应力幅值 σ_d 与振动次数 N 相同条件下，路堤/地基土累积轴向塑性应变 ε_{dp} 因围压 σ_3 增大而增加；③在动应力幅值 σ_d 与围压 σ_3 相同条件下，路堤/地基土轴向累积塑性动应变 ε_{dp} 因振动次数 N 增加而增加，并且在较高动应力幅值 σ_d 条件下，轴向累积塑性动应变 ε_{dp} 随着振动次数 N 增加而趋于稳定。

根据试验结果[28]，采用式（13-44）拟合不同影响因素下路堤/地基土轴向累积塑性动应变 ε_{dp} 与振动次数 N 之间的关系曲线，由图 13-41 可以看出拟合效果很好，各曲线的拟合参数见表 13-13。

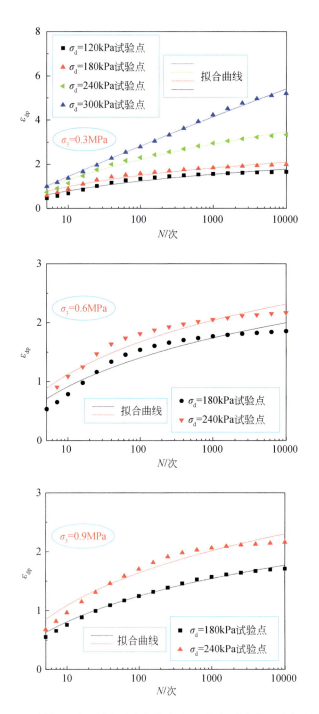

图 13-41　路堤/地基土累积轴向塑性应变 ε_{dp} 与振动次数 N 之间的关系

$$\varepsilon_{pd} = C_{N1}\ln(1 + C_{N2}\lg N) \tag{13-45}$$

式中，C_{N1}、C_{N2} 为拟合参数，具体取值见表 13-3。

表 13-13　路堤/地基土轴向累积塑性动应变 ε_{dp} 与振动次数之间的关系拟合参数

试件编号	围压 σ_3 /MPa	动应力幅值 /MPa	拟合参数		临界振动次数对数 lg（N_{cr}）
			C_{N1}	C_{N2}	
HRY-1	0.3	0.12	1.02030	1.16960	51.60
HRY-2		0.18	1.09130	1.44800	31.70
HRY-3		0.24	3.09450	0.51910	5.60
HRY-4		0.30	33.4627	0.04380	3.05
HRY-5	0.6	0.18	1.08940	1.31350	35.20
HRY-6		0.24	1.12200	1.71639	24.03
HRY-7	0.9	0.18	1.04690	1.11870	48.50
HRY-8		0.24	1.27960	1.27330	20.10

　　基本规定：对于低温动三轴试验，试件疲劳破坏的判定标准为轴向累积塑性动应变 ε_{dp} 达到 5%。利用式（13-44）与表 13-13 中拟合参数，计算出轴向累积塑性动应变 ε_{dp} 达到 5% 对应的振动次数 N（称为临界振动次数 N_{cri}），并且分析振动次数 N 与围压 σ_3、动应力幅值 σ_d 之间的关系。研究表明，试件轴向累积塑性动应变 ε_{dp} 达到试件破坏标准 5%，振动次数 N、围压 σ_3、动应力幅值 σ_d 三者之间关系可以拟合为对数函数，见式（13-45），拟合曲线与试验点见图 13-42。

$$\lg N = \frac{a}{\sigma_d / 2\sigma_3} \tag{13-46}$$

式中，a 为与土或冻土物理力学性质有关的拟合参数，建议取值 $a = 5.0117$。

　　根据式（13-45），可以解出轴向累积塑性动应变 ε_{dp} 达到 5% 的临界振动次数 N_{cri}，见式（13-46）。

$$N_{cri} = 10^{\frac{5.0117}{\sigma_d / 2\sigma_3}} \tag{13-47}$$

　　不同幅值 σ_d 的动应力造成土体结构损伤所需振动次数 N 不同。对于实际路基结构，列车振动在不同埋深引起的动应力不同，对结构产生的损伤也不同，根据式（13-43），可

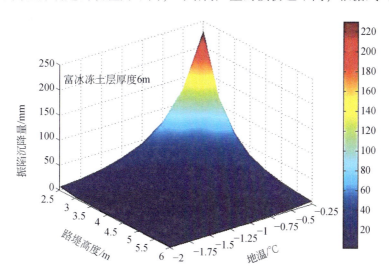

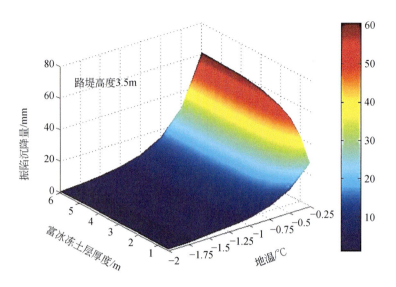

图 13-42　振动次数 N-围压 σ_3-动应力幅值 σ_d 之间的关系

以得到一定深度范围引起的路基结构总损伤值，即针对所有的动应力幅值 σ_d，土体结构损伤值 $D \geqslant 1$，满足式（13-47），土体便发生疲劳损伤破坏。

$$D = \frac{n_1}{N_{cr1}} + \frac{n_2}{N_{cr2}} + \cdots + \frac{n_i}{N_{cri}} \cdots + \frac{n_n}{N_{crn}} \geqslant 1 \qquad (13\text{-}48)$$

　　至此，列车行驶振动作用下路基土体结构损伤计算方法阐述完毕。事实上，上述路基土体结构损伤计算方法，综合考虑了土体中静应力状态、动应力状态、振动次数（据此表述长期列车行驶反复振动作用）、冻融状态、动力性能（表述为动弹性模量、动泊松比）等因素对路基结构损伤的影响。此外，上述方法，虽然依托深季节冻土区重载铁路建立，但是也适用于深季节冻土区其他铁路如高速铁路、中浅季节冻土区铁路、多年冻土区铁路，因为方法原理不变，不同冻土区轨道路基–场地体系之间的差别在于冻融状态、冻土层厚度、冻融层厚度、冻土或融土动力性能，而上述方法均考虑了这些差别。

13.5.2　冻融与振动耦合作用下路基结构损伤特性

　　以巴准重载铁路深季节冻土区路段 DK60+695.35 ~ DK60+696.12 为例，进行冻融与振动耦合作用下路基结构损伤特性分析。根据以上分析，若已知由列车振动荷载作用在路基土体中产生的动应力 σ_d、围压 σ_3，则可以得出达到土体疲劳破坏而需要的最少振动次数 N_{cri}（临界振动次数），进而通过式（13-47）求出不同应力状态下土体结构损伤值 D。进行列车荷载下路基振动反应与稳定性数值分析必须分两步：第一步是路基静力数值分析（不考虑行车振动作用），目的是求解路基–场地体系初始地应力状态，作为第二步路基动力分析的初始地应力条件；第二步是列车行驶路基振动反应数值分析。基于第一步路基静力数值分析，可以求得路基中不同深度的静应力，即围压 σ_3，见表 13-14，图 13-43 为路基横剖面静应力分布云图。基于第二步路基振动反应数值分析，可以计算出路基不同深度的竖向动应力 σ_d，见图 13-44。

表 13-14　路基不同深度围压 σ_3

距路基顶面深度 H/m	围压 σ_3/MPa	距路基顶面深度 H/m	围压 σ_3/MPa
0.00	0.01946	1.65	0.03937
0.15	0.01982	1.80	0.04204
0.30	0.01991	1.95	0.04473
0.45	0.02004	2.10	0.04742
0.60	0.02083	2.25	0.05011
0.75	0.02347	2.40	0.05281
0.90	0.02610	2.70	0.05820
1.05	0.02874	3.60	0.07436
1.20	0.03138	3.90	0.07973
1.35	0.03404	4.20	0.08508
1.50	0.03670	5.10	0.10082

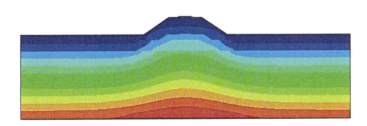

图 13-43　路基横剖面静应力（初始地应力）分布云图

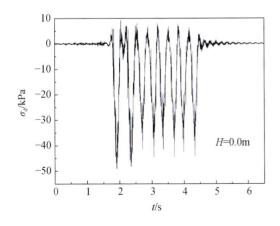

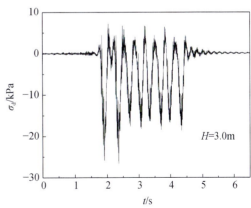

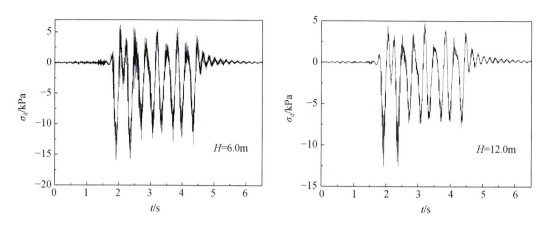

图 13-44　路基不同深度竖向动应力 σ_d 时程

在此，以重载列车 C75（轴重 25t，速度 90km/h）通过巴准重载铁路深季节冻土区路段 DK60+695.35～DK60+696.12 为例，分析路基土体结构损伤演变规律。图 13-45 给出了路基中不同埋深的竖向动应力与相应深度的围压之比 $\sigma_d/2\sigma_3$ 沿深度 H 分布的计算结果。由图 13-45 可以看出：①路基中 $\sigma_d/2\sigma_3$ 沿深度 H 分布呈指数函数衰减；②距路基顶面 4m 范围，$\sigma_d/2\sigma_3$ 因深度 H 增加而迅速衰减；③深度到达 $H=4\text{m}$，$\sigma_d/2\sigma_3\approx0$。这是因为随着深度 H 增加，路基中围压 σ_3 越来越大、竖向动应力 σ_d 因土体动力波衰减作用而越来越小。

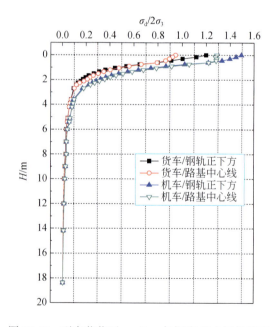

图 13-45　列车载荷下 $\sigma_d/2\sigma_3$ 与深度 H 之间的关系

根据图 13-45 与图 13-46，可以得到路基土体中累积塑性动应变达到 5% 所需的临界振动次数 N_{cr}。路基中每一深度达到 5% 累积塑性动应变，图 13-46 为振动次数 N 的对数 $\lg N$ 与深度 H 之间的关系，图 13-47 为 $\lg N$ 与 $\sigma_d/2\sigma_3$ 之间的关系。由图 13-46 可以看出：①随

着深度 H 增加，$\lg N$ 逐渐增大；②距路基顶面 0.5m 范围，$\lg N$ 增大缓慢；③之后 $\lg N$ 增大越来越快。由图 13-47 可以看出：①随着 $\sigma_d/2\sigma_3$ 增大，$\lg N$ 逐渐减少；②$\sigma_d/2\sigma_3 = 0 \sim 0.4$，$\lg N$ 快速减少；③$\sigma_d/2\sigma_3 > 0.4$，$\lg N$ 减少缓慢。通过比较图 13-47 与 13.4.1.2 节结论可以看出：①试验中，$\sigma_d/2\sigma_3 = 0.1 \sim 0.5$，$\lg N = 5 \sim 20$；②而数值模拟中，$\lg N = 5 \sim 20$，$\sigma_d/2\sigma_3 = 0.4 \sim 1.0$。二者结论的这种差别，主要是因为试验中试件承受的围压 $\sigma_3 \geqslant 0.3 \mathrm{MPa}$，而数值模拟中的围压 $\sigma_3 = 0.01 \sim 0.1 \mathrm{MPa}$，虽然动应力 σ_d 相应有所变化，但是因围压 σ_3 相差太大而给结果带来很大差距。为了得到重载列车荷载作用下路基土体结构的损伤演变规律，也为后续进一步研究提供思路，针对 $\lg N$，主要选取试验数据与数值模拟数据大致相同的深度范围，即在距路基顶面不超过 2m 的深度区域，这也符合实际情况，因为列车行驶振动主要影响范围也在这一深度范围，路基土体结构损伤破坏主要集中于 $H \leqslant 2 \mathrm{m}$。

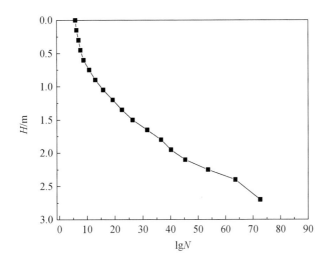

图 13-46　列车载荷下振动次数 $\lg N$ 与深度 H 之间的关系

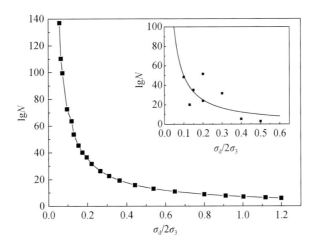

图 13-47　列车载荷下振动次数 $\lg N$ 与深度 H 之间的关系

　　针对重载列车行驶振动 50 万次、80 万次、120 万次，图 13-48 给出了路基土体结构损伤值 D 沿深度 H 变化的计算结果。由图 13-48 可以看出：①土体结构损伤值 D 随着深度 H 增加而减少；②在距路基顶面 0.4m 范围之内，土体结构损伤值 D 因深度 H 增加而大幅度减小，直至趋于 0，这是因为列车行驶振动的主要影响路基顶面之下 0.4m 范围，超过这一范围再往深处，动力波大幅度衰减殆尽；③行车振动次数 N 对土体结构损伤值影响较大，在路基中同一深度 H，土体结构损伤值 D 因振动次数 N 减少而减小，如路基顶面，120 万次、80 万次、50 万次的振动次数 N 引起土体结构损伤值 D 依次为 0.67、0.44、0.28，减小幅度很大。

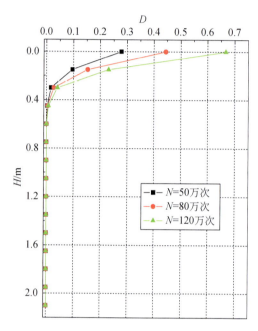

图 13-48　不同振动次数 N 下土体结构损伤值 D 与深度 H 之间的关系

　　重载列车行驶振动作用下，计算获得路基中不同深度 H 土体结构损伤值 D 与振动次数 N 之间的关系见图 13-49（a）、距路基顶面 0.3m 范围土体结构总损伤值 $\sum D$ 见 13-49（b）。由图 13-49 可以看出：①在任一振动次数 N 条件下，路基土体结构损伤值 D 因深度 H 增加而显著减小，如振动次数 $N=140$ 万次，路基顶面的 $D=0.782$、深度 0.15m 处 $D=0.273$、深度 0.30m 处 $D=0.047$；②三个不同深度 H，土体结构损伤值 D 均随着振动次数 N 增多而呈几乎线性增加，但是深度 H 越大，土体结构损伤值 D 因振动次数 N 增多而增加的幅度越小；③自路基顶面至深度 $H=0.30$m 范围的土体结构总损伤值（累积损伤值）$\sum D$ 随着深度 H 增大而呈线性增加，如振动次数 $N=130$ 万次，自路基顶面至深度 0.30m 范围的土体结构累积损伤值 $\sum D=1.02$，路基发生疲劳破坏，而振动次数减少至 $N=120$ 万次，$\sum D=0.937$，路基处于安全状态，由此可见，C75 重载列车以 90km/h 速度行驶，荷载振动次数超过 120 万次，需要对路基进行定期检查与维修。上述进一步说明，列车行驶对路基输入的动力波随着深度 H 增加而大幅度快速衰减，主要影响深度一般不超过 4m。

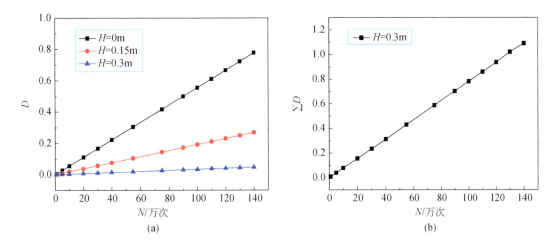

图 13-49　不同深度 H 土体结构损伤值 D／总损伤值 $\sum D$ 与振次 N 之间的关系

13.5.3　冻融与振动耦合作用下路基结构损伤影响因素

在冻融与振动耦合作用下，影响路基土体结构损伤的主要因素包括冻融状态、振动次数、应力状态（表示为动静应力比）、向下深度、列车速度、列车轴重，前四个因素影响情况如上述，下面考察列车速度、列车轴重对土体结构损伤的影响。

1）列车速度对路基结构损伤影响

如前所述，列车速度对路基土体中动应力有一定影响，行车速度越大，土体中动应力越大，因此行车速度不同对土体结构损伤影响也不同。针对重载列车行驶振动作用，图 13-50 为不同行车速度 v 引起路基土体中动静应力比 $\sigma_d/2\sigma_3$ 沿深度 H 分布曲线。由图 13-50 可以看出：①三种不同行车速度下，路基土体中动静应力比 $\sigma_d/2\sigma_3$ 随着深度 H 增大而表现的衰减规律一致，可以采用指数函数刻画这种衰减规律；②由于行车速度 v 不同，轨枕作用力不同，引起路基土体中动应力也不同，因此在相同深度 H 条件下，不同行车速度引起土体中动静应力比 $\sigma_d/2\sigma_3$ 不同，行车速度 v 越快，土体中动静应力比 $\sigma_d/2\sigma_3$ 也越大，不同行车速度 v 在路基顶面引起的动静应力比 $\sigma_d/2\sigma_3$ 相差最大，随着深度 H 增大，三种不同行车速度 v 引起土体中动静应力比 $\sigma_d/2\sigma_3$ 逐渐趋于同一值（即趋于零）。

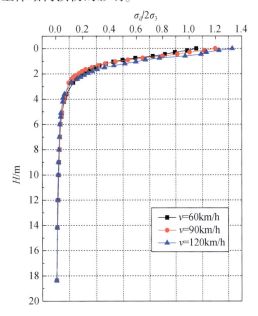

图 13-50　不同行车速度 v 下土体中动静应力比 $\sigma_d/2\sigma_3$ 与深度 H 之间的关系

重载列车 C75 以速度 60km/h、90km/h、120km/h 行驶，在动载不同振动次数 N 下，路基土体结构损伤值 D 沿深度 H 分布见图 13-51。由图 13-51 可以看出：①列车三种不同行

驶速度 v 下，路基土体结构损伤值 D 沿深度 H 分布规律基本一致，主要影响深度 H 不超过 4m，深度 H 超过 4m 之后，损伤值 D 趋于 0；②随着行车速度 v 加快，振动对土体结构损伤值 D 影响深度 H 增加；③相比于行车速度 v，振动次数 N 对土体结构损伤值 D 影响更大（振动次数 N 增加更加剧路基土体结构疲劳损伤），如路基顶面土体结构损伤值达到 $D=0.7$，三种不同速度 60km/h、90km/h、120km/h 需要的振动次数 N 分别为 300 万次、120 万次、30 万次，即若路基土体结构疲劳损伤水平相同，要求的振动次数 N 随着速度 v 加快而大幅度减少，这是由于列车速度越快，轨枕作用力越大，在路基中产生的动应力越大，因此在路基深度（围压）相同条件下，土体中动静应力比 $\sigma_d/2\sigma_3$ 越大，致使土体结构损伤值 D 越大。

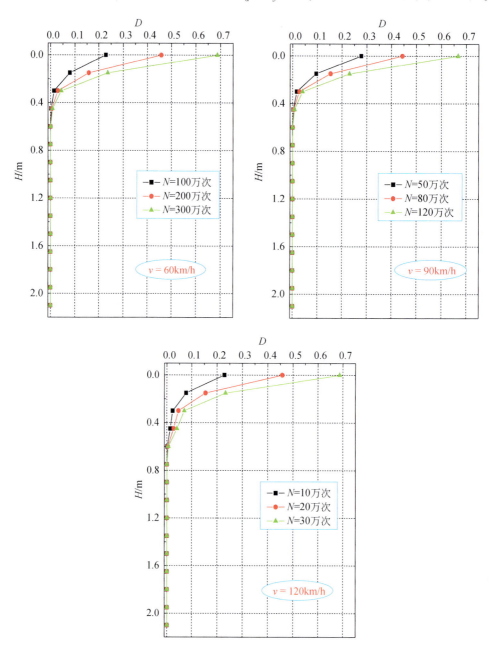

图 13-51　不同行车速度 v 下土体结构损伤值 D 与深度 H 之间的关系

重载列车 C75 以速度 60km/h、90km/h、120km/h 行驶，在不同深度 H 下，路基土体结构损伤值 D 与动载振动次数 N 之间的关系见图 13-52。由图 13-52 可以看出：①在三个不同车速 v 与三个不同深度 H（0.00m、0.15m、0.30m）下，路基土体结构损伤值 D 与振动次数 N 之间均呈线性递增变化关系，即振动次数 N 越多，土体结构损伤值 D 越大，但是深度 H 越大，土体结构损伤值 D 受振动次数 N 影响越小；②在相同振动次数 N 下，车速 v 越快，土体结构损伤值 D 也越大，如振动次数 $N=30$ 万次，三个不同车速 60km/h、90km/h、120km/h 对应的土体结构损伤值 D，路基顶面分别为 0.068、0.167、0.682，深度 0.15m 分别为 0.024、0.058、0.234，深度 0.3m 分别为 0.004、0.010、0.070。

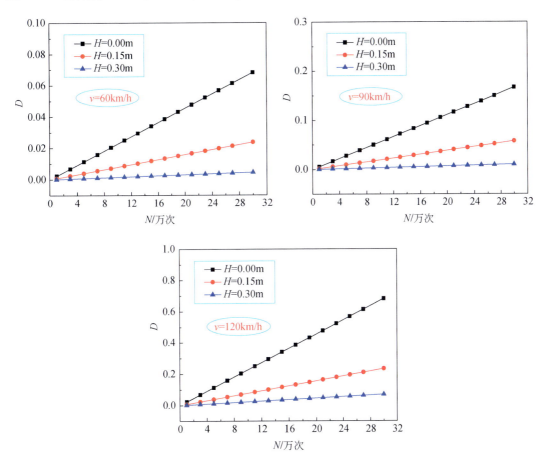

图 13-52　不同行车速度 v 下土体结构损伤值 D 与振动次数 N 之间的关系

2）列车轴重对路基结构损伤影响

研究表明，列车轴重对路基土体中动应力有一定影响，轴重越大，土体中动应力越大，因此轴重不同对土体结构损伤影响也不同。针对重载列车行驶振动作用，图 13-53 为不同轴重引起路基土体中动静应力比 $\sigma_d/2\sigma_3$ 沿深度 H 分布曲线。由图 13-53 可以看出：①五种不同轴重下，路基土体中动静应力比 $\sigma_d/2\sigma_3$ 随着深度 H 增大而表现的衰减规律一致，可以采用指数函数刻画这种衰减规律；②由于轴重不同，轨枕作用力不同，引起路基土体中动应力也不同，因此在相同深度 H 条件下，不同轴重引起土体中动静应力比 $\sigma_d/2\sigma_3$ 不同，轴重越大，土体中动静应力比 $\sigma_d/2\sigma_3$ 也越大，不同轴重在路基顶面引起的动

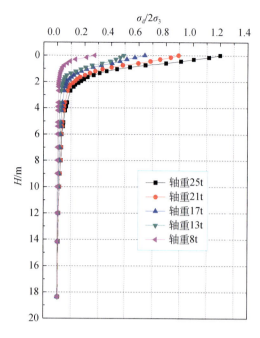

图 13-53　不同轴重下土体中动静应力
比 $\sigma_d/2\sigma_3$ 与深度 H 之间的关系

静应力比 $\sigma_d/2\sigma_3$ 相差最大，随着深度 H 增大，五种不同轴重引起土体中动静应力比 $\sigma_d/2\sigma_3$ 逐渐趋于同一值（即趋于零）。

重载列车 C75 满载轴重为 25t，重载列车 C62A 满载轴重为 21t，重载列车 CRH3 满载轴重为 17t，三者行驶速度均为 90km/h，在不同振动次数 N 下，路基土体结构损伤值 D 沿深度 H 分布见图 13-54。由图 13-54 可以看出：①尽管三种不同轴重且振动次数 N 不同，但是路基土体结构损伤值 D 沿深度 H 分布规律基本一致，主要影响深度 H 不超过 3.5m，深度 H 超过 3.5m 之后，损伤值 D 趋于 0；②振动次数 N 不变，随着轴重减小，土体结构损伤值 D 大幅度减小，如振动次数 N 分别为 500 万次、1000 万次、1500 万次，轴重由 25t 减小至 17t，路基顶面土体结构损伤值 D 分别由 0.07、0.1375、0.225 减小至 0.000208、0.000375、0.00077；③轴重不变，随着振动次数 N 增多，土体结构损伤值 D 明显增大；④

相比于振动次数 N，轴重变化对土体结构损伤值 D 影响更大且大得多，如轴重由 25t 减小至 21t，尽管振动次数 N 由 120 万次增加至 1500 万次，但是路基顶面土体结构损伤值 D 则由 0.672 减小至 0.225。鉴于上述且结合图 13-53，大轴重的重载列车行驶对路基土体结构损伤影响很大，而小轴重或普通轴重的重载列车（如轴重 17t、13t、8t）行驶对路基土体结构损伤影响微乎其微。

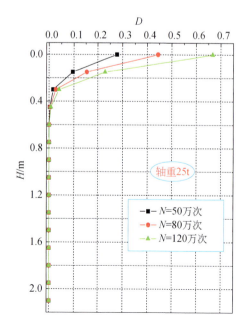

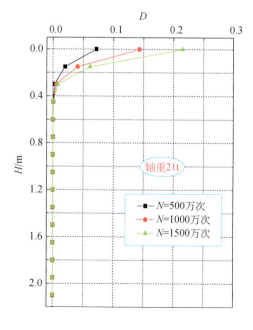

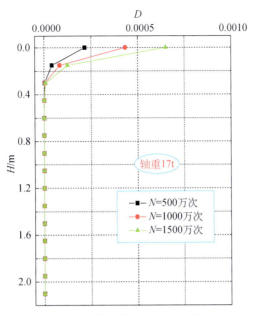

图 13-54 不同轴重下土体结构损伤值 D 与深度 H 之间的关系

重载列车满载轴重分别为 25t（C75）、21t（C62A）、17t（CRH3），在不同深度 H 下，路基土体结构损伤值 D 与动载振动次数 N 之间的关系见图 13-55。由图 13-55 可以看出：①在三种不同轴重与三种不同深度 H（0.00m、0.15m、0.30m）下，路基土体结构损伤值 D 与振动次数 N 之间均呈线性递增变化关系，即振动次数 N 越多，土体结构损伤值 D 越大，但是深度 H 越大，土体结构损伤值 D 受振动次数 N 影响越小，在临近路基顶面的土体中影响最大；②在相同振动次数 N 下，轴重越大，土体结构损伤值 D 显著增大，如振动次数 $N=100$ 万次，三种不同轴重 25t、21t、17t 对应的土体结构损伤值 D，路基顶面分别为 0.551、0.015、0.00005，深度 0.15m 分别为 0.194、0.0072、0.0002，深度 0.3m 分别为 0.033、0.002、0.0001；③振动次数 $N=600$ 万次，21t 轴重引起土体结构损伤值在路基顶面、深度 0.15m、深度 0.30m 分别为 $D=0.08$、0.024、0.005，17t 轴重引起土体结构损伤值在路基顶面、深度 0.15m、深度 0.30m 分别为 $D=0.00025$、0.00013、0.0000。鉴于上述，轴重对土体结构损伤影响显著大于振动次数对土体结构损伤影响，但是轴重对土体结构损伤影响随着深度 H 增大而快速衰减。

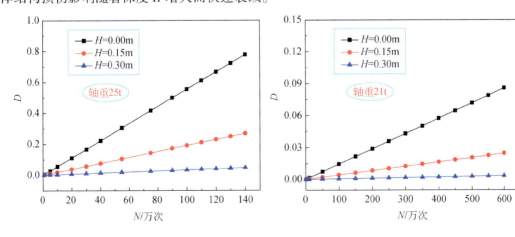

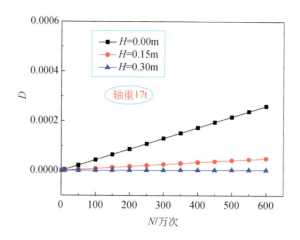

图 13-55　不同轴重下土体结构损伤值 D 与振动次数 N 之间的关系

参 考 文 献

［1］朱占元，凌贤长，胡庆立，等. 长期动力荷载作用下冻土振陷模型试验研究［J］. 岩土力学，2009，30（4）：955-959.

［2］朱占元. 青藏铁路列车行驶多年冻土场地路基振动反应与振陷预测［D］. 哈尔滨：哈尔滨工业大学，2009.

［3］Tang C X, Zhu Z Y, Luo F, et al. Deformation behaviour and influence mechanism of thaw consolidation of embankments on the Qinghai-Tibet Railway in permafrost regions［J］. Transportation Geotechnics, 2021, 28：100513.

［4］李子春. 轨道结构垂向荷载传递与路基附加动应力特性的研究［D］. 北京：铁道部科学研究院，2000.

［5］Zhu Y L, He P, Zhang J Y, et al. Triaxial creep model of frozen soil under dynamic loading［J］. Progress in Natural Science, 1997, 7（4）：465-468.

［6］Zhu Z Y, Luo F, Zhang Y Z, et al. A creep model for frozen sand of Qinghai-Tibet based on Nishihara model［J］. Cold Regions Science and Technology, 2019, 167（1）：1-9.

［7］朱占元，凌贤长，胡庆立，等. 中国青藏铁路北麓河路基冻土动应变速率试验研究［J］. 岩土工程学报，2007，29（10）：1472-1476.

［8］朱占元，凌贤长，胡庆立，等. 长期动力荷载作用下冻土振陷模型试验研究［J］. 岩土力学，2009，30（4）：955-959.

［9］维压洛夫 C C. 冻土流变学［M］. 刘建坤，等译. 北京：中国铁道出版社，2005.

［10］Ladanyi B. An engineering theory of creep of frozen soils［J］. Canadian Geotechnical Journal, 1972, 9（1）：63-88.

［11］马巍，刘端，吴青柏. 青藏铁路冻土路基变形监测与分析［J］. 岩土力学，2008，29（3）：571-579.

［12］第三铁路勘测设计院. 冻土工程［M］. 北京：中国铁道出版社，1994.

［13］俞祁浩，刘永智，童长江. 青藏公路路基变形分析［J］. 冰川冻土，2002，24（5）：623-627.

［14］曹国安，邱旺亮，蒋永利，等. 牙林线多年冻土地区路基下沉机理及整治研究［J］. 路基工程，1996，（5）：40-42.

［15］伊承贵，周长义. 东北铁路冻土区路基病害整治试验研究［J］. 中国铁路，2005，10：54-56.

［16］张建明，刘端，齐吉琳．青藏铁路冻土路基沉降变形预测［J］．中国铁道科学，2007，28（3）：12-17.

［17］Ma W，Shi C H，Wu Q B，et al. Monitoring study on technology of the cooling roadbed in permafrost region of Qinghai-Tibet plateau［J］．Cold Regions Science and Technology，2006，44：1-11.

［18］吴志坚，张鲁新，马巍，等．青藏铁路冻土区土体冷生过程对路基变形影响［J］．岩土力学，2007，28（7）：1309-1322.

［19］温智，盛煜，马巍，等．多年冻土区铁路保温路基变形特征研究［J］．岩石力学与工程学报，2007，26（8）：1670-1677.

［20］马小杰，张建明，张明义．青藏铁路路基沉降变形的灰色预测模型研究［J］．路基工程，2006，（5）：1-3.

［21］凌贤长，徐学燕，邱明国，等．冻结哈尔滨粉质粘土动三轴试验 CT 检测研究［J］．岩石力学与工程学报，2003，22（8）：1244-1249.

［22］凌贤长，徐学燕，徐春华，等．冻结哈尔滨粉质黏土超声波速测定试验研究［J］．岩土工程学报，2002，24（4）：456-459.

［23］牛富俊，张建明，张钊．青藏铁路北麓河试验段冻土工程地质特征及评价［J］．冰川冻土，2002，24（3）：264-269.

［24］Gräbe P J，Clayton C R I. Effects of principal stress rotation on permanent deformation in rail track foundations［J］．Journal of Geotechnical and Geoenvironmental Engineering，2009，135（4）：555-565.

［25］王子玉．深季节冻土区列车荷载下路基振动响应特性与永久变形研究［D］．哈尔滨：哈尔滨工业大学，2014.

［26］沈珠江．基于有效固结应力理论粘土土压力公式［J］．岩土工程学报，2000，22（3）：353-356.

［27］王敏．重载列车行驶下路基结构损伤特性研究［D］．哈尔滨：哈尔滨工业大学，2014.

［28］Li Q L，Ling X Z，et al. Accumulative strain of clays in cold region under long-term low-level repeated cyclic loading：Experimental evidence and accumulation model［J］．Cold Regions Science and Technology，2013，94：45-52.

后　记

完成书稿，思绪萦绕，荡游兰州，铭记恩典，先生支持，益友帮衬，开启探索，师徒携手，同仁加盟，方成故事，娓娓道来。

1997 年 4 月，我由地质领域转行跨入土木工程领域，进入哈尔滨建筑大学土木工程博士后科研流动站，师从著名土动力学家张克绪教授，从事土动力学与岩土地震工程方面课题研究工作，因此夯实了土动力学基础。1999 年 4 月，博士后出站留在哈尔滨建筑大学从事岩土工程教学与研究工作；1999 年 9 月，开始通过参加徐学燕教授主持的国家自然科学基金项目而有机会到冻土工程国家重点实验室进行冻土动力学试验，其间有幸结识了中国科学院院士程国栋先生、赖远明院士、马巍院士、吴青柏研究员、何平研究员、牛富俊研究员、俞祁浩研究员、张建明研究员、王贵荣研究员、邓友生研究员、常小晓高级工程师等，并就寒区轨道路基动力学问题，与程国栋先生深入交流，先生认为冻融与振动耦合作用下轨道路基服役性能与稳定性问题很重要且应尽快开展研究工作，先生提供经费并指示先做起来。也正是此项研究需求，2002 年 5 月 ~ 2003 年 5 月，我作为中国科学院高级访问学者，在寒区旱区环境与工程研究所，师从程国栋先生，进行寒区轨道交通路基振动反应与稳定性方面研究工作。20 多年来，在程国栋先生的潜心指点下，在赖远明院士、马巍院士的大力支持下，在冻土工程国家重点实验室吴青柏等各位贤师良友的热情帮助下，在我的数十位博士生与硕士生的共同努力下，在冻土工程国家重点实验室开放基金项目、国家自然科学基金项目、国家重点研发计划项目（原 973 计划项目）、神华集团科技创新项目、铁道部科技攻关项目等资助下，逐步形成了"寒区轨道交通路基动力学"这一介于土动力学、冻土学、路基工程三者之间的学科交叉与融合的新的学科方向。我的早期学生朱占元的博士学位论文课题工作对于该学科方向的诞生与发展具有极其重要的奠基性意义。

本书"参考文献"中各位作者的相关研究工作与成果，被本书直接或间接引用。在此，谨向各位作者深表感谢！

凌贤长

2022 年 6 月 4 日于青岛